अकथ कहानी प्रेम की

कबीर की कविता और उनका समय

लेखक की अन्य रचनाएँ

संस्कृति : वर्चस्व और प्रतिरोध
तीसरा रुख
विचार का अनंत
शिवदानसिंह चौहान
कबीर : साखी और शबद (कबीर-वाणी संकलन)
निज ब्रह्म विचार : धर्म, समाज और धर्मेत्तर अध्यात्म
हिन्दी सराय : अस्त्राखान वाया येरेवान
नाकोहस
कौन हैं भारत माता?
पद्मावत : मानुस पेम भएउ बैकुंठी
कबीर-ग्रंथावली (परिमार्जन)

अकथ कहानी प्रेम की

कबीर की कविता और उनका समय

लेखक की अन्य रचनाएँ

संस्कृति : वर्चस्व और प्रतिरोध
तीसरा रुख
विचार का अनंत
शिवदानसिंह चौहान
कबीर : साखी और शबद (कबीर-वाणी संकलन)
निज ब्रह्म विचार : धर्म, समाज और धर्मेत्तर अध्यात्म
हिन्दी सराय : अस्त्राखान वाया येरेवान
नाकोहस
कौन हैं भारत माता?
पद्मावत : मानुस पेम भएउ बैकुंठी
कबीर-ग्रंथावली (परिमार्जन)

अकथ कहानी प्रेम की

कबीर की कविता और उनका समय

पुरुषोत्तम अग्रवाल

राजकमल प्रकाशन

ISBN : 978-81-267-1833-7

मूल्य : ₹ 1395

पहला संस्करण : 2009
छठा संस्करण : 2024

प्रकाशक : राजकमल प्रकाशन प्रा.लि.
1-बी, नेताजी सुभाष मार्ग, दरियागंज
नई दिल्ली-110 002
शाखाएँ : अशोक राजपथ, साइंस कॉलेज के सामने, पटना-800 006
पहली मंजिल, दरबारी बिल्डिंग, महात्मा गांधी मार्ग, प्रयागराज-211 001
1, अनमोल सोराबजी संतुक लेन, धोबी तलाव, मरीन लाइंस, मुम्बई-400 002
वेबसाइट : www.rajkamalprakashan.com
ई-मेल : info@rajkamalprakashan.com

मुद्रक : बी.के. ऑफसेट
नवीन शाहदरा, दिल्ली-110 032

AKATH KAHANI PREM KI
Kabir ki kavita aur unka samay
by Purushottam Agrawal

संत कबीर, रैदास, नामदेव और पीपा

जयपुर, 19वीं सदी, *साभार : नेशनल म्युजियम*

इस पुस्तक के बारे में

कबीर के समय को, 'मध्य-काल' नहीं, देशज आधुनिकता के समय के रूप में स्थापित करनेवाली, पुरुषोत्तम जी की यह पुस्तक कबीर का महा आख्यान है। पुरुषोत्तम ने भक्ति की नई व्याख्या की है, बताया है कि भावना के स्तर पर भक्ति भक्त और भगवान के बीच भागीदारी है। भागीदारी बराबर के लोगों के बीच होती है, पुरुषोत्तम भक्ति को इसी बराबरी के रूप में दिखाते हैं।

पुरुषोत्तम की यह उपलब्धि है कि उन्होंने पहली बार कबीर को कवि के रूप में प्रतिष्ठित किया है। यह काम आ. रामचंद्र शुक्ल ने नहीं किया, अयोध्या सिंह उपाध्याय ने नहीं किया, पीतांबरदत्त बड़थ्वाल ने नहीं किया। स्वयं आ. द्विवेदी ने भी कबीर के कवित्व को फोकट का माल ही कहा है।

पुरुषोत्तम ने ही पहली बार कबीर की भक्ति की तन्मयता और काव्यात्मकता का विश्लेषण करके दिखाया है कि कबीर को कवि-हृदय मिला था। उनकी कविता भी उसी उच्च कोटि की है, जिस कोटि की उनकी साधना।

—**नामवर सिंह** (आज सवेरे, 30 जनवरी, 2010, दूरदर्शन)

यह पुस्तक निरी साहित्यालोचना की पुस्तक न रहकर, आगे बढ़कर गहरे और प्रखर बौद्धिक विमर्श का ग्रंथ बन गई है। कबीर किसी नए धर्म की स्थापना का प्रयत्न नहीं कर रहे थे। उनका प्रयत्न अध्यात्म को धर्मों की कैद से मुक्त करने का था। मध्ययुग में भारत में यह प्रयत्न हुआ और वह उस समय आकार ले रही देशज आधुनिकता का हिस्सा था, यह बखूबी दिखाया और तर्कों के आधार पर प्रमाणित किया गया है।

ऐसी आधुनिकता को गढ़ने में देशी भाषाओं और लोकजीवन और व्यवहार की केंद्रीय भूमिका का ऐसा विशद निरूपण मेरे जाने, हिंदी में तो क्या, अन्यत्र भी इससे पहले शायद ही हुआ है। कबीर ने 'ताते अनचिन्हार मैं चीन्हा' की उक्ति की है।

पुरुषोत्तम अग्रवाल की यह पुस्तक हमें अपने ही सांस्कृतिक विकास, देशज आधुनिकता और कबीर की नई पहचान कराती है। इस पुस्तक के बहाने हम हिंदी के प्रमुख केंद्रों में इन स्थगित मुद्दों पर एक सार्थक बहस शुरू कर सकते हैं।

—अशोक वाजपेयी (कभी-कभार, जनसत्ता, 6 दिसंबर, 2009)

पुरुषोत्तम ने धर्मेतर अध्यात्म की अवधारणा पर जिस विचारोत्तेजक और अनोखे ढंग से विचार किया है, वह मन मोह लेता है। मार्के की बात है कि इस पूरे विचार-विश्लेषण में पुरुषोत्तम कबीर की भक्ति और काव्य-संवेदना के पर्यावरण में निहित सामाजिक और आध्यात्मिक, भीतर और बाहर, स्त्रीत्व और पुरुषत्व की निरंतरता और संवाद को रेखांकित करते चलते हैं।

सचमुच सुखद विस्मय होता है यह देखकर कि एक ही किताब में पुरुषोत्तम ने इतने सारे गंभीर प्रश्नों पर इतना संवेदनशील विचार करने में सफलता पाई है।

—श्याम बेनेगल (लोकार्पण समारोह, 21 अक्टूबर, 2009)

कबीर और उनकी कविता का, पुरुषोत्तम अग्रवाल द्वारा किया गया उत्कृष्ट अध्ययन 1974 में फ्रेंच विदुषी शारलोत वादिवेल के ग्रंथ 'कबीर' के प्रकाशन के बाद प्रथम महत्वपूर्ण मूल्यांकन है। इनके अतिरिक्त केवल एक पुस्तक, जिसे इन दोनों पुस्तकों के समकक्ष रखा जा सकता है, वह हजारी प्रसाद द्विवेदी की महान कृति 'कबीर' है जिसका प्रथम प्रकाशन 1942 में हुआ था।

अकथ कहानी प्रेम की : कबीर की कविता और उनका समय कबीर के जीवन, इतिहास, किंवदंती और कविता के हर पहलू के बारे में कुछ न कुछ नया और महत्वपूर्ण जरूर कहती है।

—**डेविड लोरेंजन**, प्रोफेसर, कॉलेजियो दि मेक्सिको

पुरुषोत्तम अग्रवाल की यह पुस्तक कबीर पर पहली पुस्तक है, जिसने कबीर पर हिन्दी और अंग्रेजी में चले आ रहे आधुनिक विमर्श के भीतर रहते हुए भी कुछ ऐसे पक्षों पर ध्यान देने की चेष्टा की है, जो अभी तक के आधुनिक विमर्श में पूर्णतया उपेक्षित रहे हैं।

—**वागीश शुक्ल**

यह किताब भारत की पहली आधुनिकता को औपनिवेशिकता के दबाव से मुक्त करने का अनुष्ठान ही है। इस लिहाज से, आधुनिक भारत की मानवतावादी परंपरा में पगी हुई यह पुस्तक बिल्कुल ठीक समय पर आई है। यह कोरा संयोग नहीं कि इस परंपरा के पूर्ववर्ती स्वरों—रवीन्द्रनाथ ठाकुर और हजारीप्रसाद द्विवेदी—ने भी कबीर से संवाद किया है। बहुस्तरीय विद्वता से संपन्न यह पुस्तक भारत की प्रथम आधुनिकता में मजबूती से पाँव जमाए तो खड़ी ही है, समकालीन सरोकारों का सामना भी बहुत तार्किक और प्रभावपूर्ण ढंग से करती है।

सघन लगाव के साथ लिखी गई यह विचारोत्तेजक, और कहीं-कहीं खासी विवादमूलक पुस्तक पाठक को लगातार बाँधे रखती है।

—**मोनिका हॉर्स्टमान**, भूतपूर्व प्रोफेसर, हाइडेलबर्ग विश्वविद्यालय

आलोचक में जिस रचनात्मक प्रतिभा और आलोचनात्मक विवेक की जरूरत होती है वह इस पूरी पुस्तक में दिखाई पड़ती है। आलोचक की विशिष्टता इससे भी रेखांकित होती है कि उसने अपने पूर्व की स्थापनाओं से कितना तनावपूर्ण संबंध बनाया है और अपनी नवीनता दिखाने में कितना अस्वीकार का साहस व्यक्त किया है। पुरुषोत्तम अग्रवाल ने इसका उदाहरण पेश किया है। उनकी यह पुस्तक कबीर के अध्येताओं को पुनर्विचार के लिए आमंत्रित करनेवाली है।

—**विश्वनाथ प्रसाद तिवारी** (जनसत्ता, 21 फरवरी, 2010)

पुस्तक पढ़ने के बाद न सिर्फ हम कबीर और उनके समय के बारे में नए ढंग से सोचते हैं, बल्कि स्वयं अपने समय की समस्याओं, विसंगतियों और बेचैनी के संदर्भ में अपनी रचनात्मकता की दिशा तय करने के लिए एक नई दृष्टि पाते हैं।

अपनी देसी ऐतिहासिक चेतना को देश-भाषा स्रोतों और पश्चिम के अधिक निष्पक्ष विद्वानों के विचारों से जोड़ते हुए पुरुषोत्तम ने रेखांकित किया है कि देसी भाषाओं से कतई अपरिचित लोगों के द्वारा भारत के संबंध में कोई प्रामाणिक बात कहने की कोशिश करना सिवा हिमाकत के कुछ नहीं है।

पुरुषोत्तम अग्रवाल ने क़बीर की कविता पर अलग से विचार किया है, पर पूरी किताब पढ़ते हुए यही लगता है कि जैसे वे कविता की गिरफ्त में ही यह सब लिख रहे हैं।

—**प्रभात त्रिपाठी** (इंडिया टुडे, 2 जून, 2010)

समग्र दृष्टि से सम्पन्न यह पुस्तक भारतीय इतिहास के अध्ययन के संदर्भ में यूरोकेंद्रित दृष्टि का निराकरण करती है, यूरोप को अपने ढंग से प्राविन्सिलाइज करती है।

—**फ्रेंचेस्का ओरसिनी,** स्कूल ऑफ ओरिएंटल ऐंड अफ्रीकन स्टडीज, लंदन विश्वविद्यालय

आपने जो सूचनाएँ एकत्र कर दी हैं, वह अन्यत्र एक जगह दुर्लभ हैं और इसके साथ आपकी समीक्षा का प्रभाव पूरी पुस्तक में व्याप्त है। निश्चित है कि आपके इस अनूठे ग्रंथ से अगली पीढ़ी के लेखकों को नई प्रेरणा और नई दृष्टि मिलेगी।

—**आचार्य अभिलाष दास**, पारख-मार्ग
(15 जनवरी, 2010 के निजी पत्र से)

'अकथ कहानी प्रेम की' ऐसी मार्मिक कहानी है, जो एक बार फिर हमें अपने विगत से जोड़ सकती है, और यह समझा सकती है कि आधुनिकता भारत में अंग्रेजों के साथ नहीं, उनके आने के बहुत पहले आ चुकी थी। कबीर जैसे संत कोई अजूबे नहीं, बल्कि इस आधुनिकता के परिणाम भी थे, और इसके कारक भी।

पुरुषोत्तम अग्रवाल की इस किताब का अनुवाद जल्दी से जल्दी भारत की अन्य भाषाओं में होना चाहिए, क्योंकि यह सभी भारतीयों के लिए बहुत ही प्रासंगिक कृति है।

—**'कम्युनलिज्म कॉंबेट'** (सं. तीस्ता सीतलवाड, जावेद आनंद),
जनवरी, 2010 का संपादकीय

पुरुषोत्तम मनुष्य, संवेदना और प्रेम जैसी चीज़ें सामने रखते हैं, और औपनिवेशिक आधुनिकता की करतूतों को उजागर करते हैं। बातचीत के लहजे में, संवाद के लिए आमंत्रित करती यह पुस्तक आज के बौद्धिक विमर्श में प्रतिरोध की भूमिका निभाती है। पुस्तक पढ़कर कबीर को कवि मानने का संकोच बिखरने लगता है।

—**नित्यानंद तिवारी** (29-9-09 को 'एकत्र' द्वारा आयोजित गोष्ठी में)

यह किताब एक स्तर पर भक्तिकाव्य और भक्तिकाल के तथा दूसरी ओर साहित्य मात्र के अध्ययन में एक संरचनागत परिवर्तन (पैराडाइम शिफ्ट) है। केन्द्र में कबीर के रहने की जगह बनाने के पहले परिधि के फैलाव में समय और समाज की संरचना को बसाया गया है। संरचना भी दोहरी–कबीर का समय और साथ-साथ पाठक का भी अपना समय। शुरुआत पाठक के औपनिवेशिक दृष्टिदोष के उपचार से होती है। कबीर के समय में प्रवेश के पहले औपनिवेशिक ज्ञानकांड द्वारा सर्जित पूर्वग्रहों से लोहा लेकर पाठक की समझ और चेतना को धोया गया है। हिन्दी साहित्य, कबीर और भक्तिकाल और काव्य के प्रेमियों के लिए एक अनिवार्य पुस्तक।

–**अर्चना वर्मा** (कथादेश, जनवरी, 2010)

पुस्तक सवाल उठाती है कि कबीर के समय को हम जिस रूप में जानते हैं, वह उस समय का वास्तविक रूप है, या उसकी औपनिवेशिक निर्मिति? यह सवाल उठाते हुए पुरुषोत्तम ने कबीर के समय और उनकी कविता को उनके वास्तविक रूप में पढ़ने की विधियाँ भी सुझाईं हैं।

–मदन सोनी

कबीर के एक बड़े अध्येता हजारी प्रसाद द्विवेदी की भाषा में कहें तो 'नाना' प्रकार के कबीर हैं। पुरुषोत्तम अग्रवाल की पुस्तक की एक खासियत यह भी है कि वह कबीर की इन 'नाना' प्रकार की मूर्तियों की निर्माण-प्रक्रियाओं की पड़ताल भी करती है।

कबीर की कविता और व्यक्तित्व के बारे में क्यों इतने मिथक बने, क्यों इतनी तरह की व्याख्याएँ प्रचलित हुईं, कौन सी व्याख्या प्रामाणिक होने के करीब है? कहाँ यूरोकेन्द्रित और उपनिवेशवादी मानसिकतावाले विद्वानों ने कबीर के बारे में अध्ययन करते हुए अपने पूर्वग्रहों का आरोपण किया–ऐसे कई प्रश्नों और उनके जवाबों का साक्षात्कार यहाँ होता है।

–**रवीन्द्र त्रिपाठी** (कथादेश, जुलाई, 2010)

हिन्दी के आलोचनात्मक साहित्य और साहित्यिक इतिहास-दृष्टि की जड़ता के बंद कपाट पर यह पुस्तक एक नई दस्तक की तरह है और सच पूछिए तो गंभीर प्रहार है।

हिन्दी में समालोचना की ऐसी गम्भीर पुस्तक से संभवतः आलोचना की विधा में हो रहा भयंकर क्षरण रुकेगा और नई पीढ़ी के समालोचक सीख पाएँगे कि समालोचना किस तरह की प्रतिभा और विवेचन क्षमता की माँग करती है।

—मुरली मनोहर प्रसाद सिंह ('नया पथ', जनवरी-मार्च, 2010)

यह किताब जीवन और कविता से जुड़े कई आधारभूत सवाल उठाती है। ज्यों-ज्यों आप किताब पढ़ते जाते हैं, आप जूझने लगते हैं, किताब को झुठलाना चाहते हैं। क्योंकि जिन सवालों के जवाब आप तय कर चुके थे, जिन पर एक साजिशी चुप्पी साधे रहते थे, यह किताब उन सभी को आपके सामने नमूदार कर देती है, और बताती है कि नहीं, अभी सवाल हल नहीं हुए हैं, इन सवालों पर कई अन्य कोणों से भी विचार हो सकता है।

—वेदप्रकाश

सोइ नूर, दिल पहचान...
सुमन के लिए

अनुक्रम

अनल अकासा घर किया...

इक्कीस अक्टूबर, 2009 की शाम, 'अकथ कहानी प्रेम की' का लोकार्पण हुआ, श्याम बेनेगल के हाथों, नामवर जी की अध्यक्षता में, प्रहूलाद सिंह टिपानिया के गायन के साथ, वागीश शुक्ल और शबनम विरमानी की टिप्पणियों के साथ। कोई तीन सप्ताह बाद, किताब बाजार में ढंग डौल से उपलब्ध हो पाई, और 2010 की मई आते-आते अशोक महेश्वरी रिप्रिंट की बात करने लगे। हिन्दी में उपन्यासों तक के रिप्रिंट साल भर के भीतर-भीतर कभी-कभार ही होते हैं। यहाँ, इतिहास-लेखन और साहित्यिक- सांस्कृतिक सैद्धांतिकी के सवालों पर विचार करते हुए, कवि कबीर पर लिखी गई किताब का पहला संस्करण कोई सात महीने में खत्म हो चला। यह तो मैं जानता था कि इस किताब का इंतजार बहुत से लोग कर रहे हैं, लेकिन इस तरह हाथों-हाथ ली जाएगी, यह नहीं सोचा था। सुमन, अलबत्ता कहती रहती थी कि किताब छपवाओ तो सही, देखना कैसा स्वागत होगा। वाकई, मुझे चकित कर देनेवाला, विनम्रता और दायित्व-बोध से भर देनेवाला स्वागत हुआ।

बहुत से और मामलों की तरह, इसमें भी सुमन की बात सही निकली।

पुनर्मुद्रण की बात चली, तो लगा कि रिप्रिंट को दूसरा संस्करण ही बना दिया जाए। किताब छपने के बाद से जो टीका-टिप्पणी सुनने-पढ़ने को मिली है, उस पर कुछ अपनी भी कह लूँ। प्रकाशित टिप्पणियों से लेकर, अनौपचारिक बातचीत तक में बहुत सी विचारणीय बातें सामने आई हैं। कुछ मित्रों के लेख प्रकाशित हो चुके हैं, कुछ ने प्रकाशन के लिए भेजे गए लेखों की कॉपियाँ मुझे भी उपलब्ध करा दीं, कुछ ने वे बातें बता दीं, जो 'अकथ कहानी प्रेम की' पढ़कर उनके मन में आती रही हैं, और जिन्हें वे प्रकाशित करनेवाले हैं।

इन सभी मित्रों का आभारी हूँ। इतनी सारी प्रतिक्रियाओं (जिनमें से सभी सुहावनी ही सुहावनी नहीं हैं) से जाहिर है कि किताब ने हिन्दी जगत में (और उसके बाहर भी) कुछ विचारोत्तेजना तो उत्पन्न की है। श्री अशोक वाजपेयी ने 'दैनिक जनसत्ता' में अपने कॉलम 'कभी-कभार' (6 दिसंबर, 2009) में किताब को 'हमारे समय के लिए कबीर का पुनराविष्कार' करने का श्रेय दिया। देशज आधुनिकता की बात को अत्यंत महत्वपूर्ण मानते हुए लिखा, "ऐसी आधुनिकता को गढ़ने में देशी भाषाओं की भूमिका और लोकजीवन और व्यवहार की केंद्रीय भूमिका का ऐसा विशद निरूपण मेरे जाने, हिन्दी में तो क्या, अन्यत्र भी इससे पहले शायद ही हुआ है।" यह सुझाव भी दिया कि अपने सांस्कृतिक विकास, कबीर की नई पहचान और देशज आधुनिकता जैसे 'स्थगित मुद्दों' पर इस पुस्तक

के बहाने हिन्दी के प्रमुख केंद्रों में एक सार्थक बहस शुरू हो सकती है। 'एकत्र' की ओर से गोष्ठी दिल्ली में 29 नवंबर को ही हो चुकी थी। कुछ और भी चर्चाएँ आयोजित हुईं—13 फरवरी, 2010 को, अमन ट्रस्ट और राजस्थान हिन्दी ग्रंथ अकादमी के सहयोग से, राजाराम भादू और अन्य मित्रों की संस्था 'समांतर संस्कृति मंच' द्वारा जयपुर में आयोजित गोष्ठी में; 19-20 मार्च को बनारस हिन्दू यूनिवर्सिटी में दिए गए व्याख्यानों में और 20-21 मई को, रायपुर में छत्तीसगढ़ संस्कृति मंच द्वारा आयोजित चर्चा में, अपनी लिखी किताब की तारीफें सुनने का, महत्वपूर्ण प्रश्नों से टकराने का सुख मिला। बनारस में सर्वश्री अवधेश प्रधान, चौथीराम यादव, कमल शील, राजकुमार, संजय द्वारा की गई विचारोत्तेजक टिप्पणियों से लाभान्वित होने का सुख मिला। औपचारिक-अनौपचारिक चर्चाओं के जरिए ज्यादा बड़ा सुख मिला, यह महसूस करने का, कि हिन्दी का बृहत्तर पाठक समाज और बौद्धिक जगत, संस्कृति और इतिहास के 'स्थगित प्रश्नों' से जूझना चाहता है, कवि कबीर और उनके समय के साथ किए गए संवाद का स्वागत करना चाहता है।

मेरी इच्छा दूसरे संस्करण की इस भूमिका को उपरोक्त संवाद में अपनी हिस्सेदारी का रूप देने की ही है। 'एकत्र' की गोष्ठी में, 29 नवंबर, 2009 को सुश्री अर्चना वर्मा ने परचा पढ़ा था, जो कथादेश (जनवरी, 2010) में 'पुरुषोत्तम के प्रेम की अकथ कहानी' शीर्षक से छपा। बहुत सटीक शब्द दिए, अर्चना जी ने, सारे आयास को। किताब, सचमुच कबीर के साथ ही नहीं, प्रेम के साथ भी, मेरे संवाद की कहानी है। कहानी, जो अकथ तो है ही, सतत भी है। युवा दलित लेखक, अंबेडकरवादी पत्रिका 'अपेक्षा' के उपसंपादक वेदप्रकाश ने इस किताब की शीघ्र प्रकाश्य समीक्षा में, प्रेम के प्रसंग में बहुत ही मार्मिक बात कही है, "जब हम किसी को प्रेम करते हैं, तो उसे इस कदर अपने अनुसार ढाल लेना चाहते हैं कि उसकी अपनी इच्छाओं का कोई महत्व नहीं बचता। और जब किसी से नफरत करते हैं, तो उसकी एक-एक इच्छा और जरूरत की ऐसी गहन जानकारी जुटाते हैं कि जो अपने सबसे प्रिय के बारे में भी नहीं जानते।" ऐसी खोजी नफरत का तो मुझे कोई तजुर्बा नहीं, लेकिन प्रिय की इच्छाओं को जाने-अनजाने महत्वहीन बना देनेवाले प्रेम की विडंबना को तो मैं ऐन निजी अनुभव से जानता हूँ। इसीलिए प्रेम को केवल संवेदना की बजाय संज्ञानात्मक कर्म में बदलने की साधना करते कवि कबीर से ऐसा सतत संवाद-संबंध अनुभव करता हूँ। इसीलिए 'अकथ कहानी प्रेम की' में ऐसा कुछ आ गया है कि कथाकार मित्र अखिलेश को यह 'अपने को खोजती किताब' लगती है। यह खोज कहाँ और कब विराम लेगी, कौन जाने! फिलहाल तो संवाद चल ही रहा है। पहले अध्याय में, कबीर और उनके 'अपरंपार पार परसोतम' के बीच होनेवाली 'गोष्ठी' की कल्पना करते हुए मैंने लिखा है, "कबीर ने कहा होगा, अपने राम से, कौन जाने, पीछे-पीछे फिरनेवाले राम ने ही कबीर से कहा हो, प्रेम और विवेक—इन दो शक्तियों के रूप में आप मेरे भीतर विद्यमान हैं। घोर बिगूचन (कंफ्यूजन) के, अकेले पलों में, जोर से आँखें मींचकर आपका नाम लेता हूँ/लेती हूँ, और बस सारा बिगूचन बिलाय जाता है। प्रेम और विवेक के दीपक बाहर-भीतर उजियारा कर देते हैं।"

'अकथ कहानी प्रेम की' पर जो चर्चाएँ हुईं हैं, उन पर टिप्पणी करने के बहाने, मेरा इरादा विभिन्न प्रसंगों में उठाए गए सवालों के बारे में व्यापक सह-चिंतन में हिस्सा लेने का है। उम्मीद है कि प्रेम और विवेक के दीपकों का उजियारा बिगूचन के अंधियारे को कुछ कम तो करेगा ही।

लेकिन सबसे पहले तो आभार। उन सभी लेखकों, विद्वानों और मित्रों का, पाठकों का, मेरे छात्रों, छात्राओं, नौजवान दोस्तों का, जिनमें से कुछ ने लेखों के जरिए, कुछ ने फोन करके, कुछ ने एसएमएस के जरिए, कुछ ने प्रत्यक्ष बातचीत में किताब के बारे में उत्साहवर्धक बातें कहीं। नामवर जी ने लोकार्पण में कहा था, 'पुरुषोत्तम को हजारी प्रसाद द्विवेदी सम्मान मिला है, लेकिन उनकी किताब का प्रस्थान पंडित जी की किताब के प्रस्थान से सर्वथा भिन्न है....सैकड़ों किताबें कबीर पर लिखी गई हैं, लेकिन मुझसे कोई पूछे तो दो ही किताबों का नाम लूँगा—पंडित जी की 'कबीर' और पुरुषोत्तम की 'अकथ कहानी प्रेम की'।'' यह वाक्य हिन्दी और हिन्दीतर पाठकों के बीच खासा प्रसिद्ध और चर्चित हुआ है। कुछ मित्रों को इस कथन पर घोर आपत्ति भी हुई। प्रशंसाओं के साथ ही, घोर-अघोर आपत्तियों और निन्दाओं का भी स्वागत तो करना ही होगा। अपने लिए संतोष, बल्कि गर्व की बात यह है कि नामवर जी ने पुस्तक को इतना महत्वपूर्ण माना। 'भिन्न प्रस्थान' से उनका आशय मुख्यतः भक्ति को भागीदारी के रूप में परिभाषित करने और कबीर के कवित्व पर दिए गए बल से था। 'दूरदर्शन' के 'आज सवेरे' कार्यक्रम में, 30 जनवरी, 2010 को भी नामवर जी ने पुस्तक को कबीर का महाआख्यान बताते हुए कबीर के कवित्व के रेखांकन को 'अकथ कहानी प्रेम की' की सबसे बड़ी स्थापना और 'मुख कस्तूरी महमही' को सबसे महत्वपूर्ण अध्याय माना। कबीर के महत्वपूर्ण अध्येताओं को याद करते हुए कहा, ''पुरुषोत्तम ने ही कबीर को पहली बार कवि रूप में स्थापित किया है। अब तक वे धर्मगुरु और उपदेशक के रूप में ही देखे जाते रहे हैं।'' भक्ति को भागीदारी के रूप में देखने को भी नामवर जी ने सर्वथा नई व्याख्या मानते हुए कहा, ''पुस्तक बताती है कि भक्त और भगवान के बीच संबंध बराबरी का है, बड़े और छोटे का नहीं'।'' 'एकत्र' की गोष्ठी में नित्यानंद तिवारी का भी कहना था, ''कबीर को कवि मानने का संकोच तोड़ते हैं पुरुषोत्तम।'' भक्ति-साहित्य के युवा अध्येता अंजनी श्रीवास्तव ने भी अपने शीघ्र प्रकाश्य समीक्षा-लेख में 'स्वीकार' किया है कि इस किताब को पढ़ने के पहले, उन्हें 'कबीर कभी बहुत बड़े कवि प्रतीत नहीं हुए थे।'

लोकार्पण कार्यक्रम में श्री वागीश शुक्ल ने कहा था, ''किताब के हर पैरा पर कुछ न कुछ कहा जा सकता है।'' साढ़े चार सौ पेज की किताब पर, कोई साठ पृष्ठ का अत्यंत विचारोत्तेजक और सारगर्भित समीक्षा-लेख लिखकर, उन्होंने अपने कथन को प्रमाणित भी किया। वागीश जी का आभारी, विचारोत्तेजक टिप्पणियों के अलावा, इस बात के लिए भी हूँ कि इस विस्तृत समीक्षा में उन्होंने सप्रमाण बताया है कि मुग़ल भी भारत की शब्द-संपदा में मुगल राज कायम होने के पहले मौजूद था, और तोप-बंदूक भी। यानी, इन शब्दों के प्रयोग के आधार पर कबीर के कुछ पदों को परवर्ती, इसलिए 'अप्रामाणिक' मानना व्यर्थ है। इस बात से मेरे द्वारा प्रस्तावित पाठ-निर्धारण विधि को और बल प्राप्त होता है।

आभारी हूँ, श्याम बेनेगल का जिन्होंने किताब को संस्कृति-समीक्षा का महत्वपूर्ण प्रयत्न, और कबीर का अभूतपूर्व आख्यान निरूपित किया। भक्ति माने भागीदारी के साथ ही उन्हें मोहित किया धर्मेतर अध्यात्म की धारणा और कबीर की संवेदना में सामाजिक-आध्यात्मिक, भीतर-बाहर के पर्यावरण की निरंतरता के रेखांकन ने। 1986 से चली आ रही मित्रता को याद करते हुए श्याम ने अपने मित्र को बधाई दी कि उसने एक ही किताब में इतने महत्वपूर्ण विषयों को समाहित करने का 'असाधारण' काम कर दिखाया है। वे लोकार्पण के दिन से लेकर आज तक दबाव बनाए हुए हैं कि किताब को अन्य भारतीय भाषाओं में, और अंग्रेजी में जल्दी से जल्दी प्रकाशित होना चाहिए।

डॉ. विश्वनाथ प्रसाद तिवारी, सुश्री अर्चना वर्मा, श्री प्रभात त्रिपाठी, हाइडेलबर्ग यूनिवर्सिटी की भूतपूर्व प्रोफेसर सुश्री मोनिका हॉर्स्टमान, लंदन विश्वविद्यालय की फ्रेंचेस्का ओरसिनी को किताब भक्ति अध्ययन में 'पैराडाइम शिफ्ट' लानेवाली लगी। प्रभात जी का तो कहना है कि ''डिक्टेटर होता तो इस किताब को कंपल्सरी रीडिंग घोषित कर देता!'' उन्हें यह किताब 'अब तक पढ़ी सर्वश्रेष्ठ किताबों में से एक' लगती है। मोनिका जी के शब्दों में, ''किताब भारत की पहली आधुनिकता को औपनिवेशिकता के दबाव से मुक्त करने का अनुष्ठान ही है।'' फ्रेंचेस्का के अनुसार, किताब अपने ढंग से यूरोप को 'प्राविन्सिलाइज' करती है। 'एकत्र' की गोष्ठी में मदन सोनी ने पुस्तक की पठनीयता को सराहते हुए, इसकी मूल मान्यता से सहमति प्रकट की, ''जिसे हम कबीर का समय करके जानते हैं, वह सचमुच उनका समय नहीं, बल्कि उस समय की औपनिवेशिक निर्मिति है।'' डॉ. विश्वनाथ प्रसाद तिवारी के अनुसार, ''तुलसी के प्रति लेखक के विचार बहुत सख्त हैं,'' और यह भी कि ''पुरुषोत्तम ने कबीर के काव्य-विश्लेषण में उपनिवेशवादी आधुनिकता के आतंक से मुक्ति की जैसी तीव्र जरूरत महसूस की है, वैसी न तो मार्क्सवादी दृष्टि से मुक्ति की, और न ही कबीर के राजनीतिक उपयोग से मुक्ति की, जबकि ये दोनों ही भक्ति काव्य और कबीर के ही नहीं, साहित्य मात्र के मूल्यांकन में खतरनाक तोड़-फोड़ करते रहे हैं, और कर रहे हैं।''

बात सचमुच विचारणीय है--मार्क्सवाद के प्रसंग में भी, और अन्य राजनीतिक दृष्टियों के प्रसंग में भी।

'नया पथ' के जनवरी-मार्च, 2010 के अंक में, श्री मुरली मनोहर प्रसाद सिंह ने किताब को 'हिन्दी के आलोचनात्मक साहित्य और साहित्यिक इतिहास-दृष्टि के बंद कपाट पर एक नई दस्तक, सच पूछिए तो, गंभीर प्रहार' कहा। डॉ. राजकुमार ने 'कथादेश' के अगस्त, 2010 के अंक में प्रकाशित समीक्षा में लिखा, ''भक्ति के लोकवृत्त के बहाने पुरुषोत्तम अग्रवाल ने समूचे भक्ति 'आन्दोलन' के अध्ययन के लिए एक नई सैद्धांतिकी तैयार कर दी है। कबीर ही नहीं, सारे भक्तिकालीन रचनाकारों के अध्ययन के लिए यह सैद्धांतिकी एक नया प्रस्थान निर्मित करती है।'' उसी अंक में ब्रजेश का कहना है कि यह किताब, ''आचार्य हजारी प्रसाद द्विवेदी के कबीर के बाद कबीर पर ही सर्वाधिक महत्वपूर्ण किताब नहीं मानी जाएगी बल्कि इसे सांस्कृतिक आलोचना या सभ्यता-समीक्षा की दृष्टि से

भक्तिकाल पर एक नई विचारोत्तेजक कृति के रूप में भी लोग पढ़ेंगे।" बनारस हिन्दू यूनिवर्सिटी के अंग्रेजी विभाग से संबद्ध और वैकल्पिक आधुनिकता पर एक पूरे प्रोजेक्ट से जुड़े मित्र संजय का कहना है कि "भक्ति के लोकवृत्त की अवधारणा विमर्श की दुनिया में सर्वथा अभूतपूर्व है।" मौखिक इतिहास की विशेषज्ञ, युवा इतिहासकार मोनिका दत्ता के अनुसार, "मार्के की बात यह है कि इतिहास और साहित्य, इतिहास और स्मृति के बीच के सपाट विरोध (बाइनरी) को चुनौती देनेवाली यह महत्वपूर्ण किताब किसी इतिहासकार द्वारा नहीं, साहित्य के अध्येता द्वारा लिखी गई है।" मोनिका को यह चिंता भी है कि 'औपनिवेशिक ज्ञानकांड' की बात को उस ज्ञानकांड के अंतर्विरोधों और अर्थछवियों (न्युआंसेज) की सपाट उपेक्षा के रूप में न पढ़ लिया जाए। रामानंदियों के ब्राह्मणीकरण में जयपुर नरेश जयसिंह की भूमिका का विवरण पढ़कर, रवीन्द्र त्रिपाठी (कथादेश, जुलाई, 2010) ने यह दिलचस्प और गौरतलब क़यास लगाया कि "अगर जयसिंह ने रामानंदियों पर दबाव न बनाया होता और रामानुजियों का पक्ष न लिया होता तो उत्तर भारत का धार्मिक-सांस्कृतिक वातावरण कुछ और होता। उन्होंने इस पर तथा पुस्तक में उठाए गए अन्य सवालों पर, शोध की आवश्यकता भी रेखांकित की। प्रसंगवश, जयपुर के सांस्कृतिक इतिहास और उसकी व्यापकतर निष्पत्तियों पर गंभीर शोध कर रहीं मोनिका हॉर्स्टमान ने जयसिंह के बारे में बहुत ही विचारोत्तेजक ग्रंथ अभी कुछ ही समय पहले प्रकाशित किया है। गौरव की बात है कि यह ग्रंथ मूल जर्मन से अनूदित होकर, मेरे द्वारा संपादित सीरीज–'भक्ति मीमांसा'–में जल्दी ही छपने जा रहा है।

बल्गारिया के सोफिया विश्वविद्यालय की प्रो. गलीना सोकोलोवा को पुस्तक कबीर-अध्ययन की सर्वथा नई पद्धति खोलनेवाली और यूरोपीय अध्ययनों की उचित आलोचना करनेवाली लगी। हालाँकि पुस्तक की 'पॉलिमिकल' शैली उन्हें नहीं सुहाई। स्व. शारलोत वादिवेल की आलोचना, उन्हें विनांद कैल्वर्त्त और विनय धारवाड़कर के साथ रखते हुए, करना भी गलीना को अच्छा नहीं लगा, क्योंकि, "जिस समय यूरोप के भारतविद् संस्कृतेतर स्रोतों पर जरा भी ध्यान नहीं देते थे, वादिवेल जैसे थोड़े से अध्येताओं ने ही उस समय भारत विषयक अध्ययनों के लिए देशभाषा स्रोतों पर ध्यान दिया था।' 13 फरवरी, 2010 को जयपुर में आयोजित गोष्ठी में डॉ. कृष्णदत्त पालीवाल ने कहा कि "अब रामानंद और कबीर के संबंधों पर छाया रहस्य का कुहासा छँट गया है।" राजाराम भादू का कहना था कि इस पुस्तक का संस्कृति चिन्तन हमारे समय की चुनौतियों को सीधे संबोधित करता है। गिरिराज किराडू ने कहा, "यह पुस्तक हिन्दी आलोचना की अकादमिक शुष्कता का अतिक्रमण करती है, और अपनी प्रकृति में और संरचना में खुलेपन और सर्जनात्मक सांस्कृतिक विमर्श का प्रस्थान-बिन्दु बनती है।" कवि अनामिका के अनुसार, कबीर का स्वागत...सहज कवि, बेबाक इंसान के रूप में जैसे होना चाहिए, उसके सजग प्रतिमान रचती है, 'अकथ कहानी प्रेम की'। कहानीकार बलराम ने अनेक रूढ़ियों और भ्रांत धारणाओं का निराकरण करने के कारण, लेखक को 'साधुवाद का पात्र' माना है। युवा फिल्मकार और समाजकर्मी प्रकाश राय के अनुसार, किताब, साहित्य के विद्यार्थियों, अनुरागियों के

लिए ही नहीं, सामाजिक विज्ञान और सांस्कृतिक अध्ययन से जुड़े लोगों के लिए भी महत्वपूर्ण है। पत्रकार मित्र गीताश्री ने घोषित रूप से नारी-संवेदना विषयक दो ही अध्याय पढ़कर पूरी पुस्तक की समीक्षा कर दी, और आदरणीय संपादक मित्र राजेन्द्र यादव ने छाप भी दी। गीताश्री का कहना है कि नारी-निन्दा के प्रसंग में 'पुरुषोत्तम जी कबीर को बचाते ही नजर आते हैं।'

पूरी किताब तो क्या, उपरोक्त समीक्षा जिन दो ही अध्यायों (आठ और नौ) को पढ़कर लिख दी गई है, उन्हीं को ध्यान से पढ़नेवाले पाठक को समझ आ जाएगा कि कमी कहाँ है, किताब में या समीक्षा में। कबीर की संवेदना की फाँक पर गंभीर टिप्पणी की है, सुश्री अर्चना वर्मा ने, "...जिस पुरुष ने 'काम मिलावे राम कूँ' के संकल्प से अपने सबसे अधिक उद्दाम, अवश आवेग को रामोन्मुख करने का, अपने भीतर की स्त्री को अमूर्त के प्रति इस उन्मुखता को निवेदित करने का फैसला कर लिया है, उसने अपनी ही जैविक, प्राकृतिक उद्दामता को अपने खिलाफ चालू कर लिया है। बाहर, सामने खड़ी स्त्री अगर उसके भीतर के पुरुष को, उसकी कामना को जगाती हो तो निन्दा के अलावा और कौन-सा कवच उसके पास बचता है? असल में यह शायद उसकी संवेदना की फाँक नहीं, उसके संकल्प की एकोन्मुखता ही है, जो उसके भीतर की स्त्री को बाहर की दुनिया की स्त्री के विरुद्ध करती है।"

इस तर्क का नोटिस किताब पहले से ही लेती है। मेरे लिए यह विवादमूलक सवाल नहीं, स्वभावमूलक जिज्ञासा है कि संकल्प की एकोन्मुखता साधने के लिए स्त्री साधिकाओं को पुरुष मात्र को नर्क का द्वार बताने की जरूरत क्यों नहीं पड़ती? इस जिज्ञासा का संधान जारी है, परिणाम कुछ इस किताब में आ गया है, कुछ आगे आएगा। इस प्रसंग में अपनी मूल मान्यता एक बार फिर से दोहरा दूँ, "जरूरत 'साधनात्मक स्त्रीत्व' को सामाजिक स्त्री-विमर्श तक ले जाने की है। जो काम कबीर का समय नहीं कर सका, जरूरी नहीं कि हमारा समय न कर सके।"

बहरहाल, आभारी हूँ सभी मित्रों की टिप्पणियों के लिए।

आभारी हूँ, सांप्रदायिक राजनीति के विरुद्ध संघर्ष के साथियों तीस्ता सीतलवाड और जावेद आनंद का, जिन्होंने किताब के कुछ हिस्सों का अंग्रेजी अनुवाद 'कम्युनलिज्म काँबैट' (जनवरी, 2010) में प्रकाशित किया, और 'मैन ऑफ द मोमेंट' शीर्षक से पूरा संपादकीय लिख कर नोट किया कि यह पुस्तक, "केवल कबीर या अन्य संतों की कहानी नहीं है, बल्कि हम सबकी, हमारे समय की कहानी है और वह हमारे समाज के संदर्भों से गहरा जुड़ाव रखती है। इस पुस्तक में कबीर के बहाने पुरुषोत्तम ने हम अंग्रेजी बोलने-बरतनेवालों के बारे में जो कहा है वह निहायत ही परेशान करनेवाला है।"

कृतज्ञ हूँ पारख-मार्ग के आचार्य अभिलाष दास जी का। उन्होंने स्वाभाविक मतभेदों के बावजूद, मुझे लिखे स्नेहिल पत्र में किताब को, 'अगली पीढ़ी के लेखकों को नई प्रेरणा और दृष्टि' देनेवाली बताया। इसी तरह के स्वाभाविक मतभेद के साथ उतना ही स्वाभाविक स्नेह बनाए रखने के लिए आभारी हूँ वर्तमान रामानंदाचार्य रामनरेशाचार्य जी का।

सितंबर, 2007 में नेशनल बुक ट्रस्ट से 'कबीर : साखी और सबद' का प्रकाशन कबीर के साथ पिछले तीन दशकों से चले आ रहे संवाद और मुखामुखम के पुस्तक रूप में प्रकाशित होने का श्रीगणेश था। इसके पहले मामला लेखों और व्याख्यानों तक ही सीमित था। यह श्रीगणेश संभव हुआ आदरणीय प्रो. बिपन चंद्र के कारण। उनके प्रति आदर-भाव को एक बार फिर से रेखांकित करता हूँ।

मुझे बी.ए. में हिन्दी पढ़ानेवाली मै'म शशिप्रभा पांडे दीक्षित को प्रणाम करता हूँ, जिनके लिए किताब का प्रकाशन, एक बहुत ही निजी गौरव और संतोष का विषय बना। आभारी हूँ, राजस्थान विश्वविद्यालय, जयपुर में हिन्दी के प्रोफेसर, भक्ति- साहित्य के गंभीर अध्येता नंदकिशोर पांडे का, जिनसे किताब के छपने के पहले से चर्चाएँ होती रही हैं, होती रहेंगी। आभारी हूँ, उस्ताद-ए-मोहतरम असलम परवेज़ साहब का, जिन्होंने अपने संपादन में निकलनेवाली पत्रिका 'उर्दू अदब' में इस किताब के कुछ हिस्से प्रकाशित किए।

यह सब लिखते हुए स्वर्गीय कवि, आदरणीय मित्र सोमदत्त बार-बार याद आते हैं। वे लगातार चेताते रहते थे, "गोष्ठी लूट लेने के मादक सुख के मोह में वाचिक परंपरा तक ही सीमित मत रह जाना, पुरुषोत्तम।" अब तो, बस कल्पना ही कर सकता हूँ, उस सुख की, जो यह किताब देखकर सोमदत्त जी को होता।

'अकथ कहानी प्रेम की...' के दूसरे संस्करण को इतनी तत्परता एवं सुरुचिपूर्ण ढंग से लाने के लिए मैं श्री अशोक महेश्वरी और राजकमल प्रकाशन के साथियों का हृदय से आभारी हूँ। कवर-डिजाइन में सहायता के लिए श्री ज्योतिष जोशी और फोटोग्राफ के लिए ऋतम्भरा अग्रवाल का आभार।

इस पुस्तक का इतना व्यापक स्वागत हुआ और इस पर इतनी उत्साहपूर्ण चर्चा हुई, यह बात मुझे आनंद और गौरव देनेवाली तो खैर है ही, कहीं ज्यादा गहरे में जिम्मेवारी का विनम्र बोध देनेवाली है। कोशिश करूंगा कि जिम्मेवारी निभा सकूँ।

यह भूमिका इसी दिशा में एक कदम है।

कुछ लोगों को शिकायत है कि अंग्रेजी राज के पहले ही भारतीय आधुनिकता की बात तो रामविलास जी बहुत पहले ही कर चुके हैं, लेकिन पुस्तक उन्हें नहीं, 'विदेशी विद्वानों' को ही उद्धृत करती है। इस सिलसिले में सबसे पहली बात तो यही कि पुस्तक रामविलास जी का ही नहीं, धर्मपाल जी का भी उल्लेख इस प्रसंग में करती है। जिन्होंने किताब ध्यान से पढ़ी है, उनका ध्यान इस ओर गया ही है। डॉ. विश्वनाथ प्रसाद तिवारी और सुश्री अर्चना वर्मा ने अपने प्रकाशित लेखों में, और अंजनी श्रीवास्तव ने अपने शीघ्र प्रकाश्य लेख में इस बात को लक्ष्य किया ही है। लेकिन यह भी सच है कि जैसा श्री वागीश शुक्ल ने अपने लेख 'लीक छाँड़ि' में लक्ष्य किया है, रामविलास जी की और मेरी बात में कुछ फर्क भी है। मैं रामविलास जी की स्थापनाओं से जहाँ तक सहमत हूँ, उसका संकेत मैंने पृष्ठ 50 पर कर दिया है—"ब्यौरों पर बहस हो सकती है, लेकिन रामविलासजी की यह सलाह बिल्कुल ठीक है कि 'भारत एक जड़, अपरिवर्तनशील वर्णव्यवस्था का देश है, यह

धारणा मन से निकाल देनी चाहिए।' '' जिन 'ब्यौरों—डिटेल्स—पर बहस हो सकती है'—उनका संकेत भी किताब करती है। असल में, बात है, भारत ही नहीं, समूचे गैर-यूरोप के बारे में, इतिहास-लेखन में प्रचलित अवधारणाओं से बाहर आने की। किताब इस दिशा में कोशिश करती है, यह बात उन लोगों ने लक्ष्य कर भी ली है, जो इतिहास-लेखन के अपने क्षेत्र में चल रही चर्चाओं से वाकिफ हैं। जो इतिहास का अध्ययन करने की बजाय इतिहास-देवता का कीर्तन करते हैं, उनकी बात और है।

'उपनिवेशवाद के जरिए यूरोपीय पूँजीवाद के सारी दुनिया में फैलने से ही विश्व-व्यवस्था का आरंभ होता है'; 'भारत और दूसरे गैर-यूरोपीय समाजों में न पॉलिटिकल इकॉनॉमी थी, न पब्लिक स्फीयर और सिविल सोसायटी'; 'राजसत्ता इन समाजों में ऊपर-ऊपर की, फालतू की-सी चीज़ थी, जिसकी उपेक्षा करके भी काम चलाया जा सकता था'; 'इन समाजों में व्यक्तिगत, तार्किक चुनावों का कोई सवाल ही नहीं था। कोई भी व्यक्ति जो करता था, जैसे सोचता था, अपने जन्म-संयोग के कारण ही करता और सोचता था'—ये कुछ ऐसे प्रदत्त प्रत्यय हैं, जिन्हें यह किताब तर्कों और तथ्यों के साथ खारिज करती है। इनमें से कुछ प्रत्यय आजकल यूरोप और अमेरिका से, कुछ बदले हुए रूपों में, गैर-यूरोपीय समाजों में उसी उत्साह से निर्यात किये जा रहे हैं, और वैसे ही उत्साही ग्राहक पा रहे हैं, जैसे ठेठ उपनिवेशवाद के जमाने में हो रहा था। भारत ही नहीं, अन्य अनेक समाजों के भी आत्मसंघर्ष की घोर उपेक्षा करते हुए, कुछ लोग फिर से इन समाजों के अतीत की ही नहीं, वर्तमान की भी, जड़ छवियाँ गढ़ने में लगे हुए हैं। घोषणापत्र यह है कि 'हमीं ने दर्द दिया है, हमीं दवा देंगे।'

गैर-यूरोप की बौद्धिक-नैतिक एजेंसी मात्र का नकार उपनिवेशवाद का सबसे खतरनाक, दूरगामी और मोहक रूप है। खतरनाक—क्योंकि यह गैर-यूरोप के अपने सामाजिक चित्त और संस्कार में आत्मघृणा भरने का अपराधी है, दूरगामी—क्योंकि इसके असर अब तक देखे जाते हैं, और भविष्य में भी बने रहेंगे, यदि इनसे सजग रूप से लोहा नहीं लिया गया। और मोहक इसलिए क्योंकि बहुत से लोगों को इसके कारण अवसर मिलता है कि बौद्धिक आलस्य को जीते हुए भी बुद्धिजीवी-विद्वान होने के गौरव का आनंद-लाभ किया जा सके। ऐसे आलस्य से जो मुक्त हैं, वे और तरह से सोचते हैं। बॉन में आयोजित, दक्षिण एशिया के अध्येताओं की कांफ्रेंस का विदाई व्याख्यान देते हुए इतिहासकार डिटमर रोडमंड ने 29 जुलाई, 2010 के दिन कहा, ''कौटिल्य के अर्थशास्त्र का अनुवाद 1905 में हुआ। हीगेल, जाहिर है कि उसे देख नहीं सके, वरना शायद यह न कह पाते कि संस्कृत भाषा कितनी भी महान क्यों न हो, भारतीय पिछड़े हुए ही थे, क्योंकि स्टेट का विकास तो नहीं ही कर सके।'' रोडमंड ने आगे कहा कि ''वास्तविकता यह है कि अन्य सभी लोगों की तुलना में, भारतीयों ने स्टेटक्राफ्ट का उच्चतर रूप विकसित कर लिया था।''

कौटिल्य का 'अर्थशास्त्र' देख पाते, तो हीगेल क्या कहते या नहीं कहते, भगवान जाने। लेकिन 'अर्थशास्त्र' के 'प्रकाशित' होने के सदियों (या अंग्रेजी में ही परंपरा को पढ़ने के आदी जो हैं, उनके लिए एक सौ पाँच साल) बाद तक भी, जिन्हें भारतीय इतिहास

बर्फ में जमा सा लगता है, उनके बारे में जरूर कुछ कहा जाना चाहिए। 'अकथ कहानी प्रेम की' ऐसे कुछ लोगों की कहानी भी कहती है।

उपनिवेशवाद, बल्कि साफ कहें तो, नस्लवाद के विविध रूपों से लोहा लेने का तरीका उलट-नस्लवाद की शरण में चले जाना नहीं है, वैसे ही जैसे जातिवाद से निबटने की विधि उलट-जातिवाद को अपना लेने में या उसका गुणानुवाद करने में नहीं है। जिन 'विदेशी विद्वानों' को मैंने उद्धृत किया है, इनमें से एक को यहाँ फिर से उद्धृत करना चाहता हूँ। शैल्डॉन पोलक ने एक इंटरव्यू ('आउटलुक', 10 मई, 2010) में कहा है, "अपने अतीत को जानने की भारत की क्षमता को उपनिवेशवाद ने भरसक नष्ट किया, खगोलीकरण के वर्तमान दौर में खतरा यह है कि भारत में अपने अतीत को जानने की इच्छा ही कहीं नष्ट न हो जाए।"

अतीत को जानने की इच्छा बनाए रखना केवल 'अतीत-रस' का आस्वादन करने के लिए जरूरी नहीं है। गैर-यूरोपीय समाजों में, यह इच्छा केवल अस्मिताओं के संघर्ष तक भी सीमित नहीं रहनी चाहिए। नए सिरे से उपनिवेशित होने के लिए, गुलाम बनने के लिए जो उतावले हैं, गर्दन उचका-उचकाकर देख रहे हैं कि गौरवर्ण स्वामियों के शुभ चरण फिर से, कब खुले आम गैर-यूरोप को रौंदना शुरू करते हैं, उनकी बात और है। लेकिन जो उपनिवेशवाद और औपनिवेशिक ज्ञानकांड के इतिहास, और इतिहास-लेखन में उसके 'योगदान' को सचमुच जान लेंगे, वे नव-उपनिवेशवाद की संभावनाओं और खतरों की उपेक्षा नहीं कर पाएँगे। वे 'ओरिएंटलिज्म' का विरोध करने के लिए उसका प्रतिबिंब 'ऑक्सिडेंटलिज्म'—गढ़ने के प्रलोभन से दूर रहेंगे, विद्वानों के बीच 'देशी-विदेशी' का पाँतभेद करने की जरूरत नहीं समझेंगे, और नस्लवाद/जातिवाद का विरोध करने के नाम पर उलट नस्लवाद/जातिवाद अपना लेने से भी बचेंगे।

भारतीय समाज के सांस्कृतिक अनुभव और स्मृति-कोष को, जैसा कि इस किताब में कहा ही गया है, उनकी बात भी सुनते हुए जानना जरूरी है, जो न संस्कृत या फारसी बोलते हैं, और न अंग्रेजी। किसी भी समाज के अतीत और वर्तमान का मूल्यांकन केवल धार्मिक या धर्मनिरपेक्ष पवित्र पोथियों के ही आधार पर नहीं, लोगों की वास्तविक चाल-चलगत (एवरीडे प्रैक्टिसेज़) जतानेवाले स्रोतों को भी ध्यान में रखकर किया जाना चाहिए। तभी दुनिया भर के बेहतर भविष्य की कल्पना को दुनिया भर के सांस्कृतिक अनुभव और स्मृतियों का पुख्ता आधार मिल सकेगा—दूसरे शब्दों में, जगत-उद्धारक ग्रंथि-ग्रस्त, यूरोकेंद्रित यूनिवर्सलिज्म के स्थान पर सच्चा, विभिन्न परंपराओं और आधुनिकताओं के बीच संवाद पर आधारित यूनिवर्सलिज्म सैद्धांतिक विमर्श और लोकचित्त दोनों में स्थान पा सकेगा।

वैसे, मुझे स्वीकार करना चाहिए कि भारतीय आधुनिकता के प्रसंग में 'विदेशी विद्वानों' को उद्धृत करने का एक कारण यह भी था कि रामविलास शर्मा और धर्मपाल जैसे नाम पढ़ते ही, जो वीर 'भारत-व्याकुलता, भारत-व्याकुलता' चिल्लाते तलवार भाँजने लगते हैं, वे इस प्रसंग में रेमंड श्वाब, आंद्रे गुंदर फ्रैंक, एरिक वोल्फ और जैक गुडी के विचारों से भी वाकिफ होने का अवसर पा लें। वीरों का ध्यान पता नहीं इस ओर गया या नहीं, लेकिन

यह किताब भारत की ही नहीं, सारे गैर-यूरोप की देशज आधुनिकता(ओं) की बात करती है, और साथ ही यूरोप के रेनेसां के पूरे होने में भारत, चीन और दूसरे 'पूर्वी' समाजों की निर्णायक भूमिका की ओर पाठकों का ध्यान आकर्षित करने की कोशिश भी करती है। इस कोशिश का अपना प्रस्थान-बिंदु स्पष्ट है, जिसे यहाँ फिर से दोहराने में हर्ज नहीं—"कोई आधुनिकता परंपरा-बोध के बिना संभव नहीं होती, और हर परंपरा में अपनी आधुनिकता की संभावना होती है।"

उपनिवेशवाद की विशिष्ट ऐतिहासिक स्थिति ने भारत और अन्य औपनिवेशिक समाजों के बौद्धिकों के मानस में औपनिवेशिक सत्ता और ज्ञानकांड के प्रति एक तरह के अंतर्द्वंद्व और उलझन का रवैया पैदा किया। वे औपनिवेशिक ज्ञानकांड से उपजे ज्ञान से टकराते जरूर थे, लेकिन उसी ज्ञानकांड की शर्तों पर, उसी के द्वारा निर्धारित सीमाओं के भीतर रहते हुए। कबीर के वंश-निर्धारण और कबीर-रामानंद संबंध की बहस में यह स्थिति साफ दिखती है। अनेक विद्वान औपनिवेशिक ज्ञानकांड के परे जाने में असफल प्रतीत होते हैं। लेकिन, जैसा कि डेविड लोरेंजन ने, जल्दी ही प्रकाशित होनेवाले अपने लेख में नोट किया है, "हो सकता है कि इस असफलता का मुख्य कारण 'औपनिवेशिक आधुनिकता' की बजाय इन अध्येताओं द्वारा साक्ष्यों का ठीक से विश्लेषण न कर पाने सरीखी कमजोरियों से जुड़ा रहा हो। ऐसी कमजोरियों की ओर पुरुषोत्तम ने ठीक ही संकेत किया है, उनके बावजूद, यह तो वे स्वयं भी मानेंगे कि बीसवीं सदी के मध्य के अनेक विद्वानों ने औपनिवेशिक स्थिति द्वारा आरोपित सीमाओं को पार करते हुए वैकल्पिक वैष्णवता की विशेषताओं को बखूबी समझा था। ऐसे विद्वानों में पीतांबरदत्त बड़थ्वाल, हजारी प्रसाद द्विवेदी, क्षितिमोहन सेन और परशुराम चतुर्वेदी मुख्य हैं।"

औपनिवेशिक ज्ञानकांड के जरिए रचे गए, या जाने-अनजाने उसकी अनेक मान्यताओं को संस्कार-रूप में धारण करने, और इस संस्कार से संघर्ष करने के लिए नियतिबद्ध बौद्धिकों और उनके हम सरीखे उत्तराधिकारियों की उलझन—एंबीवैलेंस—का संवेदनशील और विचारोत्तेजक अध्ययन इतिहासकार सुधीर चंद्र ने किया है।[1] 'एकत्र' की गोष्ठी में उन्होंने चिंता भी प्रकट की थी कि " 'अकथ कहानी प्रेम की' इस उलझन, और औपनिवेशिक स्थिति द्वारा आरोपित सीमाओं को पार करने की दिशा में बौद्धिकों के आत्म-संघर्ष के प्रति संवेदनशील की बजाय सपाट रवैया अपनाती दीखती है।"

सुधीर और डेविड की बात सिर-माथे। इसलिए नहीं कि दोनों अपने बहुत अच्छे दोस्त हैं, बल्कि इसलिए कि बात बिल्कुल सच है। इतना ही कहना है कि मैं औपनिवेशिक ज्ञानकांड द्वारा उत्पन्न की गई समस्याओं पर जोर देना चाहता था, वह शायद इतना ज्यादा हो गया कि पाठकों तक पहुँचा उन समस्याओं के प्रसंग में बौद्धिकों द्वारा किए गए संघर्ष और आत्मसंघर्ष की उपेक्षा के रूप में। इस आत्मसंघर्ष और उलझन की उपेक्षा सचमुच नहीं की जा सकती। औपनिवेशिक सत्ता और ज्ञानकांड के कामों और उनकी परिणतियों के प्रति, सूक्ष्म—न्युआंस्ड—रवैया अपनाने की जरूरत से भी इनकार नहीं किया जा सकता। जरूरत उस सत्ता द्वारा सचेत रूप से अपनाई गई नीतियों और रेल लाइन बिछाने जैसे

कामों की अनिवार्य सामाजिक परिणतियों के बीच फर्क करने की है, और यह फर्क मेरे मन में एकदम स्पष्ट है।

यह फिर से रेखांकित करना उचित होगा कि मैं यह कदापि नहीं कह रहा हूँ कि अंग्रेजों के पहले भारत में सब भला ही भला था। उल्टे, किताब की शुरुआत ही औपनिवेशिक ज्ञानकांड के कारण जन्मे दो रुखों की चर्चा से होती है। पहले के अनुसार, ''हमारी हर समस्या विदेशियों की देन है। दूसरे शब्दों में, अपनी समस्याएँ हल तो हम क्या करेंगे, इतनी भी सामर्थ्य परमात्मा ने भारतीयों को नहीं दी है कि अपने लिए कुछ समस्याएँ स्वयं भी पैदा कर सकें।'' और, दूसरे के अनुसार, ''अंग्रेजी राज के पहले के भारतीय जन-जीवन में, सिवाय अत्याचारों और तर्कविहीन परंपराओं के अन्धानुगमन के, और था क्या?''

इन दोनों रुखों के विपरीत, मेरा निवेदन यह है कि समस्याएँ थीं, लेकिन समाधान के प्रयास भी थे, अन्याय जरूर था, लेकिन उसका प्रतिवाद भी था। मूल बात यह है कि अंग्रेजी राज कायम होने के पहले के भारतीय, फ्रेंच राज कायम होने के पहले के वियतनामी और स्पेनिश राज कायम होने के पहले के आज्तेक, झापोतेक और माया लोग भी बुद्धि का प्रयोग करना जानते थे। भारतीय तो स्टेटक्राफ्ट और व्यापार से लेकर अमूर्त दार्शनिक चिंतन तक में बहुत आगे थे। निवेदन यह भी है कि औपनिवेशिक ज्ञानकांड भारतीय समाज का निःस्वार्थ भाव से वस्तुनिष्ठ अध्ययन नहीं कर रहा था। बेशक, किसी भी ज्ञानकांड की तरह औपनिवेशिक ज्ञानकांड में भी अनेक स्वर थे, और ये सभी स्वर उपनिवेशीकृत समाजों की परंपराओं और जीवन-विधियों, वास्तविकताओं और, स्मृतियों के प्रति एक से असंवेदनशील नहीं थे। रिज्ले के नस्लवाद के विरुद्ध साक्ष्यों और तर्क के आधार पर जाति-व्यवस्था के फंग्शनल--पेशों पर आधारित--रूप को रेखांकित करनेवाले विलियम क्रुक भी ब्रिटिश अफसर ही थे। क्रुक द्वारा जुटाई गई सूचनाएँ, और उनके निष्कर्ष किसी भी गंभीर इतिहासकार के लिए अपरिहार्य हैं। मैंने उनका उपयोग किया ही है। लेकिन ध्यान इस बात पर भी देना होगा कि क्रुक जैसे लोग भी 'ऐंथ्रोपॉमेट्रिक' अध्ययनों के लिए प्रशासन द्वारा जुटाए गये नेटिव सैंपलों की खोपड़ियों और नाकों के नाप लिया करते थे। इसी प्रसंग में मैंने लिखा है, ''जाति को नस्लाधारित मानने वाले हों, या पेशाधारित; 'आधुनिक' यूरोपीय अध्येताओं को, ऐसे ''वैज्ञानिक'' अध्ययनों के लिए, मनुष्यों के 'नर' या 'मादा' 'सैंपल' या तो उपनिवेशों में सुलभ हो सकते थे, या फिर नाजी कंसेंट्रेशन कैम्पों में!''

फिर से कहूँ, बात केवल भारत तक सीमित नहीं है। दुनिया के इतिहास में, अश्वेत दासों का पहला सफल विद्रोह अठारहवीं सदी के अंत में हाइती में हुआ था, और 1 जनवरी, 1804 को हाइती ने स्वयं को फ्रेंच औपनिवेशिक सत्ता से स्वतंत्र घोषित कर दिया। इस स्वतंत्रता संग्राम का अद्‌भुत रूप से अंतर्दृष्टि-संपन्न और प्रामाणिक इतिहास बीसवीं सदी के प्रख्यात अश्वेत, मार्क्सवादी बौद्धिक सी.एल.आर. जेम्स ने 1938 में लिखा था। 'दि ब्लैक जैकोबियंस' नामक यह ग्रंथ हाइती की क्रांति के इतिहास के रूप में ही नहीं, मार्क्सवादी इतिहास-दृष्टि के सैद्धांतिक और व्यावहारिक विनियोग की दृष्टि से भी क्लासिक माना जाता है।

'दि ब्लैक जैकोबियंस' के पहले अध्याय 'दि प्रापर्टी' का एक उद्धरण उन लोगों की सेवा में समर्पित है, जिन्हें लगता है कि यूरोपीय उपनिवेशवाद और उससे जुड़े ज्ञानकांड ने तो केवल एशिया, अफ्रीका, लैटिन अमेरिका जैसे असभ्य समाजों में चल रहे अत्याचारों का 'दस्तावेजीकरण' किया था, और आजकल कुछ विद्वान इन उद्धारकों और ज्ञान-साधकों के प्रति कृतज्ञ होने के बजाय, इन्हीं पर उस अत्याचार की रचना करने के आरोप मढ़ने लगे हैं।

दास-व्यापार के प्रसंग में, सी.एल. आर. जेम्स लिखते हैं :

> "उस समय के प्रोपैगैंडिस्ट बताते थे कि दास-व्यापार कितना भी क्रूर क्यों न प्रतीत हो, दास बनाकर अमेरिका ले जाया गया अफ्रीकी, अपनी खुद की अफ्रीकी सभ्यता की तुलना में अमेरिका पहुँचकर ज्यादा सुखी होता था। हमारा युग भी प्रोपैगेंडा का युग है। अपने पूर्वजों की तुलना में हम अधिक व्यवस्थित और संगठित ढंग से प्रोपैगेंडा करते हैं, लेकिन झूठ वे भी उतने ही धाकड़ ढंग से बोलते थे। सोलहवीं सदी में, मध्य अफ्रीका सुख-शांति और सभ्यता का क्षेत्र था। महाद्वीप के एक सिरे से दूसरे सिरे तक व्यापारी बिना किसी खौफ या खतरे के यात्राएँ करते थे। जिन कबीलाई युद्धों से अफ्रीका को मुक्ति दिलाने का दावा यूरोपियन लुटेरे करते थे, वे कबीलाई युद्ध छोटी-मोटी झड़पों से ज्यादा कुछ नहीं हुआ करते थे। आधा दर्जन लोग जिसमें मारे जाएँ, ऐसी झड़प को ही विकट संग्राम मान लिया जाता था। दास-व्यापार की विपदा जिस समाज के सर टूटी, उसमें किसानों की दशा कई मायनों में उस समय के यूरोपीय भू-दासों से कई गुना बेहतर थी। कबीलाई जीवन को तोड़ा गया, और लाखों अफ्रीकियों को एक-दूसरे से भिड़ा दिया गया। उपजों के लगातार विनाश के फलस्वरूप लोग नरभक्षण तक करने को बाध्य हुए, अपहृता स्त्रियाँ पत्नी से रखैल बनने को विवश की गईं। कबीलों को या तो दास पकड़कर देने होते थे, या स्वयं दासता के लिए तैयार रहना होता था। हिंसा और क्रूरता अस्तित्व की शर्त बन गई, और हिंसा और क्रूरता का ही अस्तित्व बाकी रहा।"[2]

भारत के प्रसंग में, औपनिवेशिक सत्ता और ज्ञानकांड की 'प्रगतिशीलता' की कुछ चर्चा तो पुस्तक में की ही गई है। औपनिवेशिक सत्ता और ज्ञानकांड की प्रगतिशील भूमिका के प्रति कृतज्ञता के आंसुओं से जिनकी आँखें भर-भर आती हैं, वे 'दि ब्लैक जैकोबियंस' भी एक बार देख लें, साथ ही, 'अकथ कहानी' में पूछे गए इस सवाल का उत्तर फिर से खोजें—"उन्नीसवीं सदी की आखिरी चौथाई में अकाल के कारण काल के ग्रास में समा जानेवाले हमारे इन ढाई-तीन करोड़ अभागे पूर्वजों में से कितने दलित-पिछड़े और आदिवासी रहे होंगे और कितने सवर्ण या ब्राह्मणवादी!" ये ढाई-तीन करोड़ उस समय के भारत की आबादी के कितने प्रतिशत रहे होंगे, इस पर ध्यान दें तो, शायद यह भी समझ पाएँगे कि माइक डेविस जैसे अध्येता परम प्रगतिशील अंग्रेजी राज पर जातिनाश—होलोकॉस्ट—जैसा गंभीर आरोप क्यों लगा रहे हैं।

अफ्रीका या भारत जैसे विस्तृत भूभागों के प्रसंग में यह भी याद रखना चाहिए कि जो चाल-चलगत (एवरी डे प्रैक्टिस) केरल में थी, जरूरी नहीं कि वही उत्तर भारत में हो। जाति-व्यवस्था का जो रूप ओड़ीसा में है, जरूरी नहीं कि ऐन वैसा ही रूप गुजरात में भी हो। मैंने लिखा ही है, "दक्षिण के ब्राह्मण सभी अब्राह्मणों को शूद्र मानते थे। उत्तर में कई

मध्यवर्ती जातियाँ थीं, और ब्राह्मणों की सामाजिक हैसियत दक्षिण, महाराष्ट्र और बंगाल की तुलना में काफी कमजोर थी। औपनिवेशिक ज्ञानकांड और स्मार्त्त ब्राह्मणों के 'सार्वत्रिकता प्रेम' ने मिलकर उत्तर की बहुस्तरीय और जटिल सामाजिक संरचना पर भी ब्राह्मण-अब्राह्मण का सपाट मॉडल लागू कर दिया। वर्णाश्रम का जो मॉडल मॉडल ही था, और अधिकांशतः असफल ही; उसे भारतीय समाज-व्यवस्था की शाश्वत सचाई बना दिया। स्थानीय चाल-चलगत पर काबू पाने का जो काम स्मार्त्त ब्राह्मण समूचे भारतीय इतिहास में कभी पूरी तरह नहीं कर पाए थे, औपनिवेशिक आधुनिकता के सहयोग से वह काफी दूर तक संभव हुआ। गनीमत यही है कि काफी दूर तक ही, पूरी तरह फिर भी नहीं।''

भारत के विभिन्न क्षेत्रों के इतिहास की विशेषताओं को ध्यान में रखते हुए ही, सब धान बाइस पंसेरी तौलने के प्रलोभन से बचते हुए, मैंने 'हिन्दी-क्षेत्र के बारे में निश्चित रूप से कहा' है, और फिर कहता हूँ : *शाश्वत ब्राह्मण-वर्चस्व की तस्वीर औपनिवेशक सत्ता के साथ ब्राह्मणों के 'कोलैबोरेशन' के फलस्वरूप अठारहवीं-उन्नीसवीं सदी में गढ़कर कबीर के समय पर चिपका दी गई है। इसीलिए, जिन्हें निकोलस डर्क्स 'ऑफिशियल ब्राह्मण' कहते हैं, उपनिवेशवाद के साथ उनकी जुगलबंदी के नतीजों को समझे बिना ब्राह्मणवाद को न तो समझा जा सकता है, न उसका उचित उपचार किया जा सकता है।*

शाश्वत ब्राह्मण-वर्चस्व की फैंटेसी के बरक्स, इस किताब में दिए गए तथ्य और तर्क पढ़कर, मेरे बुजुर्ग मित्र, नासिक से प्रकाशित मराठी दैनिक 'देशदूत' के संस्थापक श्री देवकिशन सारडा को 'ब्राह्मण बनाने का कारखाना' याद आया, जो उन्होंने चालीस बरस पहले, कोलाबा, मुंबई के आर्य निवास भोजनालय में चलता देखा था। सारडा जी का ही नहीं, 'अकथ कहानी प्रेम की' के अन्य अनेक पाठकों का भी ध्यान चाल-चलगत की उन वास्तविकताओं की ओर गया, जिन्हें 'थ्योरी' तक ही सीमित 'विद्वत्ता' के घटाटोप ने धुँधला दिया है। मैं इसे किताब की बहुत बड़ी सफलता मानता हूँ।

आरंभिक आधुनिक काल के भारत की अन्य समस्याओं के बारे में बात करने के अलावा, मैंने यह भी लिखा है कि शस्त्रधारी साधु-संन्यासी बीसवीं सदी के राजनीतिक आंदोलनों के ही कारण नहीं पैदा हो गए हैं। दंडियों-मुंडियों के सशस्त्र संघर्षों की चर्चा भी की है। बुनियादी तौर से, मेरी आपत्ति उस सोच से है, जो यह मान बैठी है कि अपनी समस्याओं से टकराने की सामर्थ्य तो क्या, ऐसी सामर्थ्य को जन्म देने की संभावना तक भारतीय समाज में नहीं थी। भारतीय सांस्कृतिक अनुभव के प्रति घोर असंवेदनशीलता और औपनिवेशिक सत्ता के प्रति गद्‌गद कृतज्ञता इस सोच की पहचान है। इसी सोच का एक रूप स्वतंत्रता-संग्राम के दिनों में टोडी बच्चा कहलाता था, और इसी के कई रूप आजकल क्रांतिकारी बाना धारण किए घूमते हैं। यह आत्मघृणा औपनिवेशिक सत्ता के लिए सबसे बड़ी सहायक थी, नव-उपनिवेशवाद के विभिन्न रूपों के लिए भी भारत जैसे समाजों के चित्त में संस्कार बनकर बैठी यह आत्मघृणा सबसे बड़ी सहायक है।

औपनिवेशिक स्वामियों के प्रति कृतज्ञता में डूबे लोग भले न पढ़ पाएँ, लेकिन 'अकथ कहानी प्रेम की' अंग्रेजी राज के पहले के भारत में कोई समस्या देख ही न पाने, और

सिवाय समस्याओं के और कुछ भी नहीं देख पाने की अतियों का प्रतिवाद करने की कोशिश भी है।

औपनिवेशिक आधुनिकता द्वारा पैदा की गई समस्याओं पर किताब में काफी जोर दिया गया है। आधुनिकता की अवधारणा की अस्पष्टता, और प्रस्तुत प्रसंग में उसके औचित्य को लेकर कुछ मित्रों ने गंभीर सवाल उठाए हैं। वागीश शुक्ल और मदन सोनी को उत्तर-आधुनिक सोच पर, पुस्तक में यत्र-तत्र किए गए कटाक्ष भी गैर-जरूरी और अटपटे लगे हैं। वागीश जी का कहना है, "मुझे आधुनिकता का कोई भी प्रयोग भारतीय संदर्भ में भ्रामक लगता है, क्योंकि यह शब्द मॉडर्निटी के अनुवाद के रूप में इस्तेमाल होता है, और भारत में उस संघर्ष का सर्वथा अभाव है, जिसके कारण यूरोप को आधुनिकता की ओर मुड़ना पड़ा। जिसे पुरुषोत्तम ने देशज आधुनिकता से टटोलना चाहा है, वह भारत में सदा से मौजूद रही है, उसे मध्यकाल से जोड़ने की कोई आवश्यकता नहीं है। व्यापार भी ईसा-पूर्व भी इतना था कि तब के रोमन सिक्के भारत में मिले हैं, और रोम के लेखक दुखी थे कि सारा धन भारत चला जा रहा है। अरबों के बीच भारत के लोहे की तलवार (= मुहन्नद) इतनी मशहूर तो थी ही कि हज़रत मुहम्मद के समकालीन कवि उनके लिए क़सीदा लिखते समय उनकी उपमा उससे दें। यों, व्यापार का संबंध आधुनिकता से मेरी दृष्टि में ऐसा गहरा भी नहीं है।"

यूरोपीय आधुनिकता की जन्म-कुंडली में निकट अतीत से विच्छेद के जो ग्रह बैठे हैं, उन्हें ध्यान में रखते हुए वागीश जी का सवाल वाजिब है—क्या भारत में, परंपरा, चिंतन और संस्कृति के नैरंतर्य की ऐसी मौत कभी हुई थी कि 'पुनर्जन्म' (रेनेसाँ) की बात करनी पड़े? ठीक यही सवाल जयपुर की गोष्ठी में श्री नन्दकिशोर आचार्य ने भी उठाया था। 19 मार्च, 2010 को, बनारस वाले कार्यक्रम की अध्यक्षता करते हुए, चीनी इतिहास के अध्येता प्रो. कमल शील का कहना था, 'वैकल्पिक आधुनिकता की बजाय हम गैर-यूरोपीय समाजों के अतीत और वर्तमान के प्रसंग में आधुनिकता के विकल्प की ही बात क्यों न करें?'

डेविड लोरेंजन का कहना है, 'आधुनिकता' स्वयं ही काफी उलझी हुई और अस्पष्ट अवधारणा है। आधुनिकता वर्णनात्मक है या नियामक? वास्तव में क्या इसमें आधुनिक संसार का सब कुछ सम्मिलित है या यह आधुनिक जगत के उन मुख्य गुणों की ओर ही संकेत करनेवाली अवधारणा है, जो आधुनिकता के भाव को नियामक तौर पर परिभाषित करते हैं? आधुनिकता की सर्वग्राही अवधारणा स्वीकार कर लेने पर तो उस सब कुछ को, जिसका अनुभव और उपयोग हम अपने दैनिक जीवन में करते हैं, 'आधुनिकता' का एक आयाम या परिणाम ही मानना होगा : टूथब्रश से लेकर एटम बम तक, फासिज्म से लेकर लिबरल डेमोक्रेसी और साम्यवाद तक, पिकासो से लेकर सुपरमैन कामिक्स तक, अली अकबर खान से लेकर हिन्दी फिल्म संगीत तक, हिन्दुत्व से लेकर धर्मनिरपेक्ष अनीश्वरवाद तक, अलकायदा से लेकर अमेरिकी साम्राज्यवाद तक; शहरी, छिट-फुट हिंसा से लेकर अमेनेस्टी इंटरनेशनल तक।"

सवाल यह है कि हम आधुनिकता के यूरोपीय इतिहास में निबद्ध प्रत्यय को ही आधुनिकता का एक मात्र प्रत्यय क्यों माने बैठे हैं? यह यूरोप की विशिष्ट विडंबना ही थी कि वहाँ पुनर्जागरण और प्रबोधन, किसी हद तक, तुरंत अनुभूत अतीत (इमीजिएट पास्ट) से विच्छेद के साथ जुड़ गया। चर्च के ऐसे दमनकारी, हिंसक वर्चस्व के कारण कि 'राजधानियों से लेकर दूर-दराज के गाँवों में सेकुलर के लिए कोई स्पेस ही नहीं बचा' (जैक गुडी), समाज के पुनर्जन्म (रेनेसाँ) के लिए यूरोपीय आरंभिक आधुनिकता को चर्च नियंत्रित 'मीडिएवल पांडित्य' के स्थान पर सुदूर अतीत के चिंतन से नाता जोड़ना पड़ा। लेकिन इसके बावजूद, उस इमीजिएट पास्ट के प्रति वैसी हिकारत, यूरोपीय मानस का वैसा संस्कार कभी नहीं बनी, जैसा संस्कार, जैसी आत्मघृणा औपनिवेशिक आधुनिकता के प्रोजेक्ट का अनिवार्य हिस्सा बनाकर गैर-यूरोपीय समाजों में लाई गई। इस संस्कार से उपजे संवेदना-विच्छेद को 'अकथ कहानी प्रेम की' भारत ही नहीं, सभी औपनिवेशिकीकृत समाजों की प्रमुखतम समस्या मानती है।

सवाल फिर वही है--यूरोप में जैसा संघर्ष था, उसे आधुनिकता का निर्णायक नियामक तत्त्व माना ही क्यों जाए? युरगन हाबरमास द्वारा वर्णित बूर्ज्वा पब्लिक स्फीयर में कॉफी हाउस की संस्था काफी महत्वपूर्ण भूमिका निभाती है, लेकिन उसे ही पब्लिक स्फीयर--लोकवृत्त--का नियामक तत्त्व मानना, और कॉफी हाउस जिन समाजों में नहीं थे, वहाँ लोकवृत्त की संभावना से ही इनकार कर देना संभवतः उचित न होगा।

निकट अतीत से टूटन की हद तक जानेवाला संघर्ष यूरोपीय आधुनिकता की विशिष्ट ऐतिहासिक स्थिति का सूचक मात्र है, उसे आधुनिकता मात्र की परिभाषा का अनिवार्य घटक या नियामक तत्त्व मानना भ्रामक है। ऐसा संघर्ष यूरोपेतर आधुनिकताओं के विकासक्रम में मिल भी सकता है, नहीं भी मिल सकता है।

यहाँ नामवर जी द्वारा किया गया 'पुनर्नवता' शब्द का प्रयोग याद आता है। उन्होंने आचार्य हजारी प्रसाद द्विवेदी के 'निबंध का छंद' बखानते हुए, 'कुमारसंभव' के पाँचवें सर्ग के अंतिम श्लोक की पंक्ति--'क्लेशः फलेन हि पुनर्नवतां विद्यते'--को याद करते हुए, 1993 में लिखा था, "हजारी प्रसाद द्विवेदी काशी के पंडितों की उस लुप्तप्राय परंपरा में अन्यतम हैं जिसे रामावतार शर्मा, चंद्रधर शर्मा गुलेरी, राहुल सांकृत्यायन जैसे तेजस्वी पंडितों ने बीसवीं सदी तक जिलाए रखा और जिससे हिन्दी चिन्तन सृजन को पुनर्नवता प्राप्त हुई। जिसे हम आज 'आधुनिकता' कहते हैं, वह इसी पुनर्नवता का दूसरा नाम है, और आश्चर्य नहीं कि इसमें किसी-किसी को तथाकथित उत्तर-आधुनिकता का भी पूर्वाभास मिल जाए।"[3]

वास्तविक आधुनिकता किसी भी परंपरा की पुनर्नवता ही है--"हर आधुनिकता की अपनी परंपरा और हर परंपरा में आधुनिकता की संभावना।" इस पुनर्नवता के विशिष्ट ऐतिहासिक पलों की पहचान और विभिन्न परंपराओं के ऐसे पलों की परस्पर तुलना जरूरी है या नहीं? ऐसी तुलना न तो सामाजिक-आर्थिक और राजनीतिक परिवर्तनों की उपेक्षा कर सकती है, और न ही समाज के सांस्कृतिक, वैचारिक जीवन और उसके लिखित-मौखिक

साक्ष्यों की। इस तरह देखने पर साफ दीखता है कि कबीर के समय में, केवल उनके समाज में ही नहीं, और समाजों में भी, विश्व भर में कुछ तो बदल रहा था।

साथ ही, इस तरह देखने पर, भारत ही नहीं, दुनिया भर के इतिहास में; एक तो विश्व-व्यवस्था को केवल दो सौ साल पुरानी मानने की निराधारता स्पष्ट हो जाती है, दूसरे पिछली सहस्राब्दी सचमुच देशभाषाओं की सहस्राब्दी--'वर्नाक्युलर मिलेनियम'—लगती है। विभिन्न परंपराओं में पुनर्नवता या आधुनिकता की ऐतिहासिक प्रक्रिया से व्यापार का विशिष्ट संबंध भी समझ आने लगता है। बात केवल यही नहीं रह जाती कि भारतीय व्यापार ईसा के पहले की सदियों में ही दुनिया भर से जुड़ा हुआ था। वह तो था ही। यूरोप और ईसाइयत के इतिहास के जानकार इस उपस्थिति के प्रति सचेत भी रहे हैं। निकोस कजांतजाकिस के उपन्यास 'दि लास्ट टेंपटेशन ऑफ जीसस क्राइस्ट' में मेरी मैग्डलीन के 'ग्राहकों' में एक भारतीय व्यापारी भी है।

लेकिन, असली बात यह है कि कबीर के समय में, या उनके कुछ सदी पहले और पीछे व्यापार के प्रसार की विशिष्टता और उस प्रसार की सामाजिक-सांस्कृतिक परिणतियाँ क्या थीं? कबीर के समय की रचनाशीलता और चिंतनशीलता में कोई नया तत्त्व प्रस्फुटित हो रहा था या नहीं? परंपरा से ही उपलब्ध रहे हों, तब भी ऐसे तत्त्वों का पुनः रेखांकन, और व्यापक समाज में उनका स्वीकार ऐतिहासिक जिज्ञासा के लिए, महत्त्वपूर्ण तो है ही। ऐसे स्वीकार का कोई गहरा या उथला संबंध व्यापार के प्रसार से था या नहीं? इन प्रश्नों को यदि भारतीय इतिहास के संदर्भ में उठाया जाए और जो कुछ भारत में हो रहा था, उसकी तुलना अन्य समाजों और परंपराओं से की जाए तो कैसे नतीजे हासिल होते हैं?

'अकथ कहानी प्रेम की' यही जिज्ञासा करती है, और नतीजे पाठकों के सामने हैं ही। भारत और चीन जैसे समाजों को व्यापक औद्योगीकरण से वंचित आप भले ही कह लें, आधुनिकता से वंचित कहना बेमानी है। समस्या यह है कि इतिहास- लेखन की 'वस्तुनिष्ठ' पद्धति अपनाने का दावा करनेवाले यह भूल जाते हैं कि यूरोप में भी, आरंभिक आधुनिकता पहले और औद्योगीकरण बाद में आया था। यह भी याद रखना चाहिए कि परंपरा का रूपांतरण, आधुनिकीकरण, पुनर्नवता और बात है, सामाजिक चेतना और बौद्धिक चित्त में संवेदना-विच्छेद उत्पन्न हो जाना और बात। सांस्कृतिक स्मृति में संवेदना-विच्छेद का उत्पन्न होना औपनिवेशिक आधुनिकता की स्वाभाविक परिणति है, किसी परंपरा में पुनर्नवता के तौर पर आनेवाली देशज आधुनिकता की नहीं। इसलिए, कबीर के समय को देशज आधुनिकता के जरिए टटोलने में कोई हर्ज नहीं है, और इसीलिए औपनिवेशिक आधुनिकता द्वारा देशज आधुनिकता अर्थात् परंपरा की पुनर्नवता में उत्पन्न किए गए संवेदना-विच्छेद का विश्लेषण करना जरूरी है।

जहाँ तक डेविड लोरेंजन द्वारा उठाए गए 'आधुनिकता की सर्वग्राही अवधारणा' के सवाल का ताल्लुक है, मेरी समझ से, आधुनिकता और उत्तर-आधुनिकता दोनों के प्रसंग में हमें ऐतिहासिक स्थिति और संवेदना तथा मूल्य-बोध के बीच के अंतर और अंतस्संबंध

का ध्यान रखना चाहिए। इसी ध्यान के साथ मैंने लिखा है ''आधुनिकता मध्यकालीनता से अलग होती है—व्यक्ति, समाज और ब्रह्माण्ड के परस्पर संबंधों की नई समझ के आधार पर।'' मोनिका हॉर्स्टमान ने बिल्कुल ठीक पहचाना है कि आधुनिकता के संरचनात्मक नियामक तत्त्व के तौर पर मैं, राजवृत्त और निजवृत्त के साथ एक नए सामाजिक अवकाश (सोशल स्पेस), लोकवृत्त (पब्लिक स्फीयर) के विकास पर जोर देना चाहता हूँ। फ्रेंचेस्का ओरसिनी ने इस पहचान के साथ ही, किताब की इस सीमा की ओर बिल्कुल ठीक संकेत किया है कि लोकवृत्त-निरूपण में किताब फारसी स्रोतों का, मूल रूप में उपयोग नहीं कर पाती। 'दाबिस्ताँ-ए-मजाहिब' को किताब मूल और अंग्रेजी अनुवाद की तुलना करते हुए जरूर पढ़ती है, लेकिन मित्रों की सहायता से। यह लेखक फारसी अब तक तो नहीं जानता, लेकिन, जल्दी ही फ्रेंचेस्का की यह शिकायत दूर होगी—इंशाल्लाह!

खैर। बात यह है कि आधुनिकता को यदि हम पुनर्नवता या उसकी संभावना के रूप में देखें, तो 'व्यक्ति, समाज और ब्रह्माण्ड के परस्पर संबंधों की नई समझ' को, ऐसी समझ के व्यापक स्वीकार को 'आधुनिकता के नियामक तत्त्व' के रूप में रेखांकित किया जा सकता है। फिर, अलकायदा और अमेरिकी साम्राज्यवाद सरीखी परिघटनाएँ आधुनिकता की नियामक पहचान नहीं, आधुनिकता के इतिहास की ऐसी परिघटनाएँ प्रतीत होंगी जो 'आधुनिकता के नियामक तत्त्वों' के सामने चुनौती की तरह खड़ी हैं।

पहले यूरोप में जन्मी, फिर साम्राज्यवाद के सिविलाइजिंग मिशन के तहत वायरस की तरह सारी दुनिया में फैल गई आधुनिकता के बरक्स, एक-दूसरे के समानांतर विकसित हो रही आरंभिक आधुनिकता(ओं) की बात पिछले कुछ बरसों से अनेक इतिहासकार कर रहे हैं, इसी के साथ विश्व-व्यवस्था के इतिहास के प्रश्न भी जुड़े हुए हैं। इन बातों की थोड़ी सी चर्चा मैंने किताब के दूसरे अध्याय में की भी है।

समानांतर विकसित आधुनिकता(ओं) की चर्चा के क्रम में, मेक्सिकन विद्वान एनरिक डसल 'ट्रांस'—मॉडर्निटी शब्द का प्रयोग करते हैं।[4] उनका कहना वही है— आधुनिकता से जिन मूल्यों और प्रक्रियाओं का बोध होता है, वे यूरोप तक ही सीमित नहीं थीं। भारत, चीन और लैटिन अमेरिका में भी वैसे वैचारिक और सामाजिक परिवर्तन आ रहे थे। मैं भी आधुनिकता को कुछ मूल्यों और प्रक्रियाओं के ही आधार पर पहचानना चाहता हूँ। विभिन्न परंपराओं और आधुनिकताओं के बीच संवाद के आधार पर एक नया यूनिवर्सल विकसित हो सकता है, होना चाहिए, यह बोध मेरे मन में कम से कम दस साल से तो स्पष्ट है ही। 'विचार का अनंत' में मैंने लिखा था, ''जरूरत इस बात की है कि मनुष्य की सार्वभौम आकांक्षाओं से अपने-अपने विशिष्ट संदर्भों की बाधाओं के प्रसंग में विकसित होते बौद्धिक उपक्रमों और विमर्शों के बीच संवाद हो। ऐसा संवाद मानवीय स्थिति की समग्रता का जो बोध उत्पन्न करेगा वह वैचारिक धरातल पर बहुवचनात्मक और व्यावहारिक धरातल पर जनतांत्रिक होगा।''[5]

समग्रतापरक, बहुवचनात्मक संवाद की संभावना में आस्था, मेरे मन में, पिछले दस साल में प्राप्त दुनिया के कई समाजों के अनुभव और अध्ययन के कारण दृढ़तर

हुई है, और साथ ही दृढ़तर हुआ है नैतिक सापेक्षतावाद पर आधारित मान्यताओं और 'हरमेन्युटिक्स ऑफ सस्पीशियन' से प्रेरित पाठ-विधियों के प्रति सस्पीशियन (संदेह)।

पुस्तक के पहले संस्करण की भूमिका में भी, मैंने कहा है, " 'विचार का अनंत' में जो कहा गया था, वह यहाँ सप्रमाण दिखाया गया है।"

श्री वागीश शुक्ल का कहना है कि पुस्तक के शुरू में ही स्मृत नवलदास की बातों पर मुझे कुछ और ध्यान देना चाहिए था और उत्तर-आधुनिकता पर कटाक्ष नहीं करने चाहिए थे, क्योंकि "नवलदास और दरीदा की बातों में ऐसी कोई खाई नहीं है, जिसे पार न किया जा सके, खाई है तो मानसिकताओं की है।" मदन सोनी ने भी उत्तर-आधुनिकता पर किए गए कटाक्षों से अपनी असुविधा जाहिर की है।

ये कटाक्ष किसी हद तक तो हिन्दी में उत्तर-आधुनिकता के स्वयंभू सुधी विचारकों (!) के अंधाधुंध अज्ञान की ओर थे, लेकिन वह बात और है। वागीश शुक्ल और मदन सोनी उत्तर-आधुनिक चिंतन के गहरे जानकार हैं। समस्याओं पर गंभीरता से विचार करते हैं। जो एतराज वे दर्ज कर रहे हैं, उस पर मेरा उत्तर यह है कि उत्तर-आधुनिक 'कंडीशन' और उत्तर-आधुनिकता-वाद में फर्क करना जरूरी है। कंडीशन ऐतिहासिक सचाई है, लेकिन उस सचाई की जो दार्शनिक व्याख्या 'वाद' करता है, वह अंततः यूरोपीय आधुनिकता के विकास-क्रम, बल्कि कुछ पूर्वग्रहों के ही विस्तार पर आधारित है। चूँकि यूरोपीय आधुनिकता निकट अतीत के साथ विच्छेद या संघर्ष से जन्मी है, इसलिए हर आधुनिकता ऐसी ही होगी; या फिर अन्य आधुनिकताओं, परंपरा की पुनर्नवताओं का अस्तित्व ही नहीं है—यह यूरोकेंद्रित पूर्वग्रह ही है। इस पूर्वग्रह की परिणतियों का बोध प्राप्त करना बेहद जरूरी है; और अन्य बातों के साथ, इस काम के लिए भी देशज आधुनिकता की अवधारणा मुझे अपरिहार्य लगती है।

जहाँ तक बात है नवलदास की तो, वे जिस संस्कृति और स्मृति में स्थित हैं, वह उत्तर-आधुनिकता की नहीं, यूरोपियन आधुनिकता के समांतर विकसित होती रही आधुनिकता की संस्कृति और स्मृति है। मानसिकताओं के फर्क या उसके अभाव को इतिहास-क्रम की उपेक्षा करके समझना मुश्किल होगा, खासकर औपनिवेशिक ज्ञानकांड की जकड़ में आए समाजों के प्रसंग में। इन समाजों की बात छोड़ ही दें, तो भी, उत्तर-आधुनिकता-'वाद' जिस मानसिकता की सूचना देता है, वह स्वयं यूरोपियन आधुनिकता की अगली स्टेज ही सूचित करती है। गैर-यूरोप इसमें भी हाशिए पर ही है। आधुनिकता में तिरस्कार के साथ, तो उत्तर-आधुनिकता में दया-भाव के साथ। इसके विपरीत, नवलदास जिस देशज आधुनिकता को वाणी दे रहे हैं, वह यूरोपियन आधुनिकता की न अनुगामिनी है, न विरोधिनी। वह उसके समांतर है। वह यूरोपीय आधुनिकता और उत्तर-आधुनिकता के बाहर है। नवलदास के साथ हुई मेरी बातचीत एक तरह से खुद के साथ बरसों से चल रही बातचीत का रूपक भी है, और इस सबक़ की याद-दिहानी भी कि अंग्रेजी और उसके अनुकरण

तक सीमित रहनेवाली दुनिया के बाहर भी एक बौद्धिक दुनिया है, जिसे उपदेश देने से बेहतर है, उसके साथ बातचीत करना।

कबीर लूथर के समांतर थे, न उनके विरोधी, न अनुयायी। आरंभिक यूरोपीय अध्येताओं को, जरूर कबीर के संदर्भ में लूथर बार-बार याद आते थे। इनमें से एक—डब्ल्यू. डब्ल्यू. हंटर—ने कबीर के बारे में 'इंडियन लूथर' शीर्षक से लिखा भी था। इंडियन लूथर की खोज करने में कोई हर्ज भी नहीं, बशर्ते साथ में यूरोपियन कबीर की खोज भी जारी रहे। बॉन की जिस कांफ्रेंस का जिक्र पहले किया जा चुका है, उसमें मैंने जो परचा पढ़ा, उसका शीर्षक यही था—'हू वाज़ यूरोपियन कबीर?'

समस्या यह है कि नवलदास तो यूरोपियन आधुनिकता से संवाद करना चाहते हैं, लेकिन यूरोपियन आधुनिकता उन्हें 'सुधारना' चाहती है। संवाद हो तो दोनों सुधरेंगे। एक-दूसरे से सीखेंगे। लेकिन औपनिवेशिक आधुनिकता तो सुधार की वन-वे स्ट्रीट ही देख पाती है। दूसरी ओर उत्तर-आधुनिकता नवलदास को इतिहास में जमा देना चाहती है। यह यूरोपियन आधुनिकता से ही उपजे, आज प्रचलित उस यूरोकेंद्रित उत्तर-आधुनिक विमर्श का स्वाभाविक परिणाम है, जो 'डिसेंटरिंग' की कला भी 'सेंटर' से ही सीखता है, और वहीं से अपने बौद्धिक उपकरण लेता है। उत्तर-आधुनिक 'स्थिति' की वास्तव में प्रामाणिक व्याख्या करने में सक्षम, और इस अर्थ में, वास्तविक तथा प्रामाणिक उत्तर-आधुनिक विमर्श का विकास वास्तविक संवाद से ही संभव है, कृपाभाव से नहीं। ऐसे संवाद में 'अंतरों' के जरूरी बोध के साथ ही, न्यूनतम मानवीय मूल्यों की सार्वभौमिकता का उतना ही जरूरी आग्रह भी स्पष्ट रूप से निहित होगा।

भक्ति के लोकवृत्त की अवधारणा अनेक मित्रों को अभूतपूर्व और अत्यंत विचारोत्तेजक लगी है। मोनिका हॉर्स्टमान ने 'अकथ कहानी प्रेम की' द्वारा आरंभिक आधुनिकता की पहचान में इसकी केंद्रीयता को उचित ही रेखांकित किया है। मैं तो भक्ति के लोकवृत्त पर काम जारी रखने ही वाला हूँ, आशा है कि अन्य मित्रों का उत्साह भी कुछ रंग लाएगा। इस विषय में स्कूल ऑफ ओरिएंटल ऐंड अफ्रीकन स्टडीज, लंदन की फ्रेंचेस्का ओरसिनी और बीएचयू के राजकुमार और संजय के उत्साह का उल्लेख ऊपर हो ही चुका है। भक्ति के लोकवृत्त के बनने और विकसित होने में व्यापारियों और दस्तकारों की भूमिका के रेखांकन के प्रसंग में मोनिका जी ने बिल्कुल ठीक याद दिलाया कि "इन वर्गों की वास्तविक भूमिका—खासकर कबीर के बनारस के परिवेश में इनकी भूमिका—का कोई खास अनुसंधान आज तक हुआ नहीं है।" आगे उन्होंने बनियों के लोक-प्रचलित स्टीरियोटाइप के बावजूद भक्ति के सोशल नेटवर्क में उनकी और अन्य सामाजिक समूहों—पठान, योगी, राजपूत—और अन्यों की उपस्थिति को भी रेखांकित किया है। मोनिका जी के अनुसार, "चूँकि पब्लिक स्फीयर—लोकवृत्त—निजी और शासकीय अवकाशों के बीच का अवकाश है, इसलिए यह भी खोजा जाना चाहिए कि परंपरामान्य और परंपरा पर प्रश्न उठानेवाले आधुनिक के बीच होनेवाले संघर्षों के प्रति पंचायतों का रवैया कैसा रहता था।"

'अकथ कहानी प्रेम की' के छपने के कुछ ही दिन बाद खाप पंचायतों की नादिरशाही के अनेक समाचार आए थे। कुछ लोगों ने कहना शुरू किया, यह है आपकी देशज आधुनिकता! निवेदन फिर से वही है, खाप पंचायतों के आज के व्यवहार के आधार पर, कबीर के समय में उनके व्यवहार के बारे में निष्कर्ष निकालने में कालक्रम-दोष है। दूसरी बात, पंचायतें तरह-तरह की होती थीं—गाँव, जाति, पेशे, बिरादरी और खाप की। किसकी क्या भूमिका, और प्रसंग-विशेष में क्या रवैया होता था, इस विषय में कोई सामान्यीकरण करने के पहले कम से कम दस-पाँच पंचायतों के इतिहासों, फैसलों और लोक-जीवन में उनकी वास्तविक भूमिकाओं का प्रामाणिक अध्ययन कर लेना चाहिए। इस लिहाज से, भक्ति के लोकवृत्त में पंचायतों की भूमिका के बारे में मोनिका जी का सवाल बहुत ही महत्वपूर्ण है।

इसी तरह फ्रेंचेस्का ने एक अत्यंत महत्वपूर्ण, विचारणीय सवाल उठाया है। किताब कबीर की संवेदना और सामाजिक आलोचना को 'सामंती विशेषाधिकारों के विरुद्ध, व्यापारियों और दस्तकारों की न्यायसंगत व्यवहार—फेयरप्ले'—की माँग से जोड़ती है। फ्रेंचेस्का का कहना है, "कम से कम, उत्तर भारत में तो व्यापारी समुदाय आज तक भी किसी तरह के रेडिकलिज्म या न्यायसंगत व्यवहार के आग्रह के लिए विख्यात नहीं हैं। ऐसी स्थिति में यह कैसे कहा जा सकता है कि आध्यात्मिक धरातल पर 'फेयरप्ले' की माँग करने वाली कबीर की आवाज व्यापारियों और दस्तकारों की आकांक्षाओं को वाणी दे रही थी?"

भक्ति के लोकवृत्त को समझने की दृष्टि से, यह सवाल उतना ही महत्वपूर्ण है, जितना कि पंचायतों की भूमिका का सवाल। पंचायतों पर तो नहीं, लेकिन इस सवाल पर थोड़ी सी ही सही, बात तो किताब में की गई है। बनियों के प्रख्यात रूढ़िवाद की ख्याति, समुद्र-यात्रा निषेध को काटते मारवाड़ी बनियों के रूस के अस्त्राखान और मिस्र के काहिरा नगर तक जा पहुँचने की वास्तविकता से कैसे टकराती है, यह बताया गया है। वैसे भी, औपनिवेशिक ज्ञानकांड द्वारा डरपोक और घरघुसरे बताए गए बनिए, लोक-आख्यानों में सुरक्षित स्मृतियों के अनुसार सात समुद्र पार की दिसावर तक व्यापार करने का साहस किया करते थे। बनारसीदास के 'अर्द्धकथानक' के एक अंश पर बात करते हुए किताब क़यास लगाती है कि 'कंजूस बनिए' का स्टीरियोटाइप किन स्थितियों के कारण बना होगा। लेकिन, निस्संदेह, भक्ति के लोकवृत्त पर विस्तृत विचार करने के क्रम में, व्यापारियों और दस्तकारों के सामाजिक रुझानों के बारे में और खोज तो करनी ही होगी।

उपन्यासकार रवीन्द्र वर्मा ('जनसत्ता' 11 जुलाई, 2010) के अनुसार, "लोकवृत्त की अवधारणा का पाठ अपने मूल अभिप्राय में लोकधर्म से अलग नहीं लगता...सिर्फ लोकधर्म में नायकत्व दस्तकारों और व्यापारियों के हाथों से फिसलकर जनसाधारण के हाथों में आ जाता है।" उनका यह भी कहना है कि पुरुषोत्तम अग्रवाल लोकधर्म और संगठित धर्म में फर्क नहीं कर पाते। वैसे, पुस्तक का एक पूरा अध्याय धर्मचर्चा को ही समर्पित है। लोकधर्म और संगठित धर्म के फर्क के साथ ही यह भी ध्यान में रखते हुए कि आचार्य रामचंद्र शुक्ल 'लोकधर्म' का प्रयोग नियामक (नॉर्मेटिव) आशय में करते हैं, तो आचार्य हजारी प्रसाद द्विवेदी वर्णनात्मक (डिस्क्रिप्टिव) आशय में। जहाँ तक 'नायकत्व' के फिसल

जाने की बात है, कबीर के समय में दस्तकारों और व्यापारियों से अलग 'जनसाधारण' किसान ही थे, और कबीर-पंथ में, भक्ति के व्यापक लोकवृत्त में किसानों के नेतृत्व के ऐतिहासिक प्रमाण मुझे मिले नहीं हैं। ध्यान दें, नेतृत्व ही कह रहा हूँ, उपस्थिति नहीं। यों भी, कबीर और उनके सरीखे अन्य लोग अपने वक्त में नहीं, बहुत बाद में हाशिए की आवाज़ में बदले गए, यह मैं किताब में अनेक प्रमाणों के साथ दिखा ही चुका हूँ।

निर्गुण-सगुण के स्थान पर, भक्ति-काव्य का वर्गीकरण काव्योक्त-शास्त्रोक्त में करने के प्रस्ताव ने भी मित्रों का ध्यान आकर्षित किया है। डेविड लोरेंजन ने इस वर्गीकरण की अपनी कठिनाइयों और संभावित बिगूचनों की ओर ध्यान आकर्षित करते हुए, और अपने द्वारा प्रस्तावित 'वर्ण-धर्मी, अवर्ण-धर्मी' वर्गीकरण का भी उल्लेख करते हुए प्रस्ताव किया है कि, ''इन तीन वर्गीकरणों : *सगुण-निर्गुण, वर्ण-धर्मी* और *अवर्ण-धर्मी* और *शास्त्रोक्त-भक्ति* और *काव्योक्त-भक्ति* के बीच की भ्रांतियों और उलट-पुलट से बचने का एक सीधा सा तरीका यह स्वीकार कर लेना हो सकता है कि उत्तर भारत के भक्त कवियों की रचनाओं में धार्मिक, सामाजिक विचारधारापरक और कलात्मक अंतर सदा साथ-साथ ही उपस्थित हों, यह जरूरी नहीं। दूसरे शब्दों में, संभवतः यह बेहतर होगा कि इनमें से प्रत्येक भिन्नता की व्याख्या स्वतंत्र रूप से की जाए और सभी कवियों को समानांतर श्रेणियों में रखने पर जोर न दिया जाए। इस पद्धति से, कबीर की कविता को *निर्गुणी, अवर्ण-धर्मी* और *काव्योक्त* वर्ग में रखा जा सकता है। इसी तरह, तुलसीदास के काव्य को, या कम से कम कुछ भजनों को, *सगुणी, वर्णधर्मी* और *काव्योक्त* वर्ग में, और मीरा के काव्य को *सगुणी, अवर्ण-धर्मी* और *काव्योक्त* वर्ग में रखा जा सकता है।''

अंजनी श्रीवास्तव ने भी काव्योक्त-शास्त्रोक्त की अस्पष्टता को रेखांकित किया है। हालाँकि प्रत्येक भिन्नता की व्याख्या स्वतंत्र रूप से करने की बजाय उनका सुझाव सीधा सा है कि प्राचीन भागवत धर्म को शास्त्रोक्त और मध्यकालीन भक्ति-काव्य को काव्योक्त कहा जाए।

दोनों ही सुझाव विचारणीय हैं। मैं तो विचार करूँगा ही, आशा है, अन्य अध्येता भी इन पर ध्यान देंगे। फिलहाल, संतोष इस बात का तो है ही कि काव्योक्त- शास्त्रोक्त के प्रस्ताव ने निर्गुण-सगुण के प्रचलित विभाजन के इतिहास-विरुद्ध सपाटपन की ओर लोगों का ध्यान खींचा।

यह भी संतोष की बात है कि कबीर की भक्ति-संवेदना की चर्चा में नारद भक्ति-सूत्रों का रेखांकन, और भक्ति माने भागीदारी का प्रस्ताव अधिकांश पाठकों और विद्वानों को विचारोत्तेजक लगा। इस प्रस्ताव का स्रोत वही है, जो पूरी किताब में अंतर्निहित पद्धति का। औपनिवेशिक आधुनिकता और उत्तर-आधुनिकता के अहंकारजनित अज्ञान के कारण बहुत से लोग इस पर ध्यान देने की जरूरत ही नहीं समझते कि कबीर के अपने समकालीन या कुछ पीछे के लोग उनके बारे में क्या कहते हैं। कबीर-रामानंद संबंध के प्रसंग में, किताब इस अहंकार और अज्ञान की परिणतियों का जो आख्यान प्रस्तुत करती है, रोचक बात है कि वह लगभग सभी पाठकों और समीक्षकों को 'जासूसी कहानी' जैसा लगा है। जहाँ

यह आख्यान सबसे पहले छपा था, उस संकलन के संपादक, इतिहासकार सौरभ दुबे से लेकर युवा समीक्षक वेदप्रकाश तक को। कबीर के अपने समकालीनों और तुरंत बाद के लोगों की आवाज को ध्यान से सुनने के प्रसंग में, 18 जुलाई, 2010 को, मेरे साथ एक निजी बातचीत में, नामवर जी ने जायसी की प्रसिद्ध पंक्ति—'ना नारद तब रोइ पुकारा, एक जुलाहे सों मैं हारा'—के बारे में कहा कि यहाँ जायसी बता रहे हैं कि कबीर नारदी भक्ति के इतने बड़े साधक हैं, कि इस साधना में स्वयं नारद भी उनसे पीछे छूट गए हैं। नामवर जी की यह बात कबीर और जायसी के ही संदर्भ में नहीं, अन्य कवियों के संदर्भ में भी, उनके परस्पर संवाद और स्मरण को समझने की उचित विधि का एक बार फिर रेखांकन करती है।

पुस्तक के प्रकाशन के बाद जो मुद्दे उठे हैं, उन पर कुछ टिप्पणियाँ यहाँ की गई हैं, कुछ शायद फिर कभी की जाएँ। जहाँ तक पुस्तक के पाठ का सवाल है, वह जस का तस है। हाँ, कुछ शब्द गलत छप गए थे, कुछ छूट गए थे, सो प्रूफ कुछ और सावधानी से पढ़े गए हैं। प्रेमदास उतराधा के 1705 ई. वाले गुटके में संकलित कबीर-बानी का पाठ दादू जी के प्रत्यक्ष शिष्य और प्रेमदास के दादागुरु बनवारीदास जी ने तैयार किया था। यह बात पहले संस्करण के चौथे अध्याय में तो स्पष्ट थी ही, इस संस्करण में पहले अध्याय में भी इसे साफ कर दिया गया है। रचना-चयन में दो पद और जोड़ दिए गए हैं। एक तो—'जिउ जल छोड़ बाहर भइयो मीना'; और 'दूसरा काग उड़ावत मेरी बाँह पिरानी'।

और, अन्त में यही कि इस किताब के लिखने के क्रम में मैंने बहुत कुछ सीखा। यों कहना बेहतर होगा कि खासकर पिछले दस साल से जो सीखता रहा हूँ, उसी की अभिव्यक्ति किताब में निहित चिन्ताओं और प्रस्तुत किए गए तर्कों में हुई है। यह धीरे-धीरे समझ आ रहा है कि अतियों के प्रलोभन से मुक्ति पाने की, निरन्तर 'मधि' में वास करने की साधना को कबीर जैसे साधक इतना कठिन क्यों बताते रहे हैं, अनल पक्षी को इस साधना का रूपक क्यों बनाते रहे हैं।

इस अर्थ में, 'अकथ कहानी प्रेम की' अनल के उस 'मधि निरन्तर वास' को 'घट भीतर' खोजने के आयास का दस्तावेज भी है।

16 अगस्त, 2010

—पुरुषोत्तम अग्रवाल

---

1. *दि ऑप्रेसिव प्रजेंट : लिट्रेचर एंड सोशल कांशसनेस इन कॉलोनियल इंडिया*, ऑक्सफोर्ड यूनिवर्सिटी प्रेस, दिल्ली, 1992
2. सी.एल.आर. जेम्स, *दि ब्लैक जैकोबियंस*, पेंग्विन बुक्स, लन्दन, 2001, पृ. 3
3. *हिन्दी का गद्यपर्व*, सं. आशीष त्रिपाठी, राजकमल प्रकाशन, दिल्ली, 2010, पृ. 163
4. एनरिक डसल, *वर्ल्ड सिस्टम ऐंड 'ट्रांस'—मॉडर्निटी* (सौरभ दुबे, ईषिता बनर्जी—दुबे द्वारा सम्पादित *अनबिकमिंग मॉडर्न* में संकलित), सोशल साइंस प्रेस, नई दिल्ली, 2006, पृ. 165-188
5. *विचार का अनन्त*, राजकमल प्रकाशन, नई दिल्ली, आवृत्ति 2010, पृ. 19

निर्गुण के गुण

तो, आखिरकार, बरसों से लिखी जा रही यह अकथ कहानी प्रेम की आपके सामने है।

कबीर को अकेले नहीं पढ़ा जा सकता। उन्हें पढ़ना होगा, भक्ति संवेदना के समग्र सन्दर्भ में। ध्यान में रखने होंगे, इस संवेदना के आत्म-संघर्ष और वाद-विवाद और साथ ही विवादरत पक्षों के परस्पर संवाद, परस्पर समायोजन। त्यागना होगा इतिहास को बन्द गली और अपने मनोवांछित लक्ष्य को उस बंद गली का आखिरी मकान समझने का मोह। यह किताब है कबीर के बारे में, लेकिन लिखी गई है, भक्ति-संवेदना के बारे में पूरे परिप्रेक्ष्य के साथ। किताब में कई बातें ऐसी हैं, जिन पर किंचित् विस्तार की अपेक्षा होगी। कुछ तो यहीं मिलेगा, कुछ के लिए प्रतीक्षा करें अगली किताब की।

कबीर को 'पढ़ने' के लिए उन्हें अजूबा बनाने के प्रलोभनों से मुक्त होना सबसे पहले जरूरी है। मध्यकाल में होते हुए भी, कबीर, अजीब बात है कि आधुनिक से लगते हैं। 'निरक्षर' होते हुए भी, कबीर, अजीब बात है कि 'ज्ञानीजी' कहे जाते हैं। मुसलमान वंश में जन्म होने पर भी, अजीब बात है कि रामानन्द के शिष्य बनते हैं...इस तरह की अजब-गजब मार्का बातों के आदि-स्रोतों की खोज स्वयं ही रोचक और रोमांचक है। यह खोज की तभी जा सकती है, जबकि आप देशभाषा स्रोतों पर 'कृपा' करने की बजाय उनसे संवाद करें, किंवदन्तियों की अवैज्ञानिकता सिद्ध करने के पराक्रम की बजाय उनका सांस्कृतिक सार और आशय समझने की कोशिश करें। मैंने यही कोशिश की है। मैंने कबीर को 'चकित' होकर पढ़ने, या उनका मनमाना इस्तेमाल करने की नहीं, उन्हें ऐसे लगाव से पढ़ने की कोशिश की है, जिसमें जिरह के लिए विख्यात कवि से जिरह की भी पूरी गुंजाइश है। कबीर को धर्मगुरु बनाने की बजाय उनके कवि-व्यक्तित्व के साथ संवाद करने की कोशिश की है।

इन सारी कोशिशों की सफलता-असफलता पर, अब आपकी राय का इन्तजार है।

यह किताब कई ऐसी बातों का विस्तार करती है जो मैं सूत्र रूप में 'विचार का अनन्त' (2000) में कह चुका था, वहाँ बातें सार रूप में, विचार के अमूर्त अवतार में कही गई थीं। यहाँ ऐसे कई सूत्रों का विस्तार किया गया है। यूरोपीय आधुनिकता

ही अकेली आधुनिकता नहीं है, यूरोप और गैर-यूरोप की समानता-विलक्षणता को समझने की विधि क्या हो, औपनिवेशिक आधुनिकता ने सारे गैर-यूरोप में सांस्कृतिक संवेदना-विच्छेद उत्पन्न किया है—यह सब 'विचार का अनन्त' में कहा गया था, यहाँ सप्रमाण दिखाया गया है।

ठीक बत्तीस बरस पहले, जब स्व. प्रो. सावित्री चन्द्र 'शोभा' के कोर्स 'निर्गुण भक्ति : असहमति और विरोध' के लिए कबीर पर टर्म पेपर लिख रहा था, तभी तय कर लिया था कि रिसर्च कबीर पर ही करनी है, और नामवरजी के साथ ही करनी है। रिसर्च यों तो, औपचारिक रूप से 1985 में सम्पन्न हो गई, और तभी से नामवरजी भी कहते रहे कि किताब छपवा दो, और मित्र अशोक महेश्वरी भी लगातार आग्रह करते रहे, अपने राम टालते रहे। अच्छा ही हुआ। हर बात का वक्त होता है। इस किताब का वक्त अभी ही आया है। इस बीच वक्त ने भी बहुत उतार-चढ़ाव देखे, कबीर की कविता ने भी, और मैंने भी।

उन दिनों क्या, बहुत बाद तक भी, सोचा नहीं था कि कबीर पढ़ना, पढ़ाना और कबीर का विधिवत अध्ययन करना एक सभ्यतामूलक जिज्ञासा में बदल जाएगा। कबीर को कैसे-कैसे पढ़ा, बल्कि गढ़ा गया है, इस पर ध्यान देना औपनिवेशिक ज्ञानकांड से टकराने में बदल जाएगा।

यह जिज्ञासा-यात्रा चलती रही है, साथ ही चलती रही है, खुद को परखने, बदलने की कोशिश। भीतर-बाहर की निरन्तरता के साधक कबीर दोनों ही यात्राओं में साथी भी रहे हैं, पथप्रदर्शक भी। उन्हें, उनके समय को समझने की कोशिश ने उनके समय के बारे में ही नहीं, मेरे अपने समय के बारे में भी बहुत कुछ सिखाया है। जो सीखा-समझा, जाना-बूझा उसमें से कुछ इस किताब की शक्ल में आपके सामने है।

ब्राह्मण-सर्वोच्चता की शाश्वतता ऐतिहासिक सत्य नहीं, ब्राह्मणों की फैंटेसी है, जिसे ऐतिहासिक सत्य का दर्जा औपनिवेशिक सत्ता के सहयोगी ब्राह्मणों ने दिया। रैदास 'अछूत' थे, काफी विनम्र व्यक्तित्व था उनका, लेकिन एक पद (186) में भक्ति की महिमा और भगवान के प्रति कृतज्ञता जिन शब्दों में व्यक्त करते हैं, वे ध्यान से पढ़े जाने चाहिएँ : ''जाके कुटंब के ढेढ सब ढोर ढोवंत फिरहिं, अजहूँ बनारसी आसा पासा/आचार सहित बिप्र करहिं दंडौति तिन तनै रैदास दासानुदासा''।

आजकल कबीर, रैदास और मीरा को हाशिए की आवाजें मानकर पढ़ा जा रहा है। इन संतों से जो समुदाय प्रत्यक्ष रूप से जुड़ते हैं, उनकी वर्तमान दशा के लिहाज से ऐसी पढ़त ठीक लगती है, लेकिन इतिहास के लिहाज से भी क्या यह ठीक है?

सवाल यह है कि *इतिहास लेखन* में कबीरादि को *हाशिए के लोग* बनाया किसने। जिस समय का इतिहास लिखने के दावे किए जाते हैं, उस समय तो कबीर व्यापारियों में सर्वाधिक मान्य हैं। समाज के अन्य शक्तिशाली लोगों में भी उनकी मान्यता है। रैदास की शिष्या मीरा थीं, या कोई और झाली रानी—यह महत्त्वपूर्ण नहीं, महत्त्वपूर्ण यह है कि 'अछूत' की इतनी मान्यता थी कि कोई रानी उनकी शिष्या बनना चाहे, और खुराफाती ब्राह्मण मुँह की खाएँ।

औपनिवेशिक आधुनिकता ने इतिहास के केन्द्र में रखा दिल्ली याने राजसत्ता को, उसकी भूमिका को इस तरह रि-प्रेजेंट किया कि औपनिवेशिक सत्ता का केन्द्रमोह भारतीय इतिहास का स्वाभाविक विकास मान लिया गया, लेकिन दूसरी तरफ यह कि भारतीय समाज में तो राजसत्ता फालतू की सी चीज थी, सारी सत्ता जाति या गाँव की पंचायत के हाथ में थी—इस पद्धतिगत उलटबाँसी पर ध्यान देने की जरूरत ही नहीं समझी गई।

जिस तरह 'हाशिए के लोग' रचे गए, उसी तरह औपनिवेशिक आधुनिकता द्वारा 'जड़, इतिहासविहीन' मध्यकाल भारतीय इतिहास के उस कालखंड पर आरोपित किया गया, जो आर्थिक-सांस्कृतिक दोनों दृष्टियों से ठेठ आधुनिक गतिशीलता और वाद-विवाद-संवाद के जरिए परम्पराजनित आधुनिकता के विकास का काल था।

भारत और अन्य गैर-यूरोपीय समाजों की अपनी देशज आधुनिकता और उसमें औपनिवेशिक आधुनिकता द्वारा उत्पन्न किए गए व्यवधान को समझना अतीत, वर्तमान और भविष्य का बोध प्राप्त करने के लिए तो जरूरी है ही, कम से कम मुझे तो यह नितान्त निजी आत्म-बोध प्राप्त करने के लिए भी जरूरी लगता है।

आज जहाँ हम खड़े हैं, उस इक्कीसवीं सदी में इतिहास को कैसे देखें? क्या ऐसी कोई इतिहास दृष्टि सम्भव है, जो ऐतिहासिक कर्त्ताओं की स्वायत्तता का भी सम्मान करे और व्याख्याकर्त्ता की स्वायत्तता का भी। जो अपने पसन्दीदा नायकों से केवल तादात्म्य का ही अनुभव न करे, बल्कि अपरिहार्य अन्तर का बोध भी बनाए रखे। इन जिज्ञासाओं ने ही यह 'अकथ कहानी' लिखवाई है।

मैं बत्तीस बरस पहले, ग्वालियर से दिल्ली आया था। ग्वालियर में हालत यह हो गई थी कि 'नक्शा उठाकर कोई और शहर देखिए...'

उलझन और बेचैनी के उन दिनों में सहारा मिला था, माँ स्व. कमलादेवी से, जो लिखना नहीं, बस पढ़ना जानती थीं, न जाने कितने और पाठकों की तरह प्रेमचन्द से मेरा भी पहला परिचय माँ ने ही कराया था। माँ के अलावा, सहारा मिला था, ग्वालियर भर के, और मेरे भी कांशेंस-कीपर, श्रेष्ठ कवि प्रकाश दीक्षित, गम्भीर और जीवन्त मित्र लक्ष्मी मिश्र और छठी क्लास से अब तक दोस्त चले आ रहे अजय शर्मा,

और बाद में ज्योत्स्ना भौजी से। सुचित्रा और राजेन श्रीवास्तव से। आज राजेन हमारे साथ नहीं...।

दिल्ली पहुँचने के कुछ दिनों बाद ही जीवन में सुमन का प्रवेश हुआ, जिसके प्रति कृतज्ञता की कोई भी अभिव्यक्ति अधूरी ही रहनी है, और इस अधूरेपन में ही है जिन्दगी का पूरापन।

दिल्ली में रहना ही असम्भव हो जाता, अगर स्व. सी.पी. केशरी और स्व. पार्वती केशरी जैसे सास-ससुर न होते। वे दोनों 'बुद्धिजीवी' नहीं, आदर्श इंसान और नागरिक थे।

जेएनयू ने केवल डिग्री नहीं दी, सोचने-समझने की दिशा भी दी, लैटिन में यूनिवर्सिटी को 'अल्मा माटर' कहा जाता है–उदार माँ। जेएनयू मेरी यशोदा है।

जब जेएनयू में, हिन्दी एम.ए. में दाखिला हुआ, प्रकाशजी ने कहा था, 'एम.ए. तो कहीं से भी हो जाता, बड़ी बात यह है कि जेएनयू में तुम्हें नामवर सिंह से पढ़ने का अवसर मिलेगा।' सचमुच यह बड़ी बात थी। 'कबीर की भक्ति का सामाजिक अर्थ' पर उनके साथ काम करना सौभाग्य भी था, गौरव भी। एक बार मैंने लिखा था, नामवरजी के बारे में, 'वे पढ़ाते नहीं, सिखाते हैं'। सीखना जारी रख सकूँ, यही कोशिश है–आकाशधर्मा गुरु नामवरजी के प्रति कृतज्ञता व्यक्त करने का और तो कोई तरीका हो नहीं सकता।

साहित्य दोयम दर्जे की बेगार नहीं, प्राथमिक महत्त्व की गतिविधि है, यह बात तरह-तरह से सिखानेवाले, मुझे अपार स्नेह देनेवाले नेमिजी की स्मृति को प्रणाम करता हूँ।

कबीर को मूलतः कवि की तरह पढ़ा जाए, यह आग्रह बरसों से करता आया हूँ। जीवन में कविता का क्या महत्त्व है, यह समझ आया केदारजी की क्लासेज में बैठकर और श्री अशोक वाजपेयी के साथ चर्चाएँ करके, कविता के प्रति इनका पैशन देखकर... कृतज्ञ हूँ, इन श्रेष्ठ कवियों का। कृतज्ञ हूँ प्रो. किदवई और प्रो. असलम परवेज़ का। जेएनयू के वे दिन जिनके कारण अब भी ये दिन से लगते हैं, आभारी हूँ उन मित्रों–समीर, मदन, नीलांजन, जय, पुष्पा, अशोक, शबरी, अनस भाई, के.एम. शर्माजी का...

आभारी हूँ कबीर के कवित्व पर लगातार बल देनेवाली लिंडा हेस का, जिनसे सोच-विचार में बार-बार सहायता मिली। डेविड लोरेंजन जितने गम्भीर विद्वान हैं, उतने ही खरे, मस्त इंसान भी। आभारी हूँ, मानद कबीरपंथी, सान डेविड का। आभारी हूँ जॉन एस. हॉली और पॉल कोर्टराइट का।

जब रिसर्च कर रहा था, तब भी थी, अब भी है, रहेगी, कमला के प्रति कृतज्ञता।

दिलीप सीमियन से दोस्ती हुई, रामजस कॉलेज में नौकरी के दौरान। यह दोस्ती मेरे जीवन की सबसे बड़ी उपलब्धियों में से एक है। उनके साथ ही शुरू हुआ साम्प्रदायिक राजनीति के प्रतिरोध और इस बहाने एक तरफ भारतीय समाज की

समस्याओं को, दूसरी तरफ हिंसा के स्वभाव को समझने का सफर। कृतज्ञ हूँ दिलीप और जमाल किदवई का।

इस किताब के कुछ हिस्सों के पहले रूप 2002 में मेक्सिको में लिखे गए थे। मेक्सिको का ऐसा है कि यदि कभी आत्मकथा लिखी, तो उसके दो खंड होंगे, जेएनयू के पहले और जेएनयू के बाद; और जेएनयू के बाद वाले खंड के फिर दो खंड होंगे– मेक्सिको के पहले, मेक्सिको के बाद! ऑक्टेवियो पॉज ने मेक्सिको को एकांत की भूल-भुलैया कहा है। इस भूल-भुलैया में मुझे बुलाया था, डेविड लोरेंजन ने, कालेकियो द मेहिको में विजिटिंग प्रोफेसर के तौर पर। कालेकियो ने सुविधाएँ दीं, काम करने की आजादी दी। डेविड के साथ-साथ सौरभ, ईषिता, उमा और शशि दिमड़ी जैसे मित्रों का संग-साथ मिला—ये जानते थे कि देर-सबेर कबीर किताब लिख ही लूँगा, लिख ली है, तो इनकी राहत की कल्पना करके खुद भी खुश हो रहा हूँ।

उसी वर्ष, 2002 में फ्रेंचेस्का ओरसिनी ने बुलाया कैम्ब्रिज यूनिवर्सिटी, बहैसियत विजिटिंग प्रोफेसर। कबीर पर काम अब तक 'मध्यकालीन' इतिहास की समस्याओं पर काम का रूप ले चला था। इस प्रसंग में कैम्ब्रिज यूनिवर्सिटी की, और ब्रिटिश लाइब्रेरी (लन्दन) से काफी कुछ मिला। उससे ज्यादा मिला, फ्रेंचेस्का और पीटर के अपनापे और दोस्ती से। उनका आभार। स्व. राज चन्द्रावरकर उन दिनों वहाँ साउथ एशिया इंस्टीट्यूट के निदेशक थे, उनकी यादें ही साथ रह गईं।

यह किताब लिख ही रहा था कि सूफी काव्य के मर्मज्ञ विद्वान और बेहतरीन दोस्त आदित्य बहल के निधन का समाचार आया, क्या कर सकते हैं, मौत के आगे?

कबीर-पंथ को जानने-देखने का अवसर मिला और कबीर की उस छवि को भी, जिससे 'एकेडमिक' अध्येता अमूमन अनजान ही रह जाते हैं। यह अवसर मिला आचार्य अभिलाषदासजी और विवेकदासजी की कृपा से, कबीरपंथी साधुओं नवलदास, अचलदास और धर्मेन्द्रदास के साथ से, स्व. डॉ. शुकदेव सिंह के सहयोग से। मित्र, श्रेष्ठ गायक प्रह्लाद सिंह टिपानिया के अपनत्व से। आभारी हूँ।

कबीर-सम्बन्धी काम बीच-बीच में छपता रहा है, प्रो. निर्मला जैन, श्री प्रभात त्रिपाठी और श्री ललित कार्तिकेय ने बाकायदा लिखकर और प्रो. नित्यानन्द तिवारी, मदन सोनी ने बोलकर जो सवाल उठाए, जिस तरह उस काम को सराहा, उससे जोश भी बढ़ा और जिम्मेवारी का अहसास भी।

'नेम ऑफ दि रोज' मेरा प्रिय उपन्यास है, इतना प्रिय कि किसी बैच के छात्रों के सामने पहले दो-एक सप्ताह में ही उसका उल्लेख न हो जाए, तो उनके सीनियर्स को ताज्जुब होने लगता था, 'अरे, अब तक नेम ऑफ दि रोज का जिक्र नहीं हुआ अग्रवाल जी की क्लास में... ।' उपन्यास ज्ञान-साधकों और पुस्तक-प्रेमियों के संकटों के बारे में है, पुस्तकालय को बचाने की कोशिशों और न बचा सकने की त्रासदी के बारे में है...

जेएनयू लाइब्रेरी की आत्मा श्री लक्ष्मी नारायण मलिक साहब को देखते हुए इतने सालों से लगता रहा है कि लाइब्रेरी कल्चर अन्ततः बची रहेगी। आपको मनचीती किताब मिल जाए, मलिक साहब को सारी सीढ़ियाँ बार-बार चढ़ने-उतरने से कोई परेशानी नहीं। कोसांबी-कलेक्शन कहाँ रखा है, और महाभारत के पुणे और बड़ौदा संस्करण कहाँ, मलिक साहब को कैटलॉग नहीं देखना पड़ता...सलाम मलिक साहब को...

धन्यवाद करता हूँ, संघ लोकसेवा आयोग के पुस्तकालय का, जिसके कारण किताबों की कमी कभी महसूस न होने पाई। विचित्र किन्तु सत्य यही है कि पिछले कोई दो साल से, इस ठेठ प्रशासनिक संस्थान का अंग रहते हुए, एकेडमिक काम करने में दिक्कत का नहीं, प्रेरणा का ही अहसास होता रहा है। याद आते हैं बाबूजी स्व. फूलचंद अग्रवाल, जो ये कामना लिए ही चले गए कि उनका बेटा ''चौधरी'' कलेक्टर बन जाए। बेटे ने कलेक्टर बनने पर तो कभी ध्यान दिया नहीं, हाँ कलेक्टर बनाने वाली मशीन का हिस्सा जरूर बन गया। यह देखकर मजा तो बाबूजी को भी आता होगा। आभारी हूँ 'धौलपुर हाउस' के माहौल का, अपने वरिष्ठ निजी सचिव श्री बी.एस. घूमन और निजी सचिव श्री वी.के. गुप्ता का। सारी व्यस्तताओं के बावजूद माहौल ऐसा बनाए रखने के लिए कि 'अकथ कहानी प्रेम की' चलती ही रहे।

आभार 'जिज्ञासा' के नौजवानों का, जिनके कारण उत्साह बना रहता है, मनुष्य में आस्था बनी रहती है। धीरेन्द्र, अभिषेक, अंजनी, सुधा, केशव, आनन्द, ज्योति, रवीन्द्र और संजय का। अंजनी और धीरेन्द्र ने तो इस किताब के 'प्रोडक्शन' में भी मदद की है।

श्री अशोक महेश्वरी और श्री हरीश आनन्द सचमुच मित्र-रत्न और धैर्य-भूषण हैं, मेरे बस में होता तो, बाकायदा उपाधि और प्रमाण-पत्र दे देता। इतने कम समय में, इतनी सुन्दर सज्जा के साथ किताब तैयार कर देना कोरे प्रकाशक का नहीं, सच्चे दोस्तों का ही काम है।

ऋत्विक उर्फ बीबील, ऋतंभरा उर्फ मन्नू के प्रति क्या लिखूँ? आभार, कृतज्ञता या अकथ कहानी का ही कोई एक शब्द...या...अपना और सुमन का गर्व...

निर्गुण के गुण तो अनन्त हैं, कहानी अकथ है, फिर भी कहने की कोशिश... शायद आपको रुचे...

नई दिल्ली,
14 अक्टूबर, 2009

—पुरुषोत्तम अग्रवाल

अकथ कहानी प्रेम की

कबीर की कविता और उनका समय

अध्याय : एक

'जो कलि नाम कबीर न होते...' : जिज्ञासाएँ और समस्याएँ

1. बेचैनी, जिज्ञासा और यात्रा : कबीर से मेरा नाता
2. स्मृति, खोज और देशभाषा के स्रोत : किस्सा राजू गाइड का
3. आधुनिकता : देशज बनाम औपनिवेशिक
4. मानवीय चैतन्य का साझा सपना
5. 'जन कबीर का सिखरि घर' : फैंटेसी, यूटोपिया और धर्मेतर अध्यात्म
6. रचना और उपरचना : हाशिए की आवाज़ या बहुमान्य स्वर?
7. कलियुग बनाम कलियुग : व्यापारी वर्ग और भक्ति का लोकवृत्त
8. शास्त्रोक्त और काव्योक्त : भक्ति माने भागीदारी
9. 'काम मिलावे राम कूँ' : नारी रूप धारण करते कबीर
10. कबीर का कवित्व और आलोचकों का संकोच

1. *बेचैनी, जिज्ञासा और यात्रा : कबीर से मेरा नाता*

कबीर के अध्ययन की समस्याएँ भक्ति-संवेदना के, भारतीय सांस्कृतिक इतिहास के अध्ययन की समस्याएँ भी हैं। इस अध्याय में इन समस्याओं की ओर तथा उन पर विचार करने के मार्ग में आनेवाली बाधाओं की ओर संकेत किए गए हैं। आपको इस पुस्तक में उठाए गए प्रश्नों और खोजे गए उत्तरों का भी शुरुआती परिचय यहीं मिल जाएगा।

भारत, बल्कि किसी भी गैर-यूरोपीय समाज के अतीत और वर्तमान को समझने के रास्ते में सबसे बड़ी बाधा है—चेतना का उपनिवेशीकरण। कुछ लोगों को लगता है कि अंग्रेजी राज की स्थापना के पहले का भारत धरा पर स्वर्ग समान था। हमारी हर समस्या विदेशियों की देन है। दूसरे शब्दों में, अपनी समस्याएँ हल तो हम क्या करेंगे, इतनी भी सामर्थ्य परमात्मा ने भारतीयों को नहीं दी है कि अपने लिए कुछ समस्याएँ खुद भी पैदा कर सकें।

दूसरी ओर, कुछ लोगों को लगता है कि अंग्रेजी राज आया तो मुक्ति आई, प्रगति आई, आधुनिकता आई, वरना भारतीय समाज तो जैसे बर्फ में जमा हुआ था। अंग्रेजी राज के पहले के भारतीय जन-जीवन में, सिवाय अत्याचारों और तर्कविहीन परम्पराओं के अन्धानुगमन के, था क्या?

परस्पर विरोधी दिखनेवाले ये मूल्यांकन असल में एक ही जमीन पर खड़े हैं। वह जमीन है—भारतीय समाज को औपनिवेशिक ज्ञानकांड के चश्मे से देखने की जमीन। इस जमीन पर खड़े होकर यह याद नहीं रहता कि औपनिवेशिक ज्ञानकांड भारतीय समाज का 'वस्तुनिष्ठ, निःस्वार्थ अध्ययन' नहीं कर रहा था। वह समाज में, उसके परम्परा-बोध और दैनन्दिन जीवन में मूलगामी और दूरगामी हस्तक्षेप बल्कि तोड़-फोड़ भी कर रहा था। इस हस्तक्षेप में अन्तर्निहित थी—यूरोपीय आधुनिकता की अहम्मन्यता और साम्राज्यवाद की क्रूरता।

इस हस्तक्षेप के इतिहास और परिणामों का बोध प्राप्त किए बिना, कबीर के समय के भारत का प्रामाणिक बोध प्राप्त करना असम्भव है। ऐसा प्रामाणिक बोध प्राप्त करने की पहली शर्त है : देशभाषा के स्रोतों से गहराई के साथ गुजरना और समाज के दैनन्दिन व्यवहार का ज्ञान प्राप्त करना।

कबीर को 'पढ़ने' के लिए, एक तरफ देशज मनीषा को, और दूसरी तरफ औपनिवेशिक हस्तक्षेप को 'पढ़ना' अनिवार्य है—यह अहसास मुझे भगवान के एकाएक हो जानेवाले दर्शन की तरह नहीं, निरन्तर चलती आ रही जिज्ञासा-यात्रा के दौरान ही प्राप्त हुआ है। कबीर से मेरा क्या नाता है—यह भी इसी यात्रा में समझ आया।

नवलदास से मिलना इस यात्रा का महत्त्वपूर्ण पड़ाव था।

दस वर्ष बीत चले। सन् निन्यानबे के दिसम्बर में, बनारस में नवलदासजी से भेंट हुई थी। जाति के कुरमी, ये बुजुर्ग 'पारखमार्ग' पर चलनेवाले कबीरपंथी थे। संस्कृत और अंग्रेजी दोनों से अनभिज्ञ होने के कारण, हिन्दी भी बस पढ़ ही सकने के कारण, 'पढ़े-लिखे' लोगों के मुहावरे में नवलदास 'अनपढ़' कहे जाएँगे। ठीक उसी तरह, जैसे उनके 'ज्ञानीजी' को—कबीर को—'पढ़े-लिखे' लोग 'अनपढ़' कहते आए हैं। उन्होंने कबीर-बानी की जिस तरह व्याख्या की, उससे एकाएक लगा, "अरे! ये तो वैसी ही बातें कर रहे हैं, जैसी मुझे बचपन में सूझा करती थीं।" उन दिनों, जब सहजबोध तरह-तरह के शास्त्र-ज्ञान और विमर्शों से आच्छादित नहीं हुआ था, लगता था कि, "जो कुछ है, भीतर या बाहर, संसार भर में, सब एक अखंड का ही पसारा है। इस अनादि-अनन्त जगत के परे कौन परमात्मा हो सकता है? कहाँ हो सकता है?"

वह कथा भी बरबस याद आ गई : पंडित सर्वजीत काशी पधारे थे, कबीर को शास्त्रार्थ में पछाड़ने का संकल्प लेकर। बैल पर लदी पुस्तकों के रूप में अपना ज्ञान साथ लेकर। कबीर की पुत्री कमाली से ही पूछ बैठे रास्ता कबीर के घर का। कमाली

ने रास्ता तो बता दिया, लेकिन चुटकी लेने से न चूकी—"जन कबीर का सिखरि घर, बाट सलैली गैल; पाँव न टिके पिपीलका, लोगन लादै बैल।"

सलैली गैल—रपटीली राह—की याद ठीक ही दिलाई कमाली ने। जहाँ चींटी तक के पाँव टिकना मुश्किल हो, ऐसी राह पर अहंकार को बैल की पीठ पर लाद कर जो चले, उस ज्ञानी के लिए, कबीर के 'घर'—उनके भीतर-बाहर के अनभय अनुभव—की राह रपटीली ही है। लेकिन जो इनसान ज्ञान का नाता अपने आसपास, भीतर-बाहर के साथ जोड़ सके, 'जग बौराना' की खबर लेने के साथ-साथ ही, कुछ 'आतमखबर' भी रख सके, उसके लिए कबीर का तो क्या, कबीर के राम का घर भी सहज प्राप्य हो जाता है—'सहज सुभाय मिले रामराइ'।

भगत नवलदास बता रहे थे—मैं उनकी बानी को अपने शब्दों में ढाल रहा था—सर्वव्यापी, अखंड चेतन का बोध मनुष्य-मात्र का जन्मजात बोध है। जीव ही चैतन्य है, और वही व्याप्त है सारे ब्रह्मांड में। इसे 'जानने' के लिए कहीं 'बाहर' जाने की जरूरत नहीं। इस व्याप्ति को बखानने के लिए ब्रह्म, ईश्वर, निर्गुण या राम जैसे नाम देने पड़ते हैं—यही नाम की महिमा है। जीव चैतन्य की बेकली को कहने के प्रयत्न में; जो कही नहीं जा सकती, उस अकथ कहानी को कहने की जिद में ही वाणी की सार्थकता है। इस सार्थकता का ही नाम कविता है।

ऐसा ही सहजात बोध है, मनुष्य मात्र की समता का। जन्म से न कोई ऊँचा होता है, न कोई नीचा। न्याय की कामना इस सहज समता-बोध की ही परिणति है। केवल अपने या अपने जैसे लोगों के लिए ही नहीं, सबके लिए न्याय। केवल अपने साथ न्याय की बात सोचना तो केवल अपने लिए विशेषाधिकार हथिया लेने की वासना भर है। इस वासना से मुक्ति पाए बिना उस चैतन्य से रिश्ता कैसे बनेगा जो ब्रह्मांड के कण-कण में व्याप्त है—जो कबीर को 'जग-जीवन' में यों व्यापा प्रतीत होता है, ज्यों 'पुहपन में बास'। चैतन्य की ब्रह्मांड-व्याप्ति के बोध को 'आध्यात्मिक' और समताबोध और न्याय-कामना को 'सामाजिक'—सुभीते के लिए भले ही कह लें, किन्तु इनके बीच किसी मूलभूत विरोध की कल्पना निराधार है।

समग्र अस्तित्व से जुड़ाव के अहसास को बनाए रखने को जो व्याकुल है, उस जीव-चैतन्य की बेकली को 'सबद' देने के दुस्साहस में ही कविता की महिमा है, और सबके लिए न्याय के संघर्ष में ही जीवन की सार्थकता। तत्त्व की बात तो बस इतनी ही है, बाकी सब तो माया का पसारा है। इस तत्त्व को जिसने समझा, उसने मर-मर कर जीने की—मरजीवा होने की—नियति का मानो स्वेच्छा से वरण कर लिया।

नवलदासजी के साथ बतियाकर राहत महसूस की। अपनी तरह सोचनेवाला एक मनुष्य और मिला। पुरानी समस्या है, सोच-विचार का सार्थक सहभागी खोज पाना। स्वयं कबीर की भी तो परेशानी यही थी—"ऐसा कोई न मिले जासे कहूँ निःसंक।"

लेकिन राहत के साथ ही महसूस हुई बेचैनी भी।

एकेडमिक ढंग से कबीर का अध्ययन शुरू किए बीस बरस हो चुके थे, जब नवलदासजी से मिला था। दस बरस और बीत चुके। बेचैनी बढ़ती ही गई है। सवाल कई हैं : नवलदास जैसों के देशज कबीर-विमर्श के साथ कबीर के अध्येताओं ने कैसा रिश्ता बनाया है? कबीर के समय को किस तरह देखा है? उस समय पर कबीर के प्रभाव को किस तरह समझा और समझाया है? कबीर के और हमारे समय के बीच जो समय गुजर गया है, उसके प्रभावों और परिणतियों को कैसे बखाना है?

कबीर कहते हैं–'कहे कबीर मैं पूरा पाया'।

क्या अर्थ है कबीर के पूरेपन का? उनकी 'भाव-भक्ति' का सामाजिक अर्थ क्या है? उनकी सामाजिकता का आध्यात्मिक पहलू क्या है? 'भीतर-बाहर सबद निरन्तर' की साधना करते हुए, जो पाया, उसकी 'अकथ कहानी' ही तो कबीर ने अपनी बानी में कही है। क्या हम इस कहानी को सुनने की विनम्रता नहीं जुटा सकते? कबीर की बानी को और उनके समय को अपने हिसाब से तोड़ने-मरोड़ने की बजाय कबीर और उनके समय के पूरेपन तक पहुँचने का साहस नहीं जुटा सकते? ऐसी विनम्रता और ऐसे साहस के सिवा, कबीर के पूरेपन को समझने की प्रामाणिक विधि और क्या हो सकती है?

कबीर समाज पर टिप्पणी करनेवाले कवि थे, जो रचनाकार समाज के बारे में कुछ नहीं कहते, उनकी रचनाएँ भी उनके समाज के बारे में कुछ बताती हैं। क्या बताती है कबीर की कविता उनके समाज के बारे में? जिस समाज से कबीर रूपक, उपमान और दृष्टान्त ले रहे हैं, जिस समाज की वे आलोचना कर रहे हैं, वह क्या वक्त की बर्फ में जमा हुआ-सा समाज लगता है? जो समय कबीर की बानी को उत्सुकता और सम्मान के साथ सुन रहा है उसे क्या 'स्तब्ध मनोवृत्ति का काल' कहा जा सकता है?

जिसकी अन्त्येष्टि के लिए राजा और नवाब के बीच तलवारें चलने की नौबत आ जाए, जिसके नाम पर पंथ प्रवर्तन दामाखेड़ा में सम्पन्न व्यापारी धर्मदास और काशी में विद्वान ब्राह्मण सर्वजीत (जो कबीर के शिष्य होकर सुरतिगोपाल बन गए थे) कर रहे हों, जिसके पंथ के मठ वाणिज्य-व्यापार के लिए विख्यात नगरों में स्थापित किए गए हों, जिसकी बानी कई स्रोतों में संकलित हुई हो, जिसके पंथ का प्रभाव उड़ीसा से लेकर गुजरात और सिन्ध तक, जनमानस से लेकर राजसभाओं तक व्याप्त हो, उस साधक की आवाज को क्या सामाजिक हाशिए तक सीमित कहा जा सकता है?

कबीर की बानी और जीवन-कहानी के साथ विभिन्न वक्ताओं-श्रोताओं ने जो नाते बनाए, उनका कबीर की कही 'अकथ-कहानी प्रेम की' पर क्या असर पड़ा? कबीर की बानी का उनके जमाने से लेकर आज तक, कबीर के समाज पर क्या असर

पड़ा? काशी के जुलाहे को विधवा ब्राह्मणी का पुत्र कब और क्यों बनाया गया? कबीर के समकालीन और देशभाषा में पद रचनेवाले साधक-विचारक रामानन्द को संस्कृत में भाष्य रचनेवाले आचार्य रामानन्द में कब, किसके द्वारा, क्यों बदला गया? कब और क्यों रामानन्द का समय कबीर से पूरे सौ साल पीछे ले जाया गया? क्योंकर मुक्तिबोध को कबीर आधुनिक चित्त के निकट लगते हैं? क्योंकर दिलीप चित्रे को तुकाराम मराठी के पहले आधुनिक कवि लगते हैं?

कबीर को, और उनके समय को समझने के लिए, इन सवालों पर तथ्यसम्मत और तर्कसंगत विचार करना जरूरी है। कबीर की 'खोज' या उन पर 'शोध' करने के पहले कबीर की लोक-स्मृति के साथ संवाद जरूरी है। कबीर के ही नहीं, सभी समाजों के स्मृति-कोषों और औपनिवेशिक ज्ञानकांड द्वारा उनके उपयोग, दुरुपयोग को समझना जरूरी है, ताकि हम इस ज्ञानकांड (एपिस्टीम) द्वारा इन समाजों में की गई 'खोजों' की नवैयत समझ सकें।

2. *स्मृति, खोज और देशभाषा के स्रोत : किस्सा राजू गाइड का*

1828 ई. में, 'ए स्केच ऑफ रिलीजस सेक्ट्स ऑफ हिन्दूज' के लेखक एच.एच. विल्सन को लगा था कि कबीर किसी वास्तविक व्यक्ति का नाम नहीं, जेनेरिक संज्ञा, एक पदवी भर है। इस पदवी को धारण करनेवाले न जाने कितने लोगों ने 'कबीर' नाम से रचनाएँ की हैं। उत्तर भारत में एक खास मिजाज की रचना को कबीरकृत बताया जा सकता है, और ये रचनाएँ इतनी संख्या में तथा इतने विविध स्रोतों से मिलती हैं कि हो न हो, कबीर अवश्य एक जेनेरिक शब्द है, किसी व्यक्ति-विशेष का नाम नहीं। यह लिखने के बावजूद विल्सन ने अपने पाठकों को कबीर के जीवन और बानियों से भी परिचित कराया और कबीरपंथ से भी।

विल्सन की बात आधी सही है और आधी गलत। यह सही है कि कबीर नाम से न जाने कितने लोगों ने रचना की है, लेकिन 'कबीर' सिर्फ जेनेरिक शब्द, सिर्फ पदवी नहीं है। आधी सही-आधी गलत, विल्सन की यह बात, पिछले दो सौ सालों में किए गए कबीर विषयक अध्ययनों की विडम्बना जरूर सामने ले आती है। इन दो सौ सालों में इतने सारे और इतने परस्पर विरोधी कबीर हमारे सामने प्रस्तुत किए गए हैं कि ऐतिहासिक कबीर तक पहुँचना नामुमकिन-सा लगने लगता है। व्याख्याओं की ऐसी विरोधी विविधता, तुलसीदास और दूसरे सगुणमार्गी भक्तों के मामले में नजर नहीं आती। तुलसीदास की कविता का वैचारिक आशय और सामाजिक दिशा स्पष्ट है। यह स्पष्टता तुलसीदास के प्रगतिशील प्रशंसकों को खासी उलझन में भी डालती रही है। दूसरी ओर, कबीर की संवेदना में उत्तेजक बहुवचनात्मकता और ज्ञानकोश में गहरी विविधता है।

कबीर की कविता में प्रखर सामाजिकता और नितान्त निजी प्रेमानुभूति तेल और पानी की तरह नहीं, जल और बूँद की तरह दीख पड़ती हैं। उनका ज्ञानकोष हिन्दू परम्परा और नाथपंथी साधना के साथ-साथ इस्लाम से भी अच्छे-खासे परिचय का प्रमाण देता है। थे वे जुलाहे परिवार के, शिष्य-संवादी माने गए वैष्णव साधक रामानन्द के। शाक्तों से कबीर की चिढ़ शाक्त साधना से उनके गहरे परिचय का संकेत करती है। अनन्तदास 'कबीर-परचई' (1590 के आस-पास) में स्पष्ट कहते हैं कि कबीर शुरू में शाक्त रहे थे—'बहुत दिन साकत मैं गइया, अब हरि के गुन लै निरबहिया।'

'जामें कुटुम समाए' की प्रार्थना करनेवाले गृहस्थ कबीर की कविता में वैराग्य का स्वर भी कम प्रबल नहीं। 'नारी पराई या आपनी' के बारे में बेहद तीखी बातें करनेवाले कबीर अपने राम के प्रति भक्ति और प्रेम प्रकट करने के पलों में स्वयं नारी बन जाते हैं। उन्हें जितनी बेचैनी 'बाहर' को लेकर होती है, उतनी ही गहरी वेदना 'भीतर' को लेकर।

कबीर की काव्य-संवेदना रामभावना, कामभावना और समाजभावना को एक साथ धारण करती है। इन तीनों के सर्जनात्मक सह-अस्तित्व को पढ़े बिना, कबीर को पढ़ने के दावे व्यर्थ हैं।

जन्मजात सामाजिक पहचान के स्थान पर कबीर समान संवेदना और मूल्यबोध पर आधारित पहचान की खोज करते हैं, अपने लिए भी और अपने श्रोताओं, संवादियों के लिए भी। इस 'सामाजिक' खोज में लगे होने के कारण 'आध्यात्मिक' खोज उन्हें बेमानी नहीं लगने लगती। उनके लिए ये खोजें विरोधी नहीं, परस्पर निर्भर हैं। कबीर सामाजिक व्यवस्था, परम्परा और मान्यताओं के रूपान्तरण का प्रस्ताव करते हुए अपनी वैयक्तिक सत्ता को लगातार रेखांकित करते हैं—इसीलिए वे 'आधुनिक मनुष्य को अपने चित्त के अधिक निकट लगते हैं।'

'निकट लगते हैं', या वास्तविकता यह है कि आधुनिकों को लगता है कि कबीर का 'रणनैतिक उपयोग' आसानी से किया जा सकता है। कबीर को निकट माननेवाले अधिकांश अध्येता उन्हें अपने मनोवांछित उपकरण में बदलने के उत्साह में इस हद तक चले जाते हैं कि ऐतिहासिक कबीर की पहचान का सवाल ही बेमानी हो जाता है।

लेकिन, आखिर कोई तो मनुष्य रहा होगा, जिसे पिछले दो सौ सालों में किसी ने ईसाई मिशनरी के पूर्व पुरुष के रूप में देखा तो किसी ने सूफी के रूप में। जिसे कोई हिन्दू धर्म की रक्षा का श्रेय देना चाहता है, तो कोई जिसे हिन्दू-मुस्लिम एकता के लिए समर्पित मानता है। किसी के अनुसार जिसने अपना निराला पंथ निकाला तो किसी के हिसाब से जो हिन्दू धर्म और इस्लाम से सर्वथा स्वतन्त्र नए धर्म का प्रतिपादन करना चाहता था। किसी के अनुसार जो वैष्णव मत से थोड़ा प्रभावित लेकिन असल में लगभग नाथपंथी ही था।

कबीर के आधुनिक अध्ययनों का श्रीगणेश होने के बाद से उन तक पहुँचने के जो रास्ते सुझाए गए हैं, उन पर चलकर आप उपर्युक्त में से किसी भी कबीर तक पहुँच सकते हैं। विल्सन के 'जेनेरिक' कबीर में रचनाओं की बहुलता और रचना-रूपों की विविधता अवश्य थी, लेकिन वैचारिक और संवेदनागत निरन्तरता के साथ। व्याख्याकारों द्वारा प्रतिपादित कबीर-छवियों में विविधता से ज्यादा दिखता है—परस्पर विरोध। इन छवियों में से हर छवि यदि सिर्फ एक 'कंस्ट्रक्ट' है, और सही 'कंस्ट्रक्ट' की पहचान सिर्फ 'सही' पॉलिटिक्स के आधार पर की जानी है तो फिर साफ-साफ कहिए कि कबीर असल में इस धरती पर आए किसी हाड़-मांस के इनसान का नाम नहीं, सिर्फ एक जेनेरिक संज्ञा है। करना बस यही है कि इस संज्ञा में वह पॉलिटिक्स भर दें जिसे आप सही मानते हों। कबीर की अपनी संवेदना तक पहुँचने में सर खपाने की क्या जरूरत?

किसी भी कवि की विविध व्याख्याएँ की जा सकती हैं। विविधता विचारोत्तेजक होती है। लेकिन विविधता के नाम पर क्या तथ्यों की पूर्ण उपेक्षा और व्याख्या के नाम पर मनमानेपन को जायज ठहराया जा सकता है? 'सही' पॉलिटिक्स में क्या इतनी भी दम नहीं होती कि कबीर को जबरन 'ऑफिशियल स्पोक्समैन' बनाने की बजाय अपनी बात खुद कहे। 'सही' पॉलिटिक्स किसी समाज की ऐतिहासिक स्मृति के साथ मनमानापन किए बिना काम क्यों नहीं चला सकती?

संतों-भक्तों की रुचि आत्मकथा लिखने में नहीं 'आतमखबर' जानने और जनवाने में थी। इसीलिए कबीर ही नहीं, इनमें से किसी के बारे में भी शुद्ध अन्तःसाक्ष्य के आधार पर ठेठ आधुनिक किस्म की जीवनी-जिज्ञासा की तृप्ति तो असम्भव है। लेकिन यह कतई नहीं कहा जा सकता कि कबीर के समाज और समकालीनों ने उनका कोई नोटिस ही नहीं लिया और कबीर की 'खोज' करने का काम आधुनिकों और उत्तर-आधुनिकों के ही भरोसे छोड़कर चल दिए।

कबीर का निधन देर से देर 1518 ईस्वी में माना जाता है। पचास साल के भीतर-भीतर हरिराम व्यास ने उनके तथा उनके गुरु रामानन्द के गुण गाए। सौ साल के भीतर-भीतर अनन्तदास ने कबीर की पूरी परिचई लिखी। परिचई शब्द परिचय का आशय तो प्रकट करता ही है, साथ ही चमत्कार वर्णन का आशय भी इस शब्द से व्यंजित होता है। कहावत है—'देवी दिन काटे, पंडा परचा (चमत्कार का प्रमाण) माँगे'। निधन के सौ बरस के भीतर ही कबीर की हैसियत चमत्कारी शख्सियत की मान ली गई थी। लेकिन औपनिवेशिक आधुनिकता को कबीर असफल नजर आते हैं। किसी को लगता है कि वे 'मुसलमानों के बीच रहकर भगवान के दुष्टदलनकारी रूप की बात करने का साहस न जुटा सके', तो किसी को लगता है कि वे अलग धर्म की स्थापना करना तो चाहते थे, कर नहीं पाए।

इन 'आधुनिक' आकलनों के विपरीत भक्तमाल परम्परा का सूत्रपात करनेवाले नाभादास कबीर के गुण गाते हैं : 'भक्तिविमुख धरम सब अधरम करि गायो।' कबीर के कनिष्ठ समकालीन, गागरोन के राजा पीपा पहले ही कह चुके थे–'जो कलिनाम कबीर न होते तो लोक बेद और कलिजुग मिलकर भगति रसातल देते।' नाभादास के कुछ वर्ष बाद मुबादशाह अपने 'दबिस्ताँ-ए-मज़ाहिब' में 'वैष्णव वैरागी' कबीर की ओड़ीसा तक व्याप्त लोक-मान्यता का संकेत करने के साथ उनकी साधना के अनोखेपन का बखान भी कर रहे थे।

लेकिन कबीर के 'आधुनिक' अध्ययन कबीर की ऐसी स्मृतियों को कबीर की उस खोज के चश्मे से ही देखना पसन्द करते हैं, जो यूरोपियनों ने अपने हिसाब से की थी। खोज की ही जाती है विस्मृत या उपेक्षित की। सो, खोजना यह चाहिए कि ये यूरोपियन कबीर की इतनी व्यापक लोक-स्मृति में से खोज क्या रहे थे?

कबीर की व्यापक लोक-मान्यता के प्रत्यक्ष सम्पर्क में पहले-पहल अंग्रेज अफसर और विद्वान नहीं बल्कि उत्तरी बिहार में आकर बसे रोमन कैथोलिक, इटालियन पादरी आए थे। उन्होंने कबीरपंथ का व्यापक प्रभाव देखा। यह बात है, ईसा की अठारहवीं सदी की। कबीर के व्यापक प्रभाव को तो यूरोपियन नकार ही नहीं सकते थे, इसलिए उनकी खोज चली कबीर की 'विस्मृत, उपेक्षित भूमिका' की ओर। 'खोज' करके उन्होंने कबीर के अपने समाज को कभी बताया कि कबीर इस्लाम के प्रचारक थे, तो कभी बताया कि ईसाई रहस्यवादियों सरीखे रहस्यवादी थे। देशी बौद्धिक ऐसी मान्यताओं से बहस अवश्य कर रहे थे, लेकिन अधिकांश मामलों में औपनिवेशिक ज्ञानकांड की सीमाओं के पार जाए बिना।

आधुनिक हिन्दी में कबीर पर, 1916 में पहली मुकम्मल किताब लिखनेवाले 'हरिऔध' वेस्टकॉट से बहस कर रहे थे। वेस्टकॉट ने अंग्रेजी में कबीर पर पहली मुकम्मल किताब, 1907 में लिखी थी। पारम्परिक स्रोतों का उपयोग वेस्टकॉट ने भी किया था, हरिऔध ने भी। लेकिन बहस के बिन्दु और उसकी सीमाएँ वही थीं जो वेस्टकॉट चाहते थे। सफलता अकेले वेस्टकॉट की नहीं, औपनिवेशिक आधुनिकता की थी।

औपनिवेशिक आधुनिकता में रची-बसी 'खोज-दृष्टि' कबीर के समाज की लोकस्मृति को ही नहीं, स्वयं कबीर को भी ऐसी कृपादृष्टि से देखती है जिसे कबीर अबोध बच्चे से नजर आते हैं, जो अपने घर का पता तक ठीक से नहीं बता पाता। देखिए न, असल में तो वे थे–ईसाई मिशनरी के पूर्व-पुरुष, शरा या बेशरा सूफी, महायानी बौद्ध, नाथपंथी या आजीवक, लेकिन समझते थे खुद को नारदी भक्ति में मगन–'भगति नारदी मगन सरीरा–इहि विधि भव तरै कबीरा!'

कबीर अकेले ही क्यों, ऐसे खोजियों के हिसाब से तो सारा समाज ही एक तरफ 'भोले-भाले' अबोध लोगों और दूसरी तरफ सुबह से शाम तक साजिश रचनेवालों के

बीच बँटा हुआ था। 'भगति नारदी' वाली पंक्ति तो ऐसे साजिशी लोगों की ही करतूत ठहरी।

हालत यह है कि औपनिवेशिक आधुनिकता और उत्तर-आधुनिकता की कृपा से कुछ लोगों की साजिशों और बाकी लोगों के बुद्धूपन को भारतीय सांस्कृतिक अनुभव की ऐतिहासिक व्याख्या के बीज-शब्दों (की कंसेप्ट्स) के रूप में प्रतिष्ठित कर दिया गया है।

कबीर को अँगुली पकड़कर चलाने की बजाय, उनकी कविता की अँगुली पकड़ कर चलें; विभिन्न ऐतिहासिक स्रोतों और प्रमाणों के साथ मनमानी करने की बजाय, उन्हें विवेक के साथ, समग्रता में पढ़ें, तभी हम कबीर की संवेदना और उनके समय के बारे में प्रामाणिक निष्कर्षों तक पहुँच सकेंगे। और बातों के अलावा यह भी जान सकेंगे कि कबीर कैसे 'बहुत बरस साकत मैं गइया' से शुरू कर 'भगति नारदी मगन सरीरा' तक पहुँचे थे।

भारत ही नहीं, किसी भी समाज या परम्परा के अनुभवों को साजिश और बुद्धूपन सरीखे 'बीज-शब्दों' (!) के जरिए नहीं समझा जा सकता।

इस बात पर ध्यान देने की जरूरत है कि संस्कृत और फारसी के समान्तर देशभाषाओं के बौद्धिक जगत में कबीर तथा अन्य लोगों पर विचार-विमर्श होता रहता था। इस विचार-विमर्श की परम्परा औपनिवेशिक आधुनिकता के समान्तर उन्नीसवीं सदी तक जारी थी, अभी भी जारी है।

संस्कृत, फारसी के मुकाबले देशभाषा स्रोतों की उपेक्षा औपनिवेशिक ज्ञानकांड में बद्धमूल थी और अभी भी है। इस बद्धमूल संस्कार की मनोरंजक परिणतियाँ हम रामानन्द-कबीर सम्बन्ध के प्रसंग में देखेंगे। इसी संस्कार के कारण, उन्नीसवीं सदी के 'पाखंडखंडिनी' और 'त्रिजा' के विवाद को, उन्हीं दिनों चल रही, कबीर की 'खोज' में, ध्यान देने योग्य पाठ की हैसियत नसीब न हो सकी। बीजक की 'पाखंडखंडिनी' टीका पारखमार्ग के प्रणेता पूरन साहब की 'त्रिजा' (1837 ई.) का खंडन करने के लिए ही लिखी गई है। 'पाखंडखंडिनी' के रचयिता विश्वनाथ सिंह जू देव ने चूँकि कुछ और काव्य-रचना भी की थी, सो शुक्लजी के 'इतिहास' में उनका उल्लेख हुआ। उन्होंने कबीर को सगुण रामावतार का ही उपासक सिद्ध कर दिया था। यह चलन बन गया कि कबीर के अध्येता 'पाखंडखंडिनी' पढ़ें न पढ़ें, उसका उल्लेख अवश्य करें। 'त्रिजा' के लेखक पूरण साहब भी खासे कल्पनाशील टीकाकार थे। उन्होंने कबीर को जैनों जैसा 'जीववादी' सिद्ध कर दिया था। शायद इसीलिए वे शुक्लजी को उल्लेखनीय न लगे हों। जो हो, 'हरिऔध' के बाद किसी आधुनिक अध्येता ने 'त्रिजा' को थोड़ी-बहुत चर्चा करने योग्य भी नहीं समझा। हाँ, 1935 में क्षितिमोहन सेन और 1965 में केदारनाथ द्विवेदी जैसे कुछ विद्वानों ने कबीर-पंथ के प्रसंग में 'त्रिजा' का उल्लेख भर जरूर किया।

'खोज' और 'स्मृति' के परस्पर सम्बन्ध का कबीर को समझने पर क्या असर पड़ता है–यह आप इस पूरी पुस्तक में देखेंगे। आप यह भी देखेंगे कि कबीर के अध्येताओं ने देशभाषा स्रोतों–रचनाओं या व्यक्तियों–की या तो एकदम उपेक्षा की है या फिर उनका उपयोग औपनिवेशिक ज्ञानकांड द्वारा 'खोजी' गई किसी न किसी कबीर-छवि को 'प्रामाणिक' सिद्ध करने भर के लिए, 'नेटिव इन्फारमेंट' की तरह किया है। नेटिव इन्फारमेंट का मतलब है : ऐसा व्यक्ति जो अपने समाज के बारे में कुछ सूचनाएँ अध्येता तक पहुँचाए। उससे यह उम्मीद नहीं की जाती कि इन सूचनाओं का अर्थ समझे या उस पर विचार-विमर्श कर सके। उसका काम सूचना देना भर है, विचार-विमर्श करने की अक्ल उसमें कहाँ? सूचना को व्यापक परिप्रेक्ष्य में रखने की सामर्थ्य उसमें कहाँ?

देशभाषा स्रोतों को नेटिव इन्फारमेंट के रूप में बरतने के पीछे इरादे अलग-अलग भी हो सकते हैं, लेकिन नतीजा एक ही है। देशभाषा स्रोतों के साथ ऐसा बर्ताव करने के कारण ही, उस 'पिछड़े' समय में निर्गुण संतों का होना आश्चर्यजनक लगने लगता है। अपने समाज को दूर तक प्रभावित करनेवाले, दैनन्दिन व्यवहारों में बदलाव ले आने में सफल होनेवाले साधक असफल सुधारक/क्रान्तिकारी लगने लगते हैं। सभी संगठित धर्मों की आलोचना करके धर्मेतर अध्यात्म का प्रस्ताव करनेवाले कबीर धर्मगुरु लगने लगते हैं। यह बात समझ के बाहर हो जाती है कि कबीर हों या तुकाराम, अपने परिवेश की ही उपज भी थे, और उसे रूपान्तरित करनेवाले ऐतिहासिक कर्ता (एजेंट) भी। ये लोग 'वक्त से पहले' पैदा हो गए अनोखे प्राणी नहीं थे, अनोखापन उनके समय और परिवेश में था, जिसने इन्हें इतने समर्थक और अनुयायी दिए।

देशभाषा स्रोतों को 'भोले-भाले', बल्कि अज्ञानी 'नेटिव इन्फारमेंट' की तरह बरतने के कारण, भारतीय चिन्तन परम्परा को संस्कृत तक सीमित कर देने के कारण, चौदहवीं सदी से आरम्भ हुए भक्ति-आन्दोलन और 'प्राचीन भागवत धर्म' के अन्तर पर ध्यान नहीं दिया जाता। यह सवाल ही लोगों के मन में नहीं उठता कि सोलहवीं सदी के अनन्तदास आखिर क्यों और किस अर्थ में चौदहवीं सदी के नामदेव को ही कलियुग में भक्ति का प्रतिपादन करने का श्रेय दे रहे थे–'कलिजुग प्रथम नामदेव भइयो'।

अन्य वैष्णवों की तरह अनन्तदास भी कलियुग का आरम्भ श्रीकृष्ण के गोलोकगमन के बाद से ही मानते रहे होंगे। 'प्राचीन भागवत धर्म' इस घटना के बाद ही आया था। लेकिन अनन्तदास सैकड़ों साल बाद के, चौदहवीं सदी के नामदेव को कलियुग में भक्ति के प्रतिपादन का श्रेय दे रहे हैं। कुछ लोग रामानन्द को कबीर का गुरु बताने के कारण अनन्तदास के इतिहास-बोध पर तरस खाते हैं। रामानन्द, कबीर, पीपा और रैदास जैसों की भक्ति का आरम्भ गुप्तकाल के भागवत धर्म से नहीं,

नामदेव की साधना से बतानेवाले अनन्तदास के भक्तिबोध पर ध्यान दें तो ऐसे लोगों के अपने बुद्धि-बोध का उद्धार होने की सम्भावना बनती है।

अनन्तदास बिलकुल ठीक पहचान रहे हैं कि देशभाषाओं का भक्ति-आन्दोलन प्राचीन भागवत-धर्म का पुनरोदय मात्र नहीं, उसकी परम्परा का नवसंस्कार सूचित करता है। इस पर सिद्ध नाथ प्रभाव अवश्य हैं, लेकिन इसकी अपनी विशिष्ट पहचान तो नामदेव से ही आरम्भ होती है।

देशभाषा स्रोतों पर ध्यान देने से पता चलता है कि जुलाहे कबीर, कुनबी तुकाराम, दर्जी नामदेव, सुनार अखा और चर्मकार रविदास की उपेक्षा अंग्रेजी से वंचित समाज ने नहीं, बल्कि अंग्रेजी ढंग पर खड़े किए गए विश्वविद्यालयों ने की। जहाँ तक समाज का सवाल है, कबीर पर ब्रिटिश प्रशासकों और विद्वानों का ध्यान गया ही इसलिए कि उन लोगों ने सारे उत्तर और मध्य भारत में कबीर को पुजते पाया। इनमें विल्सन जैसे धार्मिक सम्प्रदायों का इतिहास और ग्रियर्सन सरीखे 'देशी' साहित्य (वर्नाक्युलर लिट्रेचर) का इतिहास लिखनेवाले ही नहीं, विलियम क्रुक जैसे समकालीन जाति-व्यवस्था का विवरण लिखनेवाले भी शामिल हैं। क्रुक का विवरण पहले 'दि ट्राइब्स एंड कॉस्ट्स ऑफ नॉर्थ-वेस्टर्न प्रॉविन्स एंड अवध' शीर्षक से प्रकाशित हुआ था। बाद में इसी के विस्तृत रूप का प्रकाशन 1896 में 'दि ट्राइब्स एंड कॉस्ट्स ऑफ नॉर्थ वेस्टर्न इंडिया' नाम से हुआ। कबीरपंथियों के बारे में लिखते हुए क्रुक लिखते हैं, "तुलसीदास की रामायण को छोड़कर शायद किसी भी अन्य रचना को उत्तर भारत के हिन्दुओं के बीच वैसी लोकप्रियता हासिल नहीं है, जैसी कबीर के बीजक को। उनकी बानियाँ तो हिन्दू या मुसलमान सभी के मुँह से कभी भी सुनी जा सकती हैं।"[1]

क्रुक के कोई आधी सदी बाद, और अब से कोई आधी सदी पहले, 'उत्तराखंड में संत मत और संत साहित्य' के बारे में लिखते हुए, डॉ. पीताम्बर दत्त बड़थ्वाल कबीर-महिमा के बारे में बता रहे थे कि उत्तराखंड में कही-कहीं कबीर को नाथ ही माना जाता है, और "निरंकार की पूजा में कबीर की जागर लगती है।"[2]

'जागर' कहते हैं, किसी व्यक्ति में किसी देवता का आवेश आमंत्रित करने को।

कबीर समाज में पुजते हैं और पुजते थे। सवाल यह है : वो कौन-सी सामाजिक-आर्थिक प्रक्रियाएँ थीं जिन्होंने परजीवी ब्राह्मणों और मुल्लाओं की लाख चिल्ल-पों के बावजूद कबीर और दूसरे संतों को पूज्य बनाया? यह भी जग-जाहिर है कि निर्गुण-पंथी संतों में से अधिकांश दस्तकार थे। सवाल यह है : इन लोगों को प्राप्त लोक-मान्यता में व्यापार की, व्यापार से जुड़े लोगों की क्या भूमिका थी? दस्तकारों की तादाद में बढ़ोत्तरी क्या व्यापार के विस्तार के बिना सम्भव है? सामन्ती मनमानी के विरुद्ध फेयर-प्ले—न्यायसंगत व्यवहार—की माँग दुनिया भर के इतिहास में व्यापार के विकास और व्यापारियों के सामाजिक प्रभाव के विस्तार से जुड़ी हुई रही

है। भारत क्या इस विश्वव्यापी वास्तविकता का अपवाद था? सच्चाई यह है कि निर्गुण संवेदना की केन्द्रीय विशेषता (आध्यात्मिक और सामाजिक क्षेत्र में फेयर-प्ले की माँग) का सीधा सम्बन्ध व्यापारियों के सामाजिक अनुभवों और आकांक्षाओं से जुड़ता था। इसी जुड़ाव के कारण परजीवियों द्वारा उत्पीड़ित ये संत व्यापार और दस्तकारी से सम्बद्ध समूहों के बीच पुजने की हद तक लोकप्रिय हुए।

कबीर और उनके समय को समझने के पहले, औपनिवेशिक आधुनिकता द्वारा उनकी 'खोज' के निहितार्थ को समझना जरूरी है। 'आधुनिक' ज्ञानकांड उपनिवेशीकृत समाज के अपने स्मृति-कोष और स्मरण-विधियों से संवाद करके इतिहास नहीं लिखता था। उसे जो चाहिए था, वह उपनिवेशीकृत समाज के अतीत और वर्तमान में 'खोज' लेता था और सामाजिक स्मृतियों का उपयोग बस अपनी 'खोज' को जायज ठहराने के लिए करता था–अभी भी करता है। संस्कृत साहित्य और भारतीय इतिहास के गम्भीर अध्येता शैल्डॉन पोलक ने यूरोपीय अध्येताओं की पद्धतियों में अब तक प्रकट-अप्रकट जड़ें जमाए बैठे 'ओरियंटलिज्म' की चर्चा करते हुए याद दिलाया है : "इतिहास में ज्ञानकांड का यह विरोध ('पैराडॉक्स') अनेक बार प्रकट हुआ है कि औपनिवेशिक थ्योरी ने पूरब–ओरियंट–के प्राचीन इतिहास में वे ही चीजें 'खोज' निकालीं, जिनकी रचना असल में औपनिवेशिक सत्ता ने खुद ही की थी।"[3] ऐसी 'खोजों' के प्रभावों से मुक्त होकर सही सवालों तक पहुँचने के लिए भारतीय इतिहास के बारे में रचे गए औपनिवेशिक मिथकों से मुक्ति आवश्यक है। ऐसे मिथकों की रचना के अपने ऐतिहासिक सन्दर्भ और इनकी परिणतियों का बोध आवश्यक है। इस दिशा में कुछ प्रयत्न आप अगले अध्याय–'संतों जागत नींद न कीजै'–में पाएँगे। देशभाषा स्रोतों से संवाद करने की परिणतियाँ तो आप इस पुस्तक में पन्ने-पन्ने पर देखेंगे ही।

कबीर ही नहीं, भारतीय इतिहास लेखन मात्र के प्रसंग में, परचई के लेखक अनन्तदास से लेकर त्रिजा-टीका रचनेवाले पूरण साहब तक सरीखे देशभाषा के बौद्धिकों के साथ जो सम्बन्ध 'आधुनिक' अध्येताओं ने बनाया है, वह याद दिलाता है, फिल्म 'गाइड' के एक दृश्य की। राजू गाइड को गाँव वाले साधु-महात्मा समझने लगे हैं। गाँव के पुरोहितों को राजू का सम्मान नागवार गुजरता है। वे संस्कृत बोलने की चुनौती देकर राजू को साधु नहीं, अज्ञानी सिद्ध करने की कोशिश करते हैं– "बोलेंगे क्या, संस्कृत आती हो तब ना!" राजू गाइड की नाक का सवाल है। वह अंग्रेजी बोलने लगता है, और पुरोहितों को अज्ञानी सिद्ध कर देता है–"बोलेंगे क्या, अंग्रेजी आती हो तब ना!"

जो न संस्कृत या फारसी बोलते हैं, न अंग्रेजी, वे 'बोलेंगे क्या?'–इस मानसिकता से मुक्त होकर सुनें तो हम सुन सकते हैं कि कबीर को उनके समाज और परम्परा ने न असफल स्वर माना न हाशिए की आवाज। हम यह भी देख सकते हैं कि

कबीर के समय का भारत उद्धार के लिए यूरोपीय आधुनिकता के अवतार की प्रतीक्षा करता भारत नहीं, स्वयं अपनी परम्परा से पनप रही आधुनिकता की ओर बढ़ता भारत था। कबीर और तुकाराम आधुनिक इसलिए नहीं लगते कि वे अपने समय से आगे निकलकर आधुनिक हो गए हैं, बल्कि इसलिए लगते हैं क्योंकि जिस समय में ये कवि रचना कर रहे हैं, वह समय भारतीय इतिहास में आधुनिकता के उदय का समय है।

आप इस किताब में देखेंगे कि कबीर के समय और भारतीय सांस्कृतिक अनुभव के बारे में मेरी धारणाएँ कुछ भिन्न प्रकार की हैं; कारण यही है कि पिछले कई सालों से मैंने उन ऐतिहासिक और समकालिक स्रोतों को भी पढ़ने, सुनने और गुनने की कोशिश की है, जो न संस्कृत, फारसी बोलते हैं, न अंग्रेजी।

3. *आधुनिकता : देशज बनाम औपनिवेशिक*

कबीर और रामानन्द ईसा की पन्द्रहवीं-सोलहवीं सदी में सक्रिय थे। 'रामचरितमानस' की रचना 1574 ई. में हुई, 1582 में 'पद सूरदासजी का' नामक संकलन तैयार किया गया। नाभादास ने 'भक्तमाल' 1585 से 1620 के बीच रची, और राघवदास ने अठारहवीं सदी के आरंभिक वर्षों में। अनन्तदास ने अपनी परचइयाँ 1588 से 1600 के बीच रचीं। 1604 में 'आदिग्रन्थ' का संकलन हुआ। धर्मदास ने कबीरपंथ की स्थापना सत्रहवीं सदी के आरम्भ में की। इसके पहले वल्लभाचार्य, दादू और चैतन्य के सम्प्रदाय स्थापित हो चुके थे। विभिन्न सम्प्रदायों में निर्गुण-सगुण की आत्मचेतना सत्रहवीं सदी के मध्य से साफ दिखने लगती है—लेकिन उतने कठोर और परस्पर अपवर्जी रूप में नहीं, जितनी आचार्य शुक्ल के काल और प्रवृत्ति विभाजन से प्रतीत होती है। 'पद सूरदासजी का' में सूरदास के ही नहीं, नामदेव और कबीर के पद भी हैं।

पन्द्रहवीं, सोलहवीं और सत्रहवीं सदियों में घट रही उपर्युक्त सांस्कृतिक घटनाओं का सामाजिक-आर्थिक और राजनैतिक परिवेश से कोई सम्बन्ध था या नहीं? उस परिवेश के स्वरूप को समझे बिना क्या इन घटनाओं का सामाजिक अर्थ और ऐतिहासिक महत्त्व समझा जा सकता है? इन घटनाओं की तर्कसंगत व्याख्या किए बिना क्या उस ऐतिहासिक परिवेश को तर्कसंगत ढंग से 'पढ़ा' जा सकता है?

सवाल इतिहास से भी जुड़े हैं, वर्तमान और भविष्य से भी।

इमेनुएल वार्लस्टाइन ने 'इक्कीसवीं सदी के लिए समाज-विज्ञान का एजेंडा' बनाने की कोशिश में किताब लिखी है : 'दि एंड ऑफ दि वर्ल्ड ऐज वी नो इट'। चुनौती को बिलकुल ठीक समझा है वार्लस्टाइन ने। कहते हैं :

> बतौर ऐतिहासिक व्यवस्था के, आधुनिक विश्व-व्यवस्था का अन्त निकट है। यह पचास साल से अधिक नहीं चलनेवाली। लेकिन पता नहीं कि जो व्यवस्था वर्तमान

व्यवस्था की जगह लेगी, वह इससे बेहतर होगी या बदतर। इतना तय है कि संक्रमण-काल बेइंतिहा तकलीफों से भरा होगा, क्योंकि इतना कुछ दाँव पर है। नतीजे बिलकुल अनिश्चित हैं और छोटी-छोटी चीजें भी उन नतीजों पर गहरा, दूरगामी असर डाल सकती हैं।[4]

विधाता ने इतिहास को किसी पूर्वनिर्धारित मार्ग पर चलाकर उस मार्ग का नक्शा कुछ चुनिन्दा लोगों के कान में नहीं फूँक दिया है। बेहतर भविष्य बन्द गली का आखिरी मकान नहीं है कि 'राह पकड़कर एक चला चल, पा जाएगा मधुशाला!' आनेवाली व्यवस्था बेहतर हो, इसके लिए सोचना जरूरी है कि बीते वक्त को समझने में क्या कमियाँ रह गईं। अतीत का बेहतर बोध बेहतर भविष्य की गारन्टी तो नहीं दे सकता, लेकिन उसकी ओर बढ़ने में मदद जरूर कर सकता है। अपने देश में जो लोग बेहतर भविष्य चाहते हैं, वे अभी कुछ वर्ष पहले तक जाति का गम्भीर विमर्श तक नहीं करते थे, और इन दिनों सिर्फ जाति का ही विमर्श करते हैं। पहले मानते थे कि जाति जैसे है ही नहीं, अब मानने लगे हैं कि बस जाति ही जाति है, बाकी कुछ भी नहीं है। पेंडुलम-धर्म का निर्वाह इतनी निष्ठा से किया जा रहा है कि देखकर मजा आ जाता है।

कबीर को ही नहीं, समूचे भारतीय अनुभव को समझने और उससे सीखने के लिए 'पेंडुलम-धर्म' से मुक्ति आवश्यक है। कबीर के ऐतिहासिक परिवेश के बारे में 'सहज' सत्य मान लिये गए कुछ असत्यों से मुक्ति आवश्यक है। यह किताब ऐसे कुछ असत्य और उनकी समीक्षा आपके सामने रखेगी।

आवश्यक है कि कविता को बतौर कविता के, संवेदनशीलता और सम्मान के साथ पढ़ा जाए। सामाजिक गतिशीलता के बारे में जानने-समझने के लिए भी कविता को पढ़ना चाहिए। पहले से तय कर लिये निष्कर्षों को सिद्ध करने भर के लिए कविता को पढ़ना व्यर्थ है। कबीर हों या कोई और कवि—उन्हें 'इतिहास की अदालत' में अपने मुकदमे के गवाह के तौर पर बरतने भर से कविता के प्रति संवेदनहीनता तो प्रकट होती ही है, इतिहास-लेखन की अपनी भी हानि होती है। सामाजिक सत्तातंत्र और समाज की गतिशीलता के दैनन्दिन जीवन-व्यवहार के उन संकेतों को 'पढ़ना' चाहिए जो कबीर, तुलसी और मीरा जैसे रचनाकार अपनी रचना में छोड़ गए हैं। इतिहास-लेखन के अन्य स्रोतों से इनकी तुलना करके हम इन कवियों के बारे में ही नहीं, उनके देशकाल के बारे में भी कहीं ज्यादा प्रामाणिक निष्कर्षों तक पहुँच सकते हैं।

इन दिनों इतिहासकार और समाजशास्त्री किसी भी समाज का अध्ययन और मूल्यांकन दैनन्दिन जीवन-व्यवहार—'एवरीडे प्रैक्टिसेज'—के साक्ष्यों के आधार पर करने की बात करते हैं। मतलब यह कि 'ऐसा होना चाहिए' कहनेवाले शास्त्रों की तुलना 'ऐसा होता है' की सूचना देनेवाले स्रोतों के साथ करके ही किसी निष्कर्ष पर

पहुँचा जाए। बात बिलकुल ठीक है। लेकिन, भारतीय समाज के अध्ययन के प्रसंग में इस पर अमल कितना होता है?

दैनंदिन व्यवहार के साक्ष्य देनेवाले देशभाषा स्रोतों की बात सुनें-समझें तो मालूम पड़ता है कि भारतीय समाज पर ब्राह्मणों के निरन्तर वर्चस्व की तस्वीर वास्तविक जीवन के अध्ययन पर नहीं, निराधार फॉर्मूलों पर आधारित है। हिन्दी क्षेत्र के बारे में तो निश्चित रूप से कहा जा सकता है : **शाश्वत ब्राह्मण-वर्चस्व की तस्वीर औपनिवेशिक सत्ता के साथ ब्राह्मणों के 'कोलैबोरेशन' के फलस्वरूप अठारहवीं-उन्नीसवीं सदी में गढ़कर कबीर के समय पर चिपका दी गई है। इसीलिए, जिन्हें निकोलस डर्क्स 'ऑफिशियल ब्राह्मण' कहते हैं, उपनिवेशवाद के साथ उनकी जुगलबन्दी के नतीजों को समझे बिना ब्राह्मणवाद को न तो समझा जा सकता है, न उसका उचित उपचार किया जा सकता है।**

तुलसीदास का कलिकाल वर्णन बताता है कि उनके समय में व्यापार के कारण नई जातियाँ बन रही हैं, वर्ण-व्यवस्था को चुनौती मिल रही है। नवोदित जातियों को उनकी आर्थिक ताकत के आधार पर **'उच्च'** मानने के लिए वर्ण-व्यवस्था के समर्थक विवश हैं। विवश वे तलवार की ताकतवालों को 'क्षत्रिय' मानने के लिए भी हैं—भले ही कल तक उन्हें 'निम्न कुलोत्पन्न' मानते रहे हों। विवश वे 'वर्णाश्रम-बाह्य' आदिवासियों-गोंडों—को सफल राजा बनते देखने के लिए भी हैं। विवश वे शूद्रों को गुरु के रूप में समादृत देखने के लिए भी हैं। और ऐसी बहु-आयामी विवशता को ही वे 'कलियुग' नाम दे रहे हैं—व्यापार के विकास का वह समय उन्हें धर्म की हानि का समय दीख रहा है, जिसमें शूद्र ब्राह्मणों को डाँट रहे हैं, स्त्रियाँ पुरुषों से जिरह करने की हिम्मत कर रही हैं, और आदिवासी गोंड छत्रधारी राजा बन रहे हैं।

दैनन्दिन व्यवहार की वास्तविकता तो 'मध्यकालीन' तुलसीदास के कलिकाल वर्णन से झलकती है, लेकिन 'आधुनिक' सिद्धान्त और 'इतिहास-लेखन' ऐसे समकालीन स्रोतों की परवाह किए बिना 'बताता' है कि उस समय के समाज में ब्राह्मणों की सर्वोच्चता कर्मकांड तक सीमित न होकर समाज के हर क्रिया-कलाप में अबाध रूप से स्थापित थी।

तुलसीदास का कलियुग सम्बन्धी विलाप अभूतपूर्व नहीं है। भारतीय इतिहास में जब-जब सामाजिक गतिशीलता दिखती है, तब-तब कलियुग-विलाप भी दिखता है—'विष्णु पुराण' से लेकर 'रामचरितमानस' तक। यह विलाप दैनन्दिन जीवन की परिवर्तनशीलता को बतानेवाला और ब्राह्मणों के अबाध, निरन्तर वर्चस्व के मिथकों को तोड़नेवाला साक्ष्य है।

कलियुग पर कोप करते तुलसीदास समाज की गतिशीलता को ही रेखांकित कर रहे हैं। यही रेखांकन इस तथ्य में भी है कि ब्राह्मण-वर्चस्व और संस्कृत-केन्द्रिकता को चुनौती देते रामानन्द 'जात-पाँत पूछे नहीं कोई' की घोषणा देशभाषा में कर रहे हैं।

यह घोषणा हिन्दू परम्परा में, वर्ण-व्यवस्थापरक के स्थान पर वर्ण-व्यवस्था विरोधी सामाजिकता और धार्मिकता के प्रस्ताव की घोषणा है। आत्मालोचन और रूपान्तरण का न्यौता है–देशभाषा में किया जा रहा है–यह प्रस्ताव, और दैनन्दिन व्यवहार में रूपान्तरण हो भी रहा है।

देशभाषाओं की प्रतिष्ठा ईसा की ग्यारहवीं सदी के बाद से सारे भारत में ही नहीं, लगभग सारे यूरोप और एशिया में लक्ष्य की गई है। शैल्डन पोलक पिछले हजार साल को देशभाषाओं की सहस्राब्दी, वर्नाक्युलर मिलेनियम, कहते हैं।

देशभाषाओं की सहस्राब्दी में, यूरोपीय और गैर-यूरोपीय समाज अपने-अपने ढंग से आधुनिकता की ओर बढ़ रहे थे। भारतीय समाज कोई इतिहास-विहीन समाज नहीं था, जैसा हीगेल को लगा था। वह भी समकालीन यूरोप की तरह इतिहास के रास्ते पर ही चलता हुआ समाज था। यूरोप और भारत में यह समानता थी। फर्क यह था कि यूरोपीय साम्राज्यवाद के कारण भारत और अन्य गैर-यूरोपीय समाजों में देशज आधुनिकता के सहज, आंगिक विकास में बाधा पड़ी। भारत जैसे उपनिवेशीकृत समाजों में देशज आधुनिकता अवरुद्ध हो गई। औपनिवेशिक स्थिति के फलस्वरूप आई आधुनिकता ने परम्परा के प्रवाह में आनेवाले आवेग के स्थान पर परम्परा से तीक्ष्ण टूटन का रूप ते लिया। परम्परा और आधुनिकता के बीच संवेदना-विच्छेद उत्पन्न हो गया। इन समाजों की अनेक समस्याओं के मूल में यह संवेदना-विच्छेद ही है। कबीर के प्रसंग में इसी संवेदना-विच्छेद के कारण निराधार बातों को 'ऐतिहासिक सच्चाइयों' का दर्जा दे दिया गया है। कबीर को हाशिए की आवाज मानना ऐसी ही निराधार बात है।

हाशिए पर ही रहे होते तो गागरोन के राजा पीपा यह न कहते कि लोक, वेद और कलियुग से भक्ति को कौन बचाता, 'जो कलिनाम कबीर न होते।' उनके "कुप्रभाव" का निवारण करने के लिए वैसे आक्रमण करने की जरूरत भी नहीं पड़ती, जैसे तुलसीदास ने किए हैं। संस्कृत स्रोतों को भी ध्यान से देखने पर, यह काल 'स्तब्ध मनोवृत्ति' और 'राजसत्ता के फालतूपन' का काल नहीं लगता। व्यापक सामाजिक गतिशीलता के प्रमाण आरम्भिक औपनिवेशिक दौर के स्रोतों में भी मिलते हैं। पता! लगता है कि वाणिज्य के विस्तार के कारण, नित नई जातियाँ बन रही थीं। सामाजिक पदानुक्रम में ऊपर-नीचे हो रही थीं। ये जातियाँ पेशों पर आधारित थीं, 'रक्त-शुद्धि' पर नहीं। जातियों को रक्त-शुद्धि के नस्लवादी सिद्धान्त से जोड़ा– औपनिवेशिक आधुनिकता और उसके ज्ञानकांड ने।

वर्णाश्रम का सैद्धान्तिक ढाँचा सरल, बुनियादी श्रम-विभाजन के दौर में विकसित हुआ था, फिर उसे एक 'मॉडल' या 'नॉर्म' बना दिया गया। व्यापार के फलस्वरूप पनप रही नई-नई जातियों को वर्णाश्रम के मॉडल में फिट करना वर्णाश्रमपरक चिन्तन की मुख्य समस्या बन गई। यह बात आठवीं सदी से ही देखी जा सकती है। इसी

वक्त से शास्त्रीय 'आर्षवाक्यों' पर 'लौकिक' व्यवहारों को वरीयता देने की प्रवृत्ति भी दिखने लगती है। मध्यकालीन निबन्ध-ग्रन्थों के लेखकों की सोच स्थानीय लोक-व्यवहार को शास्त्रानुरूप सिद्ध करने की थी–इस बात की ओर आचार्य हजारीप्रसाद द्विवेदी ने बहुत पहले ध्यान खींचा था। युवा संस्कृतज्ञ आशुतोष दयाल माथुर ने पिछले दिनों सप्रमाण दिखाया है कि आठवीं से चौदहवीं सदी तक के निबन्ध-ग्रन्थों के लेखक और पारम्परिक ग्रन्थों के टीकाकार राजसत्ता को फालतू की वस्तु नहीं मानते थे। वे तो, 'राजसत्ता को सामाजिक सत्ता के अन्य सभी रूपाकारों की वैधता का आदिस्रोत–सिद्ध करने में लगे थे। सामाजिक व्यवहार के नियमों का प्रदाता भी वे राजा को ही निरूपित करते हैं, और दंड-विधान के जरिए नियम-पालन कराने का एकाधिकार भी राजा का ही बताते हैं।'[5]

अंग्रेजी राज के पहले के भारत के सन्दर्भ में 'पॉलिटिकल इकॉनॉमी' की बात करने तक को कुछ लोग व्यर्थ मानते हैं। उनके अनुसार उस समय के भारत का सामाजिक संगठन तो जजमानी पर ही आधारित था। और ऐसा आठवीं सदी ईसापूर्व से चला आ रहा था, उन्नीसवीं सदी ईस्वी तक चलता रहा। यह शुद्ध अन्धविश्वास है। किसी भी समाज की तरह भारत में भी, व्यापार भी था, और 'पॉलिटिकल इकॉनॉमी' भी। ईसा की आठवीं सदी के बाद से तो धर्मशास्त्रीय चिन्तन की मुख्य चिन्ता ही राजसत्ता की व्यावहारिक महत्ता को सैद्धान्तिक रूप से ''शास्त्रसम्मत'' भी सिद्ध करने की हो जाती है। लौकिक की वरीयता को, धर्मशास्त्र को दैनन्दिन व्यवहार के अनुरूप ढालने की प्रवृत्ति को, समाज में राजसत्ता की व्यावहारिक शक्ति को 'शास्त्रसम्मत' सिद्ध करने के इस प्रयत्न को, कौटिल्य का अर्थशास्त्र याद करते हुए, आशुतोष दयाल माथुर सही नाम देते हैं : 'धर्मशास्त्र का अर्थशास्त्रीकरण'।

'धर्मशास्त्र के अर्थशास्त्रीकरण' के इस काल में वैष्णव प्रभाव बढ़ रहा था। स्मार्त चिन्तन और वैष्णव मत में महत्त्वपूर्ण अन्तर था। स्मार्त चिन्तन का बल 'सार्वत्रिकता' पर था। वह क्षेत्रीय निबन्ध-ग्रन्थों को महत्त्व देते हुए भी, 'प्रमाण' अखिल-भारतीय, सार्वत्रिक स्मृतियों को ही मानता है। दूसरी ओर वैष्णव सोच वैष्णव पुराणों और संहिताओं को भी स्मृतियों के बराबर ही 'प्रमाण' मानती है। 'सार्वत्रिकता' से अधिक वैष्णव चिन्तन स्थानीयता का सम्मान करता है। वैष्णव पुराणों और संहिताओं पर गहरे क्षेत्रीय प्रभाव हैं। स्मृति और वैष्णव संहिता या आचार्य के कथन में विरोध होने पर वैष्णव लोग वैष्णव स्रोतों को ही प्रमाण मानते हैं। ये स्रोत स्थानीय व्यवहारों, परम्पराओं को शास्त्रसम्मत सिद्ध करते हैं; शास्त्र में व्यक्त होनेवाली सार्वत्रिकता के साथ किसी क्षेत्र या समुदाय के अपने स्वत्व का संतुलन बैठाने का उनका यही तरीका है। रामानन्द द्वारा रचित माना जानेवाला 'वैष्णव मताब्ज भास्कर' स्पष्ट निर्देश देता है कि मुक्ति के इच्छुक द्विजों को अद्विज वैष्णवों की भी चरण-वन्दना करनी ही चाहिए। यह रामानन्दी सम्प्रदाय के स्वत्व का,

उसके वैशिष्ट्य का रेखांकन था। इसके विपरीत स्मार्त सोच का तरीका ऐसे स्वत्व की उपेक्षा कर, सभी लोक-व्यवहारों को सार्वत्रिक शास्त्रीयता के अनुकूल बनाने का है।

स्थानीय रंगत और लोक-जीवन में रचे-बसे वैष्णवों के सामाजिक व्यवहार को 'श्रुति-स्मृति' सम्मत, 'सार्वत्रिक' वर्ण-व्यवस्था के अनुकूल बनाने के लिए स्मार्त ब्राह्मण अनवरत प्रयत्न करते रहे। स्मार्त प्रभाव में आकर दक्षिण में विजयनगर और उत्तर में जयपुर के राजाओं ने वैष्णव सम्प्रदायों के सत्ता-तन्त्र से शूद्रों को बाहर करने के लिए काफी कोशिशें कीं। विजयनगर की कोशिशें सफल भी हुईं, लेकिन जयपुर की कोशिशें रामानन्दीय और कुछ अन्य वैष्णव सम्प्रदायों के सन्दर्भ में, कुल मिलाकर असफल ही रहीं। इनके विपरीत रामानुजी वैष्णव वस्तुतः 'स्मार्त वैष्णव' ही बन गए। वर्णाश्रमवाद की विचारधारा उन्होंने पूरी तरह अपना ली। तुलसीदास ऐसे ही 'स्मार्त वैष्णव' थे। बीसवीं सदी के रामानन्दी वैष्णवों में भगवदाचार्य ने और साहित्यकारों में से आचार्य रामचन्द्र शुक्ल ने तुलसीदास की यह विशेषता बिलकुल ठीक लक्ष्य की थी। शुक्लजी का ध्यान 'एक बात की ओर' गया था :

> तुलसीदास जी रामानन्दी सम्प्रदाय की वैरागी परम्परा में नहीं जान पड़ते। उक्त सम्प्रदाय के अन्तर्गत जितनी शिष्य-परम्पराएँ मानी जाती हैं उनमें तुलसीदास जी का नाम कहीं नहीं है। रामानन्द परम्परा में सम्मिलित करने के लिए उन्हें नरहरिदास का शिष्य बताकर जो परम्परा मिलाई गई है, वह कल्पित प्रतीत होती है। वे रामोपासक वैष्णव अवश्य थे, पर स्मार्त वैष्णव थे।[6]

हिन्दी क्षेत्र में प्रभावी रामानन्दीय वैष्णवता रामानुजीय, स्मार्त वैष्णवता से अलग हुई ही थी, ''जात-पाँत पूछे नहीं कोई'' की घोषणा के कारण। रामानन्दीय वैष्णवता कबीर के समय से ही तथाकथित ''निम्न जातियों'' के आत्मरेखांकन का माध्यम बन गई थी।

उन्नीसवीं सदी में विलियम क्रुक ने देखा कि ''नित नई बनती रहनेवाली पेशेवर जातियों में से लगभग सभी वैष्णव परम्परा के किसी न किसी रूप से जुड़ी हुई हैं।''[7] क्रुक का आशय रामानन्दी वैष्णवता से ही था। (स्मार्त) वैष्णवता बनाम (रामानन्दी) वैष्णवता की चर्चा का अवसर हम रामानन्द-कबीर सम्बन्ध के प्रसंग में, और अन्यत्र भी पाएँगे।

अन्य समाजों की तरह, भारत में भी, औपनिवेशिक आधुनिकता के आने के पहले के आरम्भिक आधुनिक काल के सामने चुनौती पारम्परिक चिन्तन और सामाजिक स्मृति की निरन्तरता बनाए रखने की भी थी। व्यापार के विस्तार के कारण नित नई पैदा हो रही जातियों के प्रसंग में पद्धति यह बनी कि किसी जाति को पेशे के आधार पर चार में से एक वर्ण के अन्तर्गत रख दिया जाए और इस रखाव की व्याख्या किसी पौराणिक सन्दर्भ के आधार पर कर दी जाए। इस व्यावहारिक सोच

में कर्मकांड और पौरोहित्य (रिचुअल) भी जरूरी फंक्शन था, जो कि ब्राह्मण जाति का काम था। ब्राह्मण की 'पूज्यता' और सर्वोच्चता दैनन्दिन जीवन की निरन्तर सच्चाई कम, कर्मकांड के क्षण-विशेष की सच्चाई अधिक थी।

व्यावहारिक सच्चाई तो यह आज के जनजीवन की भी है, बशर्ते हम औपनिवेशिक ज्ञानकांड द्वारा ब्राह्मणों के सहयोग से रचित 'थ्योरी' के मोह से मुक्त हो सकें। श्राद्धपक्ष में अपने ब्राह्मण मुनीम के पुत्र के पाँव छू लेनेवाले सेठजी रोजमर्रा के जीवन में मुनीम का आज्ञापालन नहीं करने लगते। उस दौर में तो ऐसे भी प्रमाण मिलते हैं कि किसी राजा या सामन्त को कर्मकांड के लिए ब्राह्मणों की जरूरत पड़ी, पर्याप्त संख्या में मिले नहीं, तो राजा साहब ने किसी पूरी की पूरी जाति को जनेऊ पहनाकर रातोंरात जरूरत भर ब्राह्मण पैदा कर लिये। कुछ समय तक अन्य ब्राह्मण ऐसे गढ़े गए ब्राह्मणों को मान्यता देने में सकुचाते रहे, लेकिन दो-चार पीढ़ी बाद सब ठीक हो गया।

भारतीय समाज, सामाजिक वरीयता का निर्धारण वास्तविक, व्यावहारिक ताकत के आधार पर करता था, कोरी कर्मकांडपरक (रिचुअलिस्टिक) उच्चता के आधार पर नहीं। कर्मकांडपरक वरीयता के कारण ब्राह्मण हर हाल में, सर्वोच्च माने जाते थे; भारतीय समाज में सामाजिक शक्ति तलवार या पैसे से नहीं, रक्तशुद्धि और कर्मकांड से निःसृत होती थी; यह सिवाय एक मिथक के कुछ नहीं है; इस मिथक की जड़ें औपनिवेशिक सत्ता और ज्ञानकांड के लिए 'नेटिव इन्फारमेंट' का काम करनेवाले, औपनिवेशिक सत्ता और ज्ञानकांड से अपने सम्पर्को का लाभ उठानेवाले ब्राह्मण देवताओं की चतुराई में हैं। यह उन असत्यों में सबसे प्रमुख है, जो सहज सत्य मान लिए गए हैं, और जो कबीर की भक्ति के वास्तविक सामाजिक आशय तक पहुँचने में बाधक हैं।

भारतेन्दु हरिश्चन्द्र के प्रहसनों—'सबै जाति गोपाल की' और 'ज्ञाति विवेकिनी सभा'—से ज्ञात होता है कि पर्याप्त दक्षिणा लेकर 'निम्न' जातियों को चार वर्णों की व्यवस्था में उच्च और 'उच्च' जातियों को निम्न ठहरा देना ब्राह्मणों के लिए बाएँ हाथ का खेल है। असल में इस खेल से जाति और वर्ण का पारम्परिक रूप से लोकमान्य सम्बन्ध ध्वनित होता है। ताकतवर जातियाँ 'उच्च वर्ण' से सम्बद्ध या उत्पन्न मान ली जाती थीं। 'अर्थ' या 'दंड' के बल पर हासिल की गई वास्तविक हैसियत को 'शास्त्रवचन' की 'उचित' व्याख्या कर सैद्धान्तिक धरातल पर भी 'सिद्ध' कर दिया जाता था। जाति और वर्ण का यह अन्तस्सम्बन्ध भारतेन्दु के समकालीन अनुभव का भी हिस्सा था। 'सबै जाति गोपाल की' में 'पंडितजी' दूसरों को भृगुवंशी ब्राह्मण सिद्ध करने के लिए 'ज्वालाप्रसाद पंडित के शास्त्रार्थ' का हवाला देते हैं।[8]

एक ज्वालाप्रसाद पंडित मुरादाबाद में भी थे। इन्होंने विभिन्न जातियों की उत्पत्ति और वर्ण-व्यवस्था में उनके स्टेटस की विवेचना करने के लिए 'जाति-भास्कर'

ग्रन्थ की रचना की थी। इसमें वे अहीर और भील ब्राह्मणों, कोरई और खेचर क्षत्रियों का उल्लेख करते हैं।

वर्ण-व्यवस्था में जातियों की हैसियत उठती-गिरती रहती थी। व्यक्तियों के स्तर पर भी, तुलसीदास की फैंटेसी 'बरनाश्रम धरम निरत सब नर नारी' को भारतीय इतिहास के किसी भी काल की वास्तविकता नहीं माना जा सकता। तुलसीदास के अपने समय में, अकबर से परास्त होनेवाला, दिल्ली का अन्तिम हिन्दू राजा हेमू क्षत्रिय नहीं, बक्काल (बनिया) था। 'जाति-भास्कर' के अनुसार सम्राट् हर्षवर्द्धन भी वैश्य कुल के ही थे।

इन ऐतिहासिक तथ्यों की उपेक्षा करते हुए, उपनिवेशवाद के 'ऑफिशियल ब्राह्मणों' की करतूतों को पारम्परिक सोच माना जाता है, यह औपनिवेशिक सत्ता और उसके सहयोगियों की सफलता का प्रमाण है, लेकिन औपनिवेशिक निर्मिति (कंस्ट्रक्ट) को परम्परा के 'प्रामाणिक' पाठ का दर्जा हासिल करने में समय तो लगा ही। जिस दौर में ब्राह्मण लोग फोर्ट विलियम के साहबों को यकीन दिला रहे थे कि उनकी जाति केवल कर्मकांडपरक सन्दर्भ में नहीं, बल्कि सामाजिक व्यवहार मात्र में सर्वोच्च मानी जाती है, उसी समय मारवाड़ रियासत की 'मर्दुमशुमारी' (1891) के आधार पर मारवाड़ रियासत के पचीस लाख बाशिन्दों की 'रीत-भाँत और चाल-चलगत के हालात' लिखने वाले मुंशी हरदयाल सिंह की रिपोर्ट (1896) सामाजिक पदानुक्रम को वास्तविक जीवन-व्यवहार के आधार पर बखानने की पारम्परिक पद्धति अपना रही थी।

इस मनोरंजक और विचारोत्तेजक प्रसंग की चर्चा हम अगले अध्याय में करेंगे।

औपनिवेशिक सत्ता ने अपनी जरूरतों के कारण ओर ओरियंटलिस्ट विद्वानों ने अपने संस्कारों के कारण माना और मनवाया कि उनके श्रीचरण पड़ने के ऐन पहले का भारतीय समाज अपनी बौद्धिक चमक कब की पीछे छोड़ आया था। देशभाषाएँ तो भोले-भाले, गँवारों की ही भाषाएँ थीं। बौद्धिक रूप से, जो कुछ काम का था (अगर था तो!), वह या तो संस्कृत में था, या फिर फारसी में। स्वर्ण-युग (अगर था तो!) कब का बीत चुका था। ''मध्यकाल'' क्या साहित्य में, क्या चिन्तन में बस अनुवाद और अनुगमन करने लायक ही रह गया था। और ऐसे जबदे हुए काल का 'इमीडिएट सक्सेसर' होने के नाते 18वीं-19वीं सदी के भारत के भाग्य में यही बदा था कि अब वह अपने आप को पहचानने तक के लिए 18वीं-19वीं सदी में यूरोप द्वारा रचे जा रहे ''ज्ञान'' और ''भारतविद्या'' का अनुगमन करे।

कबीर के ही नहीं, अन्य प्रसंगों में भी, बहुत से सहज स्वीकार्य मान लिये गए प्रस्थान और निष्कर्ष ऐसे ही अनुगमन के परिणाम हैं। नाना प्रकार के वैचारिक गोत्रों से सम्बद्ध ज्ञानीजन-मुनिगण सारे परस्पर मतभेदों के बावजूद कबीर के समय के बारे में ऐसी अनेक बातों को निर्विवादतः स्वयं-सिद्ध मान लेते हैं, जिनकी ''खोज'' ही

नहीं "रचना" भी औपनिवेशिक सत्ता की आवश्यकताओं के मुताबिक की गई है। जो सामाजिक संस्थाएँ, परम्पराएँ और आदतें औपनिवेशिक काल में विकसित हुईं, (कई बार तो औपनिवेशिक सत्ता द्वारा जान-बूझकर रची गईं) या भारत के किसी एक क्षेत्र तक सीमित थीं, उन्हें औपनिवेशिक ज्ञानकांड और थ्योरी ने भारतीय समाज की "शाश्वत और अखिल-भारतीय विशेषताएँ" "सिद्ध" कर दिया।

यह औपनिवेशिक सार्वत्रिकता भी लोक-जीवन के दैनन्दिन व्यवहारों से उतनी ही दूर थी, जितनी कि स्मार्त सार्वत्रिकता। स्थानीय रीत-भाँत और समुदायों तथा बिरादरियों के विशिष्ट रिवाजों के प्रति इसमें भी वैसी ही अवहेलना थी, जैसी कि स्मार्त परम्परा में। औपनिवेशिक सत्ता के साथ ब्राह्मणों की जुगलबन्दी स्वाभाविक ही थी।

गांधीजी जब इंग्लैंड से बैरिस्टर बनकर लौटे तो उन्हें 'परम्परा का पालन करते हुए', समुद्र पार करने के पाप का प्रायश्चित करना पड़ा था। उन्होंने नासिक में गोदावरी स्नान तो कर लिया, लेकिन बिरादरी भोज देने से इनकार कर दिया। नतीजा यह हुआ कि बहन की और खुद गांधीजी की ससुराल में उन्हें 'अपवित्र' ही माना जाता रहा।[9]

यह 'परम्परा-पालन' 1891 में हुआ था।

दो सदी पहले गुजराती व्यापारी लगातार समुद्र पार करते रहते थे। उनके कारोबार अरब और अफ्रीका तक फैले हुए थे। एक व्यापारी थे—मेहराज ठाकुर (1618-1694)। इतिहास के अध्येता इन्हें प्रणामी सम्प्रदाय के संस्थापक, महामति प्राणनाथ के रूप में बेहतर जानते हैं। 1668 में अरब डाकुओं ने इनकी पत्नी तेजकुँवरि का अपहरण कर लिया था। वे अरब जाकर डाकुओं को फिरौती देकर पत्नी को छुड़ा लाए, कोई प्रायश्चित उन्हें नहीं करना पड़ा। तेजकुँवरि को महामति प्राणनाथ ने अपवित्र मानकर त्याग नहीं दिया, उनके साथ सहज रूप से जीवन-यापन करते रहे।[10]

दो सौ सालों में गुजरात के व्यापारियों के परम्परा-बोध में ऐसा जबरदस्त परिवर्तन लाने में कुछ समुदायों और क्षेत्रों तक सीमित समुद्र-यात्रा-निषेध को सारी हिन्दू परम्परा की अखिल-भारतीय, सार्वत्रिक विशेषता बतानेवाले औपनिवेशिक ज्ञानकांड और उसके सहयोगियों की कुछ भूमिका रही होगी या नहीं?

औपनिवेशिक ज्ञानकांड का जन्म यूरोपीय आधुनिकता से हुआ था। यूरोपीय आधुनिकता के प्रस्थानों और 'स्वयंसिद्धों' की कड़ी आलोचना उत्तर-आधुनिकता ने की है। किन्तु, हा हन्त! भारतीय समाज के प्रसंग में उत्तर-आधुनिकता के अधिकांश अलम-बरदार यूरो-केन्द्रित आधुनिकता से भी बदतर साबित हुए हैं। ये लोग भारतीय राष्ट्रवाद का 'विखंडन'—डिकंस्ट्रक्शन तो जमकर कर रहे हैं, करना भी चाहिए, लेकिन औपनिवेशिक ज्ञानकांड का विखंडन इनकी प्राथमिकता में कहीं नहीं दिखता।

देशभाषा स्रोतों में अन्तर्निहित लोक-चेतना को गम्भीरता से लिये बिना, सारी की सारी परम्परा को साजिश मानने की बीमारी से पिंड छुड़ाए बिना भारतीय या किसी भी परम्परा के आत्मानुसन्धान को समझना असम्भव है। उपनिवेशवाद की दूरगामी सांस्कृतिक निष्पत्तियों को समझे बिना ब्राह्मणवाद का सार्थक खंडन भी असम्भव है। मन में जिज्ञासा यह भी है कि ब्राह्मणवाद के तीक्ष्ण खंडन और सांस्कृतिक अस्मितावाद के मुखर मंडन के इस दौर में, एक तरफ सामाजिक वर्गों की अवधारणा का, और दूसरी तरफ उपनिवेशवाद के प्रभावों के प्रश्न का, विमर्श के हाशिए पर पहुँच जाना मात्र संयोग है क्या? इसके पीछे कोई 'पावर-पॉलिटिक्स' है या नहीं?

ये तथा ऐसी अन्य जिज्ञासाएँ लेकर चलते-चलते कई वर्ष गुजर गए। इस यात्रा की रिपोर्टें बीच-बीच में प्रस्तुत करता रहा। यह किताब भी इस जिज्ञासा-यात्रा की रिपोर्ट ही है। इस बार तनिक विस्तार के साथ।

कबीर के साथ मेरा नाता जिज्ञासा का, सतत यात्रा का नाता है।

4. *मानवीय चैतन्य का साझा सपना*

कबीर की कविता इस जिज्ञासा-यात्रा में कदम-कदम पर याद दिलाती रही है : अनंत अस्तित्व से सम्बद्ध होने का विस्मय, उल्लास और संताप उतना ही प्रामाणिक है, जितना कि सामाजिक अन्याय के प्रति रोष। मनुष्य का सहजबोध, मार्क्स के शब्द याद करें तो—मनुष्य का 'प्रजाति सार' (स्पेसि एसेंस)—अनंत ब्रह्मांड से जुड़ाव के सुख-दुःख और समाज के सुख-दुःख का वहन एक साथ करता है। मनुष्य की आत्मपरिभाषा है यह बोध। मनुष्य मनुष्य है ही इस वजह से कि वह प्रकृति का केवल अंग नहीं, आत्मचेतस् अंश है। वह अस्तित्व के साथ अपने सम्बन्ध के बारे में सचेत है। फिर से मार्क्स के शब्दों तक चलें, तो मनुष्य का प्रकृति के साथ सम्बन्ध 'ऑर्गेनिक' न होकर 'इन-ऑर्गेनिक' है। 'स्पिरिचुअल' है। यहाँ 'स्पिरिचुअल' शब्द मार्क्स का ही है, मेरा नहीं।[11]

बार-बार याद दिलाती है कबीर की कविता : लौकिक-अलौकिक, भीतर-बाहर, सामाजिक-आध्यात्मिक में विरोध नहीं है। अविरोध के इस बोध को खोजने कहीं 'बाहर' नहीं जाना पड़ता। अपने ऊपर थोप लिये गए अधूरेपन से यदि मुक्ति पा सकें, पूरेपन के मनमाने टुकड़े करने की आदत से यदि पिंड छुड़ा सकें, तो हम अपने ''घट-भीतर'' के इस अहसास के प्रति, अपने 'स्पेसि एसेंस' के प्रति फिर से सचेत हो सकते हैं :

खोजी होय तो तुरतै मिलिहौं पल भर की तलास में
कहै कबीर, सुनो भई साधो, सब स्वाँसों की स्वाँस में।

लौकिक-अलौकिक, भीतर-बाहर, सामाजिक-आध्यात्मिक की निरन्तरता; और परस्पर निर्भरता के 'बाहर-भीतर सबद निरन्तर' को लगातार सुनते रहने को, इसके अनुकूल जीवन जीने को ही कबीर 'घट-साधना' कहते हैं। मूलभूत प्रश्न—जो कई रूपों में उनकी कविता में आता है—यही है कि प्रेम से यदि परमात्मा मिल सकता है, भक्ति यदि राम को रिझा सकती है, तो सामाजिक व्यवहार में प्रेम और भक्ति पर जाति, मजहब और कुल क्यों भारी पड़ते हैं? उनकी बहुचर्चित और बहुप्रशंसित सामाजिक चेतना और तज्जनित सामाजिक आलोचना कबीर की आध्यात्मिक खोज की ही परिणति है। कबीर के 'क्रान्तिकारी' प्रशंसकों को जो 'घट-साधना' उलझन में डालती है, उसके बिना कबीर की सामाजिक चेतना और आलोचना सम्भव ही नहीं थी। कबीर समाज को देखते ही उस सपने की आँखों से हैं, जो उनकी घट-साधना उन्हें दिखाती है।

इस सपने की आँखों से दुनिया देखते कबीर अपनी सामाजिक पहचान से नहीं कतराते। जाति के सवाल पर उस तरह चिढ़ने नहीं लगते, जैसे कि 'कवितावली' में तुलसीदास चिढ़ उठते हैं कि उन्हें किसी की बेटी से अपना बेटा ब्याह कर उसकी जाति नहीं बिगाड़नी है (कवितावली, उत्तरकांड, छन्द, 106)। इस चिढ़ में 'पोयटिक जस्टिस' है। 'कवितावली' के तुलसी जिस जिज्ञासा से इतने चिढ़ते हैं, वह 'मानस' के तुलसी के मतानुकूल है। उन्हीं ने स्वयं राम के मुख से कहलाया था कि 'पूजिए विप्र गुण-गन-ज्ञानहीना, पूजिए न सूद्र सकल गुन प्रबीना!' 'रामचरितमानस' का रचयिता यदि कोई शूद्र होता तो उसे 'पूज्य' मानने में स्वयं तुलसी को कितनी दिक्कत होती! तुलसी से उनकी जाति पूछकर उन्हें संतप्त करने वाले, असल में स्वयं तुलसी के मुताबिक ही चल रहे थे। बिडम्बना यह थी कि जब खुद पर आ पड़ी, तो तुलसीदास चिढ़ने लगे।

कबीर अपनी जाति से क्यों भागें? वे जन्मजात पूज्यता का दावा भी क्यों करें? उनमें आत्मविश्वास है, अनभय, अनुभव और रहनि का, पूज्यता की परवाह किए बिना, मरजीवा बनकर जीने का। स्वयं को 'जात जुलाहा, मति का धीर' कहने का। वे बिडम्बनापूर्ण ढंग से कह सकते हैं : 'आइ हमारे कहा करोगी, हम तो जात कमीना।'

पूज्यता प्राप्त करने में कबीर की अपनी कोई रुचि नहीं थी। वह तो अपने एकान्त में बाधा डालनेवाली, व्यर्थ की लोकप्रियता को दूर भगाने के लिए कौतुक तक कर बैठते थे। ऐसे कौतुक का विवरण अनन्तदास ने दिया है। यह और बात है कि पूज्यता के प्रति कबीर की अरुचि के बावजूद कबीर के समाज ने उन्हें पूजा और खूब पूजा। आज तक पूज रहा है।

अपनी जाति से भागने की बजाय कबीर वर्ण-व्यवस्था के मूल तर्क पर प्रहार करते हैं। वे जानते हैं कि जन्मजात पूज्यता और अपूज्यता को सिरे से खारिज किए

बिना न वास्तविक नैतिकता की प्रतिष्ठा सम्भव है, न उत्तरदायी व्यक्तित्व की। कबीर जाति पर आधारित सम्मान-असम्मान की धारणा को समाप्त करने की लड़ाई लड़ रहे थे, एक तरह के जातिवाद को हटाकर दूसरी तरह के जातिवाद को पधरा देने की नहीं। उनके हिसाब से, किसी को शूद्र होने भर के कारण 'नीच' मानना निचाट मूर्खता है, और उतनी ही निचाट मूर्खता है, किसी को ब्राह्मण होने मात्र के कारण दुष्ट मानना।

"जुलाहे का दुख केवल जुलाहा ही समझ सकता है", यह आजकल का ज्ञान है। जाति के जुलाहे और मति के धीर कबीर का ज्ञान जुदा किस्म का था। वे जानते थे कि सिर्फ अपना और अपने जैसों का ही नहीं, बल्कि अन्यों का भी दुख समझने की कोशिश किए बिना, परकाया-प्रवेश की साधना किए बिना कविता न लिखी जा सकती है, न सुनी जा सकती है। कबीर को केवल जुलाहा, शूद्र या दलित होकर ही समझा जा सकता है—यह कहना कबीर की सम्प्रेषण-क्षमता को, उनके कवित्व को सिरे से नकारना है।

कबीर कहीं यह नहीं कहते कि 'कहे कबीर सुनो भई जुलाहो!' उनके कुछ सम्बोध्य श्रोता—'पांडे', 'मौलाना' या 'जोगी'—कबीर के व्यंग्यों के लक्ष्य हैं। जिस श्रोता से वे दोस्ताना लहजे में बात करते हैं, कबीर का वह श्रोता 'साधु' है 'भाई' है, जातभाई नहीं।

मनुष्य की अनिवार्य और निरन्तर पहचान उसकी मनुष्यता ही है। इस पहचान के साथ ही वह विविध सामाजिक पहचानों को धारण करता है। जाति, धर्म, नस्ल, राष्ट्रीयता—किसी एक पहचान को ही एकमात्र सामाजिक पहचान मान लेना सामाजिक अस्मिता का फन्डामेंटलिज्म है, और हर फन्डामेंटलिज्म की तरह फन्डामेंटली खतरनाक है। किसी भी फन्डामेंटलिज्म की तरह इसकी भी यात्रा फ़ासिज्म की ओर ही है।

कबीर की कविता की ताकत इस जिद में है कि वे कविता कर रहे हैं, ऐसे जगत में जहाँ बहुत से लोग साधु का ज्ञान नहीं, उसकी जाति ही पूछते हैं, लेकिन सपना देखते हैं, ऐसे समय का, ऐसे अमरदेस का जहाँ मनुष्य का मोल, उसकी जाति के आधार पर नहीं, साधना के आधार पर होगा। ऐसे समाज का, जिसके आधारभूत नैतिक प्रतिमान सार्वभौम और सार्वजनीन होंगे। उनकी कविता का सपना किसी एक जाति, बिरादरी, पंथ या मजहब का सपना नहीं, मनुष्य के साझे चैतन्य का सपना है। वह एक और धर्म स्थापित करने का नहीं, धर्म के 'फाउस्टियन पैक्ट' से मनुष्य की मुक्ति का, धर्मेतर अध्यात्म का सपना है।

यह अकेले कबीर का नहीं, मानवीय चैतन्य मात्र का साझा सपना है। देशभाषाओं की सहस्राब्दी में, भारत समेत अनेक समाज इस सपने की ओर यात्रा कर रहे थे। इस यात्रा में यूरोप और गैर-यूरोप में बहुत कुछ साझा था, और बहुत कुछ विशिष्ट भी।

इक्कीसवीं सदी में मानव के साझे चैतन्य पर आधारित, न्याय-चेतना पर आधारित दुनिया बनाने के लिए ऐसे साझेपन और वैशिष्ट्य दोनों का बोध आवश्यक है। इसी तरह, कबीर की संवेदना के साथ अपनी संवेदना के साझेपन और अलगपन दोनों का बोध बनाए रखना जरूरी है। उनके साथ इस तरह का नाता, इस्तेमाल या अन्धानुगमन के नाते से अलग, मानवीय सपनों के संवाद का नाता होगा।

मानवीय सपनों से जुड़ी है, मानवाधिकारों की बात। आजकल यही माना जाता है कि दूसरी बहुत-सी चीजों की तरह मानवाधिकारों की धारणा का विकास भी यूरोप के बाहर भला कहाँ हो सकता था। यह तो सही है कि मानवाधिकार की धारणा ठेठ आधुनिक धारणा है, लेकिन यह कतई सही नहीं कि आधुनिकता ठेठ यूरोपीय धारणा है।

निर्गुण भक्ति-संवेदना के साथ यदि गम्भीर संवाद करे तो, मानवाधिकारों का समकालीन विमर्श न केवल समृद्धतर हो सकेगा, बल्कि उसे अपने उन पुरखों का पता भी चल सकेगा, जो यूरोप के बाहर जन्मे थे।

वर्णाश्रम, भक्ति-संवेदना और मानवाधिकार की चर्चा इस पुस्तक में आगे करेंगे।

5. *'जन कबीर का सिखरि घर' : फैंटेसी, यूटोपिया और धर्मेतर अध्यात्म*

भक्त कवि फैंटेसी और यूटोपिया के कवि हैं। वे निर्गुण या सगुण राम या श्याम से नितान्त निजी रिश्ते की फैंटेसी रचते हैं। वास्तविक जीवन में जो अकेलापन उसकी नियति है, जिसमें ऐसा कोई मिलना मुश्किल हो गया है, जिससे अपने मन की बात 'निःशंक' भाव से कही जा सके; उस अकेलेपन के समानान्तर भक्त रचता है, अपने प्रभु, सखा, बालम के संग-साथ निरन्तर चलने वाले प्रेमालाप की फैंटेसी। 'प्रिय' को रिझाकर आँख की पुतली में मूँद लेने की निजी फैंटेसी के साथ, वह एक कल्पना-लोक भी रचता है, वैयक्तिक और सामाजिक यथार्थ के समानान्तर एक यूटोपिया।

भक्तों के यूटोपिया वस्तुतः जन-साधारण के ही यूटोपिया हैं। 'अमरदेश', 'बेगमपुर', 'सिंहल-द्वीप' या 'रामराज्य' लोक-कल्पना में निहित आकांक्षाओं से ही आते हैं। लोक-कथाओं में न जाने कितने राजकुमार गए होंगे, सिंहल द्वीप की राजकुमारी को ब्याह लाने के लिए। यही सिंहल द्वीप जायसी के 'पद्मावत' में जायसी का अपना कवि-सपना बनकर आता है। तुलसीदास का 'रामराज्य' भी इसी तरह, लोक-जीवन से आया हुआ सपना है, जिसे तुलसीदास अपने वर्णाश्रमवादी दुराग्रहों के कारण, दुःस्वप्न में बदल देते हैं—और मर्मस्पर्शी रामकथा के अधिकांश को नीरस उपदेश में।

कबीर और दूसरे निर्गुण संतों के स्वप्न 'बरनाश्रम धरम निरत सब नर-नारी' से पहचाने जानेवाले तुलसीदासीय 'रामराज्य' से एकदम विपरीत प्रकार के हैं। इन स्वप्नों से बहुत से लोग प्रेरणा लेते रहे हैं, तो कुछ लोग उन्हें विकृत भी करते रहे हैं।

निर्गुण संतों के स्वप्नों के स्रोतों, परिणतियों और विकृतीकरणों का अध्ययन भक्ति संवेदना के ही नहीं, भारत के सामाजिक इतिहास के बारे में भी हमें महत्त्वपूर्ण बातें बताएगा। मेरे कुछ जिज्ञासु मित्र विभिन्न संतों के सन्दर्भ में ऐसा अध्ययन कर भी रहे हैं।

कबीर की कविता सपना देखती है, ऐसे अमरलोक का, जिसमें मनुष्य की मनुष्यता ही महत्त्वपूर्ण है। कबीर के देखे सपने में न ब्राह्मण हैं, न क्षत्रिय। न सैयद हैं, न शेख। न शूद्र हैं, न वैश्य। कबीर का सपना न तो सिर्फ सामाजिक 'मुक्ति' तक सीमित है, न सिर्फ आध्यात्मिक मुक्ति तक। उनके सपने में ये दोनों मुक्तियाँ एक दूसरे का विरोध नहीं, पोषण करती हैं।

कबीर की बानी में यह सपना आने वाले वक्त की कल्पना से कहीं अधिक, पीछे छूट गए घर की स्मृति का रूप लेकर आता है। वह यूटोपिया कम, नॉस्टेल्जिया ज्यादा है। उस वक्त का नॉस्टेल्जिया, जब मनुष्य को मनुष्य बनानेवाली उसकी विशेषता, उसके 'प्रजातिसार', उसकी अध्यात्म-सत्ता का अपहरण धर्म-सत्ता द्वारा नहीं हुआ था। संगठित धर्म-मतों के उदय के पहले की वह अध्यात्म-सत्ता एक आदिम स्मृति और एक सम्भावना के रूप में हमारी चेतना के आकाश में अभी भी कौंधती है। इसी कौंध को कबीर 'अमरपुर' कहते हैं, वहीं से आए हैं, वहीं जाना चाहते हैं।

यूटोपिया को नॉस्टेल्जिया बनाकर कबीर की कविता अपने आत्मविश्वास को रेखांकित करती है। 'अमरदेश' वर्तमान देशकाल में नजर भले न आए, स्मृति और कल्पना में, मौजूद है। भविष्य की कल्पना स्मृति की वेदना बन जाती है। स्मृति और कल्पना के इस अनपेक्षित सम्बन्ध से कबीर की कविता को अद्भुत मार्मिकता मिलती है। उनकी कविता में बारंबार आनेवाले घर और पीहर कल्पना और स्मृति के इस सम्बन्ध के पूरक हैं। कविता में नारी रूप धरते कबीर को सतानेवाली पीहर की याद यूटोपिया और नॉस्टेल्जिया के वेदनापूर्ण संयोग को हमारे सामने मूर्त कर देती है।

पं. सर्वजीत को छकाती, उन्हें यह बताती कमाली कि कबीर का घर ऐसे शिखर पर है, जहाँ चींटी तक के पाँव फिसलते हैं—कबीर की कल्पना और स्मृति के विस्तार का ही संकेत कर रही थी। स्मृति व्यक्तिगत भर नहीं, किसी एक सांस्कृतिक परम्परा तक सीमित भर भी नहीं, मनुष्य-मात्र की चेतना में बद्धमूल स्मृति। मनुष्य के 'प्रजाति-सार' की स्मृति। कबीर का 'घर'—अमरलोक—स्मृति और कल्पना के जिस संयोग का रूपक है उसमें सामाजिक सरोकार और आध्यात्मिक आकांक्षा एक-दूसरे को काटते नहीं। अपने घर की याद और अमरपुर की कल्पना में कबीर जिन 'डॉयकाटॉमीज़'—जिन द्विभाजनों—के परे जाते हैं, उन्हीं के सामाजिक, संस्थाबद्ध रूपों से कविता में लोहा लेते हैं।

यों तो सभी परमपिता परमात्मा की संतान या फिर सर्वव्यापी ब्रह्म के विविध रूप ही हैं, लेकिन फिर भी, कोई जन्म से ही 'नीच' है, और कोई जन्म से ही 'पूज्य'। कोई पैगंबर विशेष पर ईमान लाने के कारण ही 'पवित्र' हो गया है और कोई महज उस पैगंबर को कबूल न करने के कारण ही 'अपवित्र' रह गया है। मानुष-सत्य को इस तरह बाँटने और काटने वाले सामाजिक सत्ता-तन्त्रों और उसकी चतुर रणनीतियों, पाखंडों से कबीर की चिढ़ जगजाहिर है। ऐसी रणनीति के हरेक रूप को कबीर रद्द करते हैं—उसे चाहे वेद के हवाले से प्रस्तुत किया जाए, चाहे क़ुरान के हवाले से।

कबीर ने कहा, 'तुम जिन जानो यह गीत है, यह तो निज ब्रह्म विचार रे।' बाद में, उनके नाम से पंथ चला दिया गया। फलस्वरूप बीसवीं सदी के अध्येताओं में कबीर को 'धर्मगुरु' कहने की चाल चल पड़ी। कोई कहते हैं कि कबीर ने 'अपना निराला पंथ निकाला'; तो किसी के हिसाब से वे हिन्दू-मुस्लिम धर्मों की आलोचना कर ही इसलिए रहे थे कि अपने नए धर्म के लिए जगह बना सकें। किसी के अनुसार, कबीर को इस्लाम की आलोचना से कोई मतलब ही नहीं था, वे तो केवल हिन्दू धर्म को ध्वस्त कर रहे थे, ताकि मक्खलि गोशाल के आजीवकवाद का दलित धर्म के रूप में पुनराविष्कार कर सकें।

सभी धर्ममतों के आलोचक कबीर को धर्मप्रवर्तन के लिए उत्सुक धर्मगुरु मानने का सम्बन्ध आधुनिक, उत्तर-आधुनिक अहंकार से है। यों चलता है अहंकारी तर्क : धर्मसत्ता मात्र के नकार का साहस और बौद्धिक प्रयत्न हम आधुनिक और उत्तर-आधुनिक होकर भी नहीं जुटा पाते, तो उस 'पिछड़े' वक्त में, वह भी गैर-यूरोपीय परिवेश में धर्मसत्ता के हर रूप को खारिज करने की बात कोई सोच भी कैसे सकता था? जब हमें आदत है—या तो धर्म के साथ अध्यात्म को भी खारिज कर देने की, या फिर अध्यात्म पर धर्म का ही एकाधिकार मान लेने की—तो कबीर जैसे 'अनपढ़' भला कल्पना तक कैसे कर सकते थे, धर्मेतर अध्यात्म की?

विनम्र भाव से कबीर तक जानेवाले देख सकेंगे कि उनकी महत्त्वाकांक्षा धर्मप्रवर्तक बनने से कहीं ऊँचे दर्जे की थी। वे मनुष्य के 'प्रजाति-सार' को एक धर्मसत्ता की जकड़ से छुड़ाकर दूसरे के हवाले नहीं कर देना चाहते थे। वे ब्रह्मांड के साथ मनुष्य के 'स्पिरिचुअल' रिश्ते को धर्म द्वारा पैदा किए गए वस्तूकरण 'रीइफिकेशन'—की जकड़ से मुक्त करने का, धर्मेतर अध्यात्म का सपना देखते थे। कबीर के अमरलोक की एक विशेषता यह भी है कि 'धरम करम कछु नाहीं उहँवा, ना उहाँ वेद विचारा।' इस बारे में विस्तृत चर्चा कबीर की साधना के प्रसंग में करेंगे।

कबीर के अमरलोक में साधारण मनुष्य विराट से साक्षात्कार के असाधारण अनुभव से गुजरता है। कबीर की कविता हमें अवसर देती है कि हम अपनी सीमित मनुष्य-सत्ता के साथ ही असीम ब्रह्मांड से सम्बद्धता की झलक पा सकें। इसी झलक

के विस्मय को आइंस्टीन ने 'कॉस्मिक वंडर' कहा था। कबीर का अनुभव इस 'कॉस्मिक वंडर'–विराट विस्मय–के निजी उल्लास और वेदना को व्यंजित करता है :

हम बासी उस देस के जहाँ बारह मास विलास।
प्रेम झरै विकसै कँवल तेज पुंज परकास।
हम बासी उस देस के जहाँ जातिबरन कुल नाहीं।
सबद मिलावा होय रहा देह मिलावा नाहीं।

6. *रचना और उपरचना : हाशिए की आवाज या बहुमान्य स्वर?*

कबीर का एक पद नॉस्टेल्जिया और यूटोपिया के संयोग को धारण करनेवाले अमरदेश को यों बखानता है :

जहवाँ से आयो अमर वह देसवा।
पानी न पान धरती अकसवा, चाँद न सूर न रैन दिवसवा।
बामूहन छत्री न सूद्र बैसवा, मुगल पठान न सैयद सेखवा॥
आदि जोत, नहिं गौर गनेसवा, ब्रह्म बिसनु महेस न सेसवा।
जोगी न जंगम मुनि दुरबेसवा आदि न अन्त न काल कलेसवा।
दास कबीर के आए संदेसवा, सार सबद गहि चलौ वहि देसवा॥

इस पद में आए 'मुगल' शब्द से मालूम पड़ता है कि पद 1526 से पहले का नहीं है। कबीर का निधन देर से देर 1518 में हो चुका था। 1705 में कबीर की रचना के संकलन की प्रतिलिपि तैयार करनेवाले दादूपंथी साधु प्रेमदास उतराधा ने इसे अपने संकलन में शामिल किया भी नहीं है। इससे उतराधा की संकलन-विधि की तार्किकता और उनके गुटके में प्राप्त पाठ की 'प्रामाणिकता' रेखांकित होती है। इस संकलन को 'ग्रन्थावली' परम्परा का प्राचीनतम उपलब्ध रूप माना जाता है। इसे मूल रूप से, दादू जी के प्रत्यक्ष शिष्य बनवारीदास 'उतराधा' ने तैयार किया था। प्रेमदास इनके पोता-शिष्य थे। 1604 में अन्तिम रूप प्राप्त करनेवाले 'आदिग्रन्थ' में भी यह पद नहीं मिलता। मौखिक परम्परा में कबीर की रचना के तौर पर समादृत और लोकप्रिय, लेकिन सोलहवीं-सत्रहवीं सदी की पांडुलिपियों में अनुपलब्ध ऐसी रचनाएँ और भी हैं। 'झीनी-झीनी बीनी चदरिया', 'कौन ठगवा नगरिया लूटल हो' और 'मोकों कहाँ ढूँढे रे बंदे' जैसे मार्मिक और लोकप्रिय पद किसी 'प्राचीन' पांडुलिपि में नहीं मिलते। तो, क्या इन जैसे सर्वमान्य कबीर-पदों को कबीर की रचना मानने से इनकार कर दिया जाए?

कबीर के नाम से रचित और प्रचलित ढेर सारी रचनाओं में से कौन-सी ऐन उनके अपने अधरों से निकली हैं, यह निर्धारित करने में विद्वानों ने बहुत प्रतिभा और परिश्रम खर्च किया है। मेरी जिज्ञासा तो यह है कि इन विद्वानों के अवतरित होने के पहले का समाज कैसी रचनाओं को कबीर कृत मान लेता था, और किन रचनाओं को मानने से इनकार कर देता था? कबीर जैसे कवियों की रचना ने अपने समय के जिस

अस्तित्वगत संकट को अभिव्यक्ति दी, उस संकट को इनके अपने श्रोता और प्रशंसक महसूस करते थे या नहीं? जिस ऊँच-नीच से ये कवि क्रुद्ध थे, उस ऊँच-नीच से वैसे ही क्रुद्ध हुए बिना ही क्या यह सम्भव था कि लोग न केवल इनके विचारों की सराहना करें, बल्कि स्वयं भी इनके सरीखी बानियाँ रचने लगें।

लिखित स्रोतों में अनुपलब्ध, किन्तु कबीर की संवेदना और मान्यताओं को, और उनकी नाम-छाप को धारण करनेवाली ऐसी रचनाओं को हम कबीर की 'उप-रचना' कह सकते हैं।

कबीर की अपनी रचनाओं के साथ, उनकी ढेरों उप-रचनाएँ आज तक प्रचलित हैं। 'एकेडमिक स्कॉलर्स' की दुनिया में तो प्राचीनतम पांडुलिपि में उपलब्धता ही प्रमाण है, लेकिन प्रह्लादसिंह टिपानिया और हीरालाल यादव जैसे लोक-गायकों के प्रतिमान क्या हैं? यह सवाल पूछते ही हमें प्रामाणिकता के निर्धारण की एक और विधि, एक और प्रतिमान का बोध होने लगता है। कबीर की कविता और उनकी सामाजिक उपस्थिति का महत्त्व समझने के लिए, प्रामाणिकता निर्धारण की इस विधि के साथ संवाद करना जरूरी है।

'जहवाँ से आयो, अमर वह देसवा', 'झीनी-झीनी बीनी चदरिया' और 'मोकों कहाँ ढूँढ़े रे बंदे' जैसे पद पांडुलिपियों में अनुपलब्धता के आधार पर, भले ही कुछ लोगों को कबीर की रचना न लगें, लेकिन उनमें जो बात कही जा रही है, वह कबीर की संवेदना की ही है। कबीर की ये उप-रचनाएँ याद दिलाती हैं कि कबीर व्यक्तित्व-विहीन होने के अर्थ में नहीं, अद्वितीय लोक-सम्पृक्ति और लोक-स्वीकृति के अर्थ में लोक-कवि हैं। जिन कबीर को उनके समाज और समय द्वारा 'उपेक्षित' बताया जाता है, उनके समाज ने न केवल उनकी आवाज सुनी, बल्कि उसमें अपने सुर भी मिलाए। कबीर के रचना-संचार को न केवल सराहा, बल्कि उसे और समृद्ध भी किया। ठीक इसी तरह मीरा की भी ढेरों उप-रचनाएँ मिलती हैं।

ये उप-रचनाएँ संतों के बीच कबीर की विशिष्ट स्थिति का सर्वाधिक महत्त्वपूर्ण प्रमाण हैं। ऐसी उप-रचनाएँ करनेवाले कबीर को 'खुश' करना नहीं चाहते थे, बल्कि वे कबीर को गुरु के साथ-साथ आत्मीय मित्र भी मानते थे। पीपा कबीर के समकालीन और स्वयं सम्मानित संत थे, लेकिन कबीर की-सी विपुल उप-रचना पीपा की नहीं मिलती, जबकि वे गढ़ गागरोन के राजा थे।

कबीर की बहुवचनात्मकता उन्हें बहुत परेशान करती है, जो अपनी राजनैतिक और 'इंटेलेक्चुअल' समझ (!) पर कबीर के समर्थन का ठप्पा लगाना चाहते हैं। ऐसे लोग कबीर की उन रचनाओं को खारिज कर देते हैं, जो उनके क्रान्तिकारी ज्ञान की सीमाओं को कुछ विस्तार की, वैचारिक आग्रहों को पुनर्विचार की चुनौती देते हैं। लेकिन ऐसे समझदारों के दुर्भाग्य से 'प्रामाणिक' पांडुलिपियों में भी उनकी समझ को चुनौती देनेवाली रचनाएँ मिलती हैं।.

मिसाल के तौर पर, 'भगति नारदी मगन सरीरा' की घोषणा करनेवाला पद 'आदिग्रन्थ' और विभिन्न सर्वंगियों में उपलब्ध है। सो बात कबीर को वैचारिक रूप से ''सुसंगत'' बना देने पर ले आई जाती है। मतलब यह कि कबीर वही कहें—जो हमारे हिसाब से उन्हें कहना चाहिए था। कुछ और कहा तो वह कबीर का कहा नहीं, वह तो साजिश है। साजिशवादी सोच की मूलभूत मान्यता यह है कि ''आधुनिक बुद्धिमानों'' का प्रादुर्भाव होने के पहले हिन्दुस्तान में ब्राह्मण ही इतने चतुर थे कि लोगों को मूर्ख बनाते रहते थे, कबीर की या किसी और की रचनाओं में मनमाने प्रक्षेपादि करते रहते थे; और लोग इतने 'भोले-भाले', इतने बुद्धू थे कि सदा ही षड्यन्त्रकारी ब्राह्मणों की साजिशों के शिकार बन जाया करते थे।

ब्राह्मणों की चतुराई पर भला भारतीय इतिहास का कौन विद्यार्थी सन्देह कर सकता है। ब्राह्मणों की चतुराई भारतीय इतिहास के स्वयंसिद्धों में से एक है। दलित साहित्य और राजनीति के प्रति जो प्रेम इन दिनों पांडों, मिश्राओं, चौबों और तिवारियों में उमड़ा पड़ रहा है, वह इसी चतुराई का प्रमाण है। लेकिन बाकी लोग न वर्तमान में इतने मूर्ख हैं, न कबीर के समय में थे कि ब्राह्मणों की साजिशों के बस शिकार ही होते रहें। चतुराई से निबटने की विधियाँ तब भी थीं, अब भी हैं।

कबीर और मीरा की उप-रचनाओं की विपुलता उनके व्यापक प्रभाव की सूचना देती है। इन कवियों की रचना ने सामाजिक स्मृति में जिस तरह जगह बनाई, उस पूरी प्रक्रिया पर ध्यान दीजिए। इन कवियों ने ''लिखा'' नहीं। इनके समकालीन प्रशंसकों ने इनकी रचनाएँ कंठस्थ कीं, और परवर्तियों को दे गए। परवर्तियों ने विभिन्न प्रेरणाओं से इन्हें लेखबद्ध किया। दादूपंथी साधु तो विभिन्न संतों की बानियों को लेखबद्ध करने में आगे-आगे थे ही। इसके अलावा कभी किसी व्यापारी के आग्रह पर तो कभी किसी सामन्त के निर्देश पर कबीर-काव्य को लेखबद्ध किया गया। इस प्रक्रिया के समानान्तर मौखिक परम्परा चलती रही, और इसमें उपरचनाएँ जुड़ती रहीं।

स्वयं न ''लिखने'' वाले कबीर और मीरा जैसे कवियों की रचनाओं का ऐसा आग्रहपूर्वक और बहुस्तरीय संकलन इनकी बहुमान्यता की सूचना देता है। मीरा के बारे में राजस्थान में कहावत है : 'नाम कमावे काम से सुनो सयाने लोय, मीरा सुत जायो नहीं, शिष्य न मूंड़ो कोय।'

न जाने, कितने अनाम कवियों ने कबीर के विपुल रचना-संसार की समृद्धि में, उप-रचनाओं का योगदान किया है। ये अनाम कवि विभिन्न क्षेत्रों और विभिन्न कालों के रहे हैं। अपनी रचना पर कबीर की छाप छोड़ जानेवाले, इन कबीर-कवियों ने शायद पूरी-पूरी रचनाएँ अलग-अलग भी रची हों, और शायद अनेक रचनाएँ ऐसी भी हों, जिनमें कई कवियों की प्रतिभा बोल रही हो। इसीलिए इनमें विविधता भी मिलती है, और विभिन्न कालखंडों के हस्ताक्षर भी। हो सकता है कि 'जहवाँ से

आयो, अमर वह देसवा' पद रचा स्वयं कबीर ने ही हो, केवल 'मुगल' शब्द बाद के किसी कबीर-कवि ने जोड़ दिया हो।

साजिशवादी सोच से प्रभावित होकर कबीर की लोकमान्य रचनाओं को नकारने में उन असंख्य कबीर-कवियों का अपमान निहित है, जिन्होंने इतनी सुन्दर रचनाएँ रचकर, उन पर अपने नाम की छाप छोड़ने की बजाय उन्हें कबीरार्पित कर दिया। अपने नाम को अमर करने की बजाय, अपने त्याग और बलिदान को अमर कर दिया।

तो क्या हम कबीर के नाम से प्रचारित हरेक बात को कबीर की रचना या उपरचना मान लें?

जी नहीं, ऐसा कोई नहीं कह रहा। निवेदन यह है कि 'पाठ-निर्धारण' की उन विधियों पर भी ध्यान दिया जाए, जो कबीर के अपने समाज ने, उनकी अपनी परम्परा ने अपनाई। पांडुलिपियों को भी उनके विशिष्ट सन्दर्भों को ध्यान में रखते हुए पढ़ा जाए।

मुगलों के आने के बाद या पहले, उप-रचनाएँ करनेवाले कबीर-कवि जानते थे कि ऐसी कोई रचना कबीर के नाम से नहीं चलनेवाली, जो जन्माधारित ऊँच-नीच का समर्थन करे। ऐसी रचना भी कबीर की कही जाकर नहीं चलनेवाली, जिसमें मुक्ति का मार्ग वेद या कुरान की ही राह से जाता बताया गया हो, जिसमें गंगा-स्नान या हज की महिमा बखानी गई हो। मूर्ति-पूजा की आलोचना के बावजूद कबीर प्रेम की अनुभूति और अभिव्यक्ति के लिए, 'निर्गुण राम' का मानवीकरण वैष्णव परम्परा में प्राप्त नामों और कथाओं के जरिए करते हैं—यह बात भी कबीर की रचनाओं में उप-रचनाएँ जोड़नेवाले अच्छी तरह समझते थे। वे यह भी जानते थे कि कबीर अपनी भक्ति को नारद से ही क्यों जोड़ रहे हैं, शांडिल्य या किसी और से क्यों नहीं।

जिस विवेक की कसौटी पर कसकर कबीर के श्रोताओं ने उप-रचनाओं को कबीर-रचना होने का गौरव दिया है, उसका अपमान करते हुए, कबीर का सम्मान करने के दावे व्यर्थ हैं। कौन-सी रचना लिपिबद्ध न होते हुए भी कबीर की मानी गई, और कौन-सी नहीं, पाठ-निर्धारण इस विवेक का सम्मान करते हुए ही किया जाना चाहिए, कबीर को अपना मतलब निकालने का औजार बनाने के इरादे से नहीं। 'वैचारिक सुसंगति' का ध्यान लोक-परम्परा ने भी रखा है—बहुत तर्कसंगत और संवेदनशील ढंग से।

कबीर की उप-रचनाओं से प्रकट होता है कि इन्हें रचने-पढ़नेवाले कविमानस के अन्तस्संघर्षों के प्रति भी संवेदनशील थे, और कवि के मन में आनेवाली भावनाओं की विविधता के प्रति भी। वे कवि को मनुष्य समझते थे, कम्प्यूटर नहीं, जिसमें बुद्धि तो होती है, लेकिन उसका उपयोग फीड किए प्रोग्राम से ही निर्धारित होता है। वे जानते थे कि कई बार सांस्कृतिक मुहावरा कवि की वैचारिकता से हटकर भी कुछ बातें

कहला लेता है। ऐसी संवेदनशीलता के विपरीत, आजकल, वैचारिक सुसंगति के नाम पर कवि को कंप्यूटर बनानेवाली 'इंटेलिजेंस' के कारण, 'पूरब जनम हम ब्राह्मन होते' को 'बीजक में न मिलने' के आधार पर प्रक्षिप्त कहा जा रहा है, बावजूद इसके कि यह पंक्ति कबीर-रचना के बीजक से प्राचीनतर लिखित रूपों में उपलब्ध है।[12]

कबीर की रचना का प्राचीनतम, पांडुलिपिबद्ध रूप 1582 ई. की पांडुलिपि 'पद सूरदासजी का' में मिलता है। 'फतेहपुर पांडुलिपि' के नाम से विख्यात, इस संकलन में, इसके नामानुरूप मुख्य रूप से तो सूरदास के ही पद हैं; लेकिन अन्य विख्यात और अल्पज्ञात संतों-भक्तों की रचनाएँ भी संकलित हैं। प्रसंगवश, इसमें तुलसीदास की कोई रचना नहीं है। इसमें कबीर के पन्द्रह पद मिलते हैं। समस्या यह है कि कबीर को पढ़ने के लिए; पाठ की प्रामाणिकता निर्धारित करने के लिए, यदि 'प्राचीनतम पांडुलिपि' से ही चिपककर रह जाएँ, तो और जो हो, यह तो मानना पड़ेगा कि कबीर 'काशी के जुलाहे' **नहीं** थे! 'पद सूरदास का' में संकलित एक भी कबीर-पद उनके काशी-निवासी या जुलाहा होने का संकेत नहीं देता।

इस 'वैज्ञानिक' (!) निष्कर्ष से बचना बहुत मुश्किल नहीं है। बस, इतना समझ लेने से काम चल जाएगा कि कबीर ने कोई पन्द्रह ही पद तो रचे नहीं थे। 'पद सूरदास जी का' तैयार करनेवाले संकलनकर्ता ने कबीर के ढेरों पदों में से कुछ का चुनाव किया है। जरूरत उसके चुनाव के आधार को समझने की है। पांडुलिपियों के साक्ष्य बहुत ही अधिक महत्त्वपूर्ण हैं। अब तक उपेक्षित, सैकड़ों पांडुलिपियाँ हैं, जिनका गम्भीर अध्ययन भक्ति-संवेदना विषयक प्रचलित समझ को झकझोर कर रख देगा। सवाल यह है कि पांडुलिपियों के अध्ययन से सही निष्कर्ष कैसे प्राप्त किए जाएँ?

सही निष्कर्षों तक पहुँचा तभी जा सकता है, जबकि पांडुलिपियाँ पढ़ते समय ध्यान रखें कि इन्हें तैयार करनेवाले बुद्धि-सम्पन्न लोग थे, उनके अपने चयन-सन्दर्भ थे। किसी भी पांडुलिपि को बस योंही 'पढ़' लेने भर से ही बात नहीं बनती। फतेहपुर पांडुलिपि का संकलनकर्ता केवल पन्द्रह पद संकलित करके यह नहीं कह रहा था कि बाकी सैकड़ों कबीर-पद कबीर के हैं ही नहीं। वह अपने संकलन में, अपनी पसन्द के, प्रसंगानुकूल पदों का चुनाव कर रहा था। वह अपने और अपने संरक्षक के पढ़ने के लिए 'पद सूरदासजी का' नामक पोथी तैयार कर रहा था—कबीर का पाठ निर्धारित करने निकले 'रिसर्च-स्कॉलर' का काम आसान करने के लिए नहीं।

पांडुलिपिकार के चुनाव-सन्दर्भ की उपेक्षा करके, अन्य पांडुलिपियों की उपेक्षा करके, मौखिक परम्परा को कोरी साजिश मानकर, बस एक फतेहपुर पांडुलिपि को ही पढ़ेंगे तो 'रिसर्च-स्कॉलर' महोदय इसी निष्कर्ष पर पहुँचेंगे कि कबीर काशी के जुलाहे **नहीं** थे।

सन्दर्भ चाहे मौखिक परम्परा से प्राप्त रचना-उपरचना का हो, चाहे पांडुलिपियों का, उस वक्त के लोगों को 'भोले-भाले' और बुद्धू मानने में, मानने वालों का ही

बुद्धूपन प्रकट होता है–यह बात कबीर-वाणी का पाठ-निर्धारण करते समय याद रखनी चाहिए।

एक और बात याद रखनी चाहिए। कबीर के समय के सामाजिक या साहित्यिक इतिहास के बारे में सही निष्कर्ष उस समय को समग्रता में देखकर ही निकाले जा सकते हैं। अपने मनोवांछित राजनैतिक प्रोजेक्ट को विधाता की मर्जी साबित करने की मुहिम में इतिहास को मात्र उपकरण के तौर पर बरतना, तथ्यों के साथ मनमानी करना मनोरंजक परिणाम भी उत्पन्न करता है। (जैसाकि आप इस किताब में देखेंगे), और विनाशक भी–जैसाकि हम अपने आसपास रोज देख रहे हैं।

7. कलियुग बनाम कलियुग : व्यापारी वर्ग और भक्ति का लोकवृत्त

आइए, अब पीपा का एक पद पढ़ें। इस अध्याय का शीर्षक हमने इसी पद से लिया है। इसे डॉ. रामकुमार वर्मा ने 'सरब-गोटिका' की हस्तलिखित प्रति (1785 ई.) से उद्धृत किया है।[13] मैं गोपालदास की सर्वंगी (सं. 1684 वि. अर्थात् 1627-28 ई.) से उद्धृत कर रहा हूँ।[14]

यह बात रोचक है (आश्चर्यजनक नहीं!) कि अब तक इस पद के महत्त्व पर ध्यान नहीं दिया गया है।

पीपा अपने गुरुभाई कबीर के प्रति कितने कृतज्ञ हैं, सो इस मार्मिक पद में बता रहे हैं :

> जौ कलिनाम कबीर न होते।
> तौ लोक बेद अरु कलिजुग मिलि करि भगति रसातल देते।
> अगम निगम की कहि कहि पांडे फल भागौत लगाया।
> राजस तामस सातगि कथि कथि इनहीं जुगति भुलाया।
> कथता सुरता दोऊ भूले दुनियाँ सबै भुलाई।
> कलप बृछ की छाया बैठे तौ क्यूं न कलपना जाई।
> श्रगुण कथि कथि मिष्ट खुवाया काया रोग बढ़ाया।
> निर्गुण नींब पीया नहीं गुरगमि ताथैं आढ़ें जीव बिकाया।
> अन्ध लकुटिया अन्ध गहीहै परत कूप कत थोरै।
> अबरन बरन दोऊ रस रंजन आंखि सबनि की फोरै।
> हमसे पतित कहा कहि रहिते कौन परतीति मन धरते।
> नाना बानी देखि सुनि श्रवननि बहु मारग अनसरते।
> हरि हरि भगति भगति कण लीन्हाँ त्रिबिधि रहति थिति मोहे।
> पाखंड रूप भेष सब कंकर ग्यान सू पकरि सोहे।
> त्रिगुण रहति भगति भगवंतहि बिरला कोई पावै।

दया होइ जौ कृपानाथ की तौ नांम कबीरा गावै।
भगति प्रतापि राखिबे कारनिनि जन आप पठाया।
नांम कबीर साच प्रकासा तहाँ पीपै कुछ पाया।

('कबीर न होते तो लोक, वेद और कलियुग ने मिलकर भक्ति को रसातल ही पहुँचा दिया होता। पांडे लोगों ने आगम-निगम की न जाने कितनी बातों का जाल फैला रखा है, राजसी, तामसी और सात्विक जैसी पारिभाषिक शब्दावली में असली जुगति भुला रखी है। कबीर रूपी कल्प-वृक्ष की छाया में बैठने वाले वक्ता और श्रोता दोनों ही दुनिया के इन झंझटों से, रोने-कलपने से मुक्त हो जाते हैं। सगुण रूपी मिष्ठान्न खा-खाकर रोग बढ़ानेवाले यदि निर्गुण नीम का सेवन कर लें तो अच्छा हो। लेकिन क्या कहें, अवर्ण हों या सवर्ण, अन्धे अन्धों के सहारे चल रहे हैं, कुएँ में तो गिरेंगे ही। हम तो कबीर के कारण बच गए, वरना हम भी न जाने किस किस की बातें सुनकर किन किन रास्तों पर चल पड़ते। कबीर द्वारा रेखांकित सत्य के प्रकाश में पीपा ने भी कुछ पा लिया।')

पीपा गागरोन गढ़ के उच्चकुलोद्भव–चौहान राजपूत–राजा थे, और काशी के जुलाहे कबीर को श्रेय दे रहे हैं–भक्ति का सत्यानाश करने पर उतारू कलियुग, लोक और वेद के संयुक्त मोर्चे से भक्ति को बचा लेने का। तुलसीदास के लिए कबीर जैसों द्वारा भक्ति-निरूपण की जुर्रत करना ही कलियुग का लक्षण है :

कलिमल ग्रसे धर्म सब लुप्त भए सदग्रंथ।
दंभिन्ह निज मति कल्पि करि प्रगट किए बहु पंथ ॥

तरह-तरह के पंथ प्रकट करनेवाले ये दम्भी शूद्र ब्राह्मणों को चुनौती देते हैं :

बादहि सूद्र द्विजन्ह सन हम तुम से कछु घाटि।
जानइ ब्रह्म सो विप्रबर आँखि देखावहि डाटि ॥

ऐसे लोग न केवल विप्रों से जबान लड़ाने का, और श्रुति (वेद) के सामने तर्क को रखने का दुस्साहस कर रहे हैं, बल्कि इन वर्णाधमों ने संन्यास को भी दूषित कर डाला है :

कल्प-कल्प भरि एक-एक नरका। परहि जे दूषहि श्रुति करि तरका।
जे बरनाधम तेलि कुम्हारा। स्वपच किरात कोल कलवारा ॥
नारि मुई गृह संपति नासी। मूड़ मुड़ाई होंहि संन्यासी ॥[15]

पीपा और तुलसी द्वारा कलियुग शब्द का एकदम विपरीत आशयों में प्रयोग गौरतलब है। तुलसी कलियुग की अवधारणा के जरिए उसी बेचैनी को व्यक्त कर रहे हैं, जो वर्णाश्रम के समर्थक व्यापार के विस्तार से महसूस करते थे। व्यापार वर्णाश्रम-प्रेमियों की भी जरूरतें पूरी करने के लिए आवश्यक था। लेकिन व्यापार से 'निम्न' जातियों की सामाजिक-आर्थिक शक्ति बढ़ जाती थी, फिर वे प्रतीकात्मक धरातल पर, सैद्धान्तिक पदानुक्रम में भी महत्त्व की अपेक्षा करने लगती थीं।

'वर्णाधम' होने के बावजूद तेली, कुम्हार, किरात, कोल, कलवार, 'संन्यासी' होने का प्रतीकात्मक सम्मान तलब करने के पहले इतनी सम्पत्ति अर्जित करने लगे थे कि उसके नष्ट होने पर संन्यासी होने की गुस्ताखी कर सकें!

कबीर की कविता व्यापारियों और दस्तकारों की सामाजिक आकांक्षाओं को सृजनात्मक धरातल और आध्यात्मिक मुहावरा देनेवाली कविता है। इन आकांक्षाओं के मूल में है—व्यक्तिसत्ता का आग्रह और जन्म की बजाय व्यक्तिगत गुण-अवगुण, उपलब्धि के आधार पर मूल्यांकन की माँग। सामन्ती विशेषाधिकारों के बरअक्स बुद्धि, न्यायसंगत व्यवहार—फेयरप्ले—की यही माँग मानवाधिकार की धारणा और समतापरक, लोकतांत्रिक राजनीति का मूल संवेदनात्मक आधार है। दुनिया भर में आधुनिक लोकतन्त्र का उदय बुर्जुआ वर्ग—व्यापारी और पेशेवर लोगों—के उदय के बाद ही सम्भव होता है। इसी के साथ जुड़ा है लोकवृत्त (पब्लिक स्फीयर) का विकास।

राजा पीपा द्वारा स्वेच्छा से दर्जी का पेशा अपना लेने का और रामानन्दी सम्प्रदाय में कुम्हार कूबाजी के सम्मानित महन्त बनने का सामाजिक अर्थ भी देशज आधुनिकता और भक्ति के लोकवृत्त के सन्दर्भ में समझा जा सकता है। राजा से दर्जी बने पीपा की भक्ति-अवधारणा में, 'वेद' का मतलब है, ज्ञान की वह परम्परा जिसका समाज में दबदबा था। हिन्दू परम्परा और इस्लाम दोनों का पुरोहितवाद; 'लोक' का अर्थ है, जनजीवन में प्रचलित कुरीतियाँ और 'कलियुग' का मतलब है—जाति के नाम पर ऊँच-नीच बरतने और धर्म के नाम पर मनुष्यों से नफरत करने का संस्कार, अन्याय पर टिका समाज-तन्त्र।

हिन्दू परम्परा में चार युगों की अवधारणा कालगणना की अवधारणा होने से कहीं अधिक समाज के नैतिक स्वास्थ्य की सूचना देनेवाली अवधारणा रही है। समाज के स्वास्थ्य का आदर्श रूप सतयुग है, और कलियुग है—मूल्यों और व्यवस्थाओं के पूर्ण विघटन का 'प्रोटो-टाइप'। मूल्यपरक होने के कारण कलियुग की अवधारणा का परस्पर विरोधी अर्थों में प्रयोग किया जा सकता है।

कबीर के प्रति कृतज्ञता-ज्ञापन तो अन्यों ने भी किया है, लेकिन पीपा कबीर को कलियुग के प्रहार से भक्ति को बचाने का जो श्रेय दे रहे हैं, उसका निहितार्थ अत्यन्त महत्त्वपूर्ण है। भक्ति और कलियुग की इन परस्पर प्रतिस्पर्धी अवधारणाओं—जिनके प्रतीक क्रमशः कबीर और तुलसी हैं—के अन्तर को समझते तो बहुत से लोग रहे होंगे, पीपा उस अन्तर को बहुत सटीक अभिव्यक्ति दे रहे हैं।

सवाल यह है कि अवधारणाओं की यह प्रतिस्पर्धा चल कहाँ रही है? यों तो तुलसी भी 'स्वान्तःसुखाय' लिख रहे थे, और पीपा भी। लेकिन दोनों ही लोगों तक पहुँचना भी चाहते थे। जिस बात को सही समझते थे, लोकमत को उसकी ओर झुकाने का यत्न कर रहे थे। विरोधी पक्ष के साथ विवाद कर रहे थे। विवाद यदि केवल स्वान्तःसुखाय तक ही सीमित होता तो हम तक पहुँचता ही नहीं। विवाद को

'आपस में निपटा लेने' की बजाय तर्क-वितर्क का दस्तावेजीकरण किया गया ताकि यह उन तक भी पहुँच सके, जिनकी इसमें सीधी शिरकत नहीं।

कलियुग ही नहीं, अन्य अवधारणाओं को भी नए अर्थ देने की कोशिशें, ऐसी कोशिशों का समर्थन और विरोध तत्कालीन रचनाओं में स्पष्ट दिखता है। सबसे महत्त्वपूर्ण तो राम की ही अवधारणा थी। कबीर के लिए, "राम नाम का मरम है आना"—दशरथपुत्र राम नहीं, राम शब्द का कोई और ही अर्थ है। तुलसी के लिए दशरथ पुत्र राम की बजाय किसी अन्य राम की बात करनेवाले हैं, "लम्पट कपटी कुटिल बिसेखी। सपनेहुँ संत सभा नहीं देखी।"[16] इसी तरह कबीर और उनके प्रशंसकों की 'भगति नारदी' और तुलसीदास की 'भगति बेदसम्मत' के बीच प्रतिस्पर्धा थी।

राम और भक्ति की अवधारणाओं से लेकर सामाजिक व्यवहारों के औचित्य-अनौचित्य तक पर बहस कर रहे लोग निजी (प्राइवेट) और राजसत्तापरक (ऑफिशियल) वृत्तों (स्फीयर्स) के बाहर, मठों, पंथों, सत्संगों, भजन-मंडलियों और उत्सवों जैसी संस्थाओं के जरिए, भक्ति के लोकवृत्त की रचना कर रहे थे।

पब्लिक स्फीयर की अवधारणा का आधुनिकता की अवधारणा से गहरा सम्बन्ध है। हिन्दी में कुछ लोग इसके लिए 'सार्वजनिक क्षेत्र' या 'जनपद' जैसे शब्दों का प्रयोग कर रहे हैं। ये प्रयोग भ्रामक हैं, पब्लिक स्फीयर के लिए सही शब्द है—'लोकवृत्त।'

अंग्रेजी राज के पहले के भारत में जिन्हें खेती-किसानी पर आधारित, सीमित ग्रामीण अर्थ-व्यवस्था और इतिहासविहीन जड़ समाज ही नजर आता है, और जो मानते हैं कि तर्काधारित, सार्वजनिक विमर्श यूरोप के बाहर हो ही नहीं सकता था, उन्हें आधुनिकता और व्यापारियों से जुड़े 'लोकवृत्त' की चर्चा अटपटी लगेगी। लेकिन जिस समाज में सामाजिक अनुभवों की जटिलता हो, विचार-विमर्श की परम्परा हो, सामन्ती जड़ता के विरुद्ध असंतोष को सामाजिक आधार दे सकने वाले व्यापारियों और दस्तकारों की अच्छी-खासी तादाद हो, आर्थिक हैसियत और सामाजिक सम्मान के बीच खाई, और उसके प्रति असंतोष हो; उसमें आधुनिकता और लोकवृत्त का विकास तो होगा ही। ऐसे लोकवृत्त की, यूरोप में विकसित हुए बुर्जुआ पब्लिक स्फीयर से समानता भी होगी, विलक्षणता भी। इतिहासकार को ध्यान भी दोनों पर देना होगा।

भारतीय समाज में 'अंग्रेजी राज की प्रगतिशील भूमिका' मानने का खंडन करते हुए, डॉ. रामविलास शर्मा 'जातीय' भाषाओं के उदय और भक्ति-संवेदना के विस्तार में अन्तर्निहित आधुनिकता को सौदागरी पूँजीवाद के विस्तार से लगातार जोड़ते रहे। ब्यौरों पर बहस हो सकती है लेकिन रामविलासजी की यह सलाह बिलकुल ठीक है कि "भारत एक जड़, अपरिवर्तनशील वर्णव्यवस्था का देश है, यह धारणा मन से निकाल देनी चाहिए।"[17]

इस बात पर ध्यान देना चाहिए कि कबीर ही नहीं, उनके पहले के योगी, विरक्त गोरखनाथ की बानी में भी व्यापारी जीवन के रूपक निन्दापरक ढंग से नहीं, आत्मीयता के साथ आते हैं। गोरखनाथ पुकार कर कहते हैं कि मेरे पास असली सोना है, ले लो–''सोना ल्यौ, रस सोना ल्यौ'', ज्यादा महत्त्वपूर्ण यह कि ''मेरी जाति सुनारी रै''। इसका अर्थ यह नहीं कि उनका जन्म सुनार घर में हुआ था, बल्कि यह कि वे अपने सन्देश को सोना और अपने आपको सुनार कहने में संकोच नहीं कर रहे। साधना की चुनौतियों को भी गोरख किसान और व्यापारी की चिन्ताओं की भाषा में बयान करते हैं–''खेती करौं तो मेह बिन सूखै, बनिज करौं तो पूंजी तूटै''। साधना की उपलब्धि भी व्यापारी की उपलब्धि से ही जोड़ते हैं : 'ऐसा-वैसा नहीं, मैंने तो तत्त्व का व्यापार किया है, और सहज ही किया है'–''ततबणिजील्यौ, ततबणिजील्यौ...सहज गोरखनाथ बणिज कराई''।

कबीर की बानी में तो व्यापारी जीवन के सन्दर्भ भरे पड़े हैं–''कबीर हीरा बणजिया, महंगे मोल अपार'', ''चोखौ बनिज ब्यौपार करीजै, आइ नैं दिसावरि राम जपि लाहौ लीजै'' (बढ़िया व्यापार करो, विदेश जाकर राम नाम का मुनाफा कमाओ), ''मेरे ऐसे बनिज सौं कौन काज, मूल घटै सिरि बधै ब्याज'' (ऐसे व्यापार से मुझे क्या वास्ता, जिसमें मूल तो घटता जाए, और सर पर ब्याज का बोझ बढ़ता जाए)। ऐसे अनेक कथन तथा रूपक व्यापारी जीवन तथा मानस से कबीर की बानी में आते चले जाते हैं। अगले अध्याय में भक्ति के लोकवृत्त की चर्चा में आप ऐसी कुछ और भी बानियां पढ़ेंगे।

परजीवी, सामन्ती सोच में व्यापार और व्यापारी, दस्तकार घटिया और हास्यास्पद थे। भक्ति के लोकवृत्त में, कबीर जैसे कवि अपने जीवन और कविता दोनों के जरिए व्यापार की ऐतिहासिक प्रगतिशीलता और व्यापारी के आत्मसम्मान का रेखांकन कर रहे थे। संयोग नहीं कि ब्राह्मण-वर्चस्व का विरोध करनेवाले बौद्ध और जैन आन्दोलनों को भी व्यापारियों का भरपूर समर्थन हासिल हुआ था। यों तो, जैसा कि आनन्द कुमारस्वामी नोट करते हैं, अपने इष्टदेव से बात करने में 'वाणिज्य की भाषा' (लैंग्वेज ऑफ कॉमर्स) का उपयोग वेदों से लेकर मीराबाई के ''गम्भीर, भावपूर्ण पदों तक'' चला आया है;[18] लेकिन मीराबाई, कबीर और पीपा द्वारा 'वाणिज्य की भाषा' में बोलने का अर्थ उनके अपने ऐतिहासिक सन्दर्भ में ही खुलता है।

ध्यान इस बात पर भी जाना चाहिए कि नाभादास के लिए, छह वैदिक दर्शनों और वर्णाश्रम की परवाह न करने पर भी कबीर न तो 'विदेशी पद्धति के भक्त' हैं, और न 'लोकविरोधी, लोकविद्वेषी'। कबीर ने अपने आलोच्यों पर तीखे व्यंग्य-बाण छोड़े हैं तो तुलसीदास ने भी वर्णाश्रम के विरोधियों को खरी-खोटी सुनाने में कोई कसर नहीं छोड़ी है। कबीर का नाम तुलसीदास नहीं लेते लेकिन गोरखनाथ के बारे में तो उन्होंने नाम लेकर ही कहा है : 'गोरख जगायो जोग, भगति भगायो लोग'। लेकिन कहीं भी उन्होंने गोरख को या निर्गुणपंथियों को ''विदेशी पद्धति के'' कहने

की ज़रूरत नहीं समझी। विदेशी मूल का कहकर अपने विपक्ष की विश्वसनीयता घटाने की सोच, जनता के बीच उसके नम्बर कटवाने की रणनीति औपनिवेशिक परिवेश में निर्मित हो रहे राष्ट्रवादी मानस में ही आ सकती थी, भक्ति का लोकवृत्त रच रहे मानस में नहीं।

भक्ति के लोकवृत्त की कुछ और चर्चा अगले अध्याय में होगी।

8. *शास्त्रोक्त और काव्योक्त : भक्ति माने भागीदारी*

कबीर की आध्यात्मिकता का सामाजिक अर्थ क्या है? और, उनकी सामाजिकता का आध्यात्मिक पहलू क्या है? 'भक्ति माने भागीदारी' में इन दोनों प्रश्नों का उत्तर है। सामन्ती विशेषाधिकारों के विरुद्ध, बेगार हासिल करने की सामन्ती वासना के विरुद्ध 'फेयरप्ले'—न्याय और तर्क पर आधारित व्यवहार की व्यापारी और दस्तकार सुलभ कामना 'समता-सी वस्तु' की खोज में बदलती है। सामन्ती समर्पण की बजाय भागीदारी को जीवन-मूल्य के रूप में स्थापित करती है।

भक्ति की भाषा में समर्पण और भागीदारी दोनों के मुहावरे की गुंजाइश है। अध्येताओं का ध्यान केवल समर्पण के मुहावरे तक सीमित रहा है। लहजा प्रशंसा का हो, या आलोचना का, कहनेवाले इतिहासकार हों, या साहित्यालोचक—कहते यही हैं कि भक्ति तो सामन्ती सत्ता के प्रति 'विनय की अनुपम विचारधारा'[19] या भगवान के प्रति 'अहैतुक समर्पण' ही है।

यह धारणा न केवल देशभाषाओं में रचनेवाले भक्तों के, बल्कि संस्कृत में रचनेवाले आचार्यों के विचारों की भी गलत समझ सूचित करती है। यह धारणा गुप्तकाल में विकसित हुई भक्ति और आरम्भिक आधुनिक काल (जिसे आमतौर से 'मध्यकाल' के भ्रामक नाम से जाना जाता है) में विकसित हुई भक्ति के अन्तर की उपेक्षा करने के कारण उत्पन्न हुई है। हम देख चुके हैं कि अनन्तदास को इस अन्तर का बोध था। गुप्तकाल में सामन्ती सत्ता के काम की चीज रही भक्ति आरम्भिक आधुनिक काल में कविता यानी जीवन-समीक्षा का रूप ले चुकी थी। अब वह सामन्ती सत्ता के प्रति विनय की नहीं, उसके प्रति व्यापारियों और दस्तकारों के असंतोष की विचारधारा थी।

ऐतिहासिक परिवेश और संवेदनात्मक सार के इस अन्तर की उपेक्षा के कारण 'शास्त्रोक्त' और 'काव्योक्त' भक्ति के अन्तर और सम्बन्ध को समझा नहीं जा सका है।

कबीर की भक्ति 'अहैतुक समर्पण' से कहीं अधिक भागीदारी के आग्रह को व्यंजित करती है। अहैतुक समर्पण जो है, वह राम के साथ भागीदारी—प्रेम—का ही परिणाम है। कबीर के राम अयोध्या के राजा राम नहीं, कबीर के हृदय के ''राजा राम

भतार'' हैं। कबीर ही अपने हरि के पीछे नहीं भागते, उनके हरि भी 'कबीर-कबीर' करते कबीर के पीछे लगे फिरते हैं।

सामाजिक स्तर पर भी 'काव्योक्त भक्ति' भागीदारी का ही आग्रह करती है। विशेषाधिकारों की सामन्ती मान्यता के विपरीत, वह मानव मात्र के अधिकारों की बात करती है। सामाजिक चेतना-सम्पन्न व्यक्ति-सत्ता का रेखांकन करने वाली निर्गुण-भक्ति शास्त्रीय भक्ति-संवेदना का काव्यानुवाद नहीं है। शास्त्रोक्त भक्ति का माध्यम बननेवाली सगुण-भक्ति के विपरीत, निर्गुण-भक्ति काव्योक्त भक्ति का प्रस्ताव करती है। इस काव्योक्त भक्ति में सगुण-भक्ति के कुछ स्वर भी शामिल हैं। काव्योक्त भक्ति देशज आधुनिकता को तेजस्वी स्वर देती, व्यापक सामाजिक प्रभाव सम्भव करती भक्ति है।

कबीर काव्योक्त भक्ति के सर्वश्रेष्ठ कवि हैं।

भक्ति को शास्त्रोक्त और काव्योक्त में वर्गीकृत करने की जरूरत क्या है? लाभ क्या है ऐसे वर्गीकरण का?

भक्ति-संवेदना के ऐसे वर्गीकरण का प्रस्ताव पहले-पहल मैंने ही उन्नीस वर्ष पूर्व, 1990 में, साहित्य अकादमी के 'ज्ञानेश्वरी सेमिनार' में किया था। फिर 1992 में 'समास' (सं. अशोक वाजपेयी) में प्रकाशित लेख 'काव्य और शास्त्र का मुखामुखम' में बात कुछ विस्तार से कही। यह लेख मेरे निबन्ध-संग्रह 'विचार का अनंत' (2000) में भी संकलित है।

भक्ति-संवेदना के काव्योक्त-शास्त्रोक्त वर्गीकरण के बारे में, और मानवाधिकार बनाम वर्ण-व्यवस्था की विस्तार से चर्चा हम 'भगति नारदी मगन सरीरा : भक्ति माने भागीदारी' शीर्षक अध्याय में करेंगे। वहीं हम नारद के भक्ति-सूत्रों के महत्त्व और कबीर द्वारा अपनी भक्ति को नारदी कहने के अर्थ की भी चर्चा करेंगे।

काव्योक्त-शास्त्रोक्त में वर्गीकरण भक्ति-संवेदना से जुड़े ऐसे कई प्रश्नों के उत्तर देता है, जो सगुण-निर्गुण के वर्गीकरण में अनुत्तरित ही छूट जाते हैं। शुक्लजी के अनुसार कबीर निर्गुण शाखा के ज्ञानाश्रयी भक्त थे, लेकिन कबीर की कविता पर सरसरी निगाह डालनेवाला भी जानता है कि कबीर के अन्तर में उजास, बानी में कस्तूरी का वास प्रेम के कारण ही हुआ था :

पिंजर प्रेम प्रकास्या, अन्तरि भया उजास।
मुख कस्तूरी महमही, बानी फूटी बास॥

कबीर ज्ञान पर बल अवश्य देते हैं, लेकिन इस ज्ञान का साध्य तो प्रेम ही है। बहुत-सी मान्यताओं के 'मोह-वितंडा' को ध्वस्त करनेवाली ज्ञान की जो आँधी कबीर की चेतना में आई है, उसकी सार्थकता तो प्रेम की वर्षा होने में ही है :

आँधी पीछैं जो जल बूठा, प्रेम हरी जन भीनां।
कहै कबीर भान के प्रगटे, उदित भया तम षीनां॥

सब जानते हैं कि मीरा ही नहीं, सूर की संवेदना में भी 'निर्गुण' तत्त्वों की उपस्थिति इतनी प्रबल है कि सिर्फ सगुण कृष्ण भक्ति शाखा के प्रचलित पैमानों पर इन दोनों की भक्ति-संवेदना के कई पहलू अबोधगम्य ही बने रहते हैं। फिर, जैसा कि हम संकेत कर चुके हैं, भक्तिकाव्य के पारम्परिक संकलनों में सगुण-निर्गुण का विभाजन उतना दो-टूक नहीं है, जितना कि 'आधुनिक' अध्येता माने बैठे हैं।

'भक्ति का विकास' निबन्ध में शुक्लजी बताते हैं कि भारतीय भक्ति-मार्ग यानी सगुणपंथ के भक्त, आचार्यों द्वारा निरूपित ज्ञान का 'जनता में संचार भजन-कीर्तन द्वारा' किया करते थे, जबकि विदेशी पद्धति यानी निर्गुणपंथ के भक्त ज्ञान के, 'भगवान के सम्बन्ध में नई बात' के निराधार दावे किया करते थे। ऐसे निराधार दावे करनेवालों की बानियों में किसी तरह की 'दार्शनिक व्यवस्था खोजने का प्रयत्न ही व्यर्थ है।'

आचार्यों द्वारा निरूपित शास्त्र और भक्तों की कविता के बीच नेता और अनुयायी का यह सम्बन्ध कितना ऐतिहासिक सत्य है, और कितना 'आधुनिक' आचार्य की कल्पना का प्रसाद?

'विदेशी पद्धति' पर चलनेवाले निर्गुणपंथी तो खैर, शुक्लजी के अनुसार 'लोकविरोधी नहीं तो लोकविद्वेषी अवश्य' थे, लेकिन स्वयं रामानुजाचार्य ने अपनी दार्शनिक अवधारणाएँ 'भजन-कीर्तन' करनेवाले आड़वारों की वाणी से ही विकसित की थीं। भारतीय दर्शन-परम्परा में, चैतन्य महाप्रभु के अनुयायी गौड़ीय वैष्णवों के 'अचिन्त्य-भेदाभेदवाद' को खासा जटिल दर्शन माना जाता है। चैतन्य महाप्रभु न्याय दर्शन के प्रकांड पंडित थे, लेकिन उन्होंने दर्शन-विमर्श छोड़कर 'भजन-कीर्तन' करने में ही जीवन की सार्थकता देखी। वे अचिन्त्य-भेदाभेदवाद का 'जनता में संचार भजन-कीर्तन द्वारा' नहीं किया करते थे, उलटे उनके शिष्यों ने—प्रसिद्ध गोस्वामियों ने—ही चैतन्य की प्रेम-संवेदना के आधार पर न केवल 'अचिन्त्य भेदाभेदवाद' जैसा जटिल दर्शन प्रस्तावित किया, बल्कि रूप गोस्वामी ने तो वेदान्त की बजाय 'रस-सिद्धान्त' के ढाँचे में ही भक्ति की सैद्धान्तिकी विकसित करने का अभूतपूर्व काम किया।

रूप गोस्वामी का काम अटपटा नहीं लगेगा, यदि याद कर लें कि ओड़ीसा में, राय रामानन्द से बतियाते हुए चैतन्य महाप्रभु ने भक्ति का 'सबसे बड़ा प्रमाण' किसी 'दार्शनिक' मत या ग्रन्थ को नहीं, बल्कि जयदेव के काव्य 'गीत-गोविन्द' को माना था।

ऐसे और भी भक्त हैं, जो किसी शास्त्र-वचन को नहीं, अपनी काव्य-संवेदना और रचना को ही भक्ति का 'प्रमाण' (अथॉरिटी) मानते हैं। किसी आचार्य द्वारा स्थापित सम्प्रदाय का अनुगमन करने के स्थान पर काव्योक्त भक्ति-संवेदना की स्वायत्तता के लिए संघर्ष करते हैं। रामानन्द विषयक अध्याय में आप उस अनुशासन-पर्व

के बारे में पढ़ेंगे, जो अठारहवीं सदी में सवाई जयसिंह ने अपने स्मार्त सलाहकारों के कहने पर लागू किया था। वृन्दावन के स्वामी हरिदास और हितहरिवंश भक्ति के चारों सम्प्रदायों से अलग रहते हुए ही, कविता के जरिए भक्ति करते थे। जयसिंह के दबाव में हरिदास के अनुयायी विरक्त साधुओं ने निंबार्क सम्प्रदाय से और गृहस्थ गोस्वामियों ने विष्णुस्वामी सम्प्रदाय से अपना-अपना सम्बन्ध स्थापित किया। लेकिन, हितहरिवंश के अनुयायी किसी सम्प्रदाय से सम्बद्ध नहीं हो सके और जयसिंह के कोपभाजन बने।

हितहरिवंश के ही शिष्य थे--हरिराम व्यास जो अपने 'कुटुम्ब' में सेन, धन्ना, नामा, पीपा, कबीर और रैदास को गिनते हैं।

शुक्लजी की पद्धति के अनुसार, सगुणोपासक व्यासजी भारतीय पद्धति के भक्तों में ही गिने जाएँगे, लेकिन अपने कुटुम्बीजनों में गिन रहे हैं उन्हें, जो शुक्लजी के अनुसार न केवल 'विदेशी पद्धति के भक्त', बल्कि 'लोकविरोधी नहीं तो लोकविद्वेषी अवश्य' थे।

किसी दार्शनिक सम्प्रदाय का अनुगमन न करने के कारण, 'दार्शनिक व्यवस्था दिखाने के प्रयत्नों की व्यर्थता' की जो बात शुक्लजी निर्गुण भक्तों के बारे में करते हैं, वह चैतन्य, हरिदास, हितहरिवंश जैसे सगुण भक्तों के बारे में भी कही जा सकती है। ये भक्त कविता की अपनी सत्ता के लिए संघर्ष करते हैं। वे सर्जनात्मक शब्द की अपनी आँख से दुनिया को देखने की हिम्मत करते हैं। वे काव्य और शास्त्र के परस्पर सम्बन्ध को बराबरीवालों के मुखामुखम की तरह देखते हैं, नेता और अनुगामी के सम्बन्ध की तरह नहीं।

शुक्लजी ही नहीं, और भी कई लोग भक्ति को कुल मिलाकर एक 'भावदशा' मात्र ही मानते हैं, इसलिए उन्हें कबीर, पीपा, हरिदास और हितहरिवंश जैसे काव्योक्त भक्तों के 'निज ब्रह्म विचार' से उलझन होती है।

काव्योक्त भक्ति की अवधारणा कविता की अपनी हैसियत पर बल देने वाले निर्गुण और सगुण भक्तों के ऐतिहासिक और सर्जनात्मक अवदान को बेहतर ढंग से समझने में निश्चय ही सहायक होगी।

कबीर ने अपनी भक्ति को नारदी खामखा नहीं, सोच-समझकर कहा है। भक्ति-सूत्र शांडिल्य के भी थे, और नारदीय भक्ति-सूत्रों से वाकिफ कबीर शांडिल्य से भी वाकिफ रहे होंगे। शांडिल्य का कहना है कि 'श्रुति' की रचना स्वयं परमपिता परमात्मा ने की है। नारद का प्रश्न है : कौन तरता है? कौन तारता है? और उत्तर है : वही जो ब्रज-गोपिकाओं की-सी भक्ति, प्रेमाधारित भागीदारी अपना ले, ऐसे अपना ले कि वेदों तक को त्याग दे--वही तरता है, वही दूसरों को भी तारता है--वेदानपि संन्यस्ति, केवलमविच्छिन्नानुरागं लभते। स तरति स तरति स लोकांस्तारयति।

9. *'काम मिलावे राम कूं' : नारी रूप धारण करते कबीर*

कबीर अपनी भगति को नारदी कहते हैं, और नारद भक्ति का आदर्श बताते हैं ब्रज-बालाओं की भक्ति को–'यथा व्रजगोपिकानां'। स्वयं कबीर प्रेमाभिव्यक्ति के पलों में नारी रूप धारण कर लेते हैं, और इस नारी रूप में अपनी सबसे मार्मिक कविताएँ रचते हैं। लेकिन वही कबीर नारी मात्र के बारे में विकट रूप से संवेदनहीन बातें भी करते हैं।

नारी-निन्दा का यह संस्कार कबीर तक ही सीमित नहीं है। निर्गुण-सगुण दोनों धाराओं के अनेक कवि नारी को नर्क का द्वार बताते हैं। ऐसे कथनों का कारण यह बताया जाता है कि साधक के चित्त से काम-वासना दूर करने के लिए ऐसी निन्दा जरूरी है। लेकिन भक्ति-साधना तो स्त्रियों ने भी की है। कामभावना भक्ति में यदि बाधक हो तो, स्त्रियों के लिए भी होती होगी, फिर मीरा, लालदेद या अक्क महादेवी को पुरुष मात्र को नर्क का द्वार बताने की जरूरत क्यों नहीं पड़ती?

जाहिर है कि समस्या पुरुषों की है। स्त्रियाँ सहज ही जानती हैं कि दूसरे जेंडर के व्यक्ति को केवल कामभावना का प्रतीक या माध्यम भर मान लेना व्यर्थ है। कामभावना पर नियन्त्रण कर पाने में अपनी असफलता को दूसरे के मत्थे मढ़ना और भी व्यर्थ है। पुरुष भक्तों द्वारा की गई नारी-निन्दा को किसी भी बहाने 'डिफेंड' करना भी व्यर्थ ही है। आधी मनुष्यता की निराधार निन्दा को 'डिफेंड' किया ही नहीं जा सकता।

डिफेंड करने की बजाय इन भक्तों-साधकों से पूछना यह चाहिए कि यदि नारी–'पराई' या 'अपनी' नर्क की आग जैसी ही है, तो आप स्वयं नारी का रूप धारण कर, उसकी बोली बोलकर अपने राम को क्यों नर्क की आग में झोंकना चाहते हैं?

निर्गुण संतों से ही नहीं, यह सवाल अनेक साधकों से पूछा जा सकता है। भारतीय परम्परा में भी, उसके बाहर भी। सोचा यह भी जाना चाहिए कि क्या कारण है कि नारी-निन्दा के बावजूद साधकों-भक्तों की तीव्र आकुलता की अभिव्यक्ति कामपरक–एरॉटिक–बिम्बों में ही होती है? क्या कारण है कि प्रेम तभी सार्थक होता लगता है जबकि कबीर रूपी नारी और बालम रूपी राम 'सबद' में ही नहीं, 'देह' में भी एकमेक हो जाएँ, अन्यथा–'एकमेक हो सेज न सोवैं तब लगि कैसा नेह रे!'

क्या कारण है कि कबीर कहते हैं–'काम मिलावे राम सूँ जो कोई जाने राखि...'

ध्यान उस फाँक पर देना चाहिए जो कबीर ही नहीं, सारे निर्गुण भक्तों की संवेदना में मिलती है। दादू से लेकर पलटू तक सभी किसी न किसी प्रकार नारी को नर्क का द्वार भी बताते हैं, और राम के प्रति प्रेम व्यक्त करने के लिए, कविता

में नारी का रूप भी धारण कर लेते हैं। ऐसी फाँक तुलसीदास और मीरा में नहीं मिलती। मीरा साधना में चित्त रमाने के लिए पुरुष की निन्दा नहीं करतीं, और तुलसी अपने राम के प्रति प्रेम व्यक्त करने के लिए कहीं भी नारी रूप धारण नहीं करते। सूरदास कविता में नारी का रूप धारण नहीं करते, लेकिन नारी की निन्दा भी नहीं करते।

निर्गुणपंथी भक्तों में नारी-निन्दा का संस्कार नाथपंथी प्रभाव का परिणाम है। दूसरी ओर, नारी रूप धारण करके अपने प्रेम को कहने की विधि कबीर और अन्य निर्गुण भक्तों को 'भक्ति द्राविड़ ऊपजी' से और भारतवर्ष के लोकगीतों-लोककथानकों से विरासत में मिली थी। गुप्तकाल में विकसित शास्त्रोक्त भक्ति के बजाय रामानन्द द्वारा लाई गई द्राविड़ भक्ति से निर्गुण संवेदना को जोड़नेवाले—अनन्तदास से लेकर गरीबदास तक—निर्गुण भक्ति में दक्षिण से आए प्रेम-प्रतीकवाद के महत्त्व को भली-भाँति समझ रहे थे। आखिरकार, द्राविड़ भक्त-शिरोमणि, 'शूद्रवंशोत्पन्न' नाम्मालवार की एक हजार में से दो सौ सत्तर कविताएँ स्त्री की आवाज में रची गई हैं। रामभक्ति का रसिक सम्प्रदाय भी स्वयं को रामानन्द की ही वैचारिक परम्परा से जोड़ता है। इस सम्प्रदाय के साधक कविता के बाहर के जीवन में भी नारी नाम-रूप धारण करते थे। 'भक्तमाल' के विख्यात टीकाकार सीतारामशरण भगवान प्रसाद का साधना नाम 'रूपकला' था। रसिक सम्प्रदाय के कल्पना जगत में हनुमानजी का साधना नाम चारुशीला माना जाता है।

इसी तरह, महामति प्राणनाथ के प्रणामी सम्प्रदाय की मान्यता है कि स्वयं महामति में निजानन्द की भावांगना इन्द्रावती सखी का आवेश था, और उनके गुरु देवचन्द्र में सखी सुन्दरबाई का।

कबीर के परिवेश में सूफी संवेदना का भी प्रभाव था। सूफियों का अपना प्रेम प्रतीकवाद था। इसमें परमात्मा की कल्पना स्त्री के रूप में, और साधक की पुरुष के रूप में की जाती थी। भारतीय लोकसंवेदना के प्रभाव में यह प्रेम प्रतीकवाद उलट गया। साधक ने नारी का रूप ले लिया, और परमात्मा ने पुरुष का। लोकगीतों में अपने प्रिय की राह देखनेवाली नारी सूफियों, भक्तों की साधना में, परमात्मा के लिए व्याकुल मानवात्मा में बदल गई। कबीर की संवेदना में सूफी प्रभाव भी लोकसंवेदना के माध्यम से ही आया है।

साधना में स्त्री-रूप धारण के लोकपक्ष को हम इस तथ्य में भी देख सकते हैं कि प्रेम और विरह की अनेक कविताएँ कबीर और अन्य निर्गुण भक्तों की कविता में 'ढोला मारू रा दूहा' जैसे उस परम्परा के काव्यों से जस की तस चली आई हैं, जिसे आचार्य परशुराम चतुर्वेदी 'प्रकृत' काव्य की परम्परा कहते हैं।

कबीर के अनोखेपन को उनके समय के अनोखेपन की उपेक्षा करके नहीं समझा जा सकता। नारी से बचने का उपदेश देने और स्वयं नारी रूप धारण करने

के जिस रचनात्मक अन्तर्विरोध की चर्चा हम फिलहाल कर रहे हैं, वह भी कबीर का व्यक्तिगत अन्तर्विरोध मात्र नहीं है। नारी निन्दा का संस्कार जिस सांस्कृतिक कॉमनसेंस को व्यक्त करता है, नारी रूप धारण करने की विधि उसी कॉमनसेंस का रचनात्मक, प्रतीकात्मक प्रतिवाद करती है। संस्कार और संवेदना का यह द्वन्द्व कबीर और अन्य निर्गुण संतों की कविता में अद्‌भुत तनाव उत्पन्न कर देता है। एक तरफ साधना के मार्ग में स्त्री को बाधक मानते हुए उसकी निन्दा करते हुए नारी-निन्दक कबीर; दूसरी तरफ स्त्री-पुरुष के सहज आकर्षण को सहज ही स्वीकार करते हुए, उसकी विविध भावदशाओं को मार्मिक काव्य-क्षणों में बदलते कवि कबीर।

अपने राम के प्रति प्रेम व्यक्त करने के लिए कबीर कभी-कभी अन्य सम्बन्धों—माँ-बेटा, पिता-पुत्र, स्वामी-सेवक—का सहारा भी लेते हैं। लेकिन सौ में से निन्यानबे बार तो यही होता है कि राजा राम भरतार हैं; और कबीर उनके विरह में तड़पती, उनकी बाट जोहती, मिलन की प्रतीक्षा करती, मिलन में भीगती-पिघलती, मिलन की मादक स्मृतियों में सिहरती,—'जोबन मैमाती नारी।'

कबीर और दूसरे निर्गुण संतों ने संस्कार और संवेदना के द्वन्द्व को उपदेशकों की तरह मन में छिपाए रखने की बजाय कवियों की तरह पारदर्शी ढंग से अपनी वाणी में आने दिया है। कबीर को प्रेम का बखान करने के लिए ही नहीं, अहसास करने के लिए भी नारी-रूप धारण करना पड़ता है। बल्कि कहना चाहिए कि ऐसा स्वतः हो जाता है। कबीर के कवित्व की महिमा यह है कि वे अपने संस्कारों की परवाह किए बिना ऐसा हो जाने देते हैं। वे संस्कार और संवेदना के इस संघर्ष को जितने साहस के साथ जीते हैं, उतनी ही पारदर्शिता के साथ इसके साक्ष्य कविता में छोड़ जाते हैं।

यह आप पर है कि आप नारी-निन्दा के संस्कार को अपनाते हैं, या प्रेम-महिमा बखानती, नारी की आवाज में बोलती, नारीत्व को सेलीब्रेट करती काव्य-संवेदना को।

संस्कार और संवेदना का यह द्वन्द्व हमें कुछ बृहत्तर प्रश्नों की ओर ले जाता है।

सबसे बड़ा प्रश्न है सभ्यताओं और संस्कृतियों में स्त्री की सेक्सुअलिटी को लेकर कुंडली मारे बैठी ग्रन्थियों का। 'असभ्य' कही जानेवाली आदिवासी संस्कृतियों को यदि छोड़ दें, तो स्वयं को 'सभ्य' कहनेवाली सभी परम्पराएँ ऐसी नारी से आतंकित-सी लगती हैं, जो देह या देवी के रूप में नहीं, व्यक्ति के रूप में खुद को पहचानना चाहे। यह आतंक ही नियन्त्रण की वासना को पवित्रता के विमर्श में सँवारकर पेश करता है।

नारी-निन्दा और नारी-रूप धारण के विरोध को लगातार जीती कबीर की कविता, 'सभ्यता' मात्र में नारी और उसकी सेक्सुअलिटी के बारे में बद्धमूल ग्रन्थियों को समझने का एक प्रस्थान भी बन सकती है।

नारी रूप कबीर के आत्म का, और कवित्व का, सर्वाधिक व्यंजक रूप है।

साधना की विधि होने से कहीं अधिक वह कवि की संवेदना का हस्ताक्षर बन जाता है। अनुराग और विरह की कविताओं में कबीर पूरमपूर नारी ही बन जाते हैं। ऐसी कविताओं के प्रसंग में कबीर नाम का प्रयोग पुल्लिंग में करना तक अटपटा लगने लगता है। अधिक स्वाभाविक लगता है यह कहना कि ''कबीर कह रही हैं...'हरि मोर पीव मैं राम की बहुरिया', और 'न हौं देखूँ और को न तुझ देखन देऊँ।' ''

'अरध सरीरी नारी' के शाश्वत तथ्य का बोध तमाम संस्कारों को धता बताते हुए कबीर की कविता में चमकता है। जरूरत ऐसे काव्यात्मक स्त्रीत्व को सामाजिक धरातल पर तार्किक परिणति तक पहुँचाने की है। जो काम कबीर का समय नहीं कर सका, जरूरी नहीं कि हमारा समय भी न कर सके।

कबीर की नारी-निन्दा और उनके नारी-रूपधारण के सर्जनात्मक अन्तर्विरोध को समझने की, इसकी संवेदनात्मक और सांस्कृतिक निष्पत्तियों को समझने की कोशिश मैं वर्षों से करता रहा हूँ। इस कोशिश के फलस्वरूप दो निबन्ध सम्भव हुए--'बालम आव हमारे गेह रे...कबीर का नारी रूप' और 'राम मिलावे काम कूं : कबीर की प्रेमधारणा और उनका स्त्रीत्व।' पहला निबन्ध 'विचार का अनन्त' (2000) में संकलित है, दूसरा श्री गिरिराज किशोर ने जुलाई, 2005 में 'अकार' में प्रकाशित किया था। इस पुस्तक में भी आप इन दोनों निबन्धों को, स्वतन्त्र अध्यायों के रूप में पढ़ेंगे। दोनों के एक साथ होने के कारण, जाहिर है कि कुछ न कुछ बदलाव तो दोनों के रूप में आएगा ही।

10. *कबीर का कवित्व और आलोचकों का संकोच*

इस परिचयात्मक अध्याय में कबीर के कवित्व की चर्चा आखिर में आने की वजह यह है कि मेरे लिए, इस किताब समेत सारे कबीर-विमर्श की आखिरी (फाइनल) कसौटी यही है कि वह विमर्श कबीर के कवित्व की विशेषताओं, उपलब्धियों और सीमाओं-समस्याओं को समझने-सराहने में कितना सहायक सिद्ध होता है। कबीर के समय, परिवेश, परम्परा और सामाजिक प्रभाव के विश्लेषण की परिणति भक्ति साधक द्वारा शब्दों के ताने-बाने से बीनी गई काव्य-चदरिया के कुछ अधिक आत्मीय स्पर्श में ही होनी चाहिए।

कबीर के कवित्व के प्रसंग में जो बात सबसे पहले ध्यान खींचती है, वह है उन्हें कवि मानने में सर्वव्यापी संकोच। कबीर की कविताओं का अंग्रेजी में श्रेष्ठतम अनुवाद करनेवाली लिंडा हैस्स ने जरूर कबीर को प्राथमिक रूप से कवि मानते हुए उनके कवित्व पर बहुत सघन और अन्तर्दृष्टि-सम्पन्न विचार किया है; बाकी अध्येता कबीर की व्यंग्य-प्रतिभा की प्रखरता मानते हुए भी, कबीर को 'वाणी का डिक्टेटर'

मानते हुए भी, उनके कवित्व को स्वीकारने में संकोच बरतते हैं। शुक्लजी का तो साफ कहना था ही कि कबीर की बानी 'उपदेश देती है, भावोन्मेष नहीं करती'; द्विवेदीजी के अनुसार भी कबीर चूँकि 'धर्मगुरु थे, इसलिए उनकी वाणी का आध्यात्मिक रस ही आस्वाद्य होना चाहिए।'

बात वही है, जो शुक्लजी कह चुके थे। धर्मगुरु की वाणी का काम उपदेश करना ही होता है, भावोन्मेष कहीं-कहीं हो जाए तो सोने पर सुहागा। वैसे तो धर्मगुरु की वाणी को आध्यात्मिक उपदेश के लिए ही सुना जाता है। शुक्लजी और द्विवेदीजी के 'ब्राह्मणवाद' को भर-मुँह कोसने वालों समेत, बाकी आलोचक भी घुमा-फिराकर कहते यही हैं कि 'और जो हों, धर्मगुरु, धर्म-प्रवर्तक, क्रान्तिकारी, समाज-सुधारक; कबीर कवि तो नहीं ही हैं।' उन तक हमें जाना तो उपदेश की उम्मीद में ही चाहिए। उपदेश अध्यात्मविद्या का हो या क्रान्तिविद्या का, है तो उपदेश ही; कबीर चाहे 'जोग' की जुगति सिखाएँ, चाहे क्रान्ति की, हैं तो उपदेशक ही।

ऐसी बातों को सहारा इस बात से मिलता है कि कवि कहने में आलोचकों को ही नहीं, स्वयं कवि को भी संकोच है। कवियों के अभिमान को कबीर उसी तरह व्यर्थ मानते हैं, जैसे राजाओं, पंडितों के अभिमान को—केशलुंचन करते-करते 'बरतिया' (व्रात्य—जैन), वेदपाठ करते पंडित, धनसंचय करते राजा, रूपगर्व करती सुन्दरियाँ और कविता करते-करते कवि मर गए, लेकिन तत्त्व की बात तो केवल 'जोग-जुगति' करनेवाले ही जान सके। वे चेतावनी भी देते हैं कि मेरे ब्रह्मविचार को तुम गीत मत समझ बैठना—'तुम जिन जानौ यह गीत है, यह तो निज ब्रह्मविचार रे।'

कबीर को कवि मानने में आलोचकों के संकोच के कारण तो कुछ और हैं, स्वयं कवि के संकोच से जो बात साफ होती है, वह यह कि साहित्य के इतिहास में जगह बनाने में उनकी दिलचस्पी नहीं थी। कवियशःप्रार्थी वे निश्चय ही नहीं थे। सवाल यह है कि क्या केवल कवियशःप्रार्थियों को ही कवि मानना उचित है? यदि हाँ, तो कबीर को मानें, ना मानें, तुक बाँधकर चुटकुले सुनानेवालों को तो मानना ही पड़ेगा। कवि की अपनी घोषणाओं को यदि 'तथ्यकथन' मानकर ही सुना जाए, तो यह भी मानना पड़ेगा कि 'कागज कोरे' लिखकर 'सत्य' कहनेवाले तुलसीदास के पास सचमुच 'कवित विवेक' था ही नहीं। शब्द की कौन-सी साधना कोरा उपदेश देती है, और कौन-सी भावोन्मेष करके स्वयं को कविता साबित करती है—यह तय करने का एक ही तरीका है, कवि की बजाय कविता की बात सुनना। कवि के संकोच और घोषणाओं पर नहीं, उसकी शब्द-रचना पर भरोसा करना।

ऐसा करते ही आप देखेंगे कि कबीर की कविता कितना गहरा भावोन्मेष करती है। आप उस मजबूरी को भी देखेंगे, जो उपदेशक के सामने नहीं, सिर्फ कवि के सामने ही आती है। कबीर निर्गुण-निराकार के साधक थे। ऐसी क्या मजबूरी है कि वे निर्गुण को माता-पिता और साँई—स्वामी के गुण देते हैं? ऐसी क्या मजबूरी है कि

वे अपने साध्य निराकार को कभी तड़पाने वाले, तो कभी बारात लेकर आनेवाले प्रेमी का आकार देते हैं? मजबूरी यह है कि कबीर मूलतः कवि हैं, और बिना रूपासक्ति के कोई कवि नहीं होता। निर्गुण-निराकार साधना-उपासना का विषय हो सकता है, लेकिन प्रेम तो किसी मूर्त रूप से ही किया जा सकता है। 'बुतपरस्ती' को कुफ्र और 'बुतशिकनी' को सबाब बतानेवाले इस्लाम के सांस्कृतिक परिवेश में कविगण रूपासक्ति–बुतपरस्ती–के जरिए, भावोन्मेष करने के साथ-साथ धर्मशास्त्रीय परम्परा और सोच से जिरह भी करते रहे हैं।

काबे से इन बुतों को भी निस्बत है दूर की
गो वाँ के नहीं है, वाँ के निकाले हुए तो हैं।

प्रेम और रूपासक्ति को यदि कवि होने का प्रमाण मानें तो कबीर को धर्मगुरु या उपदेशक मानने की आदत छोड़कर उन्हें प्राथमिक रूप से कवि मानने की आदत डालना चाहिए। उनका स्वभाव और भाषिक व्यवहार कवि का है, भले ही अपने समकालीन समाज में प्रचलित काव्य-धारणाओं के कारण उन्हें स्वयं को कवि मानने में संकोच होता हो। कबीर पर 'उद्धत' और 'अक्खड़' जैसे जो विशेषण चस्पां किए गए हैं, उनका कारण यही है कि बात शुरू ही होती है, कबीर को उपदेशक या समाजसुधारक मानकर। ऐसा मानकर इस बात पर प्रकट या अप्रकट रूप से खेद व्यक्त किया जाता है कि बात करने की उनकी विधि सुधार-भावना के अनुकूल नहीं है। या फिर, यह तो याद रखा जाता है कि 'कटुक वचन कबीर के, सुनत आग लग जाए'; लेकिन यह भुला दिया जाता है कि 'घट-घट में तेरा साँई बसता, कटुक वचन मत बोल रे।' कुछ लोग मानकर चलते हैं कि समाज-सुधारक को कड़वे बोल नहीं बोलने चाहिए, दूसरी तरफ, कुछ लोगों के हिसाब से, बिना कड़वाहट के भला कोई क्रान्तिकारी हो सकता है!

कवि के भाषिक व्यवहार में, न तो कटुक वचन अनपेक्षित हैं, न ऐसे कटुक वचन बोलने से अपने आपको बरजना। दोनों ही स्थितियों में महिमा तो प्रेम की है :

हरि के नाउँ सूँ प्रीति रही इकतार।
तौ मुख तें मोती झरैं, हीरें अन्त न पार।

'काम मिलावे राम कूँ' कहनेवाले कवि की कविता प्रेम के 'लौकिक-अलौकिक' विभाजन को व्यर्थ बना देती है। वह याद दिलाती है कि नितान्त लौकिक प्रेम ही अलौकिक प्रेम के अनुभवों, आकांक्षाओं और अनुष्ठानों को अर्थ देता है। 'हृदय की स्वाभाविक अनुभूति'–प्रेमभावना–ही जटिल 'रहस्य-साधना' को भी सम्भव करती है और उसकी अभिव्यक्ति को भी।

कबीर की कविता में प्रेम केवल संवेदना ही नहीं, अवधारणा के रूप में भी है। वह केवल राम के विरह का ही नहीं, कवि के सामाजिक विवेक का भी प्रतिमान है।

कबीर और अन्य निर्गुण संतों की गोष्ठियाँ (संवाद) प्रसिद्ध हैं। कबीर की कविता पढ़ते हुए, उनके और 'अपरम्पार पार परसोतम' के बीच ऐसी ही गोष्ठी की कल्पना मन में आती है। कबीर ने कहा होगा, अपने राम से, कौन जाने, 'पीछे-पीछे फिरने' वाले राम ने ही कबीर से कहा हो : "प्रेम और विवेक–इन दो शक्तियों के रूप में आप मेरे भीतर विद्यमान हैं। घोर बिगूचन (कन्फ्यूजन) के, अकेले पलों में, जोर से आँखें मींचकर आपका नाम लेता हूँ/लेती हूँ, और बस सारा बिगूचन बिलाय जाता है। प्रेम और विवेक के दीपक बाहर-भीतर उजियारा कर देते हैं।"

कबीर की कविता जानती है कि प्रेम अपने विस्तार में जीवनदाता है, और गहराई में जानलेवा। प्रेम सहज सम्भव है, और सर्वथा अप्राप्य भी। इस अप्राप्य का विरह जिस 'घट' में 'संचरता' है, उसकी आँखों से पानी नहीं, लहू के आँसू गिरते हैं :

सोई आँसू साजना, सोई लोक बिड़ांहि।
जौ लोइन लोही चुवै तौ जांनौ हेत हियाँहि।

यह साखी हमारी स्मृति को इलहामों और उपदेशों की ओर नहीं, एक और बड़े कवि की ओर ले जाती है :

रगों में दौड़ते फिरने के हम नहीं काइल
जो आँख ही से न टपका तो फिर लहू क्या है।

जैसे प्रेम और रूपासक्ति के बिना कोई कवि नहीं होता, वैसे ही अपनी रचना में मृत्यु से टकराए बिना भी कोई कवि नहीं होता। प्रेम और मृत्यु जीवन के भी प्राथमिक और अन्तिम सत्य हैं, और कविता के जीवन के भी। कबीर की काव्य-संवेदना में मृत्यु निषिद्ध विषय नहीं है। वे जैसी मार्मिकता से प्रेम के उल्लास और दर्द को कहते हैं, समाज के सत्य को बखानते हैं, वैसे ही जीवन के अटल, अन्तिम सत्य को भी :

यह जग अंधला, जैसी अंधी गाई।
बछा था सो मर गया, ऊभी चाम चटाई।

संसार की नश्वरता इस साखी का कथ्य जरूर है, लेकिन दिल हिला देनेवाला भावोन्मेष करता है : मरे बछड़े को चाटती गाय का बिंब।

कबीर की चेतना में, प्रेम, मृत्यु और समाज एक-दूसरे से गुँथे हुए हैं। इसीलिए, कबीर की काव्यसंवेदना रामभावना, कामभावना और समाजभावना को एक साथ धारण करती है। और, इसीलिए इन तीनों के सर्जनात्मक सह-अस्तित्व को, समग्रता में पढ़े बिना, कबीर को पढ़ने के दावे व्यर्थ हैं।

कबीर जागने-रोने के कवि तो हैं ही, देखने और हँसने के कवि भी हैं–यह बात उनकी उलटबांसियों से स्पष्ट हो जाती है। उलटबांसी शैली का सम्बन्ध सिद्धों की संधाभाषा से जोड़ा गया है, लेकिन 'गूढ़-गम्भीर' व्याख्याओं का मोह छोड़कर आप, यदि इन्हें सहज रूप से पढ़ें तो निश्चय ही पहली प्रतिक्रिया बेतुकेपन पर हँसने की होगी। यदि कबीर के समय के साथ-साथ अपना समय भी याद करते रहें, तो,

उलटबांसियों में झलकने वाले 'उनके वक्त के' बेतुकेपन पर हँसने के साथ अपने वक्त के बेतुकेपन का चेहरा भी जैसे आईने में नजर आएगा। भाषा के सामान्य अर्थ-बोध को जानबूझकर 'उलटती' ये कविताएँ कबीर के अपने समय के पाठक/श्रोता के साथ ही परवर्तियों को भी अवसर देती हैं कि वे अपने-अपने वक्तों के बेतुकेपन को पहचान सकें।

अर्थ का ऐसा खुलापन सम्भव करनेवाली उलटबांसियों को पारिभाषिक शब्दावली के व्यायाम के रूप में नहीं, जीवन, समाज, सत्ता और समय की विसंगतियों को 'देखने' के न्यौते के रूप में पढ़ा जाना चाहिए।

2007 में, मैंने नेशनल बुक ट्रस्ट के लिए कबीर-बानी का एक संकलन तैयार किया था—'कबीर : साखी और सबद'। छोटी-सी भूमिका भी लिखी थी। 'जनसत्ता' (16 सितम्बर, 2007) में 'कबीर पर अभिनव विमर्श' शीर्षक से उस भूमिका को सराहते हुए, श्री वागीश शुक्ल ने नोट किया :

> अपनी भूमिका में पुरुषोत्तम अग्रवाल ने कबीर को कवि कहा है, उस अर्थ में जिस अर्थ में आचार्य रामचन्द्र शुक्ल और आचार्य हजारीप्रसाद द्विवेदी ने कबीर को कवि नहीं कहा है। आचार्य रामचन्द्र शुक्ल के सामने कसौटी स्पष्ट थी, वे संत कवियों में सुन्दरदास को कवि मानते हैं क्योंकि सुन्दरदास में छन्द और अलंकार व्यवस्थित हैं।...आचार्य हजारीप्रसाद द्विवेदी के सामने भी यही कसौटी थी, हालाँकि 'कबीर का महत्त्व' प्रतिपादित करने के कर्तव्य निर्वाह में उन्होंने सीधे-सीधे यह नहीं कहा कि कबीर कवि नहीं हैं। ऐसी परिस्थिति में मैं समझता हूँ कि यदि पुरुषोत्तम अग्रवाल ने कबीर को कवि कहा है तो उन्हें यह स्पष्ट करना होगा कि 'कवि' से उनका तात्पर्य क्या है।

वागीश जी का कहना बिलकुल ठीक है। असली बात 'कसौटी' और 'तात्पर्य' की (और साथ ही कविता के 'कैनन' की भी) ही है। यों तो इस असली बात की चर्चा पूरी किताब में ही होगी, 'कबीर की कविताई' अध्याय में थोड़ी तफसील से होगी।

अगले अध्याय में हम देशज आधुनिकता की अवरुद्ध सम्भावनाओं और औपनिवेशिक आधुनिकता की परिणतियों पर, आज की भारतीय आधुनिकता में बद्धमूल संवेदना-विच्छेद पर विचार करेंगे।

सन्दर्भ

1. विलियम क्रुक, *दि ट्राइब्स एंड कास्ट्स ऑफ नॉर्थ वेस्टर्न इंडिया* (पुनर्मुद्रण, कॉस्मो पब्लिकेशंस, दिल्ली, 1975), खंड-तीन, पृ. 74
2. पीताम्बरदत्त बड़थ्वाल, *योग-प्रवाह* (श्री काशी विद्यापीठ, बनारस, 1945), पृ. 203-204
3. शैल्डॉन पोलक, *दि लैंग्वेज़ ऑफ गॉड्स इन दि वर्ल्ड ऑफ मेन : संस्कृत, कल्चर एंड पॉवर इन प्री-मॉडर्न इंडिया* (परमानेंट ब्लैक, नई दिल्ली, 2007), पृ. 507

4. इमेनुएल वार्लस्टाइन, *दि एंड ऑफ दि वर्ल्ड ऐज वी नो इट : सोशल साइंस फॉर दि ट्वेंटी-फर्स्ट सेंचुरी,* (यूनिवर्सिटी ऑफ मिनेसोटा प्रेस, लन्दन, 1999), पृ. 1
5. आशुतोष दयाल माथुर, *मीडिएवल हिन्दू लॉ : हिस्टॉरिकल इवोल्यूशन एंड एनलाइटेंड रिबेलियन* (ऑक्सफोर्ड यूनिवर्सिटी प्रेस, नई दिल्ली-2007), पृ. 1
6. रामचन्द्र शुक्ल, *हिन्दी साहित्य का इतिहास* (संस्करण सं. 2035 वि.), नागरी प्रचारिणी सभा, काशी, पृ. 91
7. विलियम क्रुक, *पूर्वोद्धृत,* पृ. CLXIX
8. *भारतेन्दु समग्र* (सं. हेमन्त शर्मा, हिन्दी प्रचारक संस्थान, वाराणसी, 1989), पृ. 543
9. राजमोहन गांधी, *मोहनदास : ए ट्रू स्टोरी ऑफ ए मैन, हिज पीपुल एंड एन एम्पायर* (पेंग्विन वाइकिंग, नई दिल्ली, 2006), पृ. 54
10. रणजीत साहा, *महामति प्राणनाथ* (साहित्य अकादमी, नई दिल्ली, 2003), पृ. 10
11. बहुत विचारोत्तेजक है, कार्ल मार्क्स की विस्मृतप्राय रचना *इकोनॉमिक एंड फिलॉसफिकल मैन्युस्क्रिप्ट्स-1844* से गुजरना। कुछ विस्तृत चर्चा के लिए देखें, दैनिक 'जनसत्ता' में 'मुखामुखम' स्तम्भ के रूप में प्रकाशित मेरे लेखों का संकलन–*'निज ब्रह्म विचार',* (राजकमल प्रकाशन, नई दिल्ली 2005)
12. ''यह पद प्रक्षिप्त है, बीजक में नहीं पाया जाता। यह किसी चतुर ब्राह्मण की करतूत है।'' डॉ. बच्चन सिंह, *हिन्दी साहित्य का दूसरा इतिहास,* (राधाकृष्ण प्रकाशन, नई दिल्ली, 1996), पृ. 91
13. डॉ. रामकुमार वर्मा, *संत कबीर* (साहित्य भवन, इलाहाबाद, 1966), पृ. 51-52
14. विनांद कैल्वर्त *दि सर्वंगी ऑफ गोपालदास,* मनोहर, नई दिल्ली, 1993, पृ. 261
15. रामचरितमानस, उत्तरकांड, दोहा 97 से 99 तक, गीताप्रेस, गोरखपुर गुटका संस्करण (सं. 2030) में पृ. 651 और 653
16. 'राम' की अवधारणा पर भक्ति-विमर्श के भीतर चले विवाद के सांस्कृतिक, वैचारिक आशयों की पड़ताल के लिए देखें मेरा लेख–'सांस्कृतिक बहस का एक रूपक : कण-कण में व्यापे हैं राम' (पुरुषोत्तम अग्रवाल *संस्कृति : वर्चस्व और प्रतिरोध,* राजकमल प्रकाशन, नई दिल्ली, 2008, दूसरा संस्करण), पृ. 138-157
17. डॉ. रामविलास शर्मा, *भारतीय साहित्य की भूमिका,* (राजकमल प्रकाशन, नई दिल्ली, 1996), पृ. 120
18. आनंद कुमार स्वामी, *हिन्दूइज़्म एंड बुद्धिज्म* (मुंशीराम मनोहरलाल पब्लिशर्स, दिल्ली 2007) पृ. 20
19. यह टुकड़ा इतिहासकार रंजीत गुहा का है। देखें उनका लेख, *डॉमिनेंस विदाउट हेगेमनी एंड इट्स हिस्टीरियोग्राफी* (सब-आल्टर्न स्टडीज, खंड-6, ऑक्सफोर्ड यूनिवर्सिटी प्रेस, नई दिल्ली, 1989), पृ. 259

अध्याय : दो

'संतो, जागत नींद न कीजै'
देशज आधुनिकता और भक्ति का लोकवृत्त

1. 'एक अचम्भा देखहु भाई' : समय मध्यकाल, कवि आधुनिक कहाई
2. 'माया महाठगिनी हम जानी' : 'पारंपरिक', 'आधुनिक' और 'उत्तर-आधुनिक'
3. 'साईं मेरा बाणियाँ' : व्यापार और देशज आधुनिकता
4. 'जाण भगत का मरण है, अणजाणे का राज' : यहाँ से देखें देशज आधुनिकता
5. 'साधो देखो जग बौराना' : औपनिवेशिक आधुनिकता की वास्तविक भूमिका
6. 'वर्णाश्रम की तजै काणि' : जाति, वर्णाश्रम और नस्ल
7. 'ज्यूं बोहिथ बूझै नहीं कोई बरण विचारा' : भक्ति का लोकवृत्त

1. *'एक अचम्भा देखहु भाई' : समय मध्यकाल, कवि आधुनिक कहाई*

एक विचारक और सुधारक थे। वे मानते थे कि यहूदी पैदाइशी झूठे और दुष्ट होते हैं। उनकी एक किताब का शीर्षक ही है : 'यहूदी और उनके झूठ'। इसमें वे 'अपने' लोगों को धिक्कारते हैं कि 'शर्म करो, यहूदी जिन्दा हैं'। वे 'अपने' लोगों का आह्वान करते हैं कि इन 'जहरीले कीड़ों' के घर, उपासना स्थल, पवित्र पोथियाँ जला दी जाएँ। ऐसी हालत कर दी जाए कि यहूदी या तो सदा के लिए, जहन्नुम नहीं तो 'कहीं और' चले जाएँ, ताकि हमारा प्यारा देश उनके फैलाए गन्द से पाक हो। देश में रहना ही है तो यहूदी हमारे दास बनकर रहें। यहूदियों से इन विचारक को इतनी घृणा थी कि कहते थे कि 'यदि कोई यहूदी मेरे पास बपतिस्मा कराने आया तो उसे पुल से नदी में धक्का देकर कहूँगा—जा हो गया तेरा बपतिस्मा'।

हिटलर की नहीं, हम बात कर रहे हैं, मार्टिन लूथर की, जो कबीर के कनिष्ठ समकालीन थे, और जिनसे कबीर की तुलना ब्रिटिश अध्येता करते थे, कुछ तो कबीर को "भारतीय लूथर" भी बताया करते थे। लूथर का समय 1483-1546 है। 'यहूदी

और उनके झूठ' की रचना लूथर ने जवानी के जोश में नहीं, पौढ़ी उम्र में, अपने निधन से तीन साल पहले 1543 में की थी। इस समय वे प्रोटेस्टेंट रिफार्मेशन के जन्मदाता के रूप में विख्यात हो चुके थे, जर्मन सामन्तों के बीच मसीहा की हैसियत हासिल कर चुके थे। लूथर के यहूदी विरोधी विचारों ने हिटलर को काफी प्रेरित किया था। लूथर के समय और परिवेश में पुस्तक-दहन का सांस्कृतिक कार्यक्रम जोर-शोर से चल रहा था, कुरान के लैटिन अनुवाद को भी जलाने का फैसला हो चुका था। लूथर ने कुरान को न जलाने की सिफारिश की, ताकि लोग जान सकें कि 'इस किताब में कैसी-कैसी शैतानी खुराफातें भरी हुई हैं, और इसका अनुगमन करनेवाले किस हद तक शैतान की गिरफ्त में हैं'।[1]

पुस्तक-दहन के सदियों तक चले सुनियोजित अनुष्ठान में कैथॉलिक और प्रोटेस्टेंट एक दूसरे को पछाड़ने की होड़ में लगे थे। जहाँ-जहाँ ये दोनों पहुँचे, वहाँ-वहाँ इस होड़ को भी साथ ले गए। खुद "परमात्मा का वचन" भी इस होड़ का शिकार होने से बच नहीं पाया। दक्षिण भारत में लूथरपंथी प्रोटेस्टेंटों ने बाइबिल का तमिल अनुवाद प्रकाशित किया, और आरोप लगाया कि 'मूर्तिपूजकों' को सही रास्ते पर लाने में उनसे होड़ कर रहे कैथॉलिक जेसुइटों ने इस प्रोटेस्टेंट बाइबिल की प्रतियाँ खोज-खोजकर जलाईं।[2] लेकिन इस होड़ का सबसे मार्मिक दृष्टांत बना मिशेल सर्वेटस का भाग्य। जेनेवा के प्रोटेस्टेंटों ने उन्हें पुस्तकों के साथ जिन्दा जला देने में बाजी मार ली, फ्रांस के कैथॉलिकों को सर्वेटस के पुतले जलाकर ही संतोष करना पड़ा।[3] आलम यह था कि इंग्लैंड के रोजर विलियम्स ने परस्पर सहिष्णुता दिखाने का निवेदन करते हुए एक पुस्तक लिखी, तो उस पुस्तक को ही 1644 में बाकायदा पार्लियामेंट के आदेश पर फूँक दिया गया।

कबीर शाक्तों से काफी चिढ़ते थे, और तुलसीदास निर्गुणपन्थियों से, लेकिन अपने प्रशंसकों को दोनों में से किसी ने नहीं धिक्कारा कि शर्म करो, ये चिढ़ाऊ लोग जिन्दा हैं। पुस्तक-दहन ने ऐसी लोकप्रियता कबीर और तुलसी के समाज में कभी नहीं पाई। आजकल जरूर अपने देश में भाँति-भाँति के लोग भाँति-भाँति की पुस्तकें जलाते पाए जाते हैं, यह "परम्परा" औपनिवेशिक आधुनिकता के ही उपहारों में से एक है। तुलसीदास 'भक्ति बेद प्रकासा' के साधक थे, लेकिन कबीर की साधना 'बेद-कतेब' दोनों के डॉग्मा से स्वायत्त, अनुभव और विवेक पर आधारित भक्ति की थी। लूथर को ईसाइयत के बुनियादी डॉग्मा या आस्था-तन्त्र और उसके संगठित रूप से नहीं, इस तन्त्र के एक रूप रोमन कैथॉलिक चर्च के पादरियों की ताकत से परेशानी थी। इस का विकल्प उन्होंने प्रस्तावित किया—एक और चर्च। एक और डॉग्मा। शुद्ध तर्क को तो वे आस्था—'फेथ'—का दुश्मन नम्बर एक मानते थे। यहूदियों से नफरत करने में ही नहीं, स्त्री मात्र को दोयम दर्जे का मनुष्य मानने में भी लूथर कैथॉलिकों के साथ ही थे।

यह जानना भी रोचक होगा कि 1994 में ही जाकर अमेरिका के एवेंजिलिकल लूथरन चर्च की कौंसिल ने लूथर के यहूदी विरोधी विचारों को रद्द किया, सो भी आंशिक रूप में ही।

आरम्भिक आधुनिक काल के यूरोप में, 1480 से 1700 के बीच कोई एक लाख औरतें चुड़ैल कहकर सताईं गईं, और जिन्दा जलाईं गईं। इस तरह जलाई जाने वाली 'अन्तिम चुड़ैलें' होने का 'गौरव' लूथर के जर्मनी की ही हेलेना कर्टिस और एगनेस ओलमंस को प्राप्त हआ, जिन्हें 1738 में जिन्दा जलाया गया था। विपथगामियों (हेरेटिक्स) को चर्च द्वारा निर्धारित 'सन्मार्ग' पर लानेवाले 'इंक्विजीशन' के बारे में तो सब जानते ही हैं। संस्थाबद्ध धार्मिक असहिष्णुता और विस्तृत यातना के इस भयानक रूप ने हजारों लोगों की जान अत्यन्त क्रूर ढंग से ली थी, और इसकी गतिविधियों का 'स्वर्ण युग' वही था, जिसे यूरोपीय इतिहास का 'आरम्भिक आधुनिक युग' कहा जाता है। इसी युग में हुए फीरोज तुगलक या औरंगजेब को धार्मिक असहिष्णुता और कट्टरता के देहधारी रूप माना जाता है, लेकिन इनमें से किसी को नहीं सूझा कि विधर्मियों और विपथगामियों को यातना देने के लिए बाकायदा एक संस्था खड़ी कर दी जाए।

मध्यकालीन और आधुनिक केवल समयसूचक शब्द नहीं, मूल्यबोधक 'टर्म्स' भी हैं। आधुनिकता के बाद ही समाज प्रबोधन की दिशा में बढ़ता है। 'आधुनिक' की मूल्यपरक व्यंजना के ही कारण, ऐतिहासिक समकालीनता के बावजूद कबीर मध्यकालीन और लूथर आरम्भिक आधुनिक कहलाते हैं। व्यापार के विस्तार, मानवकेन्द्रित चिन्ता और चर्च के प्रति असंतोष के उदय के आधार पर यूरोप में मध्य और आधुनिक काल की सन्धि-वेला चौदहवीं-पंद्रहवीं सदी में मानी जाती है। मान्यता यह है कि यूरोप तो मध्यकाल की 'जकड़' से चौदहवीं सदी में ही निकल चला था, जबकि भारत समेत बाकी सारी दुनिया इतिहास की चौदहवीं सदी में तो थी, लेकिन यूरोप की तरह आरम्भिक आधुनिक काल में प्रविष्ट हो जाने की बजाय मध्यकाल में ही ठहरी हुई।

आधुनिकता और प्रबोधन में अन्तर किया जाता है। इतिहास-क्रम में प्रबोधन आधुनिकता के पीछे ही आता है। आधुनिक होने के पहले कोई समाज प्रबुद्ध नहीं हो सकता। कुछ व्यक्ति प्रबुद्ध हो सकते हैं, ऐसे लोग अपने वक्त से आगे कहलाते हैं, लेकिन प्रबोधन के मूल्यों का व्यापक समाज में प्रचार तो आधुनिकता के बाद ही हो सकता है। यूरोप में आरम्भिक काल शुरू हुआ पंद्रहवीं सदी में। प्रबोधन (एनलाइटेनमेंट) का दौर शुरू हुआ सत्रहवीं सदी से। इसी अर्थ में यूरोपीय प्रबोधन से वंचित लोग—क्या अकबर, क्या कबीर और क्या तुकाराम—अपने वक्त से आगे और आधुनिक (अर्थात् प्रबुद्ध) चित्त के निकट कहे जाते हैं। प्रबोधन के मूल्य हैं—व्यक्तिसत्ता की स्वीकृति, सहिष्णुता और विवेक। बोलचाल में आधुनिक और प्रबुद्ध घुलमिल जाते हैं। आधुनिक का अर्थ हो जाता है विवेकपरक, व्यक्ति-सत्ता स्वीकार

करने वाला, सहिष्णु चित्त; और मध्यकालीन का मतलब व्यक्ति-सत्ता को नकारने वाला। प्रेमी जोड़े को फाँसी चढ़ाने का आदेश देने वाली पंचायत का व्यवहार मध्यकालीन और प्रेमी-प्रेमिका का आधुनिक।

अकबर ने हिन्दू-मुस्लिम दोनों समुदायों की स्त्रियों की दशा सुधारने का प्रयत्न किया, दासों के व्यापार पर रोक लगाने की कोशिश की—दूसरे शब्दों में व्यक्ति-सत्ता के सम्मान को, हर मनुष्य की मनुष्यता की स्वीकृति को राजकीय नीति और व्यवहार का आधार बनाने का यत्न किया। सुलहकुल (विभिन्न धर्मों का सम्मान) को राजकीय नीति बनाया। राजधर्म की अकबरी धारणा एम. अतहर अली के शब्दों में, यह थी, "प्रचलित विश्वासों के प्रति सहिष्णुता शहंशाह के कर्त्तव्य का सिर्फ़ एक अंश है; बुद्धि का अनुकरण करने और इस तरह परम्परावाद को नकारने पर लोगों को आमादा करना भी एक आवश्यक और पूरक कर्त्तव्य है।"[4]

उपर्युक्त धारणा राजसत्ता की सामाजिक भूमिका की ठेठ आधुनिक समझ को व्यंजित करती है, लेकिन यूरोपीय न होने के पाप का फल ही कहिए कि अकबर तो मध्यकालीन कहलाता है, जबकि उस के समकालीन, विच-हंटिंग तथा इंक्विजीशन में विशेष महारत हासिल करने वाले स्पेन और फ्रांस के राजा आधुनिक समय में स्थित माने जाते हैं।

इक़्तदार आलम ख़ान को अकबर द्वारा अपनाए गए सांस्कृतिक मूल्य "आश्चर्यजनक सीमा तक आधुनिक"[5] दिखाई देते हैं, वैसे ही जैसे मुक्तिबोध को कबीर की और दिलीप चित्रे को तुकाराम की संवेदना आश्चर्य में डालती है। सोलहवीं-सत्रहवीं सदी के भारतीय समाज को केवल मध्यकालीन मनोवृत्ति में जकड़ा मानें तो अकबर, कबीर और तुकाराम के मूल्य और विचार आश्चर्यजनक तो लगेंगे ही।

माना जाता है कि कबीर स्वयं प्रबुद्ध भले ही रहे हों, लेकिन उनका समाज आधुनिक नहीं था, उनके विचारों के प्रसार के लिए सामाजिक आधार नहीं था। सामाजिक आधार के अन्तर के हवाले से ही माना जाता है कि कुछ आपत्तिजनक बातें करने के बावजूद लूथर कुल मिलाकर आधुनिक ही थे। दूसरी ओर, मुक्तिबोध के मन में "बार-बार यह प्रश्न उठता है कि कबीर और निर्गुण पंथ के अन्य कवि तथा कुछ महाराष्ट्रीय संत तुलसीदास जी की अपेक्षा अधिक आधुनिक क्यों लगते हैं?" मुक्तिबोध का कहना है: "मैं यह समझता हूँ कि किसी भी साहित्य का ठीक-ठीक विश्लेषण तब तक नहीं किया जा सकता जब तक कि हम उस युग की मूल गतिमान सामाजिक शक्तियों से बननेवाले सांस्कृतिक इतिहास को ठीक-ठीक न जान लें। कबीर हमें आपेक्षिक रूप से आधुनिक क्यों लगते हैं, इस मूल प्रश्न का उत्तर भी उसी सांस्कृतिक इतिहास में कहीं छिपा हुआ है।"[6]

मुक्तिबोध ने पद्धति बिल्कुल ठीक सुझाई, लेकिन उस पर अमल नहीं कर पाए। संसार भर की तरह, भारत में भी "आपेक्षिक रूप से आधुनिक" लगने का सम्बन्ध

व्यापार और व्यापारियों से होना चाहिए। उस युग की मूल गतिमान सामाजिक शक्तियों का सम्बन्ध यूरोप में ही नहीं, भारत में भी व्यापार से ही था—इस बात पर मुक्तिबोध ध्यान नहीं दे पाते। तुलसीदास का प्रभाव तो केवल हिन्दी क्षेत्र तक सीमित रहा, जबकि कबीर के गीत गुजरात से ओड़ीशा तक गाए गए! कबीर की इस व्याप्ति में व्यापारियों, दस्तकारों और उनके द्वारा ही स्थापित कबीर-पंथ की, भक्ति के लोकवृत्त की क्या भूमिका थी? कबीर और अन्य निर्गुणपंथी संत "निम्न" जातियों में जन्मे अवश्य, लेकिन क्या उनका प्रभाव भी इन्हीं जातियों तक सीमित रहा? कुछ ब्राह्मणों की फैंटेसियों और संतापों के बाहर वास्तविक सामाजिक व्यवहारों में इन "निम्न" जातियों की स्थिति कैसी थी? ऐसे प्रश्नों के उत्तर पाने के लिए भक्ति संवेदना का जैसा जातिपरक विश्लेषण मुक्तिबोध करते हैं, वह आवश्यक तो है, पर्याप्त नहीं।

महाराष्ट्र के जो कवि मुक्तिबोध के ध्यान में थे, उनमें से एक—तुकाराम—पर दिलीप चित्रे ने बरसों काम करने के बाद उनके कुछ अभंगों (पदों) का अंग्रेज़ी अनुवाद 'सेज़ तुका' (कहे तुका) प्रस्तुत किया है। अनुवाद की भूमिका में दिलीप चित्रे भी मुक्तिबोध सा ही सवाल उठाते हैं। उन्हें लगता है कि तुकाराम अपने वक्त से आगे हैं। तुकाराम के अनुसार, अपनी मुक्ति के लिए हर व्यक्ति स्वयं जिम्मेदार है। दिलीप चित्रे का निष्कर्ष है कि तुकाराम, "अपने से कोई दो सौ बरस बाद के आधुनिक मानव के अस्तित्वगत संकट और वेदना का पूर्वाभास देते हैं।"[7]

मुक्तिबोध और दिलीप चित्रे से बरसों पहले, "प्राचीन" हिन्दी कवियों की "आधुनिकता" ने रवीन्द्रनाथ ठाकुर को भी आश्चर्यचकित किया था। काशी में बंग साहित्य सम्मेलन के अध्यक्षीय भाषण में रवीन्द्रनाथ ने कहा था, "मैं हिन्दी नहीं जानता किन्तु अपने आश्रम के एक बन्धु द्वारा हमने प्राचीन हिन्दी साहित्य के आश्चर्यजनक रत्नसमूह का कुछ-कुछ परिचय प्राप्त किया है। प्राचीन हिन्दी कवियों के ऐसे तमाम गीतों को हमने उनसे सुना है। उनको सुनकर लगता है जैसे वे आधुनिक हैं। इसका मतलब काव्य-सत्य चिरकाल आधुनिक है।"[8]

यों तो, महान साहित्य में व्यक्त काव्य-सत्य "चिरकाल आधुनिक" के साथ ही विश्व भर में बोधगम्य भी होता है, लेकिन हिन्दी के जिस प्राचीन रत्नसमूह ने टैगोर को मोहित किया उसकी और उसके समकालिक बांग्ला, मराठी एवं अन्य भाषाओं के रत्नसमूह की "आधुनिकता" का सीधा, ऐतिहासिक सम्बन्ध उसके रचनाकाल की अपनी देशज आधुनिकता से भी था।

कबीर और तुकाराम हम आधुनिकों को उनके "अपने वक्त से आगे" लगते हैं, क्योंकि वे "आधुनिक" युग के अस्तित्वगत संकटों और वेदनाओं का "पूर्वाभास" देते प्रतीत होते हैं। सवाल यह है कि जिसे हम "आधुनिकता का पूर्वाभास" कह रहे हैं, वह स्वयं उन कवियों के समय का भी आभास है या नहीं? वे अस्तित्वगत संकट और वेदनाएँ उनके अपने समय की भी हैं या नहीं?

कैसा रहा होगा वह समाज और कैसा रहा होगा उसका परम्परा-बोध, उसका स्मृति-कोष और ज्ञानकाण्ड, जिसने हर तरह की रूढ़ियों के आलोचक कबीर को, हिन्दू या इस्लामी परम्परा भर को नहीं, बल्कि संगठित धर्म मात्र को नकारनेवाले कबीर को, इतना व्यापक सम्मान दिया, इतने लगाव के साथ याद रखा! जिसे हम आधुनिकता का पूर्वाभास कहते हैं, वह क्या कबीर और तुकाराम के समय में हवा से टपक पड़ा था?

कबीर और तुकाराम जैसे "आधुनिकता का पूर्वाभास" देनेवाले कवियों को क्या निरवधि काल और विपुला पृथ्वी से आशा करनी पड़ी कि कभी कोई समानधर्मा उत्पन्न होगा, जो उन्हें सराहेगा, उनके महत्त्व की 'खोज' करेगा; या उनके अपने 'स्तब्ध मनोवृत्ति' वाले तथाकथित 'मध्यकाल' में ही उन्हें विपुल श्रोता समुदाय और व्यापक सामाजिक सम्मान प्राप्त हुआ?

तुकाराम को विवश किया गया कि वे अपना काव्य स्वयं जलार्पित कर दें।

कबीर को विवश किया गया कि वे अपनी काशी नगरी छोड़कर चले जाएँ।

जिनका प्रभाव केवल हाशिए तक सीमित हो, उनके साथ ऐसा व्यवहार करने की आवश्यकता समाज-सत्ता को नहीं पड़ा करती। ऐसा व्यवहार उन्हीं के साथ किया जाता है, जिनके लोक-प्रभाव से समाज-सत्ता को डर लगता हो।

हिन्दुओं और मुसलमानों के जो "प्रतिनिधि" कबीर के विरुद्ध शिकायतें लेकर सिकन्दर लोदी के हुजूर में पहुँचे थे, उनकी सबसे बड़ी शिकायत अनन्तदास के शब्दों में यही थी, "तातैं हमें माने न कोई, जब लग जुलाहा कासी होई।"

कबीर के अन्तिम संस्कार को लेकर जिनके बीच तलवारें खिंच गईं, उनमें से एक राजा थे, दूसरे नवाब।

ऐतिहासिक रूप से, कबीर ने स्वयं न तो कोई नया धर्म चलाया, न कोई निराला पंथ निकाला, लेकिन जब उनके नाम से पंथ चला तो एक सम्पन्न व्यापारी ने चलाया।

काशी के कबीर-चौरा की आचार्य-परम्परा में कबीर के तुरन्त बाद नाम आता है, सुरतिगोपाल साहब का।

ये वही पंडित सर्वजीत थे, जो कबीर को शास्त्रार्थ में परास्त करने की इच्छा लेकर, दक्षिण से आए और कबीर के शिष्य बन गए। दूसरे शब्दों में, कबीर की ख्याति दक्षिण तक पहुँच चुकी थी।

कुछ किंवदन्तियों के अनुसार तो सर्वजीत का विवाह भी कबीर की पुत्री कमाली के साथ हुआ था।

किंवदन्तियों की ऐतिहासिकता शोध का विषय है, लेकिन अधिक रोचक है इनकी सांस्कृतिक संकेतात्मकता। किंवदन्तियाँ ऐतिहासिक स्मृति के लोक-चित्त में स्थापित होने की विधियाँ ही हैं। किसी समय और समाज के चित्त, चिन्तन और

चिन्ताओं को समझने के लिए उसमें प्रचलित किंवदन्तियों के संकेतों को समझना ज़रूरी है। कबीर और तुकाराम हमें जिस "समय से आगे" लगते हैं, वह समय कैसी सहजता से एक ब्राह्मण को जुलाहे के शिष्य तथा जामाता के रूप में याद कर रहा है। वैसी ही सहजता से उसने उस जुलाहे को प्रसिद्ध ब्राह्मण विचारक के शिष्य के रूप में, और साथ ही स्वयं एक मौलिक विचारक के रूप में याद किया। किंवदन्तियों के रूप में घटनाओं और उनकी व्याख्याओं को सामाजिक स्मृति में सुरक्षित करनेवाले उस समाज ने न तो जुलाहे को शिष्य बनाने वाले ब्राह्मण का कोई सामाजिक बहिष्कार दर्ज किया, न उसे गुरु बनाने वाले ब्राह्मण का।

किंवदन्तियों से ही नहीं, साहित्यिक, ऐतिहासिक साक्ष्यों से भी मालूम पड़ता है कि कबीर के समय में वर्णाश्रम के सैद्धान्तिक निर्देशों, जन्मजात ऊँच-नीच के विचार-व्यवहार को वास्तविक सामाजिक व्यवहार में जबर्दस्त चुनौतियाँ मिल रही थीं। व्यापार का विस्तार होने के कारण व्यापार और दस्तकारी से जुड़ी जातियों की सामाजिक स्थिति में परिवर्तन आ रहा था। वर्णाश्रम-व्यवस्था अप्रासंगिक हो रही थी। कुछ लोगों को ऐसी अप्रासंगिकता कलियुग का प्रमाण लगती थी, और वे इससे बहुत संतप्त रहते थे। 'रामचरितमानस' का उत्तरकाण्ड ऐसे संताप से भरा पड़ा है। तथाकथित निम्न जाति के लोगों द्वारा भक्ति के दावे तुलसीदास को 'भगति बेद प्रकासा' का अक्षम्य उपहास करते लगते हैं। वे अपने संताप को दो टूक अभिव्यक्ति स्वयं राम के मुँह से दिलाते हैं : 'पूजिए न सूद्र सकल गुन प्रबीना'। तुलसीदास का यह निर्देश उनके समय में शूद्रों को पूज्य माने जाने के संताप से ही तो उत्पन्न हुआ है। दूसरी ओर, पीपा के अनुसार : 'जो कलि नाम कबीर न होते, तो लोक बेद और कलियुग मिलि भगति रसातल देते'।

हर्षवर्धन के बाद की तीन-चार सदियाँ गतिरुद्ध अर्थव्यवस्था और व्यापार के पतन की सदियाँ थीं। दसवीं सदी के बाद से आर्थिक जीवन का पुनरोदय होता दीखता है, लेकिन देश की राजनीतिक स्थिति और व्यापार की सम्भावनाओं में अन्तर्विरोध था। रामशरण शर्मा इस स्थिति को "दो भिन्न वास्तविकताओं के रंग से रँगा चित्र" कहते हुए बताते हैं, 'इस चित्र में एक तरफ उपसामन्तीकरण है, परजीवी पुरोहित व्यापार और शिल्पोद्योग से प्राप्त आय हड़पने का प्रयत्न कर रहे हैं, दूसरी ओर आय के नकद अनुमान, बेगार का लोप और मुद्रा का व्यापक प्रचलन जैसे लक्षण दिख रहे हैं'।[9] सरहपा से लेकर कबीर तक, पुरोहितवाद के विरोधियों को मिली सामाजिक स्वीकृति इन "दो भिन्न वास्तविकताओं" के अन्तःसंघर्ष के सन्दर्भ में ही समझी जा सकती है। सरहपा और कबीर जैसे देशभाषा के विचारक तो इस समय वर्णाश्रमवाद, ब्राह्मण वर्चस्व अर्थात् 'मनुवाद' का प्रतिवाद कर ही रहे थे, संस्कृत चिन्ता भी मनु के विचारों से आगे बढ़कर, व्यापार के पुनरोदय के कारण उत्पन्न नई स्थितियों के अनुरूप धर्मशास्त्र की नई व्याख्याएँ कर रही थी। बारहवीं सदी में, देवल

दो टूक शब्दों में कह रहे थे कि 'जहाँ तक व्यापार का सवाल है, लोक-स्वीकृत और व्यावहारिक व्यवस्थाओं को एक नहीं, सैंकड़ों 'धर्मशास्त्रीय' कथनों ("वचन शतेनापि") पर वरीयता दी जानी चाहिए, भले ही "वचन" स्वयं मनु का ही क्यों न हो।[10] यही स्थिति राजसत्ता के प्रसंग में बन रही थी। 'यशतिलक' में तेली वंश में जन्मे मन्त्री, नाई घर में जन्मे सेनापति, वर्णसंकर महामन्त्री, वेश्यापुत्र राजा और हीनकुलोत्पन्न राजगुरु के बाकायदा नाम लेकर उल्लेख किए गए हैं। बंगाल के वल्लालसेन ने महेश नामक मल्लाह को महामंडलीक नियुक्त किया था, और लक्ष्मणसेन ने धोयी नामक जुलाहे को राजकवि।[11] ये इक्के-दुक्के अपवाद नहीं, वर्णाश्रमवादी शास्त्रीयता और लोक-व्यवहार के संवाद के कारण सामाजिक रुझानों में आ रहे परिवर्तनों की सूचना देने वाले उदाहरण हैं। मनुस्मृति में शूद्रों के बारे में जो भी कहा गया हो, दसवीं सदी के बाद के स्मृतिकार और निबन्धकार व्यापार और राजसत्ता की वास्तविक जरूरतों के मुताबिक व्यवस्थाएँ दे रहे थे। शूद्रों के राजपद प्राप्त करने के उदाहरण हमने देखे, व्यापारिक साझेदारियों के प्रसंग में भी बृहस्पति, नारद और याज्ञवल्क्य जाति या कुल को नहीं सम्भावित साझेदार की क्षमता और व्यापारिक प्रतिष्ठा को ही ध्यान में रखने की सलाह देते हैं।[12]

दसवीं सदी से आरम्भ हुए और कबीर के समय में काफी विकसित हो चुके व्यापारिक पुनरोदय की स्थितियों के फलस्वरूप देशभाषा में व्यक्त हो रही मनीषा का अधिकांश तो मनुवाद का तीव्र खण्डन कर ही रहा था; संस्कृत चिन्ता में भी शास्त्र को 'अपडेट' करने की प्रक्रिया लगातार चल रही थी—शूद्रों के प्रसंग में भी, और ब्राह्मणों के प्रसंग में भी। मनु का निर्देश था कि अपराधी ब्राह्मण को भी बहुत नरम सजा दी जानी चाहिए, उसे प्राणदण्ड तो किसी भी स्थिति में नहीं दिया जा सकता। लेकिन जिस काल की बात हम कर रहे हैं, उसमें गौतमीय धर्मसूत्रों पर भाष्य करते हुए हरदत्त व्यवस्था देते हैं कि सारे वैदिक संस्कार विधिपूर्वक करनेवाले ब्राह्मण को ही अवध्य माना जा सकता है, ब्राह्मणकुल में जन्मे जिस-तिस को नहीं। 'विवाद-रत्नाकर' के रचयिता चंडेश्वर अवध्यता के लिए इतनी कड़ी शर्तें लगाते हैं कि किसी अपराधी ब्राह्मण का अवध्य होना असम्भव हो जाए। उनके अनुसार केवल वही ब्राह्मण अवध्य है, जो वेद-वेदांग-न्याय; इतिहास-पुराण में पारंगत हो, शास्त्रानुकूल आचरण करता हो, षड्कर्म पालन करता हो; ऐसा ब्राह्मण भी तभी अवध्य है, जब अपराध उससे गलती से हो गया हो। सोच-विचार कर अपराध करनेवाला ऐसा विद्वान, आचारनिष्ठ ब्राह्मण भी, चंडेश्वर के अनुसार न तो अवध्य है, न उसे शारीरिक दण्ड से किसी छूट का अधिकार है। मनु के अनुसार ब्राह्मण को कठोरतम दण्ड देशनिकाले का ही दिया जा सकता था, वह भी उसकी संपत्ति जब्त किए बिना।[13]

आरम्भिक आधुनिक काल की शास्त्र चिन्ता भी मनु को कितना पीछे छोड़ चुकी थी, यह इन थोड़े से उदाहरणों से स्पष्ट है। लेकिन औपनिवेशिक ज्ञानकाण्ड ने

मनुवाद को पुनर्जीवित करते हुए जाति-वर्णाश्रम-सम्बन्ध के ऐतिहासिक विकास पर ध्यान देने की बजाय वर्णाश्रम की इतिहासातीत कल्पना को ही भारतीय समाज का शाश्वत सत्य बनाकर पेश कर दिया, ऊपर से वर्णाश्रम के साथ नस्लवाद और जोड़ दिया।

वर्णाश्रम की शाश्वतता की धारणा को सर्वाधिक व्यवस्थित अभिव्यक्ति दी लुई डूमाँ ने। कबीर के समय में राजसत्ता को फालतू या ऊपरी मानने की जड़ डूमाँ की ही मान्यताओं में है। उनका मानना था, "ईसा से कोई आठ सदी पहले, परम्परा ने सत्ता और पदानुक्रमीय वरीयता के बीच पूर्ण (ऐब्सॉल्यूट) विभेद स्थापित कर दिया था। आधुनिक शोधकर्ता इस बात को समझ ही नहीं पाए हैं।"[14] इस विभेद के अनुसार ब्राह्मण की सर्वोच्च स्थिति शाश्वत तथ्य है, ऊपर-ऊपर से देखने पर भले ही ताकत राजसत्ता के हाथ में दिखे। इसीलिए डूमाँ अंग्रेजी राज के पहले के भारत के प्रसंग में 'पॉलिटिकल इकॉनामी' शब्द के प्रयोग तक को अप्रासंगिक मानते थे। उस सभय तक भारत में बस जजमानी ही थी, और सामाजिक सम्बन्धों तथा विधि के प्रसंग में तो बस 'ऐब्सॉल्यूट डिफरेंस' की ही तूती ईसा के आठ सदी पूर्व से लेकर आज तक बोलती चली आ रही है। इसीलिए डूमाँ हीगेल को अनेकों समकालीन विद्वानों से आगे मानते हैं, क्योंकि हीगेल ही जाति के आन्तरिक तर्क, 'ऐब्सॉल्यूट डिफरेंस' के मर्म और भारतीय शाश्वतता (इतिहासविहीनता) के रहस्य को जानते थे। दुनिया में जो भी होता रहा हो, स्वयं भारत में व्यापार और राजसत्ता ने कितने ही उतार-चढ़ाव देखे हों, डूमाँ के अनुसार सत्ता और हायरार्की के बीच का अन्तर 'ऐब्सॉल्यूट का ऐब्सॉल्यूट' ही बना रहा। अब यह आप पर है कि आप भारत की सनातनता पर गद्-गद् होते रहें, या भारत की जड़ता पर छाती पीटते रहें, ऐतिहासिक विकास तो अंग्रेजी राज के पहले के भारतीय समाज और चित्त में हुआ ही नहीं, आधुनिकता की तो बात ही क्या!

कबीर की कविता में, उनके पूर्ववर्तियों से भिन्न, 'चिलम न पा सकने वालों' के आक्रोश और 'हीन भावना की ग्रन्थि' की बजाय जो आत्मविश्वास आ. हजारीप्रसाद द्विवेदी[15] नोट करते हैं, उसका संवेदनात्मक कारण प्रेम-भक्ति अवश्य है, लेकिन संरचनात्मक कारण कुछ और है, और इतिहास-लेखन की दृष्टि से वही ज्यादा महत्त्वपूर्ण है। दसवीं सदी से व्यापार का जो पुनरोदय हो रहा था, कबीर के समय तक वह काफी आगे बढ़ चुका था। व्यापारियों, दस्तकारों की आर्थिक ताकत और सामाजिक हैसियत बढ़ रही थी। नगर विकसित हो रहे थे, भक्ति का लोकवृत्त प्रभावी भूमिका निभा रहा था। कबीर और उनके जैसे अन्यों के आत्मविश्वास का संरचनात्मक कारण यही था कि चन्द ब्राह्मण और मौलवी जो भी कहते रहें, कबीर जैसे लोग इस वक्त हाशिए की आवाज नहीं, समाज के महत्त्वपूर्ण तबकों-व्यापारियों और दस्तकारों की आकांक्षाओं की आवाज बन चुके थे। कबीर का आत्मविश्वास केवल उनकी संवेदना का नहीं, भारतीय समाज के ऐतिहासिक विकास का भी परिणाम था।

मजे की बात यह है कि पक्के भारतीयतावादी हों या ठेठ क्रान्तिकारी, इस ऐतिहासिक विकास की उपेक्षा दोनों करते हैं। भारतीय समाज की इतिहासविहीनता के अन्धविश्वास में दोनों ही विश्वास करते हैं। मनु महाराज के भक्त हों या मनुवाद के घोर विरोधी, इस बात पर ध्यान नहीं देते कि जो 'ऐब्सॉल्यूट डिफरेंस' ईसा से आठ सदी पहले स्थापित हुआ था, ईसा की आठवीं सदी आते-आते उसे जबर्दस्त चुनौती मिल रही थी। कात्यायन को प्रमाण बताते हुए देवल और वरदराज व्यवस्था दे रहे थे कि शास्त्रवचन की संगति लोकाचार के अनुकूल ही लगानी चाहिए और प्रसंगविशेष में 'धर्मानुकूल आचरण' क्या है, इसका निर्णय राजशासन को करना चाहिए।[16] याने समाज जजमानी पर नहीं, 'पॉलिटिकल इकॉनॉमी' के आधार पर चल रहा था। राजसत्ता ऊपर-ऊपर की, फालतू की वस्तु नहीं थी, बल्कि धर्मशास्त्रीय प्रश्नों के निर्णय में व्यापारिक जरूरतों के साथ-साथ राजाज्ञा की भी भूमिका निर्णायक थी। इसी स्थिति को, कौटिल्य का 'अर्थशास्त्र' याद करते हुए युवा संस्कृतज्ञ आशुतोष दयाल माथुर 'धर्मशास्त्र का अर्थशास्त्रीकरण' कहते हैं। 'धर्मशास्त्र के अर्थशास्त्रीकरण' के इस दौर में ब्राह्मणों की सर्वोच्चता को शाश्वत मानने वाले, बाकी सभी लोगों के जीवन की सार्थकता ब्राह्मणों की सेवा में ही मानने वाले मनु आरम्भिक आधुनिक काल में इतने भी महत्त्वपूर्ण नहीं रह गए थे कि कबीर और अन्य लोग नाम लेकर उनकी आलोचना करने की जरूरत समझें।

इस काल की 'शास्त्र-चिन्ता' की विशेषता आ. हजारीप्रसाद द्विवेदी बताते हैं :

> स्तूपाकार शास्त्र-वचनों के ढेर से वही वाक्य प्रामाण्य मान लिये जाते हैं जिनका उपयोग प्रचलित लोक-व्यवहार के पक्ष में हो सके। बाकी वाक्यों को ननु कहकर पूर्वपक्ष में फेंक दिया जाता है। इसका परिणाम यह हुआ है कि बंगाल में जो वाक्य पूर्वपक्ष का है, वही महाराष्ट्र में उत्तर-पक्ष का, और उड़ीसा में जो वाक्य उत्तर-पक्ष का है, वही काशी में पूर्व का। फिर ऐसे विशेष वचन भी बहुत अधिक हैं, जो किसी एक प्रदेश में ही माने जाते हैं। इन सब बातों से सहज ही अनुमान किया जा सकता है कि उस युग का पांडित्य भी लोक-जीवन की ओर झुकने लगा था।[17]

यह कहने के साथ ही, आ. द्विवेदी को टीकाओं और निबन्ध-ग्रन्थों में 'स्वाधीन चिन्ता कम होती' दिखाई देती है–"सच पूछा जाए तो विक्रम की दसवीं शताब्दी के बाद ही भारतीय इतिहास का वह काल आरम्भ होता है जिसे संकुचनशील और स्तब्ध मनोवृत्ति का काल कहा जा सकता है।"[18]

बनावटी अखिल-भारतीयता और सार्वत्रिकता को जबरन थोपने की बजाय वास्तविक स्थानीय संस्कृति को महत्त्व देने को, पांडित्य के भी 'लोक-जीवन की ओर' झुकने को 'स्वाधीन चिन्ता अभाव' माना जाए या लोक-संवादी शास्त्र-चिन्ता की स्वाधीनता का रेखांकन? जिस काल में देशभाषा का चिन्तन ही नहीं, संस्कृत पंडितों, निबन्धकारों की शास्त्र-चिन्ता भी लोक-व्यवहार से ऐसा मुखामुखम कर रही हो, परम्परा को लाठी की तरह भाँजने की बजाय वाद-विवाद-संवाद के जरिए परम्परा को

आधुनिक बना रही हो, अपडेट कर रही हो, उसे 'स्तब्ध मनोवृत्ति का काल' कहना निराधार है। खासकर ऐसे विद्वान के द्वारा जिसकी अपनी 'सिफारिश' "दार्शनिक चिन्ताओं के मान-दण्ड से लोक-चिन्ता को मापने" की बजाय "लोक-चिन्ता की अपेक्षा में उन्हें देखने" की हो।

परम्परा से संवेदना-विच्छेद किए बिना उसका रूपान्तरण करनेवाली चिन्ता और उससे उत्पन्न होने वाली देशज आधुनिकता को "स्तब्धता", बल्कि चारों ओर से घिरे होने की, आत्महीनता की मनोदशा का सामना करना पड़ा औपनिवेशिक आधुनिकता और ज्ञानकाण्ड के दौर में।

दसवीं सदी में व्यापार का पुनरोदय हुआ था, मनु-महिमा का पुनरोदय हुआ अठारहवीं सदी में, वारेन हेस्टिंग्स की कृपा से, जब ग्यारह ब्राह्मणों की कमेटी ने 1773 से 1775 तक, ओरियंटलिस्ट नेथेनियल हालहेड की अध्यक्षता में 'हिन्दू विधि'–हिन्दू लॉ को 'कोडिफाई' किया। हालहेड साहब स्वयं संस्कृत नहीं जानते थे। कोडिफाइड 'हिन्दू लॉ' का संस्कृत से मौखिक बांग्ला में अनुवाद किया गया, इस अनुवाद का अनुवाद हालहेड साहब की सहूलियत के लिए फारसी में किया गया, और उन्होंने उस फारसी का अनुवाद अंग्रेजी में किया। इतने अनुवाद-अवतारों से गुजर कर 'हिन्दू लॉ' में भ्रष्टता तो आ ही जानी थी।

विलियम जोंस इस भ्रष्ट अनुवाद से बहुत असंतुष्ट थे। लेकिन उनके हिसाब से यह भ्रष्टता 'कोडिफिकेशन' के लिए अपनाई गई विचित्र विधि, और हालहेड के अज्ञान की नहीं, पंडितों के स्वभाव की 'नैतिक भ्रष्टता' की ही परिणति थी। निकोलस डर्क्स याद दिलाते हैं कि एक इसी प्रसंग में नहीं, अन्य प्रसंगों में भी, औपनिवेशिक ज्ञानकाण्ड अपने सांस्कृतिक तथा भाषागत अज्ञान के कारण उत्पन्न होने वाली, अनुवाद की भ्रष्टता जैसी समस्याओं का "अनुवाद" उपनिवेशीकृत समाज के अपने "भ्रष्टाचार और कमजोरी" के रूप में' कर देता था।[19]

अधिक महत्त्वपूर्ण है यह बात कि जोंस हों या अन्य औपनिवेशिक विद्वान, मानते यही थे कि हिन्दू लॉ या सोच-विचार का जितना विकास होना है, हो चुका है। उन्हें इस बात का न बोध था, न परवाह कि हिन्दू और मुस्लिम दोनों परम्पराएँ, दोनों 'विधियाँ' शास्त्र और लोक के, सार्वत्रिक और स्थानीय के संवाद के कारण लगातार विकसित होती रही हैं, स्वयं उनके समय में हो रही हैं। सार्वजनिक वाद-विवाद, सामाजिक अनुभव और स्थानीय आवश्यकताओं के फलस्वरूप कायदे-कानून का विकास इंग्लैंड जैसे 'आधुनिक' समाज में तो हो सकता था, 'ओरियंटल डेस्पॉटिज्म' से ग्रस्त भारत में यह बौद्धिक जीवंतता भला कैसे सम्भव हो सकती थी!

सो, जोंस साहब ने हालहेड के 'भ्रष्ट' पंडितों की बजाय 'अपने' श्रेष्ठ पंडित चुने, और हिन्दू विधि का 'प्रामाणिक' पाठ तैयार किया। 1794 में जोंस द्वारा इन पंडितों

के सहयोग से तैयार किया गया 'मनुस्मृति' का पाठ–'दि इंस्टीट्यूट्स ऑफ हिन्दू लॉ ऑर दि ऑर्डिनेंसेज ऑफ़ मनु' प्रकाशित हुआ। अब लॉर्ड कॉर्नवालिस आश्वस्त थे कि पंडित जगन्नाथ तर्कपंचानन जैसे प्रतिष्ठित पंडितों के जुड़े होने के कारण इस 'ऑर्डिनेंसेज' को सारे हिन्दुओं के बीच मान्यता प्राप्त हो सकेगी, सर जॉन शोर रोमांचित थे कि ब्राह्मण विद्वानों ने हिन्दू विधि का 'निर्माण' एक अंग्रेज के 'निर्देशन' में किया है।[20]

यह एक 'प्रयोग' था, उपनिवेशीकृत लोगों पर 'उनके अपने कायदे-कानून के मुताबिक शासन' के दावे करने का प्रयोग, हालाँकि 'उनके अपने कायदे-कानून' रचे औपनिवेशिक सत्ता के द्वारा ही जा रहे थे।

अकबर इलाहाबादी ने अंग्रेजों की बनाई नई दिल्ली की 'तारीफ़' में एक ग़ज़ल कही है, उसका एक शे'र, ऐसे प्रयोगों के सन्दर्भ में बरबस याद आता है :

औजे वक़्त मुलाकी उनका, चर्ख़े हफ़्त तबाक़ी उनका।
महफ़िल उनकी साकी उनका, आँखें मेरी बाक़ी उनका।

औपनिवेशिक सत्ता कई तरह के प्रयोग कर रही थी, वाद-विवाद-संवाद की प्रदीर्घ जीवन्त परम्परा को 'ऑर्डिनेंसेज ऑफ मनु' और 'दि मोहम्मडन लॉ ऑफ इनहेरिटेंस' के जरिए जड़ बना देने के, नाक की लम्बाई के आधार पर रक्तशुद्धि और उसके आधार पर जाति-व्यवस्था में स्टेटस निर्धारित करने के, सारे के सारे जन-समूहों को पैदाइशी रूप से अपराधी घोषित करके 'कंसंट्रेशन कैम्पों' में बन्द कर देने के, अनेक जीवन-पद्धतियों को आपराधिक घोषित कर देने के, समलैंगिकता को 'भारतीय परम्परा' के लिए घातक, शर्मनाक घोषित कर देने के...।

और भी अनेक प्रयोग भारतोद्धार के लिए समर्पित अंग्रेजी राज ने भारतीयों की हितचिन्ता की प्रेरणा से किए। औपनिवेशिक सत्ता और ज्ञानकाण्ड की कृपा से भारत अपनी समस्याओं से टकराते, सोच-विचार के जरिए इतिहास में विकसित समाज के स्थान पर तरह-तरह के प्रयोगों के लिए उपलब्ध प्रयोगशाला में बदल गया।

यह प्रयोगशाला उन लोगों को भी सुलभ थी, जो नस्लविज्ञान के व्यावहारिक प्रयोग करना चाहते थे; और उनको भी जिन्हें अपने नैतिक जोश की सुरक्षित निकासी के लिए किसी जगह की जरूरत थी, जो इंग्लैंड में प्रचलित अनेक अनैतिक प्रथाओं का कुछ बिगाड़ नहीं पा रहे थे। वहाँ भी ऐसा बहुत कुछ था, जो नैतिक चेतना सम्पन्न लोगों को शर्मनाक–स्कैंडलस–लगता था, लेकिन भारतीय समाज तो सारे का सारा ही "स्कैंडलस" था। सो, स्कैंडल के विरुद्ध लड़ने को कटिबद्ध आत्माओं ने स्कैंडलस भारत को सुधारने का बीड़ा उठाया। यूरोप की जगतोद्धार-कर्ता ग्रन्थि भारत के प्रसंग में पूरी तरह सक्रिय हो उठी। इंग्लैंड में जारी दास-व्यापार के स्कैंडल के खिलाफ विलियम बिल्वरफोर्स ने बड़ा संघर्ष किया, दास-व्यापार के खिलाफ 1807 में कानून भी बन गया, लेकिन रहा बेअसर ही। किन्तु अब तक

बिल्वरफोर्स की नैतिक आत्मा इंग्लैंड में जारी दास-व्यापार की चिन्ता छोड़ भारत के उद्धार में लग गयी थी। इंग्लैंड में दास-व्यापार का होना शर्मनाक था, लेकिन कुल मिलाकर तो बिल्वरफोर्स का देश सभ्य, आधुनिक देश ही था न! सो, वे दास-उद्धार की बजाय सती-उद्धार में लग गए। स्कैंडल "घर" से निकल कर "बाहर" पहुँच गया। उपनिवेश बनानेवालों को अपने स्कैंडलों का तबादला उपनिवेशों पर कर देने की सहूलियत हासिल हो गई।[21]

सती-प्रथा जैसी स्कैंडलस–शर्मनाक–प्रथा से लड़ते हुए बिल्वरफोर्स अपने देशवासियों के भी लाड़ले बने रह सकते थे। दास-व्यापार का विरोध करते हुए, यह जरा मुश्किल था। स्कैंडल इंग्लैंड के सभ्य, आधुनिक समाज से भारत के मूर्तिपूजक, मध्यकालीन समाज को स्थानांतरित हो गया। बिल्वरफोर्स को स्कैंडल से लड़ने का नैतिक आत्मसंतोष भी मिला, अपने देशवासियों की सराहना भी, सामाजिक और भावनात्मक सुरक्षा भी। लोक-परलोक दोनों ही भारत नामक प्रयोगशाला के उपलब्ध होने के कारण सध गए।

वारेन हेस्टिंग्स को यकीन था कि 'भारतीय लोग न तो कानून के बारे में कुछ जानते हैं, न अधिकारों के बारे में, उनमें किसी तरह का सेंस ऑफ ऑनर तक नहीं है'। ऐसे लोगों के 'उद्धार' के लिए ही तो भगवान ने अंग्रेजों को भारत भेजा था। हेस्टिंग्स की आत्मा निश्चिंत रह सकती है। बहुत से क्रान्तिकारी भारतवासी उसके प्रति आज तक कृतज्ञ हैं। थोड़ी बहुत कृतज्ञता पर भारत का भी हक शायद है। आखिरकार, यही तो लैबोरेट्री थी, जहाँ भाँति-भाँति की भड़ास निकालने के ब्रिटिश प्रयोग किए जा रहे थे। जिस मनुस्मृति को देशज आधुनिकता कब का पीछे छोड़ आई थी, उसे हिन्दुओं की "दि बुक" बनाया जा रहा था, संवाद-विवाद के जरिए विकसित होती रही बहुवचनात्मक परम्परा को बर्फ में लगी, टेक्स्टवादी और केन्द्रीकृत परम्परा में बदला जा रहा था। जीवन्त, स्थानीय रीति-रिवाजों के प्रति संवेदनशील हिन्दू विधि को मनुस्मृति केन्द्रित और केन्द्रीकृत विधान में बदला जा रहा था।

1794 को मनुवाद के पुनर्जन्म का वर्ष माना जा सकता है। इसके पहले, मनुस्मृति बीस में से बस एक स्मृति थी। निश्चय ही थोड़ी अधिक महत्त्वपूर्ण, लेकिन अन्तिम रूप से निर्णायक और हर स्थिति में, हर स्थान पर बाध्यकारी कदापि नहीं। 1794 में अंग्रेज बहादुर द्वारा कराए गए 'हिन्दू विधि-निर्माण' ने मनुस्मृति को वह केन्द्रीयता प्रदान की, जो उसे आरम्भिक आधुनिक काल में तो क्या, हिन्दू चिन्तन के इतिहास में कभी भी हासिल नहीं थी। देशज आधुनिकता के अस्तित्व को ही नकारते हुए, विचारों और रुझानों में आए परिवर्तनों से आँखें मूँदते हुए, स्वयं धर्मशास्त्रीय चिन्तन के लोक-संवादी विकास को भी धता बताते हुए, औपनिवेशिक ज्ञानकाण्ड ने 'मनुवाद' के विरुद्ध देशभाषा और संस्कृत दोनों में चले

वैचारिक सैद्धान्तिक संघर्ष को ऐतिहासिक स्मृति से बेदखल कर दिया और मनुस्मृति को 'पारम्परिक हिन्दू विधि (लॉ) के सर्वप्रमुख बल्कि एकमात्र स्रोत के रूप में स्थापित कर दिया।

मजे की बात यह कि स्वयं औपनिवेशिक सत्ता अनुभव करती थी कि 1794 में सम्पन्न जोंस के मनु-धर्मशास्त्र और कोलब्रुक द्वारा 1797-98 में संकलित "धर्मशास्त्रों के डाइजेस्ट" से, बंगाल के बाहर, देश के सभी हिस्सों के रीति-रिवाजों को समझने में कोई खास मदद नहीं मिलती। "बंगाल में जो वाक्य पूर्वपक्ष का है, वही महाराष्ट्र में उत्तर-पक्ष का", फिर "ऐसे विशेष वचन भी बहुत अधिक हैं, जो किसी एक प्रदेश में ही माने जाते हैं"–आ. हजारीप्रसाद द्विवेदी द्वारा लक्ष्य की गई इस विशेषता को उन्नीसवीं सदी में, दकन और गुजरात के ब्रिटिश प्रशासक अपने अनुभव में देख रहे थे। इसीलिए, आर्थर स्टील और हैरी बोरार्डेल को निर्देश दिया गया कि वे स्थानीय रीति-रिवाजों और मान्यताओं का संकलन तैयार करें। स्टील ने विभिन्न जातियों से उनके रीति-रिवाज की जानकारी हासिल की, लेकिन निर्णायक व्यवस्था पुणे के ब्राह्मणों की ही मानी। इस बात को नोट करते हुए फ्रैंक कॉन्लॉन ठीक कहते हैं कि, औपनिवेशिक सत्ता द्वारा हिन्दू विधि के कोडिफिकेशन में इस तरह का ब्राह्मणीय रुझान समाज के अभिजन पर औपनिवेशिक शासकों की निर्भरता का स्वाभाविक नतीजा था।[22]

इस निर्भरता के ही फलस्वरूप 'ऑफिशियल' ब्राह्मण अपनी सतत् सर्वोच्चता की फैंटेसी को भारतीय इतिहास की सतत् वास्तविकता बनाकर औपनिवेशिक ज्ञानकाण्ड में स्थापित करने में सफल रहे। औपेनिवेशक ज्ञानकाण्ड और "ऑफिशियल" ब्राह्मणों ने मनुस्मृति जैसे निर्देशात्मक (नॉर्मेटिव) टेक्स्ट को ऐसे "पढ़ा", मानो वह उन्नीसवीं सदी समेत हर युग के भारत के वास्तविक सामाजिक व्यवहारों का यथार्थवादी वर्णन हो। मनु के नाम से प्रचलित फैंटेसियों को अकाट्य तथ्य का दर्जा केवल औपनिवेशिक ज्ञानकाण्ड में ही नहीं, उसके बाद विकसित हुई अध्ययन-परम्परा में भी मिल गया। कट्टरपंथी मनु को "आदर्श" बताने लगे, तो क्रान्तिकारी मनु के आधार पर 'थ्योरी' बनाने लगे कि ब्रिटिश-पूर्व भारतीय समाज सिर्फ दण्ड और भय के बल पर ही संचालित होता था। वर्णाश्रमवादी फैंटेसी की ब्राह्मण सर्वोच्चता को, तथ्यों की उपेक्षा करते हुए, भारतीय समाज का शाश्वत सत्य मान लिया गया। यह भी नहीं सोचा गया कि निर्देशात्मक टेक्स्ट्स को पढ़ने का यही तरीका अपनाया जाए तो मान लेना चाहिए कि स्वतन्त्रता की घोषणा के साथ ही, अमेरिका में सचमुच "परमात्मा द्वारा समान पैदा किए गए मनुष्यों" के बीच समानता स्थापित हो ही गई होगी। मनुस्मृति जैसे विषमतापरक टेक्स्ट हों, या किसी लोकतान्त्रिक संविधान जैसे समतामूलक–निर्देशात्मक टेक्स्ट्स निर्देशात्मक ही होते हैं। उन्हें उसी तरह पढ़ना चाहिए, यथार्थ की रिपोर्ट की तरह नहीं। ऐसे टेक्स्ट्स को वास्तविक दैनंदिन व्यवहार की जानकारी देने

वाले स्रोतों, वर्णनों और टिप्पणियों के साथ तुलना करते हुए इन्हें वास्तव में "पढ़ा" जा सकता है। इस तरह "पढ़ने" पर समझा जा सकता है कि कबीर के समय के दैनंदिन व्यवहार में मनुस्मृति की क्या हैसियत रही होगी। क्यों दकन और गुजरात के ब्रिटिश प्रशासकों को मनुस्मृति अपर्याप्त लग रही थी।

तुकाराम और कबीर वर्णाश्रमवाद के विरुद्ध संघर्ष करनेवाली देशज आधुनिकता के कवि हैं। औपनिवेशिक आधुनिकता को श्रेय जाता है देशज आधुनिकता को अवरुद्ध करने का, वर्णाश्रम में नस्लवाद को जोड़ देने का, मनु के धर्मशास्त्र को एकमात्र धर्मशास्त्र बना देने का, मनुवाद की पुनः प्रतिष्ठा करने का, वाद-विवाद से भरपूर उस समय को स्तब्ध मनोवृत्ति के जड़ समय के रूप में पेश करने का। चौदहवीं-पंद्रहवीं सदी से आरम्भ हुई आधुनिकता को केवल यूरोप की विशेषता बताते हुए, उसी समय के भारत को 'मध्यकालीन' बनाने का।

इस अध्याय में हमें देशज आधुनिकता और उसमें उपनिवेशवादी सत्ता और ज्ञानकाण्ड द्वारा उत्पन्न किए गए अवरोध की ही चर्चा करनी है। इस चर्चा के लिए यूरोप की आधुनिकता के साथ भारतीय देशज आधुनिकता की तुलना करना जरूरी है। इस तुलना की कुछ बातें आपने देखीं, एक और देखें।

हिटलर आधुनिक था, लेकिन प्रबोधन के मूल्यों के विरुद्ध भी था। उसके विरोधी आधुनिक भी थे, और स्वयं को प्रबुद्ध मानते थे, मानते हैं। लेकिन प्रबोधन के मूल्यों से वंचित हिटलर से लड़ने के दौर में ही इंग्लैंड में, 1944 में हेलेन डंकन नामक महिला को नौ महीने जेल में गुजारने पड़े थे, क्योंकि वह 'विच'–चुड़ैल थी, प्रेतात्माओं से बातें किया करती थी।

इंग्लैंड में विचक्राफ्ट एक्ट 1951 तक लागू था!

नहीं, लूथर या रिफॉर्मेशन या यूरोप की वैचारिक, सांस्कृतिक उपलब्धियों की उपेक्षा करने या आज के पैमाने लागू करते हुए, मानवीय चेतना के विकास में लूथर और उनके समकालीनों के योगदान को रद्द करने का मेरा कोई इरादा नहीं, मेरी परेशानी लूथर से नहीं, उन दोहरे मापदण्डों से है जो यूरोप और गैर-यूरोप पर लागू किए जाते हैं, उस इतिहास-बोध से है जो दुनिया-भर में ब्राह्मणवाद/इस्लामवाद/पैगन पूर्वग्रह, जड़ता और पिछड़ापन तो तुरन्त देख लेता है; आजकल के यूरोपीय नव-फासीवादी आन्दोलनों का सम्बन्ध 'पैगनिज्म' से तुरन्त जोड़ देता है, लेकिन यूरोपीय आधुनिकता का 'पिछड़ापन' और नाजीवाद-फासीवाद में लूथर के विचारों का योगदान जिसे नजर ही नहीं आता। भारत और दूसरे गैर-यूरोपीय देशों में 'सार्वजनिक जीवन में धर्म की अत्यधिक उपस्थिति' से संतप्त लोग इस बात से बहुत चिन्तित नहीं दिखते कि ब्रिटेन की काफी प्रगतिशील यूनिवर्सिटी कैंब्रिज में कॉलेजों के 'मास्टर' (प्राचार्य) चुनने के लिए बैठकें चैपल में ही होती हैं, ताकि इस चयन में परमात्मा की स्वीकृति बनी रहे। यह बात मैं कैंब्रिज में ही प्रोफेसर

एमिरिटस और तुलनात्मक इतिहास के विद्वान सर जैक गुडी के साक्ष्य के आधार पर लिख रहा हूँ, जिनकी नवीनतम पुस्तक का शीर्षक विश्व-इतिहास के प्रति यूरोपीय रवैये को अद्भुत रूप से व्यंजित करता है–'दि थेफ्ट ऑफ हिस्ट्री'–इतिहास की चोरी![23] दुनिया-भर में बढ़ती धार्मिक (खासकर इस्लामी) कट्टरता से हम सभी चिन्तित हैं, लेकिन 'धर्मद्रोह कानून' (ब्लासफेमी लॉ) पाकिस्तान की ही विशेषता नहीं। ब्रिटेन में ब्लासफेमी लॉ 2008 तक मौजूद था। सलमान रुश्दी का उपन्यास 'सेटेनिक वर्सेज' प्रकाशित हुआ तो कुछ ब्रिटिश मुसलमानों ने लेखक पर ईशनिन्दा, धर्मद्रोह करके भावनाएँ आहत करने के अपराध का मुकदमा चलाने की ठानी, और यह कानूनी स्थिति स्पष्ट हुई कि ब्रिटेन में केवल ईसा मसीह और एंगलिकन चर्च की निन्दा करना ही कानूनन अपराध है, बाकी सभी धर्मों और कैथॅलिक चर्च की भी निन्दा आप बेखटके कर सकते हैं। एंगलिकन चर्च की भावनाओं को कानूनी संरक्षण हासिल है, बाकी के मामले में तो ब्रिटेन 'अभिव्यक्ति की आजादी' के प्रति परम-प्रतिबद्ध है। ब्रिटेन के ईशनिन्दा कानून के तहत ही, 'सेकुलरिज्म' शब्द गढ़ने वाले जी. जे. होलीओक को उन्नीसवीं सदी के पाँचवें दशक में जेल की हवा खानी पड़ी थी, क्योंकि उन्होंने 'सुझाव' दिया था कि भगवान को रिटायर करके पेंशन दे देनी चाहिए![24]

होलीओक की जेल-यात्रा का समय वही समय था जब कम्पनी सरकार पिछड़ेपन से ग्रस्त भारतीयों के 'अन्धविश्वासों' के खिलाफ 'हीरोइक' संघर्ष कर रही थी, उन्हें 'आधुनिक' बनाने की जी-तोड़ कोशिशें कर रही थी। मैकाले साहब ने अपनी सुविख्यात 'मिनिट' कुछ वर्ष पहले ही लिखी थी।

गनीमत यही है कि ब्लासफैमी लॉ के तहत किसी को जेल भेजे जाने की अन्तिम घटना 1922 में हुई थी।[25]

2. *'माया महाठगिनी हम जानी' : 'पारम्परिक', 'आधुनिक' और 'उत्तर-आधुनिक'*

बात यूरोप की उपलब्धियों को नहीं, उस निराधार इतिहास-बोध को नकारने की है, जिसके अनुसार यूरोम में तो आधुनिकता आई, यूरोप की अपनी अन्तर्निहित ऐतिहासिक गतिशीलता और सांस्कृतिक श्रेष्ठता, सीधे शब्दों में नस्ली श्रेष्ठता–भले ही पॉलिटिकल इनकरेक्टनेस से बचने के लिए इस शब्द के इस्तेमाल से गुरेज किया जाए–के कारण। बाकी दुनिया अपने आप प्रबोधन-काल में क्या आधुनिकता तक में प्रवेश नहीं कर सकती थी। इन समाजों में आधुनिकता और तज्जनित प्रबोधन साम्राज्यवाद और उपनिवेशवाद के जरिए ही आ सकता था। सो, 'मॉडर्न इंडिया' की शुरुआत आप राममोहन रॉय से मानें, या 1885 से–आधुनिकता आती है, भारत में अंग्रेजी राज के पाँव जमा चुकने के बाद ही। यूरोप के सम्पर्क में आए बिना कोई

'पिछड़ा' समाज भला 'विश्व-व्यवस्था' में कैसे आ सकता था, आधुनिक हो कैसे सकता था?

इसी मान्यता का एक रूप है--यूरोप और गैर-यूरोप को मूलभूत रूप से आधुनिक बनाम पारंपरिक में बाँटना। आधुनिक होने के नाते यूरोपीय समाज और उसमें रहने वालों का चित्त दोनों ही 'जटिल' भी हैं, और 'तर्कप्रधान' भी। गैर-यूरोपीय समाज पारम्परिक और 'सरल' हैं, और उनके सदस्य 'भोले-भाले'--सीधे शब्दों में बुद्धू। ये समाज किसी तार्किक प्रक्रिया के आधार पर नहीं, कुछ लोगों की साजिशों और बाकी लोगों के 'भोलेपन' के आधार पर ही अब तक चलते रहे हैं।

वास्तविकता यह है कि लूथर के समकालीन भारत और चीन आर्थिक गतिविधियों में सांस्कृतिक-वैचारिक उपलब्धियों में यूरोप से बहुत आगे थे। अरब और दक्षिण अमेरिकी सभ्यताएँ भी बहुत विकसित थीं। असल में यूरोपवासियों के सभ्य 'पुनर्जन्म' (रेनेसांस का शाब्दिक अर्थ यही होता है) का श्रेय तो अरबों को ही जाता है। यूनानी चिन्तन मध्यकालीन यूरोप को अरबों के जरिए ही प्राप्त हुआ था। यूरोप ने उन्नीसवीं सदी में "ऐतिहासिक छलाँग" लगाई--उस समय की सभ्य दुनिया के साम्राज्यवादी दोहन के बाद। इस के बाद यूरोप में जिज्ञासा की जाने लगी कि यूरोप में खास क्या है कि यह सारी दुनिया से आगे निकला जा रहा है। इस जिज्ञासा के समाधान के लिए निकट अतीत की वास्तविक सामाजिक-आर्थिक प्रक्रियाओं पर ध्यान नहीं दिया गया। यूरोप की औद्योगिक क्रान्ति और समृद्धि का सीधा सम्बन्ध औपनिवेशिक लूट से था, इस सीधी-सी ऐतिहासिक सचाई को विमर्श से गायब कर दिया गया। भुला दिया गया कि दो ही सदी पहले के यूरोपीय यात्री आर्थिक समृद्धि, सांस्कृतिक उपलब्धियों और सामाजिक सहिष्णुता के मामले में चीन और भारत के गुण गाया करते थे। उन्नीसवीं सदी की 'प्रगति' के बीज औपनिवेशिक लूट की बजाय यूरोप के सामाजिक विकास या सांस्कृतिक विशिष्टता या सीधे-सीधे यूरोपियनों की नस्ली श्रेष्ठता में 'खोजे' जाने लगे। किसी को लगने लगा कि फ़्यूडलिज्म के बिना पूँजीवाद सम्भव नहीं था, जिसके बिना औद्योगिक क्रान्ति और व्यापक आधुनिकीकरण सम्भव नहीं था। फ़्यूडलिज्म केवल यूरोप में था। बाकी जगह तो 'एशियाटिक मोड ऑफ प्रोडक्शन' था, 'ओरिएंटल डेस्पॉटिज्म' था। कोई बताने लगा कि पूँजीवाद बिना 'प्रोटेस्टेंट एथिक' के आ ही नहीं सकता था, और यह 'एथिक' यूरोप की अपनी विशेषता ठहरी। इस बात पर सब सहमत थे कि औद्योगिक पूँजीवाद ही पहली विश्व-व्यवस्था है, और इस विश्व-व्यवस्था में "पिछड़े" पारम्परिक, सरल समाजों को लाकर साम्राज्यवाद 'वस्तुनिष्ठ' रूप से तो प्रगतिशील ऐतिहासिक भूमिका निभा ही रहा है, व्यक्तिगत रूप से या सत्तातन्त्र के रूप में साम्राज्यवादी कितने भी क्रूर और दुष्ट क्यों न हों।

लूथर और उनके समकालीनों की ऐतिहासिक सीमाएँ सचमुच समझनी चाहिएँ, लेकिन यह भी तो समझाना चाहिए कि किस आधार पर सोलहवीं सदी का यूरोप

तो 'आरम्भिक आधुनिक' था, और बाकी सारा जहान 'मध्यकालीन'। यूरोकेन्द्रित इतिहास-बोध, विश्व-बोध साम्राज्यवाद के 'स्वर्णयुग' में रचा गया। इसके अनुसार यूरोप और गैर-यूरोप में बुनियादी सांस्कृतिक और नस्ली भेद था। यूरोप की श्रेष्ठ नस्ल पर स्वयं परमात्मा ने, या इतिहास ने यह बोझ (वाइट मेंस बर्डन) डाला था कि बाकी सारी जड़ता-ग्रस्त, इतिहास-विहीन दुनिया को इतिहास-क्रम में खींच लाए।

यूरोप का इतिहास लिखते समय माना जाता है कि आधुनिकता मध्यकालीनता से अलग होती है व्यक्ति, समाज और ब्रह्माण्ड के परस्पर सम्बन्धों की नई समझ के आधार पर। सामाजिक प्रतिष्ठा और पदानुक्रम के जन्माधारित प्रतिमानों के स्थान पर अन्य प्रकार के प्रतिमानों के विकास के आधार पर। व्यापार के विस्तार के कारण नए सामाजिक वर्ग और उनके बौद्धिकों का विकास होता है। धर्मसत्ता को चुनौती मिलती है। व्यापारियों की तादाद और हैसियत बढ़ने के साथ ही सामन्ती विशेषाधिकारों के प्रति असंतोष को व्यापक सामाजिक आधार प्राप्त होता है। विशेषाधिकारों के स्थान पर न्यायसंगत व्यवहार के आधार पर सामाजिक सम्बन्धों को पुनर्गठित करने की भावना समाज में व्यापने लगती है। आध्यात्मिक धरातल पर बराबरी की बात करने वाले साधकों की आवाज में व्यापारी और दस्तकार अपनी सामाजिक बेचैनी की आवाज भी सुनने लगते हैं। विरोध और प्रतिवाद व्यक्तिगत स्वरों से आगे बढ़कर सामाजिक आन्दोलनों का रूप ले लेते हैं। राजवृत्त और निजवृत्त के अलावा एक नया सामाजिक अवकाश (सोशल स्पेस) लोकवृत्त (पब्लिक स्फीयर) का भी गढ़ा जाता है।

सवाल यह है कि 'देशभाषाओं की सहस्राब्दी' में यह सब केवल यूरोप में हो रहा था, या दुनिया के दूसरे हिस्सों में भी। यदि देशभाषाओं की प्रतिष्ठा, नए ब्रह्माण्ड-बोध और धर्मभावना का उदय, लोकवृत्त का विकास केवल यूरोप तक सीमित था, तब तो मानना ही चाहिए कि आधुनिकता का जन्म यूरोप में ही हुआ, और वहीं से यह सारी दुनिया में फैली। चूँकि यह फैलाव साम्राज्यवाद और उपनिवेशवाद के माध्यम से हुआ, इसलिए सारी क्रूरता के बावजूद, 'ऐतिहासिक विकास की दृष्टि से' साम्राज्यवाद को 'प्रगति का उपकरण' भी मानना चाहिए।

लेकिन जिन्हें 'आधुनिकता के लक्षण' माना जाता है, वे चीजें अन्य समाजों के इतिहास से भी यूरोप के समानांतर ही दिखती हों तो? ऐसी स्थिति में आधुनिकता को यूरोप में निर्यातित जिंस मानने की बजाय विभिन्न समाजों में इसके समानांतर विकास पर ध्यान देना ही इतिहास-सम्मत होगा। वास्तविकता यही है कि व्यक्ति, समाज और ब्रह्माण्ड के परस्पर सम्बन्धों की नई समझ का उदय, सामाजिक प्रतिष्ठा के जन्माधारित प्रतिमानों के स्थान पर अन्य प्रकार के प्रतिमानों का विकास, व्यापार के विस्तार के कारण नए सामाजिक वर्गों और उनके अपने बौद्धिकों का उदय,

लोकवृत्त का विकास, धर्मसत्ता को चुनौती–यह सब इतिहासकार को यूरोप के बाहर भी दिख सकता है यदि वह गैर-यूरोपीय समाजों के संरचनात्मक विकास और चेतना के रूपों, स्मृतियों की विधियों–साहित्यिक रचनाओं और किंवदन्तियों–का अध्ययन ध्यान से करे। अपने बने-बनाए निष्कर्षों को "सिद्ध" करने के लिए इन समाजों का 'उपयोग' नेटिव इन्फार्मेंट की तरह करने की बजाय इनकी अपनी परम्परा और इतिहास के साथ तर्कसंगत, तथ्यसम्मत संवाद करे।

विभिन्न परम्पराओं का तुलनात्मक विश्लेषण करके ही उनकी समानता और विलक्षणता के प्रामाणिक बोध तक पहुँचा जा सकता है। किसी समाज में उसकी अपनी देशज आधुनिकता विकसित हुई या नहीं–इस सवाल का जवाब हर समाज के अपने गम्भीर अध्ययन, और अन्य समाजों के साथ उसकी तुलना करके ही पाया जा सकता है। पिछली सहस्राब्दी में यूरोप की ही नहीं, सारे यूरेशिया की साहित्यिक-वैचारिक रचनाशीलता देशभाषाओं की ओर झुकती दिखती है। सामाजिक सत्तातन्त्र के रूपान्तरण और नई पहचानों के गठन से सांस्कृतिक जीवन के देशभाषाकरण का द्वन्द्वात्मक सम्बन्ध चीन, जापान और भारत सभी समाजों में दिखता है। ऐसी स्थिति में, यूरोप में आधुनिकता के आरम्भ की बात करते हुए ऐन उसी समय के चीन, जापान, अरब और भारत को मध्यकालीनता में जकड़ा बताने की कोई तुक नहीं है।

भारतीय समाज की परम्परा में देशभाषाकरण, धर्मशास्त्र का अर्थशास्त्रीकरण और भक्ति के लोकवृत्त का विकास परस्पर सम्बद्ध चीजें हैं। इस विकास के कारण होता यह है कि कबीर की पहचान जुलाहे तक और अखा की सुनार तक सीमित न रहकर सद्‌गुरु की बन जाती है। विभिन्न जातियों से सम्बद्ध लोग खुद को 'जात-पाँत की परवाह न करने वाले साधु के रूप में पहचानने लगते हैं। तथाकथित निम्न जातियों के लोग 'भगत' कहलाने लगते हैं। दक्षिणात्य ब्राह्मण सर्वजीत कबीर के शिष्य बन जाते हैं और पीपा तथा वीरसिंह बघेल जैसे राजा कबीर के परम अनुयायी।

कुछ विचारकों ने जान कर, तो कुछ ने अनजाने ही यूरोप की औद्योगिक क्रान्ति और उसके बाद की उपलब्धियों की 'ऐतिहासिक व्याख्या' करने के नाम पर यूरोप और गैर-यूरोप की ऐतिहासिक प्रक्रियाओं के "अन्तर" पर बहुत ज्यादा बल दिया है, समानताओं की उपेक्षा की है। इस मामले में उत्तर-आधुनिकतावादी विचारक भी ठीक उसी आधुनिकता की बताई राह पर चलते हैं, जिसके यूरोकेन्द्रित होने की वे इतनी आलोचना करते हैं। दोनों का बल 'अन्तर' पर है, समानताओं पर नहीं। यह बल ऐतिहासिक प्रमाणों से पुष्ट नहीं है। सच तो यह है कि समानता और विलक्षणता का तथ्यसम्मत और तर्कसंगत बोध विकसित करने का जतन कम ही लोगों ने किया है। गैर-यूरोप भी इतिहास में स्थित था, यह मानने की आधुनिक और उत्तर-आधुनिक शर्त कुछ इस तरह की बन गई है–या तो वहाँ सब कुछ यूरोप की

कॉर्बन कॉपी होना चाहिए और चूँकि नहीं था इसलिए वहाँ के मनुष्य ही मूलतः भिन्न प्रकार के थे।

यूरोप और गैर-यूरोप के अन्तर को 'प्रोटेस्टेंट एथिक' से लेकर 'एशियाटिक मोड ऑफ प्रोडक्शन' तक के हवाले से निर्णायक मानने के प्रसंग में जैक गुडी का कहना है :

> 'एशियाटिक मोड ऑफ प्रोडक्शन के कारण उत्पन्न होने वाले रेडिकल अन्तर को लेकर मार्क्स के मन में कोई सन्देह नहीं था। वेबर भी सामाजिक-आर्थिक सम्बन्धों के फर्क के बारे में एकदम स्पष्ट थे। और भी कई लेखक–जैसे कि पोल्यानी–इस विषय में एकदम स्पष्ट हैं। लेकिन यदि राजनैतिक अर्थव्यवस्था इतनी ही जुदा थी, तो ये देश सोलहवीं सदी में सांस्कृतिक रूप से यूरोप से इतने बढ़े-चढ़े कैसे थे? आज इतनी तेजी से आगे कैसे बढ़ रहे हैं? इनमें से पहली बात की तो उपेक्षा कर दी गई, लेकिन दूसरी का क्या करेंगे?[26]

पारम्परिक और 'सरल' का सरल समीकरण कबीलाई सामाजिक संगठन को छोड़कर कहीं लागू नहीं होता। वहाँ भी कितना लागू होता है, यह बहस का विषय है। अंग्रेजी राज के पहले का भारत तो निश्चय ही कोई 'सरल' नहीं, खासा जटिल समाज था। अंग्रेजी राज के बहुत पहले से भारतीय व्यापार का अन्तर्राष्ट्रीय पक्ष बहुत प्रबल था। सामाजिक संस्थाएँ और राजसत्ता 'प्राथमिक' स्तर की नहीं खासी विकसित और जटिल थीं। भारतीय परम्परा अपने आन्तरिक तर्क और दबाव से आधुनिकता की ओर अग्रसर थी। 'सार्वजनिक बौद्धिक विमर्श' की संस्थाएँ और परम्पराएँ खासी जीवन्त और प्रभावी थीं–यह बात कोई भी देख सकता है, बशर्ते वह 'शास्त्रों' के साथ-साथ दैनंदिन व्यवहारों और वास्तविक जीवन-दशाओं पर भी निगाह डालने को राजी हो।

निश्चय ही यूरोप और भारत तथा अन्य समाजों में अन्तर भी थे, और हर समाज में आनेवाली आधुनिकता इन अन्तरों से, अपनी स्वयं की परम्परा से प्रभावित हुई। हर समाज की परम्परा ने उसमें विकसित होने वाली आधुनिकता के सामने विशिष्ट चुनौतियाँ रखीं। रेमंड श्वाब ने अपने यूरोपीय पाठकों को याद दिलाया था, "भारत के सामने भी सदा वैसी ही समस्याएँ रही हैं, जैसी हमारे सामने, लेकिन उन्हें समझने, सुलझाने के तरीके जुदा रहे हैं।"[27] आरम्भिक आधुनिक काल और उसके बाद के इतिहास को समझने के लिए इन अन्तरों और विशिष्ट चुनौतियों का बोध उतना ही आवश्यक है, जितना कि साझे मानवीय चैतन्य और सार्वभौम मानवीय मूल्यों का। यूरोप और भारत में एक बड़ा भारी अन्तर तो यही था कि जिस समय कैथॉलिक चर्च की मर्जी के बिना यूरोप में पत्ता तक नहीं हिलता था, उस समय के भारत में कैथॉलिक चर्च से तुलनीय कोई संस्था नहीं थी। इसीलिए यहाँ के सांस्कृतिक विकास-क्रम में 'सेकुलर' और 'रिलीजस' का यूरोप जैसा विभाजन भी नहीं हुआ। इसलामी दुनिया में भी ख़िलाफ़त की हैसियत चर्च सरीखी नहीं थी। जिस समय यूरोप

के राजा पोप की अनुमति के बिना विवाह तक नहीं कर सकते थे, उस समय के भारत के मुगल शहंशाह ख़लीफ़ा को ठेंगा दिखा चुके थे। जैक गुडी अपने यूरोपीय पाठकों को यूरोपीय प्रबोधन और सेकुलरिज्म की पृष्ठभूमि में चर्च की दमघोंटू उपस्थिति याद दिलाते हैं :

> प्रबोधन का रूप यह न होता, यदि हमने (यूरोपियनों) ने, धर्मांतरण के जरिए एकेश्वरवादी धर्म का आधिपत्य न स्वीकार कर लिया होता। इस धर्म ने यूरोप के लोगों के समूचे जीवन पर नियन्त्रण कर लिया। हर गाँव में चर्च खड़े किए गए, लोगों को सही रास्ते पर रखने के लिए कस्टोडियन नियुक्त कर दिए गए। जन्म, विवाह, मृत्यु–हर चीज पर चर्च का कब्जा हो गया। हर इतवार को लोगों को उपदेश किए जाने लगे। सेकुलर के लिए कोई जगह ही नहीं छोड़ी गई।[28]

'रिलीजन' की इस दमघोंटू हैसियत के विपरीत उदाहरणों के रूप में जैक गुडी चीन, भारत और जापान का उल्लेख करते हैं। याद दिलाते हैं कि 1680 के आस-पास बाइल जैसे 'फ्री-थिंकर' चीन को धार्मिक सहिष्णुता का 'मॉडल' बता रहे थे, इस सहिष्णुता से लाइबिनित्ज, लॉक, विलियम टेंपल और वॉल्तेयर भी उतने ही प्रभावित थे। यही चीन उन्नीसवीं सदी के यूरोपीय विश्व-बोध में एकाएक 'मीडिएवल' जड़ता का शिकार हो गया।

जिस यूरोपीय परम्परा में सेकुलरिज्म का विकास रिलीजन की ऐसी सर्वग्रासी उपस्थिति के सन्दर्भ में हुआ हो, उसकी–'आधुनिकता' में इंग्लैंड में राजा के चर्चरक्षक की उपाधि धारण करने पर, धर्मद्रोह कानून के होने पर, प्रगतिशील यूनिवर्सिटियों में ईश्वरविद्या अध्ययन संस्थानों (डिवनिटी स्कूल्स) के अस्तित्व पर, अमेरिकी राष्ट्रपति द्वारा पद की शपथ बाइबिल पर लेने पर, अमेरिकी करेंसी नोटों पर 'इन गॉड वी ट्रस्ट' छपा होने पर आश्चर्य नहीं होना चाहिए। हाँ, तब जरूर आश्चर्य होता है जब ये समाज स्वयं को ऐन 'सेकुलर', आधुनिक मानते हुए बाकी दुनिया का बखान धर्म और परम्परा की जकड़बन्दी से ग्रस्त या कृपापूर्ण लहजे में, 'धर्मप्राण' कहकर करते हैं। और भी आश्चर्य तब होता है जब बाकी दुनिया के 'बुद्धिजीवी' पश्चिम की इस आत्मछवि को भी स्वीकार कर लेते हैं, और गैर-पश्चिमी समाजों के ऐसे बखानों को भी। स्वीकार ही नहीं कर लेते, उन्हें सिद्ध करने पर उतारू भी हो जाते हैं। वे हमें परिभाषित करते हैं, हम उनकी परिभाषाओं पर खरे उतरने की कसरत शुरू कर देते हैं। आ. रामचन्द्र शुक्ल का लाजवाब जुमला याद करें तो, 'यूरोप वालों ने कह दिया कि भारतवासी बड़े आध्यात्मिक होते हैं, बस दिखा चले अपनी आध्यात्मिकता'।

'धर्मप्राणता' के नाम पर हो, या किसी और बहाने, गैर-यूरोप को अन्तर्निहित रूप से परम्पराओं में जकड़ा और यूरोप को अन्तर्निहित रूप से आधुनिकता के लिए उपयुक्त मानना व्यर्थ है। सही सवाल विभिन्न समाजों की देशज आधुनिकताओं के

परस्पर और औपनिवेशिक आधुनिकता के साथ सम्बन्ध को समझने का है। सही पद्धति यह नहीं कि आप या तो यूरोप के सामाजिक-आर्थिक-सांस्कृतिक विकास की कार्बन-कॉपी दुनिया-भर में खोजने लग जाएँ, और ऐसी कॉपी न मिलने पर सारी गैर-यूरोपीय दुनिया को बर्फ में जम गई मान लें—जैसा आधुनिकता के नाम पर किया गया, या फिर विश्वव्यापी मानव-चेतना और सार्वभौम मूल्यों के अस्तित्व से ही इन्कार करके हर परम्परा की मथुरा तीन लोक से न्यारी मान लें, जैसा आजकल उत्तर-आधुनिकता के नाम पर किया जा रहा है। एक अति से दूसरी पर पहुँचना पेंडुलम के लिए जरूरी हो सकता है, मानवीय चेतना भी ऐसा ही करे, यह कतई जरूरी नहीं।[29]

आधुनिकता का पल निस्सन्देह विशिष्ट पल होता है, कई बार विशिष्टता इतनी जोर से बोलती है कि वह पल 'परम्परा के नैरंतर्य में विस्फोट' या प्रवाह में आवेग (रप्चर) का प्रतीत होता है। वर्णाश्रमवाद की आलोचना का नैरंतर्य कबीर के समाज में पहले से चला आ रहा था। कबीर का समय भारतीय परम्परा में आधुनिकता के उदय का, बल्कि घनीभूत होने का समय था, इसीलिए कबीर के समय में हम उस आलोचना की परम्परा के नैरंतर्य में विस्फोट सा सुनते हैं। लेकिन विस्फोट नैरंतर्य के तथ्य को गायब नहीं कर देता। न ही, किसी समाज की विशेष स्थितियाँ मनुष्य मात्र की साझी मनुष्यता के तथ्य को खारिज करती हैं। कोई आधुनिकता परम्परा-बोध के बिना सम्भव नहीं होती, और हर परम्परा में अपनी आधुनिकता की सम्भावना होती है। किसी समाज की देशज आधुनिकता परम्परा के नैरंतर्य में विस्फोट को धारण करती है, जबकि औपनिवेशिक आधुनिकता पारम्परिक संवेदना से मूलभूत विच्छेद को व्यक्त करती है। औपनिवेशिक आधुनिकता द्वारा रचा गया बौद्धिक वर्ग खुद अपनी परम्परा तो 'प्राचीन' से लेकर 'आधुनिक' तक के यूरोप की परम्परा से जोड़ता है, और फिर अपने समाज की परम्परा की 'खोज' करने निकलता है। विश्वविद्यालयों में राजनैतिक चिन्तन का इतिहास प्लेटो से ही आरम्भ होता है। यूरोप के बाहर भी, जहाँ भी राजसत्ता रही होगी, ऐसा चिन्तन हुआ होगा, और 'राजनैतिक चिन्तन' की एकेडमिक कैटेगरी उस चिन्तन को जाने बिना अधूरी रहेगी—इस बात पर ध्यान ही नहीं जाता। ब्यूरोक्रेसी के बारे में हम प्रोटेस्टेंट विचारक मैक्स बेवर के विचारों का तो अध्ययन करते हैं, लेकिन ब्यूरोक्रेसी का आविष्कार करने वाले 'प्राचीन' और 'मध्यकालीन' चीनियों को अफीमची ही समझते रहते हैं।

आधुनिकता का सबसे बड़ा लक्षण है—मनुष्य, समाज और ब्रह्माण्ड के सम्बन्धों को पुनर्परिभाषित करने का प्रयत्न करती चेतना। इसी की परिणतिस्वरूप व्यक्ति-सत्ता को स्वीकृति देने वाली सत्तामीमांसा, अनुभव को महत्त्व देने वाली ज्ञानमीमांसा और बुद्धि-विवेकवाद पर अधारित सामाजिक नैतिकता और नए प्रकार की आध्यात्मिक चेतना का विकास होता है। यदि यह सत्य है तो भारतीय विश्वविद्यालयों में कबीर, नानक, बसव, नामदेव और अखा, मीर और ग़ालिब 'आधुनिक' चिन्तकों, कवियों के

रूप में क्यों नहीं पढ़े-पढ़ाए जाते? कुरीतियों का सम्बन्ध तो परम्परा से जोड़ा जाता है, लेकिन आधुनिकता की देशज परम्परा पर ध्यान क्यों नहीं दिया जाता?

इतिहास अतीत है, जबकि परम्परा निरन्तरता में निवास करती है। विभिन्न ऐतिहासिक अनुभवों में से कौन-सा अनुभव परम्परा में किस पाठ (टेक्स्ट) और कैसे सबक के रूप में सुरक्षित रहेगा, सामाजिक स्मृति में क्या भूमिका निभाएगा, सामाजिक जीवन की निरन्तरता में क्या जगह पाएगा—इस फैसले पर कोई समाज बहुमुखी, बहुस्तरीय प्रक्रिया से गुजरकर ही पहुँचता है। कौन-सा रीति-रिवाज चलता रहेगा, कौन-सा रूप बदल कर चलेगा, कौन-सा बिल्कुल ही छूट जाएगा—यह समाज के सामने आनेवाली चुनौतियों के सन्दर्भ में तय होता है। परम्परा कोई गठरी नहीं है जिसे 'पारम्परिक' समाज तो अब तक ढो रहे हैं, और 'आधुनिक' समाज कहीं पीछे पटक आए हैं। परम्परा में अब तक स्वीकृत किसी व्यवहार के इतिहास की खोज निस्सन्देह की जा सकती है, लेकिन एक तो परम्परा और इतिहास के अन्तर और सम्बन्ध को ध्यान में रखते हुए, दूसरे खोज के नाम पर चलने वाले मनमानेपन से बचते हुए। परम्परा के प्रसंग में 'आविष्कार' (इन्वेंशन) की जिज्ञासा रोचक भी है, आवश्यक भी। लेकिन परम्परा-बोध के लिए यही जिज्ञासा पर्याप्त नहीं। उस बोध के लिए ज्यादा जरूरी है वास्तविक व्यवहार और निरन्तरता पर ध्यान देना। राखी बाँधने का सिलसिला अतीत में कब से शुरू हुआ—यह ऐतिहासिक खोज का विषय है, लेकिन राखी परम्परा है ही इसलिए कि वह निवास करती है, आज तक चली आ रही निरन्तरता में।

औपनिवेशिक आधुनिकता स्वयं को परिभाषित ही करती है, परम्परा के नैरंतर्य से तीक्ष्ण टूटन के आधार पर, संवेदना-विच्छेद के आधार पर। ऐसे संवेदना-विच्छेद के फलस्वरूप 'आधुनिकों' के मन में परम्परा का विचित्र, मनमाना बोध उत्पन्न होता है। परम्परा की समग्रता, निरन्तरता और ऐतिहासिक विकास-क्रम की उपेक्षा करके अपनी मनचीती बातों को तो परम्परा में 'खोज' लिया जाता है, जबकि असुविधाजनक बातों के अस्तित्व से इन्कार कर दिया जाता है। किसी को भारतीय परम्परा में केवल खजुराहो और कामसूत्र ही नजर आते हैं, तो किसी को भारतीय परम्परा वैरागियों की बगीची-सी दिखती है। यह सीधी-सी बात 'आधुनिक' दृष्टि से ओझल हो जाती है कि खजुराहो, वैराग्य और सामान्य गृहस्थ जीवन ये सब उसी परम्परा में स्थित हैं।

संवेदना-विच्छेद ग्रस्त "आधुनिकता" द्वारा की जाने वाली परम्परा की 'खोजों' में परम्परा शब्द का प्रयोग निहायत हल्के ढंग से किया जाने लगता है। 'परम्परा के आविष्कार' की धारणा का ऐसा सरलीकरण हुआ है कि हर विचार ही नहीं, व्यक्ति भी मनमाने ढंग से मनचीती परम्परा का आविष्कार करने में लगा है। हिन्दी साहित्य-जगत में प्रचलित शब्दावलियाँ याद कीजिए—प्रेमचन्द की परम्परा, प्रसाद की

परम्परा, महादेवी की परम्परा–हर लेखक की "अपनी" परम्परा! परम्परा नहीं हुई, व्यापारी फर्म हो गई–प्रेमचन्द एंड संस, प्रसाद एंड ब्रदर्स, महादेवी एंड सिस्टर्स!

औपनिवेशिक आधुनिकता की कृपा से 'भारतीय परम्परा' दैनंदिन व्यवहार की निरन्तरता से प्राप्त होनेवाली जीवन्त संवेदना की बजाय अतीत में कहीं जम गयी वस्तु बन गई, सो भी ऐसी कि "परम्परा" की लाठी से दैनंदिन व्यवहार को हाँका जाने लगा। बंगाल के ब्राह्मण समुद्र-यात्रा नहीं करते थे, सो गुजरात के बनियों को बताया जाने लगा कि समुद्र पार करके तो वे अपनी ही 'धार्मिक परम्परा' का उल्लंघन करते रहे हैं। महामति प्राणनाथ तो बेधड़क समुद्र पार व्यापार कर सकते थे, गांधी जी को इंग्लैंड जाकर पढ़ने का प्रायश्चित करना पड़ा। धर्म-अर्थ-काम के लौकिक 'त्रिवर्ग' में पारलौकिक मोक्ष को बाद में जोड़ने वाली परम्परा स्वयं को शाश्वत रूप से 'आध्यात्मिक' और 'पारलौकिक' ('अदर-वर्ल्डली') साबित करने पर तुल गई।

कबीर का समय 'जबदी हुई मनोवृत्ति' का समय नहीं था, औपनिवेशिक आधुनिकता के दौर से जरूर भारतीय चिन्ता एक तरह की घिरी हुई मनोवृत्ति की जकड़ में आ गई है। घेराव की इस मनोवृत्ति के रूप अनेक हैं, मूल चिन्ता एक ही है–यूरोप से प्रमाणपत्र प्राप्त करना, यूरोप द्वारा किए गए वर्णनों पर खरा उतरकर दिखाना।

ठीक सौ साल पहले प्रकाशित, रवीन्द्रनाथ ठाकुर का उपन्यास 'गोरा' और गांधीजी की पुस्तक 'हिन्द स्वराज' औपनिवेशिक आधुनिकता द्वारा उत्पन्न की गई आत्महीनता से मुक्त होकर संवेदनात्मक 'स्वराज' प्राप्त करने के सर्जनात्मक अनुष्ठान ही हैं।

ऐसे अनुष्ठानों के विपरीत, यूरोपीय आधुनिकता को ही एकमात्र आधुनिकता मानने वाली 'आधुनिकतावादी' दृष्टि हो या सार्वभौम मानवीय सरोकारों तथा मूल्यों के अस्तित्व से इन्कार करने वाली 'उत्तर-आधुनिकतावादी' दृष्टि–दोनों की सोच और पद्धति विकट रूप से यूरोकेन्द्रित है। उत्तर-आधुनिकतावादी सुधीश पचौरी पूरे आत्मविश्वास के साथ फतवा देते हैं–"अब कबीर आपको साबुत रामानन्दी चादर में नहीं मिलने के।"[30] फतवा जिस 'टेक्स्ट' में दिया गया है, वह कहीं नहीं जताता कि "रामानन्दी चादर" का परिचय करने का जरा सा भी प्रयत्न सुधी विद्वान ने किया है। लेख कबीर-रामानन्द सम्बन्ध के बारे में अवश्य है, लेकिन लेख में फूको हैं, पीपा नहीं; देरिदा हैं, दरिया नहीं। पीपा, दरिया हो भी कैसे सकते थे। न तो पेरिस में निवास करते थे, न फ्रेंच में लिखते थे, न उनकी रचनाओं का अंग्रेजी अनुवाद हुआ। पचौरी जी उन पर ध्यान दें तो क्यों दें।

यूरोपीय आधुनिकता और उत्तर-आधुनिकता दोनों ही अपने-अपने ढंग से यूरोप के बाहर मानवीय कर्ता-भाव (ह्यूमन एजेंसी) के अस्तित्व तक से इन्कार करती हैं। 'आधुनिकता' के सम्पर्क में आने के पहले, 'पारम्परिक' समाजों में व्यक्ति-सत्ता और तर्कसंगत सामाजिक व्यवहार का सवाल ही नहीं पैदा होता–और यूरोप के बाहर 'आधुनिकता' भला थी कहाँ? वहाँ 'रेशनल' या किसी भी तरह का 'सोशल

नेगोशिएशन' भला कैसे सम्भव हो सकता था? कुछ लोग साजिशें करते रहते थे, बाकी लोग उनके शिकार बनते रहते थे। उद्धारकर्ता की भूमिका इतिहास देवता ने यूरोप के लिए रिजर्व जो कर रखी थी!

भारत पर भी इतिहास देवता का यह फरमान लागू होता है। जो थोड़ी-बहुत अक्ल थी, बस ब्राह्मण देवताओं के पास थी, वे लोगों को मूर्ख बनाने की साजिशें करते रहते थे, बाकी लोग ठहरे 'बेचारे, भोले-भाले'! क्या करते? साजिशों के शिकार बनते रहते थे, यूरोप से आने वाले उद्धारकर्ताओं की प्रतीक्षा करते रहते थे। करते भी क्या? विवेक और ह्यूमन एजेंसी से वंचित जो ठहरे!

यूरोकेन्द्रित आधुनिकता और उत्तर-आधुनिकता में यूरोप के बारे में उद्धार-कर्ता अहंकार और गैर-यूरोपीय समाजों के बारे में अविवेकी अवहेलना की रचना करने में 'ओरिएंटल डेस्पॉटिज्म' की धारणा ने निर्णायक भूमिका निभाई है। इस धारणा के आधार पर भारत में हेस्टिंग्स की मनमानी और अफ्रीका में किचनर के राक्षसी अत्याचारों पर लीपापोती की गई है। भारत में अंग्रेजी राज के ऐतिहासिक, दार्शनिक औचित्य-निरूपण किए गए हैं, और व्यापक सैद्धान्तिक सन्दर्भ में यूरोपीय साम्राज्यवाद को ऐतिहासिक रूप से अपरिहार्य ही नहीं, 'वस्तुनिष्ठ रूप से प्रगतिशील' भी ठहराया गया है। गैर-यूरोपीय समाजों के इतिहास को ही नहीं, अपने इतिहास को भी यूरोप ने चुनिंदा ढंग से भुलाया है। मार्टिन लूथर किंग के हवाले से अमेरिका के नागरिक अधिकार आन्दोलन की चर्चा तो होती है, लेकिन स्वतन्त्र, लोकतान्त्रिक अमेरिका में नस्लवाद का "स्तर" कैसा था, यह कितने लोगों को याद है? हालत यह थी कि बीसवीं सदी के दूसरे-तीसरे दशकों तक अमेरिका के दक्षिणी राज्यों में बाकायदा 'लिंचिंग कार्निवाल' हुआ करते थे, जहाँ अश्वेत लोगों को क्रूरतापूर्वक मौत के घाट उतारा जाता था। "कार्निवाल" तक पहुँचने के लिए, "विशेष रेलगाड़ियाँ चलाई जाती थीं। दर्शकों की सुविधा के लिए स्कूलों, दुकानों आदि की छुट्टी घोषित कर दी जाती थी। लिंचिंग के विज्ञापन छापे जाते थे, लिंचिंग साइट पर खाने-पीने की चीजों के स्टॉल लगते थे। मारे गए लोगों की लाशों का डिसप्ले कई दिनों तक चलता था, उन अभागों के कान, अंगुलियाँ आदि अंग स्मृति-चिह्नों की तरह संकलित किए जाते थे।"[31]

ऐसे चुनिंदा स्मृति-लोप के साथ ही, यूरोप में विकसित हुई विभिन्न, परस्पर विरोधी विचार-परम्पराओं में गैर-यूरोपीय समाजों को पारम्परिक-सरल मानने और उनके सदस्यों को 'भोले-भाले', मानवीय कर्ता-भाव से वंचित मानने के प्रश्न पर अद्‌भुत एकता है। चर्चित अफ्रीकी राजनीतिशास्त्री अचील मबेंबे के शब्दों में :

> [यूरोप की आधुनिक दार्शनिक परम्पराओं में से] हीगेलपंथी हों या हीगेल के बाद के लोग, या बेवरपंथी; दुनिया बदलने वाले दार्शनिक हों, या नीत्शे तथा हाइडेगर से प्रेरणा लेकर सब कुछ को विखण्डित करने को तत्पर दार्शनिक; बात जब पश्चिमी और ग़ैर-पश्चिमी समाजों के बीच फ़र्क़ की हो, तब निर्णायक प्रश्नों पर ये सब एक

ही तरह से सोचते हैं। सब की मान्यता है कि पश्चिम में व्यक्ति-सत्ता ने धीरे-धीरे स्वयं को परम्पराओं से मुक्त कर लिया है। इन मुक्त व्यक्तियों ने लोक-व्यवहार के नियमों को तर्कसंगत ढंग से परिभाषित तथा अर्जित करने की क्षमता और उनका स्वतन्त्र रूप से व्यवहार करने वाली वैयक्तिक, तार्किक इच्छा-शक्ति अर्जित कर ली है। कोई कम तो कोई ज़्यादा, लेकिन आधुनिक यूरोपीय दार्शनिक परम्पराएँ यह भी सर्वसम्मति से ही मानती हैं कि पश्चिम की तुलना में अन्य समाज आदिम, सरल या पारम्परिक हैं। इन पारम्परिक समाजों में वैयक्तिक व्यवहार पर परम्परा का बोझ लदा रहता है। विकल्पों में से चुना कौन-सा जाएगा, यह गोया पहले से तय होता है। पारम्परिक [अर्थात् ग़ैर-यूरोपीय] समाजों में लोक-व्यवहार के नियमों के निर्धारण में सार्वजनिक बौद्धिक विमर्श की कोई भूमिका नहीं होती। क्योंकि वाद-विवाद-संवाद के ज़रिए ऐसे नियमों का निर्धारण करने की प्रक्रिया का तो आविष्कार ही आधुनिक यूरोप ने किया है।[32]

अपने देश में कुछ लोग भारतवर्ष को जगद्गुरु मानने की ग्रन्थि से ग्रस्त हैं। समझदार लोग इस ग्रन्थि की आलोचना करते हैं। करनी चाहिए। यूरोप में ग्रन्थि जगद्गुरु से कहीं आगे, अपने आप को दुनिया-भर का मसीहा, जगत-उद्धारक मानने तक पहुँची हुई है। समझदारी का ही तकाजा यह भी है कि कुछ भारतीयों की जगद्गुरु ग्रन्थि के साथ-साथ यूरोपीय सोच में लगभग सर्वव्याप्त जगत-उद्धारक ग्रन्थि की भी उचित आलोचना की जाए। यह आलोचना इसलिए और भी जरूरी है कि भारत में तो जगद्गुरु ग्रन्थि दक्षिणपन्थियों तक ही सीमित है, लेकिन यूरोप में जगत-उद्धारक ग्रन्थि क्या दक्षिणपंथी, क्या वामपंथी; क्या नस्लवादी, क्या नस्लवाद विरोधी सबके चित्त में कुंडली मारे बैठी है। दक्षिणपन्थियों, नस्लवादियों की यह घोषित वैचारिकता है, तो वामपंथियों, जनवादियों की चेतना का ऐसा संस्कार, जिससे वे स्वयं शायद अनजान हैं।

कबीर ने बखानी है माया महाठगिनी की सर्वव्यापकता। अधिकांश पश्चिमी विद्वानों, विचारकों, प्रशासकों की जगत-उद्धारक ग्रन्थि भी ऐसी ही सर्वव्यापक है। किसी के चित्त में यह बहुत स्थूल रूप में विराजमान है, तो किसी के मन में सूक्ष्मातिसूक्ष्म अवतार लेकर जमी हुई है। जो बात कबीर ने माया के बारे में कही थी, वह पश्चिमी चेतना में बद्धमूल उद्धारक ग्रन्थि पर जस की तस लागू होती है, कहीं कम है तो कहीं ज्यादा--'काहू के घर हीरा ह्वै बैठी, काहू के कौड़ी कानी'।

लेकिन यह याद रखना हर हाल में जरूरी है कि 'ऑक्सिडेंटलिज्म' (पश्चिम की सपाट निर्मिति करना) 'ओरिएंटलिज्म' का मजेदार, जोशीला जवाब तो हो सकता है, समस्या का समाधान नहीं। 'हमने झेला अब तुम्हारी बारी है'--यह रवैया अपनाने वालों को याद रखना चाहिए कि 'आँख के बदले आँख' पर अमल होता रहा तो सारी दुनिया के अन्धी या कानी हो जाने की ही सम्भावना अधिक है। सभ्यताओं का हो या समाजों का, इतिहास केवल संघर्ष-स्थली नहीं, संवाद-भूमि भी रहा है। यूरोपीय

आधुनिकता और उसमें रचे-बसे लोगों को यह समझना होगा कि गैर-यूरोप यूरोपीय उद्धारकर्ताओं की प्रतीक्षा करता जड़ समाज नहीं था। दूसरी ओर यह भी सच है कि कागज और छपाई का आविष्कार चीन में हुआ, लेकिन व्यापक प्रसार हुआ यूरोप में। दुनिया के इतिहास को तुलनात्मक ढंग से देखें तो यह बात निर्विवाद रूप से उभर आती है कि उपनिवेशवादी विश्व-व्यवस्था की ओर दुनिया के बढ़ने से पहले, विभिन्न परम्पराओं का विकास और आधुनिकता में उनका रूपान्तरण एक समानान्तर चलने वाली प्रक्रिया थी, जिसमें विभिन्न समाज एक दूसरे से सीख रहे थे, एक दूसरे को सिखा रहे थे।

यह बात समझ आ जाए तो यह भी समझ आ जाएगा कि सभ्यताओं के संवाद को सभ्यताओं का संघर्ष बनाने में औपनिवेशिक आधुनिकता ने क्या भूमिका निभाई है।

उन्नीसवीं सदी में यूरोप की बढ़ती की वजहें औपनिवेशिक लूट की बजाय यूरोप की सांस्कृतिक विशिष्टता में खोजने के बौद्धिक उपक्रम को ही जैक गुडी इतिहास की चोरी—'थेफ्ट ऑफ हिस्ट्री'—कहते हैं। इस "चोरी" की पड़ताल के शुरू में ही, यूरोपीय चिन्ता में जड़ जमाकर बैठे नस्लवाद के बारे में वे कहते हैं :

> अठारहवीं सदी में, औद्योगिक क्रान्ति के साथ यूरोप ने लगभग सारी दुनिया पर आर्थिक आधिपत्य कायम कर लिया। आधिपत्य की ऐसी स्थिति में नस्लकेन्द्रियता आक्रामक रूप लेने लगती है। 'अन्य नस्लें' सहज ही 'घटिया नस्लें' भी मान ली जाती हैं। यूरोप में काफी महीन विद्वत्ता के जरिए बताया जाने लगा कि अन्य नस्लों के घटियापन के कारण क्या-क्या हैं। कुछ लोगों का मानना था कि भगवान—याने ईसाई भगवान और प्रोटेस्टेंट धर्म—की यही इच्छा थी कि यूरोप प्रगति के पथ पर बढ़े, बाकी समाज पिछड़े बने रहें। कुछ लोग अभी तक यही मानते हैं। यूरोप के आधिपत्य की व्याख्या करना तो जरूरी है। सवाल यह है कि कैसी व्याख्या। प्राचीन काल से चले आ रहे बताए जाने वाले कारकों-संस्कृति या नस्ल—के आधार पर की गई व्याख्याएँ न केवल सैद्धान्तिक रूप से बल्कि तथ्यात्मक रूप से भी व्यर्थ हैं क्योंकि यह आधिपत्य प्राचीन काल से नहीं चला आ रहा है। इतिहास की टेलियोलॉजिकल [यह मान कर चलना कि सारा इतिहास पूर्वनिर्धारित रूप से आज जो स्थिति है, उसी की तरफ बढ़ रहा था] व्याख्याओं से बचना चाहिए। आज के यूरोप की वरीय स्थिति [प्रिविलेज्ड पोजीशन] के कारण एकदम प्राचीन काल में खोज निकालना कुछ ज्यादा ही स्प्रिचुअल हो जाना है।[33]

परिवर्तनशील, प्रगतिशील यूरोप की वरीय स्थिति की रचना में कुछ योगदान जड़, वक्त में जमे हुए (या कृपापूर्वक कहें तो 'शाश्वत'!) भारत और पूर्व का भी था, जिसे यूरोप की स्मृति से प्रयत्नपूर्वक 'इरेज' किया गया है। यूरोप की आधुनिकता के निर्माण में पूर्व की भूमिका की पड़ताल करती फ्रेंच विचारक रेमंड श्वाब की पुस्तक 'ओरिएंटल रेनेसांस : यूरोप्स डिस्कवरी ऑफ इंडिया एंड दि ईस्ट' का फ्रेंच मूल 1950

में छपा था, लेकिन अंग्रेजी अनुवाद 1984 में जाकर प्रकाशित हुआ। श्वाब ने आरम्भ में ही 'पुस्तक लिखने का कारण' शीर्षक से छोटा-सा नोट लिखा, और बताया, "1920 के आसपास एक जिज्ञासा के समाधान के लिए मैंने महत्त्वपूर्ण लेकिन लगभग अज्ञात विद्वान एंकेवतिल-द्यू-पेराँ के बारे में कुछ खोज-बीन की। इस तरह जो यात्रा शुरू हुई, उसकी परिणति मानव इतिहास में अभूतपूर्व, अत्यन्त महत्त्वपूर्ण, नए मानववाद की पहचान में हुई"। अपने अध्ययन का विषय श्वाब बताते हैं : "*उस प्रक्रिया का इतिहास जिसके फलस्वरूप पश्चिम में भारत की छवि आदिम के स्थान पर समकालीन की बनी।*"[34] (जोर मूल में)

एंकेवतिल-द्यू-पेराँ ने सूरत में रहते हुए, 1759 में पारसियों के धर्मग्रन्थ 'जिंद आवेस्ता' का और 1786 में उपनिषदों का अनुवाद किया था। इसके बाद भारत, चीन और ईरान के 'क्लासिक' साहित्य से यूरोप के परिचय की वह सांस्कृतिक प्रक्रिया आरम्भ हुई जिसमें भाग ले रहे लोग जिसे 'ओरिएंटल', 'इंडिक' या 'दूसरा रेनेसांस' कहते थे—तेरहवीं सदी में यूनानी कला और चिन्तन की पुनर्प्राप्ति के बाद सम्भव हुए 'पहले' रेनेसांस के बाद, 'दूसरा' रेनेसांस, दूसरा पुनर्जन्म। इस रेनेसांस के फलस्वरूप ही यूरोप की विभिन्न भाषाओं में स्वच्छदंतावाद (रोमांटिसिज्म) का उदय हुआ था। श्वाब के शब्दों में, "इंडोलॉजी और रोमांटिसिज्म के बीच सम्बन्ध को मानव इतिहास की निर्णायक घटनाओं में से एक कहा जा सकता है।"[35] वे स्वयं इस रेनेसांस को दूसरा नहीं, पहले का सही मायनों में पूरा होना मानते हैं क्योंकि इसके बाद ही, "पश्चिम के मानवतावादियों द्वारा यूनान से आगे देखने पर लगाया गया प्रतिबन्ध (कि कहीं आप बर्बरों की पकड़ में न आ जाएँ) और पादरियों द्वारा जूडिया से आगे बढ़ने पर लगाया प्रतिबन्ध (कि कहीं आप मूर्तिपूजकों के फेर में न पड़ जाएँ!) समाप्त होता है।"[36] यूनान से आगे, जूडिया से आगे देख सकने में सक्षम, यह मानवतावाद अपनी समग्रता के कारण, श्वाब के शब्दों में "अभूतपूर्व" था।

भारत पर राज अंग्रेज कर रहे थे, ऐसी स्थिति में लगता है कि 'ओरिएंटल रेनेसांस का घर तो ब्रिटेन को होना चाहिए था, लेकिन "ऐन राज की ही वजह से ही ऐसा नहीं हुआ", यदि ऐसा होता तो 'सभ्य बनाने के उस मिशन' का क्या होता, जिसके नाम पर अंग्रेजी राज भारत के शोषण को स्वयं भारतीयों के हित में अनिवार्य मानता था। मैकाले साहब भारत ही नहीं, सारे पूर्व की ज्ञान-परम्परा के प्रति, 2 फरवरी 1835 की मिनिट्स में दर्ज अपने उस अज्ञान और अहंकार को 'प्रगतिशील' कैसे ठहरा पाते, ('पूर्व का सारा ज्ञान यूरोपीय ग्रन्थों के एक शेल्फ तक के बराबर नहीं') जिसके बारे में श्वाब लिखते हैं कि "सारे के सारे अंग्रेजी लेखन में इस से ज्यादा बेहूदा और हवाई बात शायद ही कोई और हो।"[37]

'ओरिएंटल रेनेसांस' के दौर में सब कुछ रेनेसांस जैसा ही नहीं था। 'पूर्व' की एक सर्वथा अनोखे, रहस्यपूर्ण अन्य के रूप में रचना करने वाले यूरोप में बहुत से

लोग इस 'भोले-भाले' 'अन्य' को सभ्यता का पाठ पढ़ाने के साम्राज्यवादी प्रोजेक्ट को ऐतिहासिक नियति, या "भगवान की इच्छा" भी मान रहे थे। भारत में भू-स्वामित्व के बारे में टॉमस रो और बर्नियर द्वारा दिए गए भ्रांत विवरणों के आधार पर मांटेस्क्यू द्वारा 1748 में प्रतिपादित, 'ओरिएंटल डेस्पॉटिज्म' और उन्नीसवीं सदी में हेनरी मेयन द्वारा प्रचारित 'शाश्वत ग्राम समुदाय' की निराधार धारणाएँ उन्नीसवीं सदी के यूरोप में लगभग सर्वमान्य हो चुकी थीं। इन्हीं मान्यताओं से औपनिवेशिक ज्ञानकाण्ड का वह 'पैरॉडॉक्स' उत्पन्न हुआ था जिसका संकेत हमने पिछले अध्याय में शैल्डॉन पोलक के हवाले से किया है : पूर्व—ओरियंट—के प्राचीन इतिहास में वे ही चीज़ें 'खोज' निकालना, जिनकी रचना असल में औपनिवेशिक सत्ता ने खुद की है। भारत 'ओरिएंटल डेस्पॉटिज्म' और 'ओरिएंटल मेंटलिटी' का देहधारी रूप और इस कारण "इतिहास के अयोग्य"[38]—इतिहास-विहीन, जड़ समाज है—इस नितान्त अनैतिहासिक और उद्धारकर्ता-सुलभ अहंकार से भरपूर मान्यता को स्वीकार करनेवालों में हीगेल (और आरम्भिक दौर में मार्क्स) जैसे द्वन्द्वात्मकतावादी भी थे, रेनान जैसे इतिहासकार और रेशनलिस्ट भी, ईसाई मिशनरी तो खैर इसके प्रचारक ही थे। ऐसे लोगों के लिए 'ओरिएंट' यूरोप की अपनी समस्याओं से ही नहीं, सभ्यतामूलक क्रूरताओं से आँख चुराने का बहाना भी बन रहा था। भारत की यात्राएँ करने वाले यात्री और 'भारत-विशेषज्ञ' 'ऐतिहासिक खोज' के और कई चमत्कार करने के साथ-साथ, रेमंड श्वाब के रोचक शब्दों में "निर्यातोपयुक्त (सूटेबल फॉर एक्सपोर्ट) ब्राह्मणवाद" की रचना भी कर रहे थे।[39]

'ओरिएंटल रेनेसांस' के अंग्रेजी अनुवाद के प्रकाशन को 'विद्वत्ता के इतिहास की बड़ी घटना बताते हुए एडवर्ड सईद ने इस ग्रन्थ को सांस्कृतिक इतिहास और व्याख्या के सचमुच अद्भुत ग्रन्थों—'मास्टरवर्क्स'—में से एक बताया था।[40]

साम्राज्यवाद के दौर में यूरोपीय ज्ञान और साहित्य-कला की साधना भी जाने-अनजाने साम्राज्यवादी प्रोजेक्ट में संलिप्त हो रही थी। एडवर्ड सईद ने 'ओरिएंटलिज्म' (1977) में इसी संलिप्तता का अध्ययन किया। इस पुस्तक में सईद का फोकस अरब जगत पर था। 1992 में, 'कल्चर एंड इंपीरियलिज्म' में उन्नीसवीं सदी की यूरोपीय सर्जनात्मक कल्पना में भारत की स्थिति और उस स्थिति के साम्राज्यवाद से सम्बन्ध पर ध्यान देते हुए, सईद ने साम्राज्यवाद को जायज मानने वाली संवेदना के भावतन्त्र (स्ट्रक्चर ऑफ फीलिंग्स) की रचना में साहित्य और कला द्वारा निभाई गई भूमिका को रेखांकित किया।

एडवर्ड सईद जीवन के अन्तिम दिनों में अपनी पद्धति में निहित खतरों के प्रति सचेत हो चले थे। यूरोप द्वारा रचे गए 'ओरिएंट' का प्रतिवाद वैसा ही 'ऑक्सिडेंट' (पश्चिम) रचकर नहीं किया जा सकता। सईद की पुस्तक 'ओरिएंटलिज्म' का उपयोग अरब जगत में सांस्कृतिक अस्मिता की प्रतिक्रियावादी राजनीति और उससे

जुड़े फंडामेंटलिस्ट रुझानों को उचित ठहराने के लिए किया गया। साहित्यिक रचनाओं को सामाजिक रुझानों और पूर्वाग्रहों के रूपाकारों मात्र के ही रूप में पढ़ना भी उचित नहीं है, जैसाकि सईद 'कल्चर एंड इंपीरियलिज्म' में करते प्रतीत होते हैं। हालाँकि इस बात से इन्कार नहीं किया जा सकता कि उन्नीसवीं सदी के यूरोप के साहित्य, ज्ञान-विज्ञान का अधिकांश यूरोप को जगत का उद्धारकर्ता और इस नाते यूरोपीय साम्राज्यवाद को दुखद होते हुए भी अपरिहार्य, बल्कि प्रगतिशील मानने की, 'व्हाइट मेंस बर्डेन' की ग्रन्थि से ग्रस्त तो था। जरूरत साहित्यिक रचना में झलकने वाले रुझानों और उन्हें अतिक्रांत करने वाली सर्जनात्मकता—शब्द-साधना—के अन्तस्सम्बन्धों का संतुलित बोध विकसित करने की है।

समाज साहित्य में जो झलक मारता है, उसकी उपेक्षा कर सामाजिक इतिहास लिखा ही नहीं जा सकता। समस्या यह है कि साहित्य को इतिहास के प्राथमिक स्रोतों में से एक के रूप में पढ़ने की बजाय, पूर्वनिर्धारित निष्कर्षों का 'साक्ष्य' भर माना जाता है—वो भी दोयम दर्जे का। भक्ति-काव्य के प्रसंग में तो यह 'पद्धति' चिन्ताजनक के साथ-साथ हास्यास्पद भी हो गई है। होना यह चाहिए कि रचनाओं, किंवदन्तियों, स्मृतियों का विश्लेषण करके निष्कर्ष प्राप्त किए जाएँ, होता यह है कि अध्येता कुछ बनी-बनाई मान्यताएँ लेकर भक्त के पाठ (टेक्स्ट) और किंवदन्तियों, परम्पराओं में व्यक्त होनेवाले सन्दर्भ (कान्टेक्स्ट) तक जाते हैं, और बेतुकी बातें बेधड़क करते हैं। बात कुछ कड़ी जरूर है, लेकिन निराधार नहीं, यह आप इस पुस्तक में देखेंगे।

3. *'साईं मेरा बाणियाँ' : व्यापार और देशज आधुनिकता*

भारत की देशज आधुनिकता का सवाल इस बहस से गुँथ गया है कि अंग्रेजी राज के पहले भारत में पूँजीवादी विकास की सम्भावनाएँ थीं या नहीं। माना जाता है कि यदि पूँजीवादी सम्बन्धों के विकास की सम्भावनाएँ रही हों, तभी भारत की अपनी देशज आधुनिकता की बात करने का कोई मतलब है। कमाल की बात है। यूरोप में आधुनिक रुझान पहले, फिर पूँजीवाद और फिर औद्योगीकरण का क्रम किसी को अटपटा नहीं लगता, इसी को 'आरम्भिक' से शुरू करके पूरमपूर, औद्योगिक आधुनिकता तक का विकास माना जाता है। लेकिन भारतीय इतिहास से माँग की जाती है कि पहले पूँजीवाद की सम्भावनाएँ साबित करे, तभी माना जाएगा कि भारत में भी आरम्भिक आधुनिकता जैसी कोई चीज पाई जाती थी। यूरोप के सन्दर्भ में चर्च को चुनौती देने में, व्यापार के नए रास्ते तलाशने में आरम्भिक आधुनिकता के दर्शन जो पा लेते हैं वे ही भारत और अन्य गैर-यूरोपीय समाजों में पूँजीवाद और संरचनात्मक परिवर्तन के बिना आरम्भिक आधुनिकता की सम्भावनाएँ तक मानने को तैयार नहीं!

यूरोप के इतिहास में आधुनिक चेतना का पहला व्यवस्थित वक्तव्य मार्टिन लूथर के पिचानबे सूत्रों (थीसेस) को माना जाता है। रोमन कैथॉलिक चर्च पैसा लेकर परमात्मा की ओर से पापमुक्ति के आश्वासन–'इंडल्जेंस'–दिया करता था। 31 अक्टूबर 1517 को चर्च के विचारार्थ भेजे गए इन सूत्रों में लूथर ने 'इंडल्जेंस' की बिक्री का विनम्र विरोध किया था। चर्च द्वारा कोई ध्यान न दिए जाने पर उन्होंने ये सूत्र विटनबर्ग के चर्च के दरवाजे पर चिपकाकर सार्वजनिक कर दिए, और यूरोप में आधुनिक विचारों और रुझानों का बाकायदा 'आरम्भ' हो गया, लूथर आधुनिकता के आरम्भकर्ता मान लिये गए।

लेकिन यही सौभाग्य कबीर को या गैर-यूरोप के किसी भी विचारक को हासिल नहीं, भले ही वे अपने रुझानों और विचारों में लूथर से कितने ही आगे, कितने ही रेशनल और कॉस्मोपॉलिटन क्यों न हों। भले ही वे पापमुक्ति के आश्वासनों की बिक्री का विरोध ही नहीं, धर्मसत्ता मात्र पर पुनर्विचार तक कर रहे हों, किसी समुदाय के सदस्यों की तुलना जहरीले कीड़ों से किए बगैर।

आधुनिक विचारों और रुझानों के उदय और उनके अनुकूल व्यापक संरचनात्मक परिवर्तन होने के बीच कितना वक्त गुजर सकता है, इसका कुछ अनुमान तो स्वयं यूरोप के ही इतिहास से लग जाता है। बारहवीं सदी के मैग्नाकार्टा को निरंकुश राजशाही के विरुद्ध लोक-असंतोष का पहला दस्तावेज माना जाता है। इस दस्तावेज की रोशनी में जो संरचनात्मक परिवर्तन अपेक्षित थे, उन्हें प्राप्त करने में इंग्लैंड और अन्य यूरोपीय देशों को कितना समय लगा? सर्वसुलभ वयस्क मताधिकार के बिना लोकतन्त्र की कल्पना निराधार नहीं, तो अधूरी अवश्य है। है न? इसी को पैमाना बनाएँ तो विश्व-नागरिकों की आधी आबादी–स्त्रियों–को 'आधुनिक' समाजों में मताधिकार प्राप्ति की यह समय-सारणी काफी ज्ञानवर्द्धक है : इंग्लैंड-1928 (मैग्नाकार्टा के सात सौ साल बाद), अमेरिका-1920 (स्वाधीनता के डेढ़ सौ साल बाद), स्पेन-1931, जर्मनी-1918; और यूनान-1952–'पिछड़े' भारत और पाकिस्तान के पाँच साल बाद। मजदूरों के मताधिकार की स्थिति भी ऐसी ही है। उन्नीसवीं सदी के जबर्दस्त चार्टिस्ट आन्दोलन के बावजूद, 'लोकतान्त्रिक और आधुनिक' इंग्लैंड में वोट देने के अधिकार का सम्पत्ति के साथ सहसम्बन्ध 1928 में ही जाकर पूरी तरह तोड़ा जा सका, और इक्कीस वर्ष से ऊपर के सभी स्त्री-पुरुष मताधिकार प्राप्त कर सके।

इसके बावजूद, यूरोप में आधुनिकता का 'आरम्भ' तो लूथर की थीसिसों के साथ 1517 में ही हो गया था, जबकि भारत अभी तक 'पारम्परिक' समाज है, कबीर का भारत तो बिल्कुल ही 'मध्यकालीन' था, गैर-यूरोप के आधुनिकीकरण के लिए साम्राज्यवादी लूट ऐतिहासिक रूप से अनिवार्य थी–इस तरह की बातों को नस्लवाद नहीं तो क्या कहा जाए? यहूदियों को पुल से धकेलने पर उतारू लूथर आधुनिकता के आरम्भकर्ता थे, और 'जात-पाँत पूछे नहीं कोई' की घोषणा करनेवाले रामानन्द

'कंजरवेटिव' और ब्राह्मणवादी–ऐसे मूल्यांकन करने वाले 'विद्वान' अपने जानते तो "प्रगतिशील" ही हैं, लेकन उनके इतिहास-बोध और अध्ययन-पद्धति को 'वस्तुनिष्ठ' रूप से क्या कहा जाए?

खैर, बात व्यापार की चल रही थी, सो स्थिति यह है कि ऐतिहासिक शोध की वर्तमान अवस्था में, "मध्यकालीन" कहे जाने वाले भारत में व्यापार के विस्तार, व्यापार के अन्तर्राष्ट्रीय सम्पर्कों, मुद्रा के विस्तार और नगरीकरण आदि का अस्तित्व तो नकारा ही नहीं जा सकता। बहस इस बात पर है कि बिना औपनिवेशिक हस्तक्षेप के भारत में स्वयं अपने व्यापार की गतिशीलता के आधार पर पूँजीवाद और औद्योगिक क्रान्ति सम्भव थी या नहीं? जाहिर है कि इस प्रश्न के उत्तर में ही इस सवाल का भी जवाब छुपा है कि भारत में अंग्रेजी राज की ऐतिहासिक भूमिका वस्तुनिष्ठ रूप से प्रगतिशील थी या नहीं?

स्वाभाविक रूप से अंग्रेजी राज के दौरान, राजनैतिक राष्ट्रवाद से पहले 'आर्थिक राष्ट्रवाद का उदय' हुआ। भारतीय नेताओं और इतिहासकारों ने सम्पदा के दोहन (ड्रेन ऑफ वेल्थ) की बात की, इस बात की तथ्यात्मकता अकाट्य थी। इतिहासकारों के बीच बहस इस बात पर छिड़ी कि भारत की समृद्धि की परिणति पूँजीवादी सम्बन्धों और पण्य-वस्तु उत्पादन (कमोडिटी प्रोडक्शन–मुख्य रूप से बाजार के लिए उत्पादन) में बिना औपनिवेशिक हस्तक्षेप के, अपने आप हो सकती थी या नहीं?

पिछली सदी के छठे दशक में, मार्क्स की धारणाओं से भिन्न दिशा में जाते हुए सोवियत इतिहासकारों–राइजनर, अलायेव और एंतोनोवा–ने प्रतिपादित किया कि अंग्रेजी राज के पहले के भारत में पण्य वस्तु उत्पादन होने लगा था, "आत्मनिर्भर ग्राम समुदाय" के स्थान पर 'फ्यूडल' प्रकार का भूपति और महाजन इतिहास के मंच पर आ चुका था, एडवांस देकर उत्पादन कराने (ददनी प्रथा) का चलन हो चुका था। कपड़े का उत्पादन केवल अपने या गाँव के लिए नहीं, बढ़ते हुए देशी-विदेशी बाजार की माँगों की पूर्ति के लिए किया जाने लगा था, इसलिए मानना चाहिए कि भारत में पूँजीवादी सम्बन्ध साम्राज्यवादी हस्तक्षेप के बिना ही विकसित होने को थे। अंग्रेजी राज ने इस विकास में बाधा डाली, और इतिहास में 'वस्तुनिष्ठ' रूप से प्रगतिशील नहीं, प्रतिक्रियावादी भूमिका ही निभाई।

इस मान्यता के विरोधी विद्वानों का कहना है कि जो भी हो, भारत में पूँजीवादी उत्पादन-प्रणाली का अपने-आप विकास होने की तो कोई सम्भावना थी ही नहीं। सौदागरी पूँजी और उससे जुड़ी संस्थाओं तथा व्यवहारों का अस्तित्व स्वीकार करने के बावजूद बहुत से इतिहासकार विभिन्न कारणों से भारत में पूँजीवाद के विकास की आन्तरिक सम्भावनाएँ स्वीकार नहीं करते। नाना मुनियों के नाना मत हैं। किसी को लगता है कि माँग इतनी अधिक नहीं थी कि औद्योगीकरण होता। किसी को लगता है कि भूमि में निजी स्वामित्व था ही नहीं, 'ओरिएंटल डेस्पॉटिज्म' ही व्यवस्था का

आधार था, ऐसे में कृषि में व्यापार का जरूरी 'अनुप्रवेश' हो पाना असम्भव था। अधिकांश लोग मानते हैं कि जाति-व्यवस्था के कारण उत्पादन प्रणाली और उत्पादन सम्बन्धों में कोई गहरा परिवर्तन सम्भव ही नहीं था।

इरफ़ान हबीब[41] और तपन राय चौधरी जैसे इतिहासकार अंग्रेजी राज के पहले के भारत में व्यापार के विस्तार को तो स्वीकारते हैं, लेकिन फिर भी, 'पूँजीवाद के अंकुरों' का अस्तित्व स्वीकार नहीं करते, क्योंकि 'गाँव की अर्थव्यवस्था में कॉमर्स का अनुप्रवेश उपयुक्त मात्रा में' नहीं हो पाया था, उत्पादन की तकनीकें पिछड़ी हुई ही बनी रहीं, जाति-व्यवस्था के कारण उत्पन्न जजमानी व्यवस्था और तज्जनित सामाजिक-आर्थिक जड़ता भी कमोबेश जस की तस बनी रही।

लेकिन 'आत्मनिर्भर ग्राम-गणतन्त्रों' वाली जजमानी व्यवस्था में दलालों की जरूरत भला क्यों पड़नी चाहिए?

समकालीन स्रोतों के आधार पर इरफ़ान हबीब का कहना है कि सल्तनत काल में, "भारतीय वाणिज्य के इतिहास में पहली बार" सौदागरों और खरीदारों के बीच 'दलाली' करने वाले नए सामाजिक समूह का उदय हुआ।[42] 'पहली बार' की बात तो खैर अलग है, लेकिन कबीर के समय में दलाल निश्चय ही पाए जाते थे—"है कोई संत सहज सुख उपजै, जाको जप तप देऊं दलाली।" ('कबीर ग्रन्थावली', श्यामसुन्दर दास, पद 155)

रोचक बात यह है कि सभी इतिहासकार मानते हैं कि अंग्रेजी राज के पहले के भारत में व्यापार तो जबर्दस्त था। दलाल भी थे, और सौदागरी पूँजीवाद की बाकी रीति-नीति भी थी। बैंकिंग सिस्टम था। हुंडियाँ थीं। अग्रिम दाम देकर उत्पादन कराने की पद्धति (ददनी) थी, 'रेशनल' ढंग से लिखे जाने वाले बहीखाते और व्यापारिक समझौते थे, उन्हें न माननेवालों पर पाबन्दियाँ लगाने की व्यापारियों की अपनी नैतिकता थी। कमाई को सामन्तों की तरह ऐयाशी पर खर्च करने की बजाय व्यापार बढ़ाने में लगाने को नैतिक मूल्य माननेवाली 'बिजनेस एथिक' थी। हालाँकि वह प्रोटेस्टेंट ईसाइयत नहीं थी, जिसे मैक्स बेवर ऐसी 'बिजनेस एथिक' का एकमात्र सम्भव स्रोत मानते थे। यह बात और है कि स्वयं यूरोप में मध्यकाल से आधुनिक युग को अलगाने वाले व्यापार और नगरीकरण का आरम्भ प्रोटेस्टेंट जर्मनी से सदियों पहले, ठेठ कैथॉलिक इटली में हुआ था। कारण, प्रोटेस्टेंट एथिक जैसा दिव्य नहीं, ठेठ लौकिक ही था—व्यापार में यूरोप से बहुत आगे बढ़े हुए मुसलमान अरबों और 'मूर्तिपूजक' हिन्दुओं से इटली के सौदागरों का घनीभूत सम्पर्क। अंबर्तो ईको का, 1322 की कहानी कहता, उपन्यास 'नेम ऑफ दि रोज' बताता है कि उस वक्त अधिकांश यूरोप में तो 'बार्टर सिस्टम' ही चल रहा था, लेकिन इटली में राजा स्वयं सौदागरी करता था। पैसे का जो महत्त्व इटली में था, वह उस वक्त के यूरोप में कहीं और नहीं।

ऐयाशी पर पैसा खर्चने की बजाय उसे बचाकर पूँजी में बदलना प्रोटेस्टेंट एथिक के बिना भी सम्भव था। प्रोटेस्टेंट ईसाइयत को पूँजीवाद के लिए अनिवार्य मानने के धार्मिक-सांस्कृतिक अन्धविश्वास को रद्द करते हुए जैक गुडी ने भारतीय व्यापार का, विशेषकर गुजरात के व्यापार का अध्ययन किया है। बताते हैं :

> सोलहवीं सदी के पुर्तगाली लेखक पाइरस ने बनियों की तुलना इटालियन सौदागरों से की थी। ये बनिए जो धन कमाते थे, उसकी सुरक्षा निश्चित करना मुश्किल काम था, खासकर हिन्दू व्यापारियों के लिए। मुस्लिम अधिकारी कई बार उनका धन जब्त कर लेते थे। इस कारण हिन्दू व्यापारी सादगी से रहते थे। जमीन जायदाद खरीदने की बजाय धन को नगदी और जवाहरात के रूप में रखना पसन्द करते थे।[43]

नगदी और जवाहरात भी अत्याचारी शासकों से बचने की कोई गारंटी नहीं थे। राजनैतिक उथल-पुथल के दौर में ऐयाश और अत्याचारी शासकों की निगाह व्यापारियों पर ही जाती थी। बनारसीदास 'अर्द्धकथानक' में सं. 1654 वि. (1597 ई.) का वाकया बयान करते हैं :

खैराबाद नगर सो गयो। इहां जौनपुर बीतिक भयो॥
विपदा उदै भई इस बीच। पुरहाकिम नौवाब किलीच॥
तिन पकरे सब जौहरी, दिए कोठरी मांहि।
बड़ी बस्तु माँगे कुछ सो तो इनपै नांहि॥
एक दिवस तिनि कोप करि, कियौ हुकुम उठि भोर।
बांधि बांधि सब जौहरी, खड़े किए ज्यौं चोर॥
हने कटीले कोररे कीन्हें मृतक समान।
दिए छोड़ तिस बार तिन, आए निज निज थान॥
आइ सबन कीनौ मतौ, भागि जाहू तजि भौन।
निज निज परिग्रह साथ ले, परै काल-मुख कौन॥[44]

(दोहरा 110 से 114)

जब काल-मुख से बचने के लिए घर-बार छोड़कर भागने की नौबत कभी भी आ सकती हो, तो परिग्रह (बचत) का अधिकांश रत्नों आदि के रूप में रखने में ही समझदारी है। ऐसे बेबात अत्याचारों से पीड़ित व्यापारी और दस्तकारों का कबीर और स्वयं बनारसीदास जैसे लोगों की, समता और भागीदारी की माँग करनेवाली काव्य-संवेदना से जुड़ाव, माया (सम्पदा) की नश्वरता की धारणा से संवाद स्वाभाविक ही था। और, यह तो है ही कि माया की निन्दा करने के लिए समाज में पहले माया होनी चाहिए!

'कंजूस' बनिए के लोकप्रिय स्टीरियो-टाइप की निर्मिति के ऐतिहासिक सन्दर्भ का कुछ अनुमान उपर्युक्त बातों से लगता है।

जैक गुडी के अध्ययन 'दि ईस्ट इन दि वेस्ट' का सबसे महत्त्वपूर्ण निष्कर्ष यह है : **"उस समय के भारत में बनियों-व्यापारियों का असंदिग्ध महत्त्व था। ब्राह्मणवादी विचारधारा चाहे जो कहती रही हो।"**[45] (जोर मेरा)

यह महत्त्व आरम्भिक आधुनिक काल के भक्ति-आन्दोलन और भक्ति-लोकवृत्त में "बनियों-व्यापारियों" द्वारा निभाई गई निर्णायक भूमिका में तो प्रकट होता ही है, प्राचीन भारत के बौद्ध और जैन मतों का सामाजिक आधार भी व्यापारी वर्ग ही था। व्यापार के विस्तार को कलियुग का प्रमाण आरम्भिक आधुनिक काल के ही नहीं, विष्णुपुराण के रचना-काल के यथास्थितिवादी भी मानते थे। दुनियाभर की तरह, भारत में भी वैचारिक जड़ता के विरोध में उठनेवाले स्वर व्यापारियों का समर्थन और संरक्षण प्राप्त करते थे।

आरम्भिक आधुनिक काल में, ब्राह्मणवादी विचारधारा सत्ताधारियों का ही साथ दे रही थी, उनका धर्म हिन्दू हो या इस्लाम। इसकी चतुराई इसी में थी और आज तक है कि सामाजिक-राजनैतिक सत्ता से लाभ कमाने में इसे कोई देर नहीं लगती। वर्णाश्रमवाद का सैद्धान्तिक स्रोत भले ही हिन्दू परम्परा में था, इसका लाभ मुसलमान शासकों ने भी उठाया, अंग्रेजों ने भी। अंग्रेजी शासन ने तो इसका प्रतिवाद करते आ रहे व्यापारियों और दस्तकारों की सामाजिक-आर्थिक शक्ति को व्यवस्थित रूप से नष्ट किया। ध्यान रखना चाहिए कि आरम्भिक आधुनिक काल में ब्राह्मणवादी विचारधारा का सक्रिय प्रतिरोध करनेवाले अध्यात्म-पंथ की स्थापना जवाहरात के व्यापारी बनारसीदास ने ही की थी, और कबीर-पंथ की स्थापना 'धनी' धर्मदास ने। कबीर ने तो अपने 'सांई' को ही बनिया कहा था—**"सांई मेरा बांणियां सहजि करै ब्यौपार।"**

जैक गुडी "बनियों-व्यापारियों का असंदिग्ध महत्त्व" देख पाते हैं क्योंकि उनका ध्यान वास्तविक रीत-भाँत, चाल-चलगत पर, 'एवरीडे प्रैक्टिसेज' पर है। वे आरम्भिक आधुनिक काल के भारत के जीवन के बारे में राय हजार साल पहले लिखे गए शास्त्रों, स्मृतियों के आधार पर नहीं बना रहे हैं। दूसरी ओर वे लोग हैं जो औपनिवेशिक आधुनिकता के सहयोग से उन्नीसवीं सदी के ब्राह्मणों द्वारा रची गई फैंटेसियों को भारतीय इतिहास का शाश्वत सत्य मान बैठे हैं। ये यूरोप में तो एवरीडे प्रैक्टिसेज के आधार पर सामाजिक इतिहास लिखते हैं, भारत के इतिहास में घुसते ही कट्टर 'टेक्स्टवादी' हो जाते हैं। ये जन सोलहवीं सदी के भारत के बारे में फतवे देते हैं, सैकड़ों साल पहले रची गई, उस 'मनुस्मृति' के आधार पर, जिसे "हिन्दू धर्मशास्त्र" के निर्णायक स्रोत की हैसियत औपनिवेशिक ज्ञानकाण्ड की कृपा से ही हासिल हुई।

आरम्भिक आधुनिक काल के भारत को "समझने का प्रयत्न" करनेवाले अधिकांश अध्येताओं की विश्लेषण-पद्धति पर पीटर फान डेर फीर की टिप्पणी लागू होती है :

टेक्स्ट्स आम तौर पर वैदिक और हिन्दू सभ्यता के क्लासिकल दौर याने 1000 ई.पू. से लेकर 1200 ई. से ले लिये जाते हैं। इस विधि की तुलना हम जरा आधुनिक ईयाइयत के अध्ययन से करें। जाहिर है कि बाइबिल का, और ऑग्स्टाइन जैसे लोगों की व्याख्याओं का आधुनिक ईसाइयत के लिए अत्यधिक महत्त्व है। लेकिन, किसी डच गाँव के काल्विनिस्टों के वास्तविक व्यवहार के अध्ययन के मॉडल इन टेक्स्ट्स के आधार पर बनाने की बात तो कोई सोच भी नहीं सकता। [भारत के अध्ययन की] यह विधि इस धारणा पर आधारित है कि यूरोपियनों के सम्पर्क में आने के पहले पारम्परिक समाज जैसे बर्फ में लगा हुआ था, जिसमें कोई महत्त्वपूर्ण परिवर्तन हो ही नहीं सकता था।[46]

जिस समाज तक आप पहुँचें ही, निष्कर्ष पहले से जेब में रख कर, उसके साथ ऐसा ही व्यवहार तो करेंगे।

बहरहाल, उस 'जमे हुए समाज' में 'पूँजीवाद की सम्भावनाओं' की बहस ने पिछले कुछ वर्षों से रोचक मोड़ लिया है। भारत-विषयक अध्ययनों में ही नहीं, समूचे समाज-सिद्धान्त और मानविकी में जो यूरोकेन्द्रिक अन्धविश्वास 'स्कालरली कॉमनसेंस' का अवतार लेकर विराजमान हैं, उनसे टकरा रहे अध्येताओं का आग्रह है कि आधुनिकता और पूँजीवाद की बात तुलनात्मक परिप्रेक्ष्य में की जानी चाहिए। विचार केवल भारत के सन्दर्भ में नहीं; एशिया और यूरोप के अन्य समाजों के भी सन्दर्भ में होना चाहिए। ऐतिहासिक विकास की एक अवस्था के रूप में पूँजीवाद के अवतरण की तिथि और उसकी विकास-अवस्थाओं पर भी पुनर्विचार का आग्रह किया जा रहा है। यूरोपीय इतिहास के आधार पर कल्पित की गई विकास की मंजिलों और उनके कार्य-कारण सम्बन्धों की धारणा पर भी पुनर्विचार जरूरी है। यह भी पूछना चाहिए कि साम्राज्यवाद के जरिए स्थापित की गई विश्व-व्यवस्था को ही "पहली" विश्व-व्यवस्था मानने का ऐतिहासिक औचित्य क्या है? अकेली यूरोपीय आधुनिकता को ही एकमात्र आधुनिकता मानने की, यूरोप में विकसित हुए लोकवृत्त (पब्लिक स्फीयर) को ही लोकवृत्त का एकमात्र रूप मानने की तुक क्या है?

इन प्रश्नों के विभिन्न पहलुओं पर विचार पिछले कुछ वर्षों में रामविलास शर्मा, धर्मपाल, एरिक वुल्फ, जैक गुडी, आन्द्रे गुंदर फ्रैंक, इमेनुएल वाल्र्स्टाइन, अचील मबेंबे, संजय सुब्रह्मण्यम, सौरभ दुबे, शैल्डॉन पोलक, पीटर फान डेर फीर, बर्टन स्टाइन—और भी अनेक विद्वानों ने किया है। इन अध्ययनों में जबर्दस्त विविधता है। अचील मबेंबे के अध्ययन का सन्दर्भ अफ्रीका है, तो पोलक का भारत। फान डेर फीर का फोकस अयोध्या पर है तो गुडी का अहमदाबाद पर। लेकिन चिन्ता सबकी एक सी है—आधुनिकता की वैकल्पिक अवधारणा और उसके प्रामाणिक इतिहास की चिन्ता। भारतीय इतिहास के सन्दर्भ में आधुनिकता की ओर जाने वाले बदलावों का अध्ययन के. एन. चौधरी, संजय सुब्रह्मण्यम, बर्टन, स्टाइन, जैक गुडी आदि इतिहासकारों ने प्राथमिक स्रोतों के आधार पर किया है, और दिखाया है कि ओरिएंटल डेस्पॉटिज्म,

सामाजिक विचारों की जड़ता, व्यापार का आदिम स्तर, सामाजिक "शाश्वतता", जजमानी व्यवस्था उर्फ राजसत्ता का फालतूपन, जाति का नस्ली आधार, ब्राह्मण की हर हाल में सर्वोच्चता, शुद्धि-अशुद्धि के आधार पर सामाजिक हायरार्की जैसी बातें यूरोपीय अहम्मन्यता और आत्ममुग्धता के द्वारा रचित मिथक भर हैं।

जाहिर है कि बात इतनी सपाट नहीं कि वैकल्पिक आधुनिकता की चिन्ता करने वालों को 'कंजरवेटिव' और 'रिएक्शनरी' कहकर हाथ झाड़ लिये जाएँ। बहरहाल, इस सारी बहस पर विस्तृत चर्चा का अवसर यह नहीं। इस विषय में अध्येताओं के बीच हुए वाद-विवाद-संवाद और भारतीय आधुनिकता को समझने में उसके महत्त्व पर मैं कभी अलग से विचार करूँगा। फिलहाल तो इतना ही रेखांकित करना है कि कबीर के समय को समझने के लिए उनके समाज की कालक्रमिक और समकालिक तुलना दुनिया-भर के समाजों से करनी चाहिए। औपनिवेशिक आधुनिकता ने जो गुल गैर-यूरोपीय दुनिया के इतिहास में खिलाए हैं, उनकी रंगत को समझने के लिए ऐसी तुलना अनिवार्य है।

सवाल यह है कि मैं औपनिवेशिक आधुनिकता और ज्ञानकाण्ड की विस्तृत चर्चा कर क्यों रहा हूँ। कबीर के बारे में बात करते हुए अंग्रेजी राज की भूमिका पर इतना जोर क्यों दे रहा हूँ। कारण यह है कि अंग्रेजी राज और औपनिवेशिक ज्ञानकाण्ड द्वारा खड़ी की गई बाधाओं से पिण्ड छुड़ाए बिना हम कबीर के समय को ठीक से देख ही नहीं सकते। इन बाधाओं के ही कारण नगरीकरण और व्यापार से भरपूर, अपने समकालीन अन्य समाजों की तुलना में खासा समृद्ध और गतिशील समाज जड़ और स्थिर दिखता है। जिन जातियों के पास इतनी ताकत थी कि उन्हें 'उच्च' मानने के लिए वंशावलियाँ रची जा रही थीं, जिनके पास अपनी आर्थिक-सामाजिक शक्ति के अनुरूप प्रतीकात्मक हैसियत के लिए 'बारगेन' करने की ताकत थी, जिन्हें प्रसन्न करने के लिए ब्राह्मण देवता स्तुतियाँ रच रहे थे, वे जातियाँ और समूह हमें ब्राह्मणों की कृपा पर निर्भर दिखने लगते हैं। धर्मशास्त्र का अर्थशास्त्रीकरण कर रहे समय की बौद्धिकता हमें जबदी हुई मनोवृत्ति से ग्रस्त दिखने लगती है जिस समाज में स्वयं शास्त्रकार शास्त्र की व्याख्या का प्रमाण राजाज्ञा को मान रहे थे, उस समाज में हमें राजसत्ता फालतू की सी वस्तु दिखने लगती है। दस्तकारों, व्यापारियों के ही नहीं, राजाओं-नवाबों तक के पूज्य कबीर हमें उस समाज में हाशिए की निरीह आवाज लगने लगते हैं। मीराबाई दयनीय नजर आने लगती हैं, क्योंकि हमारे कान सुन नहीं पाते कि उन्हें सताने वाले राणा ने ही उन्हें लिवा लाने के लिए द्वारिका नगरी तक ब्राह्मण भेजे थे, और उन ब्राह्मणों ने मीराबाई के सामने अनशन ठान लिया था।

सामाजिक स्मृति-संरक्षण की विधियों को 'किंवदन्तियाँ हैं, किंवदन्तियों का क्या' कहकर रद्द करना घातक है। सही तरीका यह है कि किंवदन्तियों, लोकमान्यताओं और साहित्यिक तथा साहित्येतर रचनाओं में झलकने वाले विचारों और रुझानों,

कल्पनाओं और फैंटेसियों के सामाजिक-आर्थिक आधार की खोज की जाए। बिना बात के कोई समाज किंवदन्तियाँ नहीं रचा करता, जरूरत उन्हें समझने की है। चुनौती फैंटेसियों में निहित सामाजिक कल्पना के ताने-बाने को समझने की है। किंवदंती एक संकेतन व्यवस्था, एक भाषा है। किंवदंती वह अवकाश है जिसमें समाज अपनी स्मृतियाँ भी सँजोता है, कल्पनाएँ भी; जिसमें सामाजिक यथार्थ के अनुभवों के स्वर भी गूँजते हैं, और सामूहिक आकांक्षाओं के भी। जैसी संवेदनशीलता की बात रोमिला थापर ने ('सोसायटी एंड हिस्टॉरिकल कांशसनेस : दि इतिहास-पुराण ट्रैडीशन'–1986) पुराणों के सन्दर्भ में की है, किंवदन्तियाँ उससे भी कहीं ज्यादा संवेदनशीलता की अधिकारिणी हैं।

यूरोप का इतिहास लिखते समय ऐसी संवेदनशीलता दिखाई जाती है, लेकिन यूरोप से बाहर निकलते ही इतिहास-लेखन की गंगा उल्टी बहने लगती है। इतिहासकार के अपने तथ्य और साक्ष्य भी उसके पूर्वग्रहों का कुछ नहीं बिगाड़ पाते–किंवदन्तियों की क्या बिसात!

अंग्रेजी राज के पहले के भारत में पूँजीवाद के अंकुर थे या नहीं, या ऐतिहासिक विकास की मंजिल के रूप में पूँजीवाद का क्या मतलब है और क्या होना चाहिए, इस बहस में हमें फिलहाल नहीं जाना है। हम फिलहाल केवल विचारों और रुझानों की बात तक ही अपनी बात को सीमित रखें। तपन राय चौधरी का लेख इस लिहाज से हमारे लिए रोचक है।

4. *'जाण भगत का मरण है, अणजाणे का राज' : यहाँ से देखें देशज आधुनिकता*

आ. हजारीप्रसाद द्विवेदी ने फलित ज्योतिष की चर्चा करते हुए अपने और अपने एक मित्र के बीच का अन्तर यों बताया है : 'मैं फलित ज्योतिष *जानता* हूँ, वे *मानते* हैं'। विश्व-व्यवस्था का इतिहास लिखनेवालों के बीच तो स्थिति यह है कि अध्येता स्वयं ही जानता कुछ और है, मानता कुछ और। जो मान लिया गया है, उसे बदलने की जरूरत बहुत कुछ जान लेने के बावजूद महसूस नहीं की जाती। इसी के साथ भारतीय इतिहास-लेखन में देशभाषा स्रोतों की दोयम दर्जे की हैसियत, बल्कि पूर्ण उपेक्षा भी मिला लें, तो भक्ति-आन्दोलन की ही नहीं, भारतीय इतिहास-मात्र की प्रचलित व्याख्याओं की विडंबनाएँ काफी हद तक उजागर हो जाती हैं।

तपन राय चौधरी के खोजपूर्ण लेख में ये विडंबनाएँ बहुत मुखर स्वर में बोलती सुनी जा सकती हैं। अंग्रेजी राज के तुरन्त पहले की भारतीय अर्थव्यवस्था के बारे में जो तथ्य राय चौधरी स्वयं देते हैं, उनसे गुजरते हुए पाठक को लगता है कि यह तो ऐसे समाज का चित्र है, जिसमें पूँजीवाद का विकास बस शुरू होने वाला ही है, लेकिन इतिहासकार का निष्कर्ष यह नहीं कि *विकास नहीं हुआ, बल्कि यह है कि*

विकास हो ही नहीं सकता था। कारण यह कि एक तो तकनीक नहीं थी, दूसरे विचारों और रुझानों के स्तर पर भारतीय समाज सदियों तक जस का तस ही बना रहा। जानने और मानने की जिस विडंबना की बात हमने की, उसी का रोचक नमूना है कि रायचौधरी को यह अजीब (ऑड) लगता है कि सत्रहवीं-अठारहवीं सदी के फारसी स्रोत 'जजमानी व्यवस्था' का उल्लेख तक नहीं करते। जिन "आधुनिक" इतिहासकारों का तो संस्कार बन चुका है 'जजमानी' को भारतीय अर्थव्यवस्था की स्थायी, शाश्वत विशेषता मानने का, उन्हें तो यह अनुल्लेख 'ऑड' लगना ही है। लेकिन फारसी स्रोतों के रचनाकार किसी काल्पनिक शाश्वत समाज का नहीं, अपने आसपास की दैनंदिन स्थितियों का वर्णन कर रहे थे, उनका देखा-परखा सत्य कुछ और था। समाज जजमानी पर आधारित व्यवस्था को कब का पीछे छोड़ आया था। तथाकथित जजमानी में भी, स्वयं रायचौधरी के शब्दों में "विभिन्न जातियों को अपनी सेवाएँ और सामग्रियाँ अपनी मर्जी से बेचने की कुछ आजादी तो हमेशा ही हासिल रही थी।"

रायचौधरी आर्थिक प्रक्रियाओं के बारे में ये बातें बताते हैं : 'अधिकांश मनसबदार अपने खर्च चलाने के लिए जागीरें महाजनों और सट्टेबाजों (स्पेकुलेटर्स) के पास गिरवी रखने लगे थे। ये महाजन 'एबसेंटी लैंडलॉर्ड' बन जाते थे। अठारहवीं सदी के मध्य तक बाजार की शक्तियाँ खेती में अच्छी-खासी पहुँच बना चुकी थीं। किसान व्यापारियों से बीज और नाज लेने लगे थे। ददनी के जरिए उत्पादन होने लगा था। व्यापारी फसलों का काफी विस्तार हो चुका था। देहाती बाजार का विकास और सारे देश के बाजार के साथ उसका सम्पर्क बन चुका था। उपज बहुत होती थी, लेकिन खेती की तकनीकें पिछड़ी बनी रहीं। दस्तकारी का व्यापारीकरण हो रहा था। खेती के उपकरणों, नगरीय उपभोक्ताओं के मतलब की चीजों, रेशमी और सूती वस्त्रों का उत्पादन अन्तर्राष्ट्रीय बाजार के लिए किया जाता था। अर्थव्यवस्था के देहाती स्वभाव के बावजूद नगरों का विकास हो रहा था, गाँव के गाँव, मोहल्ले के मोहल्ले किसी खास वस्तु के उत्पादक कारीगरों से बसे हुए थे। मजूरी लेकर काम करनेवाले और इस तरह मजूरी करानेवाले नियोक्ता मौजूद थे। बंगाल में आरमीनिया के सौदागर मौजूद थे। वे तथा अन्य व्यापारी अपने पुतलीघरों (रीलरीज़) में अपने कारीगरों से माल बनवाते थे, और दुनिया भर में बेचते थे। ददनी प्रथा और व्यापारी विशेष के लिए उत्पादन करनेवाले पुतलीघरों का विनाश प्लासी-युद्ध के बाद ईस्ट इंडिया कम्पनी ने ही किया ताकि मजूर औने-पौने मजूरी करने पर विवश हों। और तो और "पूँजीवादी उद्यमी के रूप में बदलता दस्तकार" याने मार्क्स के शब्दों में 'सौदागरी पूँजीवाद को औद्योगिक पूँजीवाद में बदलनेवाला सच्चा क्रान्तिकारी' भी भारतीय परिदृश्य से अनुपस्थित नहीं था। सभी दस्तकार ददनी के आधार पर ही काम नहीं करते थे। बहुत सारे ऐसे भी थे, जो अपनी ही पूँजी से कारोबार करते थे,

और अपनी शर्तों पर माल बेचते थे। अठारहवीं सदी के आरम्भ तक 'राष्ट्रीय बाजार' का विकास आरम्भ हो चुका था। बंगाल और बिहार के शहराती कारीगर देहाती उपभोक्ताओं के लिए कपड़ा तैयार कर रहे थे। व्यापारियों के सम्पर्क गुजरात, केरल, बंगाल और हिन्दी प्रदेश को परस्पर जोड़ रहे थे। 18वीं सदी के मध्य में पूरबी प्रान्तों की सारी मालगुजारी जगतसेठ ने अपने दिल्ली स्थित एजेन्ट के नाम लिखी गई हुंडी के जरिए भिजवा दी थी। व्यापारियों की ताकत इतनी थी कि सूरत में एक व्यापारी को जबरन मुसलमान बना लिये जाने पर हिन्दू व्यापारियों ने असहयोग आन्दोलन शुरू कर दिया। औरंगजेब द्वारा उन्हें दंडित करने के नहीं, पटाने के ही प्रयत्न किए गए, फिर भी लम्बे अरसे तक उन्होंने मुसलमान व्यापारियों से असहयोग जारी रखा'।

ये सारे तथ्य देने के बाद, रायचौधरी का स्वाभाविक निष्कर्ष है :

> जिस अर्थव्यवस्था का हमने सर्वेक्षण किया है, उसके लिए 'पिछड़ी' या 'जड़' जैसे विशेषण कतई उपयुक्त नहीं हैं...इसमें खासा विशाल वाणिज्य था, बहुत साफिस्टिकेटेड बाजार और क्रेडिट-स्ट्रक्चर था, जिसका संचालन बहुत सक्षम और सम्पन्न व्यापारी वर्ग द्वारा किया जाता था...सत्रहवीं-अठारहवीं सदी की भारतीय अर्थव्यवस्था में वाणिज्य का विस्तार हो रहा था, बाजारों का अन्तर्ग्रंथन हो रहा था, और देहाती, कृषिपरक उत्पादक विनिमय और पैसे की अर्थव्यवस्था में शामिल हो रहे थे। नगरों से देहातों में माल का पहुँचना बढ़ रहा था...ददनी ही नहीं, ज्वायंट-स्टॉक कम्पनियों का भी अस्तित्व था।[47]

लेकिन, इस सबके बावजूद 'उत्पादन की तकनीक आदिम ही बनी हुई थी' और सबसे बड़ी बात तो यह कि *"जहाँ तक विचारों और रुझानों (आइडियाज एंड एटीटयूड्स) का सवाल है अठारहवीं सदी के भारत में स्थिति ऐन वैसी ही थी, जैसा कि मार्कोपोलो के वर्णनों से मालूम पड़ती है। ऐसे समाज का औद्योगीकरण की दिशा में स्वतःस्फूर्त ढंग से बढ़ना मुश्किल ही था।"*[48] (जोर मेरा)

मार्कोपोलो तेरहवीं-चौदहवीं सदी में हुआ था। अठारहवीं सदी तक विचारों और रुझानों के मामले में स्थिति यदि ऐन वैसी ही बनी रही, जैसाकि मार्कोपोलो के समय में थी, तब तो मानना होगा कि औद्योगीकरण क्या, बुद्धि के प्रयोग तक के लिए भारत को अंग्रेजी राज का कृतज्ञ होना चाहिए। हालाँकि बुद्धि और तर्क की एक माँग यह भी है कि भारत या किसी भी समाज के पाँच सौ साल के इतिहास पर इतने व्यापक महत्त्व का वक्तव्य देने के लिए कोई तो प्रमाण दिया जाए, और कुछ नहीं तो किसी यूरोपीय यात्री का ही कथन उद्धृत किया जाए। देशभाषा स्रोतों को देखने के बाद, दैनंदिन व्यवहार के धरातल पर समाज की रीति-भाँति, चाल-चलगत पर ध्यान देने वाले इतिहासकार के लिए तो ऐसा वक्तव्य देना असम्भव ही होगा। विचारों और रुझानों में परिवर्तन; धर्मशास्त्र का अर्थशास्त्रीकरण देशभाषा के ही नहीं, संस्कृत स्रोतों में भी साफ दिखता है, यह चर्चा हम कर ही चुके हैं।

रायचौधरी के लेख का महत्त्व इसमें दिए गए तथ्यों के कारण तो है ही, बहुत सारे इतिहास-लेखन की पद्धतिगत विडंबना को बिलकुल उजागर कर देने में भी है। इतिहासकार के अपने तथ्य मजबूर कर रहे हैं कि कहें कि भारत में पूँजीवाद की सम्भावनाएँ थीं, लेकिन सिद्धान्त कह रहा है कि ऐसा कहना तो कुफ्र हो जाएगा—सो इतिहासकार सैकड़ों सालों के वैचारिक संघर्ष और विकास को एक वाक्य में निबटा देता है—'विचार और रुझान सैकड़ों साल तक जस के तस बने रहे'। वास्तविकता यह है कि बदलती स्थितियों के अनुरूप विचार और रुझान बदल भी रहे थे और नए पैदा भी हो रहे थे। अनौपचारिक रीति-नीति और औपचारिक संस्थाओं दोनों के बारे में तथ्य यही है। आखिरकार, बदलती स्थितियों के अनुरूप बदलना मनुष्य मात्र की आदत है, यूरोपीय मनुष्य की अनोखी विशेषता नहीं!

एक इतिहासकार दिलीप सीमियन मेरे बहुत अच्छे दोस्त हैं। वे एक किस्सा सुनाते हैं। उनके पास एक छोटी-सी क्रान्तिकारी पार्टी के एक कामरेड आए, बोले "भारतीय इतिहास की विभिन्न अवस्थाओं (आदिम साम्यवाद, सामन्तवाद आदि) के कुछ उदाहरण जुटा कर दे दो।" दिलीप को अटपटी लगी उनकी माँग। कामरेड ने बताया कि माँग उनकी नहीं, वे तो पार्टी के जनरल सेक्रेटरी के आदेश का पालन कर रहे हैं। कामरेड जनरल सेक्रेटरी "क्रान्तिकारी प्वाइंट ऑफ व्यू" से भारतीय इतिहास की रूपरेखा लिख चुके हैं, बस उसे "पुष्ट" करने के लिए उदाहरणों की जरूरत है, सो उन्होंने कामरेड को इतिहासकार के पास भेजा है।

इस किस्से पर हम लोग आज तक हँस लेते हैं, लेकिन अपने क्रान्तिकारी भोलेपन में वे कामरेड क्या उसी पद्धति को तार्किक परिणति तक नहीं ले जा रहे थे, जो बहुत से 'पेशेवर' इतिहासकारों द्वारा भी अपनाई जाती है। निष्कर्ष पहले से मौजूद हैं, बस उन्हें 'सिद्ध' करने वाले उदाहरण खोजने हैं। बल्कि तथ्य विपरीत दिशा की ओर संकेत करें तब भी हमें अपने मतवाद पर अड़े ही रहना है।

मैं बार-बार निवेदन करता रहा हूँ कि शरीर के नाप से कपड़ा काटना चाहिए, कपड़े के नाप से शरीर नहीं। हम तथ्यों को स्वीकार करें, उनका सन्दर्भ देखें, और फिर यदि वे हमारी मान्यताओं को संदिग्ध बनाते हैं, तो उन मान्यताओं पर पुनर्विचार करें। आधुनिक विचारों और रुझानों का कार्य-कारण सम्बन्ध औद्योगीकरण से नहीं, व्यापार से है। कोई समाज आधुनिकता की ओर बढ़ रहा था या नहीं, यह तय करने का आधार औद्योगीकरण को नहीं बनाया जा सकता। यूरोप के सन्दर्भ में बनाया भी नहीं जाता। बनाया जाए तो यूरोप की आधुनिकता का इतिहास लूथर से नहीं, अठारहवीं सदी के अन्त से ही आरम्भ होगा। व्यापार के विस्तार से आधुनिक रुझान जन्म लेते हैं, व्यापार की जरूरतों के साथ मिलकर ये आधुनिक रुझान औद्योगीकरण के अनुकूल परिवेश का निर्माण करते हैं। भाप का इंजन बाद में बनता है, माल की माँग पहले बढ़ती है। व्यापारी लोग सामन्ती विशेषाधिकारों के विपरीत

'फेयर-प्ले'–'न्यायसंगत व्यवहार' की जो माँग करते हैं, वही समता के विचारों और सत्ता के लोकतान्त्रिकीकरण को जन्म देती है। विभिन्न क्षेत्रों के व्यापारियों के परस्पर सम्पर्क के कारण आत्ममुग्धता, रूढ़िवादिता के स्थान पर उदार विचारों का, नए सामाजिक सम्बन्धों का विकास होता है।

और यह सब केवल यूरोप में नहीं, हर उस समाज और समय में होता है, हुआ है, जहाँ व्यापार का विस्तार हो। लेकिन बहुत से विद्वान भारतीय व्यापार का विस्तार *जानने* के बावजूद *मानते* यही हैं कि भारतीयों के रुझानों और विचारों पर व्यापार का कोई प्रभाव पड़ा ही नहीं। व्यापार के झंडे दुनिया-भर में गाड़नेवाले हिन्दुस्तानी लोग विचारों और रुझानों में रूढ़िवादी के रूढ़िवादी, जड़ के जड़ बने रहे।

इस जड़ता का सबसे बड़ा रूपक माना जाता है, जन्म से ही पेशे का निर्धारण हो जाना। बात भारत में अंग्रेजी राज कायम होने के ठीक पहले की–अठारहवीं सदी की–चल रही थी : इस सदी तक सामाजिक रुझान वैसे ही रहे चले आए बताए गए हैं, जैसेकि वे मार्कोपोलो को दिखे थे। लेकिन, विडम्बना यह है कि इस सदी पर न तो "मध्यकाल" के विशेषज्ञों ने विशेष ध्यान दिया है, न "आधुनिक" काल के विशेषज्ञों ने। के. एन. पणिक्कर इस सदी को इतिहासकारों का 'नो मैंस लैंड' कहते हैं, साथ ही यह भी नोट करते हैं कि जिन इतिहासकारों ने अठारहवीं सदी पर ध्यान दिया है, उन्होंने इस सदी में जाति की जड़ता नहीं जबर्दस्त गतिशीलता ही लक्ष्य की है। वी. पी. एस. रघुवंशी और फुकुजावा के शोध के हवाले से पणिक्कर बताते हैं कि बिहार, उत्तर प्रदेश और महाराष्ट्र में अनेक जातियाँ अपने "पारम्परिक" पेशे छोड़ कर, व्यापार के कारण फायदेमन्द हो चले नए पेशे अपना रही थीं। सामाजिक रुझानों की जड़ता का एक अचूक प्रमाण यह भी रहा होगा कि ब्राह्मण भूखा मर जाएगा, लेकिन मेहनत-मजदूरी का काम नहीं करेगा। लेकिन, रघुवंशी का शोध बताता है कि सूरत की फैक्ट्रियों में मजूरी करने वालों में ब्राह्मण बड़ी तादाद में शामिल थे। 'ब्राह्मणवाद' के पारम्परिक गढ़ मिथिला के ब्राह्मणों में से केवल बारह प्रतिशत ही पुरोहिताई करते थे, जबकि अड़सठ प्रतिशत खेती-किसानी के जरिए पेट पालते थे। यह बात ध्यान में रखने लायक है कि मिथिलांचल में रामानंदियों का जबर्दस्त प्रभाव था। पणिक्कर की यह सलाह अमल करने योग्य है कि भारत में सामाजिक रुझानों के विकास का इतिहास लिखते समय, प्रबोधन का एकमात्र स्रोत ब्रिटिश उपस्थिति को मानने की आदत से पिण्ड छुड़ाया जाए, "प्रभाव-प्रतिक्रिया के सरलीकृत फार्मूले से हट कर सोचा जाए।"[49]

भारतीयों के पिछड़ेपन और जड़ता का एक अकाट्य प्रमाण, औपनिवेशिक आधुनिकता की समझ के मुताबिक रहा है, समुद्र-यात्रा-निषेध। माना जाता है कि भारत में जो भी अन्तर्राष्ट्रीय व्यापार था, उसमें पहल और 'एजेंसी' विदेशियों की थी,

वे माल खरीदने भारत आते थे, भारतीय व्यापारी, खासकर हिन्दू कहीं आते-जाते नहीं थे। वे तो समुद्र पार करने तक को पाप मानते थे।

तो चलिए चलें समुद्र की ओर। रायचौधरी आश्चर्य जताते हैं कि इतने व्यापार के बावजूद हिन्दू व्यापारी समुद्र यात्रा किए बिना कैसे काम चलाते थे। सोलहवीं सदी में, हिन्द महासागर में पुर्तगाली और भारतीय व्यापारियों की गतिविधियों का अध्ययन करने वाले इतिहास एम.एन. पियरसन का कहना है :

> विभिन्न जातियों के हिन्दुओं द्वारा समुद्र-पार से–मिसाल के लिए गुजरात से पूर्वी अफ्रीका तक, तथा पश्चिमी घाट के अन्तिम छोर तक–व्यापार करने के अच्छे खासे साक्ष्य उपलब्ध हैं। पुर्तगालियों के बहुत पहले से लेकर हमारे काल के अन्त तक [पियरसन का आशय सोलहवीं सदी से है] बल्कि आज तक, बनिए लाल सागर तथा हज़ामौत के बंदरगाहों से व्यापार करते थे, तथा वहाँ बसे हुए थे।[50]

पियरसन के 'आज तक' का आशय है, बीसवीं सदी के नवें दशक तक। जो भी साक्ष्यों पर ध्यान देगा, वह भारतीय व्यापारियों की गतिशीलता का विस्तार नोट अवश्य करेगा–भूगोल में भी, इतिहास में भी। उसके लिए मानना मुश्किल होगा कि मार्कोपोलो के जमाने से लेकर क्लाइव के जमाने तक भारतीयों के विचार और रुझान जस के तस बने रहे।

कैंब्रिज हिस्ट्री ऑफ इंडिया के पहले खण्ड का सम्पादन रायचौधरी ने इरफ़ान हबीब के साथ मिल कर किया है। इस खण्ड में भारत के साथ यूरोपियनों के व्यापार के बारे में के. एन. चौधरी ने लिखा है। इस अत्यन्त सूचना-समृद्ध और विचारोत्तेजक लेख के, 1500 से 1750 तक की अवधि से सम्बन्धित अंश पर ध्यान दें :

> भारत के पश्चिमी तट और लाल सागर के बीच के व्यापार पर काहिरा स्थित व्यापारी संगठन करीम का वर्चस्व जरूर था, लेकिन एकाधिकार नहीं। आर. बी. सर्जेयन्त ने तत्कालीन अरबी स्रोतों के आधार पर ही दिखाया है कि दक्षिण अरब के बंदरगाहों पर भारतीय जहाज नियमित रूप से आते रहते थे, और पन्द्रहवीं सदी तक तो गुजराती बनिए इस इलाके में बाकायदा बस चुके थे। ...एस.डी. गोइतियन ने यह दिखाने वाले पर्याप्त साक्ष्य जुटाए हैं कि भारतीय व्यापार का चरित्र काफी कॉस्मोपॉलिटन था। इसमें यहूदी व्यापारी तक अपने 'हिन्दू भाइयों' और 'मुस्लिम दोस्तों' के साथ ऊँची हैसियत हासिल कर सकते थे। ऐसा लगता है कि बारहवीं सदी में गठित करीम पंद्रहवीं सदी का अन्त आते-आते, हिन्द महासागर में पुर्तगालियों के प्रकट होने के पहले ही काफी दबाव में आ चुका था।[51]

मेहराज ठाकुर (महामति प्राणनाथ) के अरब तक फैले हुए व्यापार की चर्चा पियरसन और चौधरी द्वारा रेखांकित ठोस तथ्यों (हार्ड फैक्ट्स) की रोशनी में 'भोले-भाले' लोगों की फैंटेसी लगती है या ऐतिहासिक सचाई? समुद्र-यात्रा पर प्रतिबन्ध सारे हिन्दू समाज की रीति-भाँति का हिस्सा लगता है या बंगाल के ब्राह्मणों

तक सीमित मान्यता को सारे भारतीय जीवन की शाश्वत विशेषता बना देने वाले औपनिवेशिक ज्ञानकाण्ड का चमत्कार?

चमत्कार तो यह है कि जो हिन्दू समुद्र-पार नहीं करते थे, वे इतने अच्छे व्यापारी थे कि करीम की तीन सदी से चली आ रही दुकान उनके कारण बन्द होने के कगार पर पहुँच गई; अपने 'विचारों और रुझानों' में इतने 'कॉस्मोपॉलिटन' थे कि मुसलमानों को बस 'दोस्त' मानने वाले अरब के यहूदी उन्हें 'भाई' समझते थे! ऐसे में तो तर्कबुद्धिसम्पन्न लोगों को मान ही लेना चाहिए कि रेशनल एकाउंटिंग और रेशनल बिजनेस-एथिक प्रोटेस्टेंट स्प्रिट के बिना भी सम्भव है; विभिन्न परम्पराओं के लोगों की मूल मनुष्यता के बीच संवाद यूरोपियन ईसाइयत के किसी न किसी संस्करण के पारस-परस के बिना भी हो सकता है। मान तो यह भी लेना चाहिए कि 'एनलाइटेनमेंट' का यूरोपीय संस्करण बस एक संस्करण ही है, एकमात्र नहीं। वैसी वैचारिक गतिविधियाँ अन्य जगहों पर भी हुईं, लेकिन बहुत से प्रबुद्ध विचारकों के नाम मानवीय स्मृति में महज इसलिए स्थान न पा सके, क्योंकि वे विचार जर्मन, फ्रेंच या अंग्रेजी में नहीं, चीन, भारत, अरब और अफ्रीका की भाषाओं में कर रहे थे।

आरम्भिक आधुनिक काल के व्यापार में भारत, चीन, अरब के व्यापारियों के परस्पर सम्बन्धों और उन्हें संचालित करने वाली मर्यादाओं को ध्यान में रखें तो कहना मुश्किल होगा कि कोलंबस और वास्को डि गामा के बाद ही दुनिया ने व्यापार की विश्व-व्यवस्था की ओर बढ़ना शुरू किया। उन्नीसवीं सदी की यूरोपीय चिन्ता में बद्धमूल यूरोकेंद्रीयता के फलस्वरूप एडम स्मिथ भी मानते थे और मार्क्स-एंगेल्स भी कि कोलंबस और वास्को डि गामा की 'खोजों' के कारण मानव-इतिहास में क्रान्ति आ गई। पूँजीवाद के क्रान्तिकारी विकास का श्रीगणेश हो गया। यह बात सही हो सकती है, लेकिन दुनिया भर के बारे में, या सिर्फ यूरोप के बारे में? कोलंबस और वास्को डि गागा इतिहास में पहली विश्व-व्यवस्था की ओर दुनिया को ले जाने की यात्रा का श्रीगणेश कर रहे थे, या पहले से मौजूद विश्व-व्यवस्था में कमजोर पड़ रहे यूरोपीय व्यापारियों के लिए स्पर्धा का रास्ता कुछ आसान कर रहे थे? कोलंबस और वास्को डि गामा यूरोप की आधुनिकता के प्रमाणों में गिने जाते हैं, क्योंकि वे खोजों के युग (ऐज ऑफ एक्सप्लोरेशंस) के प्रतीक हैं। देखिए तो, जब भारत, चीन और अरब के लोग घरघुसरेपन की मध्यकालीन व्याधि से ग्रस्त थे, तब ये यूरापीय यात्री नई-नई दुनिया खोज रहे थे, शब्दशः दुनिया का नक्शा बदल रहे थे—क्यों न कहा जाए कि समकालीन होने के बावजूद यूरोप और गैर-यूरोप में अन्तर यही था कि यूरोप आधुनिकता का निर्यात कर रहा था, और बाकी दुनिया अपने घरघुसरेपन में डूबी हुई थी।

'एक्सप्लोरेशन' तो और समाजों के लोग भी कर रहे थे, और न जाने कब से कर रहे थे। धर्मकीर्ति दक्षिण भारत से अपना 'ध्यान' लेकर चीन पहुँचे थे, और उनका ध्यान चीन में 'चान' और जापान पहुँचकर 'ज़ेन' में बदल गया। महमूद वली बल्खी

भारत आए थे, उनके यात्रा विवरण लेखक के ज्ञान का ही नहीं, मानसिक खुलेपन का भी परिचय देते हैं। दुनिया मार्कोपोलो ने ही नहीं, इब्न बतूता ने भी देखी थी। पंद्रहवीं सदी के पूर्वार्द्ध में चीन का नौसैनिक चेंग हो नए-नए रास्ते खोजने के लिए सारे एशिया में विख्यात था। सीधी सी बात है कि जिस समाज में व्यापार होगा, उसमें एक्सप्लोरेशन भी होगा, तथा सांस्कृतिक सम्पर्क के अन्य रूप भी होंगे। हाँ, एक फर्क था, गैर-यूरोप के ये खोजी और यात्री कोलंबस और वास्को डि गामा की तरह साम्राज्यवादियों के स्कॉउट का काम नहीं कर रहे थे। ये जिन समाजों में गए, वहाँ पीछे-पीछे जातिनाश करने वाले 'साम्राज्य-निर्माता' नहीं पहुँचे। शायद इसीलिए इन्हें 'एक्सप्लोरर' और इनके समाजों को 'अर्ली मॉडर्न' होने का गौरव नहीं दिया जा सकता।

इस विडम्बना का गहरा कारण यही है कि यूरोपीय रेनेसांस का मानवतावाद मनुष्य को प्रकृति का स्वामी मानने की सोच से मुक्त नहीं हो सका। 'मनुष्य प्रकृति का स्वामी है'–यह सोच ईसाइयत, इस्लाम और यहूदी–इन तीनों एकेश्वरवादी धर्मों की विशेषता है, जिसका यूरोपीय आधुनिकता ने और भी विस्तार किया। चीन, जापान, अफ्रीका, अमेरिका और भारत की देशज परम्पराओं में बल प्रकृति के साथ संवाद पर है, स्वामित्व पर नहीं। यह अन्तर चीन और यूरोप के सन्दर्भ में स्वयं मैक्स बेवर ने नोट किया था। उनके अनुसार चीनी परम्परा का रुझान प्रकृति पर स्वामित्व की नहीं, उसके साथ समायोजन की दिशा में था। यह बात और है कि बेवर इस रुझान को सराहने की बजाय इसे चीन के आधुनिक हो सकने की अक्षमता का ही प्रमाण मानते थे।[52]

नस्लवाद, जातिनाश और आक्रामकता यूरोप की आधुनिकता की जन्मकुंडली में ही हैं। 'होलोकास्ट' को 'स्टेट-पॉलिसी' बना देनेवाला हिटलर कोई ऐतिहासिक दुर्घटना नहीं, यूरोपीय आधुनिकता का स्वाभाविक फल था। गांधीजी यूरोप की आधुनिकता को शैतानी सभ्यता खामखाह नहीं कहते थे। यूरोपीय आधुनिकता की अद्वितीयता के आत्ममुग्ध अन्धविश्वास से मुक्ति पाकर अन्य आधुनिकताओं के साथ संवाद करना सारे संसार के भविष्य के लिए हितकारी है, यूरोप के लिए तो ऐसा संवाद स्वयं यूरोप के सांस्कृतिक स्वास्थ्य की पहली शर्तों में से एक है।

बहरहाल, औपनिवेशिक आधुनिकता के अन्तर्गत रचे गए विचारों और रुझानों की कृपा से अभी जैसी स्थिति है, वह हम जानते ही हैं। आन्द्रे गुंदर फ्रैंक ने एक रोचक उदाहरण दिया है। 'लाइफ' पत्रिका ने 1997 में अपने दो दर्जन विशेषज्ञ लगाए, उन्होंने और कई दर्जन से मशविरा किया कि जाना जाए, कि सहस्राब्दी के 100 सर्वाधिक महत्त्वपूर्ण व्यक्तित्व और घटनाएँ कौन-सी हैं। नतीजे का अन्दाजा लगाने के लिए आपको कोई इनाम नहीं मिलने वाला : "दुनिया को चलाने-हिलाने के काम में पाश्चात्यों की भूमिका उनकी संख्या के अनुपात से बहुत ही ज्यादा है। सत्रह को छोड़कर बाकी सभी यूरोपियन ही हैं, महिलाएँ केवल दस हैं। यह अनुपात हमारे

किसी पूर्वग्रह की नहीं, बल्कि पिछले हजार सालों की सामाजिक-राजनैतिक वास्तविकता की ही सूचना देता है।"[53]

'वास्तविकता' की नहीं, यह अनुपात दुनियाभर की सांस्कृतिक स्मृति और इतिहास-बोध के औपनिवेशीकरण (जैक गुडी के जोरदार बिंब में–'इतिहास की चोरी'–) की सूचना देता है। 'लाइफ' के संपादकगणों के बारे में ही नहीं, बहुत से विद्वानों के बारे में मोल्फी केट असांते के ये शब्द तीखे कितने भी लगें, असत्य नहीं लगते–"सारांश यह कि वे ऐसे अज्ञान के अहंकार में डूबे हुए हैं कि यह तक नहीं जानते कि वे क्या नहीं जानते, लेकिन समझते यह हैं कि वे तो वह सब जानते हैं जो जानने योग्य है।"[54] कबीर की बानी याद आती हैः 'जाण भगत का मरण है, अणजाणे का राज!'

ऐसी ही कागद की लेखी के कारण आंखन की देखी देखकर भी नहीं देखी जाती। देश-देश घूमकर दुनिया देखनेवाले, व्यापार ही नहीं, अपने विचारों के भी प्रसार के लिए संगठित प्रयत्न करनेवाले लोग घरघुसरे नजर आते हैं। इथियोपिया से लेकर मलय तक यूरोपियों को व्यापार में चुनौती देनेवालों के बारे में तथ्य जान लेने के बाद भी माना यही जाता है कि वे तो समुद्र-यात्रा ही नहीं करते थे। जानकर भी न मानने की यह रोचक द्वन्द्वात्मकता कितने गहरे संस्कार का रूप ले चुकी है, इस बात के उदाहरण अनेक हैं। जैक गुडी ने पंद्रहवीं से अठारहवीं सदी के बीच की 'सभ्यता और पूँजीवाद' का प्रभावी इतिहास लिखनेवाले फ्रेंच इतिहासकार ब्राउदेल के शोध और निष्कर्षों का विस्तृत विश्लेषण किया है। ब्राउदेल मानते हैं कि 'पूँजी, सौदागरी, दलाली, थोक व्यापारी, बैंकिंग, महाजनी...यहाँ तक की दस्तकार सर्वहारा और अन्तर्राष्ट्रीय व्यापार भी–यूरोप की ये सभी टिपिकल विशेषताएँ इस समय के भारत में मौजूद थीं। लेकिन बस कहीं-कहीं, कुछ ही क्षेत्रों में, सारे देश में नहीं"। जैक गुडी नोट करते हैं कि 'सारे देश में ही व्यापार की धूम हो, ऐसा तो ब्रिटेन में भी नहीं था'। इस तर्क से ब्रिटेन में भी पूँजीवाद का उदय असम्भव होना चाहिए था। लेकिन ब्राउदेल भारत में पूँजीवाद की असंभाव्यता का और भी गहरा कारण बताते हैं–भारत के "सांस्कृतिक जीन्स इसकें विरुद्ध थे।" संस्कृति और नस्ली विशेषताएँ–इनके कारण ही यूरोप में पूँजीवाद विकसित हुआ, भारत और दूसरे गैर-यूरोपीय समाजों में नहीं!

ब्राउदेल के इस 'सांस्कृतिक' निष्कर्ष पर गुडी की तथ्यात्मक टिप्पणी है :

> यूरोपीय जहाजों के आने के पहले ही भारत का व्यापार दूर-दूर तक फैला हुआ था। इस्फाहान, इस्तांबूल, अस्त्राखान और मॉस्को तक में, बड़ी तादाद में भारतीय महाजन मौजूद थे। अटलांटिक रूट की खोज से व्यापार में तीव्रता जरूर आई, लेकिन सारे यूरेशिया में व्यापार इस खोज के पहले भी जोर-शोर से चल रहा था। पश्चिम और पूर्व के व्यापार में ऐसा कोई फ़र्क भी नहीं था।[55]

मारवाड़ी बनिए तो 'जेनेटिकली' ही अपने विचारों और रुझानों में खासे "रूढ़िवादी" माने जाते हैं, इस माने जाने की रोशनी में यह जानना रोचक (सम्भवतः पुनर्विचारोत्तेजक

भी!) होगा कि पंद्रहवीं सदी याने कबीर और रामानन्द की सदी में मारवाड़ी बनिए रूस तक व्यापार किया करते थे। सत्रहवीं सदी आते-आते कैस्पियन सागर के पास, वोल्गा के मुहाने पर स्थित अस्त्राखान नगर में हजारों मारवाड़ी बनियों, और दूसरे भारतीय व्यापारियों की बाकायदा बस्ती (कॉलोनी) बन चुकी थी। स्थानीय लोग इस बस्ती के निवासियों को 'गो-पूजकों' के रूप में पहचानते थे। बस्ती में मन्दिर भी थे, और ब्राह्मण पुरोहित, साधु-संन्यासी भी। ये लोग मुख्यतः कपड़े, जवाहरात का कारोबार और महाजनी का काम करते थे। इनके कारोबार नोवगोरोद, कज़ान, यारोस्लाव्ल और मॉस्को तक फैले थे। मॉस्को के सत्तातन्त्र में भी इनका अच्छा-खास प्रभाव बन गया था। उत्तर भारत (उस समय की शब्दावली में 'हिन्दुस्तान'), बंगाल, मारवाड़ और गुजरात से इनके नियमित व्यापारिक, सांस्कृतिक सम्पर्क थे। अंग्रेज यात्री जॉर्ज फ़ोर्स्टर ने भारत से आते रहने वाले वैष्णव साधुओं, जैन मुनियों और सिख ग्रन्थियों का भी उल्लेख किया है। स्थानीय लोगों में से कुछ के इन 'पैगन' मूर्तिपूजकों के तौर-तरीकों से 'खफा' होने की परवाह किए बगैर जार ने अस्त्राखान के प्रशासक को कड़ी हिदायत थी कि 'मृतकों को जलाने वाले' इन 'मूर्ति-पूजकों' के धार्मिक-सांस्कृतिक जीवन में कोई हस्तक्षेप न किया जाए। जाहिर है कि ज़ार के लिए कट्टरपन्थियों की 'भावनाओं' को सहलाने से ज्यादा महत्त्वपूर्ण था इन व्यापारियों को संतुष्ट रखना।

अपनी सांस्कृतिक जरूरतें पूरी करने के लिए, विधिवत अनुष्ठान करके, वोल्गा में थोड़ा-सा गंगाजल डाल कर, इन मारवाड़ियों ने वोल्गा को ही अपनी गंगा मैया बना लिया था।[56]

जेनेटिकली ही 'रूढ़िवादी' ये मारवाड़ी, अपने विचारों और रुझानों में परिवर्तन लाए बिना ही, शाश्वत समुद्र-पार-यात्रा-निषेध का शाश्वत रूप से पालन करते हुए ही, अस्त्राखान, कज़ान और मॉस्को तक जा पहुँचे होंगे। तरह-तरह के चमत्कार करने में निपुण, 'एग्जॉटिक इंडियन' जो ठहरे!

भारतीय यात्रियों और व्यापारियों की, ऐतिहासिक दृष्टि से यह कमजोरी जरूर थी कि दस्तावेजीकरण में उनकी दिलचस्पी नहीं थी। वे अपनी स्मृतियाँ किंवदन्तियों और प्रतीकों, रूपकों की भाषा में सुरक्षित रखते थे, लेकिन अरब और ईरान के यात्री तो बहुत यथार्थवादी ढंग से अपने यात्रा-वृत्त और रिपोर्ताज लिखते थे। सोचने की बात यह है कि इन चीजों को विश्व-इतिहास-लेखन का स्रोत बनाने पर कितना ध्यान दिया गया है?

औपनिवेशिक ज्ञानकाण्ड के चमत्कारों से निकलकर देखें तो साफ दिखेगा कि अन्तर्राष्ट्रीय व्यापार भी था, और उसके कारण पैदा होने वाले नए विचार और रुझान भी थे। बात जहाँ तक तकनीक की है, श्री धर्मपाल ने यूरोपीय विवरणों से ही यह बताने वाले ढेरों साक्ष्य दिए हैं कि अंग्रेजी राज से पहले का भारत तकनीक में भी काफी आगे बढ़ा हुआ था।[57] यह सही है कि औद्योगीकरण नहीं था। बहस इस बात

पर है कि अंग्रेजी राज न कायम होता, तब भी औद्योगीकरण होता या नहीं? देशज आधुनिकता और सौदागरी पूँजीवाद से उपजे व्यापारी औद्योगिकीकरण की ओर जाते या नहीं, भाप के इंजन का आविष्कार स्वयं भारतीय कर पाते या नहीं? कहने की आवश्यकता नहीं कि यह बहस कल्पनापरक ही हो सकती है—'ये होता तो वो होता, वो होता तो ये होता, डुबोया मुझको होने ने, न होता तो मैं क्या होता!' वैसे, कल्पना ही करनी हो तो यह क्यों नहीं की जा सकती कि जो लोग व्यापार के लिए समुद्र पार कर सकते थे, अस्त्राख़ान में बस्तियाँ बसा सकते थे, प्रतिस्पर्धा में करीम जैसे व्यापारिक संगठनों को पीछे छोड़ सकते थे, प्रतिस्पर्धा बढ़ने पर वे यन्त्रों के आविष्कार को भी प्रोत्साहन दे सकते थे, और औद्योगीकरण को भी।

औपनिवेशिक आधुनिकता के पहले, भारत में अनुभवपरक ज्ञानमीमांसा भी थी, विश्व-व्यापार में जबर्दस्त हिस्सेदारी भी थी, और तकनीकी नवाचार भी थे। यह मानना निहायत बेतुका है कि चूँकि औद्योगीकरण नहीं था, इसलिए व्यापार और उसके फलस्वरूप पैदा होनेवाले नए विचार और रुझान भी नहीं थे। केवल जाति थी और उससे पैदा होनेवाली जड़ता थी, ब्राह्मणों का अबाध वर्चस्व था। ऐसी बातें देशभाषा स्रोतों की ओर से आँखें मूँदकर ही की जा सकती हैं। ऐसी बातें भक्ति-आन्दोलन, भक्ति-लोकवृत्त और उसके कारण उत्पन्न हुए नए 'एटीट्यूड्स' की ही नहीं, नई 'प्रैक्टिसेज' की भी उपेक्षा करके ही की जा सकती हैं। सिख समुदाय में स्त्रियों की बेहतर स्थिति; कबीर, रैदास, नानक जैसे अब्राह्मणों का बौद्धिक प्रभाव; राजस्थान के विश्नोइयों का पर्यावरण-प्रेम, भारतीय इस्लाम के विशिष्ट सामाजिक व्यवहार, स्मार्त्त सार्वत्रिकता के स्थान पर विभिन्न क्षेत्रों की स्थानीय मान्यताओं की स्वीकृति, पीपा का कबीरवंदन, हेमू 'बक्काल' का ही नहीं, वर्णाश्रम-बाह्य गोंडों का भी राजा बनना—गरज कि वह सब जो कुछ लोगों को कलियुग का अकाट्य प्रमाण लगता था। वह सब जो 'सोशल एटीटयूड्स' में आ रहे व्यापक परिवर्तनों की ही सूचना दे रहा था, बता रहा था कि भारत कोई समय में जमा समाज नहीं, इतिहास में बढ़ता समाज ही था।

इतिहासकार कार्लो गिंजबर्ग ने लूसिएं फेवब्रे का यह मार्मिक कथन उद्धृत किया है : **"जो आप देखें, उसका वर्णन करना ठीक है, लेकिन जिसका वर्णन किया ही जाना चाहिए, उसे देख पाना—असल काम तो यह है।"**[58]

भारतीय इतिहास के प्रसंग में तो आलम यह है कि जो दिख रहा है, उस तक का 'वर्णन' नहीं किया जाता। तथ्यों को नोट करते हुए भी, उनसे प्रकट होनेवाले सत्य की तरफ से आँखें फेर ली जाती हैं। कबीर का व्यापक प्रभाव बल्कि पूज्यता तथ्य है। आदिवासी गोंडों का शासक होना तथ्य है, यह भी तथ्य है कि न तो कबीर, न गोंड राजा-रानी ब्राह्मण या किसी अन्य उच्चवंश में जन्मे थे, फिर यह "सत्य" कैसे हो सकता है कि आरम्भिक आधुनिक काल के भारत में सम्मानित या पूज्य होने के

लिए ब्राह्मण होना अनिवार्य था? तर्क की बात तो यह है कि कोई तथ्य आपको दिख रहा है तो आप सोचें कि यह तथ्य कैसे सम्भव हुआ होगा, किस व्यापक ऐतिहासिक प्रक्रिया का सत्य इससे प्रकट हो रहा है। यह क्या बात हुई कि तथ्य तो ये सब हैं, लेकिन विश्वास आपका यही है कि बस ब्राह्मण ही पुजते थे, 'पॉलिटिकल इकॉनॉमी' थी ही नहीं, सिर्फ जजमानी ही जजमानी थी।

ऐसे निराधार, तथ्यहीन विश्वास को अन्धविश्वास नहीं तो क्या कहा जाए?

इतिहासकारों के बीच इस अन्धविश्वास की व्याप्ति के दो कारण समझ में आते हैं। दोनों औपनिवेशिक आधुनिकता की ही कृपा के फल हैं। एक तो यह कि देशभाषाओं में व्यक्त चेतना पर ध्यान नहीं देना, दूसरा यह मान लेना कि भारतीय समाज में, जो भी गतिशीलता थी, वह बहुत पहले (स्वर्णयुग में!) हो चुकी थी। मध्यकाल तो मध्यकाल ठहरा—जड़, गतिहीन! इस अन्धविश्वास की जकड़ के कारण ही इस बात पर ध्यान नहीं जाता कि हिन्दू-परम्परा तो खैर मतवाद (डॉक्ट्रिन) और आस्था-तन्त्र के मामले में पहले से ही उदार (या चाहें तो ढीली-ढाली कह लें) थी, लेकिन तथाकथित 'मध्यकालीन' भारत में मतवाद पर ही आधरित इसलाम में भी ऐसे बदलाव आ रहे थे, ऐसे 'नेगोशिएसन' हो रहे थे कि औपनिवेशिक आधुनिकता के चश्मे से भारतीय इस्लाम को देखते हुए हाली को अहले-हिजाजी का बेड़ा 'आके गंगा के दहाने में' डूबता दिख रहा था।

अंग्रेजी राज ने आधुनिकता का नहीं, आधुनिकता के अवरोध का श्रीगणेश किया। आधुनिकता के ऐतिहासिक उपकरणों—व्यापार और नगरीकरण—का विस्तार नहीं, विनाश किया। उपनिवेशवाद ने जिस आधुनिकता को भारतीय समाज पर आरोपित किया, वह परम्परा से समाज को काटती, देशभाषाओं की अवहेलना करती; एक तरफ खोखले, दयनीय आत्माभिमान को, और दूसरी तरफ आत्मदया और आत्मघृणा को जन्म देती आधुनिकता थी।

अपनी मातृभाषा बोलने पर बच्चों को जहाँ जुर्माना भरना पड़े, ऐसे स्कूलों का होना दुनिया के किस सभ्य देश में सम्भव है? आप और हम जानते ही हैं—इट हैपेंस ऑनली इन इंडिया!

औपनिवेशिक सत्ता और ज्ञानकाण्ड की सफलता को एक ही वाक्य में कहना हो तो : इसकी कृपा से आरम्भिक आधुनिकता में प्रवेश कर चुका, विश्व-व्यवस्था में महत्त्वपूर्ण भूमिका निभाता समाज 'मध्यकालीन' दिखता है, खासी बौद्धिक गतिविधियों से युक्त समय 'जबदी हुई मनोवृत्ति' का समय दिखता है।

इस दृष्टि-दोष का उपचार किए बगैर कबीर के समय को पढ़ना-समझना असम्भव है। जो बात हम सभी कवियों पर लागू करते हैं, वह कबीर पर भी तो लागू होगी। कैसे 'पढ़' सकते हैं आप कबीर को, उन स्थितियों के प्रामाणिक बोध के बिना, जिनमें कबीर के शब्द उच्चारे और संभारे, विचारे जा रहे थे।

औपनिवेशिक सत्ता और ज्ञानकाण्ड द्वारा संस्थाओं और संस्कारों में व्यवस्थित रूप से उत्पन्न किए गए संवेदना-विच्छेद का ही परिणाम है कि जिस औपनिवेशिक सत्ता ने भारतीय नगरों को नष्ट किया, उसी को भारतीय समाज के आधुनिकीकरण का श्रीगणेश करने का श्रेय दिया जाता है। दुनिया-भर में नगरीकरण से ही आधुनिकीकरण उत्पन्न हुआ है, लेकिन इतिहासकारों को लगता है कि भारत तो जैसे 'मथुरा तीन लोक से न्यारी!' सो, इस न्यारे समाज में यह अटपटा नहीं लगा इतिहासकारों, इतिहास बदलने वालों को कि जो लोग नगरों का योजनाबद्ध विनाश कर रहे थे, वे ही इस समाज को आधुनिक बनाने का दम भी भर रहे थे।

नगरों को नष्ट करने के आरोप से औपनिवेशिक सत्ता को बचाने के लिए, देशज आधुनिकता के अस्तित्व को जैसे नकारने के लिए ही अकाट्य तथ्यों पर मनमानी 'थ्योरी' की चादर डाल दी जाती है। स्वयं यूरोपीय यात्रियों के विवरण बताते हैं कि आरम्भिक काल में विजयनगर रोम जितना विशाल नगर था, आगरा जोर्डन और कुस्तुन्तुनिया से ही नहीं, लंदन से भी बड़ा शहर था। अकबर के समय की दिल्ली पेरिस से होड़ लेती थी। अनुमान लगाए गए हैं कि दिल्ली-आगरा-विजयनगर आदि नगरों की आबादी ढाई से पाँच लाख के बीच रही होगी। लेकिन इसके बावजूद, व्याख्या यही है कि ये नगर नगर होते हुए उस अर्थ में नगर (व्यापार के, स्थायी आबादी वाले, स्वायत्त पहचान वाले केन्द्र) नहीं थे, जिस अर्थ में उस वक्त के यूरोप के नगर थे। ये तो बस दरबार और तीर्थयात्रियों के कारण जमा हो जाने वाली अस्थायी आ़बादी के जमावड़े थे, ये क्या नगरीकरण के प्रमाण और आधुनिकता की सम्भावनाओं के केन्द्र माने जाएँ!

दिल्ली और आगरा किस मजहब के माननेवालों के इतने बड़े तीर्थ थे कि सोलहवीं सदी के यूरोपियनों को लंदन और पेरिस से ज्यादा आबाद, व्यापारिक गतिविधियों से सम्पन्न दिखें! तीर्थ नगरी तो इन दोनों के बीच स्थित मथुरा थी। उसकी आबादी कितनी थी? मुगल-दरबार 1649 में आगरा से दिल्ली चला गया था। इस साल के पहले की दिल्ली और इसके बाद का आगरा क्या ऊजड़ गाँव या छोटे से कस्बे थे? कमजोर शासन, हमलों और आपदाओं के कारण आबादियाँ इधर-उधर जरूर होती थीं, लेकिन दिल्ली, आगरा और कबीर की काशी जैसे नगर व्यापार केन्द्र तो बने ही रहते थे। प्रसंगवश, आगरा से व्यापक स्तर पर पलायन वहाँ कम्पनी बहादुर की अमलदारी कायम होने के बाद पड़े 1837-38 के भयानक अकाल में ही हुआ था।

नगरों को योजनाबद्ध ढंग से उजाड़ता आधुनिकीकरण वैसा ही हो सकता है, जैसाकि अंग्रेजी राज में हुआ। वास्तविक आधुनिकीकरण नगरीकरण का स्वाभाविक विकास होता है, किसी उद्धारकर्ता द्वारा बनाए गए कार्यक्रम का परिणाम नहीं। ऐसे आधुनिकीकरण का सामाजिक आधार भी उतना सीमित नहीं होता जितना कि भारत के औपनिवेशिक आधुनिकीकरण का आज तक है। परम्परा-प्रसूत, देशज

आधुनिकीकरण के फलस्वरूप ताकत अन्ततः देशभाषा की बढ़ती है, जैसे स्वयं इंग्लैंड में बढ़ी। भारत में नगरीकरण जारी रहता तो आधुनिकीकरण स्वाभविक प्रक्रिया के रूप में होता। हो ही रहा था। कबीर और तुकाराम के भक्त यदि विश्वविद्यालय खोलते तो संस्कृत, फारसी और अंग्रेजी के पहले मराठी और हिन्दी को जगह देते।

इस समय इतिहासकार पूछ रहे हैं कि विश्व-व्यवस्था का अस्तित्व कब से माना जाए? इमेनुएल वाल्र्स्टाइन और कुछ अन्य विद्वान मानते हैं कि विश्व-व्यवस्था का आरम्भ साम्राज्यवाद के दौर से नहीं, पंद्रहवीं सदी से मानना चाहिए। जैक गुडी, एरिक वुल्फ और आंद्रे गुंदर फ्रैंक का तो कहना है कि विश्व-व्यवस्था को और भी बृहत्तर ऐतिहासिक, तुलनात्मक परिप्रेक्ष्य में रखना चाहिए। कांस्य युग की नगरीय क्रान्ति को प्रस्थान-बिन्दु मानकर जाँचना चाहिए कि इसके बाद यूरेशिया के इतिहास में, विभिन्न समाजों और व्यवस्थाओं में क्या विलक्षणताएँ प्रकट हुईं, और क्या समानताएँ। इस तुलना की 'रोशनी में पूर्व में हुए आधुनिकीकरण को देखते' हुए जैक गुडी कहते हैं, 'आधुनिकीकरण के द्वार सौदागर संस्कृति की बदौलत ही खुलते हैं'।[59] सौदागर संस्कृति न यूरोप तक सीमित थी, और न प्रोटेस्टेंट एथिक्स तक। गैर-ईसाई चीन, भारत और कैथॉलिक इटली जैसे समाजों में अपने-अपने सौदागरी पूँजीवादी थे, इनकी अपनी-अपनी संस्कृतियाँ और 'एथिक्स' थीं। इसलिए 'एशिया के प्रसंग में रिकॉर्ड को दुरुस्त करने, पूर्व का पुनर्मूल्यांकन करने का काम और नहीं टाला जा सकता था'।[60] यही बात संजय सुब्रह्मण्यम इन शब्दों में कहते हैं :

> ऐतिहासिक रूप से आधुनिकता एक वैश्विक परिघटना है, जो कई जगहों पर साथ-साथ घट रही थी। यह कोई वायरस नहीं है, जो एक जगह पैदा हो कर दूसरी जगहों तक पहुँचा हो। इसकी जड़ें अनेक ऐतिहासिक घटनाओं में हैं, जिनके कारण विभिन्न समाजों के बीच संवाद स्थापित हुआ। इन घटनाओं में शामिल हैं–विश्व-विजय के मंगोल सपने, यूरोपियन यात्रियों की खोज-यात्राएँ, विदेशों में जा बसे भारतीय कपड़ा-व्यापारियों की गतिविधियाँ...'आधुनिकीकरण' को एकरूपीकरण का पर्याय मान लेने और आधुनिकता को समृद्धि का, हमारी भारी गलती रही है।... दक्षिण एशिया के समाजों से इतना कुछ झटका गया है, अब समय आ गया है कि समाज-विज्ञान इन समाजों को कम-से-कम वह चीज तो लौटा दे जो इनके पास सोलहवीं-सत्रहवीं सदी में ही आ चुकी थी–इन समाजों की अपनी, बेशक अस्पष्ट सी ही सही–'आरम्भिक आधुनिकता'।[61]

दक्षिण एशिया के समाजों को उनका प्राप्य लौटाने के दायित्व को ध्यान में रखने वाले इतिहास-लेखन की जिज्ञासाएँ भी भिन्न होंगी और पद्धतियाँ भी। विश्व-व्यवस्था का इतिहास भी पाँच सौ साल तक ही क्यों सीमित माना जाए? गुंदर फ्रैंक ने बी.के. गिल्स के साथ 1993 में एक पुस्तक सम्पादित की : 'दि वर्ल्ड सिस्टम : फ़ाइव हंड्रेड ईयर्स ऑर फाइव थाउजेंड?' इस पुस्तक की 'थीसिस', गुंदर फ्रैंक के अपने शब्दों में यह है,

"जिन विशेषताओं के आधार पर वाल्र्स्टाइन विश्व-व्यवस्था को पाँच सौ साल पुरानी कहते हैं, ठीक वही विशेषताएँ, उसी व्यवस्था में कम-से-कम पाँच हजार साल से तो देखी ही जा सकती हैं।"[62] विश्व-व्यवस्था का आरम्भ कब से माना जाए, इस पर मतभेदों के बावजूद वाल्र्स्टाइन, वुल्फ, गुडी, गुंदर फ्रैंक सब इस बात से सहमत हैं कि उन्नीसवीं सदी के यूरोप की उपलब्धियों और यूरोपीय पूँजीवाद के विकास–तथाकथित 'यूरोपीय चमत्कार'–को औपनिवेशिक लूट से काटकर नहीं देखा जा सकता। ऐसा मानने का कोई ऐतिहासिक आधार नहीं है कि औपनिवेशिक लूट के पहले का यूरोप आर्थिक, सांस्कृतिक दृष्टि से प्रगतिशील था और बाकी सारा जहान जड़!

यही बात श्री धर्मपाल कहते थे। रामविलासजी का आग्रह था कि 'जातीय निर्माण में सौदागरी पूँजीवाद की भूमिका' पर ध्यान देना चाहिए और इंग्लैंड का इतिहास भारत को ध्यान में रखकर लिखना चाहिए। फान डेर फीर याद दिलाते हैं, "कहा जाता है कि अंग्रेज अपना इतिहास जानते ही नहीं, क्योंकि इंग्लैंड का इतिहास तो कहीं और घट रहा था।"[63]

'आधुनिक' यूरोप के निर्माण में पूर्व (ओरिएंट) की भूमिका पर उपर्युक्त सभी विद्वान बल देते हैं। विश्व-इतिहास और अर्थ-व्यवस्था के अध्ययन के अब तक चले आ रहे ढंग की दिशा बदलनी चाहिए। आंद्रे गुंदर फ्रैंक याद दिलाते हैं :

> आरम्भिक आधुनिक यूरोप दुनिया के अन्य हिस्सों की तुलना में न तो विश्व-अर्थव्यवस्था में अधिक महत्त्वपूर्ण था, न आगे बढ़ा हुआ...वह किसी विश्व-व्यवस्था के केन्द्र में नहीं था, जिस व्यवस्था की केन्द्र में वह था, वह स्वयं सकल विश्व-व्यवस्था के हाशिए पर थी। 1800 के पहले की विश्व-अर्थव्यवस्था में कोई क्षेत्र यदि महत्त्वपूर्ण थे तो एशिया के थे, कोई अर्थव्यवस्था यदि "केन्द्रीय" थी, तो वह चीन की थी... एशिया की अर्थव्यवस्थाएँ हर तरह से बढ़ी-चढ़ी थीं, और एशिया में स्थित चीन के मिंग/क्विंग, भारत के मुगल, यहाँ तक कि ईरान के सफावी और तुर्की के ओटोमन साम्राज्य राजनैतिक और सैनिक रूप से यूरोप के सारे राज्यों पर भारी पड़ते थे।[64]

अंग्रेजी में 'ओरिएंट' का अर्थ दिशा देना भी होता है। पूर्व पर ठीक से ध्यान देकर, हमें अपने सोच और इतिहास-बोध को नई दिशा देनी चाहिए, उसे 'रिओरिएंट' करना चाहिए–यह कहने के लिए 1998 में लिखी गई अपनी महत्त्वपूर्ण पुस्तक का शीर्षक गुंदर फ्रैंक ने इसी श्लेष से लिया हैः 'रि-ओरिएंट : ग्लोबल इकॉनॉमी इन दि एशियन एज'।

5. *'साधो देखो जग बौराना' : औपनिवेशिक आधुनिकता की वास्तविक भूमिका*

समूचा गैर-यूरोप (और यूरोप भी) अपना भविष्य कैसे रचता है, यह इस पर निर्भर करेगा कि वह औपनिवेशिक आधुनिकता की भूमिका को कैसे देखता है। यदि यह

भूमिका 'वस्तुनिष्ठ' रूप से प्रगतिशील ही थी, तो उपनिवेशवाद विरोधी आन्दोलन 'वस्तुनिष्ठ' रूप से प्रतिक्रियावादी थे। 1857 के विद्रोह को तो कुछ लोग आधुनिकता के विरुद्ध जड़ पारम्परिक ताकतों का प्रतिक्रियावादी युद्ध कहते ही हैं। सचाई यह है कि 1857 का स्वतन्त्रता संग्राम औपनिवेशिक आधुनिकता के विरुद्ध देशज आधुनिकता का विद्रोह था। उसके नेता समाज के आंगिक बौद्धिक थे, जिन्हें तिरस्कार के साथ 'पिछड़ी चेतना' से ग्रस्त पंडित, मौलवी, साधु, फकीर कहकर डिसमिस करने की आदत औपनिवेशिक ज्ञानकाण्ड ने अंग्रेजी शिक्षा के जरिए रचे गए भारतीय बुद्धिजीवियों के मन में व्यवस्थित रूप से डाली।

यदि उपनिवेशवादी आन्दोलन प्रगतिशील ऐतिहासिक प्रक्रिया के विरुद्ध थे तो वे लोग तार्किक दृष्टि से सही हैं जो साम्राज्य की पुनः स्थापना की बात कर रहे हैं। चार वर्ष पहले नियाल फर्ग्युसन नामक महानुभाव 'कोलोसस : दि प्राइस ऑफ अमेरिकाज एंपायर' नामक ग्रन्थ में घोषित कर चुके हैं कि अमेरिका द्वारा अपने आपको बाकायदा औपचारिक रूप से नए 'उदार' साम्राज्य के रूप में स्थापित करना 'वस्तुनिष्ठ' रूप से जगत हितकारी होगा। फर्ग्युसन ने अपने जगत हितकारी प्रस्ताव के पक्ष में भारत में अंग्रेजी राज के जनहितकारी कामों का उदाहरण दिया है। उनका कहना है कि खासकर 1857 के सिपाही विद्रोह के बाद, अंग्रेजी राज ने भारत में कानून का राज कायम करके, उत्तरदायी, संवेदनशील और उदार प्रशासन की स्थापना करके अभागे भारतीयों को विनाश से बचाया, आधुनिकता और प्रबोधन तो अंग्रेजी राज के कारण जड़ता और सड़न से भरे हुए भारतीय समाज में आया ही! अपने यहाँ भी, इन दिनों कुछ लोगों को अंग्रेजों से सिर्फ इतनी शिकायत है कि वे 'देर से आए और जल्दी चले गए'। ऐसे लोगों की प्रशंसा वे लोग भी करते हैं, जो उपनिवेशवाद के विरोधी होने का भी दम भरते हैं, और खगोलीकरण के भी।

1857 के डेढ़ सौ साल पूरे होने पर हिन्दी की एक 'नीर-क्षीर विवेकी' पत्रिका के सम्पादकजी ने फिर से एक बार 1857 के विद्रोह का प्रतिक्रियावादी स्वरूप लोगों को याद दिलाया, उन्हीं जैसे ज्ञानियों ने उस विद्रोह के 'ब्राह्मणवादी' (और इस कारण दलित विरोधी) स्वभाव पर विस्तार से प्रकाश भी डाला। अंग्रेजी राज की भूमिका के बारे में सम्पादकजी नियाल फर्ग्युसन से एकदम सहमत हैं, शायद अरब-अफ्रीकी देशों के प्रसंग में अमेरिकी सत्ता-प्रतिष्ठान को दिए गए, फर्ग्युसन के सुझावों से भी सहमत ही हों। तार्किक रूप से तो होना चाहिए।

यदि अंग्रेजी राज एक जड़ समाज को गति दे रहा था, आधुनिक संस्थाओं का विस्तार कर रहा था, नगरीकरण को गति दे रहा था, तो उसकी आलोचना केवल भावुक राष्ट्रवाद के आधार पर करना सचमुच ऐतिहासिक 'वस्तुनिष्ठता' की उपेक्षा करना ही है।

फरवरी-मार्च 2005 के 'बोस्टन रिव्यू' में विवेक छिब्बर[65] ने फर्ग्युसन की किताब की समीक्षा की। इसमें उन्होंने 1857 के बाद, भारत में अंग्रेजी राज की भूमिका के बारे में माइक डेविस की पुस्तक 'लेट विक्टोरियन होलोकॉस्ट्स : एल निनो फेमाइंस एंड मेकिंग ऑफ दि थर्ड वर्ल्ड' (2001) से कुछ सूचनाएँ दी हैं। डेविस की किताब का शीर्षक बहुत मानीखेज है, खासकर यूरोपीय पाठकों के लिए। यूरोप में 'होलोकॉस्ट' लगभग पारिभाषिक शब्द है। इसका प्रयोग बीसवीं सदी में, नाजियों-फासिस्टों द्वारा किए गए यहूदियों के जातिनाश के लिए किया जाता है। माइक डेविस याद दिलाना चाहते हैं कि परम उदार अंग्रेजी राज, परम करुणामयी विक्टोरिया के शासन-काल में भारत में वैसा ही कुछ कर रहा था। डेविस के अनुसार, 1876-1878 के तीन सालों में साठ से अस्सी लाख हिन्दुस्तानी अकाल के कारण काल के ग्रास बने। 1896-97 और फिर 1899-1900 के अकालों में मरने वालों की तादाद थी—पौने दो करोड़ से दो करोड़ के बीच। याने, राजराजेश्वरी, 'चाँदी की कटोरी सी विक्टोरिया रानी' के राज्यकाल के इन लगभग पचीस सालों में, औसतन हर साल, अधिक नहीं, केवल दस लाख लोग काल के गाल में समा गए थे।

फर्ग्युसन साहब का कहना है कि 'अकाल तो भारत की जलवायु का हिस्सा सदा से ही रहे हैं। उदार ब्रिटिश राज को दोष देने से क्या फायदा'। 28 अप्रैल 2009 के 'दि टाइम्स ऑफ इंडिया' में प्रसिद्ध जनवादी अर्थशास्त्री जां द्रेज ने एक लेख लिखा। उनका इरादा नेक ही था। भारत की सारी समस्याएँ विदेशियों ने ही पैदा की हैं इस धारणा का खण्डन जरूरी है। लेकिन ऐतिहासिक तथ्यों का ध्यान रखना भी जरूरी है। दक्षिणपंथी राजनीति के विरुद्ध तात्कालिक पॉलिमिक्स के उत्साह में औपनिवेशिक सत्ता को नेकचलनी के निराधार प्रमाणपत्र देने के नतीजे खराब ही हो सकते हैं, आपके इरादे कितने ही नेक क्यों न हों। जां द्रेज ने बड़े जोश के साथ रेखांकित किया है कि रामायण और महाभारत के जमाने में भी भारत में अकाल पड़ते थे। भारत इफरात का समाज ('लैंड ऑफ एबंडेंस') कभी भी नहीं था।

सर्वथा सत्यकथन है। भला कौन 'वस्तुनिष्ठ चेतना सम्पन्न' व्यक्ति नकार सकता है, ब्रिटिशपूर्व भारत के पिछड़ेपन के ध्रुव सत्य को! निवेदन इसी के साथ माइक डेविस तथा अन्य गम्भीर शोधकर्ताओं द्वारा रेखांकित किए गए इस छोटे से तथ्य को भी याद रखने का है कि 1770 से 1890 के बीच के एक सौ बीस सालों की "आधुनिक" अवधि में भारत में इकत्तीस बड़े अकाल पड़े थे और उसके पहले के "पिछड़पेन" के पूरे दो हजार सालों में सत्रह। अकेले 1769-1770 में ही, कम्पनी की लूट और मौसम के प्रकोप ने मिलकर, "बंगाल की एक-तिहाई आबादी को भुखमरी और मौत के मुँह में धकेल दिया था।"[66] उस समय बंगाल की आबादी थी, डेढ़ करोड़, इसका एक-तिहाई याने पचास लाख लोग! यह सिलसिला दूसरे महायुद्ध के दौरान "प्रगतिशील" अंग्रेजी राज द्वारा पैदा किए गए, 'बंगाल के काल' तक जारी रहा।

क्या मतलब है 'इफरात का समाज' होने, न होने का? किसकी तुलना में इफरात की बात की जा रही है? इन सवालों पर बात तो अलग से ही करनी होगी, लेकिन इतना तय है कि अंग्रेजी राज के पहले के भारत में व्यापार तो काफी इफरात में था। इतनी इफरात में था कि यूरोप के कई देश स्थानीय व्यापारियों के दबाव में, सत्रहवीं सदी में भारतीय कपड़े के आयात पर रोक लगा रहे थे। रँगाई के लिए भारतीय नील कपड़ा-रँगाई के यूरोप में उत्पादित मसालों के लिए इतनी घातक सिद्ध हो रही थी कि फ्रांस के राजा हेनरी चतुर्थ ने भारतीय नील का उपयोग करने वालों को प्राणदण्ड देने की घोषणा कर दी थी।[67]

ऐसे व्यापार का विनाश किए बिना अंग्रेजों का व्यापार कैसे जम सकता था? भारत में अंग्रेजी राज किसी व्यापार-विहीन, "आदिम, जजमानी आधारित अर्थव्यवस्था" को पूँजीवादी विश्व-व्यवस्था में लाने का 'वस्तुनिष्ठ रूप से प्रगतिशील' काम नहीं कर रहा था, बल्कि प्रतिद्वन्द्वी व्यापार को नष्ट कर रहा था। जैसे-जैसे देशी सत्ताएँ कमजोर पड़ती गईं, वैसे-वैसे अंग्रेज व्यापारियों को इजारेदारी कायम करने के अवसर मिलते गए। जैक गुडी बताते हैं कि भारत और इंग्लैंड के बीच व्यापार का संतुलन किस विनाशकारी ढंग से बदला–1814 में भारतीय कपड़े के बारह लाख छियासठ हजार छह सौ नग इंग्लैंड को निर्यात किए गए, और इंग्लैंड से आठ लाख अठारह हजार दो सौ आठ गज कपड़ा भारत आया। सिर्फ चौदह साल बाद, 1828 में भारत से निर्यात हुआ चार लाख बाइस हजार पाँच सौ चार नगों का, और भारत में आया चार करोड़ अठाइस लाख बाइस हजार सत्तर गज कपड़ा![68]

इस विनाश-लीला से गुजर रहे देश के व्यापारिक और सामाजिक ताने-बाने और अन्तर्राष्ट्रीय सम्पर्कों का क्या हश्र हो सकता था? भारतीय व्यापारी अपने देश में ही हाशिए के भी हाशिए पर जब धकेले जा रहे थे, तो दुनिया के दूसरे देशों में व्यापार कर रहे भारतीय व्यापारियों के भारत से व्यापारिक और सामाजिक सम्पर्क टूटते नहीं तो क्या होते? अस्त्राखान के मारवाड़ी उन्नीसवीं सदी में धर्मान्तरण करके रशियन ऑर्थोडॉक्स चर्च में क्यों शामिल हुए–यह इस अकल्पनीय विनाश-लीला के सन्दर्भ में समझा जा सकता है।

उन्नीसवीं सदी का भारत के इतिहास में सचमुच निर्णायक महत्त्व है। इस के दौरान भारत के व्यापार को, तज्जनित आधुनिक रुझानों और विचारों को, अन्तर्राष्ट्रीय सम्पर्कों को ही नहीं नष्ट किया गया, ऐतिहासिक स्मृति और आत्मबोध का व्यवस्थित विकृतीकरण भी किया गया। इसके बाद से भारतीय आत्मबोध या तो अंग्रेजी कसौटी पर खरे उतरने की चिन्ता से परिभाषित होने लगा, या खोखले आत्माभिमान या उतनी ही खोखली आत्मघृणा से।

इस पुस्तक के आरम्भ में ही मैंने नोट किया है कि कुछ लोगों के अनुसार भारतीयों में इतनी भी अक्ल नहीं थी कि अपने लिए कुछ समस्याएँ स्वयं पैदा कर

सकें। 'सारी समस्याएँ विदेशियों की देन हैं' ऐसा मानने वाली राष्ट्रवादी भावुकता के प्रतिवाद में यह सिद्ध करना कि अंग्रेजों ने जड़ता से भारत का उद्धार किया, उसे आधुनिकता की नेमत बख़्शी–यह भी भावुकता ही है। उपनिवेशवाद का महिमामण्डन करती भावुकता, 'न्यू एंपायर' के प्रस्ताव का समर्थन करती भावुकता। जनवादी, प्रगतिशील अर्थशास्त्रियों को 'वस्तुनिष्ठ रूप से' साम्राज्यवाद के पाले में शामिल कराती भावुकता।

प्राकृतिक विपदा से अधिक क्रूर थी औपनिवेशिक शासकों की निष्ठुरता। अकाल पहले भी पड़ते थे, लेकिन 'पौर्वात्य निरंकुशता' (ओरिएंटल डेस्पॉटिज्म) के शिकार जिन्हें बताया जाता है, वे ब्रिटिशपूर्व शासक फसल के आधार पर लगान लेते थे। जिस साल फसल अच्छी न हो, उस साल किसान की देनदारी अपने-आप घट जाती थी। 'प्रगतिशील' अंग्रेजी राज को अपने साम्राज्यवादी युद्धों के लिए पैसा चाहिए था, उसने उपज के परिमाण की बजाय जोत के आकार के आधार पर 'रेवेन्यू' वसूलना शुरू किया। ऊपर से अकाल आदि के समय सरकार द्वारा राहत देने की 'प्रतिक्रियावादी' भारतीय शासकों की पिछड़ेपन से ग्रस्त पद्धति को पूरी तरह त्याग दिया। 1878 के अकाल आयोग की रिपोर्ट में दो टूक कहा गया, 'अकाल के समय किसानों और प्रजा को राहत देने का सिद्धान्त यदि मान लें, तो यह भी मानना होगा कि अन्य स्थितियों में भी राहत दी जाए। ऐसा मान लेने के परिणाम घातक होंगे'। ऐसे घातक परिणामों से 'राज' को बचाने के लिए वायसरॉय लिटन ने स्थानीय प्रशासकों को कड़ी हिदायत दी कि 'कीमतें घटाने के लिए सरकारी तौर पर किसी तरह का कोई हस्तक्षेप करने की बात सोचें तक नहीं' और 'मानवतावादी प्रलाप' (ह्यूमनेटेरियन हिस्टेरिक्स) की बीमारी से बचकर रहें। 1899 के अकाल के प्रसंग में लॉर्ड कर्जन ने फरमाया कि 'अकालग्रस्त लोगों की सहायता करके उनकी आत्मनिर्भरता को घटाना और उनकी नैतिक शक्ति को कम करना, असल में पब्लिक क्राइम होगा'।

भारत के आम लोगों के आत्मसम्मान की इस करुण कर्जनीय चिन्ता से जो गद्-गद् न हो जाए, अंग्रेज शासकों प्रशासकों के हिसाब से भी और आजकल के कुछ क्रान्तिकारियों के हिसाब से भी, वह एहसान-फरामोश है!

1899-1900 ईस्वी याने विक्रमी संवत 1956। 'छप्पनिया अकाल' उत्तर भारत की लोकस्मृति में लम्बे अरसे तक प्रकृति के कोप और शासन की निष्ठुरता का रूपक बन कर मौजूद रहा। प्राकृतिक विपदा और शासकीय निष्ठुरता के डरावने संयोग को 'छप्पनिया अकाल जैसा हाल' कहते परिवार और मुहल्ले के बुजुर्ग मुझे आज तक याद हैं।

अकाल निस्सन्देह पहले भी पड़ते थे, हालाँकि अंग्रेजी राज के प्रगतिशील चरण पिछड़े भारत में पड़ने के पहले न तो इतनी जल्दी-जल्दी पड़ते थे, न इतने लोगों को ग्रसते थे। 'पौर्वात्य निरंकुशता' अकाल के समय राहत पहुँचाने को ह्यूमनेटेरियन हिस्टेरिक्स की बीमारी नहीं, शासक का कर्तव्य मानती थी। 1857 के विद्रोही जिस

"प्राचीन व्यवस्था" के पक्ष में होने के कारण रंग-बिरंगे क्रान्तिकारियों के कोपभाजन बनते हैं, उसे यह गौरव सचमुच हासिल नहीं हो सकता था कि औसतन हर साल दस लाख मौतें अकाल के कारण हो जाएँ, और प्रशासक 'मानवतावादी प्रलाप की बीमारी' से दूर बने रहें!

ब्रिटिश राज को दलितों-पिछड़ों का उद्धारक और 1857 के विद्रोहियों को ब्राह्मणवादी बताने वालों को अनुमान लगाना चाहिए कि चौथाई सदी में अकाल के कारण काल के ग्रास में समा जाने वाले हमारे ढाई-तीन करोड़ अभागे पूर्वजों में से कितने दलित-पिछड़े रहे होंगे और कितने ब्राह्मणवादी!

स्वयं ब्रिटिश प्रशासन की एक रिपोर्ट (1881) के अनुसार अकाल के शिकार बनने वालों में से अस्सी फीसदी समाज के दरिद्रतम तबकों के थे!

प्रिय पाठक, ये पैराग्राफ आपको विषयान्तर लग सकते हैं, वे हैं भी, लेकिन जरूरी विषयान्तर। यह जानने के लिए जरूरी विषयान्तर कि भारतीय इतिहास और इतिहास-लेखन तथा 'पढ़े-लिखों' के इतिहास-बोध में उपनिवेशवाद द्वारा लाई गईं विकृतियों की पैठ कितनी गहरी है। नियाल फर्ग्युसन तो खैर आत्मघोषित साम्राज्यवादी हैं, लेकिन औपनिवेशिक इतिहास-विकृति की सफलता इस बात में है कि गरीबी से लड़ने को प्रतिबद्ध जां द्रेज और विभिन्न क्रान्तिकारियों के स्मृति-तन्त्र से भी, माइक डेविस द्वारा रेखांकित यह बात गायब है कि **"भारत में ब्रिटिश राज के इतिहास को यदि एक तथ्य में समेटना हो तो वह तथ्य है : 1757 से लेकर 1947 तक की भारत की प्रति व्यक्ति आय में कोई बढ़ोतरी नहीं हुई।"[69] (जोर मेरा)**

भारत में अंग्रेजों के देर से आने और जल्दी चले जाने से दुखी आत्माएँ जरा यह भी पता लगाएँ कि इन एक सौ नब्बे सालों में इंग्लैंड की प्रति व्यक्ति आय में कितना इजाफा हुआ।

नियाल फर्ग्युसन ने 2002 में भी एक किताब लिखी थी–'एंपायर : दि राइज़ एंड डिमाइज़ ऑफ दि ब्रिटिश वर्ल्ड एंड दि लेसंस फॉर दि ग्लोबल पॉवर'। इसमें उन्होंने ब्रिटिश राज को दुनिया-भर में कानून का राज कायम करने, और बुद्धू गैर-यूरोपियों की चेतना का "आधुनिकीकरण" करने का श्रेय तो दिया ही, गिरमटिया मजदूरी की "प्रगतिशील" भूमिका पर भी विस्तार से प्रकाश डाला। बिहार, उ.प्र., आन्ध्र प्रदेश और तमिलनाडु से जो लाखों लोग दास बनाकर मारीशस और वेस्ट इंडीज ले जाए गए, जिनके ऊपर दानवीय अत्याचार किए गए, फर्ग्युसन के अनुसार उन्हें भी ब्रिटिश राज का आभारी होना चाहिए, क्योंकि आखिरकार उन्हें रोजगार तो मिला। विश्व-व्यापार की तरक्की में तो इस कमखर्च, 'रेशनल' पद्धति का योगदान स्वयंसिद्ध है ही। पहले, कृत्रिम अकालों की रचना करना, करोड़ों लोगों को तड़प-तड़प कर मरने के लिए विवश कर देना–फिर, उन्हें दास बनाकर हजारों मील दूर ले जाकर पटक देना। साम्राज्यवादी 'रेशनलिटी' और 'सिविलाइजिंग मिशन' का सार यही था।

फर्ग्युसन साहब को अफसोस इसी बात का है कि एहसानफरामोश गैर-यूरोपियों के कारण यह 'मिशन'' पूरा न हो सका, और अब की 'ग्लोबल पॉवर' के लिए 'लेसन' यही है कि वह इस अधूरे छूट गए मिशन को जल्दी से जल्दी पूरा करे।

'हंस' सरीखी नीर-क्षीर-विवेकी दृष्टि से सम्पन्न सम्पादकजी और उनके क्रान्तिकारी साथी, आशा है कि फर्ग्युसन साहब द्वारा निरूपित 'ग्लोबल पॉवर' के मिशन से सहमत ही होंगे। हमें तो, निकोलस डर्क्स के साथ यही लगता है, "साम्राज्य का सारा बोझ उपनिवेशीकृत लोगों को ही ढोना पड़ा था। इस तथ्य पर परदा डालने की कोई भी कोशिश ऐसा स्कैंडल है, जिसे दोहराने की छूट न अतीत की ऐतिहासिक व्याख्याओं को दी जा सकती है, और न खगोलीय आधिपत्य के नए रूपों के पक्ष में इतिहास को हथियाने की, इन दिनों चल रही कोशिशों को।"[70]

जहाँ तक असभ्य गैर-यूरोपियों को कानून का राज सिखाने की बात है, तो एक कानून 1836 में बनाया गया 'ठगी एक्ट' भी था, जिसमें व्यवस्था की गई थी, "जिस किसी के भी बारे में यह साबित हो कि वह इस कानून के पास होने के बाद या पहले ठगों के गिरोह से सम्बद्ध रहा है, उसे बामशक्कत उम्र कैद दी जाएगी।"[71]

याने जरूरी नहीं कि कोई ठगी का अपराध करे, सारी उम्र जेल में सड़ाने के लिए इतना ही काफी है कि कभी, किसी जमाने में उसका ताल्लुक 'ठगों के किसी गिरोह से' रहा हो।

क्या हो सकता है, इससे उम्दा कानून का राज! क्या हो सकता है, इससे बढ़िया ढंग जड़, मूर्ख भारतीयों को कानून का राज सिखाने का। सारे के सारे जनसमूहों को जन्म से ही अपराधी घोषित कर देने के, उनसे कभी भी सम्बद्ध रहे किसी भी व्यक्ति को जन्म से ही सजा के लायक अपराधी मानने के ऐसे कारनामे और भी किए गए थे। औपनिवेशिक सत्ता और ज्ञानकाण्ड की भारतीय समाज के वर्णाश्रमवादियों के साथ जुगलबन्दी स्वाभाविक ही थी।

औपनिवेशिक सत्ता द्वारा 'एहसानफरामोश' भारतीयों और गैर-यूरोपियों पर की गईं मानव-निर्मित अकाल जैसी कृपाओं को भुलाकर, और औपनिवेशिक ज्ञानकाण्ड द्वारा भारत के ही नहीं, सारे गैर-यूरोप के 'इतिहास की चोरी' की उपेक्षा करके कबीर के समय और समाज के प्रामाणिक बोध तक पहुँचना सम्भव नहीं है। जिसे "दोहराने की छूट नहीं दी जा सकती", उस 'स्कैंडल ऑफ एंपायर' की नवैयत को समझे बिना दुनिया के इतिहास के प्रामाणिक बोध तक पहुँचना सम्भव नहीं है।

6. *'वर्णाश्रम की तजै काणि' : जाति, वर्णाश्रम और नस्ल*

औपनिवेशिक सत्ता अनाज का अकाल पैदा कर रही थी, तो औपनिवेशिक ज्ञानकाण्ड स्मृति का। औपनिवेशिक सत्ता व्यापार को नष्ट कर रही थी; औपनिवेशिक ज्ञानकाण्ड

व्यापार द्वारा भारतीय इतिहास में निभाई गई भूमिका की स्मृतियों को व्यवस्थित रूप से मिटा रहा था। सिद्ध कर रहा था कि भारतीय समाज जातिप्रथा, जजमानी व्यवस्था और ओरिएंटल डेस्पॉटिज्म के ही आधार पर चलता आया है; पॉलिटिकल इकॉनॉमी तक तो भारत कम्पनी का राज कायम होने के पहले कभी पहुँचा ही नहीं।

"जिस रूप में हम आज इसे जानते हैं, उस रूप में, जाति एक आधुनिक परिघटना है; इसका जन्म भारत और पश्चिमी औपनिवेशिक शासन के ऐतिहासिक सम्पर्क के कारण हुआ है"–निकोलस डर्क्स की इस बात[72] ने काफी विवाद उत्पन्न किया है। जाति औपनिवेशिक सत्ता ने तो निश्चय ही नहीं रची, लेकिन, ध्यान जाना चाहिए–"जिस रूप में हम आज इसे जानते हैं"–पर। जाति पहले भी थी; लेकिन शाश्वत ब्राह्मण सर्वोच्चता की कल्पना वास्तविक व्यवहार में कब की पीछे छूट चुकी थी। 'निज-निज बरन धरम नर-नारी' की कल्पना का तो वास्तविकता से दूर-दूर का भी सम्बन्ध कभी था ही नहीं। जिस "वर्णसंकरता" को वर्णाश्रमवादी सोच कलियुग का अचूक प्रमाण मानती थी, आरम्भिक आधुनिक काल के भारत की सामाजिक वास्तविकता वही थी। वर्णमिश्रण के कारण नित नई जातियाँ उत्पन्न हो रही थीं। व्यापारजनित गतिशीलता के कारण स्वयं ब्राह्मण व्यापारी भी बन रहे थे, मजदूर भी और आदिवासी गोंड राजाओं के स्तुतिगायक भी। जातियों के नस्लाधारित होने की कल्पना का तो औपनिवेशिक आधुनिकता के पहले कहीं अता-पता तक नहीं चलता।

"जाति-व्यवस्था में पदानुक्रम रक्तशुद्धि और पवित्रता-प्रदूषण के स्केल पर आधारित था। यह पदानुक्रम सदा एक सा बना रहा। इस पर न व्यापार का प्रभाव पड़ा न राजसत्ता का"–इस रूप में जाति की कल्पनाएँ निश्चित रूप से औपनिवेशिक सत्ता और ज्ञानकाण्ड द्वारा विधिवत प्रचारित और लागू की गई कल्पनाएँ हैं। ऐसी कल्पनाएँ देशी व्यापार को नष्ट करके अपने पाँव जमा रहे व्यापारियों के अस्तित्व की शर्त थीं, ताकि यह जताया जा सके कि अंग्रेजी राज जाति को रूपान्तरित कर रही, व्यापार से भरपूर अर्थव्यवस्था को नष्ट नहीं कर रहा, इतिहासविहीन समाज को इतिहास और विश्व-व्यवस्था में लाकर प्रगतिशील भूमिका निभा रहा है।

भाँति-भाँति से भारत का 'उद्धार' करने को उत्सुक सज्जन, हजारों साल पुराने टेक्स्ट्स के आधार पर उन्नीसवीं सदी के भारतीय यथार्थ का "वर्णन" करते भारतविद्, जाति को नस्लाधारित बनाते समाजविज्ञानी, जाति को नीति-निर्धारण की बुनियादी इकाई मानते, उसे 'सिविल सोसायटी' के भारतीय संस्करण की हैसियत बख्शते प्रशासक, जातिव्यवस्था के परिवर्तनशील रूप और इस परिवर्तन में व्यापार की भूमिका की उपेक्षा करते इतिहासकार–इन सबकी गतिविधियाँ मिलकर एक आख्यान की रचना करती हैं। इस आख्यान की असली भूमिका भारतीय इतिहास

की वास्तविक समस्याओं और संघर्षों को विमर्श से बाहर कर देने की रही है। ब्राह्मणवाद से लेकर उपनिवेशवाद तक के निहित स्वार्थों द्वारा भारतीय परम्परा में उत्पन्न की गई जड़ताओं पर से, और उनके विरुद्ध किए गए संघर्षों से ध्यान हटाने की रही है।

भारतीय इतिहास के देशज आधुनिक पाठ (जिसमें यूरोपीय, गैर-यूरोपीय आधुनिकताओं से संवाद करने की इच्छा और सामर्थ्य होनी चाहिए) के लिए भारतीय इतिहास-लेखन की केन्द्रीय समस्या इन वास्तविक समस्याओं पर ध्यान देने की, देशज आधुनिकता के अन्तस्संघर्षों और औपनिवेशिक आधुनिकता के चरित्र को समझने की ही है। उस प्रक्रिया का वर्णन करने की है, जिसके अन्तर्गत वर्णाश्रम के सिद्धान्त को व्यवहार में केवल अनोखे व्यक्तियों ने ही नहीं, सारे समाज ने धता बताया और वर्णाश्रमवादी तिलमिलाए। इस तिलमिलाहट जैसी ही, भारतीय समाज में अपनी और भी समस्याएँ थीं। अपने संघर्ष थे। सही इतिहास-लेखन की चुनौती इनका तथ्यसम्मत "वर्णन" करने की है। हिन्दू-मुसलमानों को सिर्फ अंग्रेजों ने ही लड़ाया-भिड़ाया होता तो कबीर काहे को दुखी होते कि, "आपस में दोऊ लड़त मरत हैं, मरम न काहू जाना।" समस्याएँ तो थीं ही, लेकिन किस प्रकार की, और किन क्षेत्रों में? संघर्ष थे, लेकिन किस प्रकार के और किन कारणों से?

भारतीय समाज न तो केवल अलौकिकता में डूबा समाज था, न केवल प्रेम और अहिंसा में। वैष्णव वैरागियों और शैव संन्यासियों के बीच लगातार सशस्त्र संघर्ष होते थे। कारण क्या था? तीर्थों से होने वाली आय ही नहीं, स्वयं संन्यासियों और वैरागियों द्वारा संचालित व्यापारिक और महाजनी गतिविधियाँ, इनके कारण उत्पन्न प्रतिस्पर्धा। संन्यास केवल ब्राह्मण ले सकता है, या कृषक-कारीगर भी—यह सैद्धान्तिक सवाल। ब्राह्मण-सर्वोच्चता यदि सारे देश में, सदा से, एक सी मान्य थी, तो क्या कारण था कि अठारहवीं सदी में जयपुर के राजा के महाराष्ट्रीय ब्राह्मण सलाहकार उसे प्रेरित कर रहे थे कि रामानंदी और अन्य वैष्णवों को ब्राह्मणों की सर्वोच्चता स्वीकार करने वाले स्मार्त्त मार्ग पर लाया जाए—राजी-राजी नहीं, तो राजकोप के भय से।

इस तरह के सवाल पूछने के लिए पेन्डुलम-धर्म से मुक्ति आवश्यक है। या तो जाति पर ध्यान ही न देना; या फिर सिर्फ जाति पर ही ध्यान देना—इस पेन्डुलम-धर्म से मुक्त होकर पूछना चाहिए कि ब्राह्मणों की शाश्वत सर्वोच्चता में सचाई कितनी है, फैंटेसी कितनी। खोजना चाहिए कि व्यापार जाति-व्यवस्था को कितनी दूर तक प्रभावित कर रहा था। सोचना चाहिए कि वर्णाश्रम के निर्देशात्मक (नौर्मेटिव) वक्तव्यों का जाति के वास्तविक तथ्यों से क्या सम्बन्ध था।

स्वयं औपनिवेशिक सत्तातन्त्र से जुड़े जिन लोगों ने भारत के वास्तविक, दैनंदिन जीवन पर ध्यान दिया, पहले से गढ़ ली गयी 'थ्योरी' के हिसाब से तथ्यों को

तोड़ने-मरोड़ने की बजाय, तथ्य और अनुभव के आधार पर जाति-व्यवस्था को समझने की कोशिश की, वे जाति की वास्तविकता को समझ सके। मिर्जापुर में लम्बे समय तक जिलाधिकारी रहे, बंगाल सिविल सर्विस के अफसर विलियम क्रुक ऐसे ही लोगों में से थे। उन्नीसवीं सदी के अन्तिम दशक में 'नॉर्थ-वेस्टर्न प्राविंस और अवध' (आज का उत्तर प्रदेश) का जातिगत सर्वेक्षण करते हुए क्रुक ने नोट किया कि 'मैदानी इलाके के जोशी ब्राह्मण काफी सम्मिश्रित समाज हैं। इनमें ब्राह्मणों के पारम्परिक गोत्रों से कहीं ज्यादा अन्य स्रोतों की सूचना देने वाले गोत्र मिलते हैं, जैसे कि बागरी, बैस, बारी, बारवाड़, चमरगौर, चौहान, सुनारी आदि'।[73]

'धर्मशास्त्र के अर्थशास्त्रीकारण' के जिस दौर की बात हम कर चुके हैं, उसी दौर के बारे में इतिहासकार विजय नाथ बताती हैं, "अत्रिस्मृति और मिताक्षरा में ब्राह्मणों की दस कोटियाँ गिनाई गई हैं। ध्यान देने की बात यह है कि इनमें शूद्र ब्राह्मण, म्लेच्छ ब्राह्मण, चांडाल ब्राह्मण, निषाद और मार्जार ब्राह्मग तक गिनाए गए हैं।" विजय नाथ का कहना है, "यह मानने के पर्याप्त प्रमाण हैं कि मध्यकाल तक आते-आते ब्राह्मण जाति समूहों में विशुद्ध और मध्यदेशीय ब्राह्मणों के अलावा भी कई तत्व शामिल हो चुके थे। आदिवासी पुरोहितों को ब्राह्मण जाति की निचली पायदानों पर जगह मिल चुकी थी।"[74]

"मध्यकाल" के बारे में विजय नाथ और उन्नीसवीं सदी के बारे में क्रुक द्वारा दी गई सूचनाएँ जातिव्यवस्था और वर्णाश्रम पर चिपका दिए गए नस्लवादी मॉडल का सीधा खण्डन करती हैं। लेकिन औपनिवेशिक सत्ता को जाति-व्यवस्था को नस्लवाद के ही आधार पर "समझना" रास आ सकता था। यही नहीं, "आधुनिक" विद्वानों को नस्लों के "वैज्ञानिक" अध्ययन के लिए, भारत अद्वितीय प्रयोगशाला-सा नजर आ रहा था। अपने सर्वेक्षण के पहले खण्ड में क्रुक ने बंगाल-सेंसस (1891) के सुपरवाइजर रिज्ले को उद्धृत किया है, "जाति संस्था का विकास आर्यों ने अपनी नस्ल की शुद्धता बनाए रखने के लिए ही किया था", और इसलिए :

> दुनिया-भर में कहीं और, इतने विशाल महाद्वीप की जनसंख्या एक-दूसरे से सर्वथा अछूते (म्युचुअली एक्सक्लूसिव) थोकों में बँटी हुई नहीं पाई जाती। इन थोकों पर अपने से बाहर के किसी थोक में विवाह करने पर कड़ी रोक है। जाति-व्यवस्था का उदय जैसे भी हुआ हो, अन्तर्जातीय विवाह पर पूरी तरह प्रतिबन्ध लगाकर, इस व्यवस्था ने विभिन्न समूहों के मूल और प्रमुख लक्षण आज तक बचाए रखे हैं।[75]

यूरोप में तो ऐतिहासिक विकास के कारण नस्लों के बीच काफी घालमेल हो गया था, इतिहासविहीन भारत में नस्लें अपनी मूल शुद्धता ('प्रिस्टाइन प्यूरिटी') बचाए हुए थीं। यहाँ 'ऐंथ्रॉपॉमेट्री' की "वैज्ञानिक उपकल्पनाओं" को प्रयोग के आधार पर परखने के लिए स्वयं इतिहास-विधाता की बनाई सामाजिक प्रयोगशाला उपलब्ध थी। रिज्ले की हाइपोथीसिस यह थी कि जिन्होंने अपनी "आर्यन" नस्ली शुद्धता बनाए रखी है,

वे ही जातियाँ पारम्परिक रूप से उच्च मानी जाती रही हैं। अकेले रिज़्ले ने नहीं, औपनिवेशिक सत्ता और ज्ञानकाण्ड से जुड़े अधिकांश लोगों ने अपने चित्त के नस्लवाद को भारतीय परम्परा पर थोप दिया, और "ऑफिशियल" ब्राह्मणों ने इस थोपन का जमकर समर्थन किया। रिज़्ले और उनके ब्राह्मण 'इन्फॉर्मेंट' पेशाधारित जनगणना की वकालत करनेवाले नेसफील्ड और इबटसन जैसे लोगों से खासे क्रुद्ध थे। इस तरह तो परमपूज्य ब्राह्मणों को 'पुरोहित' का पेशा करनेवाला कहकर मिरासियों और बहुरूपियों के साथ गिना जा रहा था। रिज़्ले के अनुसार "हकीकत" तो यह थी कि रक्तशुद्धि बनाए रखने के कारण, खानपान में भेदभाव के कारण ही ब्राह्मण सर्वोच्च माने जाते रहे हैं। उनकी इस थीसिस की वैज्ञानिक परख के लिए, पश्चिमोत्तर प्रान्त और पंजाब की सरकारों ने 89 जातियों के 6000 मनुष्य बतौर सैंपल के उपलब्ध कराए। इन सबकी नाकों, खोपड़ियों और आँखों की वैज्ञानिक माप-जोख के जरिए रिज़्ले साहब साबित करना चाहते थे कि ब्राह्मणों में "रक्तशुद्धि" बची रह गई है, बाकी में मिलावट है। किन्तु संयोग की बात, वैज्ञानिक ऐंथ्रॉपॉमेट्री ने इस थीसिस को सिद्ध नहीं, असिद्ध ही किया। क्रुक ने रिज़्ले साहब की थीसिस की सी.जे. ओ'डॉनेल द्वारा की गई समीक्षा भी उद्धृत की है :

> यदि ऐंथ्रॉपॉमेट्री का कोई मतलब हो, तो [रिज़्ले के अध्ययन के अलावा] कोई और साक्ष्य चाहिए ही नहीं, यह सिद्ध करने के लिए कि अफगान सीमा से लेकर बंगाल की खाड़ी तक के गंगा घाटी में रहने वाली भारतीय जातियों और कबीलों में रक्तमिश्रण पूरी तरह हो चुका है। परवर्ती ब्राह्मणकाल और प्रभाव में विकसित हुई पेशेवर जातियों की खोपड़ियों की विशेषताओं में परस्पर कोई अन्तर है ही नहीं।[76]

जिस वर्णसंकरता को वर्णाश्रमवादी कलियुग का प्रमाण भी मानते थे, और परिणति भी, ऐतिहासिक सचाई वही थी, नस्लवादियों की मनोवांछित रक्त-शुद्धि नहीं। लेकिन नस्लविज्ञान तो यूरोपीय आधुनिकता में बहुमान्य विज्ञान था ही। क्रुक के सर्वेक्षण का नतीजा यह या कि जातिव्यवस्था नस्लाधारित नहीं, पेशाधारित व्यवस्था है। इस सर्वेक्षण को नस्लविज्ञान का वैज्ञानिक आधार देने के लिए, कैप्टन ड्रेक ब्राकमान ने पश्चिमोत्तर प्रान्त और अवध की सरकारों द्वारा उपलब्ध कराए गए, पचीस साल से ज्यादा उम्र के 4,906 'नर' सैंपल्स के माथे, चेहरे और नाक के बाइस नाप लिये। "असंदिग्ध निष्कर्ष" यह प्राप्त हुआ : "सभी का नस्ली मूल एक सा ही है; और समूची भारतीय जाति-व्यवस्था पेशों के आधार पर विकसित और संचालित होती रही है, रक्त के आधार पर नहीं।"[77]

जाति को नस्लाधारित मानने वाले हों, या पेशाधारित; "आधुनिक" यूरोपीय अध्येताओं को, ऐसे "वैज्ञानिक" अध्ययनों के लिए, मनुष्यों के 'नर' या 'मादा' सैंपल या तो उपनिवेशों में सुलभ हो सकते थे, या फिर नाजी कंसेंट्रेशन कैम्पों में।

कबीर काशी के जुलाहे थे। क्रुक बताते हैं, 'मुस्लिम जुलाहे माता भवानी समेत हिन्दू देवी-देवताओं की भी पूजा करते हैं, और शहीदों-पीरों की भी'। यह बताने के बाद लिखते हैं :

> विदेशी कपड़ा बाजार में आने के कारण जुलाहे के कारोबार पर बहुत बुरा असर पड़ा है। बहुत से खेती या मजूरी करने लगे हैं। जुलाहे आम तौर से बदमाश, झगड़ालू, कायर और घमण्डी होते हैं। हाल में हुए बनारस दंगों में उन्होंने काफी हिस्सा लिया था, और गदर के दौरान की कुछ सबसे भयानक वारदातें जुलाहों ने ही अंजाम दी थीं।[78]

अंग्रेजी राज की कृपा ही कहें कि पहले दीगर जातियों के लोग रोजगार के अधिक अवसर देखकर जुलाहों में शुमार हो जाते थे, अब जुलाहे काश्तकार, खेत-मजदूर या "बदमाश" बन रहे थे। औपनिवेशिक आधुनिकता की कृपा से इतिहास-चक्र उलटा घूम रहा था, नगरीकरण की ओर बढ़ चला समाज देहातीकरण की ओर लौट रहा था। क्रुक ने अपने सर्वेक्षण में आगे बताया कि जुलाहों के 244 समूहों के गोत्र-नामों से मालूम पड़ता है कि उनमें वैश्य, बड़गूजर, भट, तोमर, गौड़ आदि मूलों के लोग भी हैं। इसी तरह मदारी से लेकर मुगल, पठान और शेख मूलों के जुलाहे भी हैं। जुलाहे और कोरी विभिन्न स्रोतों से आए लोगों की पेशाधारित जातियाँ हैं। कोरियों के गोत्रों से अहरवार, बैस, भदौरिया, कैथिया (कायस्थ से) आदि मूलों के संकेत मिलते हैं। सबसे रोचक हैं, फैजाबाद के जुरिया या जोरिगा लोग। ये मूलतः ब्राह्मण होने का दावा करते हैं। इनमें क्षत्रिय और वैश्य मूलों के संकेतक गोत्र भी मिलते हैं। ये केवल रेशमी कपड़े का काम करते हैं।[79]

क्रुक ने अपना सर्वेक्षण जब प्रकाशित किया, उस वक्त रिज्ले साहब 'रेस थ्योरी ऑफ कास्ट' को भारतीय परम्परा के अनुरूप ठहराने की जी-तोड़ कोशिश कर रहे थे। रिज्ले आई.सी.एस. अफसर थे, बहुत प्रभावशाली थे। क्रुक ने सावधानी से, लेकिन बहुत स्पष्टता के साथ रिज्ले के रेसिज्म का खण्डन करते हुए जाति के पेशाधारित विकास पर तथ्यसम्मत जोर दिया। रिज्ले साँची के भित्तिचित्र में चार लोगों को प्रणाम कर रहे वानरगण को आर्यों की नस्ल-भावना—रेस सेंटिमेंट—का प्रमाण बताकर अपने नस्लवाद को परम्परा के मत्थे मढ़ रहे थे, उनके ब्राह्मण सहयोगी जाति की इस नस्लवादी व्याख्या में रिज्ले का साथ उत्साहपूर्वक दे रहे थे। नेसफील्ड, इबटसन, क्रुक और मिडलटन जैसे जमीनी वास्तविकताओं को दर्ज कर रहे लोग जानते थे कि न तो जाति नस्ल पर आधारित है, और न ब्राह्मणों द्वारा रक्तशुद्धि बनाए रखने की बात में कोई दम है। वे देख रहे थे कि दुनिया के किसी भी समाज की तरह, भारत में भी सामाजिक "श्रेष्ठता" और उच्चता के निर्धारण में "पैसा बोलता है", और "जिसकी लाठी उसकी भैंस" होती है।

सर्वेक्षण से प्राप्त निष्कर्षों को क्रुक ने अपने ग्रन्थ के आमुख में व्यवस्थित रूप से रखा। वे देख रहे थे कि ब्राह्मणों की कर्मकांडपरक वरीयता डण्डे और पैसे की

ताकत रखनेवालों की इच्छा पर निर्भर करती है। क्रुक ने अवध गजेटियर और नेसफील्ड के हवाले से बताया है : प्रतापगढ़ में किंवदंती प्रचलित है कि राजा मानिकचन्द ने किसी अनुष्ठान के लिए जरूरी तादाद में पुरोहित न मिल पाने के कारण कुरमियों, अहीरों और भरों (राजगीरों) के थोक के थोक रातोंरात ब्राह्मण बना दिए थे। ऐसा ही फतेहपुर में हुआ था। यह भी कथा है कि उन्नाव के राजा तिलोकचन्द एक बार शिकार खेलने गए, प्यास लगी, आम के पेड़ को पानी दे रहे किसी आदमी से पानी माँगा, पीने के बाद मालूम पड़ा कि जिसके बर्तन से पानी पिया, वह तो जाति का लोध था। राजा ने कह दिया, आज से तुम और तुम्हारे वंशज ब्राह्मण हुए—आम के पेड़ को पानी पिलाने वाले अमतरा पाठक ब्राह्मण! इसी तरह बनाए गए ब्राह्मण गोरखपुर और बस्ती के सवालखिया थे, जिन्होंने तिवारी, पांडे, दुबे, अवस्थी जैसे ब्राह्मण उपनामों का इस्तेमाल करना शुरू कर दिया। सवा सौ साल पहले ही (याने 1775 के आस-पास) असोथर के राजा भागवत राय ने एक लूनिया (नमक बनाने वाले) को ब्राह्मणत्व अता फरमा दिया था।

क्रुक का निष्कर्ष है—"ब्राह्मण कोई समांगीकृत (होमोजिनस) समूह नहीं है। उनमें तरह-तरह के समूह शामिल हुए हैं, इस तथ्य से उनके उद्‌भव को पेशे से जोड़ने वाली थ्योरी पूरी तरह प्रमाणित होती है।"

क्रुक के, हमारे लिए प्रासंगिक निष्कर्ष इस प्रकार हैं :

1. जाति कोई शाश्वत, अपरिवर्तनीय व्यवस्था नहीं, बल्कि हिन्दू पौराणिक काल और इतिहास में सतत विकासमान व्यवस्था रही है।
2. जाति भारत की कोई अनोखी व्यवस्था नहीं, सर्वव्यापी पेशाधारित सामाजिक व्यवस्था का भारतीय रूप है।
3. जाति का वास्ता रिलीजन से कम और समाजशास्त्र से अधिक है।
4. **तथाकथित मूल विभाजन (ब्राह्मण, क्षत्रिय, वैश्य, शूद्र) का वास्तविक तथ्यों से कोई सम्बन्ध नहीं है। ये टर्म्स किन्हीं वास्तविक, निश्चित जनसमूहों को संकेत नहीं करते।[80] (जोर मेरा)**

क्रुक बिल्कुल ठीक समझ रहे हैं कि जाति किसी रिलीजन की नहीं, सामाजिक ढाँचे की संस्था है, वर्णाश्रम केवल एक सैद्धान्तिक ढाँचा है, वास्तविकता का वर्णन नहीं।

क्रुक से पहले, यही बात नेसफील्ड और भी जोरदार शब्दों में कह चुके थे। क्रुक ने उन्हें उद्‌धृत किया : "जाति रक्ताधारित समुदाय नहीं, प्रकार्य (फंक्शन) आधारित समुदाय है। प्रकार्य और केवल प्रकार्य की ही बुनियाद पर भारत की जाति-व्यवस्था का सारा ढाँचा गढ़ा गया है।"[81]

वर्णाश्रम के ढाँचे में किसी जाति का ऊँचा स्थान मिलना निर्भर करता था, उसकी आर्थिक या राजनीतिक ताकत पर। वर्णाश्रम एक तरह का फैंटेसी लोक भी

था, जिसमें ब्राह्मण देवता लोग अपनी शुद्धता और श्रेष्ठता की तरंगें लेते रहते थे, वास्तविक जीवन में श्रेष्ठता निर्भर करती थी—ताकत और पैसे पर। भारत जजमानी व्यवस्था और अपरिवर्तनशील वर्ण-व्यवस्था का समाज नहीं, परजीवी पुरोहितों, सामन्तों, मेहनतकश किसानों, दस्तकारों और व्यापारियों के बीच सम्बन्धों से परिभाषित होता समाज ही था। ये समूह अपने-अपने हितों के हिसाब से वास्तविकता को 'नेगोशिएट' करते थे। परस्पर संघर्ष और एडजस्टमेंट करते थे।

ब्राह्मणों की कर्मकांडपरक महत्ता स्वयं जाति के प्रकार्यात्मक आधार को रेखांकित करती है। यह बात बहुत साफ तौर पर उभरकर आती है, "रिपोर्ट मर्दुमशुमारी राजमारवाड़" से। यह जनगणना भी कम्पनी अधीन भारत के साथ-साथ ही, 1891 में हुई थी। जब जनगणना समाप्त हो गई और उसके आँकड़े प्रकाशित हो गए, तो "श्रीदरबार ने मन्जूर फरमाया कि जो 25 लाख आदमी मारवाड़ के गिने गए हैं उनकी उत्पत्ति रीत भाँति और चाल चलगतके हालातभी दरियाफ्तकरके लिखे जावेंकि जिससे राजको भी वाक़िफ़ीरहे और आम लोगों को भी फ़ायदा पहुँचे क्योंकि हरेक बात का जानना नहीं जानने से अच्छा है...।"[82]

ये शब्द मुंशी हरदियाल सिंह ने 1 अप्रैल, 1894 को लिखे थे। वे मर्दुमशुमारी के इंचार्ज थे, उन्होंने "मुंशी देवीप्रसाद" का आभार प्रकट किया, जिन्होंने "इस बड़े काम मरदुमशुमारी की डिप्टीसुपरडेंटी का बोझ भी खुशी से अपने ऊपर लिया और उस को मेरी मरजी और हिदायत के माफ़िक़ पूरा किया।" हरदियाल सिंह और उनके डिप्टी सुपरडेंट देशज आधुनिकता के मुहाविरे में ही सोच रहे थे। देशज आधुनिक सोच के मुताबिक तैयार की गई यह रिपोर्ट अद्वितीय महत्त्व का दस्तावेज है। मारवाड़ के एक-एक जनसमूह के "रीत भाँति और चाल चलगत" का सटीक वर्णन तो यह रिपोर्ट करती ही है, इसमें नस्लवादी या कुलीनतावादी पूर्वग्रह भी नहीं है। जिसे मुंशीजी "रीत भाँति और चाल चलगत" कह रहे हैं, उसी को आजकल के अध्येता "एवरीडे प्रैक्टिसेज" कहते हैं। रिपोर्ट की विशेषता यह है कि किसी भी जाति या समूह के बारे में बताने के लिए यह किसी शास्त्रवचन की ओर नहीं दौड़ पड़ती, बल्कि ठेठ एवरीडे प्रैक्टिस के आधार पर उस जाति का और सामाजिक पदानुक्रम में उसकी हैसियत का बखान करती है। बीच-बीच में महत्त्वपूर्ण ऐतिहासिक शख्सियतों का भी बखान होता चलता है।

रिपोर्ट में पहले स्थान—"ए क्लास"—पर आती हैं, "सिपाही और राज करने वाली कौमें।" ब्राह्मण भी पहले स्थान पर हैं, लेकिन रिपोर्ट द्वारा मान्य पदानुक्रम के दूसरे दर्जे—"बी क्लास" याने मजहबी कौमों—के पहले स्थान पर! इन "कौमों" में ब्राह्मणों के साथ वे सभी समूह शामिल किए गए हैं, जिनका पेशा कर्मकाण्ड से लेकर भीख माँगने और करामातें करने जैसी गतिविधियों से जुड़ा हुआ है। ऐसी कौमों में तरह-तरह के पुरोहित हैं, तमाम तरह के संन्यासी और वैरागी सम्प्रदाय हैं, सैयद हैं,

अघोरी हैं, सँपेरे हैं, नट-बाजीगर और बहुरूपिए हैं। इसी "बी क्लास" में, ब्राह्मणों के साथ ही हिन्दू और मुसलमान "हीजड़े" और नाचने-गाने वाली कसबनें हैं।

न तो मुंशी देवीप्रसाद और न ही मुंशी हरदियाल सिंह ब्राह्मणवाद-विरोधी क्रान्तिकारी थे। वे भी ब्राह्मणों के चरण-स्पर्श करते ही होंगे। लेकिन वे यह भी जानते थे कि यदि राजमारवाड़ की "रीत भाँति और चाल चलगत" का वर्णन करना है, विभिन्न समूहों की सामाजिक भूमिका और सत्तातन्त्र में वास्तविक हैसियत के आधार पर उन्हें वर्गीकृत करना है, तो ब्राह्मणों को बी क्लास में, मजहबी कौमों के साथ रखना ही तर्कसंगत है।

1891 में ही हुई बंगाल सेंसस के सुपरवाइजर रिज़्ले और मर्दुमशुमारी राजमारवाड़ के 'सुपरडेंट' हरदियाल सिंह तथा उनके 'डिप्टी' देवीप्रसाद की एप्रोच में फर्क यह था कि रिज़्ले भारतीय समाज के पदानुक्रम को रक्तशुद्धि के आधार पर बखान रहे थे, और ये दोनों मुंशी एवरीडे प्रैक्टिसेज के आधार पर। दूसरा फर्क यह था कि 'प्रगतिशील' बंगाल के ब्राह्मणों के विपरीत, 'पारम्परिक' राजमारवाड़ के ब्राह्मणों को यह सुविधा प्राप्त नहीं थी कि अपनी फैंटेसियों को "भारतीय इतिहास और समाज" का "वैज्ञानिक" वर्णन कहकर सरकारी दस्तावेजों में दर्ज करा दें। यह फर्क केवल एक तरफ रिज़्ले और दूसरी तरफ हरदियाल सिंह का ही फर्क नहीं था, यह देशज और औपनिवेशिक आधुनिकता के बीच का; "रीत भाँति, चाल चलगत" को वस्तुनिष्ठ ढंग से दर्ज करने और नस्लवादी फैंटेसियों को वास्तविकता पर थोपने के बीच का फर्क भी था।

औपनिवेशिक सत्ता और स्मार्त्त चिन्तन दोनों का बल "सार्वत्रिकता" पर था, स्थानीयता से दोनों को उलझन होती थी। पाँचवें अध्याय में आप देखेंगे कि स्मार्त्त ब्राह्मणों की सलाह पर चलते हुए ही जयपुर के राजा ने रामानंदियों को विवश किया था कि वे अपने वैष्णव तौर-तरीके छोड़कर कंजरवेटिव स्मार्त्त राह पर चलें। वैसे ही जैसे औपनिवेशिक आधुनिकता ने समुद्र-यात्रा-निषेध की कुछ इलाकों के ब्राह्मणों तक सीमित परम्परा को सारे हिन्दू समाज की 'स्टैंडर्ड प्रैक्टिस' बता दिया और बना दिया। जिस गुजरात के व्यापारी अरब और अफ्रीका में पुर्तगालियों को चुनौती देते थे, उसी गुजरात के गाँधीजी को समुद्र पार करने के कारण प्रायश्चित करना पड़ा।

राजमारवाड़ की उपर्युक्त रिपोर्ट मारवाड़ के रीत भाँति, चाल चलगत का वर्णन कर रही थी। औपनिवेशिक सत्ता, बंगाल, तमिलनाडु और महाराष्ट्र के चाल चलगत को सारे देश की "प्रामाणिक" हिन्दू रीत भाँति मानना और मनवाना चाहती थी। कहने की आवश्यकता नहीं कि इस "प्रामाणिकता" के स्रोत भी "ऑफिशियल ब्राह्मण" ही थे। भारतीय परम्परा के उनके द्वारा किए जा रहे बखान को ही औपनिवेशिक सत्ता "प्रमाण" मान रही थी, बाकी लोगों की चाल-चलगत पर दबाव डाले जा रहे थे कि वे सही लाइन पर चलने लगें। दक्षिण के ब्राह्मण सभी अब्राह्मणों

को शूद्र मानते थे। उत्तर में कई मध्यवर्ती जातियाँ थीं, और ब्राह्मणों की सामाजिक हैसियत दक्षिण, महाराष्ट्र और बंगाल की तुलना में काफी कमजोर थी। औपनिवेशिक ज्ञानकाण्ड और स्मार्त्त ब्राह्मणों के "सार्वत्रिकता प्रेम" ने मिलकर उत्तर की बहुस्तरीय और जटिल सामाजिक संरचना पर भी ब्राह्मण-अब्राह्मण का सपाट मॉडल लागू कर दिया। वर्णाश्रम का जो मॉडल मॉडल ही था, और अधिकांशतः असफल ही; उसे भारतीय समाज-व्यवस्था की शाश्वत सचाई बना दिया। स्थानीय चाल-चलगत पर काबू पाने का जो काम स्मार्त्त ब्राह्मण समूचे भारतीय इतिहास में कभी पूरी तरह नहीं कर पाए थे, औपनिवेशिक आधुनिकता के सहयोग से वह काफी दूर तक सम्भव हुआ। गनीमत यही है कि काफी दूर तक ही, पूरी तरह फिर भी नहीं।

ब्राह्मणवाद और उपनिवेशवाद की जुगलबन्दी को समझे बिना, औपनिवेशिक ज्ञानकाण्ड की विरासत से संघर्ष किए बिना, ब्राह्मणवाद का विरोध करने के दावे निराधार हैं।

फिर से क्रुक की ओर लौटें। क्रुक ने ऐन अपने समय में नित नई विकसित हो रही जातियों का अस्तित्व नोट करते हुए, उनकी बहुत ही महत्त्वपूर्ण विशेषता पर ध्यान दिया। वे देख रहे थे कि ये जातियाँ किसी पौराणिक या ऐतिहासिक व्यक्ति को केन्द्र में रखते हुए "पंथ" (सेक्ट) के रूप ले लेती हैं, और :

इन पंथों में से अधिकांश हिन्दू धर्म की वैष्णव परम्परा से सम्बन्धित हैं। और लगभग वैसे ही धार्मिक प्रश्नों से जूझ रही हैं, जैसे प्रश्नों से पश्चिम के सत्य-साधक जूझते रहे हैं। स्वाभाविक रूप से, ये सभी सेक्ट्स ब्राह्मणों के वर्चस्व और विशेषाधिकारों का विरोध करते हुए, सार्वजनिक उपासना के पवित्रतर और अधिक बौद्धिक रूपों की प्रतिष्ठा करते हैं।[83] (जोर मेरा)

क्रुक की यह बात कई तरह से महत्त्वपूर्ण है। दस्तकारों और व्यापारियों के पंथों में व्यक्त हो रही, 'हिन्दू धर्म की वैष्णव परम्परा' द्वारा 'ब्राह्मणों के वर्चस्व और विशेषाधिकारों' का विरोध करने का सिलसिला पुराना था। 'जात-पाँत पूछे नहीं कोई' की तेजस्वी घोषणा वैष्णव विचारक रामानन्द ने ही की थी। उस जमाने में वैष्णवों को 'मुंडी' भी कहा जाता था; कबीर ने जाति से मुक्ति पाने का श्रेय इन्हीं को दिया, "इन मुंडीअन मेरी जात गँवाई।" औपनिवेशिक ज्ञानकाण्ड के अधिकांश ने 'वैष्णव' शब्द को कट्टरपंथी पुष्टिमार्ग; शास्त्रवादी, ब्राह्मण वर्चस्व समर्थक रामानुजीय श्रीवैष्णवता और बंगाल में ही प्रभावशाली गौड़ीय वैष्णवता तक ही सीमित करके देखा। क्रुक 'वैष्णव परम्परा' के अधिक प्रामाणिक, गैर-पारिभाषिक, लोक-प्रचलित आशय पर ध्यान दे रहे हैं, इसीलिए 'सार्वजनिक' (पब्लिक) और 'बौद्धिक' (इंटेलेक्चुअल) पदों का प्रयोग कर रहे हैं। भक्ति के लोकवृत्त के निर्माण, उसकी सार्वजनिकता और बौद्धिकता के गठन में वैष्णव परम्परा का योगदान निर्णायक महत्त्व का था। इस परम्परा के बारे में कुछ और बात हम तीसरे और पाँचवें अध्याय में करेंगे।

क्रुक ने एक रोचक बात यह भी नोट की कि विधवा-विवाह को पचहत्तर फीसदी से ज्यादा हिन्दुओं की स्वीकृति प्राप्त है।[84] 1896 में नोट की गई यह बात चौंका सकती है। लेकिन बंगाल के ब्राह्मणों की रीति-नीति को मॉडल के रूप में पेश कर रही औपनिवेशिक आधुनिकता का ही एक कमाल यह भी रहा कि अपने आप को ब्राह्मणवादी पैमाने पर "हिन्दू" साबित करने की बेचैनी में क्रुक के अध्ययन क्षेत्र—आज के उत्तर प्रदेश में भी लोग विधवा-विवाह को धीरे-धीरे नकारने लगे। ब्राह्मण तथा अन्य 'उच्च' जातियों के सामाजिक पिछड़ेपन को 'श्रेष्ठ' होने का प्रमाण मानने लगे। क्रुक ने नोट किया है कि ब्राह्मणों के नाक-भौं चढ़ाने के कारण 'निम्न जातियों' के लोग अपने रीति-रिवाजों के बारे में बात करने में संकोच करते हैं। इस संकोच में कुछ योगदान अंग्रेजी पढ़े-लिखों के नाक-भौं चढ़ाने का भी था। आज तक है।

एम. एन. श्रीनिवास की विख्यात ब्राह्मणीकरण/संस्कृतीकरण (सामाजिक प्रतिष्ठा प्राप्त करने के लिए 'निम्न' जातियों द्वारा ब्राह्मणों जैसे रीति-रिवाज अपनाना) थीसिस और औपनिवेशिक ज्ञानकाण्ड के बीच सम्बन्ध पर निकोलस डर्क्स की टिप्पणी, इस प्रसंग में महत्त्वपूर्ण है :

> श्रीनिवास पूरी तरह नहीं समझ पाए कि सेंसस के प्रसंग में [उच्च स्थान पाने के लिए] संघर्ष संस्कृतीकरण की थ्योरी के उदाहरण भर नहीं हैं। असल में सेंसस ही संस्कृतीकरण की जननी थी। ज्ञान के नए, औपनिवेशिक समाजशास्त्र के ही कारण सामाजिक पदानुक्रम में ऊपर चढ़ने के ब्राह्मणी प्रतिमानों को सर्वव्यापी और एकमात्र होने की प्रतिष्ठा मिली। ये प्रतिमान भारतीय सभ्यता के किसी मूलभूत सिद्धान्त की अभिव्यक्ति कदापि नहीं थे।[85]

यही बात सतीप्रथा सम्बन्धी ब्रिटिश संसदीय दस्तावेजों का अध्ययन करती हुई वसुधा डालमिया कहती हैं। वे औपनिवेशिक सत्ता द्वारा ब्राह्मणों तथा अन्य 'उच्च' जातियों के रीति-रिवाजों को ही हिन्दू धर्म के "प्रामाणिक" रीति-रिवाज और विधान बनाकर बाकी सब जातियों पर थोप दने की प्रक्रिया को "उलटा" (याने ऊपर से लादा गया) संस्कृतीकरण कहती हैं।[86]

क्रुक, नेसफील्ड, इबटसन आदि प्रशासक, अध्येता वास्तविक चाल-चलगत के आधार पर बात कर रहे थे लेकिन औपनिवेशिक शासन ने नस्लवाद और ब्राह्मणवाद के संयोग से उत्पन्न रिज्लेवाद को ही मान्यता दी। 1899 में रिज्ले को 1901 में होने वाली सेंसस का कमिशनर नियुक्त कर दिया गया, और 1901 में डायरेक्टर ऑफ एथनॉग्राफी फॉर इंडिया। सेक्रेटरी ऑफ स्टेट ने रिज्लेवाद पर मोहर लगा दी—'भारत के देशी जीवन का सारा फ्रेमवर्क ऐसे ही [जैसे रिज्ले ने बताए थे—याने नस्लाधारित] समूहों से बना हुआ है, लोगों का सारा जीवन इन समूहों के नियमों से ही निर्धारित होता है। इस बात को ध्यान में रखकर ही कानून-प्रशासन चलना चाहिए'।[87] इसी

अर्थ में डर्क्स और कोहन जैसे अध्येता औपनिवेशिक सत्ता को "जाति के आविष्कार" का श्रेय देते हैं। नस्लवादी पैमानों पर ही भारतीय परम्परा में हैसियत का निर्धारण होता रहा है—इस निराधार रिज्लेवाद को सरकारी नीति का बल प्राप्त होने के बाद ही हर जाति द्वारा स्वयं को अधिकाधिक "संस्कृतीकृत" साबित करने की होड़ शुरू हुई। अपना "निकास" किसी-न-किसी ब्राह्मण ऋषि या क्षत्रिय राजा से सिद्ध करने के उपक्रम आरम्भ हुए।

ब्राह्मण-सर्वोच्चता कर्मकाण्ड तक सीमित थी। औपनिवेशिक 'थ्योरी' ने उसे जीवन के पल-पल की सचाई में बदल दिया। अबाध वर्चस्व की ब्राह्मणवादी फैंटेसी को भारतीय इतिहास और संस्कृति के निर्विवाद सत्य की महिमा प्रदान कर दी। 1891 की सेंसस को रिज्ले ने 1908 में 'दि पीपुल ऑफ इंडिया' नाम से पुनः प्रकाशित किया। सामाजिक प्रतिष्ठा निर्धारण करने के लिए रिज्ले के प्रतिमान स्पष्ट थे, और 1891 से लेकर 1908 तक रहे—'विधवा विवाह निषेध तथा बाल विवाह सामाजिक रूप से उच्च माने जाने के सूचक हैं। दिखने में ही जो अनार्य हैं, वे समूह द्विज नहीं हो सकते'!

ये तथाकथित "पारम्परिक प्रतिमान" ब्राह्मणवादी फैंटेसियों और औपनिवेशिक ज्ञानकाण्ड के प्रेम-मिलन के परिणाम थे, **परम्परा क्या, रिज्ले के ऐन समकालीन भारत के दैनंदिन जीवन की वास्तविकता से भी इनका कोई लेना-देना नहीं था। उस परम्परा और जीवन में तो इनकी प्रतिष्ठा ही औपनिवेशिक सत्ता और ब्राह्मणवादियों की जुगलबन्दी के कारण हो रही थी।** तुर्रा यह कि औपनिवेशिक सत्ता दावा करती थी कि वह जाति की अमानवीय प्रथा से भारत को मुक्त कर रही है। जी. एस. घुरये ने, इस प्रसंग में पंजाब सेंसस (1931) के सुपरिंटेंडेंट मिडलटन को उद्‌धृत किया है :

> परम्परा में जाति उच्च जातियों में कड़ी थी, निम्न में काफी ढीली-ढाली, लेकिन हमने हर आदमी को जाति के पिंजरे में डाल दिया है। जिन पेशों को अलग जाति नहीं माना जाता था, उन्हें भी जाति का नाम दे दिया है। लेबल लगाने का ऐसा शौक सरकार को है कि इसके कारण जो जाति उच्च वर्गों को छोड़ बाकी लोगों में काफी ढीली-ढाली थी, अब हर स्तर पर कठोर होती जा रही है। यदि सरकार जाति को उसके हाल पर छोड़ दे तो कोई और चीज इसकी जगह बहुत जल्द ले लेगी।[88]

रिज्लेवाद कहता था कि जिन्होंने अपनी रेशियल प्यूरिटी जितनी बचाए रखी वे उतने ही पवित्र और समाज में सम्मानित हैं, और यह हम नहीं कह रहे यह तो हिन्दू परम्परा ही कह रही है। यह शुद्ध झूठ था। जाति के यथार्थ को वर्णाश्रमवाद के नॉर्म के अनुकूल बनाने के लिए जो तर्क पारम्परिक रूप से दिए जाते थे, उनमें नस्ल का तत्व दूर-दूर तक नहीं था। व्यापार या राजसत्ता के कारण वास्तव में उच्च बन चुकी जातियों की उच्चता को सैद्धान्तिक स्वीकृति देने के लिए नई-नई जातियाँ क्षत्रिय,

वैश्य या ब्राह्मण तक घोषित कर दी जाती थीं। न भी की जाएँ तो सिंहासनासीन लोगों की श्रेष्ठता मानने में ब्राह्मणों को संकोच नहीं होता था।

तुलसीदास का दोहा है :

गोंड़ गँवार नृपाल महि जमन महाकाल।
साम दाम न भेद कलि केवल दंड कराल॥

—*दोहावली, 559*

तुलसीदास जिस तथ्य से दुखी हैं, वह यह है कि उनके समय में गोंड आदिवासी सचमुच राज कर रहे थे। विख्यात वीरांगना दुर्गावती गोंड वंश की ही थीं। महत्त्वपूर्ण यह है कि गोंडों के राजा बनने को सभी ब्राह्मण कलियुग का लक्षण नहीं मान रहे थे। और भी, महत्त्वपूर्ण यह कि "नस्ली शुद्धता" की परवाह किए बिना "उच्चकुलोद्‌भव" ब्राह्मण गोंड वंशी राजाओं (जो शूद्र तक नहीं, बल्कि सिद्धान्ततः "वर्णाश्रम से बाहर" थे) के पराक्रम और न्यायप्रियता की मुक्तकंठ प्रशंसा कर रहे थे। डॉ. सुरेश मिश्र ने 'गढ़ा का गोंड राज्य' के परिशिष्ट में 'गढ़ेशनृपवर्णनसंग्रहश्लोकाः' नामक पुस्तक का परिचय दिया है, जिसमें संकलित कवियों में "सात महाराष्ट्रिय ब्राह्मण, 3 मैथिल ब्राह्मण, एक जुझोतिया ब्राह्मण, एक उत्तर भारतीय खत्री था।"[89] ये कवि विभिन्न गोंड शासकों के समकालीन थे। इनके द्वारा रचित प्रशस्तियों के अनुवाद भी डॉ. मिश्र ने दिए हैं।

सभी ब्राह्मण तुलसीदास की ही तरह नहीं सोचते थे। देशभाषा में विचार और रचना करने वाले ही नहीं, संस्कृत के पंडितों में भी ऐसे लोग थे, जो गोंड राजाओं को "गँवार" या कलियुग का प्रमाण नहीं, बल्कि धर्म और मर्यादा का रक्षक मानते थे। ऐसे ऐतिहासिक तथ्यों को धता बताते हुए, औपनिवेशिक ज्ञानकाण्ड दावा कर रहा था कि जातिव्यवस्था में श्रेष्ठता का निर्धारण आर्य नस्ल की रक्त-शुद्धि बचाए रखने के आधार पर होता था।

पिछले अध्याय में आप मुरादाबाद के पं. ज्वालाप्रसाद मिश्र के बारे में पढ़ चुके हैं। उन्होंने क्रुक के सर्वेक्षण के आस-पास ही, उन्नीसवीं सदी के अन्तिम दशक में 'जातिभास्कर' ग्रन्थ की रचना की थी। मिश्रजी वर्णाश्रमवादी ही थे। उनके हिसाब से भारतीय समाज का पतन हुआ ही इसलिए कि लोग जन्माधारित वर्णव्यवस्था की कर्मपरक व्याखाएँ करने के फेर में पड़ गए। "दयानन्द का मत अवलंबन करके" की जाने वाली ऐसी कर्मपरक व्याख्याओं की मिश्रजी ने जमकर आलोचना की। रोचक बात यह है कि जब मिश्रजी विभिन्न जातियों की उत्पत्ति की व्याख्या या महत्त्वपूर्ण लोगों का वर्णन करते हैं, तब वर्णाश्रम के आदर्श का सहारा छोड़ "वर्णसंकरता" के यथार्थ और राजनैतिक-आर्थिक गतिशीलता के कारण विकासमान, परिवर्तनशील जाति का ही वर्णन करते हैं।

गोंड राजाओं की ब्राह्मणों द्वारा प्रशस्ति जैसे ऐतिहासिक तथ्य, मर्दुमशुमारी राजमारवाड़ की रिपोर्ट जैसे व्यावहारिक दस्तावेज और ज्वालाप्रसाद मिश्र के सैद्धान्तिक

ग्रन्थ 'जातिभास्कर'–इन सब से एक ही बात निकलती है कि नस्ल का तो कोई सवाल ही नहीं, वर्णाश्रम भी एक नॉर्म था, ऐसा नॉर्म जो वास्तविकता को प्रभावित करने से कहीं ज्यादा स्वयं उससे प्रभावित होकर परिवर्तित होने पर विवश होता था। 'जातिभास्कर' के रचयिता के सिद्धान्तानुसार राजा को क्षत्रिय वर्ण का होना चाहिए। यह तो हुई नॉर्म की बात। लेकिन वास्तविकता पंडितजी स्वयं बताते हैं, ऐतिहासिक चरित्रों के प्रसंग में भी, अपनी समकालीन जातियों के सन्दर्भ में भी। जाहिर है कि इतिहास को पौराणिक आख्यान में रचने वाले पारम्परिक ढंग से ही। पाठक को मालूम पड़ता है कि भील और आभीर ब्राह्मण भी होते हैं, और उनकी रचना स्वयं भगवान राम ने की है। देवरुख ब्राह्मणों की उत्पति का तो मिश्रजी ने वर्ष बताया है–1419 शाके।[90] इसी तरह, ऐतिहासिक विकास के प्रति सजगता दिखाते हुए आगरे के कोरई और फतेहपुर के खेचरों की गणना ज्वालाप्रसाद क्षत्रियों में ही करते हैं, हालाँकि वे न तो सूर्यवंश से उत्पन्न हैं, न केवल शस्त्रधारण से जीविका चलते हैं, बल्कि खेती पर ही निर्भर हैं।[91]

क्रुक औपनिवेशिक सत्ता को कंविंस नहीं कर पाए कि जाति फंक्शन पर आधारित व्यवस्था है, रक्त-शुद्धि पर नहीं; कर्मकांडपरक तत्व जाति में अवश्य है, लेकिन नस्लपरक नहीं। कर्मकांडपरक तत्व प्रकार्यपरक (फंक्शनल) तत्व के महत्त्व को कम नहीं कर देता। 'जातिभास्कर' का ब्राह्मण लेखक क्रुक से एकदम सहमत है : "जाति दो प्रकार की है, एक जन्म से, दूसरी वह वर्ण कोई और ही काम करने से, वह उसी जाति का बोला जाता है, जैसे हलवाई, तंबोली आदि।"[92]

यह बात अन्य प्रसंगों में भी देखी जा सकती है। राजस्थान के चौहान राजपूतों में से कुछ ऐसे हैं जो स्वयं को पीपावंशी कहते हैं और दर्जियों को पीपापंथी। दर्जी स्वयं को पीपापंथी कहते हैं, आजकल के वर्गीकरण में 'ओबीसी' हैं, लेकिन उनके गोत्रों में चौहान, तँवर जैसे क्षत्रिय समझे जाने वाले नहीं, ठेठ वैश्य गोत्र गोयल भी हैं। 'अर्द्धकथानक' रचने वाले बनारसीदास के पूर्वज राजवंशी क्षत्रिय थे, व्यापार करने के कारण वैश्य हो गए। गोत्र श्रीमाल था, ध्यान देने की बात यह कि श्रीमाल गोत्र ब्राह्मणों में भी होता है। इतिहासकार के लिए रोचक सवाल यह है कि क्योंकर कुछ ब्राह्मण और क्षत्रिय व्यापार के कारण वैश्य मान लिये गए, और कुछ ब्राह्मण या क्षत्रिय ही बने रहे। यह भी रोचक है कि औपनिवेशिक ज्ञानकाण्ड और स्मार्त्त ब्राह्मणवाद द्वारा बनावटी सार्वत्रिकता थोपने के सारे प्रयासों के बावजूद जाति-व्यवस्था की स्थानीय विशेषताएँ आज तक बनी हुई हैं। पश्चिमी भारत में 'ताकतवर' अग्रवाल बिहार, झारखंड में 'अदर बैकवर्ड क्लासेज' में गिने जाते हैं। 'शर्मा' केवल "ऊँची" जाति वाले ब्राह्मण ही नहीं होते, बढ़ई और नाई भी होते हैं। औपनिवेशिक ज्ञानकाण्ड द्वारा सारे भारत में सब समय 'सर्वोच्च' बताए गए ब्राह्मणों में से 'मैइती' ब्राह्मण मणिपुर में 'ओबीसी' गिने जाते हैं।

ज्वालाप्रसाद, सम्राट हर्षवर्धन को, (पृ. 272) वैश्यकुलोत्पन्न बताते हैं, और इस बात पर न आश्चर्य जताते हैं, न क्रोध कि कोई बनिया राजा कैसे बन गया।

दिल्ली के अन्तिम हिन्दू राजा हेमचन्द्र को मुगल वृत्तान्तकारों ने "बक्काल" बताया है। ज्वालाप्रसाद मिश्र उन्हे धूसर बनिया बताते हुए धूसरों के बारे में लिखते हैं :

> दिल्ली और मिर्जापुर के मध्यवर्ती गंगा के निकट प्रान्त में इनका निवास है, गुरगाँव जिले के निकट रिवाडी नगर के धोरे धूसी गण्डशैल के नाम से यह धूसरी वा धून्सी नाम से प्रसिद्ध हुए। यह सब वैष्णवमतावलंबी हैं, यह सब बड़े धनशाली भूम्यधिकारी हैं। प्रसिद्ध हैमू वैश्य इसी वंश का था जिसने सवा लाख फौज लेकर बादशाह का मुकाबला किया और 964 [हिजरी] में गिरफ्तार होकर मारा गया।[93]

कबीर के प्रशंसकों में से एक, अठारहवीं सदी के संत चरनदास भी धूसर बनिए ही थे। इनकी ही बहनें थीं–दयाबाई और सहजोबाई। देशज आधुनिकता ने धूसर राजा को भी नायक माना और धूसर संत को भी। औपनिवेशिक आधुनिकता ने "सिद्ध" किया कि भारत में तो केवल रक्तशुद्धि बचाए रखने वाले ब्राह्मण ही पुजते थे। देशज आधुनिकता वर्णाश्रम को पीछे छोड़ चुकी थी, उसका तो आह्वान ही, विविध रूपों में, यही था–**'वर्णाश्रम की तजै काणि'**। यह पंक्ति 'भक्तमाल' की बालकराम कृत 'गुणदामचित्रिणी' टीका से है, लेकिन भक्ति के लोकवृत्त में रामानन्द, नाभादास, कबीर, रैदास, मीरा सभी-सभी अपने-अपने ढंग से यही तो कह रहे थे– 'वर्णाश्रम की तजै काणि'। इस सारी प्रक्रिया की उपेक्षा करती, औपनिवेशिक आधुनिकता वर्णाश्रम को ही भारतीय समाज-व्यवस्था का सैद्धान्तिक आधार बताते हुए, उसमें नस्लवाद की मिलावट भी कर रही थी।

रिज्ले के नस्ल सिद्धान्त का 'भारत पर आर्यों के आक्रमण सिद्धान्त' से चोली-दामन का साथ था, और रिज्ले जैसों के ब्राह्मण सहयोगी इस का लाभ उठाकर अपने आप को अपने ही देशवासियों से उच्च, सांस्कृतिक रूप से श्रेष्ठ भी सिद्ध कर रहे थे। आक्रमण सिद्धान्त और जाति के नस्ल सिद्धान्त के परस्पर सम्बन्ध को बाबासाहेब डॉ. अम्बेडकर ने बहुत साफ तौर से समझा था। 1946 में प्रकाशित अपनी महत्त्वपूर्ण पुस्तक 'शूद्र कौन थे?' में उन्होंने साफ कहा, "यह दावा कि आर्य बाहर से आए और भारत पर आक्रमण किया और यह कल्पना कि दास या दस्यु भारत के मूल निवासी थे, एकदम गलत है", आगे वे लिखते हैं :

> फिर यह कहना कि चातुर्वर्ण्य व्यवस्था आर्यों की रंगभेद की नीति पर आधारित है यथार्थ से बहुत दूर है। यदि जातीय भेद-भाव का आधार रंग ही है तो चारों वर्णों के चार रंग होने चाहिए थे जो चातुर्वर्ण्य में शामिल हों। किसी ने नहीं बताया कि वे चार रंग कौन-से हैं और वे चार जातियाँ कौन-सी हैं। यह सिद्धान्त आर्य और दासों की कल्पना पर आधारित है। पहले को श्वेत और दूसरे को कृष्ण मान लिया गया।[94]

अम्बेडकर ने वैदिक साहित्य से अनेक उदाहरण देकर बताया कि 'आर्यों की रंगभेद की नीति' की बात करना निराधार है। उन्होंने 'वर्ण' का अर्थ रंग मानने का भी खण्डन किया। वर्ण-व्यवस्था को नस्ल तथा रंग से जोड़ना और गौर वर्ण, लंबी नाक वाले 'आर्यों' को 'आक्रमणकारी विदेशी' मानना परस्पर सम्बद्ध थे। इस के बावजूद, ब्राह्मण 'नस्ली शुद्धता बचाए रखने' वालों को 'उच्च जाति' के प्रमाण-पत्र देने की औपनिवेशिक ज्ञानकाण्ड की नीति का समर्थन कर रहे थे, यह अम्बेडकर को "आश्चर्यजनक" लगा, वे इसका कारण बताते हैं :

> हिन्दू होने के नाते उन्हें [ब्राह्मणों को] पाश्चात्य विद्वानों के इस मत को अमान्य करना था कि योरोपीय जाति होने के कारण वे एशियाई जातियों से श्रेष्ठ बताए गए हैं। किन्तु ब्राह्मण इसका तिरस्कार करने के बजाय इसका समर्थन करते हैं। इसका एक सरल-सा कारण है कि ब्राह्मण दो राष्ट्र के सिद्धान्त में विश्वास करता है। वह स्वयं को आर्यों का प्रतिनिधि मानता है और शेष हिन्दुओं को अनार्य जातियों की संतान कहने से, इस सिद्धान्त से उसके उत्तम होने के अहम की पूर्ति होती है। वह आर्यों के बाहर से आने तथा अनार्य जातियों को विजित करने के सिद्धान्त का समर्थन इसलिए करता है कि इससे उसे अब्राह्मणों पर अपना प्रभुत्व बनाए रखने का औचित्य ठहराने में सहायता मिलती है।[95]

ब्राह्मणवाद-विरोध का दावा करने वाले, आजकल के कुछ लोगों द्वारा जाति-प्रथा को नस्लाधारित सिद्ध करने के प्रयत्न भी बाबासाहेब को शायद "आश्चर्यजनक" ही लगते।

7. *'ज्यूं बोहिथ बूझै नहीं कोई बरण विचारा' : भक्ति का लोकवृत्त*

जाति-व्यवस्था निश्चय ही कोई लोकतान्त्रिक व्यवस्था नहीं थी, होती तो कबीर और अन्य लोगों को उसकी आलोचना करने की जरूरत न पड़ती, लेकिन वह नस्लवादी व्यवस्था भी नहीं थी, जड़ता सारे समाज में नहीं, वर्णाश्रमवादी सोच में थी। इस जड़ता का उस गतिशीलता के साथ संघर्ष था, जो व्यापार के कारण समाज में उत्पन्न हुई थी। वर्णाश्रमवादी मिजाज कबीर से कुपित रहता था, तो दस्तकार और व्यापारी कबीर की आध्यात्मिकता में अपनी आकांक्षाएँ सुनते थे। भक्ति के सन्दर्भ में, और सामाजिक सम्बन्धों के प्रसंग में जन्मगत विशेषाधिकार का विरोध करती कबीर जैसे संतों की संवेदना व्यापारियों और दस्तकारों के जीवन में 'न्यायसंगत व्यवहार–फेयरप्ले' की माँग से जुड़ जाती थी।

कबीर की कविता में व्यापारी अपनी भावनाओं और कामनाओं को उदात्तीकृत रूप में सुन सकते थे। सामन्ती जड़ता के विरुद्ध अपने असंतोष को श्रेष्ठ काव्य का रूप लेते देख सकते थे, इसीलिए कबीर को अपनाने वालों में सबसे ज्यादा वे ही लोग

थे, जिनका सम्बन्ध व्यापार और दस्तकारी की किसी-न-किसी प्रक्रिया से था। यह बात तुकाराम और प्राणनाथ पर भी लागू होती है। तुकाराम का अपने बारे में कहना है, 'याती शूद्र वैश्य केला वेवसाय'। प्राणनाथ तो समुद्र पार तक कारोबार करने वाले सफल व्यापारी थे ही।

वर्णाश्रमवादी फैंटेसियों को नकारती जातिपरक गतिशीलता तो समाज में थी ही, कबीर, मीरा और पीपा, रैदास जैसे कवि और विचारक तो इससे भी आगे की, व्यक्ति-सत्ता की स्वीकृति की बात कर रहे थे। इनकी काव्योक्त भक्ति उस लोकवृत्त के केन्द्र में थी, जिसमें चल रहे विमर्श से देशज आधुनिकता पनप रही थी। क्रुक उन्नीसवीं सदी के 'वैष्णव पंथों' की जो विशेषता बता रहे थे–'सार्वजनिक उपासना के पवित्रतर और अधिक बौद्धिक रूपों की प्रतिष्ठा'–उस का सीधा सम्बन्ध भक्ति के लोकवृत्त की परम्परा से ही था।

लोकवृत्त ठेठ आधुनिक परिघटना है, और जैसा कि हम देख चुके हैं, आधुनिकता केवल यूरोप तक सीमित परिघटना नहीं है। विभिन्न आरम्भिक आधुनिकताओं की तुलना करके देखा जा सकता है कि व्यापार के विस्तार के फलस्वरूप कुछ नई संस्थाएँ, नए सामाजिक व्यवहार विकसित होते हैं। इनमें बहुत कुछ ऐसा है, जो यूरोप, गैर-यूरोप सब जगह देखा जा सकता है, तो बहुत कुछ ऐसा भी है, जो किसी समाज में है, किसी में नहीं भी हो सकता है। लोकवृत्त सभी आधुनिक समाजों में होगा, उसकी महीन विशेषताओं में अन्तर अवश्य होगा, होना ही चाहिए।

'डिडलस' के आरम्भिक आधुनिकताओं पर केन्द्रित अंक के सम्पादकों–शुमएल आइजनस्टाट और वोल्फगांग शुल्स्तर–ने आरम्भिक आधुनिकताओं पर तुलनात्मक विचार किया। लोकवृत्त की चर्चा करते हुए वे अल्बर्ट हर्षमान को उद्धृत करते हैं : "लोकवृत्त वफादारी की नहीं, आवाज की जगह है।" मतलब यह कि लोकवृत्त किसी हद तक राजसत्ता से स्वायत्त होता है। सर्वसुलभ होता है। इसका विमर्श निजी से अलग और आगे का होता है, क्योंकि जरूरी नहीं कि आप सबसे प्रत्यक्ष संवाद ही करें। लोकवृत्त में सार्वजनिक सवालों पर, 'इंक्लूजन' और 'एक्सक्लूजन' के आधारों के बारे में बहसें अनिवार्यतः होती हैं। लोकवृत्तों की अपनी गतिकी (डायनेमिक्स) होती है, जिसका राजसत्ता से कुछ वास्ता तो होता है, लेकिन स्वायत्तता के साथ ही। राजसत्ता एक सीमा के बाद, इस गतिकी को प्रभावित नहीं कर पाती।[96]

लेखकों ने इस प्रसंग में, चीन और इस्लामी दुनिया के लोकवृत्तों (सूफी सिलसिलों और वक्फ) की तो चर्चा की है, भारत की नहीं।

युरगन हैबरमास ने 1962 में प्रकाशित, 'दि स्ट्रक्चरल ट्रांसफॉर्मेशन ऑफ बूर्ज्वा पब्लिक स्फीयर' में लोकवृत्त का अध्ययन यूरोप के ही सन्दर्भ में करते हुए, कुछ सैद्धान्तिक स्थापनाएँ कीं। उनके अनुसार, 'पब्लिक स्फीयर' का अस्तित्व व्यक्तित्व, नागरिकता, सैद्धान्तिक समता और क्षमता तथा तर्काधारित संवाद पर निर्भर है।

हैबरमास सेकुलरिटी को भी पब्लिक स्फीयर का अनिवार्य तत्व मानते हैं। सम्भवतः इसलिए भी कुछ लोगों को भक्ति के लोकवृत्त की चर्चा अटपटी लगे, सूफी सिलसिलों और वक्फ़ को पब्लिक स्फीयर कहना अटपटा लगे। लेकिन एक तो, जैसा कि पीटर फान डेर फीर ने दो टूक शब्दों में कहा है, 'यूरोप के सन्दर्भ में भी आधुनिकता की पूरी तरह सेकुलर तस्वीर एकदम मिथ्या है'[97], दूसरे भारत में यूरोप जैसी सेकुलरिटी की माँग करने के पहले यूरोप जैसे चर्च की रचना भी करनी पड़ेगी। यूरोप और भारत में धर्मसत्ता के स्वभाव और चरित्र में अन्तर था, इसलिए, भारत में संगठित धर्म के प्रतिरोध का मुहावरा भी अलग था, धर्मेतर अध्यात्म की कल्पना की गुंजाइश भी अधिक थी। यूरोप जैसा 'धर्मप्राण' भारतीय समाज था ही नहीं, इसलिए यूरोप जैसे सेकुलरिज्म के विकसित होने का सवाल ही नहीं था।

आरम्भिक आधुनिक काल के भारत में कशका खैंच कर दैर में बैठ जाने वाले मीर, अगले जन्म में ब्रज-रज बन कर कृष्ण के चरणों का स्पर्श पाने की कामना करने वाले रसखान और कन्हैयाजी का बालपन लिखने वाले नजीर के विरुद्ध फतवे जारी नहीं होते थे। सूफी बन जाने वाले हिन्दू जात-बाहर नहीं कर दिए जाते थे। भक्ति के लोकवृत्त की अधिक प्रभावशाली धारा-निर्गुण धारा का बल धर्म पर नहीं, भावभगति पर था। तुलसीदास को चिन्ता थी कि 'जब जब होइ धरम कै हानी', लेकिन जिन कबीर को लोग धर्मसंस्थापक कहते आए हैं, उनकी बानी में धर्म शब्द के दर्शन तक मुश्किल से ही होते हैं। यूरोपीय लोकवृत्त की तरह का सेकुलरिज्म खोजने की बजाय, इस बात पर ध्यान देना चाहिए कि निर्गुणपंथी संत, मीरा और सूरदास जैसे सगुणमार्गी भक्त किसी दैवीग्रन्थ का अनुवाद देशभाषा में करने की बजाय देशभाषा को ही देवभाषा में बदल रहे थे। संस्कृत के स्थान पर देशभाषाओं की प्रतिष्ठा संस्कृत न जानने की मजबूरी का नहीं, देशभाषा का प्रयोग करने की मजबूती का मामला था। रामानन्द को आरम्भिक आधुनिक काल के स्रोत भाष्यकार नहीं बताते, लेकिन यह भी नहीं कहते कि उन्हें संस्कृत का ज्ञान नहीं था। पीपा राजा थे। पढ़े-लिखे भी थे। रज्जब संस्कृत के अच्छे-खासे ज्ञाता थे। कबीर को भी, 'निरक्षर' कहने का आधार उनका अपना एक कवि-कथन ही है–'मसि कागद छुयो नहीं', लेकिन उन्हीं कबीर ने यह भी कहा है–'सात समंद की मसि करौं'। जो लोग पहले कथन के आधार पर कबीर को निरक्षर सिद्ध करते हैं, उन्हें दूसरे के आधार पर कबीर को जबर्दस्त लिक्खाड़ भी साबित कर देना चाहिए। कवि-कथन को शब्दशः आत्म-कथन मान लेने से ऐसी ही समस्याएँ उत्पन्न होती हैं।

कबीर ने स्वयं नहीं लिखा, ठीक। लेकिन इसका कारण क्या सिर्फ यही हो सकता था कि वे लिख ही नहीं सकते थे। यह भी तो हो सकता है कि अपनी शब्द-साधना को वक्ता-श्रोता के प्रयत्क्ष संवाद में स्थापित करना ही उन्हें अच्छा लगता हो। आखिरकार, क्योंकर वे इतनी बार 'सुनो-सुनो' कहते हैं, क्योंकर पीपा कहते हैं, 'वक्ता श्रोता दोनों

भूले'। कबीर ने नहीं, उनकी वाणी को शिष्यों, प्रशंसकों ने लिखा। उन्हें दस्तावेजीकरण जरूरी लगा। चुनाव दोनों जगह है। लिखने में भी, न लिखने में भी।

विभिन्न समाजों की आधुनिकताओं पर तुलनात्मक नजर डालें, तो साफ दीखता है कि लोकवृत्त की बुनियादी शर्तें दो ही हैं--एक निजवृत्त और राजवृत्त से स्वायत्त अस्तित्व और सूचना तथा दो–ज्ञान तक सब की पहुँच। याने एक ऐसी जगह की रचना, जहाँ लोग अपने आत्म का विस्तार राजसत्ता से स्वायत्त रहते हुए कर सकें, और जहाँ ज्ञान पर किसी का जन्माधारित या हैसियत से जुड़ा विशेषाधिकार न हो। ये दोनों बातें विभिन्न संतों की अपनी संवेदना को तो परिभाषित करती ही हैं, लोकवृत्त की रचना के लिहाज से अधिक महत्त्वपूर्ण बात यह कि विभिन्न पंथों और उनके परस्पर सम्बन्धों का गठन भी इन्हीं आधारों पर होता है। भक्तों के समुदाय और उनकी गतिविधियाँ, उनके द्वारा रची गई संस्थाएँ, उनकी मान्यताएँ स्वायत्तता और ज्ञान तथा सूचना तक सब की पहुँच–ये दोनों शर्तें पूरी करती हैं। 'निम्न' जातियों के वैष्णव पंथों की विशेषता विलियम क्रुक ने बिल्कुल ठीक पहचानी थी– **"ब्राह्मणों के वर्चस्व और विशेषाधिकारों का विरोध करते हुए, सार्वजनिक उपासना के पवित्रतर और अधिक बौद्धिक रूपों की प्रतिष्ठा।"** ब्राह्मण वर्चस्व और विशेषाधिकार को रद्द करते हुए ही पीपा वेद और कलियुग को एक साथ रख रहे थे–"लोक बेद अरु कलिजुग मिलि करि भगति रसातल देते।" ऐसी ही बातों से कुपित होकर तुलसीदास कह रहे थे :

ब्रह्मग्यान बिनु नारि नर कहहिं न दूसरि बात।
कौड़ी लागि लोभ बस करहिं बिप्र गुर घात॥
बादहिं सूद्र द्विजन्ह सन हम तुम्ह ते कछु घाटि।
जानइ ब्रह्म सो बिप्रबर आँखि देकावहिं डाटि॥
साखी सबदी दोहरा कहि किहनी उपखान।
भगति निरुपहिं भगत कलि निंदहि बेद पुरान॥
श्रुति संमत हरिभगति पथ संजुत बिरति बिबेक।
तेहि परिहरहिं बिमोह बस कल्पहिं पंथ अनेक॥

('दोहावली', 552-555)

'भगत' निर्गुणपंथी संतों के लिए रूढ़ शब्द है। दस साल पहले जिनसे मिला था, और जिन्हें याद करते हुए यह सब लिख रहा हूँ, वे नवलदास जी 'भगत' ही थे। ऐसे ही 'भगत' कलिकाल में वेदनिन्दा करते हुए, साखी सबदी और दोहों के माध्यम से कथा-कहानियाँ सुना-सुना कर भक्ति-निरूपण के दावे कर रहे थे, और तुलसीदास संतप्त हो रहे थे। लेकिन, अपनी 'सर्वंगी' के 'भजन प्रताप कौ अंग' में रज्जब तो फिर भी यही बता रहे थे कि भक्ति ऐसा जहाज है, जो किसी के जाति-वर्ण की परवाह किए बिना ही, उसे भव-सागर के पार उतार देता है :

ज्यूं बोहिथ बूझै नहीं कोई बरन विचारा।
जन रजब कुल कोरि के, सब को करैं पारा॥

जनगोपाल यही बात, उसी जगह, और भी पुरजोर ढंग से कह रहे थे–'जब तक जाति विचारते रहोगे, तब तक भक्ति कर ही नहीं सकते। या तो भक्ति कर लो, या जाति-पाँति में विश्वास कर लो। दो नावों में पाँव रखने वाले पार नहीं लगा करते' :

जो लौ जाति भगति नहीं तो लौ भगति रु जाति विचारि।
द्वै धोरे द्वै नाव बैशि करि कैसें पायो पार॥

भक्ति-लोकवृत्त इन भगतों और उनके पंथों के जरिए सम्भव हुआ। भारतीय इतिहास के अध्येताओं को इन पंथों के विकास और इनकी ऐतिहासिक परिणतियों पर विचार करना चाहिए। व्यापारजनित गतिशीलता के समर्थकों और उस गतिशीलता में धर्म को रसातल ले जाने वाला कलियुग देखने वाली वर्णाश्रमवादी दृष्टि के बीच वाद-विवाद-संवाद को समझना चाहिए। भक्ति के लोकवृत्त से ब्राह्मण-वर्चस्व को मिली चुनौती के फलस्वरूप तत्कालीन भारत में वह महत्त्वपूर्ण सामाजिक परिघटना सम्भव हुई, जिसे डेविड लोरेंजन 'नॉन-कास्ट हिन्दूइज्म'[98] कहते हैं।

'नॉन-कॉस्ट हिन्दूइज्म' के विकास की पड़ताल मैं अगली पुस्तक में करूँगा। यहाँ इतना ही याद रखें कि निर्गुण पंथों ने यदि बहुत-सी पौराणिक मान्यताओं को अपनाया तो स्वयं उस पौराणिक परम्परा का भी रामानन्द, कबीर और दादू के प्रभाव में रूपान्तरण हुआ। भक्ति का लोकवृत्त जाति के परे जाने वाली सामाजिक अस्मिता का माध्यम बना। कबीर की परम्पराप्राप्त पहचान जुलाहे की थी, लेकिन भक्ति के लोकवृत्त में वे पहचाने गए 'ज्ञानीजी' के तौर पर। यह लोकवृत्त कबीर जैसे महत्त्वपूर्ण लोगों की ही नहीं, साधारण से साधारण लोगों की भी सामाजिक पहचान को एक नया आयाम देता था। कोरी हों या ब्राह्मण, इस लोकवृत्त में समानधर्मा लोग 'भगत' के रूप में ही पहचाने जाते थे। अभी भी पहचाने जाते हैं।

भक्ति का लोकवृत्त रक्तशुद्धि पर आधारित समुदाय की जगह समतापरक मूल्यों पर आधारित समुदाय के विचार को स्थापित करता है। वह जाति और मजहब पर आधारित सामाजिक पहचान को समाप्त भले न कर पाए, उसका महत्त्व जरूर घटाता है। जुलाहे कबीर और व्यापारी प्राणनाथ सद्गुरु मान लिये जाते हैं, पठान रज्जब दादू के परमप्रिय शिष्य और संस्कृत के ज्ञाता बनते हैं। पंद्रहवीं सदी में राजा पीपा दर्जी बन जाते हैं, और उन्नीसवीं सदी में, कोरी शिवचरन, 'भक्तमाल' के प्रामाणिक, प्रतिष्ठित व्याख्याकार।

इसी लोकवृत्त में नाभादास से आरम्भ हुई, 'भक्तमाल' की परम्परा अपनी देशकाल कल्पना में 'आधुनिक' भारत की पूर्वसूचना देती है। उपनिवेशवाद-विरोधी स्वाधीनता आन्दोलन से भक्ति-संवेदना और उसके लोकवृत्त का गहरा सम्बन्ध 1857 से ही देखा जा सकता है। बाद में, 'क्रान्तिकारी' लोग शाक्त परम्परा से प्रेरणा लेते

रहे, जबकि व्यापक जन-आधार वाले राष्ट्रीय आन्दोलन ने 'पराई पीर जानने' को वैष्णवता का सबसे बड़ा लक्षण बताने वाली भक्ति-संवेदना से प्रेरणा ली, और भक्ति-संवेदना को भी 'भक्ति-आन्दोलन' नाम दे दिया। इस बात की विस्तृत चर्चा मैं अगली किताब में ही कर पाऊँगा।

भक्ति के लोकवृत्त में संस्कृत की बजाय देशभाषा में, तुलसी और रज्जब की जीवनदृष्टि के बीच चला विवाद केवल पंडितों की दिलचस्पी का विषय नहीं था। पंडितों को प्रभावित करने में विवादरत लोगों की कोई खास दिलचस्पी भी नहीं थी। तुलसी भी, और कबीर, पीपा, दादू और रज्जब भी, आम लोगों को प्रभावित करना चाहते थे। राजसत्ता से भी उनका सम्बन्ध स्वायत्तता का ही था, पूरी तरह असंबद्धता का नहीं। राजसत्ता भी अपने ढंग से भक्ति लोकवृत्त पर निगाह रखती ही थी। दक्षिण में विजयनगर के राजाओं ने रामानुजी वैष्णवों को स्मार्त्त कट्टरता अपनाने को मजबूर किया था। उत्तर में जयपुर के राजदरबार ने न केवल शैव-वैष्णव संघर्ष में हस्तक्षेप किया, बल्कि रामानन्दियों को मजबूर भी किया कि वे अपनी स्वायत्तता छोड़कर स्मार्त्त अनुशासन का चुपचाप पालन करें। रामानन्दी कितने "अनुशासित" रहे—यह सवाल अलग है। 'संतन कहा सीकरी सो काम' गाने वाले कुंभनदास के साथी पुष्टि-मार्गियों ने योजनाबद्ध ढंग से राजपरिवारों के लोगों को शिष्य बनाया था। यही नहीं, मुगल-दरबार में अपने हितचिन्तकों की 'लॉबी' तैयार करने में भी सफलता पाई थी। इसी तरह की लॉबिंग करने की कोशिश महामति प्राणनाथ ने भी की थी।

राम और भक्ति की अवधारणाओं से लेकर सामाजिक व्यवहारों के औचित्य-अनौचित्य तक पर बहस कर रहे लोग निजी (प्राइवेट) और राजसत्तापरक (ऑफिशियल) वृत्तों (स्फीयर्स) के बाहर, मठों, पंथों, सत्संगों, भजन-मंडलियों और उत्सवों जैसी संस्थाओं के जरिए, भक्ति के लोकवृत्त की रचना कर रहे थे।

यूरोप में विकसित लोकवृत्त और आत्म (सेल्फ) की फोटोकॉपी भारत, चीन या अरब में खोजने लगने की बजाय, मिलती-जुलती प्रक्रियाओं की समानाताओं और विलक्षणताओं पर ध्यान देना चाहिए। भारत में 'सेल्फ' था जरूर, लेकिन 'समूह' या अन्य के प्रति इसका रवैया आक्रामक से कहीं अधिक संवादपरक था। 'सेल्फ' की इस अवधारणा में अन्य की उपस्थिति भी थी और सांस्कृतिक स्मृति भी—कबीर को प्रह्लाद का अवतार, नाभादास को शुकदेव का अवतार मानने जैसी युक्तियों के जरिए। बनारसीदास सीधे आत्मकथा लिख रहे थे, तो तुलसीदास आत्मकथात्मक सन्दर्भों से कवितावली की मार्मिकता रच रहे थे। रामकथा को ठेठ समकालीन अर्थ देते हुए उसकी पुनर्रचना कर रहे थे। तुलसी यथास्थितिवादी, बनारसीदास और कबीर परिवर्तनोन्मुख, लेकिन थे तीनों ही आधुनिकता में स्थित। तीनों में आधुनिकता का आत्मसंघर्ष बोल रहा था।

इस आत्मसंघर्ष के साक्ष्य हमें भक्ति-लोकवृत्त में सम्पन्न हुईं विभिन्न गतिविधियों के कारण ही सुलभ हुए हैं। अपने समय पर ही नहीं, इस लोकवृत्त ने हमारे समय पर भी गहरा प्रभाव छोड़ा है। पंथ, सम्प्रदाय, मन्दिर, मठ, सूफियों के सिलसिले–भक्ति के लोकवृत्त की इन संस्थाओं के जरिए भक्ति-रचनाओं का संरक्षण और दस्तावेजीकरण हुआ। इस संरक्षण में साम्प्रदायिक आग्रहों से कहीं अधिक सक्रिय है विभिन्न आवाजों को जगह देने वाला खुलापन। इसकी तुलना औपनिवेशिक आधुनिकता और उत्तर-आधुनिकता में रची-बसी संकीर्णता से करना रोचक होगा। 'पद सूरदासजी का' के संकलनकर्त्ता के लिए न कबीर पराए हैं, न नामदेव। कबीर की रचनाएँ पुष्टिमार्गी स्रोतों तक में संकलित की गई हैं–बिना किसी प्रकार की तोड़-मरोड़ के। अठारहवीं सदी में इटालियन पादरी डेला टोंबा ने जिन पोथियों का अनुवाद किया, उनमें एक थी 'रामचरितमानस', और टोंबा ने बेतिया के कबीरपन्थियों को इसका गम्भीर अध्ययन करते पाया था। 'निर्गुणपंथी' सर्वंगियों में तुलसीदास का 'जाके प्रिय न राम वैदेही' पद ही नहीं, भर्तृहरि के श्लोक भी मिलते हैं–बेशक 'शुद्ध' संस्कृत रूप में नहीं, देशभाषाकृत संस्कृत में।

भक्ति के लोकवृत्त में कबीर-गोरख की, कबीर-रैदास की, 'गोष्ठियों' के नाम से मिलने वाली रचनाएँ सार्वजनिक संवाद की गोष्ठियाँ हैं। भक्ति इस संवाद की भाषा है। निर्गुण भक्ति व्यक्ति-सत्ता के रेखांकन और मानवाधिकारों पर आधारित, सामूहिकता के नए रूपों की माँग इसी भाषा में करती है। सामाजिक पदानुक्रम में जातियों का ऊपर-नीचे होना सामाजिक तथ्य था। कबीर, पीपा, दादू और मीरा की भक्ति जातियों के सामाजिक दर्जे में होती रहने वाली उलट-फेर के सामाजिक तथ्य से भी आगे जाकर, सामाजिक सम्मान का निर्धारण व्यक्तिगत उपलब्धि के आधार पर किए जाने की ठेठ आधुनिक माँग को व्यंजित करती है।

व्यापारजनित गतिशीलता के कारण कारीगरों और व्यापारियों को आर्थिक शक्ति तो प्राप्त हो ही रही थी। वर्णाश्रमवादी लोग व्यापार के कारण उत्पन्न समृद्धि का तो लाभ उठाना चाहते थे, लेकिन व्यापार और वर्णाश्रम के बीच के अन्तर्विरोध का समाधान नहीं कर सकते थे। आर्थिक शक्ति हासिल कर चुके लोग प्रतीकात्मक पूँजी भी प्राप्त करना चाहते थे। लेकिन परजीवी पुरोहित चाहते थे कि कारीगर उत्पादन करे, व्यापारी पैसे की रचना करे, लेकिन दोनों ही प्रतीकात्मक जगत में, स्वेच्छा से ही स्वयं को हीन मानते रहें। इसके लिए वे तलवारधारियों के बीच लॉबिंग भी करते थे। जैसे विजयनगर और जयपुर के राजाओं के साथ की। लेकिन कम-से-कम उत्तर भारत में वर्णाश्रमवादी बहुत सफल नहीं हुए। रामानन्दियों ने दबाव में कुछ ब्राह्मणवादी शर्तें मान लीं, लेकिन जल्दी ही उनकी उपेक्षा भी करने लगे। कुम्हार जैसी 'निम्न' जाति में जन्मे कूबाजी रामानन्दियों के आदर के पात्र, महन्त बने रहे।

कबीर इस अन्तर्विरोध का समाधान कारीगरों/व्यापारियों के पक्ष में करने वाली आवाज थे, इसीलिए छत्तीसगढ़ के बनियों और ऐसे अन्य लोगों ने कबीर-पंथ अपनाया। बिहार में भी, कबीरपंथी मठ बिदुपुर और मुजफ्फरपुर जैसे व्यापारिक केन्द्रों में ही स्थापित हुए।[99]

व्यापारी और दस्तकार उस कवि से निश्चय ही अपनापा महसूस कर सकते थे, जो अपने राम को, सांई को कभी रंगरेज बना देता था, कभी 'बांणियां'। जो कविता में भी अपनी कल्पना तरह-तरह की दस्तकारी के काम करने वाले कारीगर के रूप में भी करता था, और दुकानदार, व्यापारी के रूप में भी। जो सार्थक जीवन बिताने के संतोष को उस दुकानदार की भाषा देता था, जिसने सौदा पूरा बेच लिया है, इसलिए, जिसे हाट में दोबारा आने की जरूरत नहीं रही–"पूरा किया बिसाहुणां, बहुरि न आवौं हट्ट।" और, जो जीवन व्यर्थ गँवा देने की चूक को भी वाणिज्य का अवसर गँवा देने के रूपक में ही बाँधता है–"कहै कबीर कछू बनिज न कीयौ, आयौ थौ इहि हाटि" (ग्रन्थावली, राग कैदारौ, 14)। जो अपने मन को, लाभ के लोभ में मूल ही न गँवा बैठाने की चेतावनी भी सावधान व्यापारी के लहजे में देता है–"मन बनजारा जागि न सोई। लाहे कारनि मूल न खोई" ('ग्रन्थावली, राग बिलावल, 6)।

इस प्रकार की अनेक रचनाओं पर ध्यान जाता है, जिनसे कबीर की संवेदना और व्यापारियों के बीच आत्मीयता पर रोशनी पड़ती है। इस रोशनी में, भक्ति के लोकवृत्त में व्यापारियों और दस्तकारों की भूमिका को समझा जा सकता है।

भक्ति के लोकवृत्त में कबीर के महत्त्व का रेखांकन पिछले अध्याय में पढ़े गए, पीपा के पद, 'जो कलि नाम कबीर न होते' तक ही सीमित नहीं। दादूपंथ में कबीर अत्यन्त सम्मानित और प्रेमास्पद हैं। कबीर-वाणी का बहुमान्य पाठ दादूपंथी स्रोतों से ही प्राप्त हुआ है। 'पंचबानियों' में कबीर की बानी, स्वयं दादू की बानियों के तुरन्त बाद जगह पाती रही है। जाट संत गरीबदास का कहना है कि कबीर ने उन्हें प्रत्यक्ष दर्शन दिए थे। बनिया जाति में जन्मे पलटू और चरनदास सरीखे अनेक संत कबीर के प्रति कृतज्ञ हैं। सम्पन्न व्यापारी धर्मदास का दावा था कि स्वयं कबीर ने 'झीना दरसन' देकर उन्हें पंथ-प्रवर्तन का आदेश दिया है। कबीर ने अपने जिन कुछ पूर्ववर्तियों को सम्मान और अनुराग के साथ याद किया है, उनमें से एक, त्रिलोचन भी जाति के वैश्य ही थे। अकबर और जहाँगीर के समकालीन, हिन्दी की पहली आत्मकथा–'अर्द्धकथानक'–के रचयिता बनारसीदास जवाहरात के व्यापारी थे, और कबीर की ही तरह, जन्मगत ऊँच-नीच तथा कर्मकाण्ड के कठोर आलोचक भी। 'मूलतः' क्षत्रिय लेकिन व्यापार करने के कारण वैश्य हो गए वंश में जन्मे बनारसीदास ने जैन दर्शन की अपने ढंग से व्याख्या करते हुए 'अध्यात्म-पंथ' की स्थापना भी की थी। औपनिवेशिक आधुनिकता के काल में भी, उन्नीसवीं सदी में कबीर, रैदास,

नानक आदि को अपना मार्गदर्शक मानकर 'राधास्वामी सत्संग' की शुरुआत करने वाले शिवदयाल सिंह आगरे में बसे पंजाबी व्यापारी ही थे।

भक्ति के लोकवृत्त का ऐतिहासिक विकास भक्ति-आन्दोलन के विस्तार में व्यापार और व्यापारियों की निर्णायक भूमिका को निर्विवाद रूप से रेखांकित तो करता ही है, इसकी निरंतरता आज के भारत के जन-जीवन में भक्ति-संवेदना की व्यापक मौजूदगी से भी जुड़ती है। हिन्दी साहित्य के इतिहास में भक्तिकाल भले ही 1643 ई. में समाप्त हो गया हो, भक्त कवि हिन्दी समाज के रोजमर्रा के जीवन में किसी भी अन्य कवि से अधिक उपस्थित हैं। 'निरक्षर' हिन्दी-भाषी भी कबीर के चार-छह दोहों और तुलसी की दो-चार चौपाइयों से तो वाकिफ हैं ही। भक्त कवियों की विस्मयजनक व्याख्याएँ कर, श्रोताओं को चकित कर देने वाले गाँव-गाँव में मिल जाते हैं। साहित्यकारों की दुनिया में प्रवेश पाने के लिए, भक्त कवियों को 'प्रासंगिकता' का वीज़ा हासिल करना पड़ता है; लेकिन हिन्दी समाज तो नियतिबद्ध है—भक्त कवियों से सतत आत्मीय संवाद करने के लिए। क्या हिन्दी की समकालीन साहित्यिक चिन्ताओं में यह नियति प्रतिबिंबित होती है? उत्तर हिन्दी साहित्य का हर विद्यार्थी और पाठक जानता है।

हिन्दी का ही नहीं, अंग्रेजी में अपना करोबार करने वाला बौद्धिक-साहित्यिक समाज भी बस कभी-कभी, समकालीन जन-जीवन में भक्ति-संवेदना की उपस्थिति और भक्ति के लोकवृत्त की निरन्तरता की ओर झाँक भर लेता है। 'ध्यान देने' की जरूरत उसे तभी महसूस होती है जबकि भक्ति-संवेदना और भक्ति-लोकवृत्त का दुरुपयोग कर तरह-तरह के आक्रामक राजनैतिक अभियान चलाए जाने लगें। संयोग नहीं है कि 6 दिसंबर, 1992 के बाद, कबीर, तुलसीदास ही नहीं, भारतेन्दु भी बौद्धिकों को नए सिरे से, 'पढ़ने' लायक लगने लगे।

लेकिन किसी भी सांस्कृतिक अनुभव और उसकी संचित स्मृतियों को 'पढ़ने' के लिए किंवदन्तियों का संवेदनशील पाठ जरूरी है। किंवदन्तियाँ केवल अफवाहें नहीं होतीं, वे तर्कबुद्धि का अभाव भी सूचित नहीं करतीं। किंवदन्तियाँ सांस्कृतिक भाषा हैं, जिसके व्याकरण को जाने बिना किसी समाज की बात समझना असम्भव है। अचील मबेंबे याद दिलाते हैं कि अफ्रीकी समाजों का अध्ययन करने के दावे करने वाले बहुत से आधुनिक विद्वान तो 'उन समाजों की अपनी भाषाओं की जानकारी हासिल करना तक आवश्यक नहीं समझते'।[100]

भारत के प्रसंग में स्थिति इतनी बुरी नहीं तो कोई बहुत अच्छी भी नहीं रही है। भारतीय इतिहास, सांस्कृतिक प्रक्रियाओं और साहित्य के बारे में वे लोग लम्बी लम्बी हाँकते हैं, जो किसी भी देशभाषा के साहित्य और चिन्तन की जानकारी हासिल करने की कोई ज़रूरत नहीं समझते। इससे भी बदतर यह कि किंवदन्तियों और सांस्कृतिक भाषा के अन्य रूपों को सिरे से खारिज करते हुए, भाषा के सपाट यथार्थवाद को ही

विमर्श और स्मृति का एकमात्र प्रामाणिक माध्यम मान लिया जाता है–प्रसंग चाहे साहित्य का हो, चाहे इतिहास का। ऐसे सपाटपन के अभाव को तर्क-बुद्धि और ऐतिहासिक स्मृति के अभाव का अकाट्य प्रमाण भी मान लिया जाता है। यह सवाल तो मन में आने की कोई गुंजायश ही नहीं कि अनन्तदास द्वारा रिकॉर्ड की गई कबीर-जीवन-घटनाएँ कबीर के बारे में मानक 'किंवदन्तियों' की हैसियत किस प्रक्रिया के जरिए हासिल कर बैठीं। कबीर के अध्ययन की अनेक समस्याओं का मूल भक्ति के लोकवृत्त, देशभाषा स्रोतों और किंवदन्तियों की संवेदनहीन अवहेलना में है। किंवदन्तियों को सांस्कृतिक भाषा के रूप में पढ़ने की कोशिश और इस कोशिश के विचारोत्तेजक नतीजे आप इस किताब में बार-बार देखेंगे, खासकर कबीर के जीवन-वृत्त, उनके सामाजिक प्रभाव और रामानन्द के साथ उनके सम्बन्ध के प्रसंग में।

सन्दर्भ

1. हंस जे. हिलरबैंड, *'ऑन बुक बर्निंग एंड बुक बर्नर्स : रिफ्लेक्शंस ऑन दि पॉवर (एंड पॉवरलेसनेस) ऑफ आइडियाज़'*–जर्नल ऑफ दि अमेरिकन एकेडमी ऑफ रिलीजन, खण्ड 74, अंक 3, सितंबर, 2005, पृ. 598
2. केट टेल्सचर, *'इंडिया इंस्क्राइब्ड : योरोपियन एंड ब्रिटिश राइटिंग ऑन इंडिया 1600-1800'*, ऑक्सफोर्ड यूनिवर्सिटी प्रेस, नई दिल्ली, 1997, पृ. 101
3. हंस जे. हिलरबैंड, पूर्वोद्धृत पृ. 600
4. एम. अतहर अली, *'अकबर और अबुल-फ़ज़्ल के भारत सम्बन्धी विचार'* (मध्यकालीन भारत-6, सं. इरफ़ान हबीब), राजकमल प्रकाशन, नई दिल्ली, 2004, पृ. 19
5. इक़्तदार आलम ख़ान, *'अकबर के व्यक्तित्व की विशेषताएँ और उसकी विश्वदृष्टि : एक आलोचनात्मक पुनर्मूल्यांकन'* (मध्यकालीन भारत-6, सं. इरफ़ान हबीब), राजकमल प्रकाशन, नई दिल्ली, 2004, पृ. 45
6. गजानन माधव मुक्तिबोध, *'मध्यकालीन भक्ति आन्दोलन का एक पहलू'* (मुक्तिबोध रचनावली, खण्ड 5), सं. नेमिचन्द्र जैन, राजकमल प्रकाशन, नई दिल्ली, 1998, पृ. 288-9
7. दिलीप चित्रे, *'सेज़ तुका'*, पेंग्विन बुक्स, नई दिल्ली, 1991, पृ. XX
8. 'रवीन्द्र रचनावली' खण्ड 23 से श्रीनारायण पाण्डेय द्वारा उद्धृत, 'विश्वभारती पत्रिका' (हजारीप्रसाद द्विवेदी विशेषांक, अप्रैल, 2006-मार्च 2008), शान्तिनिकेतन, सं. रामेश्वर मिश्र, पृ. 80
9. रामशरण शर्मा, 'भारतीय सामन्तवाद' राजकमल प्रकाशन, नई दिल्ली, 1973, पृ. 269
10. आशुतोष दयाल माथुर, *'मीडिएवल हिन्दू लॉ : हिस्टॉरिकल इवोल्यूशन एंड एनलाइटेंड रिबेलियन'*, पृ. 14
11. पुरुषोतम चन्द्र जैन, *'सोशियो इकॉनॉमिक एक्सप्लोरेशन ऑफ मीडिएवल इंडिया'*, बी. आर. पब्लिशिंग कारपोरेशन, दिल्ली, 1976, पृ. 12, 14
12. आशुतोष दयाल माथुर, पूर्वोद्धृत, पृ. 144
13. वही, पृ. 188

14. लुई डूमाँ, *'होमो हायरार्किकस : दि कास्ट सिस्टम एंड इट्स इंप्लिकेशंस'* (संशोधित अंग्रेजी संस्करण), ऑक्सफोर्ड यूनिवर्सिटी प्रेस, नई दल्ली, 1988, पृ. 37
15. हजारीप्रसाद द्विवेदी, *'कबीर'*, राजकमल प्रकाशन, नई दिल्ली, 2000, पृ. 132
16. आशुतोष दयाल माथुर, पूर्वोद्धृत, पृ. 6
17. हजारीप्रसाद द्विवेदी, *'हिन्दी साहित्य की भूमिका'* राजकमल प्रकाशन, नई दिल्ली, 2006, पृ. 24-25
18. हजारीप्रसाद द्विवेदी, *'मध्यकालीन धर्म साधना'* (हजारीप्रसाद द्विवेदी ग्रन्थावली-5), राजकमल प्रकाशन, नई दिल्ली, 1981, पृ. 213
19. निकोलस डर्क्स, *'दि स्कैंडल ऑफ एंपायर : इंडिया एंड दि क्रिएशन ऑफ इंपीरियल ब्रिटेन'*, परमानेंट ब्लैक, दिल्ली, 2007, पृ. 229
20. केट टेल्सचर, पूर्वोद्धृत, पृ. 199-200
21. निकोलस डर्क्स, पूर्वोद्धृत, पृ. 34
22. फ्रैंक एफ. कॉन्लॉन, 'स्पीकिंग ऑफ कास्ट? कॉलोनियल एंड इंडिजेनस इंटरप्रिटेशंस ऑफ कास्ट एंड कम्युनिटी इन नाइनटींथ सेंचुरी बॉम्बे' ('फ्रॉम ऐंशियंट टु मॉडर्न' सं. इषिता बैनर्जी दुबे, सौरभ दुबे, में संकलित ऑक्सफोर्ड यूनिवर्सिटी प्रेस, नई दिल्ली, 2009), पृ. 300
23. सर जैक गुडी, *'दि थेफ्ट ऑफ हिस्ट्री'*, कैंब्रिज यूनिवर्सिटी प्रेस, कैंब्रिज, 2006, पृ. 251
24. पीटर फान डेर फीर, *'इंपीरियल एनकाउंटर्स : रिलीजन एंड मॉडर्निटी इन इंडिया एंड ब्रिटेन'*, परमानेंट ब्लैक, दिल्ली, 2001, पृ. 62-63
25. देखें बीबीसी न्यूज वेबसाइट पर 18/10/2004 को प्रकाशित *क्वेश्चनंस एंड आंसर्स : ब्लासफेमी लॉ* htpp//news.bbc.co.uk/go/pr/fr/-/2/hi/uk_news/3753408.stm.
26. जैक गुडी, 'दि ईस्ट इन दि वेस्ट' कैंब्रिज यूनिवर्सिटी प्रेस, कैंब्रिज, 1996, पृ. 211
27. रेमंड श्वाब, *'दि ओरिऐंटल रेनेसांस : यूरोप्स रिडिस्कवरी ऑफ इंडिया एंड दि ईस्ट'* कोलंबिया यूनिवर्सिटी प्रेस, न्यूयॉर्क, 1984, पृ. 6
28. जैक गुडी, पूर्वोद्धृत, पृ. 242
29. यह बात मैंने सूत्र रूप में कुछ वर्ष पहले भी कही थी, देखें *विचार का अनंत*, राजकमल प्रकाशन, नई दिल्ली, 2000, पृ. 19
30. देखें, 'बहुवचन'-7, (सं. अशोक वाजपेयी, महात्मा गाँधी अन्तर्राष्ट्रीय विश्वविद्यालय, वर्धा, नई दिल्ली) में श्री सुधीश पचौरी का लेख।
31. देखें, 'दि ऑब्जर्वर' लंदन, (12 जून, 2005) में एविस टॉमस-लेस्टर और मार्क टाउनसेंड का लेख, 'अमेरिका एपॉलॉइजेज फॉर हॉरर्स ऑफ लिंचिंग'।
32. अचील मबेंबे, *'ऑन दि पोस्टकॉलोनी'* (यूनिवर्सिटी ऑफ कैलिफोर्निया प्रेस, बर्कले, 2001), पृ. 10-11
33. जैक गुडी, पूर्वोद्धृत, पृ. 6
34. रेमंड श्वाब, पूर्वोद्धृत, 1984, पृ. 24
35. वही, पृ. 78
36. वही, पृ. 15
37. वही, पृ. 194
38. वही, पृ. 107

39. वही, पृ. 133
40. वही, आमुख, पृ. xix
41. 'पोटेंशियलिटीज ऑफ कैपिटलिस्टिक डेवलपमेंट इन दि इकॉनॉमी ऑफ मुगल इंडिया'–1969
42. *'कैंब्रिज इकॉनॉमिक हिस्ट्री ऑफ इंडिया'* कैंब्रिज यूनिवर्सिटी प्रेस, कैंब्रिज, 1982, खंड एक, सं. तपन रायचौधरी, इरफ़ान हबीब, पृ. 86
43. जैक गुडी, पूर्वोद्धृत, पृ. 94
44. मुकुंद लाठ, *'हाफ ए टेल : ए स्टडी इन दि इंटररिलेशनशिप बिटवीन ऑटोबायोग्राफी एंड हिस्ट्री'* (बनारसीदास के 'अर्द्धकथानक' का मूल रचना और ऐतिहासिक परिचय सहित अनुवाद), राजस्थान प्राकृत भारती संस्थान, जयपुर, 1981, पृ. 232
45. जैक गुडी, पूर्वोद्धृत, पृ. 94
46. पीटर फान डेर फीर, *'गॉड्स ऑन अर्थ : रिलीजियस एक्सपीरिएंस एंड आईडेंटिटी इन अयोध्या'*, ऑक्सफोर्ड यूनिवर्सिटी प्रेस, दिल्ली, 1997, पृ. 56
47. कैंब्रिज इकॉनॉमिक हिस्ट्री ऑफ इंडिया, खण्ड दो, सं. धर्म कुमार, पृ. 32-33
48. वही, पृ. 33
49. के. एन. पणिक्कर, *'कल्चर, आइडियॉलॉजी, हेगेमनी : इंटेलेक्युअल्स एंड सोशल कांशसनेस इन कोलोनियल इंडिया'* तूलिका, नई दिल्ली, 1995, पृ. 6 और 7
50. एम. एन. पियरसन, *'सोलहवीं सदी में भारत और हिन्द महासागर'*–मध्यकालीन भारत-4, सं. इरफ़ान हबीब, राजकमल प्रकाशन, नई दिल्ली, 2006, पृ. 39
51. कैंब्रिज इकॉनॉमिक हिस्ट्री ऑफ इंडिया, खण्ड एक, सं. तपन रायचौधरी, इरफ़ान हबीब, पृ. 411
52. जैक गुडी, पूर्वोद्धृत, पृ. 39
53. आंद्रे गुंदर फ्रैंक, *'रि-ओरिएंट : ग्लोबल इकॉनॉमी इन दि एशियन एज'*, विस्तार पब्लिकेशंस, नई दिल्ली, 2002, पृ. 12
54. *'दि एफ्रोसेंट्रिक आइडिया'* (1987) से आंद्रे गुंदर फ्रैंक द्वारा पूर्वोद्धृत, पृ. 22
55. जैक गुडी, पूर्वोद्धृत, पृ. 201
56. *'दि एंसाइक्लोपीडिया ऑफ इंडियन डॉयस्पोरा'*, सं. ब्रिज वी, लाल, ऑक्सफोर्ड यूनिवर्सिटी प्रेस, नई दिल्ली, 2006, पृ. 364-365
57. धर्मपाल, 'इंडियन साइंस एंड टेक्नॉलॉजी इन दि एटींथ सेंचुरी : सम कंटेंपरेरी यूरोपीयन एकाउंट्स' इंपेक्स इंडिया, दिल्ली, 1971
58. कार्लो गिंजबर्ग, *'दि जज एंड दि हिस्टोरियन : मार्जिनल नोट्स ऑन ए लेट ट्वेंटीयथ सेंचुरी मिसकैरिज ऑफ जस्टिस'* (अनुवाद–एंटनी शुग्गर) वर्सो, लंदन, 1999, पृ. 36
59. जैक गुडी, पूर्वोद्धृत, पृ. 225
60. वही, पृ. 248
61. संजय सुब्रह्मण्यम, *'हियरिंग वायसेज : विजनेट्स ऑफ अर्ली मौडर्निटी इन साउथ एशिया, 1400-1750'* (डिडलस, खण्ड 127, अंक 3, ग्रीष्म 1998, आरम्भिक आधुनिकताओं पर केन्द्रित विशेषांक, सं. शुमएल एन. ईजंस्टाट, वोल्फांग शुल्श्टर, ब्योर्न विटोर्क, कैंब्रिज (अमेरिका), पृ. 100
62. आंद्रे गुंदर फ्रैंक, पूर्वोद्धृत, विस्तार पब्लिकेशंस, नई दिल्ली, 2002, पृ. xxi
63. पीटर फान डेर फीर, पूर्वोद्धृत, पृ. 30

64. आंद्रे गुंदर फ्रैंक, पूर्वोद्धृत, पृ. 5
65. विवेक छिब्बर, *'दि गुड एंपायर'*, बोस्टन रिव्यू, फरवरी-मार्च, 2005, पृ. 30-34
66. रजत कांत रे के लेख, 'इंडियन सोसायटी एंड ब्रिटिश सुप्रीमेसी' से निकोलस डर्क्स द्वारा उद्धृत, 'दि स्कैंडल ऑफ एंपायर', पृ. 53
67. जैक गुडी, पूर्वोद्धृत, पृ. 128
68. वही, पृ. 131
69. माइक डेविस, 'लेट विक्टोरियन होलोकॉस्ट्स : एल निनो फेमाइंस एंड मेकिंग ऑफ दि थर्ड वर्ल्ड', वर्सो, लंदन, 2001, पृ. 311
70. निकोलस डर्क्स, पूर्वोद्धृत, पृ. 336
71. वही, प. 307
72. निकोलस डर्क्स, *'कास्ट्स ऑफ माइंड : कॉलोनियलिज्म एंड दि मेकिंग ऑफ मॉर्डन इंडिया'* परमानेंट ब्लैक, दिल्ली, 2002, पृ. 5
73. विलियम क्रुक, *'दि ट्राइब्स एंड कास्ट्स ऑफ नॉर्थ वेस्टर्न इंडिया'*, 1896, खण्ड तीन (पुनर्मुद्रण, कॉस्मो पब्लिकेशंस, दिल्ली, 1975), पृ. 65
74. विजय नाथ, *'पुराणाज एंड एक्कल्चरेशन : ए हिस्टॉरिको ऐंथ्रोपॉलिजिकल पर्सपेक्टिव'*, मुंशीराम मनोहरलाल, नई दिल्ली, 2001, पृ. 57 और 59
75. विलियम क्रुक, पूर्वोद्धृत, खण्ड एक, पृ. cxix-xic
76. वही, पृ. cxxxvii
77. वही, पृ. xxxiii
78. वही, खण्ड तीन, पृ. 70
79. वही, खण्ड तीन, पृ. 316-317
80. वही, खण्ड एक, आमुख, पृ. xx-xxvi
81. वही, पृ. cxxxix
82. मुंशी हरदियाल सिंह, *'रिपोर्ट मरदुमशुमारी राजमारवाड़ ई. सन् 1891'*, प्रथम प्रकाशन 1896, पुनर्मुद्रण 1997, श्री जगदीश सिंह गहलोत शोध संस्थान, जोधपुर, भूमिका।
83. क्रुक, खण्ड एक, आमुख, पृ. clxix
84. वही, पृ. cxcii
85. निकोलस डर्क्स, 'दि कास्ट्स ऑफ माइंड', पृ. 252
86. वसुधा डालमिया, 'ओरिएंटिंग इंडिया', थ्री एसेज कलेक्टिव, नई दिल्ली, 2003, पृ. 60
87. निकोलस डर्क्स, 'दि कास्ट्स ऑफ माइंड', पृ. 219
88. जी. एस. घुरये, 'कास्ट एंड रेस इन इंडिया', 1934, पृ. 105
89. डॉ. सुरेश मिश्र, *'गढ़ा का गोंड राज्य'*, राजकमल प्रकाशन, नई दिल्ली, 2008, पृ. 278
90. ज्वालाप्रसाद मिश्र, *'जातिभास्कर'*, खेमराज श्रीकृष्णदास, मुंबई, 1996, पृ. 203
91. वही, पृ. 237
92. वही, पृ. 245
93. वही, पृ. 318
94. बाबा साहेब डॉ. अम्बेडकर सम्पूर्ण वांग्मय खण्ड 13, अनु. सीताराभ खोडावाल, डॉ. अम्बेडकर प्रतिष्ठान, कल्याण मन्त्रालय, भारत सरकार, नई दिल्ली, 1998, पृ. 56

95. वही, पृ. 56-57
96. *'डिडलस'*, अमेरिकन एकेडमी ऑफ आर्ट एंड साइंसेज, कैंब्रिज, (यू.एस.ए.), ग्रीष्म, 1998, पृ. 10-11
97. पीटर फान डेर फीर, 'इंपीरियल इनकाउंटर्स : रिलीजन एंड मॉडर्निटी इन इंडिया एंड ब्रिटेन', पृ. 28
98. *'ट्रैडीशंस ऑफ नॉन-कास्ट हिन्दूइज्म : दि कबीर-पंथ'* ('हू इंवेंटेंड हिन्दूइज्म : एसेज़ ऑन रिलीजन इन हिस्ट्री', योदा प्रेस, नई दिल्ली, 2006), पृ. 78-101. यह विचारोत्तेजक निबन्ध पहले पहल 1987 में छपा था।
99. पूर्णेन्दु रंजन, *'हिस्ट्री ऑफ कबीरपंथ : ए रीजनल प्रोसेस'*, अनामिका पब्लिशर्स, नई दिल्ली, 2008, पृ. 32, 35
100. अचील मबेंबे, पूर्वोद्धृत, पृ. 7

अध्याय : तीन

कासी बसै जुलाहा एक...

1. 'जात जुलाहा मति का धीर' : जुलाहे से धर्मगुरु तक।
2. 'सारद लिखत न आवै अंतू' : कैसे पढ़ें किंवदन्तियों को।
3. 'ये मरजीवा अमृत पीवा' : जीवन सी कविता; कविता सा जीवन।

1. *जात जुलाहा मति का धीर : जुलाहे से धर्मगुरु तक*

कबीर का जन्म ही जुलाहे के घर हुआ था या जुलाहे परिवार में वे सिर्फ पले थे? नीरू और नीमा सचमुच उनके माँ-बाप थे, या उन्होंने तालाब किनारे, संयोग से मिल गए बालक कबीर का केवल पालन-पोषण किया था?

कबीर के समकालीनों और तुरन्त बाद के लोगों को इस बात पर कोई बिगूचन नहीं कि कबीर जन्म के जुलाहे और रामानन्द के शिष्य थे। उनके निधन के करीब सौ साल बाद उनके नाम से पंथ चलाया गया। इसके बाद ही संकेत मिलने आरम्भ होते हैं कि कबीर जुलाहा दम्पति को संयोग से प्राप्त हो गए थे।

औपनिवेशिक आधुनिकता से पहले कबीर का जन्म से जुलाहा न होना पंथ तक सीमित मान्यता है। पंथ के बाहर के लोग कहीं-कहीं इस मान्यता का भी संकेत कर देते हैं, लेकिन 'जगप्रसिद्ध' बात तो यही है कि कबीर की माता जुलाहिन थी– "जुलाहा ग्रभे उत्पन्नो। साध कबीर महामुनी।"

यह जगप्रसिद्ध मान्यता औपनिवेशिक आधुनिकता के दौर में हाशिए पर पहुँचा दी जाती है और पंथ तक सीमित रही धारणा तरह-तरह के अवतार लेने लगती है।

1828 और 1832 में 'ए स्केच ऑफ रिलीजस सेक्ट्स ऑफ हिन्दूज' प्रकाशित करते हुए एच.एच. विल्सन को तो लगा था कि "हो सकता है कि कबीर नाम का कोई व्यक्ति कभी हुआ ही न हो, और 'कबीर', 'ज्ञानी' जैसे नाम मात्र जेनेरिक नाम या अनेक 'फ्रीथिंकर्स' द्वारा चुन लिए गए 'तखल्लुस' भर रहे हों।"[1] 'तखल्लुस' शब्द का प्रयोग विल्सन ने ही किया है। फिर भी विल्सन ने कबीर का जीवन-परिचय

दिया। फोर्ट विलियम कॉलेज के विलियम प्राइस ने 'नेटिव कोर के दुभाषियों के उपयोगार्थ' जो हिन्दी रीडर तैयार की थी, विल्सन ने उसमें संकलित 'भक्तमाल के अंश' से 'विधवा ब्राह्मणी के पुत्र' वाली मान्यता उद्धृत की। यह असल में, नाभादास की 'भक्तमाल' का नहीं, उस पर ठेठ खड़ी बोली में लिखी गई टीका का अंश था।

कबीर के विचारों और संवेदना को उनके वंश पर निर्भर बनाया कानपुर मिशन के रेवरेंड जी.एच. वेस्टकॉट ने। 1907 में प्रकाशित उनकी पुस्तक 'कबीर एंड दि कबीर पंथ' औपनिवेशिक आधुनिक दृष्टि से कबीर पर लिखी गई पहली मुकम्मल किताब है। वह कबीर को मनमाने और बेहद सपाट ढंग से पढ़ते हुए लिखी गई किताब भी है। कबीर की किसी 'असुविधापूर्ण' बात के आगे उनके ब्राह्मणवादी, इस्लामवादी, मार्क्सवादी, दलितवादी व्याख्याकारों को आपने दसियों बार यह कहते पढ़ा-सुना होगा कि 'भला बताइए कबीर ऐसा कह सकते थे?' 'पूरब जनम हम ब्राह्मण होते' के प्रसंग में एक नमूना आप पहले अध्याय में देख चुके हैं। दो-चार और इस किताब में आगे देखेंगे।

ऐसे नमूनों के आदिस्रोत वेस्टकॉट ही हैं। उन्हें कबीर को सूफी, बल्कि ईसाई मिशनरी का पूर्वपुरुष, और उनकी शब्द-साधना को सेंट जॉन के शब्द-सिद्धान्त, से प्रेरित सिद्ध करना था। इस सिद्धि में कबीर की जो भी उक्ति बाधक होती है, उसके सामने पड़ते ही वेस्टकॉट साहब उच्चार उठते हैं–"कबीर भला ऐसा कैसे कह सकते थे!"

'आधुनिक' विद्वानों के 'खोजपूर्ण' कबीर-विमर्श का बहुत-सा अंश वेस्टकॉट की छाया से ग्रस्त है। 'कबीर शरा या बेशरा सूफी थे' या 'कबीर जन्म के भी मुसलमान नहीं थे'–ऐसा सिद्ध करने के प्रयत्नों पर यह छाया साफ पड़ती दिखती है। इन प्रयत्नों में अन्तर्निहित मान्यता स्पष्ट है : 'कबीर वैचारिक रूप से जो कुछ भी थे, वंश-परम्परा के ही कारण थे, उनके अपने व्यक्तिगत चुनाव की बात ही करना बेकार है।' कबीर के अपने कथनों तथा समकालीन साक्ष्यों की उपेक्षा करते हुए, मनमाने ढंग से किसी विचारधारात्मक प्रोजेक्ट में कबीर को खींच लेने की आदत के भी जनक वेस्टकॉट ही हैं। कबीर के वंश, और 'जीवन-उद्देश्य' के बारे में रेवरेंड वेस्टकॉट कहते हैं :

> असम्भव नहीं कि कबीर मुसलमान और सूफी दोनों रहे हों। कबीर की एक तस्वीर मिलती है, जिसका चितेरा बहुत करके कोई हिन्दू ही रहा होगा, इसमें कबीर के नाक-नक्श मुसलमानों जैसे ही उकेरे गए हैं, और मगहर में उनकी कब्र के रखवाले भी हमेशा से मुसलमान ही रहे हैं। कुछ लोगों को आश्चर्य हो सकता है कि कोई मुसलमान हिन्दी साहित्य का जनक हो, लेकिन याद रखना चाहिए कि अनेक हिन्दू भी फारसी के श्रेष्ठ लेखक हुए हैं। तिस पर कबीर की योग्यता और दृढ़ता तो असाधारण थी, और उनके जीवन का उद्देश्य ही था–अपना सन्देश उन लोगों से मनवाना जिन तक बात हिन्दी में ही पहुँच सकती थी।[2]

कबीर के जीवन का उद्‌देश्य जो भी रहा हो, वेस्टकॉट ने कबीर पर पुस्तक लिखने की अपनी प्रेरणा 'प्रीफेस' में ही साफ कर दी थी : "यदि क्राइस्ट भारतीय होते तो क्या उनकी शिक्षा का स्वागत वे लोग भी न करते, जो उसे सुनने से इनकार करते हैं?"

दशकों बाद, सरदार जाफ़री जब कहते हैं कि "कबीरदास एक मुसलमान सूफी थे, जो हिन्दू भक्ति की भाषा में बात कर रहे थे"[3] तब वे वेस्टकॉट को ही शब्दशः प्रतिध्वनित कर रहे हैं। अनेक सूफी इस तरह की रणनीति अपनाते थे, और अपने सहधर्मियों को आश्वस्त भी करते थे कि 'हिन्दी भाषा' कितनी भी बोलते रहें, 'हिन्दू मग पर' पाँव कभी नहीं रखेंगे। लेकिन कबीर को सूफियों में गिनना उतना ही निराधार है, जितना कि उन्हें वैदिक या बौद्ध धर्म की रक्षा या नए धर्म की स्थापना का श्रेय देना।

वेस्टकॉट कबीर के मुसलमान होने पर जोर उन्हें शेख तकी का शिष्य, सूफी और सेमेटिक प्रकार का एकेश्वरवादी सिद्ध करने के लिए दे रहे थे। औपनिवेशिक आधुनिकता के सभी पूर्वग्रह उनकी पुस्तक में काफी स्थूल रूप से मौजूद हैं। कबीर की तस्वीर में हिन्दू चितेरे द्वारा उकेरे गए 'मोहम्मडन फीचर्स' की याद दिलाने की हद तक—गोया कबीर मुगल वंश में जन्मे हों। ऐसा 'वैज्ञानिक' नस्लवाद औपनिवेशिक ज्ञानकांड में कितना बद्धमूल था, यह हम पिछले अध्याय में देख ही चुके हैं।

समस्याएँ तो भारतीय समाज में थीं ही, लेकिन औपनिवेशिक ज्ञानकांड के गहरे प्रभाव के फलस्वरूप भारतीय इतिहास की अपनी समस्याओं के प्रसंग में बात करने की बजाय, कबीर के वर्णन यों किए गए कि वे 'विदेशी पद्धति के भक्त' होने के कारण 'भारतीय भक्ति के स्वाभाविक विकास' से कटे हुए थे, या "इस्लाम न भी आता तो भी कबीर से आरम्भ होनेवाले साहित्य का बारह आना वैसा ही होता, जैसा कि वह है।" सवाल पूछे गए कि यदि वे मुसलमान नहीं थे तो कबीर में ऐसा 'मुसलमानी जोश' कहाँ से आया? हिन्दू नहीं थे तो हिन्दू परम्परा के बारे में इतना जानते कैसे थे? ये सवाल उन्नीसवीं-बीसवीं सदी के हिन्दुस्तान से पूछने लायक थे, लेकिन पूछे जा रहे थे पन्द्रहवीं-सोलहवीं सदी के हिन्दुस्तान से। यह भुलाकर कि अट्ठारहवीं सदी तक के संत दरिया साहब भी थे तो मुसलमान दर्जी ही, लेकिन अपने निर्गुणपंथी मत को अभिव्यक्त कर रहे थे ऐन 'रामचरितमानस' की तर्ज पर, 'ज्ञानरतन' नामक रामकथा लिखकर।[4] इसी समय इटली से आए रोमन कैथॉलिक पादरी डेला टोंबा बेतिया के कबीरपंथियों से प्राप्त 'रामचरितमानस' का अनुवाद कर रहे थे। हालाँकि, दो सौ साल बाद, फ्रेंच विदुषी शारलोत वादिवेल डेला टोंबा द्वारा अनूदित इस 'कबीरीस्ती रामायण' को 'बौद्ध रामायण' बता रही थीं![5] वेस्टकॉट की ही तरह वादिवेल भी, तथ्यों को धता बताते हुए पूछ रही थीं, "भला बताइए, कबीरपंथियों का तुलसीकृत 'मानस' से क्या वास्ता हो सकता था?"

निर्गुण-सगुण की ही नहीं, कबीर के काफी बाद तक हिन्दू और मुस्लिम की भी सीमा-रेखाएँ वैसी नहीं थीं, जैसी कि औपनिवेशिक आधुनिकता के काल में खींची गईं। तुलसीदास को निर्गुण संत और जो भी लगते हों, 'विदेशी पद्धति' के पथिक तो नहीं ही लगते थे। समकालीन लोगों को कबीर नामक मुस्लिम जुलाहे के वैष्णव और नाथपंथी परम्परा के पारिभाषिक शब्दों और साधना पद्धतियों का गहरा जानकार होने पर आश्चर्य नहीं होता था। रसिक सम्प्रदाय के रामानन्दी नाभादास को वह जुलाहा वन्दनीय लगता था, 'लोकविद्वेषी' नहीं! बेतिया के कबीरपंथी अपने निर्गुण मत पर समझौता किए बिना 'रामचरितमानस' पर भी विचार-विमर्श कर सकते थे।

इन बातों को भुलाकर; देशज कबीर-विमर्श की उपेक्षा करते हुए औपनिवेशिक ज्ञानकांड में रचे-बसे 'आधुनिक' विद्वानों ने जुलाहे कबीर के वैष्णवमत और नाथपंथ सम्बन्धी ज्ञान पर 'चकित' होकर उनके वंश के बारे में तरह-तरह के क़यास लगाए हैं। इन क़यासों की हक़ीक़त समझने के लिए इस अध्याय में, हम कबीर-विमर्श की देशज परम्परा से गुजरेंगे। औपनिवेशिक आधुनिकता के बाद विकसित हुए कबीर-विमर्श के कुछ पहलुओं के साथ देशज कबीर-विमर्श की तुलना करेंगे। इससे यह जानने में मदद मिलेगी कि कबीर को जुलाहे के घर जन्मे के स्थान पर 'केवल पले' बताए जाने का सहज-साधक को पंथप्रवर्तक बनाए जाने से क्या सम्बन्ध है।

हम अनन्तदास की 'परिचई' और नाभादास की 'भक्तमाल' के अलावा चर्चा करेंगे राघवदास की 'भक्तमाल' (अट्ठारहवीं सदी का आरम्भ), 'बीजक' पर पूरन साहब की 'त्रिजा' (1837), विश्वनाथसिंह की 'पाखंडखंडिनी' (प्रथम प्रकाशन, 1868) टीकाओं और स्वामी परमानन्द के 'कबीर-मंशूर' (1887) की। नाभादास की भक्तमाल की 'भक्तिगुणदामचित्रिणी टीका' (1776) में दिए गए कबीर-आख्यान की चर्चा भी करेंगे। बालकराम कृत यह टीका अभी पांडुलिपि रूप में ही सुलभ है।

अनन्तदास की कबीर-परिचई का पहला ही पद है :

काासी बसै जुलाहा ऐक,
हरि भगतन की पकड़ी टेक।
बहुत दिन साकत मैं गईया,
अब हरि का गुण ले निरबहीया।

तीसरा पद है :

मुसलमान हमारी जाती,
माला पाऊँ कैसी भाँती।
भीतौ बाँणी बोल्या ऐह
रामांनन्द पैं दछ्या लेह।

सातवें पद में वैष्णव हो जाने पर कबीर के कुटुम्बियों की विकलता सूचित करते हैं :

कुटुम्ब सजन समधी मिल रोवैं।
बिकल भयौ काहे घर खोवै ॥
मका मदीना हमारा साजा।
कलमाँ रोजा और निवाजा ॥[6]

अनन्तदास ने नामदेव, रैदास, पीपा, अंगद, त्रिलोचन की भी परिचइयाँ रची हैं। नामदेव-परचई का रचनाकाल उन्होंने सूचित किया है—''संवत सोला सै पैंताला, वाणी बोले वचन रसाला''। संवत सोला सै पैंताला यानि 1588 ईस्वी। कबीर-परिचई की रचना उन्होंने इसके कुछ ही समय बाद की थी।

अनन्तदास ने इन संतों के बारे में इतना लिखा, लेकिन स्वयं अपने बारे में 'पीपा परिचई' के अन्त में अपनी गुरु-परम्परा बताने के अलावा उन्होंने कुछ भी नहीं कहा। उनकी बताई गुरु-परम्परा है—रामानन्द-अनन्तानन्द-कृष्णदास-अग्रदास-विनोदी-अनन्तदास स्वयं। वे राजस्थान के थे। डॉ. शुकदेव सिंह उन्हें ''संत कबीर के समकालीन पीपा के पौत्र'' बताते हैं।[7] नाभादास के, तथा अन्य भक्तमालों से अनन्तदास की परिचइयों का अत्यन्त महत्त्वपूर्ण अन्तर यह है कि 'भक्तमाल' में पौराणिक चरित्रों का भी वर्णन है, जबकि अनन्तदास ने केवल ऐतिहासिक व्यक्तियों के बारे में लिखा है। वे अपने समय—आरम्भिक आधुनिक काल में विकसित हो रही नई चेतना के अनुरूप चल रहे थे। इस चेतना की दिलचस्पी पौराणिक से कहीं अधिक ऐतिहासिक व्यक्तियों में थी। अनन्तदास देवताओं और अवतारों के चरित लिखने की बजाय, 'साधारण' मनुष्यों के परिचय दे रहे थे। चमत्कार के मुहाविरे को बनाए रखते हुए भी सामूहिक स्मृति को पौराणिक समय की बजाय ऐतिहासिक समय पर केन्द्रित कर रहे थे। कलियुग में भक्ति की महिमा बखानते हुए कलियुग का प्रथम भक्त श्रीकृष्ण के तुरन्त बाद की किसी विभूति को कहने की बजाय अपने से बस दो ही सौ साल पहले के नामदेव को बता रहे थे।

अनन्तदास जैसे लोग भक्ति के लोकवृत्त के कारण सम्भव हुए और उनके कारण भक्ति का लोकवृत्त सम्भव हुआ। उन्हें बहुत ध्यान से पढ़ना चाहिए। उनके बारे में और अधिक जानने की कोशिशें होनी चाहिएँ। अनन्तदास की रची परिचइयाँ नामदेव, कबीर, रैदास, पीपा जैसे महान भक्त-कवियों और उनके समय के बारे में हमें बहुत मूल्यवान बातें बताती हैं, बशर्ते हम उनके मुँह में मनमाने शब्द डालने की बजाय उन्हीं की बात ध्यान से सुनें।

पिछला वाक्य लिखना पड़ा क्योंकि शारलोत वादिवेल अपने पाठकों को बताती हैं कि ''अनन्तदास के अनुसार कबीर काशी के जुलाहे थे, जो रामानन्द के शिष्य

बने। बचपन में गलत राह पर चलने के बाद (यानि मुसलमान रहकर), बीस बरस की आयु में उन्हें ज्ञान की प्राप्ति हुई।"[8]

अनन्तदास का पद आपके सामने है। इसी में नहीं, सारी परिचई में यदि आप ढूँढ़ना चाहें कि कहाँ अनन्तदास ने कबीर के मुसलमान जन्मे होने को ही गलत राह पर चलने का पर्यायवाची माना है, तो ढूँढ़ते ही रह जाएँगे। अनन्तदास रामानन्द की परम्परा के वैष्णव थे; मुसलमानों के प्रति उनका रवैया वैसा नहीं था, जैसा उनके समकालीन रोमन कैथॉलिकों का था, और कुछ का आज भी है। अनन्तदास के रामानन्द को इस्लामी धार्मिक परम्परा की स्वायत्तता और 'अन्यता' का बोध अवश्य है, लेकिन अलगपन–अन्यता–के इस बोध की परिणति मुसलमान मात्र को 'गलत' मानकर 'ठीक करने' में नहीं, बल्कि संवाद-सेतु बनाने में होती है, जैसा कि "द्वितीय सेतु जगतरण कियो' शीर्षक अध्याय में आप देखेंगे।

अनन्तदास की परिचई में कबीर को सन्देह है कि रामानन्द उन्हें शिष्य बनाएँगे या नहीं। कबीर द्वारा स्वयं को शिष्य घोषित कर देने पर रामानन्द चकित होते हैं, कबीर से मिलते भी हैं तो परदे की ओट से, लेकिन कबीर से प्रभावित इतने होते हैं कि उन्हें गले लगाकर शिष्य मान लेते हैं। अनन्तदास बेचारे कह रहे हैं कि कबीर का जन्म जुलाहा परिवार में हुआ, और उनके जीवन के 'बहुत से वर्ष शाक्तसाधना में चले गए', लेकिन वादिवेल पढ़ रही हैं कि मुसलमान होना ही गलत राह पर चलना था! ("Having spent his childhood in error i.e. as a Muhammadan...")

वादिवेल की पुस्तक प्रकाशित हुई 1993 में।[9] पूरे दस साल पहले, 1983 में डॉ. रामकुमार वर्मा ने अनन्तदास की 'कबीर-परिचई' अपनी पुस्तक 'कबीर : एक अनुशीलन' के परिशिष्ट में प्रकाशित कर दी थी! लेकिन थीसिस अगर पहले से तय हो तो अनन्तदास जो चाहें कहते रहें, थीसिस-सम्पन्न लोग तो वही सुनेंगे जो थीसिस ने बता रखा है। अनन्तदास ने तो परिचइयाँ रची ही थीं, संतों के चमत्कारिक व्यक्तित्वों का परिचय देने के लिए, लेकिन 'आधुनिक' शोध के चमत्कार भी कुछ कम नहीं। इस किताब में आप ऐसे और भी चमत्कारों का परिचय पाने जा रहे हैं।

अनन्तदास की परिचइयों में बाकायदा जीवनी लिखने की बजाय, बल संतों की साधना और लोकमान्यता का परिचय देने पर है। कबीर के निधन के सत्तर साल बाद उन्हें कैसे देखा जा रहा था, जनता के बीच उनकी कितनी मान्यता थी, उनके जन्म-निधनादि के बारे में लोग क्या जानते थे–यह सब अनन्तदास की 'कबीर परिचई' से मालूम पड़ता है। अनन्तदास द्वारा बताई गई कुछ बातें अन्य स्रोतों में भी मिलती हैं, और कुछ स्वयं कबीर की अपनी रचनाओं से पुष्ट भी होती हैं। शाक्तों के प्रति कबीर की इतनी मुखर और विकट चिढ़ अनन्तदास की पंक्ति 'बहुत बरस साकत मैं गइया' को अत्यन्त संकेतपूर्ण बना देती है।

अनन्तदास की परिचई कबीर का विस्तृत परिचय देती है, तो आ. द्विवेदी की पुस्तक कबीर पर समग्रता में विचार करती है। अनन्तदास की परिचई से सोलहवीं सदी के अन्त में लोकमान्य कबीर-छवि का पता लगता है, द्विवेदीजी की पुस्तक से बीसवीं सदी के पूर्वार्द्ध में उपलब्ध कबीर-विषयक मान्यताओं और मूल्यांकनों का अनुमान लग जाता है। डॉ. पीताम्बरदत्त बड़थ्वाल की दिखाई राह पर चलते हुए, आ. द्विवेदी कबीर को नाथपंथी परम्परा में स्थापित करते हैं। 'व्यक्तित्व-विश्लेषण' करते हुए द्विवेदीजी ने कबीर की जो 'अक्खड़, फक्कड़ और मस्तमौला' छवि गढ़ी है, वह कबीर पर सोच-विचार करनेवालों के संस्कार में बद्धमूल हो चुकी है।

अनन्तदास की परिचई कबीर के नाम पर प्रचलित पंथ का आभास तक नहीं देती, पंथ-प्रवर्तन उनके समय तक हुआ ही नहीं था, जबकि द्विवेदीजी कबीरपंथी मान्यताओं को कबीर के बारे में 'प्रामाणिक' ऐतिहासिक तथ्य मानकर ही बात करते हैं। अनन्तदास कबीर को रामानन्द का शिष्य बताने के बाद कबीर की अपनी महिमा बताने में लग जाते हैं; रामानन्द के विचारों-व्यवहारों का परिचय देने की जरूरत नहीं समझते। द्विवेदीजी नाथपंथी 'साधना' और पारिभाषिक शब्दावली की विस्तृत चर्चा करते हैं। कबीर तक पहुँचने के पहले, द्विवेदीजी का पाठक छह अध्यायों में नाथपंथी साधना को समझने की योग्यता प्राप्त करता है। द्विवेदीजी यह तो कहते हैं कि कबीर हू-ब-हू नाथपंथी नहीं थे, लेकिन महिमा वे 'कबीरनाथ' की ही बखानते हैं। सामाजिक सन्दर्भ में 'योगी भी डटकर जातिभेद पर आघात करता था' और तत्वमीमांसा के धरातल पर, "नाथपंथी लोग जोर देकर द्वैताद्वैत-विलक्षण-समतत्त्ववाद का समर्थन करते हैं। इस विषय में कबीरदास का उनसे सीधा सम्बन्ध है।"[10] पुस्तक के पहले ही वाक्य में द्विवेदीजी का पूर्वग्रह सामने आ जाता है—"कबीर का लालन-पालन जुलाहा परिवार में हुआ था, इसलिए उनके मत का महत्त्वपूर्ण अंश यदि इस जाति के परम्परागत विश्वासों से प्रभावित रहा हो तो इसमें आश्चर्य की कोई बात नहीं है।"[11]

इसमें भी आश्चर्य की कोई बात नहीं है कि आ. द्विवेदी को पंथ-स्थापना के पहले के सारे स्रोतों की एकमत घोषणा—'कबीर जुलाहे के घर जन्मे थे'—को मानने में संकोच हो रहा है। आश्चर्य की बात तब होती जबकि 'कबीर धर्मगुरु थे' कहनेवाले द्विवेदीजी मानते कि कबीर जुलाहे के घर ही जन्मे थे। कबीर को धर्मगुरु कहनेवाले लोग तो अनन्तदास के कुछ वर्ष बाद ही कहने लगे थे कि कबीर जुलाहे दम्पति के औरस नहीं, मात्र पालित पुत्र थे। पंथ की मान्यताओं को आत्मसात करके ही कबीर पर विचार करने की पद्धति अपनानेवाले 'आधुनिक' विद्वान भी कबीर को जुलाहे दम्पति द्वारा केवल पालित मानने लगे थे। अयोध्यासिंह उपाध्याय 'हरिऔध' ने 1916 में 'कबीर वचनावली' नाम से "कबीर साहब के उत्तमोत्तम भजनों और साखियों का संग्रह" प्रकाशित किया। यह साहित्यिक हिन्दी जगत में कबीर पर पहली

किताब थी। 'हरिऔध' पंथ की मान्यताओं को आत्मसात करके कबीर पर सोच-विचार, और वेस्टकॉट से बहस कर रहे थे। पुस्तक का पहला ही वाक्य है, "कबीर साहब एक पंथ के प्रवर्तक थे।" विधवा ब्राह्मणी वाली कथा को स्वीकार करते हुए 'हरिऔध' विश्वासपूर्वक कहते हैं, "यह कोई नहीं कहता कि कबीर साहब नीमा और नीरू के औरस पुत्र थे।" कबीर द्वारा स्वयं को जुलाहा कहने की व्याख्या वे यों करते हैं कि "जो जन्मकाल ही से वे जोलाहे के घर पले थे, तो उनका दूसरा संस्कार हो नहीं सकता था; उनके जी में यह बात समा भी नहीं सकती थी कि मैं हिन्दू संतान हूँ।"[12]

आ. रामचन्द्र शुक्ल ने कहा था, "कबीर के विचारों में कोई दार्शनिक व्यवस्था दिखाने का प्रयत्न व्यर्थ है।" द्विवेदीजी को शुक्लजी का यह कथन 'अश्रद्धाप्रसूत' लगा। 'अश्रद्धा' का प्रतिवाद करते हुए द्विवेदीजी ने 'सिद्ध' किया कि कबीर के विचार बाकायदा नाथपंथी 'दार्शनिक व्यवस्था' (फिलॉसफिकल सिस्टम) पर आधारित हैं। कबीर ने भक्ति जरूर 'आकाशधर्मा गुरु' रामानन्द से प्राप्त की, लेकिन अपनी बानियों में प्रतिपादन तो वे नाथपंथी 'तत्त्ववाद' का ही कर रहे थे। कबीर ही नहीं, सभी निर्गुणपंथी संतों के बारे में आ. द्विवेदी ने आगे चलकर (1952 में), कहा--

> "इनकी साखियाँ आठ योगांगों के विभिन्न पहलुओं को स्पष्ट करने के उद्‌देश्य से ही लिखी गई हैं। इन उपदेशों में ज्ञानप्रवण नैतिक स्वर ही प्रधान है, योग-सम्बन्धी स्वर गौण। इसी ज्ञानप्रवण नैतिकता-प्रधान योग-मार्ग के खेत में भक्ति का बीज पड़ने से जो मनोहर लता उत्पन्न हुई, उसी का नाम निर्गुण भक्ति है।"[13]

शुक्लजी की 'अश्रद्धा' उनकी इस मूल मान्यता पर आधारित थी :

> भागवत धर्म या वैष्णव धर्म की जो परम्परा भारतवर्ष में चली उसमें ज्ञान का स्थान अलग रहा है और प्रेम या भक्ति का अलग। प्रत्येक सम्प्रदाय के ज्ञानपक्ष या सिद्धान्तपक्ष का प्रतिपादन आचार्य लोग करते थे और प्रेम या भक्तिभाव का जनता में संचार आड़वार लोग भजन-कीर्तन द्वारा करते थे।[14]

चूँकि कबीर किसी आचार्य या सम्प्रदाय की दी हुई 'लाइन' 'फॉलो' नहीं करते, इसलिए शुक्लजी को उनके विचारों में 'दार्शनिक व्यवस्था दिखाने के प्रयत्न' व्यर्थ लगने ही थे। द्विवेदीजी ने ऐसे प्रयत्नों की सार्थकता और कबीर जैसे निर्गुण संतों के प्रति अपनी श्रद्धा प्रकट की, यह सिद्ध करके कि ये लोग नाथपंथी 'आचार्यों' द्वारा प्रतिपादित 'ज्ञानपक्ष या सिद्धान्तपक्ष' का जनता में संचार भजन-कीर्तन द्वारा कर रहे थे!

द्विवेदीजी कबीर का 'ब्राह्मणीकरण' नहीं, नाथीकरण कर रहे थे।

शुक्लजी की 'अश्रद्धा' और द्विवेदीजी की 'श्रद्धा' दोनों ही कबीर के समय की विशेषता और उनकी कविता के मर्म की उपेक्षा करती हैं। मुस्लिम जुलाहे कबीर का

नाथपंथी साधना और वैष्णव वैचारिकता और संवेदना से आत्मीय परिचय उनके ऐतिहासिक समय की विशेषता दर्शाता है, और किसी सम्प्रदाय के प्रचार में कविता को जोत देने से कबीर का इनकार, कवि का विवेक।

कबीर सचमुच 'अस्वीकार का अपार साहस' लेकर अवतीर्ण हुए थे, इस साहस का मर्म था—यह विवेक कि कविता की नियति आचार्यों द्वारा निरूपित ज्ञान का प्रचार करने तक सीमित नहीं; यह बोध कि सर्जनात्मक शब्द की अपनी स्वायत्त हैसियत का आग्रह करते रहना रचनाकार का धर्म है।

सैकड़ों साल बाद, एक और रचनाकार ने अपने वक्त के 'आचार्यों' को याद दिलाया था कि "साहित्य राजनीति के पीछे चलनेवाली नहीं, उसके आगे-आगे मशाल लेकर चलनेवाली सच्चाई है!"

'हरिऔध' की वचनावली के बारह साल बाद, विचार को वंश का ही परिणाम मानने की विधि का पालन करते हुए, श्यामसुन्दर दास ने 'कबीर-ग्रन्थावली' की भूमिका में लिखा, "मुसलमान घर में पालित होने पर भी हिन्दू विचारों से सराबोर होना उनके शरीर में प्रवाहित होनेवाले ब्राह्मण अथवा कम-से-कम हिन्दू रक्त की ओर ही संकेत करता है।"[15] डॉ. बड़थ्वाल ने 1930 में प्रतिपादित किया कि "वास्तव में निर्गुण सम्प्रदाय योग का ही परिवर्तित रूप है।" कुछ बरस बाद लिखे गए निबन्ध 'कबीर के कुल का निर्णय' में उन्होंने कबीर को माना तो मुसलमान जुलाहा ही, लेकिन स्पष्ट किया कि "कबीर का जुलाहापन योग और निर्गुण सम्प्रदाय के बीच की सूक्ष्म कड़ी है, जिसका पता जरा टटोलने से लगता है।"

1941 में लिखित निबन्ध 'जिन्द कबीर की संक्षिप्त चर्चा' में श्री चन्द्रबली पांडेय ने आरम्भ में ही नोट किया, "सूफी शब्द के भीतर उन सभी हिन्दी कवियों को समेट लेना चाहिए जो वस्तुतः जन्म से मुसलमान और कर्म से सूफी हों। जन्म को महत्त्व देने का कारण यह हुआ कि बहुत से हिन्दू भी अपने को सूफी कहने लग गए थे। कर्म की कसौटी पर कसने का कारण यह था कि अनेक मुसलमान अपनी भावना से वैष्णव बन गए थे।"[16]

सूफी हिन्दुओं और मुसलमान वैष्णवों के अस्तित्व का रेखांकन उस वक्त चल रहे 'विचार-विमर्श' के लिए जितना महत्त्वपूर्ण था, उतना ही आज भी है। लेकिन यह रेखांकन करनेवाले पांडेयजी ही मुसलमान वंश में जन्म के आधार पर 'जिन्द कबीर' को बेशरा सूफी सिद्ध कर डालते हैं; वैसे ही जैसे दास जी 'हिन्दू विचारों से सराबोर' होने के कबीर के शरीर में 'ब्राह्मण नहीं तो कम-से-कम हिन्दू रक्त' के बहने का संकेत पा रहे थे, और बड़थ्वालजी योग की जानकारी के आधार पर उन्हें सद्यधर्मान्तरित योगियों के वंश में जन्मे सिद्ध कर रहे थे। पांडेयजी ने कबीर का इस्लामी परम्परा से जो गहरा परिचय सिद्ध किया है, वह कबीर को 'निरक्षर' माननेवाले 'आधुनिकों' के लिए चौंकानेवाला हो सकता है; देशज कबीर-विमर्श तो

उन्हें हिन्दू परम्परा और नाथपंथी साधना के साथ-साथ इस्लामी परम्परा और पौराणिकता का भी जानकार मानता ही आया है।

'आधुनिक' विद्वान मानकर चले कि कबीर चूँकि 'बेपढ़े-लिखे' थे, इसलिए वे अपनी साधना-पद्धति चुन तो सकते नहीं थे, उसे वंशानुगत ही होना चाहिए था। कबीर के हिन्दू भावों के आधार पर उनके शरीर में हिन्दू रक्त बहना मान लिया गया, उनकी योगपरक शब्दावली के कारण कबीर का सारा कुनबा ही योगी हो गया, और इस्लाम की जानकारी ने कबीर को सूफी बना दिया, बेशरा ही सही!

मूल बात कह-कहकर भी भुला दी गई कि कबीर के समय में इस्लाम के जानकार हिन्दू; वैष्णव और नाथ परम्परा के जानकार मुसलमान वैसे अजूबे नहीं थे, जैसे वेस्टकॉट जैसों के मुँह से बोलती औपनिवेशिक आधुनिकता उन्हें सिद्ध करने की कोशिश कर रही थी। कबीर समेत कुछ मुसलमान तो ऐसे वैष्णव थे जिनके बारे में, उन्नीसवीं सदी में कहा गया, "इन मुसलमान हरिजनन पर कोटिन हिन्दू बारिए"। उस काल में मिर्जा सालेह और मिर्जा हैदर जैसे मुसलमान भी थे, जिन्होंने कविता तो नहीं की, लेकिन जिन्हें 'दबिस्ताँ-ए-मजाहिब' के लेखक मुबाद शाह ने रामानन्दी वैरागियों में जरूर गिना है।

बड़थ्वालजी कबीर को जुलाहा वंश में 'पालित भर' नहीं जन्मे ही मानते थे, इस वंश पर नाथपंथी प्रभाव और उसके कारण कबीर को 'गोरखनाथ के विरोधी नहीं ऋणी और कृतज्ञ, एक प्रकार से अनुयायी' दिखाना उनका लक्ष्य था। बड़थ्वालजी के मत को उनके अपने शब्दों में ही, विस्तार से जानना बेहतर होगा :

> दसवीं, ग्यारहवीं और बारहवीं शताब्दियों में समस्त देश में तान्त्रिक सिद्ध योगियों और नाथों का विशेष प्रभाव रहा है। ये थे तो बौद्ध परम्परा में परन्तु बौद्ध धर्म की कोई बात उनमें रह न गई थी। जन-साधारण में उस समय इन्हीं का विशेष आदर होता था। इन लोगों में नीच जातिवालों की कमी नहीं थी। हाली पाव (भंगी), कुम्हारी पाव (कुम्हारी), चमरिया (चमार), तंते पा (कोरी), कम्परिया (लुहार), कंथली पा (दरजी) आदि नाम इस बात के साक्षी हैं। उनका प्रभाव भी नीची जातियों पर ही अधिक पड़ा। कृषि के बाद जन सामान्य के लिए भारत में कातना-बुनना ही सबसे बड़ा उद्यम था।
>
> यह भी अनुमान होता है कि मुसलमानों के राजनीतिक और धार्मिक अत्याचार के सामने ये लोग ठहर नहीं सके और उनमें से, खासकर पश्चिमी भागों के कोरी (ताँती) मुसलमान हो गए, और जुलाहे कहलाने लगे। लामा तारानाथ के अनुसार जोगी पहले बौद्ध ही थे। किन्तु पीछे मुसलमानों से विरोध न दिखाने के उद्‌देश्य से ये ईश्वर (शिव) के उपासक हो गए...यह सब इसलिए आवश्यक था कि मुसलमानों की बौद्धों पर विशेष क्रूर दृष्टि थी। उनका बुत-विरोध मूलरूप में बुद्ध-विरोध था। यह हालत तो बंगाल और आसाम की है, जहाँ मुसलमान बहुत पीछे पहुँचे, जबकि

सम्भवतः उनका अन्धा जोश बहुत कुछ ठंडा पड़ गया होगा और उनमें राजनीतिक विचारौदार्य का अंकुर उग आया होगा। बिहार, युक्तप्रान्त और पश्चिमी प्रान्तों में तो जहाँ मुसलमानों का जोश खौलती हालत में पहुँचा होगा अधिकांश कोरियों को मुसलमान हो जाना ही सूझा होगा। इसी से वहाँ जुलाहों की इतनी अधिकता है जबकि बंगाल और आसाम में वे नहीं के बराबर हैं, वहाँ उनके स्थान पर 'जुगी' 'ताँती' हैं।

...कबीर का जन्मस्थान परम्परा से काशी माना जाता है...काशी का बृहत् तथा प्राचीन गोरखटीला और कालभैरव का मन्दिर तान्त्रिक योगियों के प्रभाव के परिचायक हैं। कालभैरव मूलतः योगियों का ही देवता है। कालभैरव को काशी के कोतवाल का पद मिलना इस बात की सूचना देता है कि कभी काशी में योग का बड़ा भारी प्रभाव था।

...जिन लोगों में से पहले-पहल कबीर के अनुयायी हुए और जिन लोगों में उन अनुयायियों ने कबीर के मत के प्रचार की सम्भावना देखी, उनमें गोरखनाथ का विशेष आदर रहा होगा, तभी तो इस बात की आवश्यकता प्रतीत हुई कि कबीर गोरखनाथ से बड़े प्रमाणित किए जाएँ। बहुत से जोगी तो मुसलमान हो जाने पर भी अब तक जोगी ही बने हुए हैं। मिस्टर क्रुक के अनुसार सम्भवतः सन् 1891 में पश्चिमोत्तर प्रान्त और अवध के कुल 95980 जोगियों में से 17593 मुसलमान जोगी थे। गोरखनाथ का आदर सभी प्रकार के जोगियों में होता है। **मेरी समझ से कबीर भी किसी प्राचीनतया कोरी किन्तु तत्कालीन जुलाहा कुल के थे जो मुसलमान होने के पहले जोगियों का अनुयायी था।**

...कबीर के कुल के सम्बन्ध में इस दृष्टि से विचार करने से उनकी विचारधारा की बहुत-सी बातें जो अब तक समस्या के रूप में प्रकट होती थीं, स्वयं ही हल होकर वास्तविक रूप में दिखाई देने लगेंगी। और, इस प्रकार कबीर का मुसलमान कुल में पालन-पोषण, मुसलमानी विचार-शैली के प्रभाव से प्रायः कोरा रहना, उच्च हिन्दू भावनाओं से ओत-प्रोत उनकी विचार-पद्धति, कुछ साधारण हिन्दू प्रथाओं और धारणाओं का विरोध तथा उनकी योग शब्दावली गर्भित युक्तियाँ सबका सामंजस्य बिना किसी ऊहापोह के घटित हो जाएगा।"[17] (जोर मेरा)

द्विवेदीजी की पुस्तक 'कबीर' के पाठक याद कर सकते हैं कि दो-एक बातें अपनी ओर से जोड़ते हुए द्विवेदीजी उपर्युक्त तथ्यों और तर्कों को हू-ब-हू दोहराते हैं। दोनों विद्वानों का उद्देश्य भी एक ही है : मुस्लिम जुलाहे द्वारा हिन्दू समुदाय के हर स्तर पर लोकमान्यता हासिल करने के 'रहस्य' का निराकरण करना।

बड़थ्वालजी और द्विवेदीजी की मान्यताओं में महत्त्वपूर्ण अन्तर भी है। बड़थ्वालजी कबीर का जन्म जुलाहा कुल में ही मानते हैं। उन्हें विधवा ब्राह्मणी का पुत्र बतानेवाली 'नवीन प्रथा' को सहानुभूतिपूर्वक समझने का यत्न करते हैं, लेकिन उससे सहमत नहीं होते। जबकि द्विवेदीजी सारे तर्क-वितर्क के बाद यही रेखांकित करते हैं कि कबीरदास जुलाहा घर में 'पालित हुए थे'।

द्विवेदीजी के निष्कर्ष उनके अपने शब्दों में इस प्रकार हैं :

1. आज की वयनजीवी जातियों में से अधिकांश किसी समय ब्राह्मण श्रेष्ठता को स्वीकार नहीं करती थीं।
2. जोगी नाम की आश्रम-भ्रष्ट घरबारियों की एक जाति सारे उत्तर और पूर्वी भारत में फैली थी। ये नाथपंथी थे, कपड़ा बुनकर और सूत कातकर या गोरखनाथ और भरथरी के नाम पर भीख माँगकर जीविका चलाया करते थे।
3. इनमें निराकार भाव की उपासना प्रचलित थी, जातिभेद और ब्राह्मण-श्रेष्ठता के प्रति इनकी कोई सहानुभूति नहीं थी और न अवतारवाद में ही कोई आस्था थी।
4. आसपास के बृहतर हिन्दू समाज की दृष्टि में ये नीच और अस्पृश्य थे।
5. मुसलमानों के आने के बाद ये धीरे-धीरे मुसलमान होते रहे।
6. पंजाब, उत्तरप्रदेश, बिहार और बंगाल में इनकी कई बस्तियों ने सामूहिक रूप से मुसलमानी धर्म ग्रहण किया था।
7. कबीरदास इन्हीं नव-धर्मान्तरित लोगों में **पालित** हुए थे।[18] (जोर मेरा)

न केवल कबीर के पारिवारिक परिवेश में, न केवल उनकी वैचारिकता और संवेदना के गठन में बल्कि समूचे तत्कालीन सांस्कृतिक अनुभव में भी, इस्लाम की भूमिका–सकारात्मक और नकारात्मक–दोनों अर्थों में, द्विवेदीजी के अनुसार, हाशिए तक ही सीमित है। कबीर के वंश के बारे में द्विवेदीजी के निष्कर्षों के मूल में उनकी यही मान्यता थी। द्विवेदीजी के कई घोर-अघोर आलोचक भी द्विवेदीजी के चरण-चिह्नों पर ही चल रहे हैं। द्विवेदीजी भारतीय समाज में इस्लाम की भूमिका 'चार आने' भर फिर भी मानते हैं, उन पर 'ब्राह्मणवाद' के आरोप लगानेवाले क्रान्तिकारियों के अनुसार कबीर को इस्लाम से कोई लेना-देना ही न था, उनका वास्ता तो सिर्फ हिन्दू परम्परा से ही था; वे सिर्फ और सिर्फ उसी की आलोचना कर रहे थे।

द्विवेदीजी का कहना है :

> "...कबीरदास ने अपने को जुलाहा तो कई बार कहा है, पर मुसलमान एक बार भी नहीं कहा। वे बराबर अपने को 'ना हिन्दू, न मुसलमान' कहते रहे...वे आध्यात्मिक सत्य के अतिरिक्त एक सामाजिक तथ्य की ओर भी इशारा कर रहे हैं। उन दिनों वयनजीवी नाथ-मतावलम्बी गृहस्थ योगियों की जाति सचमुच ही 'ना हिन्दू ना मुसलमान' थी। कबीरदास ने कम-से-कम एक पद में स्पष्ट रूप से स्वीकार किया है कि हिन्दू और हैं, मुसलमान और हैं और योगी और हैं; क्योंकि योगी या जोगी 'गोरख-गोरख' करता है, हिन्दू 'राम-राम' उच्चारता है और मुसलमान 'खुदा-खुदा' कहा करता है।[19]

अगर आप पूछें कि कबीर ने स्वयं को जोगी कितनी बार कहा है, तो उत्तर है : **एक बार भी नहीं**। स्वयं को 'जुलाहा', 'कोरी', यहाँ तक कि विडम्बनापूर्ण ढंग से 'हम तो जात कमीना' तक कहनेवाले कबीर स्वयं को कहीं भी 'जोगी', या 'योगी' या 'नाथ' नहीं कहते। न 'सामाजिक तथ्य' के सन्दर्भ में, न 'आध्यात्मिक सत्य' के प्रसंग में। जहाँ तक स्वयं को 'ना हिन्दू ना मुसलमान' मानने की बात है; आप इस पुस्तक में आगे देखेंगे कि उस समय के रामानन्दी वैरागी भी अपने बारे में ऐसी ही बातें करते थे। जिस पद की ओर द्विवेदीजी इशारा कर रहे हैं, उसी में कबीर स्पष्ट कर देते हैं कि उनकी साधना हिन्दू, मुसलमान और जोगी–तीनों से भिन्न है : "हिन्दू राम-राम करै, जोगी गोरख-गोरख उच्चरै/मुसलमान का एक खुदाई, कबीर का स्वामी रह्या समाई।"

कबीर को समग्रता में सुनें तो समझने में कोई दिक्कत नहीं कि वे अपनी सामाजिक पहचान जुलाहा या कोरी की मानते हैं, और आध्यात्मिक धरातल पर इस सवाल से जूझते हैं कि अपने अनुभव और बेचैनी को कहें तो किस तरह कहें? आध्यात्मिक खोज को संगठित धर्म जैसे रूप दे देता है, उन रूपों से कबीर को बुनियादी एतराज था, इसीलिए वे विभिन्न परम्पराओं से स्वयं को अलगाते हैं, और साथ ही हिन्दू पौराणिक परम्परा, नाथपंथ और इस्लाम तीनों की ही विशिष्ट शब्दावली का बेधड़क उपयोग करते हैं-कवि-संवेदना के जरिए उसे रूपान्तरित करके। यह भी स्पष्ट है कि जातिवाद के कठोर आलोचक कबीर, कुल मिलाकर अपने आपको जाति-कुल निरपेक्ष वैष्णवता के सर्वाधिक निकट पाते हैं–'भगति नारदी मगन सरीरा। इहि विधि भव तरे कबीरा', कारण यह कि वैरागी जात-पाँत की परवाह नहीं करते थे–'इन मुंडीअन मेरी जात गँवाई।' 'मुंडी' रामानन्दी वैरागियों को और 'दंडी' दशनामी शैव संन्यासियों को कहा जाता था।

बात जहाँ तक 'नव-धर्मान्तरित' होने की है, कबीर के पुरखे सेल्जुक तुर्क या चुग़ताई मुग़ल तो थे नहीं। उनके सामाजिक स्तर के सभी मुसलमान धर्मान्तरण के ही जरिए मुसलमान बने थे। कबीर के पुरखे उनसे दो-एक पीढ़ी पहले मुसलमान बने या पाँच-सात पीढ़ी पहले–यह जानने का हमारे पास कोई साधन नहीं। हाँ, कबीर के गुरुभाई पीपा के बताए यह हम जरूर जानते हैं कि कबीर के पिता के घर में ईद-बकरीद मनती थी, गोवध होता था। रज्जब और गोपालदास दोनों की सर्वंगियों में संकलित इस पद में नामदेव, रैदास और कबीर की महिमा बखानते हुए पीपा कबीर के बारे में बताते हैं :

> जाकै ईद बकरीद नित गऊ रै बध करैं। मानियें सेख सहीद पीरा।
> बापि वैसी करी पूत ऐसी धरी। नांव खंड प्रशिधि कबीरा।[20]

रज्जब की सर्वंगी में संकलित 'ग्रन्थ साध मिहमाँ' (महिमा) के रचनाकार को भी कोई सन्देह नहीं कि कबीर जुलाहिन के गर्भ से जन्मे थे–"जुलाहा ग्रभे उत्पन्नो। साध कबीर महामुनी।"[21]

पीपा की कबीर-विषयक पंक्तियाँ रैदास के एक पद में भी हू-ब-हू मिलती हैं।[22]

कबीर के एक और गुरुभाई धन्ना जाट 'आदिग्रन्थ' (1604) में संकलित पद में अपने उन प्रेरणा-स्रोतों को याद करते हैं, जिन्होंने जन्माधारित 'निम्नता' को लाँघकर भक्ति की सिद्धि पाई। इनमें नामदेव हैं, रविदास हैं, सेन हैं और हैं कबीर–"बुनना तनना तिआगि कै प्रीति चरन कबीरा/नीच कुल जोलाहरा भइओ गुनीय गहीरा।"[23] अनन्तदास से कोई पचास बरस पहले, कबीर का पहला उल्लेख करनेवाले हरिराम व्यास अपने संवेदना-'कुटुम्ब' में जिन कबीर को शामिल कर रहे थे, उनके न तो जुलाहा होने में व्यासजी को सन्देह था, न रामानन्द के शिष्य होने में। नाभादास कृत 'भक्तमाल' के कबीर विषयक छप्पय में कबीर के वंश का कोई उल्लेख नहीं है। छप्पय इस प्रकार है :

भक्तिविमुख जो धर्म सु सब अधर्म करि गाए।
योग यज्ञ व्रत दान भजन बिन तुच्छ दिखाए॥
हिन्दू तुरक प्रमाण रमैनी सबदी साखी।
पक्षपात नहिं वचन सबन के हित की भाखी॥
आरूढ़ दशा है जगत पर, मुख देखी नाहिंन भनी।
कबीर कानि राखी नहीं, वर्णाश्रम षटदर्शनी॥

('भक्तमाल', छप्पय 60)

अबुल फ़ज़ल ने 'आईन-ए-अकबरी' में कबीर को 'मुवाहिद'[24] बताया है। मुस्लिम घर में जन्मे होने के बावजूद कबीर आस्था के धरातल पर मुसलमान से अलग ही थे। मुसलमान होने के लिए मुवाहिद (एकेश्वरवादी) होना पर्याप्त नहीं है; पैगम्बरे इस्लाम और कुरान के प्रति समर्पित आस्था आवश्यक है, जो कि अबुल फ़ज़ल जानते थे कि कबीर में नहीं है।

महाराष्ट्र में साधना कर रहे तुकाराम (1607-1649) भी स्पष्ट रूप से 'कबीर मोमिन' के गुण गाते हैं। यों तो 'मोमिन' शब्द दृढ़ आस्थावाले व्यक्ति का अर्थ देता है, लेकिन व्यवहार में, यह जुलाहे या बुनकर (मराठी में 'विणकर') के लिए रूढ़ है।

कबीर के वंश के बारे में यह आम राय पहली बार बदलती-सी दिखती है, राघवदास के 'भक्तमाल' में। इसका प्रकाशन राजस्थान पुरातन ग्रन्थमाला में, चतुरदास की टीका सहित, अगरचन्द नाहटा द्वारा 1965 में ही कर दिया गया था। लेकिन, इस पर अभी तक ठीक से ध्यान नहीं दिया गया है। दादूपंथी राघवदास स्वयं को 'पीपावंशी चांगलगोत' कहते हैं। उन्होंने यह रचना अट्ठारहवीं सदी ईस्वी के आरम्भिक वर्षों में की थी, यानि धर्मदास द्वारा कबीर-पंथ की स्थापना के कोई सौ बरस बाद।

राघवदास कबीर का उल्लेख दो जगहों पर करते हैं। पहले, भक्त के रूप में; उसके बाद कबीर-पंथ का वर्णन करने के क्रम में। पहले उल्लेख में, जाति के जुलाहे

कबीर रामानन्द के शिष्यों में से हैं। राघवदास रामानन्द का उल्लेख 'श्री रामानुज सम्प्रदा' के अन्तर्गत ही करते हैं, स्वतन्त्र सम्प्रदाय-प्रवर्तक के रूप में नहीं। कबीर के बारे में, एक सौ पच्चीसवें पद में राघवदास का कहना है :

अथाह थाह पाँऊँ, नहीं, क्यौं जस कहूँ कबीर कौ।
श्रीराँमाँनन्द को सिष, जाति जग कहै जुलाहौ।
कासी करि बिसराँम, लीयौ हरिभक्ति सु लाहौ।
हिन्दू तुरक प्रमोधि, कीये अज्ञाँनी तैं ज्ञांनी।
सबद रमैंणी साखि, सत्य सगलां करि मांनी।
प्रमाँनन्द प्रभु कारनैं, सुख सब तज्यौ सरीर कौ।
अथाह थाह पाँऊँ नहीं, क्यौं जस कहूँ कबीर कौ ॥[25]

इसके बाद के पदों में राघवदास बताते हैं : कबीर की बातों से 'हिन्दू, तुरक, संन्यासी ब्राह्मण और स्वयं साह सिकन्दर' कुपित थे। उन्हें कुचलने के लिए हाथी भेजा गया, लेकिन उसे कबीर 'सिंहस्वरूप' दिखे, वह डरकर भाग गया। 'त्यागि तिरगुण नृगुण' (निर्गुण) गानेवाले, 'राँमहि राँम रटने' वाले कबीर लोक में सबके आदरणीय बनकर, कलियुग में तपे (चमके)–"ऐसौ तप्यौ कलिकाल कबीरौ"।

कबीर के जीवन की वे घटनाएँ जो अनन्तदास के समय से ही कबीर के बारे में ज्ञात रही हैं, इस 'भक्तमाल' में भी स्थान पाती हैं। मूल में संकेत रूप में; और 1880 में चतुरदास द्वारा लिखी गई टीका में सविस्तार। ये घटनाएँ हैं–हिन्दू-मुस्लिम नेताओं का मिलकर कबीर की शिकायत सिकन्दर लोदी से करना, उन पर अत्याचार किया जाना, सारे काशीवासियों का भोज, पुरी के पंडे का जला पाँव काशी में बैठे-बैठे ही ठीक कर देना और गणिका के साथ सारे नगर में घूमकर कबीर का अपनी 'लोकप्रियता' से पिंड छुड़ाना।

राघवदास ही पहले व्यक्ति हैं, जो संकेत करते हैं कि कबीर संयोग से नीरू-नीमा को मिल गए थे। संकेत किया जा रहा है, कबीर-पंथ का वर्णन करने के प्रसंग में। कबीर के ही नहीं, नानक, दादू और जगन के पंथ का भी वर्णन राघवदास करते हैं। वे इन चारों संतों को 'निर्गुण महन्त' कहते हैं : "ये चारि महन्त चहुँ चक्कर मैं, च्यारि पंथ निरगुन थपे। नानक कबीर दादू जगन, राघो परमात्मा जपे।" न तो राघवदास और न उनके टीकाकार चतुरदास कबीर को किसी का अवतार बताते हैं। हाँ, यह जरूर है कि पंथ-वर्णन, वे पंथी मान्यताओं के आधार पर ही करते हैं।

राघवदास धर्मदास को कबीर के नौ प्रत्यक्ष शिष्यों में गिनते हैं, जबकि धर्मदास का समय कबीर से लगभग एक सदी बाद का है। कबीर के जन्म सम्बन्धी पंथी मान्यता को जगह देने की कोशिश राघवदास द्वारा तीन सौ उनचासवें पद में किए गए कबीर-वर्णन में साफ बोलती है, हालाँकि अलौकिक जन्म का संकेत राघवदास फिर

भी नहीं देते। बस, इतना कहते हैं कि काशी के किसी जुलाहे को कोई बालक पेड़ के नीचे मिल गया था, उसने लाकर पत्नी को सौंपा और सारी जाति को न्यौता देकर बड़ा भारी उत्सव किया :

पूरब महि प्रगट भये, जन कबीर निरगुन भगत ॥
कासी बाहरि निकसि कहूँ कौ जात जुलाहौ।
वृक्ष तरैं इक बाल परयौ, सो बोल-बुलाहो।
ताकौं लै घर गयौ, सौंपि तिरिया कूँ दीनौं।
ग्याती सकल बुलाइ बहुत उछव तिन कीन्हौं।
बड़े भये रांमहि भजै, काहूँ सूँ नाहीं सकत।
पूरब महि प्रगट भये, जन कबीर निरगुन भगत ॥[26]

कबीर को 'अवतार' मानने, उनका जन्म अलौकिक रीति से मानने की पंथी मान्यता को जगह देते हैं, 1762 में, मराठी में 'भक्तविजय' लिख रहे महीपति। अब पंथ की स्थापना हुए डेढ़ सदी बीत चुकी थी। महीपति के अनुसार, 'कबीर शुकदेव के अवतार थे। वे गंगा में तिरते एक शंख में मणिकर्णिका घाट पर कमाल नामक जुलाहे को मिले। अवतारी कबीर लौकिक लीला करने के प्रयोजन से मानवीय लक्षणों से एकाकार हो गए। उनकी भक्ति की अनेक कष्टसाध्य परीक्षाएँ लेने के बाद, अन्ततः श्रीराम ने सीता-सहित कबीर को दर्शन दिए।''[27]

कबीर-पंथ व्यापारियों और दस्तकारों का समुदाय था। धर्मदास जाति के वैश्य थे, लेकिन ऐसे वैश्य, जिन्हें स्वयं को ''मूलतः क्षत्रिय, व्यापार के कारण वैश्य बन गए'' माननेवाले अग्रवाल, ओसवाल और खत्री 'निम्न' मानते थे। आज तक मानते हैं। धर्मदास के कबीर-पंथ से तेली, तमोली, पनिका आदि–आजकल 'ओबीसी' कही जानेवाली जातियाँ ही अधिकांशतः जुड़ी थीं। व्यापार करने के बावजूद, वर्णाश्रम के सैद्धान्तिक ढाँचे में इन्हें दी गई हीनतर स्थिति से उत्पन्न असंतोष की सामूहिक अभिव्यक्ति कबीर-पंथ और ऐसे अन्य पंथों के गठन में हुई। इन पंथों ने भक्ति के लोकवृत्त की संस्थाओं का रूप लिया।

भक्ति के लोकवृत्त में संवाद करते हुए कबीर-पंथी कबीर को अवतार मानकर अपने 'संस्थापक' के एक साधारण मुसलमान जुलाहा होने के संकोच से मुक्ति पाकर उन्हें 'अलौकिक' विभूति के रूप में देख पाते हैं। गैर-कबीरपंथी स्वीकार कर लेते हैं कि वेदप्रामाण्य और अवतारवाद के विरोधी कबीर अन्ततः किसी दिव्य विभूति के अवतार ही थे। अवतार की धारणा का असली काम किसी व्यक्ति की असाधारणता, और उसके साथ अपनी आत्मीयता को रेखांकित करना ही है। सोलह और चौदह कला के अवतार तो पूज्य हैं ही, लोककाव्य आल्हखंड के पात्रों को भी लोकचित्त महाभारत के विभिन्न पात्रों के अवतारों के रूप में देखता रहा है। 'सत्यपुरुष के अवतार कबीर' के बारे में पौराणिक आख्यानों का विकास पंथ और व्यापक समुदाय

के बीच मुखामुखम का परिणाम था। इस मुखामुखम से पंथ को अवकाश (स्पेस) मिलता है कि वह कबीर की असाधारणता को अवतार की महिमा समझे। बाकी लोग भी कबीर के साथ आत्मीयता अनुभव कर सकते हैं, भले ही उनकी सभी बातों से पूरमपूर सहमत न हों।

पंथ ने कबीर को अपने ढंग से 'ना हिन्दू ना मुसलमान' माना। सत्यपुरुष के अवतार होने के कारण, पंथ के कबीर हिन्दू-मुस्लिम जैसी लौकिक बातों से ऊपर हैं। वे जुलाहिन या ब्राह्मणी किसी भी स्त्री के गर्भ से नहीं, बल्कि अलौकिक रीति से अवतरित हुए हैं। पंथ की इस मान्यता के प्रति बाकी लोगों का रवैया क्या हो सकता था? जिन बड़ी हस्तियों के जन्म को लेकर किसी तरह का सन्देह या विवाद हो, उन्हें 'कानीन' यानि सामान्य विवाह-सम्बन्ध के बाहर उत्पन्न संतान मान लेना परम्परामान्य विधि रही है। भारत में भी, भारत के बाहर भी। 'इमेकुलेट कंसेप्शन' – यानि कुमारी (वर्जिन) मेरी द्वारा ईसा को गर्भ में धारण करना–ईसाइयत की मूल मान्यता है।

कबीर को विधवा का पुत्र मान लेने के पीछे पंथ की मान्यता को जगह देने की सोच ही काम कर रही थी। अलौकिक रीति से जन्म के पंथी आग्रह को लोकचित्त ने कानीन संतान मान लेने की परम्परा के सहारे लौकिक आधार दे दिया। पंथ यही मानता रहा कि कलिकाल में जुलाहा बनकर आना सत्यपुरुष का अपना फैसला था। उनकी लीला थी। लेकिन न तो अलौकिकता के आग्रह से, न 'कानीन पुत्र' मान लेने की विधि से यह तथ्य खारिज होता है कि कबीर का जन्म जुलाहा माँ की कोख से ही हुआ था। श्रद्धावानों के लिए श्रीकृष्ण पारब्रह्म परमेश्वर ही हैं, लेकिन, इस श्रद्धा से 'लौकिक दृष्टि से' उनका यादव होना कट नहीं जाता।

कबीर कानीन संतान थे–इस धारणा के लोकचित्त में स्थान बनाने के बाद, सामूहिक और व्यक्तिगत कल्पना ने इसका पूरा आख्यान गढ़ लिया। इस आख्यान का पहला रूप अब तक की मेरी जानकारी के अनुसार, 1776 का है। नेशनल बुक ट्रस्ट से प्रकाशित 'कबीर : साखी और सबद' (2007) में मैंने लिखा था कि "कबीर को विधवा ब्राह्मणी की संतान बतानेवाला उल्लेख उन्नीसवीं सदी के पहले नहीं मिलता।" तब तक मुझे 1776 वाले आख्यान की जानकारी न थी। यह आख्यान मिलता है, नाभादास की 'भक्तमाल' पर बालकराम द्वारा लिखी गई–'भक्तिगुणदामचित्रिणी' टीका में। इसकी सूचना अगरचन्द नाहटा भी राघवदास कृत भक्तमाल की भूमिका में देते हैं, लेकिन ऐसा नहीं लगता कि उन्होंने 'भक्तिगुणदामचित्रिणी' देखी हो। मैंने इसकी पांडुलिपि की प्रति राजस्थान प्राच्य विद्या प्रतिष्ठान, जोधपुर से प्राप्त की। इसे तथा अन्य पांडुलिपियों को खोजने-देखने में सहायता करने के लिए, 'प्रतिष्ठान' के श्री कमल साँखला और श्रीमती कमलेश वोहरा का मैं बहुत आभारी हूँ।

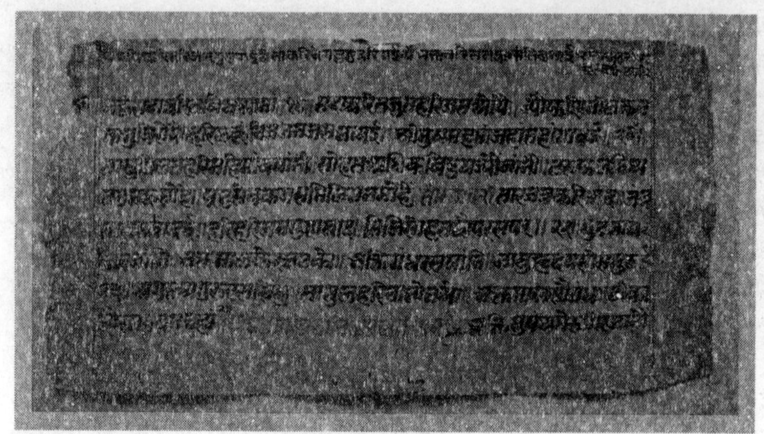

'भक्तिगुणदामचित्रिणी' टीका का एक पृष्ठ

बालकदास के अनुसार कबीर की माँ किसी बनिया स्त्री को होना था, लेकिन शंका के कारण वह भाग्यहीना कबीर जैसा पुत्र पाने से वंचित रह गई। बालकदास के बाद तो वह भाग्यहीना कबीर-जन्म आख्यान में जगह पाने से भी वंचित हो गई। उसका उल्लेख तक कोई नहीं करता। बालकदास के अनुसार :

> **"रामानन्द हि सेवत एक बनिक तिया चित लाई नित स्वामी पै आवै सीधा ल्यावै बाई। 1। पै ताके मन पुत्रकामना प्रकट न मुख सूँ, गावै, स्वामी अन्तरजामि जानी जो ताकि मन भावे, तब मन ही मन कीन्ह बिचारा देहौं या कूँ पूता पैतरिया सहि अज्ञा लै नारी अपसूता। 2। तब स्वामी कहि तासूँ आवहु प्रात सवेरी बाई स्वामी प्रात न्हाय पूजा करि हरि सूँ अज्ञा पाई बाई प्रात न आई संका भागमन्द अनुसारी ताही समय पठाई औरहि बिप्री भोजन करी। 3। सा विधवा गत स्वामि पास हरि इच्छा बलवन्ता नम्न करि तिहि दूरहि जबहि स्वामी वचन होहि पुत्र हरिभक्ता तेरै सत्य हमारी बानी। स्वनत हि बिधवा सकुचि मन में पुनि स्वामिहि बखानी। 4। तुम जानो सो मैं नहि स्वामि हौं विधवा द्विज नारी। दवा दई जो तुम सो मम श्रापा जग म होत खुवारी तब स्वामी कहि ताकै मो लै कही होयगी त्यौंही भक्त गिरा हरि मुखान कर ई बाण राम को ज्यौंही। 5। सा पछिताय बनिक तिय पासहि जाय स्वनाई सोई स्वनि सा बानी पछितानी बनिक तिया अति रोई पुनि तिहि बिधवा गुपती राखी जब लगि पुत्र जनाई काल पाय स्वत जायौ सोई खंदक यो रखाई। 6। तब ही एक अपुत्र जुलाहा देखि लियो सिसु सोई जाय तियहि दै कीन्हो लालन पालन स्वत हित होई कोऊ धाय लगाय जिवावा बड़ो भयो परिणावा पिता जुलाहा सो रिजक आपहि कसब करावा। 7।"**

(कोई बनिया स्त्री रामानन्द की सेवा करती थी, उनके लिए भोजन-सामग्री लाती थी, रामानन्द जान गए थे कि उसे पुत्र की कामना है। आशीर्वाद पाने के लिए उसे प्रातःकाल आने को कहा। लेकिन शंका के कारण, उस अभागी ने रामानन्द को

भोजन कराने के लिए किसी ब्राह्मणी को भेज दिया। इस स्त्री को आती देख, स्वामीजी ने उसे दूर से ही हरिभक्त पुत्र की माँ बनने का आशीर्वाद दे दिया। विधवा ने स्वामीजी से कहा कि आपकी दुआ तो मेरे लिए शाप हो गई, बदनामी होगी। स्वामीजी ने कहा कि हरिभक्तों का वचन तो रामबाण की तरह अचूक होता है। ब्राह्मणी ने पछताते हुए जाकर बनिया स्त्री को सारा माजरा बताया, वह भी पछताकर रोने लगी। विधवा ने गोपनीय ढंग से पुत्र जना और उसे गड्ढे में रख आई। किसी अपुत्र जुलाहे ने बालक को उठा लिया और ले जाकर पत्नी के हवाले किया। दूध पिलाने के लिए धाय रखकर बच्चे को जिलाया। बच्चा बड़ा होकर रिजक (आजीविका) कमाने के लिए पिता की तरह जुलाहे का कसब (पेशा) करने लगा।)

बालकदास उन सभी प्रसंगों का उल्लेख करते हैं, जिनके संकेत अनन्तदास ने दिए हैं, जो कबीर-विषयक किंवदन्तियों का अभिन्न अंग बन चुके थे। रामानन्द और कबीर के एक संवाद में वे कबीर के मुँह से यह भी कहलाते हैं, "आपके आदेश से ही मैंने द्विज विधवा के गर्भ में निवास किया है"—"हुकुम तिहारै बिधवा द्विज तिय गरभ अर्भ हौं सूता।"

फोर्ट विलियम कॉलेज के विलियम प्राइस ने 'नेटिव कोर के दुभाषियों के उपयोगार्थ' एक संकलन 1827 में तैयार किया। इसमें उन्होंने नाभादास का कबीर विषयक छप्पय और उसकी एक टीका या 'ग्लॉस' भी शामिल की। इसी 'ग्लॉस' को विल्सन ने 'भक्तमाल का अंश' समझ लिया था। 'कबीर जन्म प्रसंग' में यह टीका बताती है :

> गुरु रामानन्द की सेवा में एक ब्राह्मण तत्पर रहै दोऊ बेर दर्शन करै एक कन्या बाल रंडा रहै वह कहै मो कूँ दर्शन करावो एक दिना लै गए दर्शन कर प्रनाम किया, स्वामी जू ने आशीर्वाद दिया, पुत्रवती हो। ब्राह्मण बोला यह तो बाल रंडा है महाराज। स्वामी बोले मेरा वचन व्यर्थ नहीं पुत्र होयगा गर्भ न जाना जायगा कलंक न लगैगा जगत के जीवन को उद्धार करैगा। सो रामानन्द स्वामी के वचन सों गर्भ रहा दश महीने पर भया, लहर तलाब में डारि आई। अली जुलाहा ने पाया सो पाला वही कबीर भया।[28]

भाषा से अनुमान होता है कि यह टीका फोर्ट विलियम के ही किसी अध्यापक ने भी की हो सकती है। इस टीका को ही, विल्सन के बाद, 1839 में गार्सां द तासी ने भी 'भक्तमाल का अंश' मान लिया था।[29] बनिया स्त्री तो यहाँ गायब ही है, 'बाल-विधवा' की जाति का भी उल्लेख नहीं किया गया है। 'बीजक' पर 'पाखंडखंडिनी' टीका रचनेवाले विश्वनाथसिंह जू देव भी कबीर-जन्म प्रसंग बताते हुए 'विधवा नारी' की जाति का उल्लेख नहीं करते :

> रामानन्द रहे जग स्वामी। ध्यावत निशि दिन अन्तर्यामी॥
> तिन के ढिंग एक विधवा नारी। सेवा करै बड़ौ श्रम धारी॥

प्रभु यक दिन रहे ध्यान लगाई। विधवा तिय तिन के ढिंग आई।
प्रभुहिं कियो वन्दन बिन दोषा। प्रभु कह पुत्रवती भरि घोषा॥
तब तिय अपनो नाम बखाना। यह बिपरीत दियो बरदाना॥
स्वामी कह्यौं निकसि मुख आयो। पुत्रवती हरि तोंहि बनायो॥
ह्वै ह्वै पुत्र कलंक न लागी। तब सुत ह्वै ह्वै हरि अनुरागी॥[30]

उन्नीसवीं सदी में, पंथ और व्यापक समाज के मुखामुखम में मुद्रित शब्द का योगदान शुरू हुआ। 'बीजक' और उसकी टीकाओं के अलावा, अनेक 'सागर' और 'बोध' ग्रन्थ भी मुद्रित रूप में उपलब्ध होने लगे। इस युग के कबीरपंथी भी कबीर और पंथ का परिचय देनेवाली रचनाएँ करने लगे। लहनासिंह की 'कबीर-कसौटी' (1885) ऐसी ही रचना है। ऐसी रचनाओं में सबसे महत्त्वपूर्ण है–'कबीर-मंशूर'। फीरोजपुर निवासी स्वामी परमानन्द ने इस विश्वकोर्षीय ग्रन्थ को, 'सात साल की मेहनत के बाद' 1887 में उर्दू में प्रकाशित किया। हिन्दी अनुवाद का कुछ हिस्सा श्री युगलानन्द बिहारी ने किया और बाकी 'सर्वतन्त्र स्वतन्त्र रिसर्च स्कॉलर पं. माधवाचार्य्य' ने।

धर्मदासी कबीर-पंथियों के लिए सन्दर्भ-ग्रन्थ की हैसियत रखनेवाले 'कबीर-मंशूर' से पता चलता है कि पंथ और व्यापकतर हिन्दू समाज के बीच चला आ रहा समायोजन औपनिवेशिक दौर में उत्पन्न हुई चुनौतियों के सामने क्या रूप ले रहा था।

प्रान्त पंजाब, समय उन्नीसवीं सदी का उत्तरार्द्ध यानि आर्यसमाज के आक्रामक वेदवादी आन्दोलन और उससे भी अधिक आक्रामक तबलीगी मुसलमानों के आन्दोलन का देशकाल। ऐसे देशकाल में कबीर-पंथियों के लिए जरूरी हो गया कि वे रेखांकित करें कि कबीर वेदनिन्दक कतई नहीं थे। स्वामी परमानन्द के 'कबीर-मंशूर' का उपशीर्षक ही स्वामी दयानन्द के 'सत्यार्थप्रकाश' की तर्ज पर है–'स्वसंवेदार्थ प्रकाश'। हिन्दी अनुवाद में श्री युगलानन्द बिहारी ने ग्रन्थ के एक प्रकरण के बारे में स्पष्टीकरण दिया, "यह चौबीसवाँ प्रकरण...साधारण पढ़े-लिखे लोगों और कबीर-पंथी और अन्य सम्प्रदाय वालों को बहुत खटकता है। उनका कहना है, इसमें वेद की निन्दा की गई है; किन्तु उनका यह विचार केवल भ्रम मात्र है।"[31] जिन वेदों की निन्दा का भ्रम लोगों को हो गया है, वे स्थूल वेद हैं। पूर्ण सत्य नहीं, सत्य के संकेतक मात्र हैं। सत्य है : स्वसंवेद-कबीर साहब की वाणी। इसलिए, "संसारी जीवों के निमित्त तो यही चारों परमसंवेद हैं, और जो इन जंजालों से छूटना चाहें, उनके निमित्त स्वसंवेद है।"[32]

'कबीर-मंशूर' विश्वकोषीय इस अर्थ में है कि इसमें दुनिया भर के विषयों पर जोरदार दृष्टान्तों और शानदार उदाहरणों के साथ विचार किया गया है। विषयों में शामिल हैं–न्यूटन के सिद्धान्त, वेदमन्त्रों की महिमा, कुत्तों की वफादारी, इच्छाधारी नागों की राजसभा और संस्कृत वर्णमाला का रहस्य आदि। हर विषय पर परमानन्दजी

"कबीर (!) दृष्टि" से विचार करते हैं। जाहिर है कि वस्तुतः यह कबीर-पंथ की, बल्कि कई जगहों पर तो केवल परमानन्दजी की ही अपनी 'दृष्टि' है।

कबीर के जीवन और विचारों के बारे में परमानन्दजी पंथ के स्वीकृत ग्रन्थों–विभिन्न 'सागरों' और 'बोधों'–के हवाले से ही बात करते हैं और बताते हैं कि सत्यपुरुष सतयुग में सुकृत, त्रेता में मुनीन्द्र के रूप में अवतरित होते हैं। मुनीन्द्रावतार में वे राम, रावण, वशिष्ठ, हनुमान, विभीषण सभी को उपदेश देते हैं, लेकिन कोई भी व्यक्ति सत्यपुरुष-सद्गुरु को पहचान नहीं पाता, आवागमन से मुक्त नहीं हो पाता। द्वापर में करुणामय स्वामी का अवतार होता है, और कलियुग में सत्यकबीर विभिन्न नामों से बारम्बार अवतार लेते हैं; मूसा, दाऊद, सुलेमान, ईसा और मुहम्मद को उपदेश देते हैं, और अन्ततः चौदहवीं बार वे उस रूप में अवतरित होते हैं, जिस रूप में इतिहास उन्हें पहचानता है–"सत्यपुरुष का तेज काशी के लहरतालाब में उतरता है।" नीरू-नीमा को अपना पालक माँ-बाप बनने का गौरव सत्यपुरुष इसलिए देते हैं, क्योंकि वे 'श्वपच सुदर्शन' के माता-पिता थे, जिन्हें सुदर्शन के पुण्य-प्रताप से अगले जन्म में ब्राह्मण दम्पति होने का अवसर मिला था, लेकिन उन्होंने 'ज्ञानीजी' के उपदेश पर ध्यान नहीं दिया–"इसके उपरान्त वे दोनों ब्राह्मण-ब्राह्मणी परलोकगामी होकर काशी में जुलाहा-जुलाही हुए, उनका नाम नीरू और नीमा पड़ा।"[33]

'मंशूर' पर पंजाब के आर्यसमाजी परिवेश का दबाव साफ महसूस होता है। कबीर को वेदनिन्दा के आरोप से मुक्त करने के यत्न के पीछे उन तीखे शब्दों की चुभन महसूस की जा सकती है, जिनमें स्वामी दयानन्द सरस्वती ने कबीर को 'सत्यार्थप्रकाश' (1884) में याद किया था :

> यहाँ जो बात सुनी जाती है। वही सच्ची होगी कि कोई जुलाहा काशी में रहता था। उसके लड़के बालक नहीं थे। एक समय थोड़ी रात्रि थी। एक गली में चला जाता तो देखा कि सड़क के किनारे में एक टोकनी में फूलों के बीच में उसी रात का जन्मा बालक था। वह उसको उठा ले गया, अपनी स्त्री को दिया, उसने पालन किया। जब वह बड़ा हुआ तब जुलाहे का काम करता था। किसी पंडित के पास संस्कृत पढ़ने गया, उसने उसका अपमान किया। कहा कि–हम जुलाहे को नहीं पढ़ाते। इसी प्रकार कई पंडितों के पास फिरा परन्तु किसी ने न पढ़ाया। तब ऊटपटाँग भाषा बनाकर जुलाहे आदि नीच लोगों को समझाने लगा। तम्बूरे लेकर गाता था, भजन बनाता था। विशेष पंडित, शास्त्र, वेदों की निन्दा किया करता था। कुछ मूर्ख लोग उसके जाल में फँस गए। जब मर गया तब लोगों ने उसको सिद्ध बना लिया।[34]

दयानन्द जी अनजाने-अनचाहे ही बता रहे हैं कि जुलाहे कबीर जिज्ञासु भी थे। वे पंडितों की निन्दा करें, इसके पहले संस्कृत विद्याभिमानी पंडित उनका अपमान कर चुके थे। खैर।

परमानन्द जी कबीर को मुसलमानी, जुलाहा जन्म से पूरी तरह 'मुक्त' करने का प्रयत्न अपने अन्दाजे-खास में करते हैं :

> कुछ दिवसों के उपरान्त सब जुलाहे एकत्रित होकर कहने लगे कि, ऐ नीरू! हमारे रसूल अल्लाह की आज्ञा के अनुसार अब तुम अपने पुत्र का खतनः (मुसलमानी) कराओ। इसी अभिप्राय से समस्त जुलाहे एकत्रित हुए और काजी को बुलाया और नाई उस्तरा लेकर कबीर साहब के सामने गया। जब नाई उस्तरा लेकर आपके सामने गया तब, आपने पाँच लिंग उसको दिखलाए और नाई से कहा कि इन पाँचों में से जिसको चाहे तू काट ले। यह व्यवस्था देखकर नाई तो भयभीत होकर भाग गया और आपका खतनः नहीं हुआ।[35]

कुछ लोग कहते हैं कि कबीर किसी भी तरह, मुसलमान नहीं थे। आग्रह यह मनवाने का है कि जुलाहा जाति की अपेक्षा रूपक है। कुछ लोगों का कहना है कि कबीर मुसलमान होते तो उनकी सुन्नत हुई होती। सुन्नत हुई होती तो कबीर भला क्यों कहते कि ''जौरे खुदा तुरक मोंहि करता तो आपै किन कट जाई।'' कविता को संवेदनशील ढंग से पढ़ने के लिए विख्यात आलोचक इस पंक्ति को ऐसे पढ़ते हैं जैसे कि यहाँ कबीर कवि-कथन नहीं, शुद्ध आत्मकथन ही कर रहे हों। ऐसे ही ढंग से पढ़ें तो 'तुलसीदास शठ तेंहि भज छाँड़ि कपट-जंजाल' और 'प्रभु, हौं सब पतितन कौ टीकौ' जैसी पंक्तियों का क्या अर्थ निकलेगा?

इसलिए, कबीर को मुसलमानी से पूरी तरह मुक्त करने के लिए कटिबद्ध लोगों को कविता पढ़ने के चक्कर में पड़ने के बजाय परमानन्दजी की दिखाई 'व्यवस्था' देखनी और दूसरों को दिखानी चाहिए। उनके मत की 'पुष्टि' के लिए यह व्यवस्था-दर्शन कबीर की किसी भी पंक्ति से कहीं अधिक उपयोगी होगा।

'अवतारी' कबीर संयोग से जुलाहे के घर पहुँचे—ऐसा मानकर कबीर के समय ने पंथी आग्रह और ऐतिहासिक तथ्य के बीच संतुलन बना लिया था। औपनिवेशिक आधुनिकता ने समाज में जो संवेदना-विच्छेद उत्पन्न कर दिया था, उसकी चर्चा हमने पिछले अध्याय में की है। 'कबीर के कुल के निर्णय' को लेकर 'आधुनिक' विद्वानों के बीच जो विवाद चले हैं, उनका मर्म इस संवेदना-विच्छेद की रोशनी में खुलता है। देशज विमर्श के अनुसार, कबीर ने प्रयत्न करके विभिन्न साधना पद्धतियों का ज्ञान प्राप्त किया। उन्हें अवतार माननेवाले तक, 'लीला' के रूप में ही सही, उनकी जिज्ञासा-यात्रा को स्वीकार करते हैं। देशज स्रोतों का बल जुलाहे कबीर के 'निरक्षर' होने पर नहीं, बल्कि 'जिज्ञासु' 'विटी' और 'ज्ञानी' होने पर है।

लेकिन, 'औपनिवेशिक आधुनिकता' में रचे-बसे विद्वानों के अनुसार कबीर योग के जानकार थे तो वंश-परम्परा के कारण, इसलाम के जानकार थे तो वंश-परम्परा के कारण। 'बेचारे' करते भी क्या? 'बेपढ़े-लिखे' जो ठहरे! रसखान और ताज तो

सम्पन्न तबके के थे, पढ़े-लिखे थे, जानकारी हासिल करके वैष्णव बन सके। कबीर को तो योगी या सूफी, जो भी होना था, वंश-परम्परा से ही होना था।

बात कबीर की ही नहीं। औपनिवेशिक आधुनिकता और उससे उत्पन्न उत्तर-आधुनिकता की यह मूलभूत मान्यता थी, और है कि यूरोप का पारस-परस हासिल होने के पहले भारत में क्या रोजगार, क्या विचार सब कुछ वंश-परम्परा, जाति से ही तय हो जाता था, और हो जाता है। इतिहास-लेखन से लेकर चुनाव-विश्लेषणों तक यह मूलभूत मान्यता काम करती दिखाई देती है। 'वैज्ञानिक' रीति से भविष्यवाणी करने में सक्षम पंडित लोग अपने 'ऑब्जेक्टिव डाटा बेस' और 'जाति-सम्प्रदाय पर्सेंटेज' के पंचांग देखकर 'भविष्यवाणी' कर देते हैं कि किस जाति, किस सम्प्रदाय के कितने प्रतिशत पाकर अलाँ या फलाँ सरकार बनाने जा रहे हैं। लोग मुद्दों पर अपने ढंग से विचार करके वोट देते हैं, अलाँ या फलाँ 'सरकार' के 'स' तक भी नहीं पहुँच पाते। भविष्यवक्ता चकित होते हैं, लेकिन अगले चुनाव में फिर से 'आधुनिकता से वंचित' देसी भारतीय के वोटिंग-पैटर्न की ग्रह-गणना करने के लिए जाति का पत्रा खोलकर बैठ जाते हैं।

व्यक्ति-विवेक को केवल यूरोप की सम्पदा मानना यूरोकेन्द्रित आधुनिकता और ज्ञानकांड का मूलभूत पूर्वग्रह बल्कि आस्था-विश्वास–'डॉग्मा'–ही बन चुका है। इस ज्ञानकांड में जिनके संस्कार बने हैं, उन 'दुनिया बदलनेवाले दार्शनिकों, या सब कुछ को विखंडित करने को तत्पर दार्शनिकों' के बीच गैर-यूरोपीय, 'पारम्परिक' समाजों के विषय में अद्भुत सर्वसम्मति है। यह सर्वसम्मति अचील मर्मबे के शब्दों में, हमने पिछले अध्याय में पढ़ी है–'इन समाजों में वैयक्तिक व्यवहार पर परम्परा का बोझा लदा रहता है। विकल्पों में से चुना कौन-सा जाएगा, यह गोया पहले से तय होता है।' दूसरे शब्दों में, 'व्यक्ति-सत्ता' तो केवल यूरोप में, या यूरोप के पारस-परस से सम्पन्न लोगों में पाई जाती है, बाकी सब तो बस 'टाइप' भर हैं। जिस वंश में जन्म लेते हैं, उसी का पेशा भी अपना लेते हैं, और विचार भी। जिस जाति में जन्म लेते हैं, उसी के हिसाब से ब्याह-शादी भी करते हैं, और मतदान भी। 'थ्योरी' बन गई है, सो अब तथ्य उसी के हिसाब से 'बनाए' जाएँ! सिद्ध किया जाए कि कबीर मुसलमान थे, *इसीलिए* इस्लाम के बारे में जानते थे। या फिर, चूँकि नाथपंथ से इतनी अच्छी तरह वाकिफ थे, *इसीलिए* मुसलमान तो बस कहने भर को थे।

शेख हमीदुद्दीन नागौरी (1192-1274) और बाबा फरीद (1175-1265) नाथपंथी संस्कार-सम्पन्न परिवारों में नहीं जन्मे थे। ये पक्के आस्थावान मुसलमान थे। इनका तथा ऐसे अनेक सूफियों का योगियों से संवाद-सम्पर्क बना रहता था। पातंजल योगसूत्रों का अरबी अनुवाद तो अल बरूनी ही कर चुके थे। सूफी साधक योग का परिचय अपने परिवेश की ज्ञान-परम्परा से भी पाते थे, और योगियों के साथ प्रत्यक्ष

परिचय से भी। यह परम्परा परवर्ती सूफियों में भी जारी रही। रुदौली के शेख़ अब्दुल कुद्दूस गंगोही (जन्म 1456) हिन्दी में 'अलख' नाम से लिखते थे। उनके 'रुशदनामा' पर 'गोरखबानी' की स्पष्ट छाप है। इनका वंश 'सद्य-धर्मान्तरित' नहीं था। नाथपंथ से परिचय और योगियों से संवाद के बावजूद, 'अलखबानी' रचने के बावजूद, इन शेख साहब ने बाबर को पत्र लिखकर ''काफिरों'' को इस्लामी प्रशासन से सर्वथा अलग रखने, उन्हें मुसलमानों से नीचे और दरिद्र बनाए रखने और उनकी उपासना पद्धति पर प्रतिबन्ध लगाने की सलाह दी थी।[36]

मतलब यह कि नाथपंथ से परिचित होने का अनिवार्य अर्थ किसी व्यक्ति या समूह का सद्य-धर्मान्तरित होना नहीं है। यह व्यक्तिगत चुनाव का मामला था। कट्टर मुसलमान होते हुए भी योग-साधना की जा सकती थी, और कबीर की तरह 'वही महादेव वही मुहम्मद, ब्रह्मा आदम कहिए' गाते हुए भी। लोग अध्ययन और सत्संग के जरिए, संग्रह-त्याग के विवेक के साथ खोज करते, तौलते थे, और छोड़ते या अपनाते थे।

भक्ति के लोकवृत्त में विचार-विमर्श, संवाद-विवाद की प्रक्रिया को सत्संग कहा जाता था। कबीर ने भी सत्संग से बहुत कुछ सीखा-जाना था। रामानन्द के वे शिष्य-संवादी थे। नाथपंथियों को उन्होंने विचारों के और 'करामातों' के दंगल में कई बार परास्त किया था। मौलानाओं और पांडों से उनकी नोंक-झोंक चलती ही रहती थी। कबीर संस्कृत, फारसी के जानकार तो नहीं थे, लेकिन जीवन के और विभिन्न ज्ञान-परम्पराओं के जानकार जरूर थे। यह जानकारी उन्होंने 'सत्संग' में होनेवाले संवाद-विवाद, विचार-विमर्श के जरिए प्राप्त की थी। विकल्प उपलब्ध थे, जन्म से तय नहीं हो गए थे। जिज्ञासु कबीर ने खोज करके तय किया था कि वे किस दिशा में चलें।

जाति-व्यवस्था की सारी 'सामूहिकता' के बीच व्यक्तित्व को स्पेस देनेवाला यह 'सत्संग सिद्धान्त' आ. द्विवेदी को 'बालू की भीत' पर टिका नजर आता है, कबीर को प्राप्त 'योगमार्ग के सूक्ष्म ज्ञान' के साथ 'ब्राह्मण मत के अल्प ज्ञान' की तुलना करते हुए कहते हैं :

> ...उस 'सत्संग सिद्धान्त' का महल बालू की भीत पर खड़ा दिखाई देता है जिसे इतना प्रचारित किया गया है। कहा गया है कि कबीरदास मुसलमान वंश में पैदा होकर भी 'सत्संग' के बल पर हिन्दू शास्त्रीय मतों को इतना जान सके हैं। यह सिद्धान्त वस्तुतः किसी दृढ़ प्रमाण पर आधारित नहीं है। यह कहना तो अनुचित है कि कबीरदास सत्संगी नहीं थे—जरूर ही रहे होंगे, पर हिन्दू धर्म सम्बन्धी उनका ज्ञान सत्संग करके बटोरा हुआ नहीं था। वस्तुतः योगमत, द्वैताद्वैत-विलक्षण-परमात्मविश्वास, निर्गुण-निराकार की भावना, समाधि, सहजावस्था, खसम-स्वभाव आदि का सम्पूर्ण ज्ञान उन्हें अपनी कुल-परम्परा और कुल-गुरु-परम्परा से प्राप्त हुआ था। पौराणिक हिन्दू मत को दूर पर बैठे हुए दर्शक की भाँति ही उन्होंने देखा था।[37]

श्री चन्द्रबली पांडेय के अनुसार कबीर जिन्द कबीर थे, क्योंकि मुस्लिम परिवार में जन्मे थे। आ. द्विवेदी के लिए कबीर का योगमार्ग सम्बन्धी ज्ञान सत्संग करके बटोरा हुआ नहीं, कुल-परम्परा, कुल-गुरु-परम्परा से ही प्राप्त था, और चूँकि 'सत्संग सिद्धान्त' बालू की भीत पर खड़ा है (हालाँकि ऐसा कहने के 'दृढ़ प्रमाण' आ. द्विवेदी नहीं देते), सो पौराणिक हिन्दू मत को वे दूरस्थ दर्शक की तरह ही देख सकते थे। दोनों विद्वान एकदम विरोधी मतों का प्रतिपादन कर रहे हैं, लेकिन यह मानकर ही कि कबीर की जानकारियाँ हों या संवेदना—उनका स्रोत केवल वंश ही हो सकता था! व्यक्तिगत खोज और चयन का सवाल ही नहीं! औपनिवेशिक आधुनिकता के पहले, कबीर को मुसलमान होने के कारण सूफी और जुलाहा होने के कारण जोगी सिद्ध करने की कोशिश कोई नहीं करता। ऐसी 'खोजें' औपनिवेशिक आधुनिकता में बद्धमूल पूर्वग्रहों की परिणति हैं। 'आधुनिक' ज्ञानकांड मानने को तैयार नहीं कि कबीर की वैचारिकता उनकी वंशजनित मजबूरी नहीं, बल्कि बेचैन व्यक्ति की साहस-भरी खोज की परिणति अर्थात् 'इंडिविजुल, रेशनल च्वायस' थी।

कबीर अपने बारे में ज्यादा कुछ तो नहीं कहते, लेकिन स्वयं को जुलाहा/कोरी और नारदी भगति में मगन तो कहते ही हैं। ऐसी स्थिति में पूछा जा सकता है कि जो 'अक्खड़-फक्कड़' और खुद को 'जात जुलाहा' और 'हम तो जात कमीना' कहने में संकोच नहीं करते, उन्हें स्वयं को सूफी या जोगी कहने में क्या संकोच था? ऐसी परिस्थिति में जुलाहे कवि को 'निरक्षर' माननेवालों से भी, और उन्हें मसीहा माननेवालों से भी, यह अनुरोध किया जा सकता है कि कबीर को ऐसा अबोध बालक तो न समझें, जिसे अपने घर का पता तक नहीं मालूम!

आ. परशुराम चतुर्वेदी और डॉ. माताप्रसाद गुप्त जरूर कबीर के वंश और उनकी संवेदना के बीच कारण-कार्य सम्बन्ध माननेवाली शोध-पद्धति के अपवाद हैं।

बहुत सारे 'आधुनिक' कबीर-विमर्श ने पंथी मान्यताएँ पंथ के ऐतिहासिक विकास पर विचार किए बिना ही आत्मसात कर लीं। पंथी मान्यताओं को बिना विश्लेषण के मान लेने के कारण ही कबीर के धर्मगुरु *होने* और *न होने* की परस्पर निर्भरता पर ध्यान नहीं दिया जा सका। 'कबीर धर्मगुरु थे'—कहनेवाले समझते हैं कि कबीर धर्मगुरु थे, क्योंकि वे स्वयं धर्मगुरु बनना चाहते थे। वास्तविकता यह है कि सहज सबद के साधक कबीर को धर्मगुरु में बदला उनके सौ साल बाद स्थापित हुए कबीर-पंथ ने। कबीर की अपनी साधना धर्मगुरु बनने की थी—यह संकेत न उनका जीवन देता है, न उनकी रचना। 'मति के धीर' कबीर को 'जात जुलाहा' होने में कोई संकोच नहीं था। संकोच था कबीर को धर्मगुरु बनाकर पंथ चलानेवालों को। इसी संकोच के कारण जुलाहा दंपति-नीरू और नीमा-से कबीर के असली माँ-बाप होने का गौरव छिन गया, उन्हें कबीर का केवल पालन-पोषण करनेवाला बताया जाने लगा।

'बीजक' की पूरण साहब द्वारा लिखित 'त्रिजा' टीका में 'जोलहा दास कबीर' को 'भ्रम कल्पना में पड़े जीवों' का रूपक मान लिया गया।

'कबीर धर्मगुरु थे' नहीं, धर्मगुरु उन्हें बनाया गया पंथ की गुरुसत्ता को ताकतवर बनाने के लिए। अनभय, अनुभव और विवेक के स्थान पर पंथी सत्तातन्त्र के प्रति समर्पण को स्थापित करने के लिए। पंथ की भूमिका दोहरी थी। उसने मुखामुखम और समायोजन के जरिए, 'नॉन-कास्ट हिन्दूइज्म' के विकास में योगदान किया तो गुरुडम और तज्जनित संस्थाओं और व्यवहारों के विकास में भी। यह भारतीय समाज द्वारा स्वयं उत्पन्न की गई समस्या थी, कबीर पर विचार करते हुए इस तथा ऐसी अन्य समस्याओं को ध्यान में रखें तो कवि, कविता और समाज के सम्बन्धों की अधिक विश्वसनीय और सार्थक समझ विकसित हो सकेगी।

कबीर-वाणी को धर्मशास्त्र पढ़ने के वातावरण की बजाय कविता पढ़ने के वातावरण में पढ़ते हुए समझें तो इसमें न समझने की बात क्या है कि वे अपनी जाति-कुल-निरपेक्ष वैष्णवता के कुछ पहलू नाथपंथ और इस्लाम से भी लेते हैं। किसी भी साधना-पद्धति से अनुगमन और अनुवाद का नहीं, मुखामुखम का रिश्ता बनानेवाली कविता रचते हैं। कबीर का 'मूल तत्त्ववाद' निर्धारित करने के चक्कर में पड़ने की बजाय, संवेदना पर ध्यान दें, उनकी कविता के सबद पढ़ें, उनकी बानी सुनें तो आप स्वयं सुन समझ सकते हैं कि जुलाहे के घर जन्मे कबीर, नीरू-नीमा के मेधावी पुत्र कबीर अपनी खोज-यात्रा में शाक्त, नाथपंथी और सूफी साधनाओं से गुजरकर 'भगति नारदी' में मगन होने की व्यवस्था तक पहुँचे थे। इस भगति नारदी को ही वे सभी साधनाओं का प्रतिमान बनाते हैं। कहते हैं, "हृदय को कपटमुक्त किए बिना, भगति नारदी में मगन हुए बिना अनहद सुनकर नाच भी लिये तो कोई फायदा नहीं। फोकट में खुद को भक्त बतानेवाले कलियुगी भक्त और होते हैं, सच में राम कहनेवाले भक्त और; सच्चा 'दास' बनना है, भवसागर पार करना है, तो नारदी भक्ति में मगन रहना सीखो" :

हिरदै कपट सूं नहीं साचौ। कहा भयौ जे अनहद नाच्यौ ॥
झूठे फोकट कलू मंझारा। रांम कहैं ते दास न्यारा ॥
भगति नारदी मगन सरीरा। इहि बिधि भव तिरि कहै कबीरा ॥

('ग्रन्थावली', राग सोरठि 17, पृ. 312)

नारदी भगति में मगन कर देनेवाली खोज ने ही कबीर को आत्मविश्वास दिया था—अपनी सामाजिक पहचान से मुँह न चुराने का, अपनी जाति पर हँसनेवालों को चुनौती देने का—"कासी का जुलाहा हूँ मैं, मति का धीर हूँ, नारदी भगति में मगन हूँ। जो राम से भरपूर हैं, उनके चरण-कमलों की धूल बनने में भी मुझे एतराज नहीं। मैं तो अपनी भगति नारदी के बूते भवसागर पार कर जाऊँगा। इसी भक्ति के कारण, काशी के इस जुलाहे की जबान पर विष्णु, नयनों में नारायण और हृदय

में गोविन्द निवास करते हैं। बावरे! तू अपनी सोच, जब यमराज दस्तक देगा तो क्या तू भगवान का नाम भी ले पाएगा? तू तो बस राजाओं को पहचानता है, मेरा ध्यान हरि पर पड़ता है; मेरे और अपने ज्ञान का यह बुनियादी फ़र्क बूझ सके तो बूझ" :

कबीर मेरी जाति कउ सभु को हसने हारु।
बलिहारी इस जाति कउ, जिस जपिओ सिरजन हारु॥

(सलोकु 2, 'श्री गुरुग्रन्थ साहब'–खंड एक, पृ. 136)

जिहि घट राम रहिआ भरपूरि।
तिन की पग पंकज हम धूरि॥
जाति जुलाहा मति का धीरु।
सहजि सहजि गुण रमैं कबीरु॥

(राग गउड़ी, 26, ही, पृ. 328)

मेरी जिहबा बिसनु नैन नराइन हिरदै बसै गोबिंदा।
जम दुवार जब पूछसि बवरे तब किआ कहसि मुकंदा॥
तूं बाम्हन मैं कासी का जुलहा बूझहु मोर गिआना।
तुम्ह तउ जाचे भूपति राजे हरि सउ मोर धिआना॥

(राग आसा, वही, पृ. 482)

2. *'सारद लिखत न आवै अंतू' : कैसे पढ़ें किंवदन्तियों को*

कबीर ने 'आतमखबर' कही है, आत्मकथा नहीं। दूसरों ने भी उनके बारे में जो कहा है, वह 'जीवनी' नहीं, आख्यान है कबीर की साधना का, उनकी अलौकिक महिमा का। कबीर की जन्म और निधन तिथियों जैसे ब्यौरे और जीवन-विकास बताने में इस आख्यान की कोई रुचि नहीं है। कबीर की साधना की गहनता और उनके प्रभाव की महिमा जिन प्रसंगों से सामने आती हो, परिचई, भक्तमाल और भक्तमाल की टीकाओं की दिलचस्पी उन्हें बताने में ही है। यही बात पंथी स्रोतों के बारे में कही जा सकती है। फर्क यह है कि पंथी स्रोतों के लिए बात महिमा से भी आगे 'सत्यपुरुष' की लीला का वर्णन करने की है। दूसरी ओर, तुर्क और मुगल दरबारी वृत्तान्तकार कबीर जैसे लोगों को इस लायक नहीं मानते थे कि उन्हें वृत्तान्तों में जगह दें। यह कबीर के लोक-प्रभाव और हाशिए पर *न* होने का एक और प्रमाण है कि 'कबीर मुवाहिद' का उल्लेख अबुल फ़ज़ल को करना पड़ा।

कबीर की विचार-यात्रा और जीवन-यात्रा को जानने का, उनके व्यक्तित्व को अनुमानने का एक ही तरीका है—कबीर की अपनी रचनाओं में प्राप्त संकेतों को 'पढ़ना' और विभिन्न स्रोतों में दर्ज की गई किंवदन्तियों को 'सुनना'। कबीर-विषयक

किंवदन्तियों को हम दो वर्गों में बाँट सकते हैं–'अनन्तदासी' और 'धर्मदासी'। 'धर्मदासी' या पंथ में प्रचलित किंवदतियाँ अनन्तदास द्वारा वर्णित घटनाओं को खारिज नहीं करतीं, बल्कि उनकी व्याख्या अपने ढंग से करती हैं, और कुछ घटनाएँ अपनी ओर से जोड़ती हैं। 'अनन्तदासी' से मेरा आशय उन किंवदन्तियों से है, जो कबीर के निधन के कोई सत्तर साल बाद अनन्तदास को उपलब्ध थीं, और जिन्हें उन्होंने 'परिचई' में दर्ज किया। ये किंवदन्तियाँ अनन्तदास के बाद विभिन्न स्रोतों–भक्तमालों, टीकाओं और मुबाद शाह के 'दबिस्तां-ए-मजाहिब' में जस की तस या थोड़े विस्तार के साथ दर्ज हुईं। 'अनन्तदासी' किंवदन्तियों में कबीर की महिमा और चमत्कारों का उल्लेख है : महिमा इस हद तक है कि कबीर के वैकुंठ पहुँचने पर स्वयं विष्णु उनका स्वागत करते हैं : 'बिष्न कहै बैकुंठ तुम्हारौ। बसौ सदा यहु भाव हमारौ''। लेकिन यह महिमा है काशी के अद्‌भुत जुलाहे, रामानन्द के शिष्य, सच्चे भक्त की ही। किसी देवता के अवतार की नहीं। अनन्तदास के कबीर महिमा तक पहुँचते हैं, जिज्ञासा और साधना की संघर्ष-यात्रा के फलस्वरूप, धर्मदासी किंवदन्तियों के कबीर जन्म से ही 'पूरे ब्रह्मज्ञानी' हैं।

अनन्तदास कबीर के किसी पूर्वजन्म के विवरण भी नहीं देते; जबकि 'धर्मदासी' किंवदन्तियों में सत्यपुरुष के अवतार कबीर के जीवन-चरित्र का श्रीगणेश ही विभिन्न पूर्वजन्मों में, विभिन्न लोगों को उपदेश देने से होता है। 'कबीर-मंशूर' के हवाले से, इस बात का संकेत हम ऊपर कर चुके हैं। 'धर्मदासी' कबीर-जीवन-चरित्र इस लिहाज से, बौद्ध जातक कथाओं की याद दिलाता है। 'अनन्तदासी' किंवदन्तियों में वर्णित कई घटनाओं की पुष्टि स्वयं कबीर की बानियों से भी होती है। 'धर्मदासी' किंवदन्तियों में गढ़ी गई अवतार-छवि और पूर्वजन्म के वर्णन की 'पुष्टि' करनेवाली बानियाँ कबीर-वाणी में आम तौर से नहीं मिलतीं।

कबीर के वैचारिक विकास और जीवन-यात्रा का बोध प्राप्त करने के लिए, अनन्तदासी किंवदन्तियों को कबीर की बानियों से मिलाकर पढ़ना काफी उपयोगी है। अनन्तदास की परिचई में किंवदन्तियाँ ही नहीं, सीधे-सीधे तथ्यकथन भी हैं। कबीर का जन्म से जुलाहा और रामानन्द का शिष्य होना अनन्तदास के लिए किंवदंती या मान्यता नहीं, सीधा सा तथ्य है। अनन्तदास द्वारा उल्लिखित वीरसिंह बघेल किंवदंती तक सीमित चरित्र नहीं, ऐतिहासिक व्यक्तित्व हैं। डेविड लोरेंजन ने कबीर का समय निर्धारित करने के लिए वीरसिंह बघेल की ऐतिहासिकता पर विशेष ध्यान दिया है।[38] अनन्तदास जीवनी की नहीं, कबीर के चमत्कारिक व्यक्तित्व का 'परचा' (प्रमाण) देनेवाली रचना कर रहे थे। इस चमत्कारिकता के बावजूद अनन्तदास के कबीर-परिचय में गहरी तथ्यात्मकता है–यह बात उनकी परिचई को स्वयं कबीर की रचना और अन्य स्रोतों के साथ रखकर पढ़ने से एकदम साफ हो जाती है।

सवाल, लेकिन यह है कि अनन्तदासी हों या धर्मदासी–किंवदन्तियों को पढ़ा कैसे जाए? किंवदन्तियाँ ही क्यों, यह सवाल तो आरम्भिक आधुनिक काल के सभी स्रोतों के प्रसंग में वाजिब सवाल है। एक तरीका तो वही है, जिसके कुछ नमूने आप देख चुके हैं। अध्येता के बौद्धिक समीकरण और निष्कर्ष पहले से तैयार हैं। उन्हीं को 'सिद्ध' करने के लिए 'पढ़' लीजिए आप किसी किंवदंती, किसी भी स्रोत को। पढ़ना भी कहाँ जरूरी है, पढ़ने की भंगिमा से ही काम चल जाएगा। नाथपंथ चूँकि बौद्ध परम्परा का 'लोकधर्मी' रूप था, कबीर चूँकि नाथपंथी पारिभाषिक शब्दावली का उपयोग करते हैं, सो वादिवेल चट से समझ जाती हैं कि डेला टोंबा को कबीर-मठ से प्राप्त 'कबीरीस्ती रामायण' बौद्ध रामायण ही थी। इसी बेधड़कपन के साथ वादिवेल यह भी कहती हैं कि अनन्तदास कबीर के मुस्लिम परिवार में जन्म को ही उनकी 'गलती' मानते थे। आगे आप देखेंगे कि ठीक इसी तरह, विनांद कैल्वर्त्त 'बेचारे' अनन्तदास के इतिहास-बोध पर बड़े-बूढ़ों की तरह तरस खा सकते हैं; और विनय धारवाड़कर धाकड़ ढंग से कह सकते हैं कि अनन्तदास ने भी कबीर को विधवा ब्राह्मणी का पुत्र बताया है। पढ़ने की क्या जरूरत! अनन्तदास ठहरे ब्राह्मण (हालाँकि शायद थे वे चौहानवंशी पीपा के पोते!), जरूर 'भोले-भाले' लोगों के खिलाफ साजिश कर रहे होंगे!

कबीर ही नहीं, सारे भारतीय इतिहास को ब्राह्मणों की चतुर साजिशों और बाकियों के बुद्धूपन के 'डॉयलेक्टिक्स' के आधार पर 'पढ़ना' इन दिनों परम लोकप्रिय है। ब्राह्मणवाद के 'विखंडन' के इस दौर में, ब्राह्मणों की चतुराई पर ब्राह्मणवाद के कुछ विरोधी उसी तरह मुग्ध हैं जैसे ज्ञातयौवना नायिका अपने नटखट नायक की शरारतों पर मुग्ध रहती है। दोनों ही को अपने नायक के अलावा कहीं और बुद्धि और चतुराई के दर्शन ही नहीं होते। ब्राह्मणों की चतुराई पर इस मुग्धता का प्रेम-मिलन जब औपनिवेशिक नजरिए के साथ होता है तब बहुत ही मनोरंजक परिणाम जन्म लेते हैं। ऐसे अनेक परिणामों से आपकी मुलाकात इस पुस्तक में होगी। आप यह भी देख सकेंगे कि ब्राह्मणों की चतुराई तो खैर स्वयंसिद्ध है, लेकिन समाज के सौभाग्य से और उसके आजकल पैदा हो गए स्वघोषित उद्धारकर्त्ताओं के दुर्भाग्य से, बाकी भारतवासी इतने बुद्धू भी न थे। थोड़ी-बहुत चतुराई अब्राह्मणों के पल्ले भी पड़ी थी।

किंवदन्तियों के आशयों को समझने के लिए जरूरी है कि चतुराई, साजिश और बुद्धूपन जैसे 'बीज-शब्दों' के व्यामोह से मुक्त होकर, आलोचनात्मक संवेदनशीलता के साथ किंवदन्तियों को पढ़ा जाए। उनके विकास-सन्दर्भों को समझा जाए। अनन्तदास कबीर को अवतार सिद्ध नहीं करते, धर्मदासी किंवदन्तियाँ अवतार-धारणा पर ही आधारित हैं, यह सन्दर्भ का फर्क है। किंवदन्तियों को मनमानी दिशा में धकेलने की बजाय, धीरज के साथ परखना चाहिए कि वे हमें किस दिशा में ले जाना

चाह रही हैं। किंवदन्तियों और अन्य स्रोतों के संवेदनशील, आलोचनात्मक पाठ से जो सामने आ रहा है, वह असुविधाजनक बल्कि हृदयविदारक हो तब भी उससे आँखें मिलाना ईमानदार इतिहास-लेखन की पहली शर्त है। मिसाल के तौर पर, यह मानना अच्छा लग सकता है कि जाति के हों, या मजहब के, भारतीय समाज में सारे झगड़ों के जनक अंग्रेज ही थे; लेकिन अंग्रेजों के आने के पहले भी, 'दंडियों' (ब्राह्मण संन्यासियों) और 'मुंडियों' (अब्राह्मण, वैष्णव वैरागियों) के बीच सशस्त्र संघर्ष हुआ करते थे। 'साधु' जमातों का राजनीतिकीकरण, सशस्त्रीकरण कोई उन्नीसवीं या बीसवीं सदी में शुरू हो गई परिघटना नहीं है–यह बात हमें आरम्भिक आधुनिक काल के स्रोत और किंवदन्तियाँ भी बताती हैं, और कबीर की रचनाएँ, उप-रचनाएँ भी।

किंवदन्तियों की अपनी भाषा होती है, यथार्थ के साथ सम्बन्ध बनाने की, स्मृतियों को सुरक्षित रखने की अपनी विधि होती है। इस विधि को भाषा के यथार्थवादी मुहावरे में ढालने के लिए वैसी ही संवेदनशीलता की जरूरत है, जैसी एक भाषा से दूसरी में अनुवाद करते समय जरूरी होती है–स्रोत और लक्ष्य दोनों भाषाओं के व्याकरण, मुहावरे और परिवेश के प्रति संवेदनशीलता। ऐसी संवेदनशीलता के बिना किंवदन्तियों के साथ ज्यादती ही की जा सकती है, संवाद नहीं। स्रोत और लक्ष्य दोनों 'भाषाओं' के मिजाज के प्रति संवेदनशीलता के बिना किंवदन्तियों को पढ़ना वैसा ही है जैसे कि किसी से कहा जाए कि अंग्रेजी में अनुवाद करो–'लालाजी चाँदनी चौक में टहल रहे थे' और वह बुद्धिवीर अनुवाद करे–'ब्रिंग ब्रिंग हार्ट वाज़ वाकिंग इन दि मूनलाइट यार्ड'!

हम तो दो-चार ही पेश कर पाएँगे, वैसे ऐसी बुद्धिवीरता के नमूने 'आधुनिक'-कबीर-विमर्श में फैले पड़े हैं। ऐसे नमूनों के विपरीत, इस किताब की कोशिश किंवदन्तियों और अन्य स्रोतों के साथ, आलोचनात्मक संवेदनशीलता बनाए रखते हुए संवाद करने की ही है।

किंवदन्ती एक तरह की संधा-भाषा है, जिसमें कुछ तथ्य है, कुछ कल्पना। कुछ घटना है, कुछ व्याख्या। इस संधा-भाषा के धुँधलके में, समाज का सामूहिक अवचेतन ऐतिहासिक स्मृतियों के अर्थ को सुरक्षित रखने का, उनके मर्म को अगली पीढ़ियों तक पहुँचाने का प्रयत्न करता है। किंवदन्तियों के आकाश में कोई समाज केवल वही नहीं उकेरता, जो है, बल्कि उसे भी उकेरने की कोशिश करता है, जो होना चाहिए और जो हो सकता था, लेकिन हो नहीं सका। किंवदन्ती की संधा-भाषा इन तीनों–जो है, जो होना चाहिए और जो हो सकता था–के बीच संवाद की भाषा है। सांस्कृतिक स्मृतियों के संरक्षण के लिए इस भाषा का व्यवहार करनेवाला समाज रोजमर्रा का जीवन किंवदन्तियों और चमत्कारों की भाषा में नहीं जीने लगता। हनुमानजी छलांग मार कर समुद्र पार कर गए थे, इस पर 'विश्वास' करनेवाले लोग

किसी नदी के सामने पड़ जाने पर छलाँग मारने की बजाय नाव या पुल ही तलाशते हैं। वे किंवदन्ती की सम्भावना भी समझते हैं, मर्यादा भी। वे जानते हैं कि स्वयं राम को समुद्र पार करने के लिए सेतु बाँधना पड़ा था।

किंवदन्ती की संधा-भाषा को तथ्यात्मकता की वैसी उम्मीद के साथ पढ़ना व्यर्थ है, जैसी उम्मीद के साथ आप अख़बार पढ़ते हैं। उम्मीद करनी चाहिए यह जान पाने की कि किंवदन्ती बता क्या रही है, और जो भी बता रही है, उसके जरिए जता क्या रही है। कुछ पुष्टिमार्गी स्रोत अकबर को पूर्वजन्म का मुकुन्द नामक ब्राह्मण बताते हैं। इस बात की तथ्यहीनता 'सिद्ध' करने के लिए किसी जबर्दस्त प्रतिभा की जरूरत नहीं है। जरूरत इस बात को समझने की है कि किंवदन्ती अकबरी दरबार में पुष्टिमार्गियों की जबर्दस्त पहुँच के बारे में बता रही है, और यह जता रही है कि 'यवन' के साथ 'वैष्णव' सम्प्रदाय के इतने अच्छे सम्बन्धों की व्याख्या करने की जरूरत सम्प्रदाय का सत्तातन्त्र महसूस कर रहा था। वैसे ही जैसे, कबीर को अलौकिक रीति से जन्मा या विधवा ब्राह्मणी का पुत्र बतानेवाली किंवदन्तियाँ 'साहेब सद्‌गुरु' की अलौकिकता ऐन उनके जन्म-समय से ही रेखांकित करने की पंथी जरूरत को जता रही हैं। ईसा मसीह कारमल पर्वत पर दो रोटियों और पाँच मछलियों के जरिए पाँच हजार लोगों को भरपेट जिमा नहीं सकते थे—यह 'सिद्ध' करने के लिए कोई 'गम्भीर शोध' जरूरी नहीं है। जरूरत उस आश्वासन को समझने की है, जिसे किंवदन्ती जता रही है : 'ईसा मसीह की शरण में आने वालों को तृप्ति प्राप्त होगी, आध्यात्मिक और अलौकिक ही नहीं, भौतिक और लौकिक भी।'

कबीर जन्म से ही अलौकिक प्रतिभा-सम्पन्न अवश्य थे, लेकिन 'सुन्न सिखर' पर 'सहज ही वास' करने की परम उपलब्धि उन्होंने कड़ी साधना और निरन्तर संघर्ष से गुजरकर ही प्राप्त की थी।' 'भगति नारदी' तक पहुँचने के पहले कबीर साधना के किन-किन पड़ावों से गुजरे? उपलब्ध साधनाओं को उन्होंने कैसे अपनाया और कैसे बदला? स्वयं इन साधनाओं ने कैसे रचा कबीर को?

कबीर के समय के लोग, आजकल प्रचलित अर्थ में, जीवनियाँ और आत्मकथाएँ नहीं लिखते थे—ऐसा 'माना' जाता है, हालाँकि कम-से-कम एक ने—बनारसीदास—ने तो लिखी थी, आत्मकथा—'अर्द्धकथानक'। खोजने पर हो सकता है, और मिल जाएँ। बहरहाल, जब तक नहीं मिलतीं, तब तक तो सवाल है ही कि उस वक्त के लोग जीवनियाँ, आत्मकथाएँ क्यों नहीं लिखते थे? औपनिवेशिक आधुनिकता और उत्तर-आधुनिकता के पास जवाब मौजूद है, बना-बनाया, इंस्टैंट; वैसे ही जैसे अमीर खुसरो के दो-सुखनों में होता था—"गधा उदासा क्यों? ब्राह्मण प्यासा क्यों?—लोटा न था"। उसी तरह क्यों न लिखीं आत्मकथाएँ? क्यों नहीं लिखीं जीवनियाँ? व्यक्तित्व न था!

लेकिन व्यक्तित्व तो था, और उसका स्वीकार भी। महत्त्वपूर्ण व्यक्तित्वों के आस-पास ही किंवदन्तियाँ विकसित होती थीं। किसी भी व्यक्ति से जुड़ी किंवदन्तियों

को, उसकी लोक-स्वीकृत महिमा की व्यंजना पढ़ने के लिए पढ़ा जाना चाहिए, कल की खबर आज छापने वाले अखबार के रूप में नहीं।

आजकल जैसी लिखी जाती हैं, वैसी 'जीवनी' और आत्मकथा तो नहीं लेकिन अनन्तदास की परिचई और कबीर-वाणी को साथ-साथ पढ़ने से कबीर के व्यक्तित्व और जीवन-संघर्ष का एक आख्यान अवश्य उपलब्ध हो जाता है।

3. *'ये मरजीवा अमृत पीवा' : जीवन सी कविता; कविता सा जीवन*

विभिन्न साधना पद्धतियों से जुड़े लोगों का पदानुक्रम, यदि कबीर की निगाह से बनाया जाए, तो उसमें सबसे नीचे शाक्त को और सबसे ऊपर वैष्णव को बेखटके रखा जा सकता है। कबीर अपने दो साथी बताते हैं–एक राम, दूसरा वैष्णव :

कबीर मेरे संगी दो जण, एक वैश्नो, एक राम।
वो है दाता मुकति का, वो सुमिरावै राम॥

(ग्रन्थावली, साध कौ अंग, 4, पृ. 83)

भक्त या भक्ति को निर्मल वस्त्र सा बताते हुए शाक्त के बारे में कहते हैं :

कबीर भगति हजारी कपड़ा, तामैं मल न समाई।
साखित काली कामरी, भावै तहाँ बिछाई॥

(ग्रन्थावली, साध साखीभूत कौ अंग, 13, पृ. 84)

राम-रसाइन पीने वाले संतों का 'जीना', कबीर के अनुसार उतना ही निश्चित है, जितना कि शाक्तों का 'मरना'

"साकत मरैं संत जन जीवैं, भरि भरि राम रसाइन पीवैं"।

शाक्त ही, कबीर की दृष्टि में, ऐसा प्राणी है, जिसके सामने राम नाम कहने का, हरि के गुण सुनाने तक का कोई फायदा नहीं। शाक्त को सुधारने की कोशिशें उसी तरह फिजूल हैं, जैसे कुत्ते को उपदेश सुनाना या साँप को दूध पिलाना, कौवे को कपूर खिलाना या अमृत से नीम को सींचना :

का सुनहां को सुमृत सुनायें। का साषित पैं हरि गुन गायें॥
का कऊवा को कपूर खवायें। का विषहर को दूध पिलायें॥
साषित सुनहा दोनों भाई। वौ नींदै वौ भौंकत जाई॥
अमृत ले ले नींब सिचाई। कहै कबीर वाकी बाँनि न जाई॥

(आसावरी, 19, 'ग्रन्थावली', पृ. 277)

यह पद 'आदिग्रन्थ' में भी राग आसा में संकलित है। ('श्री गुरुग्रन्थ साहब'–खंड एक, पृ. 480) पद में "वौं नींदै" पर विशेष ध्यान जाता है। शाक्त निन्दा करता है। यों तो शाक्त भी अन्य साधना पद्धतियों की आलोचना करते ही होंगे, जैसे स्वयं कबीर करते थे। लेकिन, अपनी आलोचना के किसी और लक्ष्य के बारे में कबीर

नोटिस तक नहीं लेते कि वह भी उनकी आलोचना कर सकता है। जिसकी स्वयं आलोचना कर रहे हैं, उसके बारे में यह बात कबीर सिर्फ यहीं कह रहे हैं कि वह भी निन्दा करता है। बात सामान्य निन्दा-प्रतिनिन्दा से कुछ आगे की, कुछ व्यक्तिगत सी प्रतीत होती है। कबीर ही शाक्तों से इतने चिढ़े हुए नहीं हैं। मामला दोतरफा है। शाक्त भी कबीर की निन्दा करता है, कबीर नोटिस लेते हैं, इस निन्दा का, हालाँकि निन्दा को समझते कुत्ते के भौंकने जैसा ही हैं। शाक्त निन्दा करते रहते हैं, कबीर अपने दो संगियों—मुक्तिदाता राम और रामस्मरण कराने वाले वैष्णव—का स्मरण करते रहते हैं। बाजार में कुत्ते भौंकते रहते हैं, हाथी अपनी राह चलता रहता है।

क्या कारण होना चाहिए इतनी तीखी परस्पर चिढ़ का?

जिस समूह से जुड़े रहकर आप कट जाएँ, उसके साथ आपके सम्बन्ध कुछ ज्यादा ही तनावपूर्ण हो जाते हैं। नापसन्दगी में सैद्धान्तिक से कहीं ज्यादा मानीखेज व्यक्तिगत आयाम जुड़ जाता है। भूतपूर्व स्वयंसेवक, संघ के कठोरतम आलोचक होते हैं, और भूतपूर्व कामरेड, कम्युनिस्ट पार्टी के। अनन्तदास का संकेत महत्त्वपूर्ण है—शाक्तों के साथ बहुत समय नष्ट किया है, अब तो बस हरि-स्मरण से ही निर्वाह करना है—'बहुत दिन साकत मैं गइया, अब हरि के गुण लै निरबहिया'। स्वयं कबीर अपने जीवन में भक्ति-साधना का आरम्भ तीस वर्ष की आयु से बताते हैं, तब तक वे अशुद्ध साधना में लगे रहे थे, गुरु की कृपा से "गोपाल की पुकार" आने पर शाक्त साधना का अशुद्ध मन्दिर छूटा, आँखों से पछतावे के आँसू बह निकले और कबीर सच्ची भक्ति की राह पर चल दिए :

बारह बरस बालपन में बीते बीस बरस कछु तपु न कीओ।
तीस बरस कछु देव न पूजा फिरि पछुताना बिरधि भइओ॥

× × ×

चरन सीसु कर कम्पन लागे नैनी नीरु असार बहै।
जिहवा बचनु सुधु नही निकसै तब रे धरम की आस करै॥

× × ×

हरि जीउ क्रिपा करै लिव लाहै लाहा हरि हरि नामु लीओ।
गुर परसादी हरि धनु पाइओ अन्ते चलदिया नालि चलिओ॥
कहत कबीर सुनहु रे संतहु अनु धनु कछूऐ लै न गइओ।
आई तलब गोपाल राइ की माइआ मन्दिर छोड़ि चलिओ॥

(राग आसा, 15, श्री गुरुग्रन्थ साहब, खंड एक, पृ. 479)

कबीर वैष्णव को अपना राम सरीखा संगी कह सकते थे, क्योंकि उनके वक्त में वैष्णव होने का अनिवार्य अर्थ गौड़ीय सम्प्रदाय का सदस्य, पुष्टिमार्ग का पथिक या स्मार्त मत का अनुयायी होना नहीं था। वैष्णव शब्द को इन सम्प्रदाय-सापेक्ष अर्थों तक सीमित किया उन्नीसवीं और बीसवीं सदी के ज्ञानकांड ने। कबीर के समय में

तो खुद को न हिन्दू न मुसलमान कहने वाले, पौराणिक मान्यताओं का खंडन करने वाले रामानन्दी वैरागी भी वैष्णव ही कहे जाते थे, और सभी अवतारों की उपेक्षा कर, ''मनेर मानुस'' की साधना करनेवाले बाउल भी। वैष्णव शब्द का व्युत्पत्तिपरक आशय विष्णु के किसी-न-किसी अवतार को मान्यता देने वाले से है, लेकिन औपनिवेशिक आधुनिकता के पहले, दैनन्दिन व्यवहार में इसका उदार और रेडिकल अर्थ ही अधिक लोकमान्य था। इसी उदार अर्थ से बचने के लिए पुष्टिमार्गी वैष्णव सिवाय पुष्टिमार्गियों के किसी को भी वैष्णव नहीं मानते थे। उनकी परिभाषा का ''वैष्णव'' होने के लिए विष्णु के किसी अन्य अवतार का तो क्या स्वयं श्रीकृष्ण का भी भक्त होना पर्याप्त नहीं था, ''आचार्य महाप्रभु'' के प्रति समर्पण पुष्टिमार्गियों के लिए कृष्णार्पण से भी अधिक ज़रूरी था। ऐसे समर्पण का अभाव देख कर ही वे पुष्टिमार्गी सज्जन मीराबाई को गालियाँ देकर चले आए थे।

औपनिवेशिक आधुनिकता ने इस संकीर्ण, साम्प्रदायिक अर्थ को ही वैष्णव शब्द के एकमात्र अर्थ की प्रतिष्ठा दे डाली। औपनिवेशिक आधुनिकता में रचे-बसे विद्वानों की स्मृति से वैष्णव शब्द का वह व्यापक अर्थ गायब हो गया जो आरम्भिक आधुनिक काल में सर्वमान्य था, और लोक-प्रचलन में आज भी मान्य है। ऐसी स्थिति में, विभिन्न प्रकार के लोकवादी, जनवादी विद्वानों के लिए यह समझना भी मुश्किल हो गया कि कबीर स्वयं और आरम्भिक आधुनिक काल के अन्य स्रोत कबीर को वैष्णव ही क्यों बताते हैं। यह देख पाना सम्भव नहीं रहा कि उस समय उपलब्ध साधनापरक पहचानों में से किसी के साथ कबीर जुड़ाव-लगाव महसूस कर सकते थे, तो जाति-कुल-सम्प्रदाय निरपेक्ष वैष्णवता से ही। यह पहचान कबीर को ही नहीं, सभी को छूट देती थी कि अपनी-अपनी वैचारिक और साधनापरक विशिष्टताओं के साथ वैष्णव के रूप में पहचाने जा सकें; शर्त एक ही थी—जन्मजात ऊँच-नीच और जीवहत्या के विचार से दूर रहें।

कबीर ऐसे ही वैष्णव को अपना राम जितना ही प्यारा संगी बताते हैं, स्मार्त्त वैष्णव को नहीं। कबीर के कनिष्ठ समकालीन और परम प्रशंसक पीपा भी, नाभादास के शब्दों में ''प्रथम भवानी भक्त'' ही थे, फिर स्वयं ''शक्ति'' के बताने पर ''सुदृढ़ हरिशरण'' में आए। दोनों का सम्बन्ध रामानन्दी वैष्णवता से था। दोनों सहज के साधक थे, और रामानन्द की इस उक्ति से प्रभावित—''सहज सुनि मैं नित बसंत''। सहज के साधक, देशभाषा के विचारक रामानन्द को संस्कृत के भाष्यकार आचार्य में बदलने का काम भी औपनिवेशिक आधुनिकता की कृपा से ही हुआ। पाँचवें अध्याय में यह कथा आप विस्तार से पढ़ेंगे।

कबीर के स्वभाव की मूल विशेषता थी—स्वतन्त्रचेता जिज्ञासा। इस विशेषता का ही रेखांकन उन किंवदन्तियों में हुआ है, जिनमें वे स्वयं रामानन्द द्वारा अपने गुरू का श्राद्ध करने पर सवाल उठाते सुनाई पड़ते हैं। कबीर रामानन्द की सहज-साधना

परक, जाति-कुल-निरपेक्ष वैष्णवता से जुड़े; 'मुंडियों' (वैष्णवों) के प्रति कृतज्ञता व्यक्त की, वैष्णव को राम जैसा ही मूल्यवान संगी-साथी माना, लेकिन अपने व्यक्तित्व को बनाए रखते हुए। आलोचना के अधिकार को बनाए रखते हुए। इस तरह का सम्बन्ध उन लोगों की समझ के बाहर ही है, जो किसी विचार या परम्परा से जुड़ने का अर्थ किसी अनुशासित फौज में शामिल होना मान बैठे हैं। जिन्हें व्यक्ति और समुदाय के सम्बन्ध में रेजिमेंटेशन अनिवार्य लगता है। ऐसे ही कुछ वीर पुरुष बड़े ठसके से सवाल उठाते हैं, (और सुधी पुरुषों की प्रशंसा प्राप्त करते हैं) कि 'कबीर यदि वैष्णव होते, तो वैष्णव की बुराई क्यों करते?' इस सवाल की परिणति यह है कि भारतीय समाज की ''बुराई'' करने वाले भारतीय को भारतीय नहीं माना जा सकता, और अमेरिकी समाज के आलोचक अमेरिकी को अमेरिकी नहीं मानना चाहिए। वैसे, सवाल यह भी बनता है कि चूँकि कबीर ने कहीं भी मनु की ''बुराई'' नहीं की है, तो क्या वे मनुवादी थे? अपने साँईं को ''बाँणियाँ'' कहते थे, तो क्या जाति के बनिए थे?

कबीर की जिज्ञासा ब्रह्मांड के बारे में भी थी, और ब्रह्मांड के साथ मनुष्य के सम्बन्ध के बारे में भी, समाज के बारे में भी थी, व्यक्ति और समाज के सम्बन्ध के बारे में भी। 'भीतर' के बारे में भी कबीर जिज्ञासु थे और 'बाहर' के बारे में भी। उनका सारा जीवन भीतर-बाहर के निरन्तर सम्बन्ध को कह-सुन सकने वाले 'सबद निरन्तर' की खोज का अनुष्ठान है। उनकी सारी यात्रा इस निरन्तरता के पूरेपन को ''पा सकने'' की यात्रा है। यात्रा में उतार-चढ़ाव तो बहुत आए, लेकिन उसकी परिणति ऐसे आत्मविश्वास में ही हुई कि यात्री कह सका–''कहै कबीर मैं पूरा पाया''।

कबीर की जिज्ञासा-यात्रा आरम्भ हुई थी–शाक्त-साधना से। इस साधना की मूल मान्यता थी–''वामा भूत्वा यजेत परं''। परम-तत्व को ''भजना'' है तो अपने भीतर के नारीत्व को सक्रिय करो। हल्के लोगों के हाथ में इस मान्यता ने अतिरेकी रूप ले लिये थे। नाथपंथियों में इसकी प्रतिक्रिया हुई, और वे अतिरेक के दूसरे छोर पर चले गए। उन्होंने प्रेम, शृंगार और रसात्मकता मात्र को देशनिकाला दे दिया। स्वाभाविक ही था कि उनकी साधना उपदेश के आदेशों में ही अभिव्यक्त हो सकी, कविता के शब्दों में नहीं।

कबीर ने साधना में प्रेम का और नारीत्व की साधना का पुनर्वास किया। उन्होंने घोषणा की, ''काम मिलावे राम सूँ'', और चेतावनी भी दी, ''जो कोई जाणैं साधि''। ''वामा भूत्वा यजेत परं'' की सलाह पर स्वयं अमल करते कबीर कविता में नारी-रूप धारण करते हैं, साथ ही सामाजिक धरातल पर ठेठ विरक्त मुहावरे में नारी-निन्दा भी करते हैं। इस नारी-निन्दा के तीखेपन की पृष्ठभूमि में शाक्तों के साथ कबीर के सम्बन्धों का तीखापन भी मौजूद है।

यह तीखापन न आता यदि कबीर अथ को ही इति भी मान लेते। शाक्त-साधना से आरम्भ कर वहीं रुक जाते। आगे चल भी दिए तो लिहाज करके ही चुप रहते,

लेकिन कबीर तो कबीर थे, जो बात नहीं सुहाती थी, नहीं सुहाती थी। जो नहीं सुहाती थी, उसकी आलोचना करते थे, चुनिन्दा चुप्पी और चुनिन्दा शोर वाली रणनीति उन्हें नहीं जमती थी। यात्रा शुरू करते ही थककर या खुश होकर बैठ जाना भी उन्हें नहीं आता था। 'काम मिलावे राम सूँ' के व्यावहारिक नतीजे औरों के लिए जो भी हों, कबीर के लिए तो इस बात से सवाल ही पैदा होता था–'प्रेम से यदि राम मिल सकते हैं, तो उन्हीं राम के पसारे संसार में मनुष्य प्रेम से क्यों नहीं मिल सकते?' कबीर केवल अपने राम से ही प्रेम का रिश्ता नहीं बनाते, संसार के सभी मनुष्यों में राम का ही रूप निहारते हुए वे सामाजिक सम्बन्धों की मूल कसौटी भी प्रेम को ही बनाना चाहते हैं।

कबीर इस अर्थ में सचमुच रहस्य-साधक थे कि वे अनेक रहस्यों का रहस्य जानना चाहते थे। उनकी जिज्ञासा केवल 'घट भीतर' के रहस्यों तक सीमित नहीं रह सकती थी, वे बाहर के 'जगजीवन' के रहस्यों का समाधान भी खोज रहे थे।

शाक्त-साधना कबीर की जिज्ञासा का आरम्भ या एक पड़ाव ही हो सकती थी, परिणति नहीं। वहाँ से शुरू करके वे नाथों, सूफियों के रास्ते से भी गुजरे और आखिरकार जो पहचान उनके साथ चली, जिसे उन्होंने खुद भी अपनाया, वह वैष्णव की ही थी। जाति-कुल-सम्प्रदाय निरपेक्ष वैष्णवता के साथ कबीर का विशेष सम्बन्ध वे स्वयं भी स्वीकार करते थे, और दूसरे भी।

कबीर के मुस्लिम परिवार के लिए यह बिगूचन और परेशानी की स्थिति थी। दुनियादारी निभाने की बजाय भजन-सत्संग करते फिरते रहनेवाले, सत्ताधारियों को चिढ़ाते रहनेवाले बेटे की माँ को स्वाभाविक रूप से लगता था कि बेटा कुलरीति से भटक गया है, बेराह हो गया है। वह इसका दोष उन "मुंडियों" पर ही रखती थी, जिनके चक्कर में बेटा हाथ से निकल गया, और रोती थी कि इन मुए, घरबिगाड़ू 'मुंडियों' का कुछ बिगड़ता भी नहीं है :

हमरे कुल कउने राम कहिओ।
जब की माला लई निपूते, तब से सुख न भइओ॥
सुनहु जेठानी, सुनहु देरानी, अचरजु एकु भइओ॥
सात सूत न मुंडीए खोए, इह मुंडीआ किए न मुइओ॥

('श्री गुरुग्रन्थ साहब' राग बिलावल, 4,
'श्री गुरुग्रन्थ साहब', खंड एक, पृ. 856)

बेटा माँ का दर्द समझता था, इसीलिए तो अपनी कविता में उसने इस दर्द को भी दर्ज किया। लेकिन करता क्या? जो राह उसने चुन ली थी, उस पर चलने के लिए माँ की निगाह में बेराह होना तो अब उसकी नियति थी।

माँ का दर्द दर्ज करने के साथ कबीर ने अपनी कविता में वह बात भी दर्ज की है, जो उन्होंने माँ नीमा को समझाने की कोशिश की। बताया कि कुलरीति मिले न मिले इन मुंडियों से उनका मन मिल गया है—क्योंकि हम दोनों का मन एक ही दाता

के रंग में रँगा है—“कहत कबीर सुनहु मेरी माई। हमरा इनका दाता एकु रघुराई”। (‘श्री गुरुग्रन्थ साहब’, खंड एक, पृ. 524)

मन मिलने का कारण एक ही दाता रघुराई का होना तो था ही, उससे भी ज्यादा महत्त्वपूर्ण था—मुंडियों के लिए जातिगत ऊँच-नीच का अप्रासंगिक होना—“कहतु कबीर सुनहु मेरी माई। इन मुंडिअन मेरी जाति गँवाई”। (वही, पृ. 484)

‘आदिग्रन्थ’ का संकलन 1604 में हुआ था। उस समय रामानन्दी वैरागी वैष्णवों को मुंडी और शैव संन्यासियों को दंडी ही कहा जाता था। ‘आदिग्रन्थ’ के कोई पचास साल बाद मुबाद शाह ‘दबिस्तां-ए-मजाहिब’ में दंडियों द्वारा मुंडियों के भयानक उत्पीड़न की सूचना देते हैं। इस उत्पीड़न से बचने के लिए सत्रहवीं-अठारहवीं सदी में मुंडियों—वैष्णवों—को भी अपना सैनिक संगठन खड़ा करना पड़ा था।

दंडियों द्वारा मुंडियों के उत्पीड़न का सैद्धान्तिक-प्रतीकात्मक कारण यही था कि स्मार्त्त मतानुयायी शैव लोग संन्यास लेने को ब्राह्मणों का विशेषाधिकार मानते थे, और मुंडी अब्राह्मणों, शूद्रों को भी वैरागी बनाकर, कबीर जैसे ‘म्लेच्छों’ तक को मान्यता देकर इस विशेषाधिकार को चुनौती देने का ‘अपराध’ करते थे।

कबीर की कविता एक भरे-पूरे इन्सान की कविता है। उनकी वाणी ‘सुरझावनिहारी’ जरूर है, लेकिन उस तरह नहीं, जैसे उपदेश सुरझावनहारे होते हैं। वह सुरझावनिहारी इस अर्थ में है कि उसी के जरिए कबीर अपनी उलझनों से टकराते हैं, और आपको भी बुलाते हैं। कबीर की कविता पैगम्बर का इलहाम नहीं, इन्सान की आवाज है।

ऐसे भरे-पूरे इन्सान की आवाज—जो कभी अपनी उपलब्धि पर खुशी से नाच रहा है, तो कभी विरह में तड़प रहा है। कहीं उलटबाँसी के जरिए लोगों की बुद्धि को चुनौती दे रहा है, दुनिया के बेतुकेपन पर हँस रहा है; तो कहीं संसार की जड़ता पर रो रहा है। कहीं अपनी कही बातों समेत हर बात को विवेक की कसौटी पर कसने की सलाह दे रहा है, तो कहीं गुरु के प्रति कृतज्ञता ही नहीं, सम्पूर्ण समर्पण की घोषणा कर रहा है। कहीं ‘वामा भूत्वा यजेत परं’ के निर्देश पर अमल करते हुए कविता में नारी बन रहा है तो कहीं नारी मात्र को नरक का द्वार ठहरा रहा है।

कवि को धर्मगुरु बनाने पर आमादा लोगों को ये सब अपाच्य अन्तर्विरोध लगते रहे हैं, असल में ये सब बातें कबीर की इन्सानियत की पहचान हैं। वे निस्सन्देह ‘पहुँचे हुए फकीर’ थे, लेकिन जिस ‘घर’ तक ‘पहुँचे’ थे, वहाँ तक पहुँचने के लिए उन्होंने ‘लम्बा मारग’ तय किया था। उनकी कविता इस लम्बे मार्ग पर आई चुनौतियों और पड़ावों की अकथ कहानी है।

इस मार्ग पर केवल अन्दर की चुनौतियाँ नहीं थीं, बाहर के संकट और प्रलोभन भी थे। दोनों की स्रोतस्विनी एक ही थी—कबीर की कविता, कबीर की भक्ति। उसी के कारण कुछ लोग भक्त कबीर के भक्त बने तो कुछ ने ‘मगरूर जुलाहे’ को सबक सिखाने की ठानी। उसी के कारण कबीर माँ-बाप, कुटुंबी दुखी थे, उसी के कारण

कबीर को 'एक ही दाता रघुराई' के सेवकों–मुंडियों और दूसरों का नया कुटुम्ब मिला। लेकिन, अनभय अनुभव के साधक का आदि-अन्त आखिरकार तो राम पर ही निर्भर था। कुटुम्ब कोई भी हो, कबीर की यात्रा चलनी तो राम की छाया में ही थी। अनन्तदास के शब्दों में–'बाहिर बैरी अरु घर माँहीं/रहै कबीर राम की छाँहीं/भगत कौ बैरी सब संसारू/आदि अंति हरि राखनहारू'।

कबीर ने राम की छाया के ही नहीं, घट-भीतर के ही नहीं, 'दुनी दीवानी', के, प्रलोभनों और वैर के अनुभव भी कविता में दर्ज किए हैं। लेकिन चूँकि कबीर को कवि की तरह पढ़ा ही नहीं गया है, इसलिए ऐसे कई अनुभव कोरी अलौकिकता के चश्मे से पढ़ लिये गए हैं। इस बात पर भी ध्यान नहीं दिया गया है कि मुक्तकों के संकलन होने के बावजूद 'आदिग्रन्थ', 'ग्रन्थावली' और 'बीजक' तीनों में कई रचनाएँ आख्यान और संवाद की रचना करती हैं, उन्हें अलग-अलग पढ़ना कवि के उन लौकिक जीवनानुभवों के मार्मिक साक्ष्य से वंचित होना है, जिन्होंने उसके आध्यात्मिक जीवन को समृद्धतर बनाया।

राग सोरठि के ये दो पद देखें :

1. नैक निहारि हो माया बीनती करै।
   दीन बचन बोलै कर जोरै फुनि फुनि पाइ परै॥
   कनक लेहु जेहु जेता मनि भावै, कौंमनि लेहु मनहरनी।
   पुत्र लेहु विद्या अधिकारी, राज लेहु सब धरनी॥
   अठि सिधि लेहु तुम्ह हरि के जनां, नव निधि तुम्हे आगैं।
   तैं पापनी सबै संघारे, काको काज सँवारयौ।
   जिनि जिनि संग कियौ है तेरो, को बेसासि न मारयौ॥
   दास कबीर रांम के सरनैं, छाड़ी झूठी माया।
   गुर प्रसाद साध की संगति, तहाँ परम पद पाया॥

('एक बार इधर देख लो, पाँव पड़ती हूँ। कनक-कामिनी-पुत्र, राज-निधि-कौन सी सिद्धि है, जो तुम्हें चाहिए, तुम बोलो तो'। 'मुझे कुछ नहीं चाहिए। माया पर विश्वास करके कौन बचा है? किस का काम बना है? मैं तो अपने राम की शरण ही भला। मुझे तो गुरु के प्रसाद और सत्संग के कारण परम पद मिल चुका है। अब पाने को बचा क्या है'?)

2. तुम्ह घर जाहु हमारी बहनाँ।
   विष लागै तुम्हारे नैनाँ॥
   अंजन छाँड़ि निरंजन राते नाँ किसहीं का दैनाँ।
   बलि जाउँ ताकी जिनि तुम्ह पठई, एक माइ एक बहनाँ॥
   राती खँडी देखि कबीरा देखि हमारा सिंगारौ।
   सरग लौक थैं हम चलि आईं, करन कबीर भतारौ॥

श्रग लोक में क्या दुख पड़िया, तुम आईं कलि माँही।
जाति जुलाहा नाम कबीरा, अजहूँ पतीजौ नाँहीं॥
तहाँ जाहु जहाँ पाट-पटम्बर, अगर चन्दन घसि लीनाँ।
आइ हमारै कहा करौगी हम तौ जात कमीनाँ॥
जिनि हम साजे साजि निवाजे, बाँधे काचे धागै।
जे तुमह जतन करौ बहुतेरा, पाँणी आग न लागै॥
साहिब मेरा लेखा माँगे, लेखा क्यूँ कर दीजै।
जे तुम जतन करौ बहुतेरा, तौ पाहन नीर न भीजै॥
जाकी मैं मछी सो मेरा मछा, सो मेरा रखवालू।
टुक एक तुम्हारे हाथ लगाऊँ, तौ राजा रांम रिसालू॥
जाति जुलाहा नाँव कबीरा, बनि बनि फिरौं उदासी।
आसि पासि तुम्ह फिरि फिरि वैसो, एक माउ एक मासी॥

('ग्रन्थावली', राग सोरठि, पद 8, 9, पृ. 308)

(तुम घर जाओ, मेरी बहनो। तुम्हारी आँखों में लगा अंजन-काजल-मुझे जहर सा लगता है। मेरी लौ तो निरंजन में लगी है। बलिहारी है उनकी जिन्होंने तुम्हें मुझे लुभाने के लिए पठाया है। ऐसी क्या कमी तुम्हारे 'स्वर्ग' में पड़ गई, जो तुम मेरे 'कलियुग' में चली आईं। तुम्हारे काम का क्या रखा है इस जुलाहे के पास। वहाँ जाओ जहाँ रेशमी कपड़े हों, चन्दन की खुशबूएँ हों, इस कमीन जात जुलाहे के पास आकर क्या करोगी? मैं तो किसी और के ही कच्चे धागे में बँधा हुआ हूँ। क्या जवाब दूँगा उसे? कितने भी जतन कर लो, पानी में आग नहीं लगने वाली। तुम्हें छू भी लिया तो तेरा राजा राम रूठ जाएगा। मैं जुलाहा तो, दुनिया से उदासीन, वन-वन भटकता हूँ। हाँ, यदि मुझसे सच्चा लगाव ही हो गया है, तो आओ चलो तुम भी भटको मेरे साथ, एक माँ बन जाओ, और एक मासी।)

कबीर बात माया से ही कर रहे हैं, लेकिन अमूर्त अवधारणा माया से नहीं, हाड़-माँस की रमणी के रूप में उन्हें लुभाने के लिए 'भेजी गई' माया से। जिस स्वर्ग से ये रमणियाँ आईं हैं, वह किसी परलोक में बसा स्वर्ग नहीं, परजीवी सामन्तों, पुरोहितों की ऐयाशी का स्वर्ग है। उसी स्वर्ग के स्वामियों ('इन्द्रों') ने इन स्त्रियों को कबीर की सेवा में भेजा है। वे स्वयं कबीर के व्यक्तित्व पर मोहित होकर उन तक नहीं पहुँची हैं। जो लोग कबीर की 'उदासी' का 'पर्दाफाश' करना चाहते हैं, वे इन स्त्रियों को बस चीज की तरह बरत रहे हैं। कबीर इन स्त्रियों को कोस नहीं रहे, बल्कि माँ और मासी कह रहे हैं।

अनन्तदास इस घटना का विस्तृत वर्णन करते हैं। 'अप्सरा' के साथ कबीर की बातचीत जिस शब्दावली में बयान करते हैं, वह शब्दावली स्वयं कबीर की शब्दावली के साथ समानता के कारण तुरन्त ध्यान खींचती है :

मधिम नांम कमीन हमारा।
जहाँ जाहू तहाँ राज कँवाँरा ॥
गोरा मेद कपूर जुबादी।
अग्र क चोवा अरु फूलवादी ॥
सकल भोग राजा कै कीजै।
पाथर कैसें पांनी भीजै ॥
नीची दृष्टि कबीर तुम्हारी।
देखौ मेरौ रूप निहारी ॥

अनन्तदास के वर्णन की 'अप्सरा' काफी बेधड़क भी है :

जब लग लीया न सुख हमारा।
तब लग झूठा जन्म तुम्हारा ॥
इतनी मांनौ बात हमारी।
बहुत नहीं तौ राखौ दिन च्यारी ॥

अनन्तदास के बखान में कई टुकड़े कबीर के पदों से लगभग ज्यों-के-त्यों चले आए हैं : 'सुरग लोक तैं कैसें आईं। कैसे करी हमारी चाही'; 'तेरे हाथ ना लाऊँ माई। साहिब मेरा रांम रिसाई'; 'नैंन बैंन विष लगै तुम्हारा'।

कबीर के ये पद किसी तटस्थ स्थिति से उच्चारे जा रहे आप्त वचन नहीं, अपने आत्मसंघर्ष का बयान करते काव्य-शब्द हैं। रोजमर्रा के अनुभवों को करुणा, विडम्बना-बोध और विचार के सन्दर्भ में रखते संवेदनशील चित्त से फूटती कविता के शब्द।

'माया' के प्रति निर्लिप्तता, 'घट-भीतर' के अनुभव की प्रामाणिकता और 'बाहर-संसार' की अनभय आलोचना ने कबीर की लोकप्रियता बहुत बढ़ा दी। वे तो अपने राम पर रीझे थे, और उसी को रिझाना चाहते थे, लोग कबीर पर रीझने लगे। रीझने वालों में साधारण जन तो थे ही, 'बरसिंघदे' (वीरसिंह देव) जैसे राजा भी थे, जो कबीर के वचनों और चमत्कारों के मुरीद हो गए थे। कबीर की लोकप्रियता और उसके कारण कबीर की ऊब बढ़ती चली जा रही थी—इस लोकप्रियता के कारण कबीर को 'सुमिरन' का एकान्त मिलने में बाधा जो पड़ रही थी। कबीर ने लोकप्रियता से पिंड छुड़ाने के लिए कौतुक रचा, एक दिन सुबह-सुबह किसी वेश्या को पकड़ा, उसके गले में बाँह डाल निकल पड़े नगर की सैर करने, हाथ में एक बर्तन में चरणामृत भर लिया, जताने यों लगे जैसे कि शराब पी रहे हैं :

दिन दिन भीर होत अधिकाई।
सुमिरन करत चित चल जाई ॥
तब कबीर ऐक बुधि बिचारी।
लोक-बड़ाई धरूँ उतारी ॥
प्रात समै गनिका कै गइऊ।

लीन्हीं संग अचम्भौ भयऊ।
गरै बाँह गनिका के घाली।
गनिकाए मिलि कबीर संगि चाली ॥
भरि करई चरनौदिक लीन्हौ।
मद के धौखै करि करि पीन्हौ ॥

काशी में स्कैंडल हो गया। 'हरिजन' शोक में डूब गए, विरोधी हँसी उड़ाने लगे– 'जिसे देखो, आजकल भक्त बना घूमता है, अरे, नीच लोग क्या भक्ति करेंगे, इन भगत कबीर को ही देख लो, दस रोज की भक्ति के बूते पुजने लगे थे, अब गणिका के गले में बाँह डाले घूम रहे हैं'–

भगति कीया चाहै सब कोई।
नीच जाति तैं कैसें होई ॥
दिन दस भगति कबीरै कीन्हीं।
अब देखौ गनिका संगि लीन्हीं ॥

कबीर इसी तरह काशी के राजा के यहाँ जा पहुँचे, वह कबीर का बहुत आदर करता था, उठकर आसन देता था, लेकिन आज तो उसने उपेक्षा ही की, एकाएक कबीर ने हाथ में लिये बर्तन का पानी जमीन पर फैला दिया। राजा ने पूछा–''क्यों?'' कबीर ने कहा–''जगन्नाथ जी के पंडा के जले पाँव की तपन बुझाने के लिए''। राजा ने उसी वक्त तारीख-वक्त नोट कर सन्देशवाहक पुरी को रवाना किए, दस दिन बाद आकर उन्होंने बताया कि हाँ, ऐन उसी वक्त कबीर ने स्वयं पुरी आकर पंडा का जला पाँव ठीक किया था।

''चमत्कार'' की भाषा जो बात ''पढ़ने'' का न्यौता दे रही है, वह यही है कि कबीर को लोक बड़ाई से नहीं भक्ति से ही वास्ता है–यह बात दूर-दूर तक, काशी से पुरी तक जाहिर हो चुकी थी। अब कबीर पर भरमुँह हँसने वालों को मुँह की खानी पड़ी। 'बरसिंघदे' ने घर आकर कबीर से माफी माँगी। इन सब से विरक्त, रामनाम के साधक कबीर अपने खुद के नाम को तो वैसे ही मिटाने की कोशिश करते रहे, जैसे सुशील स्त्री अपना गर्भ छिपाती है; लेकिन क्या फायदा, जैसे गर्भ दिनोंदिन बढ़ता है, वैसे ही कबीर का नाम बढ़ रहा था–''कबीरा अपनौ नाँव मिटावै/ज्यूँ कुलवंती ग्रभ दुरावै/दिन दिन प्रगट होत है सोई/करनी कैसें छाँनी होई''।

एक यही नहीं, अनन्तदास के विवरणों से, कबीर के व्यक्तित्व की अन्य विशेषताओं तथा जीवन की महत्त्वपूर्ण घटनाओं का भी विश्वसनीय बोध, और भाँति-भाँति के लोगों द्वारा भाँति-भाँति के उद्देश्य सिद्ध करने के लिए रची गई कबीर-छवियों की परख का आधार प्राप्त होता है।

बहुत से लोग हिन्दू-मुस्लिम एकता के लिए कबीर की कविता को ''उपयोगी'' मानते हैं। आज हिन्दू-मुस्लिम या किन्हीं भी समुदायों के बीच एकता का आशय यह

हो गया है कि किसी परम्परा के अंधविश्वासों और कुरीतियों की कोई आलोचना न की जाए। धार्मिक-सांस्कृतिक अस्मिताओं के दावों को मानवीय मूल्यों और व्यापक सामाजिक चिन्ताओं से ज्यादा मूल्यवान माना जाए। भावनाओं के आहत होने का पूरा कारोबार तरह-तरह की अस्मितावादी राजनीति के कारण जोर-शोर से चल रहा है। हालत यह है कि चुटकुलों तक पर रोक लगाने की माँगें उठ चुकी हैं।

कबीर आज के उत्तर-आधुनिक समय में भी भावनाएँ आहत करने के अपराधी ठहराए जाते, जैसे उस आरम्भिक आधुनिक काल में ठहराए गए थे। हर तरह का सामाजिक-आर्थिक, धार्मिक-सांस्कृतिक सत्ता-तन्त्र जस का तस दनदनाता रहे, लोग विवेक को तिलांजलि देकर अस्मिता, आस्था और भावना की राजनीति के शिकार बने रहें, और उनकी एकता के दावे किए जाते रहें—ऐसी एकता कबीर नहीं चाहते थे। वे नया पंथ निकालना भी नहीं चाहते थे, उनका रास्ता तो 'निज ब्रह्म विचार', का, निर्भय होकर निर्गुण के गुण गाने का, राम से भी और समाज से भी परस्पर सम्मान और समानता का रिश्ता बनाने का रास्ता था, इसी पर चलने का न्यौता वे अपनी कविता में देते थे।

कबीर के समकालीन (उनके प्रशंसक हों या विरोधी) उनकी विशेषता भली-भाँति समझते थे। उनकी कविता एक यदि करती थी तो उन्हीं को करती थी जो सामाजिक पहचान से ज्यादा मोल अनभय और अनुभव का मानते थे। बाकी लोगों के बारे में तो, अनन्तदास बताते हैं : काशी के हिन्दू और मुसलमान नेता, भद्रजन, अपने-अपने समुदाय के नेतृत्व का दावा करने वाले "प्रतिनिधि" गण कबीर की कविता के कारण नहीं, बल्कि **उसके विरुद्ध** एक होकर पहुँचे थे सिकन्दर लोदी के हुजूर में। बादशाह हैरान, परेशान—एक अदना जुलाहे ने ऐसा क्या गजब ढा दिया? पूछने लगा : भई मामला क्या है? उसने क्या किसी का माल मार लिया है? किसी की जमीन दबा ली है? गाँव-परगना छीन लिया है?

काशी के हिन्दू-मुसलमान प्रतिनिधियों का जवाब लाजवाब है। लाजवाब और दो टूक। उनकी माँग भी उतनी ही स्पष्ट है : इस 'अमारग' चलने वाले, हिन्दू, मुसलमान दोनों से न्यारा चलने वाले (आजकल के मुहाविरे में, 'भावनाओं को ठेस' पहुँचाने वाले) कबीर को फौरन काशी से निकाल दिया जाए :

कहै सिकन्दर क्या है भाई।
गाँव प्रगना लिया छिनाई॥
गाँव-प्रगना नहीं लिया।
जुलाहै ऐक अमारग किया॥
मुसलमांन की छोड़ी रीती।
अरु हिन्दू की भानैं छीती॥
निंदै तीरथ, निंदै बेदू।

निंदै नवग्रह सूरज चन्दू ॥
निंदै संकर निंदै माई।
निंदै सारद गणपति राई ॥
निंदै ग्यारस होम सराध्य।
निंदै बाँभन जग आराध्य ॥
निंदै माता-पिता की सेवा।
बहन भाँणजी अरु सब देवा ॥
निंदै सकल धरम की आसा।
षट दरसन अरु बारह मासा ॥
ऐसी बिधि सब लोक बिगारा।
हींदू मुसलमान तैं न्यारा ॥
ता तैं हमैं मानैं न कोई।
जब लग जुलहा कासी होई ॥

(मुसलमान होते हुए भी इसने मुसलमानों के रीति-रिवाज त्याग दिए हैं। हिन्दुओं के रीति-रिवाजों की भी निन्दा करता है। वेद, तीर्थ, नवग्रह, व्रत, श्राद्ध–सभी की निन्दा करता है। और तो और जगत के पूज्य ब्राह्मणों की निन्दा करता है। हिन्दू, मुसलमान दोनों से न्यारे इस कबीर ने लोगों को बिगाड़ दिया है, इसके काशी में रहते हमारी कोई नहीं सुनने वाला।)

असली संकट यही है–"तातैं हमैं मानैं न कोई"। हाशिए तक सीमित आवाज होती कबीर की, तो मुल्लाओं और ब्राह्मणों को 'साह सिकन्दर' को जहमत न देनी पड़ती, खुद ही इस आवाज से निबट लेते। यह एक और धर्म की स्थापना के लिए उत्सुक आवाज होती तो भी शायद एडजस्टमेंट हो जाता। ऐसी आवाज कभी मुल्लाओं के विरुद्ध ब्राह्मणों के काम की होती तो कभी ब्राह्मणों के विरुद्ध मुल्लाओं के काम की। लेकिन यह तो धर्मसत्ता मात्र के विरुद्ध मनुष्य की आत्मसत्ता की आवाज है। तरह-तरह की सामाजिक अस्मिताओं के "प्रवक्ताओं" के विरुद्ध विवेकवान व्यक्तिसत्ता की आवाज है। जो व्यक्ति यह आवाज दे रहा है, उस पर न प्रलोभनों का असर हो रहा है, न घर वालों के समझाने-बुझाने का–यह आदमी खतरनाक है।

ऐसे खतरनाक आदमी के विरुद्ध, **उसकी कविता के विरुद्ध** हिन्दुओं, मुसलमानों–दोनों के प्रतिनिधि एक हैं, और उनका माई-बाप भी एक ही है–दिल्ली के तख्त पर बैठा सुल्तान। सो गुहार तो वहीं लगनी थी–"ऐसी बिपति निवारि हमारी। तूँ ही बाप तूँ ही महतारी"।

सुल्तान ने तुरन्त कबीर को तलब किया, सफाई माँगी। कबीर का आलम यह कि :

राम भरोसे गिनैं न काहू।
सब मिलि राजारंक रिसाऊ ॥

राखनहारा राम है।
मारि सकै न कोई।
पातिस्याहि हूँ न डरूँ।
करता करै सो होई॥

राखनहारे राम के भरोसे किसी की परवाह न करनेवाले, बादशाह से भी न डरने वाले कबीर को डराने के लिए, 'अमारग' करनेवाले जुलाहे को सबक सिखाने के लिए मदमस्त हाथी छोड़ा गया, वह जुलाहे को तो क्या डराता, स्वयं ही चीखें मारता वापस भाग गया। कबीर को जंजीरों में बाँध गंगा में डुबोया गया, लेकिन डूबने की बजाय वे तो मृगछाल पर बैठे, रामनाम जपते नजर आए, उनके अपने ही शब्दों में—''गंगा की लहर मेरी टूटी जंजीर। मृग छाला पर बैठे कबीर''।

आखिरकार, कबीर को आग में फेंक दिया गया, लेकिन आग भी पानी सी हो गई, या आग ने भी उन्हें पिता का सा वात्सल्य दिया, या शायद पिता नीरू ने ही जान पर खेल कर अपने बेटे को बचा लिया—'भयौ हुतासन जैसे नीरू'।

'आदिग्रन्थ' और 'ग्रन्थावली' दोनों में संकलित एक पद (बिलावल, पद 4, 'ग्रन्थावली', पृ. 363) में कबीर इस उत्पीड़न को याद करते हुए तीन परीक्षाओं की बात करते हैं—''तीन बार पतिआ भरि लीना'', हालाँकि सिकन्दर या किसी भी व्यक्ति-विशेष का नामोल्लेख नहीं करते, वैसे ही जैसे नीरू-नीमा और रामानन्द के नाम भी कबीर की अपनी वाणी में नहीं मिलते।

बहरहाल, बादशाह ने कबीर को ''पतिया'' लिया। उसे कबीर की महिमा समझ आ गई, उनकी करामात से प्रभावित होकर वह स्वयं अपने प्राणों की भिक्षा माँगने लगा :

साचा राम कबीर तुम्हारा।
अब कै राख्यो जीव हमारा॥
काजी मुल्ला मरम न जानैं।
सिरजनहार तुम्हारी मानै॥

सिकन्दर ने कबीर को भेंटें देनी चाहीं, लेकिन जो ऐसी भेंटें स्वीकार करे, किसी से कुछ माँगे, प्रलोभनों को दृढ़तापूर्वक नकार न सके, वह भक्त कैसा—''जो माँगे सो भगत न होई। मन दिढ़ राखै निज जन सोई''।

सिकन्दर को ''परचा'' देकर, उसकी ''कसणी'' पर खरे उतरकर कबीर घर लौटे। उन्हें अपने राम पर विश्वास है, और इस विश्वास पर कबीर के राम को। दोनों एक-दूसरे के चित्त में प्रेम और विवेक के उजियारे से चमकते शब्दों का रूप लिये सदा विराजमान हैं। दोनों एक-दूसरे के साधक हैं, विरह की वेदना और मिलन का भरोसा दोनों के मन में है। प्रीत की ऐसी पीर दोनों के मन में है कि लोगों को भले ही आँगन में अबीर उड़ती दिखे, लेकिन दोनों के ही अंतस विरह और कृतज्ञता के आँसुओं से

भीगे हुए हैं। भक्त कबीर आगे-आगे चल रहे हैं, हरि उनके पीछे चले आ रहे हैं— "भगतनि पीछैं हरि चलि आवै"। विरह की जानलेवा वेदना के साथ ही, मिलन की रोमांचक कल्पना और उस कल्पना के कभी न कभी सत्य होने की अटूट आस्था के इस सम्बन्ध की साखी भरते हैं कवि के शब्द : "पैंडे लागा हरि फिरै कहत कबीर कबीर"।

लोक-बड़ाई से तंग आकर कौतुक रचनेवाले कबीर ने अपने अन्त को भी कौतुक भरा बयान बनाने की ठानी। कहते हैं कि काशी में मरनेवाले को स्वर्ग मिलना पक्का है, और मगहर में मरनेवाला अगले जन्म में गधा बनता है। कबीर काशी के ही जुलाहे थे, देहत्याग के लिए, कहीं बाहर से आकर काशीवास उन्हें नहीं करना था। लेकिन, उन्होंने सच्ची रहनी और सच्ची भक्ति के बजाय महज काशी में मरण को स्वर्गप्राप्ति की गारन्टी बतानेवाली मतिहीन सोच को व्यावहारिक चुनौती दे डाली :

लोका मति के भेरा रे।
जौ कासी तन तजे कबीरा, तौ राँमहि कौन निहोरा रे।
तब हम वैसे अब हम ऐसे, इहै जनम का लाहा।
ज्यूँ जल में पैस न निकसै, यूँ ढुरि मिल्या जुलाहा॥
राम भगति परि जाकौ हित चित, ताकौ अचिरज काहा।
गुर प्रसाद साध की संगति, जग जीतें जाइ जुलाहा॥
कहत कबीर सुनहु रे संतौ, भ्रंमि परे जिनि कोई।
जस कासी तस मगहर ऊसर, हिरदै रांम सति होइ॥

('ग्रन्थावली', राग धनाश्री, पद 5, पृ. 382-3)

(काशी में तन तजना ही अगर काफी है, तो राम-भक्ति तो बेकार ही ठहरी। सच यह है कि सार्थक जीवन बिताने के संतोष के साथ कह सकता हूँ कि जब जन्मा था तब 'वैसा' था, अब 'ऐसा' हूँ। जल में जल जैसे मिल जाता है, वैसे ही मुझे मिल जाना है। आश्चर्य की कोई बात नहीं है, राम-भक्ति और गुरु-कृपा से जुलाहे ने जग जीत लिया है।)

कबीर की अक्खड़ छवि को रेखांकित करने के लिए उपर्युक्त पद का बार-बार उपयोग किया गया है। लेकिन उन्हीं कबीर का कथन यह भी है :

जिउ जल छोड़ बाहर भइयो मीना। पूरब जनम हउ तप का हीना॥
अब कहू राम कवन गति मोरी। तजीले बनारस मति भई थोरी॥
सगल जनम सिवपुरी गवाइआ। मरती बार मगहर उठि आइआ॥
बहुतु बरस तप कीआ कासी मरन भइआ मगहर का बासी॥
कासी मगहर सम बीचारी। ओछी भगति कैसे उतरसि पारी॥
कहु गुर गजि सिव सभु को जानै। मुआ कबीर रमत श्रीरामै॥

('श्री गुरु ग्रन्थ साहब', खंड एक, पृ. 326)

(पूर्वजन्म की तपहीनता के फलस्वरूप पानी से बाहर आ गई मछली सी दशा हो गई है। हे राम अब मेरा क्या होगा? बुद्धूपन में बनारस छोड़कर चला आया। सारा जीवन शिवपुरी में बिताने के बाद मरते वक्त मगहर का वासी हो गया। ऐसी ओछी भक्ति के बूते क्या पार लगूँगा जिसके कारण मैंने काशी और मगहर को एक सा मान लिया। अब मरते वक्त तो बस श्री राम का ही आसरा है।)

पहला कथन तो कबीर की प्रचलित छवि के अनुकूल है, लेकिन दूसरे का क्या करें? जैसे कुछ लोग 'पूरब जनम हम ब्राह्मण होते' को प्रक्षिप्त मानते हैं, वैसे ही इसे भी प्रक्षिप्त ही मान लें? क्योंकि ऐसे पद हमारी मनचाही कबीर-छवि से मेल नहीं खाते? लेकिन, 'लोका मति के भोरा रे' के साथ ही बाकी दोनों पद भी 'प्राचीन पांडुलिपि में उपलब्धता' के प्रतिमान पर खरे उतरते हैं, 'आदिग्रन्थ' समेत अन्य पुरानी पांडुलिपियों में मिलते हैं।

लगता है कि कुछ और लोग भी कबीर के साथ ही चलनेवाले थे, लेकिन 'चलै हमारे साथ' सुनकर दाद देना और बात है, साथ चल देना और बात। तमाम लोग काशी आते हैं कि शिवजी के त्रिशूल पर बसी नगरी में देहत्याग करके स्वर्गलाभ करेंगे, जिनका जन्म ही काशी में हुआ, वे क्यों स्वर्ग की मिली-मिलाई गारन्टी छोड़ कर जुलाहे के साथ चल पड़ें। काशी में रहकर तो जोगी-जपी-तपी-संन्यासी सभी लोक-परलोक दोनों की तरफ से निश्चिन्त रहते हैं। काशी तजते कबीर ऐसी निश्चिन्तता की खबर लेना नहीं भूले :

वै क्यों कासी तजैं मुरारी।
जोगी जती जपी संन्यासी। मठ देवल बसि परसैं कासी॥
तीन बार जे नित प्रति न्हावैं। काया भीतर खबरि न पावैं॥
देवल देवल फेरी देहीं। नाँव निरंजन कबहुँ ने लेहीं॥
चरन बिरद कासी कूँ न देहूँ। कहै कबीर भल नरकहिं जैहूँ॥

('ग्रन्थावली', राग सोरठि, 4, पृ. 319)

कबीर ने "पूरा पाया" और पूरा ही देने की कोशिश की। अधूरापन कोशिश में नहीं, पाने वालों की समझ में था, और है। कबीर ने छाती ठोंककर कहा, "जो कासी तन तजे कबीरा, राँमहि कौन निहोरा रे", साथ ही कासी की याद में जल बिन मछली की तरह तड़पे भी, "ओछी भगति" को कोसा भी। साहस दोनों कथनों में था। सामाजिक मान्यताओं को प्रश्नविद्ध करने के लिए जितना चाहिए, उससे कहीं ज्यादा साहस अपने मन की ऐसी बातें कहने के लिए चाहिए, जो अपन जानते हैं कि "अपने जैसे" लोगों को नहीं सुहाएँगी। पूरेपन के साधक कबीर की पहली बात तो अधूरेपन के साधकों को धर्मगुरु या क्रान्तिगुरु की छवि के अनुकूल लगी, लेकिन दूसरी उलझन में डालती रही।

धर्मगुरु का उपदेश पढ़ने-पढ़ाने की बजाय संवेदनशील मनुष्य की कविता पढ़ें तो, न राम के चरणों का विरद (श्रेय) काशीवास को देने से इन्कार करनेवाला

आत्मविश्वास प्रक्षिप्त है, और न कासी-मगहर को समान मान लेने के कारण अपनी भक्ति को ओछी कहती आत्म-भर्त्सना। कवि हो या उपदेशक; धर्मगुरु हो या क्रान्तिकारी; कुछ भी होने के पहले मनुष्य मनुष्य ही होता है। कबीर को, या किसी को भी अपनी मनचीती क्रान्ति का झंडा बनाने के फेर में उसकी मनुष्यता छीन लेना काफी अमानुषिक हरकत है। काशी कबीर के लिए स्वर्ग की गारन्टी भले न रही हो, उनके बचपन की, उनकी युवावस्था की, उनके राग-विराग की स्मृति अवश्य थी। कोई भी नगर या गाँव वहाँ जन्मे, पले-बढ़े इन्सान के लिए सिर्फ बाहरी भूगोल नहीं होता, वह उसके घट-भीतर निवास करता है। वह नक्शे पर बना एक नामालूम सा बिन्दु नहीं होता, वह दुनिया-जहान में आपकी अपनी जगह का रूपक होता है। उसी जगह का जिसे आप जिन्दगी भर तलाशते रहते हैं। इस तलाश में आप उस रूपक की ओर बार-बार लौटते हैं, जो आपका शहर है। आप बहुत कोसते हैं अपने शहर को, गाँव को, मजाक उड़ाते हैं उसका, लेकिन वह तो आपका बचपन ठहरा, आप कितना भी दूर क्यों न भागें, वह तो आपका पीछा करता है। कितनी ही विरक्ति क्यों न दर्शाएँ, उसे कितना ही हास्यास्पद बल्कि भयानक क्यों न ठहराएँ; आपका नगर दुनिया के दूसरे छोर तक अपनी सारी हास्यास्पदता और भयानकता साथ लिये चला आता है—आपके सपनों में, स्मृतियों में, शब्दों में, और आपकी "विरक्ति" को मुँह चिढ़ाते आपके आँसुओं में।

और जब सभी अधूरी-पूरी, सफल-विफल तलाशें खत्म होने को होती हैं, तब तो खासकर आपका शहर आपको बुलाता है। जिन्दगी भर आप उसे कितना ही क्यों न कोसते रहे हों, जिन्दगी के आखिरी छोर पर आप उसे प्यार करना चाहते हैं—उसके लिए यों तड़पते हैं, ज्यों जल बिन मछली। और, ऐसी तड़प के क्षणों में कबीर की इस कविता में आई काशी किसी के लिए लाहौर बन जाती है तो किसी के लिए दिल्ली, किसी के लिए फरीदाबाद तो किसी के लिए ग्वालियर।

कबीर धर्म-प्रवर्तन नहीं कर रहे थे, वे कविता में अपना आप खोलकर रख रहे थे। आत्मविश्वास भी उनके आत्म का अंश है, और आत्मभर्त्सना भी। स्वर्ग की गारंटी हो न हो, काशी के जुलाहे कवि के लिए काशी उसकी अपनी नगरी जरूर थी। कबीर राम के भक्त थे, स्वर्ग पाने के लिए, मुक्ति पाने के लिए ही काशी से प्रेम करने में उनके राम का भी अपमान था, और उनकी काशी का भी। लेकिन कबीर प्रेम के कवि भी थे। काशी से उन्हें प्रेम था, इसलिए नहीं कि काशी उन्हें मोक्ष दिला देगी, बल्कि इसलिए कि काशी ने उन्हें जीवन दिया था। ऐसे जीवन को छोड़ना पड़े और यह छोड़ना भक्ति का प्रमाण भी माना जाए, परिणति भी; काशी के कारण मोक्ष नहीं मिलता—यह बयान देने के लिए यह भुलाना पड़ जाए कि 'सकल जनम कासी बिताया'; तो जिन्दगी के दूसरे छोर पर खड़ा, काशी का प्रेमी कवि ऐसी भक्ति को ओछी न कहे तो करे क्या?

अपने घर-गाँव से प्रेम-घृणा के सम्बन्ध की अनुभूति कितनी स्वाभाविक मानवीय अनुभूति है, और इस सम्बन्ध को 'कहना' कविता का कितना सार्वभौम विषय—यह कहने की ज़रूरत नहीं। हाँ, यह जरूर सोचना चाहिए कि हिन्दी कविता में घर/गाँव की जबर्दस्त वापसी के दिनों में भी कवियों-आलोचकों को हिन्दी के आदिकवि की यह कविता याद क्यों नहीं आई जो शायद हिन्दी में घर के 'नॉस्टेल्जिया' की आदिकविता भी है।

वजह, शायद यही है कि कबीर ठहरे उपदेशक। धर्म के या क्रान्ति के। उनकी रचना में कहाँ कविता—कहाँ नॉस्टेल्जिया!

आमी नदी के एक किनारे मगहर है, दूसरे पर कसरौल या कसरबल। कहते हैं कि कबीर यहीं आकर रहे थे। यहाँ धूनी मन्दिर है, जहाँ कबीर ने एक बार फिर गोरख को विवाद और करामात दोनों में हराया था। 'आओ कबीर गोष्ठी करें' कह कर गोरख ने त्रिशूल हवा में टाँग दिया, जवाब में काशी के जुलाहे कबीर ने धागा हवा में खड़ा कर दिया। पाँच सौ 'मूरतियों' की प्यास बुझाने के लिए गोरख तो कमंडल भर ही पानी जुटा पाए, कबीर ने कुँआ ही खोल दिया। गोरख मान गए कि 'कबीर बढ़ कर हैं'।

कुँआ आज तक है। पानी बहुत ही मीठा है, या था। मैंने अप्रैल, 1987 के किसी दिन पिया था।

जीवन भर कौतुक देखते, उन पर टिप्पणियाँ करते, कभी-कभी स्वयं भी कौतुक रचते रहे कवि की मृत्यु भला कौतुक-रहित कैसे हो सकती थी। जीवन भर खुद को न हिन्दू न मुसलमान बताते रहे कवि को तय करना ही था कि अन्ततः वह हिन्दू है या मुसलमान। वह न भी चाहे तो उसके भक्त, प्रशंसक तय करेंगे। वीरसिंह बघेल के नेतृत्व में हिन्दू कहेंगे कि कबीर हमारा क्योंकि वैष्णव ढंग से बिताया था जीवन; बिजली खाँ के नेतृत्व में मुसलमान कहेंगे कि जीवन जैसे भी बिताया हो, जन्म तो मुसलमान का पाया था, सो कबीर हमारा...और अन्ततः कबीर की देह गुजरेगी कबीर की नितान्त निजी त्रासदी से—दोहरी अन्त्येष्टि से। जग भर को 'जीत' लेनेवाले आम तौर से अपने 'पीछे चलनेवालों' से हार ही जाते हैं, जी-जी कर मरनेवाले, मर-मर कर जीनेवाले कबीर के साथ भी दोहरी अन्त्येष्टि के बहाने यही होना था। कबीर स्वयं तो जिज्ञासा, खोज और भक्ति का अमृत पीकर मरजीवा बने, लेकिन कबीर-वाणी का अमृत पीने का दावा करनेवाले शिष्य कबीर की देह पर झगड़ने से नहीं चूके।

जीवन-यात्रा के अन्त में आनेवाले कौतुक का पूर्वाभास कबीर को शायद हो चला था। पंथ तो उन्होंने रचा नहीं, 'लोक-बड़ाई' से पिंड छुड़ाने की कोशिशें भी खूब कीं, लेकिन फिर भी, शिष्य और अनुयायी तो उनके साथ लग ही लिये थे। उड़ने के पहले ही हंस को दिखने लगा था कि बाद में क्या होने वाला है, शिष्य क्या करने वाले हैं :

हिन्दू कहै हमहिं लै जारों, तुर्क कहे मोर पीर।
दोउ आय दीनन में झगरैं, देखें हंस कबीर॥

(बीजक, पद 90, पृ. 141)

यदि यह पद किसी ने बाद में भी कबीर-वाणी में जोड़ दिया हो, तब भी बात तो अपनी जगह रहती ही है—कबीर को अपने "अनुयायियों, शिष्यों" के बीच अपनी विफलता का एहसास होने लगा था। वे देख पा रहे थे कि "साँचा सबद कबीर का" और उसमें व्यंजित भक्ति भले ही बँटने से इनकार करती रहे, पार्थिव देह को तो बँटना ही होगा—जलना भी होगा, और गड़ना भी होगा।

अन्तकाल का विवरण देते अनन्तदास एक बार फिर से बताते हैं कि कबीर के जीवन के शुरुआती बीस बरस का समय "धोखे में गया"। अनन्तदास का आशय स्पष्ट है—"बीस बरस कछु तप नहीं कियो"। इसके बाद पूरे सौ बरस कबीर ने भक्ति की। अब आखिर में अन्त्येष्टि को लेकर होनेवाले झंझट का एहसास है कबीर को और वे स्वयं ही इस झंझट का निबटारा कर रहे हैं। कैसा लग रहा होगा कबीर को उस वक्त? शायद वैसा ही, जैसा 14-15 अगस्त, 1947 की रात, जश्ने-आजादी से दूर, दो-चार साथियों के साथ, कोलकता के हैदरी हाउस में चुपचाप सोते गांधीजी को लगा होगा।

कबीर खुद ही बत्तीस बोझ फूल मँगा कर कह रहे हैं कि भई तुम जला लेना, तुम गाड़ लेना :

हिन्दू तुरकां पाड़ी आँटी।
तुम जालीज्यौ तुम दीज्यौ माटी॥
बोझ बतीस का फूल मँगाया।
तलैं उपरैं सैंन कराया॥
सब संतन मिलि नाचैं गावैं।
ताल पखावज संष बजावैं॥
अमर भयौ छूट्यो न सरीरू।
भयौ सैंदही दास कबीरू॥
भगतन माँझ अचम्भौ भईया।
फूल देखि अपनैं घर गईया॥

कबीर को अपने घर जाना था, उन्हें क्या फर्क पड़ना था कि पीछे छूट गए फूल जलाए जाएँ या गाड़े जाएँ। खुद कबीर ऐन उसी दिन चले जाएँ, या चार दिन और इस लोक में बिता लें। कुछ दिन गुमनामी की जिन्दगी बिताना, चुपचाप भजन करना उस साधक को अच्छा ही लगना था, जो जीवन भर लोक-बड़ाई से पिंड छुड़ाने की कोशिशें करता रहा, अपने नाम को यों ढाँपने की कोशिश करता रहा, ज्यों कुलवंती नारी गर्भ ढाँपती है। अच्छा ही था कि बाकी के दिन शिष्यों की श्रद्धा और प्रशंसा

के साथ नहीं, बस अपनी प्रज्ञा और साधना के ही साथ बिताए जाएँ। उसके बाद देह को अग्नि को अर्पित किया जाए या भूमि को—क्या फर्क पड़ता था?

जिन्हें फर्क पड़ता था, उन्हें बता दिया कि भई, ये रहे फूल—जलाओ या गाड़ो, बन्दा यह चला। कबीर के शिष्य ताल, पखावज और शंख बजाते रहे, और कोठरी में चादर ओढ़ जा लेटे कबीर चुपचाप उठे और चल दिए। शिष्यों को उनकी देह नहीं, बस फूल ही मिले।

कुछ-कुछ ऐसा ही मीरा, लालदेद और चैतन्य महाप्रभु ने किया था। लालदेद ने एक बड़ा तगाड़ा मँगाया, और उसमें जा बैठीं, ऊपर से ढँक दिया उस बड़े बर्तन को। कुछ देर बाद ढक्कन हटा कर देखा गया—लालदेद "समा" चुकी थीं। द्वारिका में निवास कर रही मीरा के दरवाजे राणा के भेजे ब्राह्मण अनशन ठानकर बैठ गए थे कि राणा को माफ करो और घर वापस चलो। मीरा भजन करने नट-नागर के सामने गईं, और प्रतिमा में "समा" गईं। चैतन्य पुरी के जगन्नाथ जी में समा गए। कबीर ने समाने के लिए "बोझ बत्तीस" फूल चुने।

अपने प्रिय शिष्यों के बीच फूलों के रूप में अपनी देह स्वयं बाँटते, अपने घर जाते-जाते कबीर शायद फिर से रोए भी होंगे, फिर से याद की होगी अपनी कविता :

मैं रोवों यह जगत को, मोको रोवै न कोए।
मोको रोवै सो जना, जो सबद विवेकी होए॥

('बीजक', साखी 180, पृ. 162)

अकारथ नहीं था कबीर का रोना; निराधार नहीं था शब्द पर उनका विश्वास। शब्द-विवेकी तो कबीर को, सचमुच, तब तक रोएगा, जब तक शब्द रहेंगे।

सन्दर्भ

1. एच. एच. विल्सन, *'रिलीजियस सेक्ट्स ऑफ दि हिन्दूज'* (सं. अन्स्र्ट आर. रोस्ट; सुशील गुप्ता (इंडिया), कोलकाता, 1958, पृ. 36 (फुटनोट)
2. जी. एच. वेस्टकॉट, 'कबीर एंड दि कबीर पंथ', सुशील गुप्ता (इंडिया), कोलकाता, 1953, पृ. 27
3. अली सरदार जाफ़री, *'कबीर-बानी'*, राजकमल प्रकाशन, नई दिल्ली, 1999, पृ. 13
4. देखें *'दरिया ग्रन्थावली'* (द्वितीय ग्रन्थ), सं. डॉ. धर्मेन्द्र ब्रह्मचारी शास्त्री, बिहार राष्ट्रभाषा परिषद, पटना, 1962, पृ. 117-245
5. शारलोत वादिवेल, *'ऐ वीवर नेम्ड कबीर : सिलेक्टेड वर्सज विद ए डिटेल्ड हिस्टॉरिकल इन्ट्रोडक्शन'*, ऑक्सफार्ड यूनिवर्सिटी प्रेस, दिल्ली, 1993, पृ. 15
6. डेविड लोरेंजन, *'कबीर लीजेंड्स एंड अनन्तदास'* कबीर परचई', श्री सद्गुरु पब्लिकेशन्स, दिल्ली, 1992, पृ. 129, 130, 131
7. शुकदेव सिंह, 'रैदास परिचई', विश्वविद्यालय प्रकाशन, वाराणसी, 1993, पृ. 8
8. शारलोत वादिवेल, पूर्वोद्धृत, पृ. 47

9. 1974 में वादिवेल ने 'कबीर' नाम की पुस्तक प्रकाशित की थी, लेकिन उसे आगे चलकर उन्होंने स्वयं ही रद्द कर दिया। न तो, घोषणा के अनुसार, उसका दूसरा भाग प्रकाशित किया और न दूसरा संस्करण। उसकी जगह उन्होंने 'ए वीवर नेम्ड कबीर' को ही अपने कबीर विषयक काम की प्रामाणिक प्रस्तुति का दर्जा दे दिया। असल में, 'कबीर' सचमुच गम्भीर और विचारोत्तेजक पुस्तक है। जैसे 'चमत्कार' का उल्लेख यहाँ किया जा रहा है, वैसे चमत्कार करने के बजाय, 'कबीर' में वादिवेल विभिन्न स्रोतों पर गम्भीरता और संवेदनशीलता से विचार करती हैं, उनके निष्कर्ष भी अलग तरह के हैं। विडम्बना यह है कि इन्हीं निष्कर्षों के कारण वादिवेल को 1974 वाली किताब 1993 में 'डिसओन' करने लायक लगने लगी।
10. हजारीप्रसाद द्विवेदी, *'कबीर'*, राजकमल प्रकाशन, नई दिल्ली, 2000, पृ. 38
11. हजारीप्रसाद द्विवेदी, *'कबीर'*, राजकमल प्रकाशन, नई दिल्ली, 2000, पृ. 15
12. अयोध्या सिंह उपाध्याय 'हरिऔध', 'कबीर वचनावली', नागरी प्रचारिणी सभा, काशी (संस्करण सं. 2044 वि.), पृ. 5 और 7
13. हजारीप्रसाद द्विवेदी, *मध्यकालीन धर्म-साधना* (ग्रन्थावली-5), राजकमल प्रकाशन, नई दिल्ली, 1981, पृ. 253
14. रामचन्द्र शुक्ल, *'सूरदास'*, नागरी प्रचारिणी सभा, काशी, पृ. 16
15. 'कबीर-ग्रन्थावली' (भूमिका), नागरी प्रचारिणी सभा, वाराणसी, सं. 2055
16. चन्द्रबली पांडेय, *'विचार-विमर्श'*, हिन्दी साहित्य सम्मेलन, प्रयाग, 2004, पृ. 11
17. पीताम्बर दत्त बड़थ्वाल, *योग-प्रवाह,* श्री काशी विद्यापीठ, बनारस, 1945, पृ. 123-127
18. हजारीप्रसाद द्विवेदी, *'कबीर'*, राजकमल प्रकाशन, नई दिल्ली, 2000, पृ. 24
19. वही, पृ. 21
20. शहाबुद्दीन इराकी, *'दि सर्वंगी ऑफ रज्जबदास'* ('भजन प्रताप कौ अंग'), ग्रन्थायन, अलीगढ़, 1985 पृ. 173; विनांद कैल्वर्त, *'दि सर्वंगी ऑफ गोपालदास'* ('नाँव प्रताप कौ अंग'), मनोहर, नई दिल्ली, 1993, पृ. 145
21. *'दि सर्वंगी ऑफ रज्जबदास'*, पृ. 174
22. डॉ. शुकदेव सिंह, *'रैदास बानी'*, (पद संख्या 186), राधाकृष्ण प्रकाशन, नई दिल्ली, 2003, पृ. 229
23. *'श्री आदिग्रन्थ' रागु आसा, महला 5,* (विनांद कैल्वर्त्त द्वारा सम्पादित संस्करण, मनोहर, नई दिल्ली, 1996), प्रथम खंड, पृ. 487
24. कर्नल एच. एस. जेरेट का अनुवाद, 1891, कोलकाता, पृ. 129. 171
25. अगरचन्द नाहटा (सं.), *'राघवदास कृत भक्तमाल'*, राजस्थान प्राच्य विद्या प्रतिष्ठान, जोधपुर, 1965, पृ. 52
26. वही, पृ. 177
27. जस्टिन ई. एबोट, पं. नरहरि गोडबोले, *'स्टोरीज ऑफ इंडियन सेंट्स : ए ट्रांसलेशन ऑफ महीपतिज भक्तविजय'*, (प्रथम प्रकाशन 1933), मोतीलाल बनारसीदास, दिल्ली, 1982, पृ. 89-90
28. विलियम प्राइस, *'हिन्दी एंड हिन्दुस्तानी सेलेक्शंस टू विच आर प्रीफिक्स्ड दि रूडिमेंट्स ऑफ हिन्दुस्तानी एंड ब्रजभाषा ग्रामर'* (प्रथम खंड), कोलकाता, 1827, यहाँ उद्धृत अंश

समेत इस संकलन के कुछ अंशों की कॉपी मैंने कोलकाता की नेशनल लाइब्रेरी से अपने छात्र शीतांशु के सहयोग से प्राप्त की।

29. *'हिन्दुई साहित्य का इतिहास'* (अनुवाद लक्ष्मीसागर वार्ष्णेय), हिन्दुस्तानी एकेडमी, इलाहाबाद, 1953, पृ. 15
30. *'पांखडखंडिनी टीका'*, श्री वेंकटेश्वर प्रेस, मुम्बई, 1906, पृ. 17-18
31. *'कबीर-मंशूर'*, श्री वेंकटेश्वर प्रेस, मुम्बई, 2001, पृ. 69
32. वही, पृ. 81
33. वही, पृ. 259
34. स्वामी दयानन्द सरस्वती, *'सत्यार्थप्रकाशः'*, दयानन्द संस्थान, नई दिल्ली, सं. 2031, पृ. 238
35. *'कबीर-मंशूर'*, पृ. 268-9
36. देखें सैयद अतहर अब्बास रिजवी, 'ए हिस्ट्री ऑफ सूफीज्म इन इंडिया', मुंशीराम मनोहरलाल, दिल्ली, 1978, पृ. 323-353
37. हजारीप्रसाद द्विवेदी, *'कबीर'*, राजकमल प्रकाशन, नई दिल्ली, 2000, पृ. 108-9
38. डेविड लोरेंजन, 'कबीर लीजेंड्स एंड अनन्तदास' कबीर परिचई', श्री सतगुरु पब्लिकेशन्स, दिल्ली, 1992, पृ. 14-15
39. वही, पृ. 192, 194
40. वही, पृ. 150-51
41. वही, पृ. 165-67
42. वही, पृ. 205-6

अध्याय : चार

'सात समंद की मसि करौ' : रचना और उपरचना

1. 'आतम खबरि नहीं जाना' : कबीर-वाणी के 'उपयोग'
2. 'पंडित बिचारा क्या करे, कबीर कही मुख बैन' : मौखिक परम्परा, प्राचीन पांडुलिपियाँ और 'ग्रन्थावली'।
3. 'माया मोहणीं, मोहे जाण सुजाण' : कैसे करें पाठ-निर्धारण और कैसे न करें।
4. 'संतो, बीजक मत परमाना' : बीजक पर बहस।

1. *'आतम खबरि नहीं जाना' : कबीर-वाणी के 'उपयोग'*

पहले अध्याय में ही मैंने निवेदन किया है, 'कबीर के समय के सामाजिक या साहित्यिक इतिहास के बारे में सही निष्कर्ष उस समय को समग्रता में देखकर ही निकाले जा सकते हैं।' पिछले दो अध्यायों में हमने इस पर अमल करने की कोशिश की है। कबीर-वाणी की 'प्रामाणिकता' के प्रसंग में यह बात और भी अधिक ध्यान में रखने योग्य है। ध्यान रखना चाहिए कि औपनिवेशिक ज्ञानकांड के बहुत पहले से, आरम्भिक आधुनिकता के भक्ति लोकवृत्त में कबीर की वाणी पर विचार-विमर्श चल रहा था। प्रामाणिकता और विश्वसनीयता के सवाल इस विचार-विमर्श में अन्तर्निहित थे।

1604 ई. में संकलित 'आदिग्रन्थ' को कबीर की रचनाओं के लिखित रूप का प्राचीनतम स्रोत माना जाता रहा है। इसकी आधारभूत पोथियों में गोयंदवाल नगर से प्राप्त पोथियाँ भी हैं, जिनका संकलन काल 1572-3 माना जाता है, इनमें कबीर के पचास पद मिलते हैं। लेकिन मूल गोयंदवाल पोथियाँ सुलभ नहीं हैं, उनकी जो नकलें सुलभ हैं, वे दो सदी बाद की हैं। इस लिहाज से, अब तक उपलब्ध पांडुलिपियों में कबीर का सबसे प्राचीन लिखित पाठ 'पद सूरदासजी का' मिलता है। यह पोथी रामदास रत्न ने फतेहपुर (राजस्थान), में सं. 1639 वि. (सन् 1582 ई.) में कुँवर छीतरजी के पढ़ने के लिए तैयार की थी। इसकी फोटोकॉपी का प्रकाशन गोपालनारायण

बहुरा और केनेथ ब्रायंट के सम्पादन में, महाराज सवाई मानसिंह म्यूजियम, जयपुर से 1984 में हुआ है। अध्येताओं के बीच 'फतेहपुर पांडुलिपि'[1] नाम से विख्यात इस संकलन का महत्त्व सूरदास, कबीर और नामदेव के पाठ-निर्धारण के लिए तो है ही, इस कारण से भी है कि यह एक और प्रमाण है इस बात का कि आरम्भिक आधुनिक काल की चेतना में सगुण-निर्गुण के बीच वैसा कड़ा विभाजन नहीं था, जैसा कि औपनिवेशिक आधुनिकता ने आरोपित कर दिया। संकलन में सूरदास और कबीर के सिवा नामदेव, रैदास, कान्हादास, परमानन्द दास, मधुकर साह और कील्ह दास आदि कवियों की रचनाएँ संकलित हैं, तुलसीदास की कोई रचना इसमें नहीं है। हो सकता है कि संकलनकर्त्ता और उसके सरंक्षक की रुचि शास्त्रोक्त भक्ति में कम और काव्योक्त भक्ति में अधिक हो। शास्त्रोक्त-काव्योक्त के बारे में हम सातवें अध्याय में बात करेंगे।

'पद सूरदास जी का' में संकलित कबीर-पदों की पहली पंक्तियाँ और संकलन में उनकी पृष्ठ संख्याएँ इस प्रकार हैं–1. सरवर तट हंसिनी तिसाई (76), 2. कारनि कौन संवारे देही, 3. राजा राम ए भनि चितावनी (134), 4. रामबान अनियारे तीर, (143) 5. दुभर पनीआ भरन न जाइ (144), 6. अमर मेरी काया नरु जानै (155), 7. स्वाद पतंग परै जलि जाई (160), 8. जिहि नर रामभगति नहि साधी (165), 9. जलि जाउ ऐसौ जीवना (166), 10. मेरी मति बौरी बिसारयौ, 11. तूं गारुडी मैं विष का माता (186) 12. अब मरिबौ तब जाइगौ कहाँ, 13. रवि रह्यौ एक अवर नहीं हुआ (187), 14. ना मनु रहै न घरु होइ मेरा (188), 15. कहा करौ कैसे तरौ (189)।

पहली पंक्तियों के आधार पर आप पूरे पद याद कर सकते हैं। कबीर-वाणी के इस प्राचीनतम लेखबद्ध रूप की 'ग्रन्थावली' और 'बीजक' के पाठों से तुलना करने पर मालूम पड़ता है कि इन पन्द्रह में से तीन ('अब मरिबौ तब जाइबौ कहाँ', 'रवि रह्यौ एक अवर नहीं हुआ' और 'ना मनु रहै न घरू होई मेरा') को छोड़ बाकी बारह पद हल्के पाठांतर के साथ, 'ग्रन्थावली' में उपलब्ध हैं, जबकि 'बीजक' में केवल एक पद–'करनि कौन सवारे देही' मिलता है।[2]

आप देखेंगे कि इन पदों में से किसी में भी हम "काशी के जुलाहे" कबीर से नहीं मिलते। इन पदों का प्रतिपाद्य प्रेम ही है। इसी प्रसंग में बाह्याचार-व्यर्थता की चर्चा है। योग-साधना का उल्लेख है, प्रेम को साध्य और योग को साधन मानते हुए ही। जिस "सामाजिक आलोचना" को कुछ लोग कबीर की रचना में एकमात्र ध्यान देने योग्य वस्तु मानते हैं, वह इन पदों में न के बराबर ही मिलती है। तो, क्या कबीर काशी के जुलाहे नहीं थे? क्या उन्होंने सामाजिक आलोचना नहीं की थी? 'प्राचीनतम' पाठ पर ही भरोसा करनेवालों को तो ऐसा ही मानना चाहिए। लेकिन कबीर के निधन (1518) के पचास साल के भीतर-भीतर उनके गुण गाने वाले हरिराम 'व्यास' और

1590 के आसपास 'कबीर-परिचई' की रचना करने वाले अनन्तदास तो कबीर की कुछ और ही छवि पेश करते हैं–और ये दोनों ही, वैष्णव होने के कारण आजकल के कुछ 'विद्वानों' को 'संदिग्ध' स्रोत लगते हैं।

पांडुलिपियों को उनके सन्दर्भ का ध्यान रखते हुए पढ़ने से ही ढंग की बात निकल सकती है। 'पद सूरदास जी का' में सामाजिक आलोचना या काशी के जुलाहे होने का संकेत नहीं मिलता–इसलिए कबीर न तो काशी के जुलाहे थे, न उन्होंने सामाजिक आलोचना की थी, यह निष्कर्ष बेढंगा होगा। इससे भी ज्यादा बेढंगा होगा यह कहना कि रामदास रत्न कबीर के ब्राह्मणीकरण के एजेंडा के साथ 'पद सूरदास जी का' तैयार कर रहे थे। फतेहपुर पांडुलिपि का संकलनकर्ता केवल पन्द्रह पद संकलित करके यह नहीं कह रहा था कि बाकी सैकड़ों कबीर-पद कबीर के हैं ही नहीं। वह अपने संकलन में, अपनी पसन्द के, प्रसंगानुकूल पदों का चुनाव कर रहा था। वह अपने और अपने संरक्षक के पढ़ने के लिए 'पद सूरदासजी का' पोथी तैयार कर रहा था–कबीर का पाठ निर्धारित करने निकले 'रिसर्च-स्कॉलर' का काम आसान करने के लिए नहीं। उनके चुनाव-सन्दर्भ की उपेक्षा करके, अन्य पांडुलिपियों की उपेक्षा करके, मौखिक परम्परा को कोरी साजिश मानकर, बस एक फतेहपुर पांडुलिपि को ही पढ़ेंगे तो पहुँचना इसी निष्कर्ष पर पड़ेगा, कि कबीर काशी के जुलाहे नहीं थे।

सन्दर्भ चाहे मौखिक परम्परा से प्राप्त रचना-उपरचना का हो, चाहे पांडुलिपियों का, उस वक्त के लोगों को 'भोले-भाले' और बुद्धू मानने में, माननेवालों का ही बुद्धूपन प्रकट होता है–यह बात कबीर-वाणी का पाठ-निर्धारण करते समय याद रखनी चाहिए।

पांडुलिपियों पर काम करने के लिए विनांद कैल्वर्त्त उचित रूप से विख्यात हैं। कबीर-वाणी की प्रामाणिकता के सवाल में उनकी गहरी दिलचस्पी है। सन् 2000 में उन्होंने दस पांडुलिपियों के तुलनात्मक अध्ययन के आधार पर कबीर-वाणी का 'सहस्राब्दी पाठ'–'कबीर मिलेनियम वाणी'[3] प्रस्तुत किया। 1570 से लेकर 1681 तक की दस पांडुलिपियों का तुलनात्मक अध्ययन कर विनांद ने कुल 593 पद पाठान्तरों सहित संकलित किए हैं। इन पांडुलिपियों में '1570-72' की 'गोयंदवाल पोथियों से लेकर आदिग्रन्थ, विभिन्न सर्वंगियों और पंचबानियों की पांडुलिपियाँ शामिल हैं, हालाँकि, जैसा कह चुके हैं कि गोयंदवाल पोथियों की सत्रहवीं-अठारहवीं सदी की नकलें ही अब सुलभ हैं, मूल पोथियाँ नहीं। लेकिन खैर, इससे विनांद के परिश्रम का महत्त्व कम नहीं हो जाता।

विनांद का प्रोजेक्ट तो बेहद महत्त्वाकांक्षी है ही, उनकी ठसक भी कम नहीं। ''मौखिक परम्पराओं के प्रति उचित आदर-भाव'' के बावजूद विनांद साहब कबीर की उप-रचनाओं को बर्दाश्त करने को तैयार नहीं। वे रवीन्द्रनाथ ठाकुर से लेकर डेविड

लोरेंजन तक पर कुपित हैं कि ये लोग कबीर के नाम पर न जाने किस-किस के पदों का अनुवाद करते रहे हैं। संकलन के आमुख में ही, डेविड लोरेंजन द्वारा अनूदित 'कबीर के सर्वाधिक लोकप्रिय पदों'[4] के बहाने विनांद अपने प्रोजेक्ट की ऊँचाई से अनुवादकों और अध्येताओं को सीख देते हैं—''प्रामाणिकता की परवाह किए बिना ही किसी सुन्दर कबीर-पद के लिए अनुवादक की उत्सुकता मैं समझ सकता हूँ लेकिन ऐसे गीतों के आधार पर हमें कबीर और पन्द्रहवीं सदी के बनारस पर टिप्पणियाँ लिखना शुरू नहीं कर देना चाहिए।''[5] सलाह काफी अच्छी है, लेकिन विनांद के अपने कबीर-वाणी संकलन के सन्दर्भ में कितनी रोचक और मनोरंजक भी हो जाती है, यह हम थोड़ी देर में देखेंगे।

विनांद साहब यह भी बताते हैं कि कबीर का उपयोग विभिन्न निहित स्वार्थों द्वारा होता रहा है, सो अब कबीर के 'उद्धार' की जरूरत है, जो कि प्राचीनतम पांडुलिपियों पर मेहनत करके और पाठ-निर्धारण में 'बहुत सख्ती' अपनाकर ही किया जा सकता है। विनांद साहब के अपने शब्दों में :

> निहित स्वार्थों ने कबीर को बहुत जल्दी हथिया लिया। सत्रहवीं सदी में गोरखपंथियों और रामानन्दियों से लेकर बीसवीं सदी में हजारीप्रसाद द्विवेदी जैसे ब्राह्मणों तथा अन्य सामाजिक समूहों तक ने कबीर का इस्तेमाल अपने-अपने विचाराधारात्मक उद्देश्यों और फायदों के लिए किया है। इसी कारण कबीर छाप वाले पदों की संख्या बढ़ती गई है। यही स्थिति मीराबाई (1503-1546) के साथ है, जिन्होंने शायद सौ ही पद रचे होंगे, लेकिन बीसवीं सदी के अन्त में उनके नाम से 5, 197 पद उपलब्ध थे।[6]

द्विवेदीजी की पुस्तक 'कबीर' के परिशिष्ट में दिए गए पदों की चर्चा करते हुए विनांद से उस पूरी पुस्तक को ''कबीर का ब्राह्मणवादी एप्रोप्रिएशन कहे बिना रहा नहीं जाता।''[7] वैसे रहा जा सकता था, यदि पुस्तक को ध्यान से 'पढ़' लेते। साथ में द्विवेदी जी की 'हिन्दी साहित्य की भूमिका' भी पढ़ लेना और हितकारी रहता। 'कबीर' ही 'पढ़ते' तो भी 'देख' पाते कि द्विवेदीजी कबीर का ब्राह्मणीकरण नहीं, नाथीकरण (चूँकि द्विवेदीजी ही नहीं, सभी इतिहासकार नाथों को महायान बौद्ध परम्परा के लोकप्रिय रूप से विकसित मानते हैं, इसलिए असल में बौद्धीकरण) कर रहे थे। द्विवेदीजी कबीर तक पहुँचाने के पहले अपने पाठक को नाथपंथी साधना और सिद्धान्तों का विस्तृत परिचय देते रहे, पूरी पुस्तक में सिद्ध करते रहे कि पौराणिक हिन्दू मत (उर्फ 'ब्राह्मणवाद') को कबीर ने बस दूर-दूर से ही देखा था, वे तो तत्त्ववाद से लेकर 'बाह्याचार-विवर्जन' तक के मामले में 'लोकधर्म का रूप लेते जा रहे' बौद्ध धर्म के नाथ संस्करण से ही प्रेरित थे। द्विवेदीजी तो कबीर-कालीन हिन्दी साहित्य की सार्थकता ही, ''क्रमशः लोकधर्म का रूप ग्रहण'' करते जा रहे बौद्ध धर्म का ''थोड़ा भी पता'' दे पाने में मान रहे थे,[8] लेकिन ज्ञानी लोग हैं कि द्विवेदीजी को कबीर के ब्राह्मणीकरण का ही (कु) श्रेय दिए चले जा रहे हैं। द्विवेदीजी आखिरकार

जन्म के ब्राह्मण थे और कर ही क्या सकते थे? यह तो यूरोपीय अध्येता ही कर सकता है कि अपने यूरोपीय और ईसाई संस्कारों से मुक्त होकर सोच-विचार कर सके। बाकी तो कबीर से लेकर द्विवेदीजी तक को जो कुछ होना है, ''जन्म से ही'' होना है। औपनिवेशिक आधुनिकता की सबसे भयावह सफलता यही है कि गैर-यूरोपीय मनुष्य–वह चाहे कबीर हों या उनके अध्येता–की सोच को वंश पर ही निर्भर मानने वाले 'आधुनिक' वर्णाश्रमवाद को अधिकांश लोगों ने आत्मसात कर लिया है, स्वयं द्विवेदीजी ने भी–जैसाकि हम पिछले अध्याय में देख चुके हैं।

कबीर का उपयोग ''विचारधारात्मक उद्देश्यों और फायदों'' के लिए औपनिवेशिक ज्ञानकांड से जुड़े प्रोटेस्टेंट मिशनरी रेवरेंड वेस्टकॉट और रेवरेंड अहमद शाह ने भी किया था। रामचरितमानस के लंकाकांड में योद्धा राम के स्थान पर तथागत जैसे राम के दर्शन महज इसलिए कर लेने वाली, कि उस पोथी को डेला टोंबा ने 'कबीरीस्ती रामायण' कह दिया था, शारलोत वादिवेल भी 'विचारधारात्मक फायदों' के लिए कबीर का उपयोग करने की हड़बड़ी में ही थी। परम ज्ञानियों को भी दुर्लभ आत्मविश्वास के साथ, कबीर को विधवा ब्राह्मणी का पुत्र माननेवालों में अनन्तदास को शामिल करनेवाले विनय धारवाड़कर भी कबीर का 'उपयोग' करने की जल्दी में ही 'कबीर-परिचई' एक बार देख लेने का समय नहीं निकल पाए। विनांद कैल्वर्त्त को तो 'उपयोग' करने की ऐसी हड़बड़ी है कि वे जिन पांडुलिपियों का 'उद्धार' करते हैं, स्वयं उनका मर्म नहीं पढ़ पाते, जैसाकि हम मिलेनियम कबीर-वाणी के ही प्रसंग में अभी देखेंगे।[9]

लेकिन, औपनिवेशिक आधुनिकता में रची-बसी विभूतियों–वेस्टकॉट, वादिवेल, विनांद, विनय के बारे में तो यह सोचना तक कुफ्र है कि उनका भी कोई 'गुप्त' एजेंडा हो सकता है, वे भी किसी 'विचारधारात्मक', फायदे के लिए कबीर का उपयोग-दुरुपयोग कर रहे हो सकते हैं। उपयोग, एप्रोप्रिएशन, साजिश, बुद्धूपन जैसे की-कंसेप्ट्स तो देशज आधुनिकता और गैर-यूरोपीय ज्ञानकांड के प्रसंग में इस्तेमाल करने के लिए ही हैं। वेस्टकॉट-वादिवेल-विनांद-विनय तो औपनिवेशिक आधुनिकता, उत्तर-आधुनिकता के माथे आ पड़े 'ऐतिहासिक दायित्व' का निर्वाह कर रहे हैं, 'भोले-भाले' लोगों को साजिशी लोगों के चंगुल से निकालने का 'व्हाइट मेंस बर्डन' कंधों पर ढो रहे हैं। भारत की देशज, आरम्भिक आधुनिकता में भक्ति का लोकवृत्त रच रहे, देशभाषाओं के जरिए ब्राह्मण-सर्वोच्चता को चुनौती दे रहे गोरखपंथी, रामानन्दी और कबीरपंथी तो कबीर का बस 'उपयोग' कर रहे थे और 'साजिशी' ब्राह्मणों के अलावा कहीं और चतुराई के दर्शन तक जिन्हें नहीं होते थे वेस्टकॉट, वादिवेल, विनांद, विनय कबीर का उद्धार कर रहे हैं। हजारीप्रसाद द्विवेदी अच्छे या बुरे विद्वान नहीं, बस 'ब्राह्मण' थे। विनांद कैल्वर्त्त, वादिवेल और वेस्टकॉट सिर्फ और सिर्फ विद्वान ही हैं, उनके प्रसंग में न तो उनके ईसाई होने की चर्चा होनी चाहिए और

न यूरोपीय होने की। तरह-तरह की टोपियाँ पहने, तरह-तरह के छाप-तिलक लगाए, तरह-तरह के अनुमान भिड़ाने वाले, दूसरों को उपदेश पिलाने वाले, और स्वयं को हर तरह की समस्याओं से 'ऊपर' मानने वाले, ऐसे ही लोगों के प्रसंग में कबीर ने कहा था–'आतम खबरि नहीं जाना।'

2. *"पंडित बिचारा क्या करे, कबीर कही मुख बैन" : मौखिक परम्परा, प्राचीन पांडुलिपियाँ और 'ग्रन्थावली'*

बहादुर सिंह द्वारा राजस्थान में रिकॉर्ड की गई कबीर-वाणी में ब्राह्मणवाद-विरोध का स्वर मद्धिम सुनकर विनांद साहब इस निष्कर्ष पर पहुँचे कि मौखिक परम्परा में कबीर-वाणी का ब्राह्मणीकरण हो गया है। बहादुर सिंह द्वारा संकलित राजस्थानी लोक कबीर-गायक ब्राह्मणवाद विरोधी पद गाने में इसलिए संकोच कर रहे हैं क्योंकि उनके 'स्पांसर' ब्राह्मण ही हैं। उन गायकों की अपनी पसन्द, उनके अपने कबीर-बोध का तो विनांद जैसे लोगों के लिए सवाल ही नहीं उठता। सो, मौखिक परम्परा के कारण हुए ब्राह्मणीकरण से कबीर का उद्धार करने का बीड़ा विनांद साहब ने उठाया और वे उस 'ऐतिहासिक' कबीर की 'प्रामाणिक' वाणी की खोज करने निकले, जिसे एक तरफ तरह-तरह के ब्राह्मणवादियों ने आच्छादित कर रखा है, दूसरी तरफ डेविड लोरेंजन जैसे लापरवाह अध्येताओं-अनुवादकों ने। ऐसे उद्धार का 'एकमात्र रास्ता' यही है कि "उन गीतों पर निगाह डाली जाए, जो 1550 के आसपास लोकप्रिय थे और जिनके बारे में काफी सम्भावना है कि कबीर ने सचमुच उनकी रचना की हो।"[10]

1550 की तो कोई पांडुलिपि मिली नहीं, लेकिन विनांद का यह मानना सही है कि कबीर के निधन (1518) के कोई पचास या सत्तर साल बाद की पांडुलिपियों में संकलित पद कबीर के दो-तीन पीढ़ी बाद लोकप्रिय हो चुके पाठों और रूपों की सूचना देते हैं। यह भी सही है कि उन पदों को अधिक प्रामाणिक माना जाए, जो एक से अधिक क्षेत्रों में प्राप्त संकलनों में उपलब्ध हैं, राजस्थानी परम्परा और 'आदिग्रन्थ' के राग-विभाजन पर ध्यान देते हुए विनांद को 'प्रलोभन' होता है कि कहें–"कोई पद यदि इन दोनों स्रोतों में एक ही राग में रखा गया है, तो उसके एक बहुत ही आरम्भिक मूल स्रोत से निकला होने की सम्भावना बहुत बढ़ जाती है, क्या वह स्रोत स्वयं कबीर हो सकते हैं?[11]

कबीर-वाणी के उपलब्ध संस्करणों से, और उनके आधार पर होने वाले कबीर-अध्ययनों से विनांद काफी रुष्ट हैं। कहते हैं :

> कबीर के धर्मसिद्धान्त (थ्योलॉजी), साहित्यिक विशेषताओं या अनोखी भाषा के बारे में लिखने से आउटडेटेड लेख ही लिखे जा सकते हैं। इतनी पांडुलिपि सामग्री

> उपलब्ध हो जाने के बाद, अब हम [कबीर-वाणी के] प्रचलित संस्करणों पर निर्भर नहीं रह सकते। अपनी पुस्तक के 1974 वाले संस्करण की तुलना में, 1993 में साखियों की संख्या घटाकर वादिवेल ने बहुत बुद्धिमत्ता का परिचय दिया। लेकिन मेरा तो कहना है कि अभी हमें और सख्ती बरतनी पड़ेगी। सभी प्राचीन पांडुलिपियों का उपयोग करते हुए, और उनमें उपलब्ध मौखिक पाठान्तरों के बारे में उपकल्पनाओं [जिनका वर्णन विनांद कर चुके हैं] का उपयोग करते हुए कबीर की रचनाओं का नया आलोचनात्मक संस्करण तैयार किया जाना चाहिए।[12]

सुझाव वाकई अच्छा है। जाहिर है कि ऐसे 'नये आलोचनात्मक संस्करण' के केन्द्र में वे ही पद हो सकते हैं जो विनांद द्वारा अपनाई गई '1550 के आसपास लोकप्रिय' होने की कसौटी पर खरे उतरे हैं। विनांद ने कसौटी के तौर पर चुनीं दस पांडुलिपियाँ। बिहार से लेकर पंजाब और राजस्थान तक से चुनी गई पांडुलिपियाँ समूचे हिन्दी क्षेत्र में कबीर-कृत की मान्यता से सम्पन्न रचनाओं को पहचानने में सहायक होंगी। इनमें '1570-72 की' गोयंदवाल पोथियों से लेकर 1681 तक की पांडुलिपियाँ हैं। दस पोथियाँ चुन लेने के बाद विनांद साहब ने 'प्रामाणिकता-निर्धारण' का स्टार-सिस्टम अपनाया। संयोग से ऐसा फाइव स्टार पद कोई न निकला जो दसों पोथियों में मिलता हो, सो यदि बिहार से लेकर पंजाब तक के पांडुलिपियों, पोथी-लेखकों की सर्वसम्मति को ही आधार बनाएँ तो नतीजा यह निकलता है कि 1582 की 'पद सूरदासजी का' में संकलित पन्द्रह पदों से लेकर 2000 तक की 'कबीर मिलेनियम वाणी' तक में संकलित 593 पदों में से **एक भी** कबीर का नहीं है! दस में से नौ पांडुलिपियों में उपस्थित होने का सौभाग्य भी बस एक ही पद को प्राप्त है।

इतने लोकप्रिय कवि की रचना संख्या को शून्य अथवा एक अकेले पद तक तो सीमित नहीं किया जा सकता, सख्ती आप कितनी भी बरतें। विनांद ने उन पदों को तीन स्टार देने का फैसला किया, जो 'आदिग्रन्थ' और/या मोहनपोथी में, कम से कम एक पंचवाणी पांडुलिपि में, कम से कम एक सर्वंगी में और 1660/1669 तथा 1681 की पांडुलिपियों में पाए जाते हैं। ऐसे पद विनांद के अनुसार बहुत आरम्भिक 'कबीर-कोर' के सूचक और इसलिए बहुत 'प्रामाणिक' हैं। इसके बाद दो और एक स्टार सम्पन्न और सर्वथा स्टार वंचित पद आते हैं। प्रामाणिकता का पदानुक्रम बन जाता है—थ्री स्टार से लेकर स्टारलेस तक।

विनांद के 'कोर-कबीर' के ये थ्री स्टार अड़तालीस पद, अकारादिक क्रम में, विनांद की 'मिलेनियम वाणी' में उन्हें दिए गए क्रम के साथ इस प्रकार हैं—

1. अपणै बिचारि अवसारी कीजै (29)।
2. अहो मेरे गोबिन्द तुम्हारा जोर (440)।
3. इब मोहि नाचिबौ न आवै (315)

4. ऐक अचम्भा देष्या रे भाई (15)।
5. ऐक सुहागनि जगत प्यारी (444)।
6. ऐ जीव आइ रै कहा गयौ (325)।
7. ऐसा ज्ञान बिचारि रे मना (410)।
8. कहा करूँ कैसे तिरौ (473)।
9. काजी कौण कतेब बषांणै रे (53)।
10. काया मंजिसि कौन गुनां (338)।
11. कुसल षेम अरु सही सलांमति (439)।
12. चलत कत टेढ़ौ टेढ़ौ रे (363)।
13. चलन चलन सब लोग कहत (114)।
14. जागौ रे नर सोवौ कहा (413)।
15. जौ मैं बौरा तौ रांम तोरा (402)।
16. झंगरा एक नबेरो राम (30)।
17. डगमग छाड़ि देहु मन बौरा (127)
18. तांनना बुनंना तज्या कबीर (27)।
19. तेरौ जन ऐक आध है कोई (204)।
20. नहीं छाड़ौ बाबा रांम नाम (459)।
21. न्रिंमल न्रिंमल रांम गुंन गावै (65)।
22. प्रांणी लाल औसर चले रे (367)।
23. बाबा करहु कृपा जन मारगि (200)।
24. बोलणां का कहिये रे भाई (95)।
25. भजि गोब्यंद भूलि जिनि (408)।
26. मन न डिगै तातै तन न डराइ (398)।
27. मन रे भज्यौ न रघपति राजा (312)।
28. मना रे राम सुमिरि रारां (381)।
29. माधौ मै ऐसा अपराधी (221)।
30. माया मोह मोहि हिंत कीन्ह (261)।
31. मुलां करि ल्यौ न्यांव षुदाई (78)।
32. मेरी मेरी करतां जनम गयौ (268)।
33. रांम चरंण जाकै ह्रिदै बस्त है (448)।
34. रांम रस पाईया रे (92)।
35. रांम विन संसार धंध कुहेरा (360)।
36. रैनि गई जैसे दिन भी जाई (416)।
37. लोका तुम ज कहत हौ नंदन (172)।

38. लोका रे मति के भोरा रे (486)।
39. संतौ आई ज्ञान की आंधी (224)।
40. संतौ धाग तूटा गगन बिनसि (34)।
41. सति रांम सतगुर की सेवा (406)।
42. सार सुष पाइये रे (372)।
43. हंम न मरै मरहै संसारा (41)।
44. हरि के षारे बड़े पकाऐ (12)।
45. हरि कौ नांऊ न लेहू गवारा (310)।
46. हरि कौ बीलौवनौ बीलोइ मेरी (419)।
47. हरि जननी मैं बालक तोरा (121)
48. हरि ठग जग कूं ठगौरी लाई (97)।

इन अड़तालीस पदों में कबीर एक अन्तर्मुखी, आत्मलीन साधक के रूप में सामने आते हैं, जो सामाजिक स्थितियों पर थोड़ी-बहुत टीका-टिप्पणी जरूर करता है, लेकिन ऐसे 'कटुक वचन' सुनाने का जिसका मन कतई नहीं कि 'सुनत आग लग जाए'। इन पदों में दार्शनिक चिन्तन (चाहें तो आप इसे रहस्यवाद कह लें) है, माया और नश्वरता पर विचार है, अपनी माँ से लेकर अपने राम तक के साथ भावभीना संवाद है, नाराज और दुखी माँ को बताने की कोशिश है कि बेटे की 'मुंडियों' (वैष्णवों) से क्यों बनती है, उलटबांसियाँ (12 और 15) हैं, भक्तसुलभ व्याकुलता और गुरु के प्रति कृतज्ञता है, आत्मभर्त्सना भी है। जीवन के आरम्भिक वर्षों की व्यर्थता का बोध है, जो अत्याचार सहने पड़े, उनकी स्मृति और बचाने वाले राम के प्रति कृतज्ञता है, जात जुलाहा, मति का धीर होने की सूचना के साथ ही आत्मविश्वास है, "कहे कबीर मैं पूरा पाया" (315)। पूरेपन से उत्पन्न रहनि पर जोर है, जिसके बिना तीर्थादि व्यर्थ है–तूंबी अड़सठ तीरथ न्हाई, कड़वापन तऊ न जाई (338), वैष्णव परम्परा में बहुमान्य प्रह्लाद-चरित है (459)। प्रह्लाद चरित अकेला ही नहीं, वैष्णव शब्दावली और मान्यताएँ इन पदों में पंक्ति-पंक्ति में है। इन सबके साथ, अन्त समय निकट आता देख कवि कंठ से फूटी मार्मिक कविता है–"कहि कबीर यह कथा सिरांनीं। काग उड़ावत बांह पिरानी।" (416) काशी को मोक्ष की गारंटी मानने का प्रतिवाद है–'रामहि कौन निहोरा' (486)।

जहाँ तक उस तरह के आक्रामक ब्राह्मणवाद-विरोध की बात है, जो कुछ महानुभावों को कबीर में एकमात्र 'काम की चीज' लगती है, वह 'पद सूरदास जी का' के पन्द्रह पदों की ही तरह इन अड़तालीस पदों में भी न के बराबर ही है। आक्रामक चुनौती का स्वर है तो काजी के प्रति है। काजी से तो कबीर सीधे-सीधे कह रहे हैं, "किताब छोड़, राम कह"। कबीर द्वारा भक्ति की राह अपना लेने पर क्रुद्ध काजी झख मारता रहे, कबीर को परवाह नहीं–

जौर षुदाह तुरक मोंहि करता। तौ आपे किन काटे जाई॥
हूं तौ तुरक किया करि सूंनति। औरत कूं क्या कहिये॥
अरध सरीरी नारि न छूटै। आधा हिन्दू रहिये॥
छाडि कतेब राम कहि काजी। षूंन करत है भारी॥
पकड़ी टेक कबीर भक्ति की। काजी रहे झषमारी॥ (53)

इन पदों में, परम तत्त्व के 'बेद कतेब दोहूं से न्यारा' होने की घोषणा है (29), तो साथ ही यह भी है कि झूठे बेद-कतेब नहीं हैं, बल्कि वे लोग हैं जो विचार नहीं करते (78), यह विनम्र कथन है कि पढ़ने-गुनने से जो मति लोगों को प्राप्त होती है, मैंने सहज ही हासिल कर ली है, अब क्या वेद-कुरान पढ़ना, क्या सुनना (310)। बाह्याचार का खंडन इक्का-दुक्का पंक्तियों में ही है–"देव पूजि पूजि हीन्दू मुये। तुरक मुये हजि जाई।।" (360) और–"का जटा भसम लेंपन कीयें। कहा गुफा में बास।" (372)

केवल प्राचीन पांडुलिपियों को ही प्रमाण मानते हुए पाठ-निर्धारण में 'काफी सख्ती' बरतते हुए, और इस सख्ती के बाद प्राप्त कबीर को ही आधार मानते हुए तथा कबीर की 'थ्योलॉजी, साहित्यिक विशेषताओं और अनोखी भाषा पर विचार" करने के विनांदीय निर्देश पर अमल करते हुए भी पूछा जा सकता है कि विनांद द्वारा निर्धारित 'कोर-कबीर' में ऐसा क्या है कि काशी के ब्राह्मण मुल्लाओं के साथ मिलकर 'माई-बाप' सिकंदर के दरबार में जा पहुँचे कि इस जुलाहे को 'ठीक' कीजिए। काजी-मुल्ला की तो बात फिर भी समझ में आती है, विनांद साहब के 'सख्ती से निर्धारित' थ्री-स्टार कबीर-पाठ में ब्राह्मणों को तिलमिला देने वाली तो कोई बात ही नहीं है। फिर तुलसीदास निर्गुणपंथियों पर इतना कोप क्यों कर रहे थे? यह भी दिलचस्प है कि जिन अनन्तदास के इतिहास-बोध पर विनांद साहब को तरस आता है, जो विनांद साहब को कबीर का ब्राह्मणीकरण करने पर उतारू दिखते हैं, (यह किस्सा आप अगले अध्याय में पढ़ेंगे) उन्हीं अनन्तदास की जबान से हम कबीर के बारे में पिछले अध्याय में सुन चुके हैं कि "निंदै बांभन जग आराध्य"। क्या मजे की बात है कि स्टार-सिस्टम से अनवगत अनन्तदास तो अपने पाठकों को बता रहे हैं कि सिकंदर के हुजूर में कबीर पर आरोप लगाया गया–"निंदै तीरथ निंदै बेदू, निंदै नवग्रह सूरज चंदू"–और स्टार-सिस्टम की कसौटी पर खरे उतरे कबीर में ऐसी कोई बात ही नहीं।

ब्राह्मणवाद विरोध की भंगिमा धारण करनेवाले 'आधुनिक' विद्वानों में 'ग्रन्थावली' के पाठ को 'वैष्णवीकृत' (उर्फ ब्राह्मणीकृत) कहकर खारिज कर देने का इन दिनों काफी फैशन है। पूछा जा सकता है कि जब 1550 के आसपास लोकप्रिय इन थ्री स्टार पदों में भी इतना वैष्णव परिवेश है तो 'ग्रन्थावली' के वैष्णव कबीर से क्यों परेशानी होनी चाहिए? पूछा तो यह भी जा सकता है कि कबीर का 'ब्राह्मणीकरण'

द्विवेदीजी कर रहे थे या 'कोर-कबीर' को इन अड़तालीस पदों तक सीमित करने वाले, मौखिक परम्परा में प्राप्त पदों के आधार पर कबीर पर लिखने के कारण डेविड लोरेंजन की बुद्धि पर तरस खाने वाले, सारी की सारी मौखिक परम्परा को ब्राह्मणवाद की गिरफ्त में बताने वाले विनांद कैल्वर्त्त स्वयं यही कर रहे हैं?

असल में, विनांद कबीर का 'विचारधारात्मक उपयोग' करने की ऐसी हड़बड़ी में हैं कि खुद अपने कोर कबीर से निकलने वाले निष्कर्ष की खुद ही उपेक्षा कर देते हैं। 'कोर-कबीर' के अड़तालीस पद, वैष्णवता से कवि के सम्बन्ध का अकाट्य प्रमाण दे रहे हैं। साफ दिखा रहे हैं कि वैष्णव होना और ब्राह्मणवादी होना पर्यायवाची नहीं, परस्पर विरोधी है, लेकिन विनांद हैं कि देखने को राजी ही नहीं।

इसीलिए मैंने कहा कि अपने प्रोजेक्ट की ऊँचाई से दी गई, 'प्रामाणिकता' सम्बन्धी, विनांद की श्रेष्ठ सलाह खुद उनके काम के प्रसंग में श्रेष्ठ के साथ-साथ रोचक और मनोरंजक भी हो जाती है। एक सलाह मेरी भी है। किसी भी देश-समाज में, खासकर ऐसे समाज में, जहाँ श्रुति को इतना महत्त्व दिया जाता हो, जहाँ गुरु के तथा अन्य कई प्रकार के वचनों को लेखबद्ध संकोच के साथ ही किया जाता हो, वहाँ मौखिक परम्परा को हिकारत से देखना और 'लेखबद्ध' स्रोतों को पूज्य सा मान लेना बुद्धिमत्ता का परिचय देना नहीं है। यह सलाह तो अपनी जगह है ही कि याद रखा जाए कि बुद्धि-विवेक यूरोप के बाहर भी पाया जाता था, पाया जाता है।

खैर, विनांद तुलना करते हुए बताते हैं कि उनके द्वारा 1570 से 1681 तक की पांडुलिपियों के आधार पर संकलित 593 कबीर-पदों में से केवल 32 पद (या इनकी कुछ पंक्तियाँ) ही शुकदेव सिंह द्वारा सम्पादित 'बीजक' में मिलते हैं। 'बीजक में कुल पद 115 हैं। विनांद नोट करते हैं कि शुकदेव सिंह द्वारा बरती गई बीजक-पांडुलिपियों में प्राचीनतम सन् 1805 की हैं। 'आदिग्रन्थ' में संकलित 221 पदों में से 132 ही विनांद की पांडुलिपियों में मिलते हैं।[13] दूसरी ओर 'ग्रन्थावली' के श्याम सुन्दर दास द्वारा सम्पादित संस्करण के कुल 403 पदों में से 396 ऐसे हैं जो विनांद की पांडुलिपियों में भी मौजूद हैं। श्याम सुन्दर दास द्वारा आधार बनाई गई प्राचीनतर पांडुलिपि की पुष्पिका के आधार पर उसे संदिग्ध ठहराया जाता रहा है, लेकिन विनांद का कहना है कि "यह राजस्थानी पाठ की महत्त्वपूर्ण पांडुलिपि तो निश्चय ही है, शायद 1620 के आसपास की हो।"[14]

माताप्रसाद गुप्त द्वारा सम्पादित 'ग्रन्थावली' का पाठ श्यामसुन्दर दास की 'ग्रन्थावली' सरीखा ही है, बस 403 में से 19 पद फुटनोट में दिए गए हैं, क्योंकि वे माताप्रसाद जी द्वारा आधार बनाई गई, प्रेमदास उतराधा लिखित पांडुलिपि (1705 ई.) में नहीं मिलते। माताप्रसाद जी ने जिस पांडुलिपि को आधार बनाया है, वह सम्भवतः बनवारीदास उतराधा द्वारा तैयार की गई थी; इसमें 810 साखियाँ और 384 पद संकलित हैं। बनवारीदास दादूजी के ही शिष्य थे, इनके शिष्य थे गंगाराम

और उनके शिष्य थे–प्रेमदास उतराधा, जिन्होंने अपने दादागुरु द्वारा तैयार किए गए संकलन की वह प्रतिलिपि सं. 1762 वि. (1705 ई.) में तैयार की, जिसे माताप्रसाद जी ने अपनी 'ग्रन्थावली' का आधार बनाया है। माताप्रसाद गुप्त बताते हैं : ''बनवारीदास की निर्वाण-तिथि सं. 1700 है, जो उपर्युक्त सं. 1762 की प्रति के अन्त में दी हुई है किन्तु दादू जी की समस्त वाणी ठीक-ठीक उसी क्रम से अंगों में विभाजित है जिस क्रम में कबीर की वाणी इस पाठ में है और दादू जी का निर्वाण सं. 1660 है, इसलिए कबीर-वाणी का यह पाठ सं. 1625-30 के आसपास का हो तो आश्चर्य न होगा।''[15]

प्रेमदास उतराधा की पांडुलिपि आगरे के कन्हैयालाल मानिकलाल मुंशी संस्थान के संग्रह में क्रमांक 992 पर सुरक्षित है। इनमें बनवारीदास की ही नहीं, दादूजी, गरीबदासजी की, गुरुनानक, गुरु अंगद और गुरु अमरजी की भी निर्वाण-तिथियाँ सही-सही दी गई हैं। इसमें केवल कबीर-वाणी ही नहीं, रामानन्द के तीनों प्रसिद्ध पद भी संकलित हैं। इस तथा ऐसी अनेक पांडुलिपियाँ देखकर लगता है कि संत-वाणी के संकलन को जैसे दादूपंथ ने अपनी साधना का अंग ही बना लिया था। यह संकलन-साधना दादूपंथी संतों ने विभिन्न संतों को 'एप्रोप्रिएट' करने के इरादे से नहीं की थी। यह बात हर उस व्यक्ति को दिख जाएगी, जो स्वयं कबीर और अन्य आवाजों को एप्रोप्रिएट करने के चक्कर में न हो। दादूपंथी साधक स्मृति को लेख तक ले जाने का काम सच्ची निष्ठा से कर रहे थे, यह बात समूचे भारतीय सांस्कृतिक अनुभव में साजिशें भर सूँघते रहनेवालों को याद रखनी चाहिए।

दादूपंथ तो दादूंपथ, वृन्दावन शोध संस्थान, वृन्दावन में सुरक्षित ठेठ पुष्टिमार्गी 'पदसंग्रह' (पांडुलिपि संख्या 11034) में भी कबीर का वर्णाश्रम-विरोधी कबीरपन जस का तस विद्यमान है। पुष्टिमार्गी, 'ब्राह्मणवादी' संकलनकर्त्ता ने कबीर के 'ब्राह्मणीकरण' का कोई प्रयास नहीं किया है।

माताप्रसाद जी द्वारा रेखांकित दादू-वाणी और कबीर-वाणी के एक से अंग-विभाजन से मिलने वाला संकेत वाकई ध्यान देने योग्य है। अपने गुरु दादूजी के जीवन-काल में ही बनवारीदास ने यदि सचमुच अपना संकलन तैयार कर दिया था, तो उसका महत्त्व बहुत बढ़ जाता है। श्यामसुन्दर दास द्वारा उल्लिखित पहली पांडुलिपि, जिसे वे सं. 1561 वि. (1504 ई.) की समझ रहे थे, विनांद के अनुमानानुसार सन् '1620 ई. के आसपास की' हो सकती है। बनवारीदास की पांडुलिपि सं. 1625-30 (सन् 1568-73) की चाहे न भी हो, विनांद द्वारा ''1620 के आसपास की'' मानी गई पांडुलिपि से उसकी इतनी समानता ध्यान तो खींचती है, इस दिशा में और खोज-बीन की आवश्यकता तो रेखांकित करती ही है।

तो, नतीजा यह निकला कि 1570 से 1681 तक के बीच जो 593 पद किसी न किसी स्तर तक, किसी न किसी क्षेत्र में कबीर-कृत होने की मान्यता हासिल कर

चुके थे, उनमें से 396 'वैष्णवीकृत' ग्रन्थावली में मौजूद हैं। विनांद के अनुमान पर ही चलें, और श्यामसुन्दर दास की पहली पांडुलिपि को 1620 की मानें तो क्या यह सम्भव नहीं कि 593-396=197 पद कबीर-वाणी में 1620 से 1681 के बीच ही जुड़े हों। यह मेरा अनुमान ही है, आग्रह नहीं। मुद्दे की बात यही है कि विनांद के 197 पद ग्रन्थावली में नहीं मिलते। यह भी सम्भव है कि इनमें से कई के कबीर-कृत होने में 'ग्रन्थावली' के मूल स्रोतों को सन्देह रहा हो, इसीलिए उन्हें शामिल न किया गया हो। खैर, इन सवालों पर फिर कभी खोज करेंगे, तब कुछ कहेंगे। अभी तो यह देखें कि 'बीजक' के 115 में से 32, 'आदिग्रन्थ' के 221 में से 132 याने क्रमशः एक तिहाई से भी कम, और लगभग पचपन प्रतिशत की तुलना में ग्रन्थावली के 403 में से 396 का मतलब हुआ नब्बे फीसदी के आसपास। यही नहीं, कबीर-वाणी की थीम्स के अनुपात के लिहाज से भी, 'ग्रन्थावली' का पाठ विनांद साहब के थ्री स्टार 'कोर-कबीर' पदों, टू तथा वन स्टार और स्टारलेस पदों में व्यक्त भावनाओं तथा विचारों को, याने कबीर के व्यक्तित्व को विश्वसनीय ढंग से धारण करता है। साथ ही, मौखिक परम्परा के पदों और किंवदन्तियों में झलकने वाली कबीर-छवि का भी संतुलित आभास देता है। सबसे बड़ी बात यह कि 'ग्रन्थावली' में कबीर की एकायामी छवि उभारने की कोशिश बिलकुल नहीं दिखाई पड़ती। इसमें कबीर कम्प्यूटर या रोबोट के रूप में नहीं, संवेदना के विविध स्तरों से सम्पन्न मनुष्य के रूप में आपके सामने आते हैं। मशीनी ढंग की सुसंगति–'कंसिस्टेंसी' नहीं, मानवीय आत्मसंघर्ष और संवाद ही 'ग्रन्थावली' के कबीर की पहचान है। 'पाखंड-खंडन' और वर्णाश्रम-विरोध के विवादमूलक पद भी हैं, उलटबांसियाँ भी। रसपूर्ण प्रेम और नारी-रूप धारण के पद भी हैं और नारी-निन्दा के भी। योगपरक पद और उलटबांसियाँ भी हैं और वैष्णव प्रतीकों, कथाओं और मान्यताओं में रंजित पद भी। 'ग्रन्थावली' में ऐसा नहीं है कि सामाजिक आलोचना है ही नहीं, और ऐसा भी नहीं है कि सिर्फ 'कटुक वचन' ही भरे हुए हैं।

मेरे छात्र अमिष वर्मा द्वारा 2006 में दिए गए एसाइनमेंट के अन्तर्गत बनाई गई श्यामसुन्दर दास की 'ग्रन्थावली' के पदों की थीम्स की सूची इस प्रकार है–

1. प्रेम के पद–37
2. विवाद-मूलक (पाखंड-विवर्जन के) पद–64
3. योगपरक पद–44
4. वर्णाश्रम खंडन के पद–8

अमिष के सहपाठी शीतांशु कुमार ने प्रेम के पदों के साथ यह भी गणना की कि कितने पदों में प्रेम की चर्चा है, भले ही प्रेम की थीम वहाँ न हो और पाया कि 37 प्रेम-पदों के अलावा ऐसे 38 पद और हैं। शब्द-प्रयोग पर ध्यान देने से, इन युवा अध्येताओं को पता चला कि 'गुरु' शब्द वाले 84 पद हैं, तो कृष्ण तथा इस शब्द

के पर्यायवाचियों (गोविन्द, कान्ह, केशव, मुरारी, नटवर, बनवारी, माधव, गोपाल, गोवर्धन) वाले पद हैं–63। 'राम' और 'भावभगति' शब्दों वाले पदों की गिनती करने की जरूरत नहीं थी, कबीर-वाणी में इसकी व्याप्ति सर्वज्ञात है।

अमिष ने 'बीजक' में भी थीम्स की गणना की और निम्नलिखित सूची बनाई–

1. प्रेम के पद–6
2. विवाद-मूलक (पाखंड-विवर्जन के) पद–25
3. योगपरक पद–11
4. वर्णाश्रम खंडन के पद–10

'प्राचीन पांडुलिपि प्रतिमान' पर ग्रन्थावली का पाठ, स्वयं विनांद कैल्वर्त्त की गणना के अनुसार, बिलकुल खरा उतरता है। याने 1993 में कबीर-साखियों की संख्या घटाकर "बुद्धिमत्ता का परिचय" देने वाली शारलोत वादिवेल से अधिक बुद्धिमत्ता और संवेदनशीलता का परिचय 'ग्रन्थावली' तैयार करने वाले दे रहे थे। याने कबीर की मिलेनियम वाणी प्रस्तुत करने की धूमधाम से वंचित, बाबू श्याम सुन्दर दास सन् 1928 में ही सही दिशा में चले थे। याने कबीर पर विचार-विमर्श का आधार 'ग्रन्थावली' को बनाने में ऐसा कोई हर्ज नहीं। याने "कबीर की रचनाओं का नया आलोचनात्मक संस्करण तैयार" करने के महत्त्वपूर्ण अनुष्ठान में, "इतनी पांडुलिपि सामग्री उपलब्ध हो जाने के बाद, अब हम प्रचलित संस्करणों" में से कम से कम एक याने 'ग्रन्थावली' पर तो निर्भर रह ही सकते हैं।

'ग्रन्थावली' में कुल पद हैं–403; और 'बीजक' में हैं 115; इस लिहाज से ऊपर गिनी गईं थीम्स में से 'बीजक' का बल विवाद-मूलकता पर निश्चय ही थोड़ा अधिक है। लेकिन इसके आधार पर 'बीजक' को प्रतिमान बनाकर 'ग्रन्थावली' को 'वैष्णवीकृत' बताने का अर्थ होगा–1570 से लेकर 1681 तक की पांडुलिपियों पर 1805 की पांडुलिपि को वरीयता देना, ऐसी स्थिति में प्राचीन पांडुलिपि प्रामाण्य का क्या होगा? 'बीजक' के पाठ से जुड़ी समस्याएँ और भी हैं, इसलिए 'बीजक' को इकलौता प्रतिमान बनाने के लालच से बचने में ही समझदारी है।

और, मौखिक परम्परा के प्रसंग में, 'सख्ती' के साथ ही, थोड़ा विवेक, थोड़ी संवेदनशीलता भी अपनाने में ही समझदारी है, पांडुलिपि-पांडित्य के साथ कबीर की बात का संतुलन बैठाने में ही समझदारी है–"जेते पात बनस्पति और गंगा की रैन/ पंडित बिचारा क्या करे, कबीर कही मुख बैन।"

3. *'माया मोहणीं, मोहे जाण सुजाण' : कैसे करें पाठ-निर्धारण और कैसे न करें*

औपनिवेशिक आधुनिकता ने पकड़ा 'मसि कागद छुओ नहीं' को और मान लिया कि कबीर निरक्षर थे। कल्पना करने तक से इंकार कर दिया कि यदि कबीर ने सचमुच

कुछ नहीं 'लिखा' तो कारण निरक्षरता के सिवाय भी कुछ हो सकते थे—मसलन लिखकर नाम कमाने से विरक्ति। नित्यानन्द तिवारी ने कुछ ही दिन पहले दिए 'सत्यप्रकाश मिश्र स्मृति व्याख्यान' में भक्ति-काव्य की 'विचारधारात्मक निर्मितियों' की चर्चा की है।[16] वाणी की प्रत्यक्ष संवादजनित प्रभावोत्पादकता को बनाए रखना ऐसी ही निर्मितियों में से एक है। सम्भव है कि लिखने से कबीर की विरक्ति का कुछ सम्बन्ध इस विचारधारात्मक निर्मिति से भी हो। इस बात पर ध्यान देना चाहिए कि 'पढ़ने' के प्रति जगह-जगह विरक्ति और सन्देह प्रकट करते हुए कबीर 'सुनने' का न्यौता बारम्बार देते हैं। इस न्यौते का सम्बन्ध उनकी साधना पद्धति—'विचारधारात्मक निर्मिति'—से है।

कबीर को निरक्षर, 'अशिक्षित', बौद्धिक विमर्श से वंचित मानने वाली औपनिवेशिक आधुनिकता के विपरीत, देशज आधुनिकता और भक्ति के लोकवृत्त ने ध्यान दिया 'सात समंद की मसि करौं' पर और कबीर के नाम को ऐसे स्पेस में बदल दिया जिसमें बहुत से कवि अपनी रचनाएँ कबीर को अर्पित कर सकें। ऐसी रचनाओं को हम कबीर की उप-रचना कह सकते हैं। उप-रचनाओं को कबीरार्पित करने की अपनी मर्यादा थी। प्रतिमान थे, यह तय करने के कि कौन-सी उपरचना 'कबीर' नाम के अवकाश में जगह पाएगी, कौन-सी नहीं।

उप-रचनाओं का ही नहीं, कबीर की अपनी रचनाओं का भी मूल स्रोत तो मौखिक परम्परा ही है। यह फैसला पहले उसी परम्परा में होता रहा है कि 'कबीर-आकाश' में कौन-सी रचना जगह पाएगी, कौन-सी नहीं; इसके बाद ही कोई रचना लेखबद्ध होकर पांडुलिपियों में पहुँचती थी। यह पद्धति कबीर और तुलसी के समय में भी जारी थी और आज भी जारी है। कुछ पांडुलिपिकार संकलन के लिए विचारधारात्मक सीमाएँ बाँध देते थे, तो कुछ ऐसी सीमाओं की परवाह किए बिना, वैज्ञानिक, वस्तुनिष्ठ प्रतिमानों के आधार पर संकलन करते थे। इसी वैज्ञानिकता, वस्तुनिष्ठता के कारण, 'ग्रन्थावली' कबीर-रचना का सबसे विश्वसनीय स्रोत है और इसीलिए किसी भी रचना के प्रसंग में पांडुलिपियों को बस 'पढ़' लेने से काम नहीं चलता, उन्हें व्यापक सन्दर्भ में 'समझना' भी पढ़ता है। 1574 में तुलसीदास जब अपनी वेदना कह रहे थे कि कलियुग में शूद्र ब्राह्मणों को आँख दिखाते हैं—"जानइ ब्रह्म सो बिप्रबर आँखि देखावहिं डाटि", तब वे कबीर के नाम से उपलब्ध रहे इस कथन को ही "उद्धृत" कर रहे थे : "कहू कबीर जो ब्रह्म बीचारै। सो ब्राहमणु कहीअतु है हमारे"। यह पद विनांद की मिलेनियम वाणी में 509वाँ पद है, लेकिन चूँकि यह केवल एक ही स्रोत—'आदिग्रन्थ'—में मिलता है, इसलिए यह विनांद के स्टार-सिस्टम के स्टारलेस पदों में से है।

जब कोई पंचवाणीकार या सर्वंगीकार कबीर या अन्य कवियों की रचनाएँ लेखबद्ध करता था, तो, मौखिक रूप से सुलभ पदों में से किसको चुनना है,

किसको छोड़ना है, इसके कुछ प्रतिमान अपनाए जाते थे। शब्दों का मौखिक से लिखित में अवतरण अलल-टप्पू ढंग से नहीं, अनुशासनबद्ध ढंग से ही होता था। जरूरत उस अनुशासन को साजिश और बुद्धूपन सरीखे बीज-शब्दों के मोह से मुक्त होकर समझने की है। पंचवाणीकारों और सर्वंगीकारों से भिन्न, 'आदिग्रन्थ' और 'बीजक' के संकलनकर्ताओं के अपने वैचारिक उद्देश्य थे, और अपनी सम्पादकीय विधियाँ। जरूरत इन उद्देश्यों और विधियों को समझने की भी है। 'आदिग्रन्थ' में उस समय उपलब्ध सभी कवियों की सभी रचनाएँ संकलित नहीं की गई हैं, बल्कि उन्हीं रचनाओं को स्थान दिया गया है, जिनसे सिख मत के वैचारिक उद्देश्यों को पुष्टि मिलती हो। ठीक यही स्थिति 'बीजक' में कबीर की रचनाओं के साथ है।

ऐसी स्थिति में पाठ-निर्धारण की विधियाँ क्या हो सकती हैं?

सबसे पहली बात यह कि ध्यान रखा जाए कि कबीर की रचनाएँ मौखिक और लेखबद्ध के मुखामुखम में ही स्थित हैं, और वहीं से लोगों को आज तक प्राप्त हो रही हैं। कुमार गन्धर्व और मधुप मुद्गल हों; या प्रह्लाद सिंह टिपानिया, हीरालाल यादव और मुख्तियार अली—ये सभी गायक अपने कबीर को पोथियों से पहले मौखिक परम्पराओं के जरिए पाते और गाते हैं। लेखबद्ध कबीर-वाणी और 'मैन्युस्क्रिप्ट स्कॉलर्स' के काम के प्रति पूरे सम्मान के साथ ही यह कहना जरूरी है कि कबीर के प्रसंग में 'पांडुलिपि में उपलब्धता' को एकमात्र प्रतिमान नहीं बनाया जा सकता। पाकिस्तानी गायक फ़रीद अयाज अपने कबीर-स्रोत के बारे में बताते हुए जो कहते हैं, उस पर उन्हें विशेष ध्यान देना चाहिए जो मौखिक परम्परा को गम्भीरता से लेने के कारण टैगोर, क्षितिमोहन सेन, हजारीप्रसाद द्विवेदी और डेविड लोरेंजन के प्रति रोष का इजहार करते रहते हैं :

> उनका नाम शमशेर था, और वो रोटी पैदा करने के लिए गधा-गाड़ी चलाते थे, लेकिन उनके पास कबीर का इतना कलाम था। एक मरतबा मैंने उनको सुना था, यहीं सड़क के ऊपर वे एक छोटे से ढोलक पर गाने लगे...उस वक्त मेरी उम्र काफी छोटी थी 10 या 11 साल। लेकिन मैंने जब उनसे कबीर को सुना तो मेरी आँखों में आँसू रवाना हो गए, फिर कबीर की मोहब्बत जागी। उनसे कबीर को मैंने अपने अन्दर भरा, सुना, समझा...एक ऐसे आदमी से जो दुनिया की नजर में गधा-गाड़ी चलाने वाला था! कबीर की समझ आपको विद्यालयों, विद्वानों और प्रोफेसरों से नहीं मिल सकती। उसके लिए आपको कबीर के पास जाना पड़ेगा, और यह तमाम बन्धनों को तोड़ के जाना पड़ेगा।[17]

'मैन्युस्क्रिप्ट स्कॉलर्स' को उन दादूपंथी, निरंजनपंथी और अन्य पांडुलिपिकारों तक सम्मान के साथ जाना चाहिए, जिन्होंने कबीर ही नहीं, और भी अनगिनत लोगों का कलाम हमारे लिए सुरक्षित रखा। उनकी विधियों और उनमें अन्तर्निहित

विवादों को ध्यान से 'पढ़ना' चाहिए। दादूपंथ जैसे पंथों में संतों की वाणी 'मगजी' (स्मृति-संरक्षित) और 'कागजी' (लेखबद्ध) दोनों तरह के स्रोतों के माध्यम से सँजोयी जाती थी। दादूपंथी स्रोतों याने 'ग्रन्थावली' परम्परा का अद्वितीय महत्त्व इस बात में है कि यह परम्परा कबीर की रचना को बिना किसी आइडियोलॉजिकल सेंसरशिप के संरक्षित कर रही थी। पंथ दादू का था, लेकिन कबीर के प्रति स्वयं दादू के मन में असीम सम्मान और कृतज्ञता थी, इसलिए जरूरी था कि कबीर-वाणी का संकलन सावधानी से किया जाए। संकलन करते समय कबीर-वाणी को दादूपंथी मान्यताओं की छलनी से नहीं गुजारा गया, उसकी अपनी विशिष्ट आवाज को ही सुरक्षित रखा गया, इसीलिए 'ग्रन्थावली' के कबीर कटे-छँटे कबीर नहीं, पूरमपूर कबीर हैं।

रज्जबदास की 'सर्वंगी' और जगन्नाथ दास के 'गुणगंजनामा' के बारे में गोविन्द रजनीश ने बहुत ही महत्त्वपूर्ण बात कही है—"सम्भवतया, संग्रह की इस परम्परा का श्रेय दादू दयाल को जाता है। सम्वत् 1660 (1604 ई.) में उनका निधन हुआ। उससे पूर्व वे सर्वंगी और गुणगंजनामा को देखकर संतुष्ट हो चुके थे। अपने कथन की पुष्टि में रजनीश ने फुटनोट में साखी दी है—'रज्जब रचित सास्त्र सर्बंगी सब सार। गुर दादू की द्रिष्टि सौं नीर-क्षीर सुबिचार'।[18]

बात शब्दशः 'तथ्यात्मक' न हो, तो भी दमदार है। 'गुर दादू की द्रिष्टि सौं' का आशय 'स्वयं दादू ने पाठ मंजूर किया'—यह न होकर यही हो कि संकलन 'दादू-दृष्टि' से किया गया है, तब भी बात बहुत महत्त्वपूर्ण है, बल्कि तब शायद और भी ज्यादा महत्त्वपूर्ण है। कारण एक तो यह कि 'दादू-दृष्टि' वर्णाश्रमवादी 'दृष्टि' नहीं, कबीर ही की तरह की दृष्टि है; दूसरे यह कि दादूपंथ या स्वयं दादू की कोई दिलचस्पी कबीर-पंथ के आन्तरिक विवादों में नहीं थी। उन्हें इन विवादों के अनुरूप कबीर-वाणी को ढालने में कोई दिलचस्पी होने का सवाल ही नहीं। पंथी आग्रहों से मुक्त, कबीर-सम्वेदना के प्रति संवेदनशील और 'मगजी-कागजी' विधियों के मुखामुखम में स्थित होने के कारण 'ग्रन्थावली' का पाठ सर्वाधिक विश्वसनीय और प्रामाणिक है।

इस पाठ को ब्राह्मणवादी 'एप्रोप्रिएशन' कहने वालों को यह भी कहना चाहिए कि मुख्यतः किसानों, दस्तकारों और व्यापारियों—जाति की ही शब्दावली में कहें तो दलित और पिछड़ी जातियों—की आकांक्षाओं, कल्पनाओं और असंतोषों को वाणी दे रहा दादूपंथ ब्राह्मणवादी पंथ था। उन्हें यह भी कहना चाहिए कि 'सर्वंगी' में भक्ति विमर्श का अनमोल संकलन करने वाले, इस संकलन में तुलसीदास और भर्तृहरि (जी हाँ, भर्तृहरि) की भी कम से कम एक-एक रचना को जगह देने वाले, भक्ति के लोकवृत्त में हुई बौद्धिक गतिविधियों का अत्यन्त विचारोत्तेजक रिकॉर्ड छोड़ जाने वाले, भक्ति को जात-पाँत की परवाह किए बिना पार उतारने वाला

जहाज ('ज्यूं बोहिथ बूझै नहीं कोई बरन विचारा') कहने वाले–रज्जब खाँ पठान–भी ब्राह्मणवादी थे।

दादू अकबर बादशाह के समकालीन थे, किंवदन्तियों के अनुसार बादशाह उनका सम्मान भी बहुत करते थे, लेकिन दादूपंथी संकलनकर्ता जानते थे कि कबीर मुगलों के आने के पहले 'समा' चुके थे, और किसी कबीर-पद में मुगल शब्द यदि है, तो 'मगजी' परम्परा में उसके सम्मान और लोकप्रियता के बावजूद उसे 'कागजी' रूप न देना ही अच्छा। यही कारण है कि अपने परदादा गुरु बनवारीदास के संकलन की प्रतिलिपि 1705 ई. में तैयार कर रहे प्रेमदास उतराधा ने एक भी ऐसा पद शामिल नहीं किया है जिसमें मुगल शब्द आता हो।

लेकिन इस सावधानी का अर्थ 'मगजी' परम्परा की अवज्ञा करना नहीं था। लोक-जीवन में आज तक ऐसे पदों को मान्यता प्राप्त है, जो 'मगजी' परम्परा में ही सुरक्षित रह सके हैं। बात केवल मुगल शब्द से व्यंजित होनेवाले तथा अन्य प्रकार के काल-क्रम दोष की नहीं, और भी कारण हो सकते हैं किसी पद के 'मगजी' से 'कागजी' तक न पहुँच पाने के। मगज में बैठाने की बात यह है कि महज 'कागजी' में अनुपलब्धता के आधार पर किसी पद की ''प्रामाणिकता'' को खारिज करना ठीक नहीं। सवाल उठता है कि फिर क्या जो कुछ कबीर के नाम से प्रचलित है, सब का सब प्रामाणिक मान लिया जाए? खुलेपन के बावजूद कुछ तो मर्यादा-रेखाएँ होंगी, जिनके आधार पर हम किसी रचना को कबीर-कृत मानें और किसी को नहीं।

सवाल एकदम जायज है, लेकिन अभूतपूर्व बिलकुल नहीं। पाठ-निर्धारण की समस्या औपनिवेशिक आधुनिकता के ही सामने नहीं आई थी। उसने तो अन्य समस्याओं की तरह इसे भी सुलझाने की बजाय उलझाने में ही ज्यादा योगदान किया है। प्रामाणिकता का सवाल देशज आधुनिकता में, भक्ति के लोकवृत्त में विमर्श कर रहे लोगों के सामने भी था। हम उन प्रतिमानों से काफी कुछ सीख सकते हैं, जो उन लोगों ने 'कोर-कबीर' निर्धारित करने के लिए अपनाए। इन प्रतिमानों में कबीर के मानवीय व्यक्तित्व की समग्रता के प्रति संवेदनशीलता के साथ ही, वे मर्यादाएँ खींची गईं, जिनके बाहर जानेवाली रचना को कबीर-कृत नहीं माना जाएगा। ये मर्यादाएँ पंथी आवश्यकताएँ पूरी करने के लिए खींची गई सीमा-रेखाओं से एकदम अलग किस्म की थीं।

भक्ति के लोकवृत्त में संवाद-विवाद कर रहे लोग कबीर के व्यक्तित्व और कवित्व की उन विशेषताओं से वाकिफ थे, जिन्हें सबसे सटीक अभिव्यक्ति नाभादास ने दी है। पिछले अध्याय में पढ़ा नाभादास का पद याद करें : कबीर एक नये प्रकार की आध्यात्मिकता का प्रस्ताव कर रहे थे, धर्म को भक्ति का निर्धारक नहीं, बल्कि भक्ति को धर्म का प्रतिमान मानते थे–'भक्तिविमुख जो धर्म सु सब अधरम करि

गाये'। कबीर के लिए न तो वर्णाश्रम से जिरह करना कोई पाप था, और न ही पारम्परिक दर्शन जस के तस मान्य थे–'कानि राखी नहीं, वर्णाश्रम षटदर्शनी'। मुँहदेखी बातें करना उन्हें नहीं सुहाता था–'मुख देखी नाहिंन भनी'। इन तीनों प्रतिमानों पर खरी उतरने वाली रचनाएँ ही भक्ति के लोकवृत्त में कबीर-कृत मानी गईं, उस लोकवृत्त से जुड़ी परम्परा में आज तक मानी जाती हैं। टिपानिया से लेकर फ़रीद अयाज तक इन्हीं प्रतिमानों पर जाँचते हैं कि रचना कबीर की 'मानी' जा सकती है या नहीं, भले ही वह किसी 'प्राचीन' पांडुलिपि में मिलती हो या न मिलती हो।

आरम्भिक आधुनिकता में 'मगजी' और 'कागजी' के बीच संतुलन कायम करने की कोशिश थी, तो औपनिवेशिक आधुनिकता को ''कागजी' का खब्त (ऑब्सेशन) है। एकदम 'आथेंटिक, कंसिस्टेंट' पाठ हासिल करने के इस ऑब्सेशन की जड़ें 'बाइबिल' के पाठ-निर्धारण, बल्कि 'निर्माण' की परम्परा और स्मृतियों से जुड़ी हुई हैं। इस विषय का विस्तार यहाँ करना अनावश्यक है, इतना ही कहना है कि 'बाइबिल' के 'प्रामाणिक' पाठ (कैनन) का निर्माण ईसा मसीह के निधन के कोई सौ साल बाद आरम्भ हुआ और चार सदियों तक चलता रहा। आज जिसे 'बाइबिल' का चर्च-स्वीकृत, 'कैननाइज्ड' पाठ माना जाता है, उसे चर्च की अन्तिम स्वीकृति 393 ई. में उत्तरी अफ्रीका के हिप्पो नामक नगर में हुई पादरियों की सभा (सिनोड) के बाद ही मिली। जिन गॉस्पेल्स को ईसा मसीह के समकालीन साथियों द्वारा रचित माना जाता है, वे वस्तुतः ईसा के निर्वाणोपरान्त लिखे गए संस्मरण हैं; उनकी अब उपलब्ध पांडुलिपियाँ और भी बाद की हैं।

चर्च का अर्थ होता है–मंडली। इस अर्थ में ईसा और उनके साथी चर्च थे। ईसा के बाद, कुछ लोगों को लगा कि इस मंडली को संगठित, संस्थाबद्ध, पदानुक्रमयुक्त धर्मसंगठन में बदला जाए, और सारी दुनिया को इसके ताबे लाया जाए। ईसा के अनेक साथी ऐसा चर्च स्थापित करने के विरुद्ध थे, इसलिए ईसाई समूहों में शुरू से ही मतभेद और संघर्ष आरम्भ हो गए। दूसरी ओर, शुरुआत में रोमन सत्ता द्वारा उत्पीड़ित होते रहे 'चर्च' को सबसे बड़ी सफलता तब मिली जब रोमन सम्राट कांस्टेंटाइन ने ही 383 ई. में ईसाइयत को अपना लिया। अब चर्च को राजसत्ता का समर्थन प्राप्त था, और वह 'आधिकारिक' ईसाइयत का मनमाना निर्माण कर सकता था। अब घोषित किया गया कि ईसा की प्राथमिक दिलचस्पी, बल्कि परमात्मा द्वारा उन्हें सौंपी गई जिम्मेवारी ('मिनिस्ट्री') ही यह थी कि 'नये धर्म' की स्थापना करें। आत्मानुसन्धान, नैतिक जीवन और प्रेम के आग्रही 'ऐतिहासिक' ईसा को हाशिए पर करके पापात्माओं के उद्धारक, धर्म-संस्थापक 'मसीह' को केन्द्रीय बल्कि एकमात्र ईसा मान लिया गया। चर्च का विस्तृत धर्म-सिद्धान्त (थ्योलॉजी) तैयार करने के बाद तय किया गया कि स्वयं ईसा के समय की और उनके तुरन्त

बाद की ईसाइयत में से किन-किन तत्वों को राजसत्ता द्वारा समर्थित चर्च के काम का माना जा सकता है।

पहले निष्कर्ष फिर खोज की इस उलटी गंगा के बहाव में उस सबको 'अप्रामाणिक' और धर्मद्रोही घोषित कर दिया गया, जो पॉल द्वारा स्थापित (पॉलाइन) ईसाइयत के चर्च के अनुकूल नहीं पड़ता था, उस सबकी 'खोज' बल्कि 'रचना' कर ली गई, जिसके जरिए पॉल के चर्च को स्वयं ईसा का और उनके 'पिता' याने परमपिता परमात्मा का चर्च घोषित किया जा सके।

रोमन सत्ता द्वारा उत्पीड़ित चर्च रोमन कैथॉलिक चर्च का रूप लेकर स्वयं सबसे भयानक उत्पीड़क बन चुका था। अब तक पॉल के अनुयायी अपने विरोधियों का, वैकल्पिक चर्च का सामना वाद-विवाद और छुट-पुट हिंसा के जरिए कर रहे थे, अब संसार का सबसे व्यवस्थित और प्रभावी उत्पीड़न-तन्त्र उनके हाथ में था। आत्मानुसन्धानपरक (ग्नॉस्टिक-रहस्यवादी) ईसाइयों का भयानक उत्पीड़न किया गया। ईसा के साथियों द्वारा छोड़े गए चालीस संस्मरणों (गॉस्पेल्स) में से केवल चार को प्रामाणिक माना गया, बाक़ी को अप्रामाणिक घोषित कर दिया गया—कारण वही, ''भला बताइए, ईसा मसीह ऐसा कह या कर सकते थे?'' ईसा की अत्यन्त प्रिय शिष्या और मित्र मेरी मैग्डलीन को मसीह के ठेठ पुरुषवादी आख्यान में हाशिए पर फेंक दिया गया। आत्मानुसंधान और प्रेम पर जिनका बल था, ऐसे संस्मरणों को अप्रामाणिक और उनके रचयिताओं को खुराफाती बता दिया गया। ईसा की वाणी को भरे-पूरे, स्वतन्त्रचेता, आत्मसंघर्षरत और इसलिए विभिन्न मनोदशाओं से सम्पन्न इंसान की आवाज के स्थान पर उनके नाम पर कायम की गई धर्मसत्ता के इकहरे प्रतीक और प्रवचन में बदल दिया गया। ईसा के अपने मित्र-मंडल—चर्च—की बहुवचनात्मकता को रोमन कैथॉलिक चर्च के एकवचन में रूपान्तरित कर दिया गया।[19]

आप याद कर सकते हैं, ऐन ऐसे ही मसीही तर्कों से रेवरेंड वेस्टकॉट कबीर-वाणी का 'प्रामाणिक' पाठ 'रच' रहे थे, उन्होंने कबीर की 'शिक्षाएँ' पहले खुद तय कर ली थीं, और स्वयं कबीर को अंगुली पकड़ उन पर चला रहे थे। वेस्टकॉट वही कर रहे थे, जो चर्च ने ईसा के साथ किया था। वेस्टकॉट तो खैर मिशनरी थे ही, यूरोप में 'सेकुलर' पाठालोचन की विधियों पर भी चर्च द्वारा 'पाठ-निर्धारण' के लिए अपनाई गई विधियों का गहरा प्रभाव पड़ा है। कबीर या अन्य लोगों का 'सख्ती से पाठनिर्धारण' करने निकले विद्वानों के चित्त पर आरम्भिक चर्च द्वारा अपनाई गई 'सख्त' पद्धतियों की छापें देखी जा सकती हैं, किन्हीं के यहाँ बहुत साफ तौर से, तो किन्हीं के यहाँ सूक्ष्म संस्कार के रूप में। कुछ अपवादों को छोड़ कर ज्यादातर चतुर, सुजान लोगों का हाल तो यही है कि—''कबीर माया मोहणीं, मोहे जाण सुजाण!''

यूरोप में विकसित हुए साहित्यिक पाठालोचन के बारे में मिशेल फूको बताते हैं :

> साहित्यिक आलोचना द्वारा लेखक के निर्माण के लिए अपनाई गई विधियाँ सीधे-सीधे उन विधियों से ले ली गईं हैं, जो ईसाई परम्परा में पाठों को स्वीकृत या रद्द करने के लिए अपनाई गई थीं। रचना में लेखक को 'फिर से खोज' निकालने के लिए, आधुनिक आलोचना वैसी ही विधियाँ अपनाती है, जो किसी रचनाकार के संतत्व के आधार पर पाठ का मूल्य निर्धारित करने के लिए, ईसाई भाष्यकार अपनाया करते थे।...सवाल यह था कि कैसे तय करें कि रचना से झलकने वाला लेखक एक ही है, या अनेक? सेंट जेरोम ने चार प्रतिमान बनाए : 1. किसी लेखक की अनेक पुस्तकों में से कुछ यदि अन्यों की तुलना में घटिया लगती हैं, तो उन्हें उस लेखक की नहीं मानना चाहिए (इसका अर्थ यह हुआ कि लेखक का स्तर हमेशा एक सा मूल्यवान माना जाए); 2. यही तरीका ('बेहतर' को 'कमतर' पर वरीयता देना) तब अपनाया जाना चाहिए जबकि लेखक के दो सिद्धान्त-कथनों में अन्तर्विरोध नजर आए (यानी सुसंगति को लेखक का अनिवार्य गुण मान कर चला जाए) : 3. आम तौर से जैसे मिलते हैं, उनमें भिन्न शब्द या लेखकीय तौर-तरीके किसी रचना में नजर आएँ, तो उसे खारिज कर देना चाहिए (इसका मतलब यह कि लेखक में शैलीगत निरन्तरता को भी अनिवार्य माना जाए); 4. अन्त में, यदि ऐसे कोई कथनादि मिलें जिनका सम्बन्ध लेखक की मृत्यु के बाद की घटनाओं से हो, वे तो प्रक्षिप्त हैं ही (यहाँ लेखक को कुछ घटनाओं के दोराहे-तिराहे पर खड़ी ऐतिहासिक छवि का रूप दिया जा रहा है।)[20]

फूको जिन्हें 'आधुनिक आलोचना' द्वारा अपनाई गई विधियाँ कह रहे हैं, वे असल में यूरोपीय आधुनिकता द्वारा ही अपनाई गई विधियाँ हैं, जो औपनिवेशिक आधुनिकता के साथ गैर-यूरोप में पहुँचीं, और विद्वान लोग कहने लगे, 'भला बताइए, पूरब जनम हम ब्राह्मण होते जैसी बात कबीर कैसे कह सकते थे, जरूर किसी ब्राह्मण की करतूत है!' भारत की देशज आधुनिकता को तो कबीर-बीजक जैसे पंथ द्वारा नियन्त्रित पाठ में भी यह साखी तक अटपटी नहीं लगी, जिसका सम्बन्ध स्पष्टतया 'लेखक की मृत्यु के बाद की घटना' से है–''हिन्दू कहै हमहिं लै जारों, तुर्क कहे मोर पीर/दोउ आय दीनन में झगरैं, देखें हंस कबीर''।

देशज आधुनिकता और भक्ति के लोकवृत्त में, और हमारे समकालीनों में से जिनका इस लोकवृत्त से सम्बन्ध बना हुआ है, उनके चित्त में कबीर की कविता प्राणवान शरीर जैसी है। वह विवेक, स्मृति और कल्पना के क्षेत्र–'मगज'–में सक्रिय, स्पन्दित उपस्थिति है। वह 'सुन्न सिखर' के साथ ही, 'इस घट भीतर' की भी कविता है। 'शून्य' की साधना करते हुए भी अपने परिवेश को बहुत निकट से छूती कविता है। देह के परे जाने की कल्पनाएँ करती हुई कबीर की कविता, उनके प्रेमियों के 'पाठ' और रूपंकरण (परफारमेंस) में हाड़-माँस की देह की कविता है। कबीर और

उनके अद्वितीय प्रेमी गायक कुमार गन्धर्व के सन्दर्भ में, लिंडा हैस्स ने कबीर की कविता के देहत्व की बहुत सुन्दर विवेचना की है।[21]

दूसरी ओर, 'कागजी' के ऑब्सेशन से ग्रस्त, चर्च द्वारा विकसित 'लेखक-निर्धारण' की विधियों को अपना संस्कार बना चुकी, साम्राज्यवाद के जरिए दुनिया भर में फैलने वाली यूरोपीय आधुनिकता है, जो कबीर की रचना को 'किताब' (दि बुक) में बदल देना चाहती है। 'किताब' उसी अर्थ में, जिस अर्थ के प्रसंग में कबीर पूछते थे, 'कौन कतेब बखानी', और कहते थे, 'का बेद-पुराना सुनिए'।

औपनिवेशिक आधुनिकता के प्रभाव में हुए कबीर-वाणी-संकलनों और अध्ययनों में, अपनी मनचीती व्याख्या में बाधा डालने वाली कबीर-वाणी को प्रक्षिप्त बता देने का मोह कदम-कदम पर दिखता है। आ. हजारीप्रसाद द्विवेदी कबीर का गहरा सम्बन्ध नाथपन्थियों से मानते थे, प्रभाव का भी, और वाद-विवाद का भी। इस सम्बन्ध को 'प्रमाणित' करने के लिए ही उन्होंने कबीर को जुलाहा वंश में बस 'पालित' ही मानने पर जोर दिया था, वह भी ऐसे वंश में जो, 'वयनजीवी नाथ-मतावलम्बी गृहस्थ योगियों की जाति' का 'सद्यधर्मांतरित' रूप ही था। इसी बात को और रेखांकित करने के लिए द्विवेदीजी ने 'खसम' शब्द पर ध्यान दिया, बताया कि योगियों की पारिभाषिक शब्दावली में 'खसम' का अर्थ 'शून्य समाधिवाली गगनोपमावस्था' होता है, और कबीर इसी अर्थ में, 'योगियों की कच्चाई बताने के उद्देश्य' से ही 'खसम' शब्द का प्रयोग करते हैं। कबीर द्वारा 'खसम' शब्द के गैर-पारिभाषिक अर्थ में प्रयोग के सन्दर्भ में द्विवेदीजी यह सम्भावना मानते तो हैं कि ''कभी-कभी कबीरदास स्वयं खसम शब्द परम्परासमर्थित अर्थ में प्रयोग नहीं करते थे' साथ ही उन्हें यह भी लगता है कि जिन पदों में 'खसम' का अर्थ 'शून्य समाधिवाली गगनोपम अवस्था' न हो कर, सीधे-सीधे पति या स्वामी ही निकलता है, ''ऐसे पद कबीरदास के नाम पर बाद में चल पड़े होंगे''।[22]

इस अनुमान का कोई आधार द्विवेदीजी नहीं बताते। आधार कोई है भी नहीं, सिवा इसके कि 'ऐसे पदों' में 'खसम' शब्द का प्रयोग द्विवेदीजी के मनोवांछित अर्थ में नहीं किया जा रहा है। मनोवांछित अर्थ में बाधक शब्दों और 'सबदों-साखियों' को प्रक्षिप्त बता कर फारिग होने की यह पद्धति औपनिवेशिक आधुनिकता के कबीर-पाठों की अपनी पहचान है। 'आधुनिक' कबीर-अध्ययनों पर वेस्टकॉट की छाया सचमुच बहुत लम्बी पड़ी है।

कबीर का पाठ-निर्धारण निस्सन्देह आवश्यक काम है, लेकिन प्रामाणिक रूप से किया तभी जा सकता है, जबकि पाठ-निर्धारण के प्रसंग में भी, अन्य प्रसंगों की तरह यूरोप द्वारा आरोपित औपनिवेशिक आधुनिकता और देशज आधुनिकता के मिजाज और उनकी विधियों के बीच के फर्क का ध्यान रखा जाए। कविता को 'दि बुक' बनाने के प्रलोभन से दूर रहा जाए। 'कागजी' के साथ ही 'मगजी' की महत्ता को भी

'मगज' में जगह दी जाए, तभी हम इस सही सवाल का सही जवाब पा सकेंगे कि किन आधारों पर देशज आधुनिकता किन रचनाओं को कबीर-कृत होने की मान्यता देती थी, और किन्हें नहीं देती थी। यह भी ध्यान में रखना होगा कि दादूपन्थियों, कबीरपन्थियों और 'आदिग्रन्थ' के संकलनकर्ताओं की विधियों और प्राथमिकताओं में अन्तर क्या था, और सम्बन्ध क्या।

ऐसा करने पर, पांडुलिपियों में अप्राप्य लेकिन कबीर के समाज में सर्वमान्य, 'मोको कहाँ ढूंढे रे बन्दे', 'झीनी-झीनी बीनी चदरिया', 'संतो सहज समाधि भली' और 'जग से नाता टूटल हो' सरीखे मार्मिक पदों से वंचित होने की जरूरत 'आधुनिक' कबीर-स्कॉलर्स को नहीं पड़ेगी। जिन्हें हम किसी पांडुलिपि में नहीं खोज पाएँ, लेकिन जो लोक की 'मगजी' परम्परा के अपने 'सख्त' प्रतिमानों से गुजर कर कबीर-वाणी के रूप में स्वीकृत हैं, उन रचनाओं को खारिज करने की बजाय कबीर की उप-रचना मान लेना बेहतर है। और, कौन जाने, कल को इनमें से कोई उप-रचना किसी 'कागजी' स्रोत, किसी 'प्राचीन पांडुलिपि' में भी मिल ही जाए, किसी 'मैन्युस्क्रिप्ट स्कॉलर' के स्टार सिस्टम में तीन, दो या एक स्टार पा ही जाए।

4. *'संतो, बीजक मत परमाना' : बीजक पर बहस*

हमने चर्च द्वारा ईसा और उनके साथियों की बहुवचनात्मकता पर नियन्त्रण करने की चर्चा की है, लेकिन ऐसे नियन्त्रण की जरूरत तो हर पंथ और सम्प्रदाय को पड़ती है। कबीरपंथ को भी पड़ी। बेहद मानीखेज और आश्वस्तिदायक फर्क यह है कि भारत की देशज आधुनिकता में बीजक के बाहर कबीर को पढ़ने वालों को वह नहीं झेलना पड़ा, जो यूरोप में चर्च-रचित मसीह-छवि के बाहर ईसा को पढ़ने की कोशिश करने वालों को झेलना पड़ा था। 'बीजक बतावे वित्त को' मानने वाले, 'बीजक' को पंथ का 'आर्षग्रन्थ' मानने वाले अपनी राह चलते रहे, और दादूपंथी साधकों द्वारा संकलित लेखबद्ध कवि को सराहने वाले अपनी राह लिये रहे। यही नहीं, एक दूसरे से संवाद भी करते रहे। आज तक कर रहे हैं।

'बीजक मत परमाना' को आधार बना कर पंथ मौखिक परम्परा के साथ कैसा व्यवहार करता है, यह कबीर-चौरा, वाराणसी से प्रकाशित 'कबीर-शब्दावली' के ग्यारहवें संस्करण को देखने से स्पष्ट हो जाता है। कबीर की रचनाएँ 'बीजक' के बाहर भी मिलती हैं, यह बात पंथ अनकहे रूप में स्वीकार करता है। 'कबीर-शब्दावली' का प्रकाशन आचार्य महन्त अमृतदास के आशीर्वाद के साथ किया गया है। इसमें ऐसे सबद शामिल किए गए हैं, जो 'बीजक' तो क्या दादूपंथी पांडुलिपियों में भी नहीं मिलते, बस लोक-स्मृति में कबीर-वाणी के रूप में विद्यमान हैं। हाँ, स्वाभाविक रूप

से उन्हीं रचनाओं को इसमें रखा गया है, जो चौरा स्वीकृत पंथ-सिद्धान्त के अनुकूल हों—"उन रचनाओं को निकाल दिया गया है, जो सद्गुरु कबीरसाहब के सिद्धान्त के अनुकूल प्रायः नहीं जान पड़ती थीं"।[23]

कबीर के कोई सौ साल बाद जब कबीरपंथ की स्थापना हुई, तो स्वाभाविक रूप से पंथ की विशिष्ट पोथी की जरूरत पड़ी। भक्ति के लोकवृत्त में प्रचलित कबीर-रचनाओं में से चुनाव करके यह जरूरत पूरी की गई। दादूपंथी और निरंजनपंथी संकलनकर्ता अपने संकलनों में उन्हीं कबीर-रचनाओं को सम्मिलित करने से बच रहे थे, जिनमें स्पष्ट रूप से कालक्रम दोष (जैसे 'मुगल' शब्द का प्रयोग) या कबीर की सर्वमान्य संवेदना से विरोध दिखता हो। 'बीजक' के संकलनकर्ता ऐसी सभी कबीर-रचनाओं से बचे जो उनके पंथ द्वारा विकसित समझ के विपरीत पड़ती थीं। आश्चर्य नहीं कि 1570 से 1681 के बीच कबीर-कृत माने जा चुके 593 पदों में से केवल 32 ही 'बीजक' में मिलते हैं।

कबीरपन्थियों ने अपनी जरूरत के मुताबिक कबीर-वाणी का पाठ अपने लिए तय कर लिया। दादूपंथी पाठ पंथ के लिए उलझन पैदा करता था, इसलिए पंथ ने अपने व्यवहार के लिए मान लिया—'बीजक मत परमाना'। इस तरह की उक्तियों का एक सन्दर्भ यह भी था कि विभिन्न शाखाएँ अपने-अपने विशिष्ट ग्रन्थों (जैसे 'अनुराग-सागर' और 'सुख-निधान') को भी 'प्रमाण' मानती ही थीं, इन प्रमाणों की प्रामाणिकता अन्ततः बीजक के अनुकूल होने पर ही निर्भर है, यह रेखांकित करने के लिए कहा गया—'संतो बीजक मत परमाना'।

'बीजक' कबीर की सभी रचनाओं का संकलन नहीं, चुनी हुई रचनाओं का संकलन है। वह कबीर का 'कलेक्टेड वर्क्स' नहीं, 'सिलेक्टेड वर्क्स' है, पंथ की जरूरत के अनुसार तैयार किया गया 'सिलेक्टेड वर्क्स'। इसी जरूरत के अनुसार, 'बीजक' में संकलित पदों में पाठभेद भी आए हैं। प्रेमदास उतराधा के पाठ (माताप्रसाद गुप्त द्वारा सम्पादित 'ग्रन्थावली') के राग गौड़ी का पद 116 मिलता 'बीजक' में भी है, लेकिन उतराधा के पाठ में जहाँ दाम्पत्य-प्रेम का रूपक आदि से अन्त तक निभाया गया है, वहीं 'बीजक' के पाठ (शुकदेव सिंह द्वारा सम्पादित संस्करण का पद 35) में रूपक को 'कातने' के माध्यम से साधना की दिशा में मोड़ दिया गया है। 'ग्रन्थावली' में पद इस रूप में है :

हरि मेरा पीव भाई, हरि मेरा पीव,
हरि बिन रहि न सकै मेरा जीव।
हरि मेरा पीव, मैं हरि की बहुरिया। राम बड़े मैं छटुक लहुरिया ॥
किया स्यंगार मिलन के ताईं। काहे न मिलो राजा राम गुसांई ॥
अब की बेर मिलन जो पाऊँ। कहै कबीर भौ जल नहिं आऊँ ॥

और, 'बीजक' में इस रूप में :

हरि मोरा पीव मैं राम की बहुरिया, राम मोर बड़ो मैं तन की लहुरिया।
हरि मोर रहटा मैं रतन पिउरिया, हरि कौ नाम लै कतती बहुरिया।
मास तागा बरख दिन कुकुरी, लोग कहैं भल कातल बपुरी।
कहैं कबीर सूत भल काता, चरखा न होय मुक्तिकर दाता।

'बीजक' के संकलन की प्रेरणा थी, कबीर की पंथप्रवर्तक छवि। संकलनकर्ताओं का संग्रह-त्याग विवेक इसी छवि से अनुशासित हो रहा था। उन्हें कबीर-वाणी में प्रेम-विरह-मिलन के लौकिक स्वर को नियंत्रित करना जरूरी लगा, सो, लौकिक प्रेम के रूपक बाँधने वाले पदों से बचा गया, या रूपक का रूप ही बदल दिया गया। इसी तरह उन्हें पंथ-प्रवर्तक की वाणी में विचारधारात्मक सुसंगति बनाए रखना जरूरी लगा। इसीलिए, पद संख्या 108, 'अब हम भयल बहुरि जल मीना' ('आदिग्रन्थ' के पाठ में पहली पंक्ति है–'जिउ जल छोड़ बाहर भइयो मीना') पद में से 'ओछी भगति कैसे उतरसि पारी'–यह पंक्ति हटा दी गई। कबीर के बहुत से 'आधुनिक' अध्येताओं को भी कबीर की मनोवांछित, 'रेडिकल' छवि से ही मतलब था, कवि की मनुष्यता और आत्मानुसन्धान से नहीं, उन्हें बीजक का 'गैर-वैष्णवीकृत' रूप अपने काम का लगा। प्राचीन पांडुलिपियों के आधार पर ही भक्ति-संवेदना और आन्दोलन को समझने की सलाह सबको देने वाले सुजान लोग उन्नीसवीं सदी की पांडुलिपि के आधार पर संकलित 'बीजक' को 1604 के 'आदिग्रन्थ' और उसी के आस-पास की दादूपंथी, निरंजनपंथी 'पंचबानियों' और 'सर्वंगियों' से अधिक 'प्रामाणिक' मानने लगे। दादूपंथ जैसे पंथ को और रज्जब जैसे साधक को इस चक्कर में 'ब्राह्मणवादी' मान लिया गया, सो अलग।

'बीजक' के संकलन की प्रेरणा स्वयं बीजक में ही बोलती है, 'अभिमानी कर्ता हो बैठे नाना पंथ चलाया'। नाना पंथों के बीच अपने पंथ का आधिकारिक प्रवक्ता 'बीजक' को कबीर-पन्थियों ने बनाया, स्वयं कबीर ने नहीं। संकेतपूर्ण है कि यह पंक्ति शुकदेव सिंह द्वारा बरती गई दानापुर शाखा की प्रति में तो है, लेकिन जिस भगताही शाखा को शुकदेवजी ने अपने पाठ-निर्धारण का मुख्य आधार बनाया, उसकी प्रति में नहीं।[24] कारण समझना मुश्किल नहीं है। मान्यता है कि कबीर के शिष्य भगवानदास ने बीजक पर एकाधिकार सा जमा लिया था। अन्य शिष्य और उनके अनुयायी भगवानदास को 'भग्गोदास' कहने लगे थे। भगवानदास की प्रति परम्परा से भगताही शाखा के अधिकार में रही। अब, उस शाखा में 'अभिमानी कर्ता' भला क्यों कहा जाएगा, किसे कहा जाएगा? जो कबीरपंथी 'बीजक' और प्रकारान्तर से कबीर पर 'एकाधिकार' करने के प्रयत्नों से असंतुष्ट थे, वे ऐसे प्रयत्न करने वालों के प्रति कड़े शब्दों का प्रयोग करें, यह समझ में आता है।

सोलहवीं, सत्रहवीं सदी के राजस्थानी और पंजाबी स्रोतों में उपलब्धता के आधार पर कबीर का पाठ-निर्धारण करने, और 'बीजक' पर 'उचित ध्यान' न दिए जाने के प्रसंग में, 'बीजक' के सम्पादक डॉ. शुकदेव सिंह की शिकायत है :

> बीजक के अतिरिक्त कबीर के नाम पर जो रचनाएँ मिलती हैं, प्रामाणिकता की दृष्टि से उनकी परीक्षा करके देख लिया गया है कि प्रायः प्रामाणिक रचनाएँ कबीर-पंथ के प्रत्यक्ष प्रवाह में नहीं मिलतीं। प्राचीन लिपि-शैली तथा पाठादि की दृष्टि से दादू-पंथी, निरन्जन-पंथी और सर्वंगी जैसे कबीरेतर सम्प्रदायों की पोथियों में एवं गुरु ग्रन्थ में कबीर की जो रचनाएँ मिलती हैं, उन्हें ही प्रामाणिक माना जाता है। इसी प्रसंग में अन्ततः यह भी स्पष्ट कर लिया गया है कि इन प्रायः प्रामाणिक पोथियों में राजस्थानी, पंजाबी के भाषिक प्रक्षेप तथा अन्य प्रकार के प्रक्षेप भी हैं। साथ-साथ यह भी स्थिर हो गया है कि बीजक का ग्रन्थन-प्रकार तथा भाषा-शैली उक्त संत-काव्य-संग्रहों से भिन्न प्रकार की है। और तब इस परिणाम तक पहुँच जाने में किसी निरास का अवकाश नहीं है कि बीजक पर विचार करते समय, स्वतन्त्र परम्परा, कबीर-पंथ के सैद्धान्तिक आग्रह तथा दर्शन को ध्यान में रखकर विचार नहीं किया गया है।[25]

शुकदेव सिंह शिकायत में ही सचाई रेखांकित कर रहे हैं। कबीर-पंथ के सैद्धान्तिक आग्रहों को समझने का स्रोत निस्सन्देह 'बीजक' ही है, लेकिन यदि कबीर की अपनी वैचारिकता और संवेदना को पढ़ना हो, तो अकेले 'बीजक' पर निर्भर नहीं रहा जा सकता। 'ग्रन्थावली', 'आदिग्रन्थ' और मौखिक परम्परा के साथ मिला कर ही 'बीजक' को पढ़ना पड़ेगा। यह बात प्रकारान्तर से स्वयं पंथ स्वीकार करता है, जैसा कि हम 'कबीर-शब्दावली' के प्रसंग में देख चुके हैं।

इस पुस्तक में हमारा ध्यान कबीर की कविता पर है, पंथ और उसके सैद्धान्तिक आग्रहों के विकास का सहानुभूतिपूर्वक अध्ययन करना निश्चय ही बहुत जरूरी है, इस दिशा में कुछ काम मैंने किया भी है, लेकिन उसकी चर्चा अलग पुस्तक में। फिलहाल तो इतना ही कहना है कि जुलाहे साधक को धर्मगुरु में तब्दील करने वाले कबीर-पंथ की मान्यताओं को समझना आवश्यक है, उन्हें आत्मसात कर लेना नहीं। पंथ-निर्माण को सहानुभूति से देखना जरूरी है, लेकन उतना ही जरूरी है पंथ के सत्ता-तन्त्र पर ध्यान देना। कबीर को जुलाहा कुलोत्पन्न की बजाय 'अलौकिक रीति से अवतरित' बताना उन्हें धर्मगुरु बनाने के लिए जरूरी था। दादूपंथी परम्परा के पाठ की उपेक्षा करना, और 'बीजक' को 'धर्मशास्त्र' का दर्जा दे देना भी पंथ के लिए, इसीलिए जरूरी था।

अपने गुरु के किए 'अनन्त उपकार' के प्रति कृतज्ञ कबीर गुरु की 'महिमा अनन्त' बखानते नहीं थकते। कई जगह तो उनका बखान अनुभव और आत्म-विवेक पर 'सद्गुरु के सबद' को वरीयता देता तक प्रतीत होता है। पंथ ने इस बखान का

उपयोग गुरुसत्ता के प्रति पूर्ण समर्पण हासिल करने के लिए किया। गुरु के प्रति कबीर की कृतज्ञता का विस्तार, दामाखेड़ा शाखा में, धनी धर्मदास के वंश के प्रति समर्पित आस्था में कर दिया गया। 'बीजक' की व्याख्याएँ भी ऐसे समर्पण को कबीरपन्थियों के लिए अनिवार्य ठहराने के हिसाब से ही की गईं।

स्वाभाविक रूप से, ऐसी स्थिति में, पंथ की विभिन्न शाखाओं के परस्पर विवादों में बात 'बीजक' की प्रामाणिकता से भी आगे, उसकी व्याख्याओं की प्रामाणिकता की बन जाती है। इन विवादों के संकेत स्वयं 'बीजक' से ही प्राप्त होते हैं। साखी 251 कहती है–''कबिरन भक्ति बिगारिया, कंकर पत्थर धोय। अन्तर में विस राखि के, अमृत डारिन खोए''। पंथ की हर शाखा अपने संस्थापक को स्वयं कबीर का ही विस्तार मानती है। परस्पर विवादों में ऐसे हर 'कबीर' पर दूसरे 'कबीर' भक्ति को बिगाड़ देने का आरोप लगाया करते थे। व्याख्याओं के ऐसे विवादों से गुजरते हुए, 'बीजक' के जीवन में उन्नसीवीं सदी में महत्त्वपूर्ण मोड़ आया। अब तक 'बीजक' के 'सन्देश' की 'सही' व्याख्या पन्थियों तक 'सागरों' और 'बोधों' जैसे ग्रन्थों तथा प्रत्यक्ष संवाद के जरिए ही पहुँचायी जाती थी। उन्नीसवीं सदी में, पहली बार, 'बीजक' की दो टीकाएँ रची गईं।

दामाखेड़ा की धर्मदासी गादी से स्वतन्त्र 'पारखमार्गी' गादी की स्थापना बुरहानपुर में करने वाले पूरण साहब ने अपने विचारों के समर्थन में सद्गुरु के शब्दों का उपयोग करने के लिए, 1837 में, 'बीजक' की पहली टीका–'त्रिजा'–रची। 'त्रिजा' छपी जरूर 1910 में, लेकिन पारखमार्गी साधुओं के जरिए भक्ति के लोकवृत्त में 'प्रकाशित' पहले ही हो चुकी थी। कबीर के धर्मगुरु बना दिए जाने के बाद, स्वाभाविक ही था कि पंथ की विभिन्न शाखाओं के बीच प्रभाव-विस्तार की होड़ चले। मजहबों, पंथों और सम्प्रदायों के बीच भौतिक, मानवीय और प्रतीकात्मक संसाधनों को लेकर प्रतिद्वन्द्विता भारतीय इतिहास की अनोखी विशेषता नहीं, विश्वव्यापी परिघटना है। ईसाइयत में रोमन कैथॉलिक और प्रोटेस्टेंट के बीच और इस्लाम में शिया-सुन्नी के बीच रक्तरंजित संघर्षों के मूल में भी यही प्रतिद्वन्द्विता रही है।

कबीर-पंथ में, विभिन्न शाखाओं के बीच प्रभाव-विस्तार की होड़ और 'बीजक' के अर्थ पर बहस उन्नीसवीं सदी के पहले भी चल रही थी, उसके बाद भी चलती रही। 'त्रिजा' का महत्त्व ऐसी बहस का पहला लिखित रूप होने में है। इसमें कबीर को जैनों जैसा जीववादी सिद्ध किया गया है।

'त्रिजा' का खंडन करने के लिए ही विश्वनाथ सिंह जू देव (1789-1854) ने 'पाखंडखंडिनी' लिखी थी। इसका पहला मुद्रण लिथो पर 1368 में हुआ, फिर यह नवलकिशोर प्रेस से 1883 में छपी। इसके बाद 1906 में वेंकटेश्वर प्रेस, मुम्बई से।

'त्रिजा' में कबीर-बानी को चार 'मुखों' के बीच नाटकीय संवाद के रूप में पढ़ने का रोचक प्रस्ताव किया गया है। पारखमार्गी संत रामस्वरूप दास समझाते हैं :

> भ्रम-कल्पना में पड़े हुए जीवों को 'जोलहा दास कबीरा' कहते हैं। 'दास कबीर' अज्ञानी भक्त लोगों को कहते हैं। 'कबिरन भक्ति बिगारिया' अज्ञानी, जड़ मूर्तिपूजक और भ्रमित उपासक लोगों को कहा जाता है। 'कहैं कबीर' में गुरुवा लोग उपदेश करते हैं, ऐसा भाव निकलता है। 'हौं कबीर' इत्यादि अहं संयुक्त कथन ब्रह्ममुख माना जाता है और 'कहहिं कबीर' एवं 'हंस कबीर' इत्यादि छापयुक्त वाणी सद्गुरु श्री कबीरसाहेबजी की अपनी गुरुमुख वाणी, भ्रम छुड़ाने वाला सार शब्द मानी जाती है। इसलिए 'कबीर छाप के साथ 'कहहिं' = गुरुमुख, 'कहैं' = मायामुख, 'दास' = जीवमुख, 'हौं' = ब्रह्ममुख का भाव प्रदर्शित होता है। इसका यथार्थ भेद समझना चाहिए। बीजक भर की सब वाणी सद्गुरु श्री कबीरसाहेव का अपना ही सिद्धान्त प्रदर्शित नहीं करती है, अन्य लोगों का भी सिद्धान्त दर्शाती है।[26]

ध्यान दें, 'बीजक' की इस चतुर्मुख पाठ-विधि में 'दास कबीर' के मुख से बोलने वाले अज्ञानी ही सही, लेकिन 'भक्त' हैं, जबकि 'जोलहा दास कबीरा' के मुख से सिर्फ 'भ्रम-कल्पना में पड़े जीव' ही बोलते हैं। कविता को धर्मशास्त्र की तरह पढ़ रही, चार मुखों की इस क्रमिकता (हायरार्की) में 'जुलाहा मुख' का सबसे नीचे होना उसी संकोच का परिणाम है, जिसके कारण कवि को जुलाहे से अवतार बनाया गया था।

'पाखंडखंडिनी' में दिया गया कबीर-जन्म आख्यान तो हम पिछले अध्याय में देख ही चुके हैं, उसके अपने जन्म का आख्यान भी देखें :

> कबीरजी की वाणी के अर्थ करिबेको मोमें सामर्थ्य नहीं रही परन्तु साहब यह विचारिकै कि कबीरजी के बीजक को पाखंड अर्थ लगाइकै जीव बिगरेजायँ हैं सो साहब तो परम दयालु हैं उनको करुणा भई तब कबीरजीको भेज्यो या कहिकै कि आगे हम तुमको भेज्यो हतो सो तुम ग्रन्थ बनाइकै बहुत जीवन को उपदेशकरिकै उद्धार कियो सो अब तिहारे ग्रन्थ को पाखंड अर्थ करिकै पाखंडी ह्वै कै जीव बिगरे जायँहैं ओर बहुत बिगरिगये सो तुम जाइकै जौन अर्थ तुम बीजक में राख्यो है सो अर्थ विश्वनाथसों बनवावो जाते सो अर्थ समुझिकै जीव हमारे पास आवैं सो कबीरजी आयकै मोसों कह्यो कि तुम बीजक को अर्थ बनावो हम तुमको बतावेंगे सो उनके हुकुमते मैं बीजक को अर्थ बनाऊँ हौं बतावनेवाले श्रीकबीरजीही हैं...[27]

कविता को धर्मग्रन्थ की तरह पढ़ने पर उसके साथ किया जाने वाला व्यवहार भी बदल जाता है, उससे की जाने वाली उम्मीदें भी। 'बीजक' के कवि ने जैसे ही कहा, 'तीरथ गये ते बहि मुये', पाखंडखंडिनीकार ने तुरन्त बताया कि असल में तीर्थयात्रा उनकी व्यर्थ है, "जौन नहाबे की विधि है, सो एकौ न किये"।[28]

कल्पना करें कि 'त्रिजा' ओर 'पाखंडखंडिनी' के लेखक 'बीजक' को कविता की तरह पढ़ते। तब उन्हें अपने मतों को ही 'बीजक का सच्चा अर्थ' सिद्ध करने की जरूरत न पड़ती। पूरण साहब कह सकते थे कि 'बीजक' ने पारख-पद्धति की ओर संकेत करके तो अच्छा किया; लेकिन ब्रह्म की बात करना 'बीजक' की सीमा है, सत्ता केवल जीव की है। 'पाखंडखंडिनी' के लेखक कह सकते थे कि सत्य-अहिंसा-सदाचार की बात 'बीजक' ठीक ही करता है, लेकिन तीर्थ-यात्रा को व्यर्थ बताना ठीक नहीं।

कवि की सराहना करते हुए, उससे असहमति भी व्यक्त कर सकें, यह सम्भावना कवि के धर्मगुरु और कविता के धर्मग्रन्थ बनते ही समाप्त हो जाती है। 'बीजक' को धर्मग्रन्थ मानने वाले टीकाकारों के सामने रास्ता एक ही था—अपने मत को 'सद्‌गुरु' का सच्चा उपदेश सिद्ध करना। कवि से आप बेखटके असहमत हो सकते हैं, लेकिन धर्मग्रन्थ की धर्मसत्ता द्वारा मान्य व्याख्या से असहमत होने पर जमात बाहर होने की सम्भावना है।

पूरण साहब के साथ ऐसा ही हुआ था। 'बीजक' को पंथ-स्वीकृत ढंग से हटकर पढ़ने के कारण दामाखेड़ा से उनका विच्छेद हुआ, इसके बाद ही उन्होंने 'त्रिजा' के माध्यम से अपने विचारों को 'सद्‌गुरु का सच्चा उपदेश' सिद्ध करने का प्रयत्न किया।

धर्मगुरु बनाने की प्रक्रिया में ही कबीर-वाणी धर्मशास्त्र में बदली गई। कविता और धर्मशास्त्र को पढ़ने के वातावरण में फर्क होता है। कबीर ही नहीं, धर्मगुरु बना दिए गए अन्य कवियों से भी प्रेम करने वालों को सोचना चाहिए कि उन्हें कौन-सा वातावरण सुहाता है। कविता को ऐसे धर्मशास्त्र में बदलने वाला वातावरण, जिसमें कवि से सम्बन्ध आप मठाधीशों और 'आधिकारिक' व्याख्याकारों से अनुमति लेकर ही बना सकें, या ऐसा वातावरण जिसमें धर्मशास्त्रों को भी कविता की तरह—विवेक, अनभय और संवाद—के साथ पढ़ना सम्भव हो।

कबीर को "पढ़ने" के लिए, उनकी रचनाओं-उपरचनाओं के परस्पर सम्बन्ध को, और उनके संकलन के परिवेश की विशेषताओं को ध्यान में रखना जरूरी है। प्रामाणिकता का निर्धारण करते हुए उन प्रतिमानों को अपनाना ही सार्थक है, जो भक्ति के लोकवृत्त में अपनाए गए। कालक्रम दोष से मुक्त उन रचनाओं की अवहेलना करना व्यर्थ है, जो इस लोकवृत्त में कबीर-कृत मानी गई हैं। दूसरे शब्दों में, 'जहवाँ से आयो अमर वह देसवा' को कबीर-कृत न भी मानें क्योंकि इसमें सैयद, पठान और शेख के साथ मुगल के भी दर्शन होते हैं, लेकिन 'झीनी-झीनी, बीनी चदरिया' को नकारना व्यर्थ है। 'भला बताइए कबीर कहीं ऐसा कह सकते थे' टाइप के, कबीर को अपने विचारधारात्मक उद्‌देश्यों की प्राप्ति का औजार बनाने वाले पाठ-निर्धारण से तो आप कबीर का ऐसे विचारधारात्मक उद्‌देश्यों के लिए 'एप्रोप्रिएशन'

ही कर सकते हैं, कबीर और उनके समय की संवेदना तक पहुँचने का सवाल ही नहीं।

भक्ति के लोकवृत्त में अपनाई गई पाठ-निर्धारण पद्धति पर चलकर ही हम कबीर तक विश्वसनीय ढंग से पहुंच सकते हैं। न तो मौखिक परम्परा को 'मैन्युस्क्रिप्ट स्कॉलरशिप' की 'ऊँचाई' से धिक्कारने की जरूरत है, और न कबीर के नाम से प्रचलित हर रचना को कबीर-कृत मान लेने की। साजिश और बुद्धूपन जैसे 'की-कंसेप्ट्स' के माया-मोह से मुक्ति परमावश्यक है। रचना-उपरचना के अन्तस्सम्बन्ध को लगातार ध्यान में रखना जरूरी है।

इन सब बातों का ध्यान रखते हुए ही, मैंने 2007 में नेशनल बुक ट्रस्ट, दिल्ली के लिए 'कबीर : साखी और सबद' नामक संकलन तैया किया था। उसमें मुख्य रूप से माताप्रसाद गुप्त की 'ग्रन्थावली', याने दादूपंथी साधु प्रेमदास उतराधा के पाठ को आधार बनाते हुए, 'बीजक' से भी रचनाएँ ली गई थीं, 'पद सूरदास जी का' से भी, 'आदिग्रन्थ' से भी, और मौखिक परम्परा से भी। मालवा के लोकगायकों द्वारा गाए जाने वाले कुछ कबीर-पद भी 'कबीर : साखी और सबद' में शामिल किए गए थे।

इस किताब में भी, अपनी बात कहने के लिए, हम इसी पद्धति पर चलेंगे। कविता पर बात करने के प्रसंग में यह जरूर खटकने वाली बात है कि कबीर की अपनी भाषा तक पहुँचना अब लगभग असम्भव है। थे वे पूरब के, रचना उनकी संकलित हुई, राजस्थान और पंजाब में। 'बीजक' में भी परवर्ती प्रभाव हैं ही, आखिरकार 'बीजक' की पांडुलिपियाँ दो सौ साल से पीछे की नहीं मिलतीं। लेकिन संतोष इस बात का है कि कबीर की भाषा तक पहुँचना भले ही दूभर हो चुका हो, उनकी 'काव्य-भाषा' के तेवर और मिजाज को, उसकी समृद्धि को मौखिक परम्परा ने भी सुरक्षित रखा है, और 'ग्रन्थावली', 'आदिग्रन्थ' तथा 'बीजक' ने भी।

लेकिन, कबीर की कविताई तक पहुँचने के पहले तो हमें कबीर के गुरु रामानन्द, कबीर की साधना और भावभगति आदि पर विचार करना है। अगले अध्याय में आप कबीर-रामानन्द सम्बन्ध का, और स्वयं रामानन्द की संस्कृत निर्मिति का अद्‌भुत, भेदभरा आख्यान पढ़ेंगे।

सन्दर्भ

1. *पद सूरदासजी का*, सं. गोपाल नारायण बहुरा, केनेथ ब्रायंट, महाराज सवाई मानसिंह म्यूजियम, जयपुर, 1984
2. जनवरी-अप्रैल, 2006 में, मैं 'कबीर : विशेष अध्ययन' का पेपर पढ़ा रहा था। यों तो जेएनयू में जब तक रहा, कबीर पढ़ाता ही रहा, लेकिन इस बैच के छात्रों के साथ बीता समय सदा याद रहेगा। अमिष वर्मा, शीतांशु शेखर, ज्योति कुमारी, सौरभ द्विवेदी, अंजु और शेफालिका शेखर के साथ कबीर पर बात करना मेरे लिए, और उम्मीद है कि उनके

लिए भी, बहुत सार्थक रहा। इस बैच को मैंने कबीर के विभिन्न पाठों के तुलनात्मक अध्ययन का एसाइनमेंट दिया था। यहाँ दी गईं गणनाएँ इसी एसाइनमेंट से प्राप्त हुईं। कहने की आवश्यकता नहीं कि व्याख्या की जिम्मेवारी मेरी ही है।

3. विनांद कैल्वर्त्त, (सहयोग स्वप्ना शर्मा, दायतेर ताइलिय), *'दि मिलेनियम कबीर वाणी : ए कलेक्शन ऑफ पदाज'*, मनोहर, नई दिल्ली, 2000
4. डेविड लोरेंजन, *'कबीर्स मोस्ट पॉपुलर सांग्स'*, *'प्रेजेज टु ए फॉर्मलेस गॉड'*, (स्टेट यूनिवर्सिटी ऑफ न्यूर्याक प्रेस, न्यूयॉर्क), 1996, पृ. 205-224
5. *'दि मिलेनियम कबीर वाणी'*, पृ. VII
6. *'दि मिलेनियम कबीर वाणी'*, पृ. 2
7. वही, पृ. 15
8. ''मैं जो कहना चाहता था, वह यह है कि बौद्ध धर्म क्रमशः लोकधर्म का रूप ग्रहण कर रहा था, और उसका निश्चित चिह्न हम हिन्दी साहित्य में पाते हैं। इतने विशाल लोकधर्म का थोड़ा पता भी यदि यह हिन्दी साहित्य दे सके तो उसकी बहुत बड़ी सार्थकता है।'' —हजारीप्रसाद द्विवेदी, *'हिन्दी साहित्य की भूमिका'*, राजकमल, दिल्ली, 2006, पृ. 22
9. ईसाई मिशनरियों तथा अन्य यूरोपियनों द्वारा कबीर के उपयोग-दुरुपयोग के रोचक, विचारोत्तेजक विवेचन के लिए देखें, मोनिका हॉर्स्टमान द्वारा सम्पादित 'इमेजेज ऑफ कबीर' (मनोहर, नई दिल्ली, 2002) में प्रदीप मुखोपाध्याय का लेख, 'दि यूजेज ऑफ कबीर : मिशनरी राइटिंग्स एंड सिविलिजेशनल डिफरेंसेज'।
10. 'दि मिलेनियम कबीर वाणी' पृ. 3
11. वही, पृ. 104
12. वही, पृ. 111
13. वही, पृ. 3-4 और 11
14. वही, पृ. 24
15. डॉ. माताप्रसाद गुप्त, 'कबीर ग्रन्थावली', साहित्य भवन, इलाहाबाद, 1985, भूमिका, पृ. 30-31
16. नित्यानन्द तिवारी, 'मध्ययुगीन काव्यानुभव और विचारधारात्मक निर्मितियाँ', 'पक्षधर-7', सं. विनोद तिवारी, सत्यप्रकाश साहित्य संस्थान, इलाहाबाद, जनवरी 2009, पृ. 18
17. *'पाकिस्तान में कबीर'*, शोध एवं सम्पादन शबनम विरमानी, दि कबीर प्रोजेक्ट, सृष्टि स्कूल ऑफ आर्ट्स, बैंगलोर, 2008, पृ. 10। यह पुस्तिका इस 'कबीर प्रोजेक्ट' के तहत जारी की गई ऑडियो सीडी की परिचय पुस्तिका है। शबनम ने इस प्रोजेक्ट के तहत मालवा, राजस्थान और सिंध में कबीर-गायन की परम्पराओं के बारे में चार मार्मिक, विचारोत्तेजक फिल्में भी बनाईं हैं।
18. डॉ. गोविन्द रजनीश, 'दादू समग्र', खंड एक, अमर सत्य प्रकाशन, दिल्ली, 2007, पृ. 32
19. चर्च के विकास और ईसा के दैवीकरण का इतिहास अत्यन्त त्रासद और विचारोत्तेजक है। इस पर बहुत काम हुआ है, दर्जनों किताबें लिखी गई हैं। इनमें से ऐतिहासिक विश्लेषण की दृष्टि एलेन पैगेल्स की पुस्तकें—'दि ग्नॉस्टिक गॉस्पेल्स' (1979), 'बियांड बिलीफ' (2005) और बार्ट इहरमान की 'लॉस्ट क्रिश्चियनिटीज' (2003) बहुत महत्त्वपूर्ण हैं। इस त्रासद इतिहास की सर्जनात्मक, संवेदनशील पुनर्रचना इन उपन्यासों में की गई है—निकोस

कजांतजाकिस, 'दि लास्ट टेंपटेशन ऑफ जीसस क्राइस्ट' (1960), जुजे सरामागु, 'दि गॉस्पेल एकार्डिंग टु जीसस' (1991) और मैरियन फ्रेडरिकसन, 'एकार्डिंग टु मेरी' (1999)

20. 'दि फूको रीडर', सं. पॉल राबिनोव, पैनॉथ्योन बुक्स, न्यूयार्क, 1984, पृ. 110-111
21. लिंडा हेस्स, *'सिंगिंग एंपटीनेस : कुमार गंधर्व परफार्म्स दि पोयट्री ऑफ कबीर'*, सीगल बुक्स, कोलकाता, 2009
22. हजारीप्रसाद द्विवेदी, 'कबीर', राजकमल प्रकाशन, दिल्ली, 2000, पृ. 71
23. 'कबीर-शब्दावली', सं. गंगाशरण शास्त्री, कबीरवाणी प्रकाशन केन्द्र, वाराणसी, 1988, 'ग्यारहवें संस्करण पर आचार्यपाद का आशीर्वाद', पृ. 4
24. देखें 'कबीर-बीजक', सं. डॉ. शुकदेव सिंह, नीलाभ प्रकाशन, इलाहाबाद, 1972, पद संख्या 115 (पृ. 148)
25. वही, पृ. 56
26. *'बीजक सद्ग्रन्थ : त्रिजा टीका बुझार्थ सहित'*, कबीर निर्णय मन्दिर, बुरहानपुर, 1994, पृ. 18
27. *'पाखंडखंडिनी टीका'*, आदिमंगल पृ. 3
28. *'पाखंडखंडिनी'*, पृ. 602

अध्याय : पाँच

'द्वितीय सेतु जगतरण कियो...' : रामानन्द और कबीर

1. "जात-पाँत पूछे नहीं कोई" : कोई और रामानन्द
2. अगस्त्य संहिता की गुत्थी
3. हिन्दी रामानन्द और संस्कृत रामानन्द
4. रामानन्द को एक सदी पीछे खींचने की वजह
5. दबिस्ताँ-ए-मज़ाहिब में रामानन्द, रामानन्दी और कबीर
6. सवाई जयसिंह का अनुशासन-पर्व
7. भगवदाचार्य की वीरगाथा : सफलता और विफलता
8. कबीर और रामानन्द : एक बार फिर

1. *'जात-पाँत पूछे नहीं कोई' : कोई और रामानन्द?*

उत्तर भारत की लोक-परम्परा रामानन्द को 'जात-पाँत पूछे नहीं कोई' की घोषणा करके सामाजिक रूप से समावेशी (सोशली इन्क्लूसिव) भक्ति धारणा के प्रतिपादन का श्रेय देती आई है। 'हरि को भजे सो हरि का होई' कहनेवाले रामानन्द मनुष्य की जन्मजात सामाजिक अस्मिता से कहीं ज्यादा महत्त्वपूर्ण उसकी व्यक्ति-सत्ता को मानते थे। ब्राह्मण कुल में जन्मे रामानन्द ने ब्राह्मण सर्वोच्चता के दंभ को रद्द करके; वैष्णवता की जाति-कुलनिरपेक्ष धारणा का प्रचार किया। अपनी अभिव्यक्ति का ही नहीं साधना का भी माध्यम उन्होंने संस्कृत को नहीं, लोकभाषा को बनाया।

रामानन्द के शिष्यों में रामावत सम्प्रदाय के महत्त्वपूर्ण व्यक्तियों, संस्कृत के ब्राह्मण विद्वानों के नाम भी हैं लेकिन अधिक प्रख्यात वे ही हैं जिन्होंने लोकभाषा में कविता की और जिनका जन्म तथाकथित 'निम्न' जातियों में हुआ था। कबीर के अलावा रामानन्द के शिष्यों में रैदास, धन्ना जाट और सेन नाई के साथ पीपा को गिना जाता है। पीपा ने राजा होते हुए भी दर्जी का पेशा अपना लिया था। पद्मावती नाम की साधिका भी रामानन्द की शिष्या थीं।

रामानन्द का सम्बन्ध रामानुज के श्रीसम्प्रदाय से माना जाता है, जो ब्राह्मण सर्वोच्चता और उससे जुड़ी ऊँच-नीच की भावना पर बल देने तथा 'आचार-विचार' की रूढ़िवादिता के लिए विख्यात था। इस रूढ़िवादिता के कारण ही रामानन्द और श्रीसम्प्रदाय के सम्बन्ध तनावपूर्ण हो गए। रामानुजी श्रीसम्प्रदाय में रामानन्द को अनेक में से एक शिष्य ही माना जाता है, 'आचार्य' नहीं।

दूसरी ओर, रामानुजियों से दुःखी कुछ रामानन्दियों ने बीसवीं सदी में बाकायदा आन्दोलन चलाकर रामानुजी परम्परा से अपने सम्प्रदाय को ही नहीं, स्वयं रामानन्द को भी काट दिया। इस आन्दोलन के दौरान ही रामानन्द का समय पन्द्रहवीं की बजाय चौदहवीं सदी 'सिद्ध' किया गया। रामानन्द को 'शास्त्रसिद्ध' बल्कि भाष्यकार आचार्य 'प्रमाणित' करनेवाले 'साक्ष्य' उत्पन्न किए गए। इन्हीं 'साक्ष्यों' के आधार पर शोधकर्ताओं ने हिन्दी में रचना करनेवाले ऐतिहासिक रामानन्द को भुलाकर सम्प्रदाय द्वारा निर्मित, संस्कृत के आचार्य रामानन्द को अपना लिया।

न तो इस निर्मिति की प्रक्रिया पर ध्यान दिया गया न तो रामावत (रामानन्दी) सम्प्रदाय के इतिहास पर। रामानुज ने तो अपने सम्प्रदाय को सिद्धान्त, व्यवहार और प्रशासनिक ढाँचे के धरातल पर उदार तथा समावेशी बनाने का ही प्रयत्न किया था। आलवारों की वाणी को पंचम वेद कहना कोई साधारण बात न थी। उन्होंने श्रीसम्प्रदाय के कई मठों-मन्दिरों का कर्ता-धर्ता भी शूद्रकुलोत्पन्न लोगों को नियुक्त किया। लेकिन चौदहवीं सदी आते-आते विजयनगर के राजवंश ने श्रीवैष्णवों को बाध्य कर दिया कि वे शूद्र पदाधिकारियों को महत्त्वपूर्ण पदों से हटा दें।[1] कोई तीन सदियों बाद इसी तरह की भूमिका उत्तर भारत में जयपुर के राजवंश ने रामावत (रामानन्दी) एवं अन्य वैष्णव सम्प्रदायों के प्रसंग में निभाई।

नाभादास के 'भक्तमाल' में रामानन्द का उल्लेख सम्प्रदाय की स्थापना करनेवाले 'आचार्य' के रूप में नहीं, बल्कि 'रामानुज पद्धति के प्रताप' से 'एकते एक उजागर शिष्य-प्रशिष्य' सम्भव कर 'विश्व-मंगल' की चिन्ता करनेवाले व्यक्ति के रूप में हुआ है। राघवदास भी अपनी भक्तमाल (1660) में रामानन्द का वर्णन 'श्री रामानुज सम्प्रदा' के अन्तर्गत ही करते हैं, और कहते हैं कि रामानन्द ने 'जात-पाँत, ऊँच-नीच मेटि कै सार गह' लिया था :

रामांनंद रांम कांम सावधांन आठौ जांम,
कायागढ़ करि तमाम जीतूयौ मन घेरिकै।
जाति-पांति ऊँच-नीच मेटिकै अकाल-मीच
सार बसूत सार गहि लीनूहौ हरि हेरि कै।
ऊपजे सपूत सषि दूवादस दुनी मैं दीप,
चंदन सूं चंदन कपूर जैसे केरि के।

राघो कहै पंथ पाज थापिकैं भगत राज,
पूरौ गुर साज सरि तपै सुमेर कै।

(छप्पय, 123)

रामानंद का प्रयत्न संवाद स्थापित करने का था, संप्रदाय-निर्माण करने का नहीं। उनकी महत्त्वाकांक्षा भाष्यकार आचार्य बनने की नहीं, विभिन्न पद्धतियों के बीच सेतु बनाने की थी। विभिन्न भक्तों, संतों की अद्वितीयता का बखान गागर में सागर भरने के ढंग से करने वाले नाभादास रामानंद के व्यक्तित्व को भी एक मूल सूत्र के जरिए कह देते हैं। दीर्घजीवी रामानंद की स्तुति, उनके शिष्यों के नाम गिनाते हुए नाभादास ने इन शब्दों में की है :

अनंतानंद कबीर सुखा सुरसुरा पद्मावति नरहरि
पीपा भवानंद रैदास धना सेन सुर सुरकी घर हरि
औरो शिष्य प्रशिष्य एकते एक उजागर
विश्वमंगल आधार भक्ति के श्रद्धा के आगर
बहुत काल वपु धारिकै, प्रणतजनन को पार कियो
श्री रामानन्द रघुनाथ ज्यों, द्वितीय सेतु जगतरण कियो

(छप्पय 36)

रामानन्द को दूसरी बार सेतु बाँधने वाले रघुनाथ (या रघुनाथ द्वारा बाँधा गया दूसरा सेतु!) कहकर नाभादास रामानन्द के व्यक्तित्व और योगदान का सटीक रेखांकन कर रहे हैं। रामानन्द ने समाज के विभिन्न तबकों, उनकी जरूरतों और साधनाओं के बीच समझ और विश्वास के पुल बनाए। वैष्णव साधु नाभादास के बाँधे सेतु-रूपक की मूल भावना को कवि रवीन्द्रनाथ ठाकुर ने अपनी कवि-दृष्टि और कल्प-सृष्टि के जरिए और भी मार्मिक रूप दे दिया। उन्होंने रामानन्द पर अनेक कविताएँ रचीं। 1932 में रची गई 'शुचि' शीर्षक कविता में कबीर चतुर संयोग उत्पन्न करके रामानन्द के शिष्य नहीं बन जाते। कवि रवीन्द्र के रामानन्द हृदय की सच्ची 'शुचिता' प्राप्त करने के लिए कबीर और रैदास तक पहुँचने की पहल स्वयं करते हैं।[2]

रामानन्द के बारे में हमारी जानकारी के प्राचीनतर स्रोत संस्कृत के नहीं, देशभाषा के हैं। जो कुछ भी हम उनके बारे में प्रामाणिक रूप से जानते हैं, वह भक्तमालों और परचई जैसे देशभाषा स्रोतों से ही प्राप्त हुआ है। उनकी रचनाएँ रज्जब और गोपालदास की सर्वंगियों तथा सिक्खों के आदिग्रन्थ जैसे देशभाषा स्रोतों से ही प्राप्त होती हैं। तीन संस्कृत ग्रन्थ रामानन्द रचित माने जाते हैं—'वैष्णव मताब्ज भास्कर', 'रामार्चन पद्धति' और 'आनन्द-भाष्य'। इनमें से हरेक के प्रामाणिक पाठ को लेकर स्वयं रामानन्दियों के बीच विकट विवाद रहे। 'आनन्द-भाष्य' का मामला तो बहुत ही मनोरंजक है, जैसाकि हम देखेंगे।

हिन्दी और संस्कृत रचनाओं में प्रकट होनेवाली परम तत्त्व की धारणाओं और उपासना-विधियों में फर्क है। संस्कृत रचनाएँ सगुणोपासनापरक हैं लेकिन जाति के सवाल पर 'वैष्णव मताब्ज भास्कर' के रामानन्द भी ब्राह्मण की जन्मजात श्रेष्ठता के स्थान पर वैष्णव साधक की श्रेष्ठता पर बल देते हैं–उसका जन्म चाहे जिस जाति में हुआ हो। उपासना-पद्धति का जो फर्क हिन्दी और संस्कृत रचनाओं में है, उसका सम्बन्ध रामानन्दी (या रामावत) सम्प्रदाय के अन्तस्संघर्ष से है। हम संस्कृत रचनाओं में झलकनेवाले रामानन्द को 'संस्कृत रामानन्द' और हिन्दी रचनाओं में झलकनेवाले रामानन्द को 'हिन्दी रामानन्द' कहेंगे।

ऐसा नहीं है कि रामानन्द को संस्कृत विद्या-परम्परा का ज्ञान नहीं था। हिन्दी भाषा के माध्यम से वर्णाश्रमवादी विचारधारा का खंडन करना रामानन्द का चुनाव था, संस्कृत न जानने की मजबूरी नहीं। ठीक उसी तरह जैसे नए धर्म या पंथ की स्थापना करने की बजाय धर्म मात्र की मूलगामी समीक्षा करना कबीर का चुनाव था, मजबूरी नहीं। ऐसे चुनावों को समझना ही अध्येताओं का काम है।

लूसिए फेवब्रे की बात याद करें "जिसका वर्णन किया ही जाना चाहिए, उसे देख पाना–असल काम तो यह है," और विलियम पिंच के इस कथन पर ध्यान दें :

> अनेक लोगों को रामानन्द एक बहुत ही महत्त्वपूर्ण लेकिन उपेक्षित जगह पर खड़े लगते हैं। यह जगह है : दो प्रतिस्पर्धी हिन्दू धर्मों के बीच की जगह। एक ओर है विशिष्ट पंडितों का हिन्दू धर्म तो दूसरी ओर है रेडिकल कवियों का हिन्दू धर्म। संस्कृत ज्ञान-सम्पन्न आचार्य और वैष्णव भक्ति के विज़नरी एक साथ होने के कारण रामानन्द की जगह इन दोनों के बीच है। जिन भारतविदों को जाति व्यवस्था में केवल मूलभूत संरचनात्मक विरोध ही देखने के संस्कार घुट्टी में पिलाए गए हैं, उनके लिए मुश्किल सवाल यह है : क्या कोई व्यक्ति वर्णपटल के दोनों सिरे एकसाथ छू सकता है? रामानन्द के बारे में जानते हम इतना कम हैं कि इस सवाल का निश्चित उत्तर देना कठिन है।[3]

भारतीय इतिहास में 'वर्ण पटल के दोनों सिरे एक साथ छूने वाले' अनेक व्यक्ति हुए हैं। अश्वघोष से लेकर सरहपा और रामानन्द और फिर गांधी तक, भले ही "जाति-व्यवस्था में केवल मूलभूत विरोध देखने वाले भारतविदों" को नजर न आएँ। रामानन्द के बारे में 'सूचना दारिद्र्य' की स्थिति पाश्चात्य अध्येताओं में रिचर्ड बर्गहार्ट ने पिंच से बरसों पहले नोट की थी।[4] बर्गहार्ट से भी बरसों पहले ही आचार्य रामचन्द्र शुक्ल इस 'सूचना दारिद्र्य' की परिणतियाँ भी नोट कर रहे थे–"स्वामी रामानन्द जी का कोई प्रामाणिक वृत्त न मिलने से उनके सम्बन्ध में कई प्रकार के प्रवादों के प्रचार का अवसर लोगों को मिला है।"[5]

शारलोत वादिवेल 'आदिग्रन्थ' तथा रज्जब की 'सर्वंगी' में उपलब्ध रामानन्द के एक पद का उल्लेख करते हुए (यह पद आप आगे पढ़ेंगे), कहती हैं, "यह पद यदि

सचमुच रामानन्द का है तो उन्हें संत-मत का सच्चा अनुयायी मानना ही होगा। इस पद में मूर्तिपूजा का स्पष्ट खंडन है और परमात्मा को अदृश्य सर्वव्यापी के रूप में देखा जा रहा है, जिसकी प्राप्ति केवल सद्गुरु के सबद से ही हो सकती है।''[6]

रामानन्द को 'संत मत का सच्चा अनुयायी' मानने में बाधा वादिवेल के शब्दों में यह है कि चूँकि ''आधुनिक रामानन्दी जाति और उपासना-पद्धति के प्रश्नों पर काफी कट्टरता दिखाते हैं...'', इसलिए, ''हिन्दी रचनाओं में प्रकट होनेवाले उदार संत रामानन्द कोई और ही रहे होंगे लेकिन इन दूसरे रामानन्द के बारे में हम कुछ नहीं जानते। वे नाथपंथ से प्रभावित रहे होंगे और साथ ही वैष्णव शब्द 'राम' को पसन्द करते रहे होंगे।''[7]

आधुनिक रामानन्दी ''कट्टरता दिखाते हैं'', इसलिए रामानन्द स्वयं भी कट्टर रहे होंगे! चूँकि धर्मदासी शाखा के कबीरपंथी प्रतिमा-पूजन करते हैं, इसलिए कबीर भी प्रतिमा-पूजन के समर्थक रहे होंगे! वैसे, 'आधुनिक रामानन्दी कट्टरता दिखाते हैं' यह कथन ही निराधार है यह बात कोई भी जानकार आपको बता सकता है। मैं अपने अध्ययन और अनुभव के आधार पर जानता हूँ कि 'आधुनिक रामानन्दी' कट्टरता नहीं, अद्भुत विविधता और खुलापन दिखाते हैं। मैं तो रामानन्दी सम्प्रदाय के अतीत और वर्तमान के अपने अध्ययन के निष्कर्ष जब प्रकाशित करूँगा, तब करूँगा, डच विद्वान पीटर फान डेर फीर ने तो अयोध्या के रामानंदियों के सन्दर्भ में इस विविधता और खुलेपन का अध्ययन बीस साल पहले ही प्रकाशित कर दिया है।[8]

'एक नहीं, रामानन्द दो हुए हैं'—वादविल यह कोई नई बात नहीं कह रहीं। उसी पद को उद्धृत कर दो रामानन्दों के होने की सम्भावना आचार्य शुक्ल ने भी प्रकट की थी। विभिन्न साक्ष्यों पर विचार कर, शुक्लजी ने रामानन्द को सिकन्दर लोदी का समकालीन माना। ''ऊँच-नीच और जाति-पाँति के भाव का त्याग और ईश्वर की भक्ति के लिए मनुष्य मात्र के समान अधिकार का स्वीकार'' करनेवाले निर्गुण पंथ का 'मध्यदेश में सूत्रपात' करने का श्रेय दिया लेकिन साथ ही उन्होंने जोर देकर कहा :

> भक्तिमार्ग में इनकी उदारता का अभिप्राय यह कदापि नहीं है—जैसा कि कुछ लोग समझा और कहा करते हैं कि रामानन्द जी वर्णाश्रम के विरोधी थे। समाज के लिए वर्ण और आश्रम की व्यवस्था मानते हुए वे भिन्न-भिन्न कर्तव्यों की योजना स्वीकार करते थे। केवल उपासना के क्षेत्र में उन्होंने सबका समान अधिकार स्वीकार किया। भगवद्भक्ति में वे किसी भेदभाव को आश्रय नहीं देते थे। कर्मक्षेत्र में शास्त्रमर्यादा इन्हें मान्य थी।[9]

शुक्लजी ने ''आरती कीजे हनुमान लला की''—इस पद को तो 'वैष्णव भक्त' रामानन्द की रचना माना और उपर्युक्त तीर्थयात्रा खंडनकारी पद समेत 'ग्रन्थ साहब' में उद्धृत दोनों पदों के बारे में कहा कि ये पद ''वैष्णव भक्त रामानन्द जी के नहीं

हैं और किसी रामानन्द के हों तो हो सकते हैं।"[10] मजे की बात यह है कि हनुमान लला की आरती वाला पद किसी पुरानी पांडुलिपि में नहीं मिलता।

दो रामानन्दों की बात का कोई ऐतिहासिक आधार नहीं है। दो रामानन्दों की बात केवल इस अर्थ में की जा सकती है कि वास्तविक रामानन्द हिन्दी में रचते थे और आधुनिक निर्मिति के रामानन्द की रचनाएँ संस्कृत में हैं।

समस्या केवल शुक्लजी की या वादिवेल की नहीं। संस्कृत रामानन्द को 'प्रामाणिक' मानकर हिन्दी रामानन्द की उपेक्षा करना विद्वानों का संस्कार ही बन गया है। यह संस्कार बनाने के लिए ही शुक्लजी के समकालीन रामानन्दी विद्वान् और 'ऐक्टिविस्ट' भगवदाचार्य ने बीसवीं सदी के आरम्भ में अथक प्रयत्न किया था। भक्ति-संवेदना के अध्येता भगवदाचार्य के बारे में भले ही कुछ न जानें लेकिन जिन संस्कृत रामानन्द को वे स्वयंसिद्ध रूप से प्रामाणिक मानकर चलते हैं, उनकी निर्मिति भगवदाचार्य और उनके साथियों के द्वारा ही हुई है।

शुक्ल जी भगवदाचार्य और उनके सहयोगियों की गतिविधियों से अवगत थे। उन्होंने नोट किया :

> इधर साम्प्रदायिक झगड़े के कारण कुछ नए ग्रन्थ रचे जाकर रामानन्दजी के नाम से प्रसिद्ध किए गए हैं–जैसे ब्रह्मसूत्रों पर आनन्दभाष्य और भगवद्गीताभाष्य–जिनके बारे में सावधान रहने की आवश्यकता है। बात यह है कि कुछ लोग रामानुज परम्परा से रामानन्द जी की परम्परा को बिलकुल स्वतन्त्र और अलग सिद्ध करना चाहते हैं। इसी से रामानन्द जी को एक स्वतन्त्र आचार्य प्रमाणित करने के लिए उन्होंने उनके नाम पर एक वेदान्तभाष्य प्रसिद्ध किया है।[11]

स्पष्ट है कि जिनके बारे में कह रहे हैं, उन लोगों के साथ शुक्लजी की कोई सहानुभूति नहीं है। वे उन्हें नामोल्लेख तक के लायक नहीं मानते। साहित्य के इतिहासकार को 'साम्प्रदायिक झगड़े' से क्या वास्ता!

सच्चाई यह थी कि जिस भक्तिकाल का इतिहास शुक्लजी लिख रहे थे, उसका 'साम्प्रदायिक झगड़े' से इतना गहरा वास्ता है कि वह 'झगड़ा' इतिहास को बदले दे रहा था और इतिहासकार को पता ही नहीं चल रहा था। रामानन्द की जिस संस्कृत निर्मिति के आधार पर शुक्लजी हिन्दी रामानन्द के पदों को 'किसी और रामानन्द' के पद बता रहे थे, वह निर्मिति उन्हीं की रची थी, जो 'साम्प्रदायिक झगड़े' के कारण "रामानुज परम्परा से रामानन्द जी की परम्परा को बिलकुल स्वतन्त्र और अलग सिद्ध करना" चाह रहे थे।

रामानुजियों से 'स्वतन्त्र' होने का लक्ष्य प्राप्त करने के लिए 'स्वतन्त्रतावादी' रामानन्दियों ने पाम्परिक हिन्दी रामानन्द के स्थान पर रामानन्द की नई, संस्कृत छवि तैयार की। इस नई छवि के रामानन्द का न तो रामानुज के श्रीसम्प्रदाय से कोई वास्ता था, न ही वे दक्षिण से आए थे। संस्कृत परम्परा में बिना ब्रह्मसूत्रों पर भाष्य

किए कोई आचार्य नहीं माना जाता, सो रामानन्द 'कृत' 'आनन्द-भाष्य' खोज निकाला गया। हालाँकि आगे चलकर भगवदाचार्य ने इसे जाली घोषित कर दिया। रामानुजी परम्परा से सर्वथा 'स्वतन्त्र' गुरु-परम्परा स्थापित करने के लिए नाभादास की 'भक्तमाल' के पाठ में 'सुधार' तक किया गया। भगवदाचार्य और उनके साथी किसी ऐसी रचना को प्राचीन या प्रामाणिक मानने को तैयार न थे, जो रामानन्द की गुरु-परम्परा को रामानुजियों से जोड़ती हो।

रामानुजी ब्राह्मणवाद से 'स्वतन्त्रता' हासिल करने का रामानन्दी आन्दोलन बीसवीं सदी के आरम्भिक दशकों में, उत्तर प्रदेश और बिहार में चल रहे जातिगत आत्मसम्मान आन्दोलनों के समानान्तर चल रहा था और ये दोनों एक-दूसरे को बल दे रहे थे। विलियम पिंच की किताब ''पैजेंट्स एंड मंक्स इन ब्रिटिश इंडिया' की विषय-वस्तु यह समान्तरता ही है। अधिकांश रामानन्दियों का सम्बन्ध मध्यवर्ती, अवर्ण कही जानेवाली जातियों से ही है। रामानन्दी सम्प्रदाय की यह जातिगत विशेषता रामानन्दियों का अध्ययन करनेवाले हर व्यक्ति ने नोट की है। सत्रहवीं सदी के अद्भुत धर्मकोश 'दबिस्ताँ-ए-मज़ाहिब' के लेखक से लेकर उन्नीसवीं सदी में बंगाल, बिहार का व्यापक सामाजिक सर्वेक्षण करनेवाले फ्रांसिस बूकानन और बीसवीं सदी के फान डेर फीर और विलियम पिंच तक। 'जात-पाँत पूछे नहीं कोई' की घोषणा करने वाले रामानन्दियों का तिरस्कार करना विद्याभिमानी, वंशाभिमानी रामानुजियों का सहज संस्कार था। दूसरी ओर, रामानुजियों को उच्चतर मानना रामानन्दियों का भी संस्कार बन गया था। कुम्भ के अवसर पर रामानुजी महन्तों की पालकियाँ रामानन्दी साधु उठाते थे।

भगवदाचार्य और उनके साथियों ने अभियान इस संस्कार से स्वतन्त्रता पाने के लिए ही चलाया था। स्वयं भगवदाचार्य पर उनके विरोधी अब्राह्मण होने का 'आरोप' (!) लगाते रहते थे। उन्हें बलभद्र दास जैसे 'परम्परावादी' रामानंदियों ने 'आर्य-समाजी विष-बीज' और शैव संन्यासी स्वामी करपात्री ने 'वेद-विरोधी नास्तिक' भी कहा।

रामानुजियों और रामानन्दियों के सम्बन्धों में तनावों की अन्तर्धारा तो पिछली कई सदियों से बह रही थी; बीसवीं सदी में रामानन्दी आर-पार की लड़ाई के मूड में आ चुके थे। रामानन्द को रामानुज की शिष्य-परम्परा में माननेवाले 'परम्परावादी' (बलभद्रदास जैसे लोग) सम्प्रदाय में धीरे-धीरे अकेले पड़ते गए। सम्प्रदाय को रामानुजियों के तिरस्कार से 'स्वतन्त्र' करने में भगवदाचार्य सफल हुए। अब रामानन्दी दावा कर सकते थे कि वर्णाश्रम के सख्त पालन का आग्रह न करनेवाली, आचार-विचार से लेकर सामाजिक व्यवहार तक में उदारता बरतनेवाली उनकी जीवन-पद्धति को एक स्वतन्त्र भाष्यकार आचार्य का सैद्धान्तिक आधार प्राप्त है। भगवदाचार्य की यह सफलता सचमुच ऐतिहासिक थी।

लेकिन इस ऐतिहासिक सफलता का मोल स्वयं रामानन्द को चुकाना पड़ा। बीसवीं सदी में रचे गए, ''चौदहवीं सदी के संस्कृत रामानन्द'' के कारण पन्द्रहवीं सदी के ऐतिहासिक हिन्दी रामानन्द को अपने शिष्यों—कबीर, रैदास, पीपा आदि—से दूर होना पड़ा। रामानन्द और उनके संत साथियों के सम्बन्ध को संवेदना और कालक्रम दोनों की दृष्टि से 'असम्भाव्य' बताया जाने लगा।

संस्कृत रामानन्द की निर्मिति से सर्वथा अनभिज्ञ भक्ति-विशेषज्ञों ने संस्कृत के आचार्य रामानन्द और हिन्दी के संत कवि कबीर के आविर्भाव काल में इतना अन्तर मान लिया है कि सम्बन्ध की तो बात ही क्या, दोनों के समकालीन होने का भी सवाल ही क्या है! ऊपर से आजकल तो ब्राह्मणवाद के खंडन-विखंडन का जोश भाँति-भाँति की छटाएँ दिखा रहा है। ऐसे में होश की बात भला क्यों की जाए? इस जोश की एक छटा यह भी है कि देशभाषा स्रोतों की अक्ल और नीयत पर शक किया जाए। किसकी मजाल है कि स्वयं शक करने वालों की अक्ल पर शक कर सके!

विनांद कैल्वर्त के कुछ चमत्कार आप देख चुके हैं, एक और देखिए। अनन्तदास की परचइयों का सम्पादन और अनुवाद भी कैल्वर्त ने किया है। इस भूमिका में वे अनन्तदास के बारे में लिखते हैं :

> उन्होंने नामदेव, कबीर, रैदास, धन्ना, अंगद, त्रिलोचन और पीपा की महिमा गाई। इनसे अधिक प्रसिद्ध कवियों का चुनाव वे कर भी नहीं सकते थे। और इनमें से चार (कबीर, धन्ना, पीपा और रैदास) को वे रामानन्द का शिष्य बताते हैं। नामदेव, अंगद और त्रिलोचन इतना अरसा पहले हो चुके थे कि इनमें किसी को रामानन्द का शिष्य बताना अनन्तदास तक के इतिहास-बोध पर भारी पड़ जाता।[12]

कैल्वर्त सरीखा समृद्ध इतिहास-बोध तो बेचारे अनन्तदास को कहाँ से नसीब होता लेकिन उनका कालक्रम बोध खासा ठीक-ठाक मालूम होता है। नामदेव की परचई में उन्होंने नोट किया कि कलिकाल में पहले भक्त नामदेव हुए—''कलिजुग प्रथमि नामदे भईयौ केसौ अपनैं बस करि लीयौ।'' इतिहास-बोध सम्पन्न कैल्वर्त की भी यही राय है कि ''नामदेव का समय 1300 ई. के आसपास है।''[13] सो, इतिहास-बोध विपन्न अनन्तदास द्वारा नामदेव को कलिकाल का पहला भक्त कहा जाना ठीक तो है ही, इससे यह भी मालूम पड़ता है कि 'प्राचीन भागवत धर्म' और आरम्भिक आधुनिक काल के भक्ति आन्दोलन का अन्तर और सम्बन्ध इतिहासबोध विपन्न अनन्तदास, ग्रियर्सन से लेकर कैल्वर्त तक के इतिहास-बोध सम्पन्न विद्वानों से बेहतर ढंग से समझते थे।

अगर अनन्तदास कबीरादि को रामानन्द का शिष्य बताकर इन संतों का ब्राह्मणीकरण करने पर ही उतारू थे तो ऐसा ही उन्होंने नामदेव के साथ क्यों नहीं किया? इतिहास-बोध तो उनके पास था ही नहीं, नामदेव आदि को भी रामानन्द का शिष्य बता देते और कुछ नहीं तो वे कलिकाल में भक्ति का प्रतिपादन करने का श्रेय

तो बजाय नामदेव के रामानन्द को दे ही सकते थे। आखिरकार स्वयं रामानन्दी ही तो थे। रामानन्द का समय भी इतिहास-बोध सम्पन्न लोग नामदेव के आसपास (अर्थात् 1299-1410 ई.) ही तो मानते हैं। फर्क सिर्फ इतना सा है कि इतिहास-बोध सम्पन्न लोग बस मानते हैं, अनन्तदास जानते थे कि यह काल गलत है। रामानन्द नामदेव के नहीं, सौ बरस बाद हुए कबीर के समकालीन हैं।

इतिहास-बोध सम्पन्न लोगों का ध्यान इस इतिहासपरक बात पर जाता ही नहीं कि अनन्तदास द्वारा रामानन्द के शिष्य बताए गए चारों संत पन्द्रहवीं सदी के हैं। भंडारकर का अनुसरण करती हुई वादिवेल मानती हैं कि हिन्दू परम्परा रामानन्द का समय 1299-1410 ही मानती आई है। अपनी ओर से वे जोड़ती हैं कि "आधुनिक हिन्दू मत कबीर को वैष्णव सुधारक रामानन्द का शिष्य बनाने पर आमादा है।"[14] वास्तविकता ठीक उलटी है। रामानन्द-कबीर सम्बन्ध परम्परा से मान्य चला आ रहा है। रामानन्द की तथाकथित पारम्परिक हिन्दू तिथियाँ (1299-1410) ठेठ आधुनिक युग में प्रस्तावित और प्रचारित की गई हैं। पारम्परिक मान्यता को आधुनिक और आधुनिक निर्मिति को पारम्परिक मानने की यह उलटबाँसी अनेक आधुनिक अध्येताओं का 'पॉलिटिकली करेक्ट' संस्कार बन गई है।

विनय धारवाड़कर ने कबीर की कविताओं का अंग्रेजी में अनुवाद किया है। एक भूमिका भी लिखी है। धारवाड़कर कृत अनुवाद 'तन रत कर मन रति करिहौं' का अनुवाद 'आई हैव पेंटेड माई बॉडी रेड' में करने जैसे चमत्कारों से भरा पड़ा है। भगवान जाने ऐसी नायिकाओं के दर्शन अनुवादक ने कहाँ किए, जो मिलन के समय सारे शरीर को लाल झंडा बना लेती हों। कबीर के पद में 'रत', रति-मिलनेच्छा—का वाचक है, अनुवादक ने उसे रक्त-रत मानकर, रक्त के रंग को कबीर की कविता पर लपेड़ दिया है।

खैर, फिलहाल भूमिका की बात करें। देरिदा, फूको के उद्धरणों से जगमगाती भूमिका में धारवाड़कर पूरे आत्मविश्वास के साथ बताते हैं :

> 1600 के आसपास रचा गया जीवनियों का एक सिलसिला बताता है कि कबीर किसी विधवा ब्राह्मणी के पुत्र थे। माँ के द्वारा परित्यक्त कबीर का पालन-पोषण नीरू-नीमा नामक जुलाहा दम्पति ने किया। यह भी बताया गया है कि कबीर छलपूर्वक उच्च ब्राह्मण दार्शनिक और धर्मशास्त्री रामानन्द के शिष्य बने थे। इन कहानियों ने अनन्तदास द्वारा 1625 में रचित 'कबीर परचई' और प्रियादास द्वारा 1712 के आसपास रचित 'भक्तिरसबोधिनी' में काफी प्रभावी रूप ले लिया। ये दोनों टीकाकार रामानन्दी थे और खासी असम्भाव्यता के बावजूद कबीर को सगुण वैष्णव भक्ति के कुछ ज्यादा ही कंजरवेटिव रूप में खपाने की कोशिश कर रहे थे।[15]

फूको, देरिदा की जगर-मगर के बावजूद धारवाड़कर की ज्ञान-चदरिया के छेद हैं कि छिपाए नहीं छिप रहे। 'ज्यादा ही कंजरवेटिव' रामानंदी आज तक नहीं हैं।

आरम्भिक आधुनिक काल में तो कंजरवेटिव लोग रामानंदियों के एंटी-कंजरवेटिव रूप से परेशान थे। धारवाड़कर यदि 'दबिस्ताँ-ए-मजाहिब' के अंग्रेजी अनुवाद पर भी न सही, अंग्रेजी में ही प्रकाशित, पिंच और फान डेर फीर के कामों पर ही एक नजर डाल लेते, तो जान जाते।

प्रियादास रामानन्दी नहीं, गौड़ीय वैष्णव थे, यह बात एम.ए. में भक्ति साहित्य का परचा पढ़नेवाले छात्र भी जानते हैं। खपाना ही होता तो वे कबीर को गौड़ीय वैष्णवों में खपाते। अनन्तदास जरूर रामानन्दी थे, 'कबीर-परचई' की रचना उन्होंने 1625 में नहीं, उससे कम से कम पचीस बरस पहले की थी। उन्होंने कहीं भी कबीर को 'विधवा ब्राह्मणी का पुत्र' नहीं कहा है। अनन्तदास बेचारे तो सारी परचई में कबीर को मुसलमान जुलाहा ही बताते रहे लेकिन धारवाड़कर के परम उदार, सेकुलर, इन्क्लूसिव कानों तक अनन्तदास की ''कुछ ज्यादा ही कंजरवेटिव'' आवाज़ पहुँचे तो पहुँचे कैसे? इन कानों में औपनिवेशिक नजरिए की रुई जो ठुँसी हुई है। हाँ, धारवाड़कर की विद्वत्तापूर्ण पुस्तक की 'बिब्लियोग्राफी' में अनंतदास की परचई का नाम जरूर दर्ज है।

और भी कई विद्वान सारे देशभाषा स्रोतों को धता बताते हुए रामानन्द का समय कबीर से सौ साल पहले का मानते हैं और अनन्तदास जैसों के इतिहास-बोध पर तरस खाते हैं। वे रामानन्द-कबीर की पारम्परिक मान्यता को ब्राह्मणों की साजिश की सफलता भी बताते हैं। इस सारे बताने का एकमात्र आधार है–''अगस्त्य संहिता का भविष्योत्तर खंड''–जिसमें रामानन्द का जन्म विक्रमी संवत 1356 (यानी 1299 या 1300 ई.) और निधन 1467 (1410 ई.) में बताया गया है।

तार्किक तरीका तो यह है कि यदि कोई एक स्रोत बाकी सारे स्रोतों के विपरीत सूचना दे रहा है तो उसकी प्रामाणिकता जाँची जाए। सोचा जाए कि क्या वजह है कि हरीराम व्यास, अनन्तदास, निर्वाण साहब (गुजराती), महीपति (मराठी) और अन्य अनेक लोगों के विपरीत 'भविष्योत्तर खंड' रामानन्द को एक सदी पीछे खींचकर चौदहवीं सदी में ले जा रहा है।

लेकिन खोज जब भारतीय इतिहास में की जा रही हो, तो ब्राह्मणवाद के अग्निभक्षी विरोधियों को भी देशभाषाओं की तुलना में देववाणियों के स्रोत ही प्रामाणिक लगते हैं। आप तय जानिए कि यदि अनन्तदास, संस्कृत, फारसी या अंग्रेजी में लिख रहे होते तो कैल्वर्त और धारवाड़कर उनके साक्ष्य को गम्भीरता से लेते और 'भविष्योत्तर खंड' को असंदिग्ध आकाशवाणी न मान लेते।

औपनिवेशिक नजरिया देशभाषाओं के रचनाकारों को 'सीधे-साधे, भोले-भाले' लोग मानकर चलता है। ऐसे लोगों के 'सहज-बोध की तारीफ' तो कभी-कभार की जा सकती है लेकिन उनके इतिहास-बोध या ज्ञानकोष पर तो तरस ही खाया जा सकता है। इस नजरिए की आधारभूत मान्यता है कि उपनिवेशीकृत होने के पहले

भारत और अन्य गैर-यूरोपीय समाजों में न तो 'रेशनल डिसकोर्स' की सम्भावना थी, न 'हिस्टॉरिकल मेमोरी' की। न तो 'सोशल नेगोशिएसन' की गुंजाइश थी, न 'पब्लिक स्फीयर' की। होती कैसे—इन सब चीजों का तो आविष्कार ही यूरोप ने किया है। बाकी समाजों में तो कुछ लोग साजिशें करने में सिद्धहस्त थे और कुछ लोग बुद्धू बनने के लिए अभिशप्त।

इस नजरिए से परिचालित लोगों में यूरोपीय भी हैं, गैर-यूरोपीय भी। इसमें निहित अहंकार से लोहा लेनेवालों में भी दोनों तरह के लोग हैं। औपनिवेशिक नजरिए का प्रतिवाद भारत-व्याकुलता या अफ्रीका-व्याकुलता से नहीं किया जा सकता। यह प्रतिवाद यूरोपीय आधुनिकता की भौतिक और दार्शनिक उपलब्धियों को खारिज करके, सांस्कृतिक अस्मिता के नाम पर ऊट-पटाँग रूढ़ियों या फैंटेसियों को स्वीकृति और मान्यता देकर भी नहीं किया जा सकता।

प्रतिवाद करने का तरीका सीधा-सा है। ऐतिहासिक स्रोतों की आवाज को ध्यान और सम्मान से सुनने की कोशिश करना। जो आपको यों ही दीख जाए, उसका वर्णन करने के साथ-साथ उसे भी देखने की साधना करना, "जिसका वर्णन किया ही जाना चाहिए।" कुछ भी 'मान लेने' के पहले थोड़ा-सा जान लेने की चेष्टा करना। अपने ज्ञान पर मुग्ध होकर फतवे देने और सारे भारतीय सांस्कृतिक अनुभव में सिर्फ ब्राह्मणों की चतुराई सूँघते फिरने से बेहतर है—ज्ञात से अज्ञात की ओर चलते हुए किसी निष्कर्ष पर पहुँचना। रामानन्द का काल और कबीर के साथ उनका सम्बन्ध निर्धारित करने के प्रसंग में यह काम डेविड लोरेंजन ने किया है। इसीलिए इस मामले में उनके विचार अन्य विद्वानों से अलग हैं।

रामानन्द के बारे में हम बहुत कम जानते हैं, यह सच है, साथ ही यह भी सच है कि जो कुछ जानते हैं, देशभाषा स्रोतों की बदौलत ही जानते हैं। उस समय के संस्कृत स्रोत तो रामानन्द का उल्लेख तक नहीं करते। देशभाषा स्रोत उन्हें कबीर का गुरु बताते हैं। अनन्तदास तो चलिए मान लिया कि स्वयं रामानन्दी थे लेकिन प्रियादास, ओरछा वाले हरिराम व्यास और 'दबिस्ताँ' का लेखक? हरिराम शुक्ल 'व्यास' की 'विद्यमानता' डॉ. प्रभुदयाल मीतल ने 1510-1598 मानी है और नोट किया है कि "व्यास जी ने विधि-निषेध पै जैसो प्रहार कियौ है, वैसो संतन में कबीरदास और भगतन में विहारिनदास कूँ छोड़ि कै अन्य काहू संत या भगतन की रचनान में नाहिं मिलै है।"[16] ये व्यासजी राधावल्लभ सम्प्रदाय के थे। चाहते तो कबीर को अपने सम्प्रदाय के सैद्धान्तिक स्रोत निंबार्काचार्य के शिष्यों में 'खपा' लेते। 'दबिस्ताँ' का लेखक तो किसी भी सम्प्रदाय का वैष्णव क्या, हिन्दू तक नहीं था और 'दबिस्ताँ' का रचनाकाल 1645 से 1653 के बीच है।

इस तथ्य का क्या मतलब निकाला जाए—जो भगवती प्रसाद सिंह ने 1957 में ही याद दिलाया था : "रामानन्द की अधिकांश हिन्दी रचनाएँ कबीरपंथी स्रोतों से

प्राप्त होती हैं।''[17] रामानन्द के तीनों प्रसिद्ध पद प्रेमदास उतराधा के गुटके में भी पृष्ठ 242-43 पर संकलित हैं। इसकी चर्चा हम पिछले अध्याय में कर चुके हैं। जोधपुर के प्राच्य विद्या संस्थान में सुरक्षित 1751 ई. की पांडुलिपियों के गुटके (ग्रन्थांक 36155) में भी रामानन्द की एक रचना–'मानसी सेवा' संकलित है। इस गुटके में संकलित दूसरी रचना है, संत धन्ना जाट की परचई।

'मानसी सेवा' 'रामानन्द की हिन्दी रचनाएँ' के मूल सम्पादक डॉ. पीताम्बरदत्त बड़थ्वाल के निधन के बाद नागरीप्रचारिणी सभा को श्री उदयनारायण शास्त्री के संग्रह से प्राप्त हुई थी लेकिन 'सभा' द्वारा प्रकाशित 'रामानन्द की हिन्दी रचनाएँ' में इसका पाठ काफी विकृत हो गया है। रचना का मिजाज नाम से ही जाहिर है।

क्या कबीरपंथ और दादूपंथ ब्राह्मणवादी पंथ हैं? रामानंद की रचनाओं को सुरक्षित रखने का प्रयत्न इन्हीं पंथों ने आखिर क्यों किया? ऐसे सवाल तभी पूछे जाएँगे जबकि अनन्तदास सरीखे रामानंदी और प्रेमदास उतराधा जैसे दादूपंथी की बुद्धि पर शक करने के पहले, अध्येतागण अपनी बुद्धि पर भी थोड़ा दृष्टिपात करने का कष्ट करें।

गैर-यूरोपीय समाजों की यूरोप के साथ समानता और विलक्षणता के साथ संवाद करना जरूरी है। ऐसे संवाद के बिना या तो सब एकसा-नजर आएगा या सब अलग-अलग सा ही दिखेगा। किसी भी समाज में प्रचलित स्मृति-संरक्षण की विधियों को ठीक से समझे बिना, उसके अतीत को ही नहीं, वर्तमान को भी, समझने के नाम पर आप विकृत ही करते हैं। किसी भी परम्परा की जटिलता और उसके मुहावरों को समझने के लिए धीरज और संवेदनशीलता की जरूरत है।

हिन्दू, मुस्लिम, भारतीय अथवा चीनी–कोई भी परम्परा, परम्परा होती है, साजिशों की संदूकची नहीं। किसी समाज के सदस्य, अंग्रेजी, फ्रेंच या स्पेनिश न लिखते-बोलते हों, तो भी सोचने-समझने वाले इन्सान ही होते हैं, बुद्धूपन के पिटारे नहीं!

जिस बुद्रि में इस सीधी सी सच्चाई के लिए गुंजाइश नहीं, उसे अनन्तदास दयनीय ही नजर आएँगे और 'अगस्त्य संहिता' प्रामाणिक। सो भी यह जाने बिना कि 'अगस्त्य संहिता' है क्या चीज।

2. *अगस्त्य संहिता की गुत्थी*

रामानन्द का समय निर्धारित करते समय सभी अध्येता 'अगस्त्य संहिता' का हवाला देते हैं। लगता है कि यह संहिता अध्येता की आँखों के सामने ही है लेकिन आप किसी विद्वान के सामने यह संहिता देखने की इच्छा प्रकट मत कर दीजिएगा। वास्तविक 'अगस्त्य संहिता' का अध्ययन आधुनिक विद्वानों में से, मेरे अलावा, केवल हंस बाकर ने किया है। बाकर के अध्ययन का प्रसंग है, उत्तर भारत में रामोपासना का विकास और अयोध्या का इतिहास। रामानन्द का काल-निर्धारण उनके विषय-क्षेत्र के बाहर है।

अन्य अध्येताओं के लिए तो 'अगस्त्य संहिता' परमपिता परमात्मा जैसी है। देखा किसी ने नहीं, कसमें सब खाते हैं। जिन रामानन्द के विषय में हम 'सूचना दारिद्रय' की बात करते हैं उनके, तथा उनके बारह शिष्यों के जन्मादि के बारे में 'अगस्त्य संहिता' के तथाकथित 'भविष्योत्तर खंड' के पाँच अध्याय इतनी प्रिसाइज सूचना देते हैं कि ताज्जुब होता है। इनमें बताया गया है कि रामानन्द का जन्म संवत् 1356 विक्रमी की माघ कृष्ण सप्तमी को प्रयाग में हुआ था। उनका निधन संवत् 1410 की वैशाख शुक्ल तृतीया को बताया गया है। इसी तरह की 'बिलकुल ठीक' तिथियाँ बारहों शिष्यों की भी बताई गई हैं।

विद्वज्जगत को 'अगस्त्य संहिता' से परिचित (!) कराने का श्रेय आर.जी. भंडारकर को जाता है। 'वैष्णविज्म, शैविज्म एंड माइनर रिलीजस सिस्टम्स' (1913) में भंडारकर ने रामानन्दियों तथा अन्य वैष्णवों की पारम्परिक मान्यता पर आधारित, मैकालिफ की इस मान्यता का खंडन किया है कि रामानन्द दक्षिण के थे और उनका समय पन्द्रहवीं सदी का है। भंडारकर ने कहा :

> श्री मैकालिफ रामानन्द का जन्म-स्थान मायलकोट बताते हुए कहते हैं कि वे पन्द्रहवीं सदी तक सक्रिय थे। इसे वे कबीर की जन्मतिथि (1398) के साथ संगत पाते हैं। जो प्रमाण [अथॉरिटी] मैंने देखा है, उसके अनुसार रामानन्द का जन्म प्रयाग के कान्यकुब्ज दम्पति पुण्यसदन और सुशीला के घर हुआ था। उनकी जन्मतिथि कलियुग के 4400 वर्ष पूरे होने पर अर्थात् 1356 विक्रमी बताई गई है। इसका मतलब हुआ–1299 या 1300 ई.। यह तिथि रामानुज और रामानन्द के बीच तीन पीढ़ियाँ मानने की पारम्परिक मान्यता के अनुकूल पड़ती है। रामानुज का निधन आमतौर से 1137ई. में माना जाता है। हालाँकि इससे उनकी आयु 120 वर्ष माननी होगी। चौदहवीं सदी के अन्त और 1137 की तुलना में 1137 और 1300 के बीच तीन पीढ़ियों का होना अधिक सम्भाव्य है। इसलिए रामानन्द का समय पन्द्रहवीं सदी तक खींचना स्पष्टतया गलत है और मेरे द्वारा देखी गई पुस्तक में दी गई तिथि बहुत करके सही है।[18]

1137 और 1300 के बीच तीन पीढ़ियाँ होना उतना ही संभाव्य या असंभाव्य है, जितना 1137 और चौदहवीं सदी के अन्त के बीच तीन पीढ़ियाँ होना। वैसे भी, रामानुज-रामानन्द के बीच तीन ही पीढ़ियाँ मानने का 'पारम्परिक' स्रोत भंडारकर नहीं बताते। उन्होंने अपनी देखी 'अथॉरिटी' का परिचय फुटनोट में दिया है : "अगस्त्य संहिता के अध्याय–रामनारायण दास द्वारा सं. 1960 अर्थात् 1904 ई. में सम्पन्न अनुवाद सहित।"

सवाल यह है कि ये अध्याय सचमुच 'अगस्त्य संहिता' के हैं क्या? या फिर 'अनुवादक' रामनारायणदास ही मूल के भी रचयिता हैं? सवाल यह भी है कि इन अध्यायों को प्रामाणिक जताने के लिए 'अगस्त्य संहिता' का ही नाम क्यों लिया गया?

ॐ

ब्रह्मर्षि श्री अगस्त्य जी के श्रीमुख से निःसृत

अगस्त्य-संहिता

(पूर्वभाग)

हिन्दी-टीकाकार :

पं० महावीर प्रसाद मिश्र

"साहित्यभूषण"

प्रकाशक :

बिद्याबारिधि-ग्रन्थमाला-प्रकाशन

कनखल (हरिद्वार)

वास्तविक 'अगस्त्य संहिता'—हरिद्वार संस्करण (1985) का मुखपृष्ठ

॥ श्रीः ॥

श्रीमज्जनकनन्दनी रघुनन्दनौ विजयेतेतराम्म्

श्रीमदगस्त्यसंहितान्तर्गत-

श्रीरामानंदजन्मोत्सवकथा

पण्डित-रामनारायणदासजी कृत

भाषाटीकयाऽलङ्कृता,

तत्कृतभाषाटीकायुत-

श्रीरामानन्दजन्मोत्सवाष्टकञ्च,

तत्कृतंश्रीरामानन्दाष्टकञ्च,

तदिदं

वैष्णव रामदासजी श्रीगुरुगोकुलदालजी

(रणहर पुस्तकालय)

डाकोर.

इत्यनेन मुंबय्यां

" जगदीश्वराख्य " मुद्रापयित्वा प्रकाशितम् ।

संवत् १९६३, शके १८२८.

यह पुस्तक सन् १८६७ के २५ के आक्ट मुजब रजिश्टर कराके छापने और छपवानेका हक प्रसिद्धकर्त्तानें अपना स्वाधिनमें रख्खा है.

रामनारायणदास द्वारा रचित 'रामानन्दजन्मोत्सव कथा'
(अगस्त्य संहिता के तथाकथित 'भविष्य खंड' के पाँच अध्याय)

অগস্ত্য-সংহিতা।

অগস্ত্য, সংহিতা

শ্রীকমলকৃষ্ণ স্মৃতিতীর্থ

কর্ত্তৃক অনূদিত।

অনু. শ্রীকমলকৃষ্ণ স্মৃতিতীর্থ

প্রকাশক- শ্রীমনোরঞ্জন বনর্জী

কলিকাতা,

হিতবাদী লাইব্রেরী হইতে

শ্রীমনোরঞ্জন বন্দ্যোপাধ্যায় দ্বারা প্রকাশিত

হিতবাদী লাইব্রেরী কলকাতা

ও

৭০ নং কলুটোলা ষ্ট্রীট, হিতবাদী প্রেস হইতে

শ্রীবিনোদবিহারী চক্রবর্ত্তী দ্বারা মুদ্রিত।

সন ১৩১৭ সাল।

মূল্য এক টাকা মাত্র।

वास्तविक 'अगस्त्य संहिता' (बांग्ला अनुवाद सहित), कोलकाता, 1910 का मुखपृष्ठ

भंडारकर द्वारा 'देखी गई' 'अथॉरिटी' की प्रति मेरे पास भी है। यह मुझे इटालियन विदुषी पिनुकिया कराकी के सौजन्य से प्राप्त हुई। इसके मुखपृष्ठ पर लिखा है—*श्रीमद् अगस्त्य संहितान्तर्गत श्रीरामानन्दजन्मोत्सव कथा पंडित रामनारायण दास जी कृत भाषाटीकालंकृता तत्कृत भाषाटीकायुत-श्रीरामानन्दजन्मोत्सवाष्टकञ्च, तत्कृतंश्रीरामानन्दाष्टकञ्च।*

पुस्तक के अन्त में इसका रचना वर्ष 1960 वि. दिया गया है लेकिन इसका प्रकाशन डाकोर के वैष्णव रामदासजी ने 1963 वि. (1906 या 1907 ई.) में मुम्बई से किया।

पुस्तक के अनुसार, श्रीरामानन्द जन्मोत्सव कथा अगस्त्य सुतीक्ष्ण संवाद रूपी 'अगस्त्य संहिता' के 'भविष्य खंड' के एक सौ इकतीसवें से लेकर एक सौ पैंतीसवें अध्याय तक है, इन्हीं की भाषाटीका रामनारायणदासजी ने कर दी है। रामानन्दी परम्परा के रसिक सम्प्रदाय से सम्बन्धित श्री सीतारामशरण भगवानप्रसाद 'रूपकला' ने भी भक्तमाल की अपनी टीका ('भक्तिसुधास्वादतिलक') में इन्हीं अध्यायों से कुछ श्लोक उद्धृत किए हैं। यह 'तिलक' 1903 से 1909 तक किश्तों में प्रकाशित होता रहा। 'रूपकला' द्वारा प्रयुक्त पोथी का नाम 'श्री अगस्त्य संहिता भविष्योत्तर खंड' है और वह "हजारीलाल गणेशप्रसाद, कुंजगली, काशी से मिलती है।"[19]

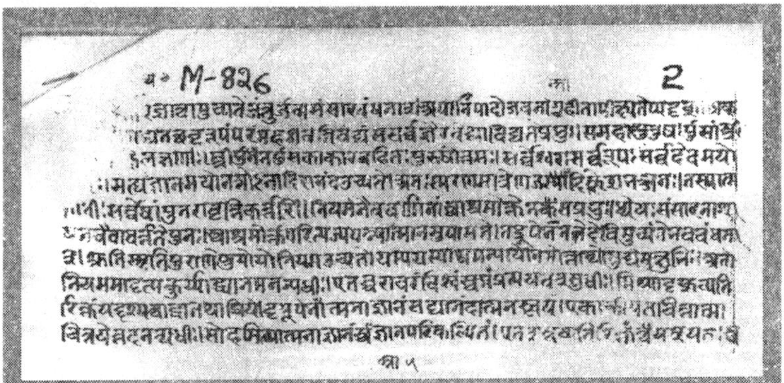

'अगस्त्य संहिता' (लाहौर पांडुलिपि) का पृष्ठ दो

मजे की बात यह कि वास्तविक 'अगस्त्य संहिता' में न कोई 'भविष्य खंड' है, न कोई 'अतीत खंड'।

मेरे पास 'अगस्त्य संहिता' की तीन प्रतियाँ हैं। पहली है : 56 पृष्ठों की पांडुलिपि की डिजिटल कॉपी। यह पांडुलिपि मूलतः लाहौर की लालचंद रिसर्च लाइब्रेरी में सुरक्षित थी। आजकल यह डी.ए.वी. कॉलेज, चंडीगढ़ के पुस्तकालय में पांडुलिपि क्रमांक एम. 826 के तौर पर मौजूद है। वहाँ से इसकी कापी बनाने का काम मेरे छात्रों—टायलर विलियम और दलपत राजपुरोहित ने किया। पांडुलिपि "प्राचीन, अपूर्ण और जीर्ण-शीर्ण" है, आरम्भ के पाँच पन्ने गायब हैं।

दूसरी 'अगस्त्य संहिता' हितवादी लाइब्रेरी, कोलकाता से 1315 बंगाब्द यानी 1909 या 1910 ई. में प्रकाशित है। इसमें मूल श्लोक बांग्ला लिपि में दिए गए हैं, जिनका बांग्ला अनुवाद पं. कमलकृष्ण स्मृतितीर्थ ने किया है। अनुवादक का कहना है, "मैंने चार पांडुलिपियों के आधार पर पाठ स्थिर किया है। एशियाटिक सोसायटी और संस्कृत कॉलेज की पांडुलिपियाँ, और दो मेरे अपने गाँव से प्राप्त।"

इस संस्करण की प्रति मैंने वाराणसी की गोयनका संस्कृत पाठशाला से वहाँ के डिप्टी लाइब्रेरियन पं. इन्दुशेखर तिवारी के सौजन्य से प्राप्त की। यह कोलकाता की नेशनल लाइब्रेरी में भी है। वहाँ इसका कॉल नम्बर है--180.जे.डी. 90.13।

तीसरी है : 'अगस्त्य संहिता'—पूर्व भाग। सं. 2042 (1985 ई.) में हरिद्वार से प्रकाशित। इसका हिन्दी अनुवाद पं. महावीर प्रसाद मिश्र ने किया है। उन्हें इसकी पांडुलिपि विद्या-वारिधि पुस्तकालय, हरिद्वार और अलवर स्टेट की लाइब्रेरी से मिली। वे बताते हैं, 'अगस्त्य संहिता' में कुल बत्तीस अध्याय हैं लेकिन धनाभाव के कारण फिलहाल वे केवल ग्यारह (पूर्व भाग) का प्रकाशन कर पा रहे हैं'। यह 'अगस्त्य संहिता' मुझे अपने परम मित्र, श्रेष्ठ कवि समीर वरण नंदी की सहायता से प्राप्त हुई।

इन तीनों प्रतियों का पाठ एक सा है। हंस बाकर द्वारा दिए गए विस्तृत उद्धरणों से तुलना करने पर मालूम पड़ा कि उनके द्वारा विश्लेषित 'अगस्त्य संहिता' भी उपर्युक्त प्रतियों वाली ही है।

'अगस्त्य संहिता' रामोपासना परम्परा के सर्वाधिक महत्त्वपूर्ण ग्रन्थों में से है। इसमें विष्णु उपासना पद्धति का 'रामीयकरण' स्पष्ट लक्ष्य किया जा सकता है। हंस बाकर का कहना है :

> [रामोपासना का दौर शुरू होने पर] पुरानी वैष्णव मान्यताएँ ज़ारी रहीं। विष्णु की प्रतिमा ने अब राम प्रतिमा का रूप ले लिया। पूजाविधि में भी किसी बुनियादी बदलाव की जरूरत न थी हालाँकि नए देवताओं के ध्यानादि के लिए मन्त्रों, स्तोत्रों में कुछ परिवर्तन जरूरी थे। यह ज़रूरत पूरी करने के लिए 11वीं-12वीं सदियों में रामोपासना के कुछ ग्रन्थ रचे गए। इसी समय से रामोपासना के प्रथम पुरातात्विक साक्ष्य भी मिलने लगते हैं।
>
> इन ग्रन्थों में से तीन सर्वाधिक प्राचीन प्रतीत होते हैं। ये हैं : रामपूर्वतापनीय उपनिषद्, बुद्धकौशिक रचित रामरक्षा स्तोत्र और अगस्त्य संहिता। इनमें से अगस्त्य संहिता सब से विशद है। इसमें पाञ्चरात्र संहिताओं में वर्णित वैष्णव पूजा विधि को ही अपना लिया गया है। लेकिन यह संहिता व्यूह सिद्धान्त में विष्णु के स्थान पर राम को स्थापित करती है।[20]

'अगस्त्य संहिता' को प्राचीन आगम साहित्य के नारद पाञ्चरात्र का हिस्सा माना जाता है, लेकिन इसका वर्तमान पाठ रामोपासना के उद्‌भव के बाद ही विकसित हुआ

है। अगस्त्य और सुतीक्ष्ण के संवाद के रूप में रचित यह संहिता विष्णु की उपासना को रामोपासना का रूप देती है। इसके छब्बीसवें और सत्ताइसवें अध्यायों में रामनवमी व्रत-विधान का विस्तार से वर्णन किया गया है। हंस बाकर बताते हैं कि इनमें से एक अध्याय हेमाद्रि के *चतुर्वर्गचिन्तामणि* (रचना काल-1260 ई.) में पूरे का पूरा उद्धृत है। हेमाद्रि से एक सदी पहले के लक्ष्मीधर के *क्रियाकल्पतरु* (1125-1145 ई.) में रामनवमी व्रत का उल्लेख नहीं मिलता।[21]

'अगस्त्य संहिता' के रचना-काल के बारे में आन्तरिक और बाह्य साक्ष्यों के आधार पर बाकर का यह निष्कर्ष तर्कसंगत है कि 'इसकी रचना बारहवीं सदी में, वाराणसी में हुई।'[22]

'भविष्योत्तर खंड' को बिना विचारे 'प्रामाणिक' मान लेनेवाले काश वास्तविक 'अगस्त्य संहिता' देखते। तब यह रोचक तथ्य उनकी निगाह में आता कि 1145 और 1260 (बहुत करके 1200 के पहले ही) के बीच रचित ग्रन्थ के आधार पर रामानन्द का जन्म समय 1299 बताया जा रहा है! और तब वे हमें बता पाते कि 'अगस्त्य संहिता' रचने वाले ऋषि कितने सक्षम भविष्यद्रष्टा—कहिए कि भारत के नॉस्ट्रॉडेमस थे! यह तथ्य उन्हें मालूम पड़ता कि 'अगस्त्य संहिता' में रामानन्द या उनके किसी शिष्य का नामोल्लेख तक नहीं है! होता कैसे? इतनी प्रगतिशील इतिहास-दृष्टि 'अगस्त्य संहिता' के रचयिता के पास थी ही नहीं कि दो सौ साल बाद होनेवाले रामानंद और उनके शिष्यों का विवरण लिख सके!

पिनुकिया कराकी ने जरूर यह सवाल उठाया है कि ये 'अध्याय', 'अगस्त्य संहिता' में जोड़े कब गए? कराकी के इस सवाल पर आने के पहले, 'अगस्त्य संहिता' की विषय-वस्तु का थोड़ा परिचय प्राप्त कर लें। चंडीगढ़ पांडुलिपि और कोलकाता संस्करण दोनों में बत्तीस अध्याय हैं। हरिद्वार संस्करण में ग्यारह अध्याय हैं, इसीलिए यह 'पूर्व भाग' है।

चंडीगढ़ पांडुलिपि और हरिद्वार संस्करण में अध्यायों के शीर्षक नहीं हैं। हर अध्याय 'इतिश्री अगस्त्य संहितायां परम रहस्यकथनम्' की पुष्पिका के साथ समाप्त होता है। कोलकाता संस्करण में भी ऐसा ही है लेकिन टीकाकार ने आरम्भ में एक विषय-सूची पाठकों की सुविधा के लिए जोड़ दी है। इसमें उन्होंने हर अध्याय की थीम बता दी है। पहले अध्याय में है—अगस्त्य द्वारा सुतीक्ष्ण को शिव-पार्वती संवाद सुनाना। दूसरे का विषय है—ब्रह्म ज्ञान निरूपण। तीसरा है—रामावतार वर्णन। इसी पद्धति का पालन करते हुए टीकाकार स्मृतितीर्थ ने बत्तीसवें अध्याय को विषय-सूची में शीर्षक दिया है—हनुमान मन्त्र महात्म्य।

सातवें अध्याय में राम मन्त्र निरूपण है और आठवें में इस मन्त्र की गुरु-परम्परा बताई गई है। यह परम्परा आरम्भ होती है, स्वयं ब्रह्मा से और अन्तिम नाम है, शौनक ऋषि का। *समूची 'अगस्त्य संहिता' में कहीं भी किसी भी 'ऐतिहासिक'*

व्यक्ति का नाम तक नहीं है। केवल 'पौराणिक' व्यक्तियों के ही नाम इसमें आए हैं। इसमें शामिल हैं शिव, पार्वती, राम, लक्ष्मण, हनुमान, वशिष्ठ और व्यास आदि।

अब कराकी के सवाल की ओर चलें। उन्होंने रामनारायण दास कृत 'श्री रामानन्द जन्मोत्सव कथा' अर्थात् भंडारकर द्वारा 'अथॉरिटी' के रूप में प्रयुक्त 'भविष्योत्तर खंड' के पाँच अध्यायों का इटालियन में अनुवाद किया है। इस अनुवाद की भूमिका का एक परिच्छेद है : "कौन-सी अगस्त्य संहिता?" कराकी की पुस्तक पढ़ने में जामिया मिलिया इस्लामिया, दिल्ली में स्पेनिश भाषा की शिक्षिका डॉ. नूरीं ने मेरी सहायता की। उपर्युक्त परिच्छेद का तो उन्होंने मेरे लिए अंग्रेजी अनुवाद ही कर दिया।

कराकी प्रश्न करती हैं : "यह देखना होगा कि हमारे द्वारा अनूदित टेक्स्ट 'अगस्त्य संहिता' में कब जोड़ा गया, और यह किस 'अगस्त्य संहिता' का अंश है?"

जाहिर है, कराकी देख पा रही हैं कि 'भविष्य खंड' बाद में जोड़ा गया है लेकिन उन्हें लगता है कि 'अगस्त्य संहिता' के तीन-चार सर्वथा भिन्न-भिन्न पाठ उपलब्ध हैं। बाकर द्वारा प्रयुक्त पाठ को कराकी 'अगस्त्य-सुतीक्ष्ण संवाद' कहती हैं। वस्तुतः यह इस संहिता के सभी पाठों का उपशीर्षक है। बाकर द्वारा प्रयुक्त पाठ के बारे में कराकी का कहना है :

> मेरा विचार है कि यह कई अगस्त्य संहिताओं में से बस एक है। इसके अनेक संस्करण (लखनऊ-1898, अयोध्या-तिथि अज्ञात, कोलकाता-1910, मैसूर-1957) हुए हैं। अन्य अगस्त्य संहिताएँ केवल पांडुलिपि रूप में ही उपलब्ध हैं। हमारे अध्ययन के लिए सीधी दिलचस्पी के विषय हैं ये पाँच अध्याय जो अगस्त्य सुतीक्ष्ण संवाद के भविष्य खंड के अंग होने का दावा करते हैं लेकिन अगस्त्य संहिता के अध्येता इसमें सिर्फ 32 या 35 अध्याय बताते हैं। प्रकाशित रूपों में भी इतने ही अध्याय मिलते हैं जबकि विचाराधीन ग्रन्थ तो काफी बड़ा प्रतीत होता है। इसमें अनेक अध्यायों वाले कई खंड होने चाहिए। अकेले भविष्य खंड में ही कम से कम 135 अध्याय हैं। इस प्रसंग में यह स्मरणीय है कि अगस्त्य सुतीक्ष्ण संवाद के जिन संस्करणों का बी. भट्टाचार्य और बाकर ने अलग-अलग अध्ययन किया है, उनमें रामानन्द का उल्लेख नहीं है। बाकर द्वारा निर्धारित रचनाकाल (1145-1260) को देखते हुए यह सम्भव भी नहीं है...
>
> तब हमें किसी अन्य अगस्त्य संहिता के बारे में सोचना पड़ेगा...
>
> ...अगस्त्य संहिता शीर्षक से अनेक पांडुलिपियाँ उपलब्ध हैं। ऐसी पांडुलिपि की खोज होनी चाहिए जिसमें रामानन्द जन्मोत्सव प्राप्त हो। ऐसी पांडुलिपि रामानन्दी सम्प्रदाय में उपलब्ध होनी चाहिए क्योंकि मेरे द्वारा अनूदित ग्रन्थ को प्रकाशित करनेवाले पंडित रामनारायण दास बहुत करके रामानन्दी ही थे।[23]

कराकी 1910 के कोलकाता संस्करण का उल्लेख तो करती हैं लेकिन इस बात पर ध्यान नहीं देतीं कि यह संस्करण चार पांडुलिपियों पर आधारित है और अलवर और हरिद्वार पांडुलिपियों पर आधारित संस्करणों, लाहौर पांडुलिपि और बाकर द्वारा प्रयुक्त लखनऊ संस्करण (1898) से एकदम मिलता है। बाकर के अनुसार नेशनल कैटेलॉग कैटेलॉगोरम में 'अगस्त्य संहिता' नाम से दस प्रविष्टियाँ हैं। इनमें से आठ की चर्चा पिछले वाक्य में हो चुकी। 'अगस्त्य संहिता' उर्फ 'अगस्त्य सुतीक्ष्ण संवाद' की दस में से आठ पांडुलिपियों में 'रामानन्द जन्मोत्सव' का कोई अता-पता नहीं है; इतना तो मैं विश्वासपूर्वक कह सकता हूँ। बाकी दो में होने का भी कोई सवाल नहीं क्योंकि 1145-1260 के बीच रचित ग्रन्थ में 1299 (वस्तुतः इसके भी कम से कम सौ साल बाद!) में जन्मे व्यक्ति का उल्लेख होना जरा मुश्किल ही है!

कराकी को लगता है कि रामानन्द जन्मोत्सव युक्त 'अगस्त्य संहिता' रामानन्दी सम्प्रदाय में उपलब्ध होनी चाहिए। रामानन्द के काल-निर्धारण का प्रश्न रामानुजी-रामानन्दी सम्बन्ध के प्रश्न से गुँथा हुआ है। इस प्रश्न का विस्तृत विवेचन हमें आगे करना ही है लेकिन एक बात यहीं कर लेना अच्छा होगा।

बीसवीं सदी के तीसरे दशक तक अधिकतर रामानंदी, भगवदाचार्य की इस बात से सहमत हो चुके थे कि रामानंद का रामानुजी परम्परा से कोई लेना-देना नहीं था। लेकिन विवाद जारी था। इस विवाद के क्रम में रामानुज-रामानन्द सम्बन्ध के प्रबल समर्थक बलभद्रदास ने 'वैष्णव मताब्ज भास्कर' और 'रामार्चन पद्धति' का संयुक्त संस्करण 1928 में, जयपुर के बालानन्द मठ के महन्त श्रीरामकृष्णानन्द के सहयोग से प्रकाशित किया। इसके तीन हिस्से हैं–प्रस्तावना, 'प्रस्तुत प्रसंग' शीर्षक से लिखा गया विस्तृत आमुख और 'भास्कर' तथा 'पद्धति' के पाठ। तीनों हिस्सों की पृष्ठ सं. अलग-अलग दी गई है। रामानुज-रामानन्द सम्बन्ध के विरोध में दिए जानेवाले तर्कों का खंडन करते हुए बलभद्रदास 'भविष्योत्तर खंड' के बारे में 'प्रस्तुत प्रसंग' में कहते हैं :

> इस ग्रन्थ का नाम 'अगस्त्य संहिता भविष्योत्तर खंड' लिखा है किन्तु 'अगस्त्य संहिता' में कोई 'भविष्योत्तर खंड' है ही नहीं बल्कि सिवा अध्याय के उसमें कोई भी खंड विभाग नहीं है। वह तो कुल 33 अध्याय की पुस्तक ही है, जो एक सिलसिले से वर्णित है। ऐसा ही छापे की पुस्तक में भी है और हस्तलिखित में भी। किन्तु उपर्युक्त 'भविष्योत्तर खंड' 131वें अध्याय से प्रारम्भ हुआ है। इससे जान पड़ता है कि लेखक ने अगस्त्य संहिता को बिना देखे ही अनुमान से उसके लिए 130 अध्याय छोड़कर 131 अध्याय से शुरू किया है। यदि उनको यह ग्रन्थ प्राप्त होता, तो अवश्य मिलाने के लिए 34वें अध्याय से शुरू करते। इसके सिवा एक बात और भी मार्के की यह है, इसके आरम्भ में ग्रन्थ का उपक्रम भी है, अतः वह स्वतन्त्र बन गया है। यदि यह अगस्त्य संहिता का खंड होता तो इसमें उपक्रम नहीं रहता। एक बात और

भी, इसका नाम तो भविष्योत्तर खंड है परन्तु इसमें सिवा श्रीरामानन्दस्वामीजी के वर्णन के और कोई भी बात नहीं है। इससे यही जान पड़ता है कि किसी ने संहिता के नाम पर श्रीस्वामी का मनमाना चरित्र लिखा है। अतः भली-भाँति सिद्ध है कि यह अगस्त्य संहिता के नाम पर कृत्रिम रचना है।[24]

''किसी ने संहिता के नाम पर श्रीस्वामीजी का मनमाना चरित्र लिखा है''–ऐसा कहने का सन्दर्भ जुड़ता था, रामानुज-रामानन्द सम्बन्ध को खारिज करनेवाले भगवदाचार्य द्वारा रचित, 1927 में प्रकाशित 'श्रीमद्रामानन्द दिग्विजय' की भूमिका से। यह ग्रन्थ उन्होंने रामानन्द का 'प्रामाणिक जीवनवृत्त' प्रस्तुत करने के लिए रचा था। इसमें उन्होंने 'वैश्वानर संहिता' और 'भविष्य पुराण' के साथ-साथ 'अगस्त्य संहिता' और 'वाल्मीकि संहिता' का भी उल्लेख किया है। भगवदाचार्य के अनुसार, इन सभी में 'श्रीरामानन्द नाम' मिलता है।[25] लेकिन बलभद्रदास के दोटूक आक्रमण के उत्तर में भगवदाचार्य या उनके साथी 'अगस्त्य संहिता' की ऐसी कोई पांडुलिपि प्रस्तुत न कर सके जिसमें 'भविष्योत्तर खंड' या 'श्रीरामानन्द' नाम मौजूद हो। भगवदाचार्य ने 'प्रस्तुत प्रसंग भंग' शीर्षक से तीखा उत्तर अवश्य दिया लेकिन इस मुद्दे पर उनसे कुछ कहते नहीं बना। वे बस इतना ही कह सके, ''जब मैं अपने पक्ष की पुष्टि के लिए वाल्मीकि संहिता रखता हूँ तो कह दिया जाता है कि वाल्मीकि संहिता नई है। जब अगस्त्य संहिता रखता हूँ तो कह दिया जाता है कि उसका भविष्योत्तर खंड कल्पित है।''[26]

रामनारायण दास ने 'अगस्त्य संहिता भविष्य खंड' के इन तथाकथित पाँच अध्यायों के साथ 'रामानन्द भवोत्साह अष्टकम्' भी जोड़ा है। असल में श्लोक यहाँ दस हैं। इनमें से दूसरा श्लोक रामानन्द की जन्मतिथि बताता है :

रामानन्दमहामुनिस्समभवद्रागेषुरामावनी
युक्ते वैक्रमवत्सरेघटतनौ माघासिते त्वाष्ट्रभे।
सप्तम्यांगुरुवासरे युजितथासिद्धौप्रयागाश्रमाच्छ्री
मद्भूसुरराजपुण्यसदनाद्रामावतारः कृती ॥

इस पर रामनारायण दास की टीका है :

''राग 6 इषु 5 राम 3 अवनी 1।। विक्रमराजाकी संवत 1356 माघमास, कृष्णपक्ष, सप्तमीतिथि, गुरुवार चित्रानक्षत्र, सिद्धियोग, कुम्भलग्न से श्रीप्रयागराजवासी ब्राह्मण श्रेष्ठ श्री पुण्य सदन नाम के ब्राह्मण से, श्रीसुशीला नाम की स्त्री में श्रीराम जी के अवतार महामुनि साधु श्रीरामानन्द स्वामीजी हुए।''

'अष्टक' का दसवाँ श्लोक और उसकी टीका इस प्रकार है :

"मुनित्र्यंकेन्दुयगवर्षे माघकृष्णाष्टमीतिथौ ॥
रामानन्दभवोत्साहाष्टकं रामपदाकृतं ॥

संवत् 1937 के साल माघवदि अष्टमी के दिन पंडित श्रीरामचरण ने श्रीरामानन्द जन्मोत्साहाष्टक बनाया।''

संवत् 1937 यानी सन् 1880 या 1881 ई.। रामानन्द का जन्म 1299 या 1300 ई. में बतानेवाला 'प्राचीनतम उल्लेख' बस यही है!

कराकी द्वारा उठाए गए प्रश्न—'भविष्योत्तर खंड' के ये पाँच अध्याय 'अगस्त्य संहिता' में कब जोड़े गए?—का उत्तर अब स्पष्ट है। 'अगस्त्य संहिता' की रचना होने के लगभग सात सौ साल बाद! रामानन्द के जीवन-काल के पूरे पाँच सौ साल बाद!

पारम्परिक मान्यता थी कि रामानन्द दक्षिण से आए थे। यही मान्यता इस प्रसिद्ध कथन में निबद्ध हुई—''भक्ति द्राविड़ ऊपजी लाए रामानन्द। परगट कियो कबीर ने सप्त द्वीप, नव खंड।'' रामानुज की परम्परा से रामानन्द को सर्वथा स्वतन्त्र निरूपित करने के लिए ही रामानन्द के दक्षिण से आए होने की मान्यता को नकारना भी विच्छेदवादी रामानंदियों को आवश्यक लगा। इसीलिए रामानन्द के प्रयाग में जन्मे होने पर भी लगातार बल दिया गया।

रामानन्द का जन्म-स्थान प्रयाग सिद्ध करने के लिए और उनके माता-पिता के नाम बताने के लिए रामनारायण दास ने अपने 'भविष्योत्तर खंड' के साथ 'भविष्य-पुराण' के 'प्रतिसर्ग पर्व के चतुर्थ खंड, सप्तम अध्याय' से सात श्लोक उद्धृत किए हैं। भंडारकर और उनके परवर्ती अन्य विद्वान् इस प्रसंग में भी पूरी निष्ठा के साथ रामनारायण दास का अनुकरण करते हैं। एक निहायत दिलचस्प बात पर उनका ध्यान ही नहीं जाता।

'भविष्य-पुराण' 'अगस्त्य-संहिता' से भी अधिक विकासमान ग्रन्थ है। इसके वर्तमान पाठ में भारत में अंग्रेजी राज की स्थापना का ही नहीं, 1857 के स्वाधीनता-संग्राम का भी स्पष्ट उल्लेख मिलता है। यानी इसका रचना-काल पंडित रामचरण के 'अष्टक' के आसपास का ही है। यह पुराण अपने नाम की सार्थकता सिद्ध करते हुए सभी घटनाओं का उल्लेख भविष्यत् काल में ही करता है। जाहिर है कि कैल्वर्त जैसे इतिहास-बोध के धनियों को इस पुराण का इतिहास-बोध भी उतना ही हास्यास्पद नजर आएगा जितना कि अनन्तदास का। लेकिन काल-क्रम बोध 'भविष्य-पुराण' का भी वैसा ही ठीक-ठाक है, जैसे अनन्तदास का। इसमें अकबर को हुमायूँ का बेटा ही बताया गया है, बाप नहीं। शिवाजी को औरंगजेब के अत्याचारों से ही हिन्दुओं की रक्षा करने का श्रेय दिया गया है, तैमूर के अत्याचारों से नहीं।

भविष्य-पुराण रामानन्द सम्बन्धी पारम्परिक मान्यताओं और नव-प्रचारित दावों के बीच संतुलन स्थापित करने का प्रयत्न करता है। रामानन्द का जन्म-स्थान प्रयाग को बताते हुए, 'भविष्य-पुराण' उनके चमत्कारिक व्यक्तित्व और बारहों शिष्यों का

वर्णन करता है—सातवें अध्याय में। छठे अध्याय में तैमूर के आक्रमण का वर्णन कर चुकने के बाद।[27] भारत पर तैमूर का आक्रमण 1399 में हुआ था, 1299 में नहीं।

लेकिन, भंडारकर द्वारा रामानन्द का जन्म 1299 में मान लेने के बाद, और 'स्वतन्त्रतावादी' रामानन्दियों की लगातार कोशिशों के कारण, 1299-1410 की मान्यता अकादमिक हलकों में बल पकड़ने लगी। ग्रियर्सन ने 'एन्सायक्लोपीडिया ऑफ रिलीजन एंड एथिक्स' (प्रथम प्रकाशन, 1908) में लिखा :

> यह तो लगभग निश्चित रूप से कहा जा सकता है कि रामानन्द का जन्म 1299 में हुआ था। लेकिन उनकी निधन तिथि अस्पष्ट है। लोकप्रिय मान्यता (पॉपुलर ट्रेडीशन) के अनुसार उनका निधन संवत् 1467 (1410 ई.) में हुआ। ऐसा मानने पर उनकी आयु 111 वर्ष हो जाती है जोकि असम्भाव्य है। लेकिन यह परम्परा स्वीकार्य भी हो सकती है क्योंकि भक्तमाल में भी कहा गया है कि रामानन्द को असाधारण रूप से लम्बा जीवन प्राप्त हुआ। इस तरह कहा जा सकता है कि वे ईसा की चौदहवीं सदी के अधिकांश में वर्तमान थे।[28]

उपर्युक्त कथन का आधार ग्रियर्सन 'सभी देशी स्रोतों' (ऑल नेटिव अथॉरिटीज) को बताते हैं। असल में उनके स्रोत केवल दो हैं। 'भविष्योत्तर खंड' और सीतारामशरण भगवानप्रसाद 'रूपकला' रचित 'भक्तिसुधास्वादतिलक'। इनके प्रसंग में जन्मतिथि को 'निश्चित' तथा निधन तिथि को 'अस्पष्ट' कहने का कोई अर्थ नहीं। इन स्रोतों के अनुसार तो दोनों ही तिथियाँ एक सी निश्चित हैं। 'रूपकला' में अस्पष्टता है जरूर, लेकिन दूसरी तरह की।

'भविष्योत्तर खंड', और 'रूपकला' जैसे रामानन्दी स्रोतों के लिए रामानन्द की तिथियों का सवाल गुरुपरम्परा के सवाल से गुँथा हुआ था। 'परम्परावादी' रामानन्द की गुरुपरम्परा रामानुज से जोड़ते थे। दूसरी ओर भगवदाचार्य और रघुवराचार्य जैसे 'स्वतन्त्रतावादियों' की मूल प्रतिज्ञा ही थी कि ''गुरुपरम्परा बदल डालनी है।'' यह प्रतिज्ञा पूरी हुई लम्बे संघर्ष के बाद। अधिकांश रामानन्दी 'स्वतन्त्रतावादियों' के साथ आ गए, लेकिन कई बरसों के परिश्रम के बाद। बीच के वर्ष बहुतों के लिए अस्पष्टता और दुचित्तेपन के वर्ष थे। इसी कारण 'रूपकला' ने अपने ग्रन्थ में दोनों तरह की गुरुपरम्पराएँ दे डाली थीं।[29]

दो ही दशक पहले, 1888 में ग्रियर्सन ने, नव-प्रचारित 'लोकप्रिय मान्यता' को नहीं, वास्तविक पारम्परिक तिथि को ही स्वीकार्य मानते हुए, 'रामोपासना के प्रचारक रामानन्द' का काल '1400 ई. के आसपास' ही बताया था। उन्होंने यह भी बताया कि रामानन्द की रचनाएँ मौखिक परम्परा में मिथिला तक प्रचलित हैं।[30] ये रचनाएँ संस्कृत नहीं, हिन्दी में ही थीं।

'मॉडर्न वर्नाक्यूलर लिट्रेचर' लिखते समय ग्रियर्सन को पं. रामचरण के 'रामानन्द भवोत्साह अष्टकम' की या तो जानकारी न थी, या फिर वह उन्हें ध्यान देने योग्य

नहीं लगा। रामानन्दी हलकों में भी यह 'अष्टक' रामनारायण दास के 'पाँच अध्यायों' के बाद ही जाना गया था। 'इनसायक्लोपीडिया ऑफ रिजीनल एंड एथिक्स' के प्रकाशन समय तक रामानन्दियों का 'स्वतन्त्रता आन्दोलन' प्रभावी हो चला था। 1880 में पं. रामचरण द्वारा और फिर 1903 में पं. रामनारायण दास द्वारा बताई गई तिथि (1299-1410) विद्वानों के बीच भी रामानन्द की 'पारम्परिक तिथि' की मान्यता पाने लगी थी।

आजकल के कुछ अध्येताओं का आत्मतुष्ट, 'पॉलिटिकली करेक्ट' ब्राह्मणवाद विरोध इन दोनों 'पंडितों' द्वारा बताई, बल्कि बनाई गई तिथि के दम पर ही टिका हुआ है! इस आत्मतुष्टता के अपवाद हैं डेविड लोरेंजन। वे रामानन्द-कबीर सम्बन्ध पर राय बनाते समय अन्य लोगों के जीवनकालों पर भी ध्यान देते हैं। कबीर सिकन्दर लोदी और वीरसिंह बघेल के समकालीन थे। दूसरे शब्दों में, वे 1480 और 1520 के बीच तो मौजूद थे ही। अनन्तदास ने नामदेव की परचई 1588 में रची। नाभादास को इतिहासकार 1580 से 1624 के बीच रखते हैं।

परम्परा में कबीर को रामानन्द का प्रत्यक्ष शिष्य माना जाता है। नाभादास रामानन्द से चौथी पीढ़ी में माने जाते हैं और अनन्तदास पाँचवीं में। लोरेंजन का कहना है कि इन सभी की परम्परा मान्य तिथियों में मौजूद तार्किक सुसंगति सिद्ध करती है कि रामानन्द पन्द्रहवीं सदी में ही सक्रिय थे :

> रामानन्द-कबीर के गुरु-शिष्य सम्बन्ध के पक्ष में मुख्य तर्क क्या है? सीधे शब्दों में : इस सम्बन्ध के पक्ष में परम्परा की आम राय। रामानन्द की जो शिष्य परम्परा अनन्तदास और नाभादास द्वारा अपने-अपने तौर पर देते हैं, उसमें बिलकुल एक से नाम होना भी इस सम्बन्ध के पक्ष में प्रबल तर्क है और ये दोनों कबीर के निधन के सौ साल के भीतर-भीतर लिख रहे थे।[31]

'परम्परा की आम राय' को इसके विपरीत जाने वाले एकमात्र साक्ष्य 'अगस्त्य संहिता के तथाकथित अध्यायों' के आधार पर रद्द कर देना लोरेंजन को नहीं जँचता :

> 1299 को रामानन्द की जन्मतिथि मानने के पक्ष में एकमात्र साक्ष्य 'अगस्त्य संहिता' में दी गई तिथि है। यह साक्ष्य बाकी सारे साक्ष्यों के विपरीत है। ऐसे में यह आश्चर्यजनक है कि अनेक महत्त्वपूर्ण आधुनिक विद्वानों ने इसे स्वीकार कर लिया है।[32]

'अगस्त्य संहिता' के तथाकथित अध्यायों को अकाट्य प्रमाण मान कर 'महत्त्वपूर्ण आधुनिक विद्वान' विचित्र दशा में फँस गए। ऊपर से 'रामानन्द की संस्कृत रचनाओं' को रामानन्द के विचारों के प्राथमिक स्रोत की हैसियत भी मिल गई।

अब दो ही रास्ते रह गए। या तो कबीर की तिथियों को 'अगस्त्य संहिता' के तथाकथित अध्यायों में दी गई रामानन्द की तिथियों से एडजस्ट करें या फिर दोनों के परम्परामान्य सम्बन्ध को खारिज कर दें। इधर कुछ लोग मौलिकता बघारते हुए रामानन्द-कबीर सम्बन्ध के प्रसंग में दो कबीरों की बात करते भी पाए जाते हैं। इस 'मौलिक' कल्पना के मूल स्रोत भगवदाचार्य ही हैं, उन्होंने लिखा था, "रामकबीर ही मूल कबीरजी थे और निराकारवादी कबीर पीछे से उन्हीं मूल कबीरजी की शाखा में से हैं..."[33]

आ. क्षितिमोहन सेन जरूर एडजस्टमेंट की मजबूरी के अपवाद सिद्ध हुए। मार्च 1929 में आ. सेन ने कोलकाता विश्वविद्यालय में 'आधार-मुखर्जी व्याख्यान' दिए। इन्हीं व्याख्यानों का अंग्रेजी अनुवाद 'मीडिएवल मिस्टीसिज़्म ऑफ इंडिया'–शीर्षक से 1935 में प्रकाशित हुआ। इन व्याख्यानों में उन्होंने 'रामानन्द की संस्कृत रचनाओं' का जिक्र तक नहीं किया बल्कि संतोष प्रकट किया कि हिन्दी में होने के कारण रामानन्द की रचनाएँ "उच्च जाति के लोगों और विद्वानों की बपौती बनने से बच गईं।" कबीर से रामानन्द के सम्बन्ध के प्रसंग में आ. सेन ने कबीर को शिष्य बनाने में रामानन्द की हिचक विषयक किंवदन्ती को दो-टूक शब्दों में 'हास्यास्पद और बेहूदी' किंवदन्ती करार दिया।[34]

1936 में डॉ. बड़थ्वाल ने यह तो नोट किया कि 'भविष्योत्तर खंड' 'अगस्त्य संहिता' में बाद में जोड़ दिया गया है लेकिन फिर भी इसमें दी गई तिथियों को उन्होंने रामानन्द की 'पारम्परिक तिथियों' का दर्जा दिया :

> अगस्त्य संहिता के बाद में जोड़े गए अंश [लेटर एडेंडम] भविष्योत्तर खंड से रामानन्दियों की पारम्परिक मान्यताएँ ज्ञात होती हैं। इस खंड में बताया गया है कि रामानन्द का जन्म इलाहाबाद में 1299 में हुआ था और निधन 1410 में। मैकालिफ उनका जन्म-स्थान मायलकोट (मैसूर) में मानते हैं। फर्कुहर के अनुसार भी वे दक्षिण से आए थे और पन्द्रहवीं सदी के तीन चौथाई काल में विद्यमान थे लेकिन पारम्परिक तिथियों को नकारने का कोई कारण नहीं है और ये तिथियाँ हमारे द्वारा अपनाए गए कालक्रम के अनुरूप भी पड़ती हैं।[35]

'पारम्परिक तिथियों' को नकारने का सचमुच कोई कारण नहीं है लेकिन पारम्परिक तिथियाँ थीं वे ही, जो मैकालिफ और फर्कुहर मान रहे थे। अगस्त्य संहिता के 'लेटर एडेंडम' के आधार पर जिन्हें बड़थ्वाल ने पारम्परिक तिथियाँ मान लिया था, उन्हें अस्तित्व में आए उपर्युक्त पैरा लिखे जाने के समय (1936) तक सिर्फ 56 वर्ष हुए थे, यह हम दिखा चुके हैं।

इन तिथियों को डॉ. बड़थ्वाल ने इतना प्रामाणिक मान लिया कि इनके आधार पर उन्होंने कबीर की तिथियाँ एडजस्ट कर लीं :

प्रचलित मान्यता के अनुसार, कबीर का जन्म 1398 में हुआ था लेकिन वे तो असंदिग्ध रूप से रामानन्द के शिष्य थे, तब यह तिथि कैसे सही हो सकती है? जिस तीव्र आध्यात्मिक पिपासा के कारण उन्होंने रामानन्द को गुरु बनाने की ठानी और रामानन्द ने उन्हें अपनाया, उसका उदय होने के समय कबीर कम से कम अठारह वर्ष के तो रहे ही होंगे। 1410 में स्वर्गवासी हुए अपने गुरु रामानन्द के साथ कबीर ने यदि दो वर्ष बिताए हों, तो कबीर का जन्म 1390 के तो पहले ही मानना होगा। कबीर के समय में, 1350 में स्वर्गवासी हुए नामदेव के बारे में मिथकीय कथाएँ प्रचलित हो चुकी थीं। सो, तर्कसंगत रूप से माना जा सकता है कि कबीर का जन्म 1350 और 1390 के बीच, बहुत करके, 1370 में हुआ था।[36]

1299 में रामानन्द का जन्म मानते हुए भी डॉ. बड़थ्वाल नाभादास के कथन, 'बहुत काल वपु धारिकै' के आधार पर उन्हें कबीर, पीपा और रैदास का गुरु मानते रहे। बीजक के पद क्रमांक 77 की पंक्ति–'रामानन्द रामरस माते...' की ओर भी उन्होंने लोगों का ध्यान खींचा। मध्यकालीन स्रोतों–'दबिस्ताँ-ए-मज़ाहिब' तथा ओरछे के हरिराम व्यासजी के साक्ष्यों को भी रेखांकित किया। लेकिन 'अगस्त्य संहिता के परवर्ती अंश'–'भविष्योत्तर खंड' में दी गई रामानन्द तिथि को प्रामाणिक मान लेने के कारण रामानन्द-कबीर सम्बन्ध की बात कच्ची पड़ गई।

आचार्य हजारीप्रसाद द्विवेदी ने 1940 में प्रकाशित 'हिन्दी साहित्य की भूमिका' में लिखा, "कबीरदास ने गुरु रामानन्द से शिष्यत्व ग्रहण कर जन-साधारण में उनकी [कबीर की] शास्त्रसिद्धता का विश्वास पैदा किया।..."[37] रामानन्द के 'शास्त्रसिद्ध आचार्य' हांने की बात को आ. द्विवेदी ने 'कबीर' में और विस्तार दिया। द्विवेदी जी ने न केवल रामानन्द की संस्कृत निर्मिति को बिना किसी पड़ताल के, स्वयंसिद्ध तथ्य की हैसियत दे दी, बल्कि 'अगस्त्य संहिता' के तथाकथित अध्यायों में दी गई रामानन्द की तिथियों को भी उसी तरह से स्वयंसिद्ध मान लिया।[38]

इस तरह भगवदाचार्य के रचे और प्रचारित, चौदहवीं सदी के शास्त्रसिद्ध, आनन्दभाष्यकार संस्कृत रामानन्द को ऐतिहासिक और परम्परामान्य हिन्दी रामानन्द के ऊपर वरीयता जरूर हासिल हो गई। भगवदाचार्य की मान्यताओं को इतनी दूर तक अपना लेने के बाद इससे कोई खास फर्क नहीं पड़ने वाला था कि आप 'श्रीरामानन्द दिग्विजय' में प्रस्तुत रामानन्द छवि के कुछ पहलुओं और दो कबीरों की कल्पना की आलोचना करें। कहें कि, "सम्प्रदाय प्रतिष्ठा करनेवाले शिष्य सदा लोक के साथ समझौता करके अपने गुरु के महत्त्व को कम किया करते हैं।"[39]

आ. परशुराम चतुर्वेदी ने भी शुरू में, रामानन्द के तिथि-निर्धारण के लिए 'अगस्त्य संहिता के अध्यायों' को निर्विवाद प्रमाण मान लिया। लेकिन बड़थ्वालजी के विपरीत रामानन्द को 1398 में जन्मे कबीर का गुरु तो क्या, समकालीन मानने में भी उन्हें आपत्ति थी। इस सिलसिले में दिए जानेवाले विभिन्न तर्कों का, 'उत्तरी भारत

की संत परम्परा' (प्रथम प्रकाशन-1950) में विस्तृत विवेचन करने के बाद वे इसी निष्कर्ष पर पहुँचे कि "उक्त सभी संत [कबीर, रैदास, धन्ना और पीपा] एक ही समय और एक ही साथ ऐसी स्थिति में वर्तमान भी न रहे होंगे जिससे उनका स्वामी रामानन्द का शिष्य और आपस में गुरु भाई होना किसी प्रकार सिद्ध किया जा सके।"[40]

लेकिन जब उसी ग्रन्थ के परिशिष्ट में आ. चतुर्वेदी ने जब कबीर का जीवन-क्रम निर्धारित करने पर अलग से ध्यान दिया तो निष्कर्ष निकला कि कबीर का जन्मवर्ष 'कदाचित्' सं. 1425 वि. (1368 ई.) और निधनवर्ष 1505 वि. (1448 ई.) हो सकता है। यह निष्कर्ष 'अगस्त्य संहिता के अध्यायों' में दी गई रामानन्द तिथि के साथ कबीर की तिथियों का तालमेल बिठाने के इरादे से नहीं, विभिन्न प्रमाणों की स्वतन्त्र समीक्षा करके प्राप्त किया गया था। इन तिथियों के साथ आ. चतुर्वेदी को "कबीर साहब का स्वामी रामानन्द का समकालीन तथा उनके द्वारा बहुत कुछ प्रभावित होना" बिलकुल सम्भव प्रतीत होता है।[41]

'उत्तरी भारत की संत परम्परा' सं. 2007 (1950 ई.) में प्रकाशित हुई थी। सं. 2025 (1968 ई.) में आ. चतुर्वेदी के सम्पादन में 'हिन्दी साहित्य का बृहद इतिहास' का चौथा भाग प्रकाशित हुआ। इसमें कबीर और उनके समकालीन संतों के बारे में लिखते हुए आ. चतुर्वेदी ने 'भविष्योत्तर खंड' में बताए गए रामानन्द के जन्म और निधन के संवतों–1356 और 1410–के बारे में स्पष्ट लिखा :

> न इस सम्बन्ध में कोई एक निश्चित मत है, न ये संवत् असंदिग्ध माने जा सकते हैं... अधिक सम्भव यही जान पड़ता है कि उनकी [रामानन्द] की, मृत्यु सं. 1505 [1448 ई.] में हुई। यदि यह मृत्युकाल ठीक माना जाए तो उनके दीर्घ जीवन को ध्यान में रखते हुए उनका जन्मकाल सं. 1400 [1343 ई.] के आसपास माना जा सकता है।[42]

रामानन्द-कबीर के गुरु-शिष्य सम्बन्ध के बारे में मिलनेवाले उल्लेखों के बारे में चतुर्वेदी जी ने लिखा :

> यदि ये उल्लेख रामानन्द के पक्ष में पर्याप्त ऐतिहासिक प्रमाण नहीं हैं तो उन्हें कबीर का गुरु मानने के विरुद्ध भी कोई पुष्ट ऐतिहासिक प्रमाण नहीं है और जब तक ऐसे विरुद्ध प्रमाण न मिल जाएँ तब तक चार सौ वर्षों से कबीर के रामानन्द से दीक्षा लेने की जो प्रसिद्धि चली आ रही है वह सर्वथा उपेक्षणीय नहीं है। रामानन्द को कबीर का गुरु मानने में सबसे बड़ी बाधा यह बतलाई जाती है कि रामानन्द की मृत्यु के समय (सं. 1467) में तो कबीर का जन्म ही नहीं हुआ था अथवा उस समय वे केवल 11-12 वर्ष के थे। परन्तु जैसा रामानन्द जी के प्रकरण में पहले बताया जा चुका है, अधिक सम्भव यह है कि उनकी मृत्यु सं. 1505 में हुई। इस प्रकार यदि कबीर ने बीस वर्ष की अवस्था में (सं. 1475, 1418 ई.) दीक्षा ली हो तो लगभग तीस वर्ष वे गुरु के सम्पर्क में रहे होंगे।[43]

आचार्य चतुर्वेदी को अब कबीर की तिथियों को एडजस्ट करने की भी जरूरत नहीं पड़ रही। वे बिल्कुल ठीक बात कह रहे हैं कि, "चार सौ वर्षों से कबीर के रामानंद से दीक्षा की जो प्रसिद्धि चली आ रही है वह सर्वथा उपेक्षणीय नहीं है।"

'भविष्योत्तर खंड' के मोहवश रामानंद और कबीर की तिथियाँ एडजस्ट करने में सबसे कमाल का काम तो किया है, डॉ. रामकुमार वर्मा ने। लिखते हैं :

> रामानन्द का आविर्भाव सन् 1299 से 1448 तक था। कबीर सन् 1397 में उत्पन्न हुए थे। कबीर ने अपने जीवन के प्रारम्भिक 30 वर्ष व्यर्थ ही खोए, उसके उपरान्त वे सात्विक जीवन की ओर अग्रसर हुए। इससे यह ज्ञात होता है कि कबीर सन् 1397 + 30 = 1427 में स्वामी रामानन्द के सम्पर्क में आए होंगे। कबीर को शिष्य बनाने के बाद स्वामी रामानन्द 21 वर्ष और जीवित रहे होंगे।[44]

'भविष्योत्तर खंड' अकाट्य प्रमाण ठहरा, साथ ही यह भी मानना जरूरी ठहरा कि कबीर रामानन्द के शिष्य थे, इस चक्कर में स्वामी रामानन्द को भले ही इस मृत्यु-लोक में पूरे डेढ़ सौ वर्ष बिताने पड़ जाएँ!

हिन्दी रामानन्द और संस्कृत रामानन्द

संवत् 2012 (1955 ई.) में नागरीप्रचारिणी सभा ने 'रामानन्द की हिन्दी रचनाएँ' प्रकाशित कीं। प्रधान सम्पादक आ. हजारीप्रसाद द्विवेदी ने अपने वक्तव्य में बताया– इस पुस्तक का, "सम्पादन स्वर्गीय डॉ. पीताम्बर दत्त जी बड़थ्वाल ने नाना स्रोतों से संकलित करके किया था। उनकी असामयिक मृत्यु से यह पुस्तक प्रकाशित नहीं हो पाई और अधूरी भी रह गई थी।...इस पुस्तक में जो रचनाएँ आई हैं उनके अतिरिक्त कुछ और रचनाएँ भी प्राप्त हुईं। कुछ तो सभा के पुस्तकालय में मिल गईं और पाँच रचनाएँ श्री पं. उदयशंकर शास्त्री जी के संग्रह में मिलीं।"

जो रचनाएँ स्वयं डॉ. बड़थ्वाल ने संकलित की थीं, उनमें से एक है, हनुमान स्तुति का पद "आरती कीजे हनुमान लला की।" यह पद किसी पांडुलिपि से डॉ. बड़थ्वाल को प्राप्त नहीं हुआ था। वे बताते हैं, "इस पद को स्व. डॉ. ग्रियर्सन ने डॉ. श्यामसुन्दर के पास भेजा, जिन्होंने उसे अपने लेख रामावत सम्प्रदाय में छपवाया।"[45] डॉ. बड़थ्वाल द्वारा संकलित छह पदों में से यह, ग्रियर्सनप्रेषित पद ही अकेला सगुणोपासनापरक पद है। कुछ रचनाएँ डॉ. बड़थ्वाल के निधन के बाद प्राप्त हुईं। इनमें से एक है–'मानसी सेवा'।

हनुमान स्तुति के ग्रियर्सनप्रेषित पद को छोड़ दें तो रामानन्द की हर हिन्दी रचना की संवेदना निर्भ्रान्त रूप से निर्गुणी संवेदना है और ग्रियर्सनप्रेषित पद किसी पांडुलिपि में मिलता नहीं! आ. शुक्ल ने अकेले इसी एक पद को 'वैष्णव भक्त रामानन्द' की रचना मानकर बाकी पदों को 'और किसी रामानन्द' के बता दिया था।

ये पद 'आदिग्रन्थ', (1604 ई.) गोपालदास की 'सर्वंगी' (1627 ई.), रज्जब की 'सर्वंगी' (1673 ई.) और प्रेमदास उतराधा के गुटके (1705 ई.) में थोड़े-बहुत पाठान्तर के साथ संकलित हैं। इनमें से पहले तीन संकलन तो विद्वानों के ध्यान में रहे हैं। लेकिन उतराधा के गुटके में भी हिन्दी रामानन्द मौजूद हैं—इस बात पर ध्यान नहीं दिया गया है जबकि 'कबीर-ग्रन्थावली' का प्रामाणिक रूप से प्राचीनतम स्रोत यह गुटका ही है। इसमें संकलित तीन पदों की फोटोकॉपी मेरे पास है। जोधपुर के प्राच्य विद्या संस्थान में सुरक्षित 1751 ई. की पांडुलिपि (ग्रन्थांक 36155) 'मानसी सेवा' की कॉपी भी मेरे पास है।

रामानन्द के पाँच हिन्दी पद नीचे दिए गए हैं। प्रूफ-रीडिंग में हुई लापरवाही के कारण 'रामानन्द की हिन्दी रचनाएँ' में पाठ काफी गड़बड़ हो गया है। हम ये पद सर्वंगियों से उद्धृत कर रहे हैं। इससे पाठकों को अपने विषय के प्रति सर्वंगीकारों के विवेक का भी कुछ अनुमान होगा। पहले पद को रज्जब ने 'तीर्थ तिरस्कार' के अंग में और गोपालदास ने 'भ्रम बिधांसण' (भ्रम-निवारण) के अंग में रखा है। पद इस प्रकार हैं :

1. कहाँ जाइए हो घर लागो रंग।
मेरो चित्त न चलै मन भयो अपंग।
जहाँ जाऊँ तहाँ जल पषान।
पूरि रहे हरि सर्व समान।
वेद स्मृति सब मेल्हे जोइ।
उहाँ जाइए जे हरि इहाँ न होइ।
एक बार मन भयो उमंग।
घसि चोवा चंदन चर ये अंग।
पूजन चले ठाँइ ठाँइ।
गुरु ब्रह्म बतायो आप माँहिं।
सतगुरु मैं बलिहारी तोर।
जिन सकल विकल भ्रम जारे मोर।
रांमानंद रमै एक ब्रह्म।
गुरु कै एक सबद काटै कोटि क्रम्म।

(*तीरथ तिरस्कार कौ अंग, पद* 1. शहाबुद्दीन इराक़ी, 'दि सर्वंगी ऑफ रज्जबदास', ग्रन्थायन, अलीगढ़, 1985, पृ. 490-1

जरा से पाठभेद के साथ यही पद गोपालदास की सर्वंगी (1627) में भी है। इस सर्वंगी में यह *"भर्म बिधांसण कौ अंग"* में बारहवाँ पद है। देखें, विनांद कैल्वर्त, 'दि सर्वंगी ऑफ गोपालदास', मनोहर, नई दिल्ली, 1993, पृ. 166।

इसी पद को 'आदिग्रन्थ' से उद्धृत कर आ. शुक्ल और वादिवेल 'किसी और रामानन्द' की बात करते हैं।)

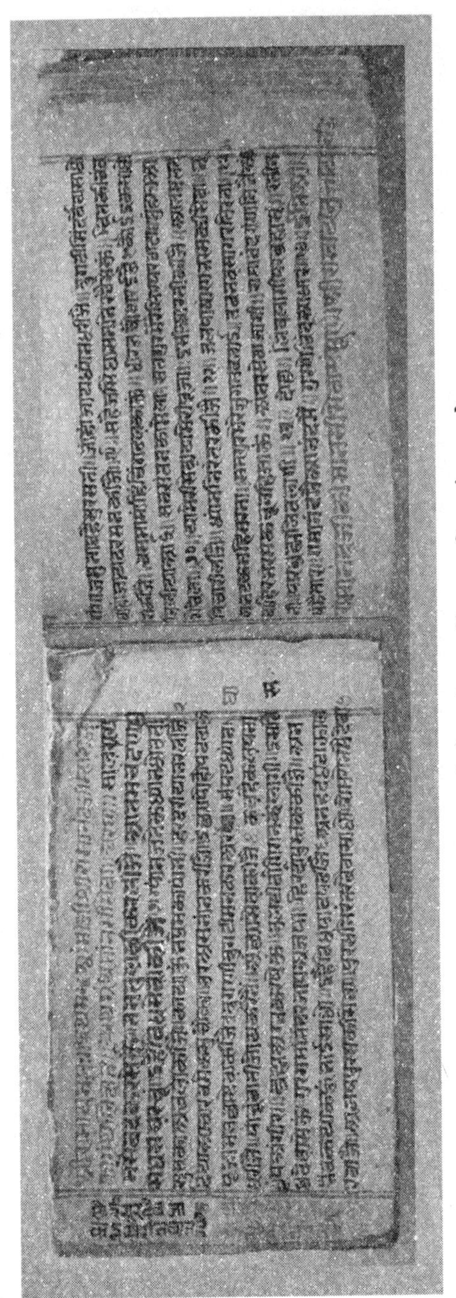

रामानन्द कृत 'मानसी सेवा' (1751 ई.), प्राच्य विद्या संस्थान, जोधपुर

2. सहज सुंनि मैं नित बसंत
अबहि असहजि न ज़ाइ अनंत
न तहाँ इंछ्या वो ऊंकार
न तहाँ नाभि नाल तार
न तहाँ ब्रह्मा स्यौ बिसंन
न तहाँ चौईसौं बपु बरन
न तहाँ दीसे माया मंड
रांमानंद स्वामी रमैं अखंड।

(पीव पिछांणण कौ अंग, पद 3. विनांद कैल्वर्त, 'दि सर्वंगी ऑफ गोपालदास', पृ. 322)

3. ताथैं निकुछू रे संसार
हमारै राम को नाम अधार
गुड का चींटा गुड खाई
गुड माहै ही उलझ जाई
गुड रती एक मीठा होई
पीछैं दुख पावै सोई
सुपिनंतर राजा होईये
नांनां बिधि के सुख लहिये
ऐसे सुख क्यूँ सुख होई
जागूँ तो झूठा सोई
मैं मेरी ग्यान नसावै
ताथैं आतमा समाधि न पावै
रांमांनंद गुर गंमि गावै
ताथैं भिन्न-भिन्न समझावै।

(बिक्रताई कौ अंग, पद 18. विनांद कैल्वर्त, 'दि सर्वंगी ऑफ गोपालदास', पृ. 424)

4. सहजैं सहजैं सब गुण जाइला
भगवंत थिरताए थिर थाइ ला
मुकत भइला जाप जपीला
यौं सेवग स्वामी संग रहीला
अमृत सुधा निधि अन्त न पाइला
पीवत प्रान कदे न अघाइला
रांमनांम मिलि संग रहैला
जब लग रस तब लग पीवैला।

(लांबि कौ अंग-पद 4, शहाबुद्दीन इराक़ी, 'दि सर्वंगी ऑफ रज्जबदास', पृ. 591)

प्रेमदास उतराधा के गुटके (1705 ई.) में रामानन्द के पद

चौथे पद के बड़थ्वाल द्वारा संकलित पाठ में 'रांमनांम' के स्थान पर स्पष्ट रूप से 'रामानन्द' छाप है।

उपर्युक्त के अलावा बड़थ्वाल के संकलन में यह पद भी है :

हरि बिन जन्म वृथा खोयो रे।
कहा भयो अति मान बड़ाई, धन मद अंध मति सोयो रे।
अति उतुंग तरु देखि सुहायो, सैबल कुसुम सूबा सेयो रे।
सोई' फल पुत्र कलत्र विषै सुख, अंति सीस धुनि धुनि रोयो रे।
सुमरिन भजन साध की संगति, अन्तरि मन मैल न धोयो रे।
रामानन्द रतन जम त्रासैं श्रीपति पद काहे न जोयो रे।

'मानसी सेवा' भी यहाँ पढ़ लें। यह पाठ जोधपुर के प्राच्य विद्या संस्थान में सुरक्षित 1751 ई. की पांडुलिपि से है :

श्री रामायनमः। अथ श्री स्वामीजी श्री रामानन्दजी महाराज का ग्रन्थ लिखते। अथ ग्रन्थ मानसी सेवा।

चरण :

सालगराम सबद कर सेऊं तन तुलछी कर लीजै।
आतम चंदन घस-घस चरचूँ इहै बिधिसेवा कीजै ॥1॥
ग्यान जनेऊ ध्यान धोवती सुच का अंचला कीजै।
काया कुंभ प्रेम का पानी हर दरीया भर लीजै ॥2॥
दया आचार विवेकसु चौका उर असनांन करीजै।
इछ्या पौहैप चढ़ाऊँ पूजा मनछा सेवा कीजै ॥3॥
त्रगुणी त्रगुटी मनकर अरघा संपट ध्यान धरीजै।
पांचूं बाती जोय करेनै इंछ्या सेवा कीजै ॥4॥
कलहै करपना धूप अंगारी ब्रह्म अगन कर खेऊं।
उलटी बागि गगन कूं लागी इस बिध देवा सेऊं ॥5॥
गुरगम मतिर जाप अजपा हिरदा पुस्तक्र कीजै।
अनुभव कथा कहूं भई साधो इहै बिधि पाठ पढ़ीजै ॥6॥
अनहद घंटा झालर बाजै अलख पुरस की सेवा।
पुरस निरंतर बैठा साधो रोम-रोम में देवा ॥7॥
गंगा जमना बहै सुरसती जहाँ जाय ध्यान धरीजै।
त्रगुटी मंदर बैठा साधो वहाँ जाय दरसन कीजै ॥8॥
सहज सिंहासन निरभै सेऊँ चित की चँवरी कीजै।
चसमा मांहि चिंग ढलकाऊं धीरज वौग रईजै ॥9॥
कोई एक साधो मिलिया आई सब संतन का मेला।
सतगुर मेरे सर पर ठाढ़ा मुदमा आगैं चेला ॥10॥

या मेरी सेवा या मेरी पूजा इसी आरती कीजै।
आतम तत बिचारि लीजै ध्यान निरंतर कीजै ॥11॥
जल पाषांण भरम की सेवा भूल भटक नहीं मारना।
सतगुर मेरे जुगत बताई तब भवसारगर तिरना ॥12॥
बाहर भ्रम कबू नहीं जाऊं अंतरि सेवा जागी।
रामानन्द गंगा निरभै आंणी पारब्रह्म लिव लागी ॥13॥

दोहा :

लिव लागी पारब्रह्म सूं रती नख भैतार
रामानन्द मैं आनन्द में गुरगोविंद आधार ॥14॥
स्त्री रामानन्दजी की मानसी सेवा सम्पूर्ण।
श्री रामानुजायनमः।

इन रचनाओं की संवेदना निर्गुण संवेदना के अनुकूल है या प्रतिकूल? मैंने तो एक प्रयोग किया। कोई पचीस मित्रों, छात्र-छात्राओं को ये सारी रचनाएँ रचनाकार का नाम बताए बिना सुनाईं। पूछा—किसकी रचनाएँ लगती हैं ये? एक स्वर से उत्तर मिला : ''कबीर की और किसकी?''

''न तहाँ इंछूया वो ऊंकार, न तहाँ नाभि नाल तार, न तहाँ ब्रह्मा स्यो बिसंन, न तहाँ चौईसौं बपु बरन''—यह घोषणा क्या आपको कबीर की मार्मिक उक्ति तक नहीं ले जाती—''धरम-करम कछु नहि उहंवां, न उहां वेद विचारा।''

'मानसी सेवा' पढ़ते हुए क्या आपको मौखिक परम्परा में प्राप्त कबीर-पद याद नहीं आता—'साधो, सहज समाधि भली...।'

संवेदना की ऐसी समानधर्मिता और कबीर-रामानन्द की ऐतिहासिक समकालीनता को ध्यान में रखकर आप स्वयं सोचें कि रामानन्द कबीर के गुरु हो सकते थे या नहीं?

जॉन एस. हॉली भक्ति के गंभीर अध्येता हैं। किसी भी निष्कर्ष पर विविध साक्ष्यों का गहन विश्लेषण करके ही पहुँचते हैं। लेकिन, रामानन्द-कबीर प्रसंग में उनका कहना है :

> रामानन्द के जरिए बहुत-सी समस्याएँ बिना पर्याप्त साक्ष्यों के सुलझा ली जाती हैं। कबीर के निर्गुणवादी बनारसी व्यक्तित्व को पछाँह से प्राप्त पांडुलिपियों में मिलनेवाले सगुणपंथी व्यक्तित्व से जोड़ दिया जाता है। कबीर के नाम से व्यंजित मुसलमानत्व का समायोजन ऐसी भक्ति से कर दिया जाता है, जिसे कम से कम कुछ ब्राह्मण तो अपनी कह सकें। यह बड़ा साफ-सुथरा है, और [कबीर-रामानन्द सम्बन्ध] कबीर की रचनाओं में कहीं ध्वनित नहीं होता। मुझे उन लोअर-कास्ट आलोचकों का समर्थन करना ही होगा जो कहते हैं कि कबीर-रामानन्द सम्बन्ध कबीर को उनकी जड़ों से काटने के लिए किया गया पवित्र आविष्कार भर है।[46]

कबीर-रामानन्द सम्बन्ध कबीर की रचनाओं में 'ध्वनित' तो काफी जोर से होता है, बशर्ते हिन्दी रामानन्द की आवाज पर भी ध्यान दिया जाए। जहाँ तक इस सम्बन्ध पर सन्देह का प्रश्न है, वह हॉली के 'लोअर कास्ट क्रिटिक्स' के बहुत पहले भंडारकर द्वारा प्रकट किया गया था। आचार्य परशुराम चतुर्वेदी ने भी शुरू में इस सम्बन्ध पर प्रश्न उठाए थे। संयोग की बात कि भंडारकर और आचार्य चतुर्वेदी दोनों ही उच्चकुलोद्भव ब्राह्मण थे, 'लोअर कास्ट क्रिटिक्स' नहीं। 'जड़ों' की ही बात करें, तो मध्यकाल से लेकर आज तक रामानन्दियों का सम्बन्ध मुख्यतः मध्यवर्ती जातियों-ओबीसी से है। भगवदाचार्य के 'स्वतन्त्रता अभियान' में रामानुजी ब्राह्मणवाद के विरुद्ध इन जनजातियों का रोष ही बोल रहा था। स्वयं कबीर जुलाहे थे। काशी के जुलाहे। उत्तर प्रदेश तथा बिहार में जुलाहे ओबीसी में ही गिने जाते हैं। सो, स्वयं हॉली की तर्क पद्धति से यह 'पॉलटिकली करेक्ट' बात ही है कि कबीर को रामानन्द से जोड़ा जाए।

जिस अस्मितावादी तर्क की गिरफ्त में हॉली और अन्य कई लोग हैं, उसी से यह नतीजा भी निकलेगा कि कबीर के बारे में 'प्रामाणिक' विमर्श ना तो हॉली कर सकते हैं, ना उनके प्रिय 'लोअर कास्ट क्रिटिक्स!' ऐसे 'प्रामाणिक' विमर्श के लिए तो किसी ओबीसी कबीर क्रिटिक के अवतार लेने की प्रतीक्षा करनी पड़ेगी। यही नहीं, 'लोअर कास्ट क्रिटिक्स' पर एक 'मिडिल कास्ट' या ओबीसी कवि को हथियाने का आरोप भी लगाया जा सकता है। रही बात 'पवित्र आविष्कार' की, सो आप देख ही चुके हैं कि 'पवित्र आविष्कार' तो अगस्त्य संहिता के वे तथाकथित अध्याय हैं, जिनके आधार पर कबीर-रामानन्द सम्बन्ध को रद्द किया जाता है। पवित्र और अर्वाचीन। सिर्फ सौ साल पुराना आविष्कार!

कबीर, पीपा, धन्ना और सेन–इन संतों का रामानन्द के साथ परम्परामान्य सम्बन्ध प्रमाण है कि कोई चाहे तो अपनी जन्मजात सामाजिक अस्मिता से आगे बढ़कर साझे मानवीय चैतन्य की साधना कर सकता है। यह सम्बन्ध इस बात का भी प्रमाण है कि रामानन्द की पारम्परिक छवि ''वर्णपटल के दोनों छोर एक-साथ छू सकने'' में सक्षम व्यक्ति की ही रही है। इस सम्बन्ध के साथ विद्वज्जगत में जो सलूक हुआ वह याद दिलाता है कि साक्ष्यों के साथ मनमानापन दुःखद और मनोरंजक परिणाम ही उत्पन्न करता है। और भी मनोरंजक स्थिति तब बन जाती है जब प्राचीन को अर्वाचीन और अर्वाचीन को प्राचीन बना देनेवाली उलटबांसी विद्वान लोग वैसे आत्मविश्वास के साथ गाने लगें, जैसे 'अगस्त्य संहिता' के प्रसंग में गाने लगे।

हमने ऊपर कहा है कि 'संस्कृत रामानन्द की निर्मिति और रामानन्द के समय को सौ साल पीछे खींचना–ये दोनों एक ही रणनीति के पहलू थे। रामानन्द के नाम से उपलब्ध संस्कृत रचनाओं पर विचार करके इस बात को समझा जा

सकता है। ये कुल तीन हैं : 'आनन्द-भाष्य', 'रामार्चन पद्धति' और 'वैष्णव-मताब्ज भास्कर'।

'भास्कर' विशेष ध्यान देने योग्य है क्योंकि 'स्वतन्त्रतावादी' और 'परम्परावादी' दोनों तरह के समानन्दी इसे 'प्रामाणिक और प्राचीन' मानते थे। अभी भी सभी रामानन्दियों के लिए यह मान्य ग्रन्थ है। 'भास्कर' रामानन्द रचित है ही नहीं–ऐसा कोई रामानन्दी नहीं कहता। 'आनन्द-भाष्य' और 'रामार्चन-पद्धति' के बारे में ऐसा कहा गया। भगवदाचार्य रामानन्द का सम्बन्ध रामानुज से जोड़नेवाले श्लोकों को ही प्रक्षिप्त कहते थे। उनके द्वारा 'खोजी गई' पांडुलिपियों में ये श्लोक नहीं मिलते थे। 'भास्कर' के बाकी टेक्स्ट पर उन्हें भी कोई सन्देह नहीं था। यह बात हमारे विषय के लिए केन्द्रीय महत्त्व की है।

रामानन्द के नाम से प्रसिद्ध वह उक्ति याद करें : ''जात-पाँत पूछे नहिं कोई। हरि को भजे सो हरि का होई।'' उनकी हिन्दी रचनाओं में यह उक्ति नहीं मिलती। रामानन्द को रामानुज की परम्परा में माननेवाले बलभद्रदास द्वारा प्रकाशित 'भास्कर' और 'रामार्चन पद्धति' की चर्चा हमने की है। बलभद्रदास पक्के वर्णाश्रमवादी थे। इस बात को ध्यान में रखें और अब जरा 'भास्कर' का सौवाँ श्लोक और उसका बलभद्रदास कृत हिन्दी रूपान्तर पढ़ें।

सर्वे प्रपत्तेरधिकारिणः सदा, शक्ता अशक्ता अपि नित्यरंगिणः।
अपेक्ष्यते तत्र कुलं बलं च नो, न चापि कालो न हि शुद्धता च॥

भगवान श्रीरामानन्द स्वामीजी अपने शिष्यों के प्रति कहते हैं कि भगवान अपनी प्रपत्ति में जीवों के कुल (जाति) बल की और कालशुद्धता की अपेक्षा नहीं करते, इसी कारण समर्थ-असमर्थ सभी जीव भगवान की शरणागति के अधिकारी हैं।[47]

यह बलभद्रदास की बौद्धिक ईमानदारी का प्रमाण है कि वे कबीर पर लिखने वाले बहुतेरे लेखकों की तरह यह नहीं कहते कि बताइए भला, 'श्रीरामानन्द स्वामीजी' कहीं ऐसा कह सकते थे। सम्पादक के विचार अपनी जगह, उनके द्वारा सम्पादित 'भास्कर' में रामानन्द तो यही कह रहे हैं कि–''अपेक्ष्यते तत्र कुलं बलं च नः'' 'जात-पाँत पूछे नहीं कोई'।

ग्रन्थ के आरम्भ में बलभद्रदास ने जयपुर के महन्त श्री रामकृष्णानन्द का प्रमाणपत्र प्रकाशित किया है। इसके अनुसार बलभद्रदास द्वारा सम्पादित पांडुलिपि 364 वर्ष पुरानी है, और महन्तजी के पुस्तक भंडार में सुरक्षित है। यह दावा अगर सही हो तो पांडुलिपि 1564 ई. की होगी, याने रामानन्द की सदी–पन्द्रहवीं सदी से सिर्फ चौंसठ साल बाद की। वैसे 'भास्कर' में शस्त्रपूजा को जो महत्त्व दिया गया है, उसे देखते हुए मेरा अपना अनुमान यह है कि इसकी रचना रामानन्दियों के सशस्त्रीकरण के दौरान, अठारहवीं सदी में हुई होगी।

दो श्लोक और पढ़ें :

उत्कृष्टवर्णैरपि वैष्णवैस्तैर्निकृष्टवर्णः स तदीयसेवने।
तथानुसर्त्तव्य इतीष्यते बुधैः शास्त्रर्विधेये विधिगोचरैः परैः ॥107॥

(उच्च वर्ण के लोगों का कर्तव्य है कि निम्न वर्ण के वैष्णवों की शास्त्रोक्त विधि से सेवा करें–ऐसा विद्वानों का कहना है।)

प्राप्तुं परां सिद्धिमकिंचनोजनो द्विजादिरिच्छंछरणं हरिं व्रजेत्।
परं दयालुं स्वगुणानपेक्षितक्रियाकलापादिकजातिभेदम् ॥125॥

(परम सिद्धि के इच्छुक द्विज आदि को जातिभेद की परवाह न करनेवाले परम दयालु हरि की शरण में जाना चाहिए।)

फिर से वही बात : 'जात-पाँत पूछे नहीं कोई, हरि को भजे सो हरि का होई।' कही जा रही है--परम सिद्धि के इच्छुक द्विजों से–सिद्धि चाहिए तो जात-पाँत छोड़ो! इस पंक्ति और 'भास्कर' के उपर्युक्त श्लोकों को परस्पर अनुवाद के रूप में पढ़ा जा सकता है या नहीं? आप स्वयं फैसला कर लें। 'भास्कर' के और भी अनेक श्लोक कुलनिरपेक्ष वैष्णवता की घोषणा करती इस छोटी सी, मार्मिक पंक्ति का भाष्य ही करते प्रतीत होते हैं।

रज्जब की 'सर्वंगी' के चार पृष्ठों में एक छोटा-सा 'ग्रन्थ' संकलित है–'ग्रन्थ साध महिमा।' इसकी भाषा देशभाषामिश्रित संस्कृत है। इसकी एक पंक्ति आप तीसरे अध्याय में पढ़ भी चुके हैं–'जुलाहा गर्भे उत्पन्नो साध कबीर महामुनी।' यह ग्रन्थ जाति-कुलनिरपेक्ष वैष्णवता की महिमा बखानता है; 'निम्नकुलोत्पन्न' भक्तों की महिमा बताने के लिए कबीर, दादू, रैदास, दरिया, राका आदि के ही नहीं, 'मछीगरभे' उत्पन्न व्यास, 'अंजनीमध्ये' उत्पन्न हनुमान के भी उदाहरण देता है।

इस ग्रन्थ के चार श्लोक 'वैष्णव-मताब्ज-भास्कर' की ही तरह भक्तों की जाति-कुलनिरपेक्ष महिमा का सिद्धान्त-कथन करते हैं। जन्माधारित पूज्यता के ब्राह्मणवादी दावों को खारिज करते हुए भक्ति-आधारित पूज्यता पर जोर देते हैं।[48] 'भास्कर' के श्लोकों के साथ यह समानता तुरन्त ध्यान खींचती है। रज्जबजी ने सर्वंगी-संकलन 1600 ई. के आस-पास किया था। यदि मेरा अनुमान सही है, 'भास्कर' की रचना यदि अठारहवीं सदी में हुई है, तो संभव है कि 'ग्रन्थ साध महिमा' या ऐसे ही किसी अन्य स्रोत से कुल-निरपेक्ष वैष्णवता की महिमा 'भास्कर' में पहुँची हो।

भास्कर की रचना जब भी हुई हो, जिसने भी की हो–'संस्कृत' रामानन्द प्रामाणिक और स्वीकार्य तभी हो सकते हैं जबकि "जात-पाँत पूछे नहीं कोई" की घोषणा करें–यह रचनाकार को मालूम था। यह घोषणा रामानन्द की वैचारिक विशिष्टता, बौद्धिक साहस और उनके ऐतिहासिक महत्त्व की घोषणा है। यह घोषणा लोकस्मृति में सुरक्षित ऐतिहासिक रामानन्द की पहचान है। रामानन्द

की संस्कृत निर्मिति इस घोषणा की उपेक्षा करके लोकमान्य हो ही नहीं सकती थी।

रामानन्द की संस्कृत निर्मिति पर बल दिया गया बीसवीं सदी के आरम्भिक वर्षों में, लेकिन इसका सम्बन्ध रामानन्दियों की सामाजिक-सैद्धान्तिक पहचान और उससे जुड़े उन तनावों से है जिन के ऐतिहासिक साक्ष्य अठारहवीं सदी तक तो देखे ही जा सकते हैं। इनकी चर्चा हम ''दाबिस्ताँ-ए-मज़ाहिब'' और गलता सम्मेलन के प्रसंग में करेंगे।

बीसवीं सदी के पहले अठारहवीं और उन्नीसवीं सदियाँ आई थीं। ब्रिटेन और यूरोप द्वारा 'भारत को समझने' की सदियाँ। 'समझने' के नाम पर औपनिवेशिक सत्ता-तन्त्र और ज्ञानकांड ने भारतीय सांस्कृतिक अनुभव को मनमाने ढंग से पढ़ा और भारतीय समाज को इतिहास-विहीन घोषित कर दिया। औपनिवेशिक 'आधुनिकता' के परिणामस्वरूप भारतीय समाज में सांस्कृतिक संवेदना-विच्छेद उत्पन्न हुआ। इस विच्छेद की अनेक परिणतियों में से एक यह हुई कि संस्कृत और देशभाषाओं के बीच जो सम्बन्ध वास्तव में था, उसकी जगह औपनिवेशिक ज्ञानकांड द्वारा कल्पित सम्बन्ध ने ले ली। दैनंदिन व्यवहार और जीवन्त परम्पराओं के स्थान पर भारतीय संस्कृति की ओरियंटलिस्ट निर्मितियों को 'प्रामाणिक' मान लिया गया। पूर्व- औपनिवेशिक काल में व्यापार के कारण उपजी सामाजिक-सांस्कृतिक गतिशीलता को ज्ञानकांड और लोक-स्मृति दोनों से 'इरेज़' करके ब्राह्मण-वर्चस्व को भारतीय इतिहास का शाश्वत सत्य निरूपित करना औपनिवेशिक सत्ता की जरूरत थी, जिसे औपनिवेशिक ज्ञानकांड ने, 'ऑफिशियल ब्राह्मणों' के उत्साही सहयोग से बखूबी पूरा किया।

'ऑफिशियल ब्राह्मणों' ने यह मनवाने के लिए पूरा जोर लगा दिया कि हिन्दू परम्परा को जानने-समझने के प्रामाणिक स्रोत सिर्फ संस्कृत में हैं। देशभाषा स्रोत तभी गम्भीरता से लिये जा सकते हैं जबकि वे संस्कृत स्रोतों का अनुवाद या अनुगमन करें। वास्तविकता इसके विपरीत थी। रामानन्द और कबीर जिस समय में सक्रिय थे, वह भारतीय समाज में व्यापार के विस्तार का समय था। भक्ति के लोकवृत्त का विकास और देशभाषाओं का महत्त्व-विस्तार व्यापार के विस्तार का ही परिणाम था। रामानन्दी हों या कबीरपंथी—अधिकांश का सम्बन्ध व्यापार, दस्तकारी और खेती के कारोबारों से था। ये लोग दैनंदिन जीवन में ब्राह्मणों के वर्चस्व को भी नकार रहे थे, और संस्कृत की 'अपरिहार्य' प्राथमिकता को भी। रामानन्द और कबीर अपने समानधर्माओं और व्यापक समुदाय से ही नहीं, स्वयं राम से भी संवाद देशभाषा में ही करते थे। वे लोक-व्यवहार की भाषा को ही अलौकिक अनुभव, भक्ति और साधना की भी भाषा बना रहे थे। दैनंदिन जीवन में ही पवित्र अवकाश (सैक्रेड स्पेस) रचने की साधना करने वाले इन साधकों ने भगवान से भी उसी भाषा में बात करने

का अद्‌भुत साहस दिखाया, जिसमें वे अपने परिवार, संगी-साथियों से बतियाते थे। **रामानन्द, नामदेव और कबीर, रैदास, पीपा आदि का सबसे बड़ा 'चमत्कार' यही था कि उन्होंने देशभाषा को ही देवभाषा भी बना दिया।**

जिस भाषा में इंसान रिश्ते निभाए, रोजगार और कारोबार करे उसी में इबादत भी करे—यह सुझाव देने वाले रामानन्द और कबीर जैसे साधक उनके अपने वक्त में लोकमान्य हुए तो इसीलिए क्योंकि वह वक्त इन साधकों का महत्त्व अच्छी तरह जानता था। उस वक्त का भारत कबीर की बात सुनने के लिए उनका संस्कृत-ज्ञाता होना और रामानन्द को सम्मान देने के लिए उनका 'शास्त्रसिद्ध आचार्य' या 'आनन्दभाष्यकार' होना जरूरी नहीं मानता था।

लेकिन अब, पारम्परिक संवेदना के प्रति अवहेलना से भरपूर "आधुनिक" भारत में कहाँ यह मुमकिन था! अब तो रामानन्द की हिन्दी रचनाएँ उनकी "निरक्षरता" का प्रमाण मानी जा रही थीं। वैसे ही, जैसे संस्कृत-फारसी न जानने के कारण कबीर को "निरक्षर" माना जा रहा था। रामानन्द का संस्कृतीकरण जरूरी था, और कोई रास्ता औपनिवेशिक आधुनिकता ने 'स्वतन्त्रतावादी' रामानन्दियों के पास छोड़ा ही नहीं था।

भगवदाचार्य, रघुवराचार्य और उनके अन्य साथियों का मूल लक्ष्य था, रामानुजियों के ब्राह्मणवादी अभिमान से पिंड छुड़ाना। रणनीति थी—यह सिद्ध करना कि वर्णाश्रम की परवाह न करनेवाले रामानन्दियों का सामाजिक आचरण वेदान्त भाष्यकार आचार्य के विचारों के अनुकूल ही है। रामानन्द का कोई सम्बन्ध रामानुज की परम्परा से नहीं, इसलिए रामानुजियों को कोई हक भी नहीं कि आचार-विचार के बारे में रामानन्दियों के सामने उपदेश झाड़ें।

'गुरु-परम्परा बदल डालने' के इरादे से 'स्वतन्त्रतावादी' रामानन्दियों ने अयोध्या में एक 'पुरातत्वानुसन्धायिनी समिति' का गठन कर लिया था। इस समिति को अनेक शोध-चमत्कारों का श्रेय जाता है। भगवदाचार्य ने 'श्रीपरम्परापरित्राण' में उस समय मान्य गुरु-परम्परा का प्रबल खंडन और समिति द्वारा 'खोज निकाली गई' रामानुज विहीन 'प्राचीन' गुरु-परम्परा का जोरदार मंडन किया। इस पुस्तक में 'पूछे गए' बहुत-से प्रश्नों में से एक यह था कि 'सिद्धान्तपटल' में "श्री रामानन्द स्वामीजी महाराज ने श्री रामानुज स्वामीजी को अपनी गुरु-परम्परा के प्रधान गुरु माने हैं।"

प्रश्न पर विचार करते भगवद्‌दास उर्फ भगवदाचार्य की खीझ देखते ही बनती है। खीझ के पहलू दो हैं। एक तो रामानुज से रामानन्द को स्वतन्त्र करने की तीव्र इच्छा। दूसरा संस्कृत रामानन्द की प्रतिष्ठा कर, हिन्दी रामानन्द को रद्‌द करने या कम से कम उन्हें संस्कृत रामानन्द के ताबे लाने की तीक्ष्ण हड़बड़ी। लिखते हैं :

> आज हमें कुछ ऐसे दुष्टों से पाला पड़ा है कि हम भी हैरान हैं। **श्री रामानन्द स्वामीजी का आनन्द भाष्य छप रहा है। उस पर कुछ बदमाश लोग यह कहना शुरू कर दिए हैं कि यह भाष्य स्वामीजी का बनाया हुआ है ही नहीं। ब्रह्मचारी भगवद्दास अपने बुद्धिवैभव से बना रहा है।** जहाँ एक ओर ऐसा कहते हैं वहाँ दूसरी ओर 'सिद्वान्त पटल' को सामने रखते हैं और कहते हैं कि श्री स्वामीजी रामानन्द का बनाया हुआ है।...तुमको श्री रामानन्द स्वामी बुरे क्यों लगते हैं? जितने उत्तम ग्रन्थ उनके हैं तो तुम कह देते हो कि उनके नहीं हैं। और जितने इधर-उधर के अंड-बंड ग्रन्थ मिलते हैं उन सबको श्री स्वामीजी का बता देते हो। यह सब तूफान क्यों? क्या तुम यही चाहते हो कि संसार यह जान ले कि श्रीरामानन्द स्वामीजी निरक्षर थे और केवल टूटी-फूटी हिन्दी भाषा जानते थे? परन्तु मेरे यार! तुम्हारे जैसे बदमाशों को हम भी नाक से चना चबवावेंगे। जब तक पृथ्वी पर एक भी श्रीरामानन्दीय जीवित रहेगा तब तक श्रीरामानन्द स्वामीजी को कोई भी निरक्षर सिद्ध न कर सकेगा।[49] (जोर मूल में)

'सिद्धान्त-पटल' वास्तव में रामानन्द कृत है या नहीं—इस प्रश्न पर निर्णय देने के दोनों प्रतिमान गौरतलब हैं। 'प्रामाणिकता' के लिए जरूरी है कि पाठ भगवदाचार्य के मनमाफिक हो, और भाषा संस्कृत हो! 'आनन्द भाष्य' की प्रामाणिकता पर सन्देह करनेवाले भगवदाचार्य के अनुसार, 'बदमाश' थे और यह साबित करने पर उतारू थे कि रामानन्द, "निरक्षर थे और केवल टूटी-फूटी हिन्दी जानते थे।" लेकिन कुछ वर्ष बाद स्वयं भगवदाचार्य घोषणा करने लगे कि 'आनन्द भाष्य' जाली है।

भगवदाचार्य के लिए, जीवन-मरण का प्रश्न यही था कि कैसे रामानन्द को रामानुज की शिष्य-परम्परा से 'स्वतन्त्र' किया जाए। रामानन्द को रामानुज से जोड़ने वाले हर साक्ष्य को भगवदाचार्य ने रद्द कर दिया। इस हद तक दावा किया कि चाहे 'भास्कर' हो, चाहे 'भक्तमाल'—रामानन्द के प्रसंग में रामानुज शब्द जहाँ-जहाँ आता है, वहाँ-वहाँ पाठ प्रक्षिप्त है। असली पाठ है, "रामानुक"!

अपने अभियान में सफलता पा चुके भगवदाचार्य अपनी आत्मकथा में बीसवीं सदी के उन आरम्भिक दिनों को पूरी बेबाकी और साफगोई के साथ याद करते हैं :

> उस समय अयोध्या में एक संत श्री बालकराम विनायकजी थे।...हम दोनों ने एक शाम को ददुआ के बगीचे में बैठकर इस कार्य के चलाने के लिए मार्गों का निर्णय किया। एक तो यह निश्चय हुआ कि सबसे प्रथम एक संस्था हम लोगों के हाथ में होनी चाहिए। तत्काल ही श्रीरामानन्दीय वैष्णव-महामंडल नाम रखकर संस्था बना ली गई। समय बहुत भयंकर था। **गुरु-परम्परा बदल डालनी थी।...एक समिति की आवश्यकता थी कि जो गुरु-परम्पराओं की शोध करे और उन परम्पराओं में यह ढूँढ़ निकाले कि रामानुज और रामानन्द का कोई सम्बन्ध नहीं है।** वह समिति भी

> बन गई। उसका नाम रखा गया–पुरातत्वानुसन्धायिनी समिति। उसका भी मैं ही प्रधानमन्त्री बना। मैं ही मंडल था, मैं ही मन्त्री था। मैं ही समिति था, मैं ही उसका मन्त्री था। काम करना था। इस नाटक के बिना कोई मार्ग मिलता नहीं था।[50] (जोर मेरा)

मंडल, समिति और उनके कर्ता-धर्ताओं ने अपना काम बखूबी किया। रघुवरदास (आगे चलकर रघुवराचार्य) को रैपिंग पेपर के तौर पर इस्तेमाल हो रही, अग्रदास रचित 'श्रीराममन्त्रराजपरम्परा' संयोग से (!) प्राप्त हो गई। इस परम्परा में श्री रामचन्द्र जी से शुरू कर रामानन्द तक कुल बाईस नाम हैं। नाभादास और अन्य पारम्परिक स्रोतों द्वारा उल्लिखित देवानन्द, हर्यानन्द तथा राघवानन्द के नाम तो इसमें हैं लेकिन रामानुज का कोई उल्लेख यहाँ नहीं। इस परम्परा को प्रकाशित करते हुए पुरातत्वानुसन्धायिनी समिति की ओर से कहा गया :

> हम सब रामानन्दीय वैष्णवों का परम कर्तव्य है कि श्रीस्वामी अग्रदास जी महाराज की बताई हुई परम्परा पर खूब विचार करें। हम लोग यह तो कह ही नहीं सकते कि श्री अग्रदास जी महाराज ने झूठ लिखा है। लिखा है तो किसी आधार पर, अतः हम लोगों को सावधान होकर प्रेम से इस पर विचार करना चाहिए।
>
> इस परम्परा से यह बात मालूम होती है कि श्री रामानन्द स्वामीजी महाराज श्रीरामानुज स्वामी के परिवार में से नहीं हैं। यद्यपि यह बात बहुत कोलाहल पैदा करनेवाली है, तथापि गम्भीरता के साथ इस पर विचार होना चाहिए।[51]

रणनीति मार्के की थी; रामानन्द के प्रत्यक्ष शिष्य ''श्रीस्वामी अग्रदास जी महाराज की बताई हुई परम्परा'' पर सन्देह कर गुरुद्रोह के पाप का भागी भला कौन बनेगा? लेकिन इस रणनीति में एक बड़ी मुश्किल भी थी–'रामार्चन-पद्धति' में दी गई गुरु-परम्परा। 'रामार्चन-पद्धति' को रामानन्दी-रामानुजी और बाकी वैष्णव भी 'श्री स्वामी रामानन्द विरचित' ही मानते थे। इसके तीसरे, चौथे और पाँचवें श्लोकों में स्वयं रामानन्द अपनी गुरु-परम्परा बताते हैं। इसमें रामानन्द समेत कुल पचीस नाम हैं। शुरू यह परम्परा भी श्रीरामजी से होती है लेकिन इसमें रामानुज मौजूद हैं। वे महापूर्णाचार्य के शिष्य और कूरेशाचार्य के गुरु कहे गए हैं। 'स्वतन्त्रतावादियों' के लिए यह भारी संकट था। ''श्रीस्वामी अग्रदास जी महाराज की बताई हुई परम्परा'' का टकराव स्वयं श्री रामानन्द जी महाराज की बताई परम्परा से हो रहा था।

इस संकट से निबटने के क्रम में 1923 से लेकर 1958 तक भगवदाचार्य कई बार कभी हाँ कभी ना की हालत से गुजरे। पहले तो उन्होंने 'पद्धति' को दोटूक शब्दों में जाली कह दिया। फिर बलभद्रदास से विवाद के क्रम में 'पद्धति' को तो नहीं लेकिन बलभद्रदास द्वारा प्रयुक्त पांडुलिपि को संदिग्ध बताया। 1936 में 'आनन्द भाष्य' और 'वैष्णव मताब्ज भास्कर' को तो रामानन्द रचित माना लेकिन 'रामार्चन

पद्धति' के रामानन्द रचित होने में सन्देह जताया। अन्ततः 1958 में जाकर उन्होंने दोटूक श़ब्दों में कहा : "इसमें मुझे सन्देह नहीं रहा है कि रामार्चन पद्धति स्वामी रामानन्दजी ने नहीं लिखी है। यह निर्भ्रम है कि रामार्चन पद्धति और वर्तमान आनन्द भाष्य रामानन्द स्वामीजी के ग्रन्थ नहीं हैं।"[52]

'आनन्द भाष्य' की कथा तो भगवदाचार्य ने अपनी आत्मकथा में काफी विस्तार और पछतावे के साथ लिखी है। पछतावे का प्रेरक तत्त्व था, पुराने सहयोगी रघुवराचार्य से मनमुटाव। 'आनन्द भाष्य' पर सन्देह करनेवालों को 1922-23 में 'बदमाश' कहनेवाले भगवदाचार्य 1958 में लिखते हैं :

> वह एक समय था कि मैं बहुत दूर तक का नहीं सोच सकता था, नया त्यागी था, नया उत्साह था। मेरे प्रस्ताव पर श्रीजानकी भाष्य को बिगाड़कर आनन्द भाष्य बनाया गया था।...मैंने असत्य के आधार पर स्वामी रामप्रसाद जी महाराज जी कीर्ति पर कुठाराघात किया था–कराया था। उन्हीं के जानकी भाष्य को थोड़ा सा परिवर्तित करके आनन्द भाष्य नाम दिया था–दिलाया था।...यह बड़ा भारी अन्याय था।...मुझे खूब दुःख था। उपाय कोई भी नहीं था। मेरे पश्चात्ताप के संशोधन का मार्ग प्रकृति ने उपस्थित कर दिया। श्रीजानकी भाष्य भी छप गया।...अब आनन्दभाष्य के जीवन को बहुत बड़ा धक्का लगा। इतना बड़ा धक्का लगा कि वह जीवनशून्य बन गया। जो कोई भी विद्वान् उन दोनों ग्रन्थों को देखता है तो वह सहसा यही कह देता है कि **आनन्द भाष्य कल्पित ग्रन्थ है।**...आनन्दभाष्य की कोई भी प्राचीन प्रति हमारे सामने आनी चाहिए। और नहीं तो वही प्रति सामने आनी चाहिए जिस पर से यह आनन्दभाष्य छपा है।...यहाँ तो असत्य के पुजारी लोग आनन्दभाष्य की प्राचीन प्रति तो दूर रही, वह प्रति भी नहीं दिखा रहे हैं जिस पर से वर्तमान आनन्दभाष्य छपा है।[53] (जोर मूल में)

जैसा जोरदार अभियान भगवदाचार्य ने आनन्द भाष्य को प्रतिष्ठित करने के लिए चलाया था, वैसा ही उसे अप्रामाणिक सिद्ध करने के लिए चलाया। लेकिन पहला अभियान 'असत्य के आधार पर' होने के बावजूद रामानन्दियों द्वारा अनुभूत आवश्यकता का परिणाम कहिए, या इतिहास की मधुर विडम्बना कि आज के रामानन्दी लगभग सर्वसम्मति से आनन्द भाष्य को रामानन्द रचित ही मानते हैं। भगवदाचार्य जीवनभर विरोध करते रहे लेकिन रामावत सम्प्रदाय में रामानन्द के नाम के साथ 'आनन्द भाष्यकार' का विरद लगना शुरू हुआ तो फिर रुका नहीं।

4. *रामानन्द को एक सदी पीछे खींचने की वजह*

'स्वतन्त्रतावादी' रामानन्दी रामानन्द का समय एक सदी पीछे खींच ले जाने पर आखिर क्यों उतारू थे?

इस सवाल का जवाब गुरु-परम्परा सम्बन्धी विवाद में है। विवाद के दोनों ही पक्षों के अनुसार, परम्परा में बाईस या पचीस नाम हैं। इतिहासकार तो इनमें से चार या पाँच को ही ऐतिहासिक मानेंगे, बाकी नाम उनके अनुसार पौराणिक या लीजेंडरी हैं। लेकिन गुरु-परम्परा पर विवाद कर रहे परम्परावादी और स्वतन्त्रतावादी रामानन्दियों के लिए ये सारे के सारे नाम ऐतिहासिक ही थे। 'रामार्चन-पद्धति' में दी गई परम्परा के अनुसार, रामानुज और रामानन्द के बीच तेरह आचार्य हो चुके थे। नाभादास इतने अधिक नाम नहीं गिनाते। लेकिन बीसवीं सदी में चल रही सम्प्रदाय की बहसों में नाभादास की भक्तमाल से अधिक महत्त्वपूर्ण थीं संस्कृत में दी गई परम्पराएँ। स्वतन्त्रतावादियों की सूची में रामानुज के नाम का तो सवाल ही नहीं था लेकिन दोनों सूचियों में रामानन्द के पहले के कई नाम उभयनिष्ठ थे।

मार्के की बात है कि रामानन्द का समय निर्धारित करने के लिए गुरु-परम्परा की चर्चा करने से पहले बलभद्रदास ने ज्ञात से अज्ञात की ओर जाने की ऐतिहासिक पद्धति अपनाई। उन्होंने याद दिलाया कि सिकन्दर लोदी के समय रामानन्द की समकालीनता स्वयं भगवदाचार्य 'श्री रामानन्द दिग्विजय' में स्वीकार कर चुके हैं। रामानन्द की मनमानी तिथियों के साथ कबीर का समय एडजस्ट करने की बजाय, बलभद्रदास ने कबीर और सेन भक्त की तिथियों के आधार पर उनके गुरु रामानन्द का समय निर्धारित किया और इस तर्कसंगत निष्कर्ष पर पहुँचे : "इन सब बातों का विचार कर अन्तिम निर्णय यह किया जा सकता है कि श्रीस्वामीजी का समय पूरी 15वीं शताब्दी (सन् 1400-1500) तो अवश्य ही है क्योंकि न तो सन् 1400 ई. से पूर्व किसी प्रकार आविर्भाव सिद्ध हो सकता है, न सन् 1500 ई. के पहले परमधाम गमन ही।"[54]

बलभद्रदास ने रामानुज का जन्म सन् 1016 और रामानन्द का जन्म 1420 में होना बताया। रामानुज का निधन 1137 में माना जाता था। रामानुज और रामानन्द के बीच इन चार सौ वर्षों के अन्तराल में परम्परामान्य तेरह आचार्यों की समाई भी सम्भव थी और बाईस या पचीस की भी। इन परम्परागत और सम्प्रदाय-स्वीकृत संख्याओं को निरस्त करना 'स्वतन्त्रतावादियों' के लिए कठिन था। तर्क दिए गए कि सम्प्रदाय के आचार्य तो दीर्घजीवी होते थे, अतः तेरह आचार्यों के लिए भी कम से कम छह सौ साल का अन्तर तो रामानुज और रामानन्द के बीच होना चाहिए, सो पन्द्रहवीं सदी के रामानन्द बारहवीं सदी के रामानुज की परम्परा में भला कैसे हो सकते हैं?

इस 'तर्क' (या तर्काभास!) का खंडन करते हुए परम्परावादियों ने याद दिलाया कि गुरु-परम्परा में आचार्यों का समय उनके पूरे जीवनकाल के आधार पर नहीं, गुरु-गादी पर रहने के आधार पर गिना जाता है। इस तर्क से बचने का एक ही

तरीका था—रामानन्द के समय को इतना पीछे ले जाना कि गुरु गादी पर रहने के हिसाब से भी रामानुज और रामानन्द के बीच तेरह या बाईस आचार्यों का हो चुकना असम्भव प्रतीत होने लगे। रामानन्द का जन्म 1420 की बजाय 1299 में मानना स्वतन्त्रतावादियों की इस रणनैतिक जरूरत को पूरा करता था। रामानुज से सम्बन्ध विच्छेद ही तो लक्ष्य था। इसकी सिद्धि के लिए 1299 तो क्या, भगवदाचार्य रामानन्द को 1199 में भी अवतरित करा सकते थे। 'श्रीरामानन्द दिग्विजय' के पहले संस्करण (1927) में रामानन्द का जन्म संवत् 1356 में निरूपित कर चुकने के बावजूद इसी ग्रन्थ के दूसरे संस्करण में जन्म संवत् की सूचना देनेवाले श्लोक पर भगवदाचार्य ने फुटनोट लगाया, "यह जन्म संवत् अशुद्ध सिद्ध हो चुका है, सम्भव है कि 100 वर्ष पीछे हटना पड़े।"[55]

रामानुजी आचार्य परम्परा में रामानन्द का उल्लेख नहीं है। रामानुजी उन्हें सम्प्रदाय के अनेक व्यक्तियों में से एक मानते हैं, आचार्य नहीं। वर्णाश्रमी ब्राह्मणवाद और 'देवभाषा' संस्कृत की उपेक्षा करनेवाले विचारक के प्रति उनका रवैया और हो भी क्या सकता था? परम्परावादियों ने इस अनुल्लेख की व्याख्या करने की कोशिश तो बहुत की लेकिन बात बनी नहीं। परम्परावादियों की ओर से कहा गया कि रामानुज के बाद श्री सम्प्रदाय की दो परम्पराएँ स्वायत्त रूप से चलीं—गृहस्थ 'आचारियों' की परम्परा और रामानन्दी 'वैरागियों' की परम्परा। इसीलिए 'आचारियों' की परम्परा 'वैरागियों' के आचार्यों का उल्लेख नहीं करती।

लेकिन अनुल्लेख लक्षण मात्र था। रोग कुछ और ही था। रोग का उल्लेख परम्परावादियों के प्रबल प्रवक्ता बलभद्रदास को करना ही पड़ा। 'स्वतन्त्रता आन्दोलन' के कारणों को समझने के क्रम में उन्होंने नोट किया :

> आचारी नाम से जो प्रसिद्ध हैं इनमें बहुतेरे हम सबों का अपमान करने लगे और जहाँ-तहाँ पंच संस्कार से युक्त श्रीरामानन्दीय श्रीवैष्णवों को फिर से शंख चक्र और नारायण मन्त्र देना प्रारम्भ किए और जो इनसे नारायण मन्त्र नहीं लेते उनको साधारण वैष्णव कहने लगे और नीच दृष्टि से देखने लगे।...पिछले दिनों हम सबों में भजन-पूजन की प्रधानता होने के कारण अध्ययन-अध्यापन में शिथिलता आ गई और वाद-विवाद में कमजोरी हो गई। बस, ये लोग घृणा करने लगे।[56]

'अध्ययन-अध्यापन में शिथिलता' यानी संस्कृत परम्परा के प्रति रामानन्दियों की अरुचि। 'नीच दृष्टि से देखने' का असली कारण—रामानन्दियों में से अधिकांश का ऐसी जातियों से सम्बद्ध और उनके बीच प्रभावी होना जो ब्राह्मण कुलाभिमानी रामानुजियों की दृष्टि में 'नीच' थीं। रामानन्दी अपनी इन पारम्परिक विशेषताओं के कारण रामानुजियों को बोझ जैसे लगते थे। गनीमत बस यही थी कि उनके असली प्रभाव-क्षेत्र यानी दक्षिण भारत में रामानन्दियों का कोई खास असर नहीं था। कम से

कम वहाँ तो 'श्रीवैष्णव' रामानुजियों की 'उच्चता और पवित्रता' सुरक्षित थी। उत्तर में रामानन्दियों के 'श्रीवैष्णव' होने के दावे से रामानुजी असुविधा महसूस करते थे। दावे और असुविधा का यह सिलसिला बीसवीं सदी को विरासत में मिला था। रामानुजी सम्प्रदाय की ऐतिहासिक स्मृति और आचार्य परम्परा से रामानन्द का निष्कासन इसी सिलसिले की एक कड़ी थी।

रामानन्दी दावे से उत्पन असुविधा से बचने के लिए बीसवीं सदी के पहले ऐसा निष्कासन ही रामानुजियों को पर्याप्त लगा क्योंकि उत्तर भारत में रोजमर्रा जिन्दगी के उतार-चढ़ाव से उनका वास्ता कम ही था लेकिन बीसवीं सदी में रामानुजियों में से कुछ ने वर्णाश्रमवादी जीवन-दृष्टि की व्यावहारिक जीवन में उपेक्षा करनेवाले रामानन्दियों को 'सन्मार्ग पर लाने के प्रयत्न' किए। यह और बात है कि ऐसे प्रयत्नों ने रामानन्दियों को 'स्वतन्त्रतावादी' मार्ग पर ही जाने की प्रेरणा दी!

रामानन्दी महंत सम्प्रदाय में आ गई अध्ययन-अध्यापन में शिथिलता से चिन्तित थे। इसको दूर करने के लिए कई रामानन्दी महन्तों ने अपने स्थानों में संस्कृत पाठशालाएँ स्थापित कीं। बड़ा स्थान में संस्कृत का अध्ययन-अध्यापन पहले से होता था, महन्त राममनोहर प्रसाद ने एक वेदान्त पाठशाला भी आरम्भ की। पढ़ाने के लिए दक्षिण से एक रामानुजी वैष्णव सन् 1920 में बुलाए गए। वे यह देखकर दंग रह गए कि यहाँ अब्राह्मण भी व्याकरण और वेदान्त का अध्ययन करते थे। उन्होंने अब्राह्मण शिष्यों को पढ़ाने से साफ इनकार कर दिया। अन्य प्रसंगों में भी उनका रवैया रामानन्दियों के प्रति तिरस्कार से भरा हुआ था। इस रवैये ने आग में घी का काम किया। बलभद्रदास ने इन महाशय के बारे में लिखा :

> आप की यहाँ के लिए यात्रा अथवा आगमन दोनों—श्रीवैष्णव दलों के दुर्भाग्य से बड़े बुरे मुहूर्त में हुआ था क्योंकि आपके ही चलते इस जुदाई के लिए वास्तविक क्षेत्र तैयार हुआ। यदि कोई उदार-प्रकृति के दूसरे विद्वान् आए होते तो बहुत सम्भावना थी कि इस हार्दिक-सम्मिलन से दोनों दलों का हृदय चिरकाल तक के लिए एक होकर और भी दृढ़ हो जाता परन्तु श्रीमीमांसक स्वामीजी ने अपनी संकीर्ण प्रकृति के कारण इस सुनहले-अवसर को विषमय बना दिया। कहा जाता है कि आपने पढ़ाने तथा अन्य प्रसंगों में भी श्रीरामानन्दीय-वैष्णवों को कई बार निरादर और अपमानित भी किए। इससे पढ़े-लिखे श्रीरामानन्दीय-वैष्णवों के दिल में गहरी चोट लगी। अतः हृदय में भेद आ गया।[57]

बलभद्रदास ने ''श्रीअनन्ताचार्यस्वामीजी आदि जैसे, आचारी-श्रीवैष्णव'' याद किए, जो ''प्रतिष्ठा, पद तथा विद्वत्ता के हैसियत से भी महान् थे और श्रीरामानन्दीय-श्रीवैष्णवों को भाई के समान ही मानते और आदर-सत्कार भी करते थे।''

लेकिन आचारी श्री वैष्णवों के रवैये के बारे में अयोध्या के रामानन्दियों का अनुभव कुछ और ही था। ''श्रीरामानन्दीय-श्रीवैष्णवों को भाई के समान ही''

माननेवाले रामानुजी भी प्रतीकात्मक धरातल पर रामानन्दियों के साथ अपमानजनक व्यवहार ही करते थे। राम-प्रतिमा को दंडवत न करना, चरणामृत लेने से इनकार कर देना, राम-मन्दिर में स्वयं चाँदी के सिंहासन पर बैठना—ऐसे व्यवहार को अधिकांश रामानन्दी 'आदर-सत्कार' का प्रमाण नहीं मान पा रहे थे। उनकी दृष्टि में वेदान्त पाठशाला के अध्यापक द्वारा अब्राह्मण शिष्यों का तिरस्कार, "प्रतिष्ठा, पद तथा विद्वत्ता के हैसियत से भी महान्" रामानुजियों द्वारा प्रतीकात्मक धरातल पर होनेवाले अपमान का विस्तार ही था।

भगवदाचार्य अपनी आत्मकथा में याद करते हैं :

> श्रीतोताद्रिस्वामी अयोध्या में भी आ गए थे।...जब वह अवध आए थे, उनका निवास कनकभवन में था। लोग कहते थे कि कनकभवन में भगवान के समक्ष उनका श्रीवैष्णवोचित व्यवहार नहीं था। भगवान के सामने ही वह अपने रौप्य सिंहासन पर बैठते थे। कभी उन्होंने भगवान को साष्टांग प्रणिपात नहीं किया। कभी भगवच्चरणोदक का भी पान नहीं किया।...
>
> चतुःसम्प्रदायवेदान्त विद्यालय के अध्यापक भी श्रीरामानुजाचार्य जी शंखचक्रान्कितों को ही पढ़ाते थे अन्यों को नहीं। ब्राह्मणकुलोत्पन्न साधुओं को ही पढ़ाते थे अन्य वर्णकुलोत्पन्न को नहीं। इससे भी वहाँ श्रीरामानन्द सम्प्रदाय के लिए क्षुब्ध वातावरण उत्पन्न हो गया। जो दो वर्षों के बाद ज्वालामुखी बन गया।[58]

ज्वालामुखी के बनने में भगवदाचार्य की भूमिका केन्द्रीय थी। बलभद्रदास जैसे लोग चाहते थे कि श्रीरामानन्दी श्रीवैष्णव, आचारी-श्रीवैष्णवों के साथ ज्ञान और आचार-विचार में 'समानता का मुकाबला' करें, "जैसे दो भाई पारस्परिक-भावना के अनुसार, आपस में श्रद्धा, प्रेम, आदर, सहयोग या राग-द्वेष गर्व असहयोग आदि रखा करते हैं।" किन्तु,

> दुर्भाग्य से इस क्षेत्र में एक विषबीज भी कुछ पहले से ही पड़ चुका था, जिसने इस उर्वरभूमि में अनुकूल मौसम एवं आब-हवा पाकर अपने सुलभ विकास से बहुत से होनहार लहलहे पौधों को भी विषैला बनाकर समाज में अपना प्रभाव-विस्तार किया। आज इसी विषैले असर से समाज के बहुत-से अंग विषमय हो गए हैं। वह कौन-सा बीज था? वह बीज और कोई नहीं, केवल श्रीभगवद्दासजी थे, जिनका उस समय आर्य-समाज से इस श्रीरामानन्दीय श्रीवैष्णव समाज में आगमन हो चुका था।[59]

रामानुजियों द्वारा किए जानेवाले अपमान से क्षुब्ध रामानन्दी 'श्रीभगवद्दासजी' को विषबीज नहीं स्वतन्त्रता अभियान का नेता मानते थे। ब्राह्मणवादी तिरस्कार से मुक्ति का रास्ता उन्होंने यही मान लिया था कि रामानन्द को भी रामानुजी परम्परा से 'मुक्त' कर लिया जाए, रामानन्द का आविर्भाव काल चाहे एक सदी पीछे खींचना पड़े, चाहे दो सदी पीछे!

इस मुक्ति-अभियान में, औपनिवेशिक, संवेदना-विच्छेद ग्रस्त आधुनिकता का प्रताप यह रहा कि स्वतन्त्रतावादियों ने एक सदी पीछे खींचने के साथ-साथ स्वतन्त्रचेता विचारक रामानन्द को 'शास्त्रवादी' आचार्य बनाने का चमत्कार भी कर दिखाया।

बीसवीं सदी के पहले रामानन्द की छवि और रामानन्दियों के दैनंदिन सामाजिक व्यवहार का विस्तृत विवेचन फिर कभी। फिलहाल थोड़ी-सी चर्चा 'दबिस्ताँ-ए-मज़ाहिब' की करेंगे और थोड़ी जयपुर के संस्थापक राजा सवाई जयसिंह द्वारा लागू किए अनुशासन की परिणतियों की।

5. *दबिस्ताँ-ए-मज़ाहिब में रामानन्द, रामानन्दी और कबीर*

'दबिस्ताँ-ए-मज़ाहिब' अद्भुत ग्रन्थ है। इसकी रचना 1645 से 1653 ई. के बीच हुई थी। उस समय के उत्तर भारत में प्रचलित सभी मजहबों, सम्प्रदायों और उनके अनुयायियों के रीति-रिवाजों, विश्वासों और मान्यताओं का विस्तृत परिचय देकर यह ग्रन्थ अपने नाम को सार्थक करता है। यह परिचय यात्राओं, बातों-मुलाकातों और प्रत्यक्ष अनुभवों पर आधारित है।

'दबिस्ताँ' की 'खोज' विलियम जोन्स ने 1780 में की, इसके लेखक के बारे में जोन्स ने मान लिया था कि वह मुहसिन फानी नाम का मुसलमान था और उसे दाराशिकोह का संरक्षण प्राप्त था। संरक्षण तो प्राप्त था लेकिन यह अद्भुत लेखक मुसलमान था या नहीं—यह अब विवाद का विषय है। उसके नाम के बारे में भी जोन्स को गलतफहमी हुई थी। अब अधिकांश अध्येता मानते हैं कि 'दबिस्ताँ-ए-मज़ाहिब' का लेखक जुल्फिकार आर्दिस्तानी या केखुसरो इस्फिन्दियार नामक पारसी था और 'मुबाद शाह' उसका तखल्लुस था। अग्निपूजक पारसियों के प्रति मुसलमानों की उत्पीड़कता से बचने के लिए उसने मुस्लिम चोला धारण कर लिया था। कुछ अध्येता मुबाद शाह को मुसलमान ही मानते हैं।

'दबिस्ताँ-ए-मज़ाहिब' का अंग्रेजी अनुवाद 1843 में डेविड शिया और एंथनी ट्रायर ने प्रकाशित किया। फारसी मूल का भी प्रकाशन नवलकिशोर प्रेस में हुआ। 'दबिस्ताँ' का सुसम्पादित फारसी संस्करण 1982 में, रहीम रज़ा मलिक के सम्पादन में तेहरान से प्रकाशित हुआ है। शिया और ट्रायर के अनुवाद के साथ तेहरान संस्करण की तुलना करने से मालूम पड़ता है कि मूल के कई हिस्से अनुवाद में छूट गए हैं और कई जगहों पर अनुवाद स्पष्टतया भ्रष्ट है।

मैंने इन बातों का ध्यान रखते हुए ही 'दबिस्ताँ' का उपयोग किया है। सन्देह होने पर तेहरान संस्करण पर भरोसा किया है। 'दबिस्ताँ' का अध्ययन दिल्ली विश्वविद्यालय में फारसी विभाग के अध्यक्ष प्रो. चन्द्रशेखर और पेनसिलवानिया विश्वविद्यालय के प्रो. आदित्य बहल[60] की सहायता के बिना मुमकिन नहीं था।

मुबाद शाह अपना ग्रन्थ रामानन्द के कोई दो सौ साल बाद और वैष्णवों के सैनिक संगठन से कुछ दशक पहले लिख रहे थे। यह समय रामानन्दियों के लिए बिगूचन (कन्फ्यूज़न) का समय था। दार्शनिक धरातल पर रामानुजीय श्रीवैष्णवों के अन्तर्गत होते हुए भी रामानन्दी सामाजिक व्यवहार में रामानन्द के रेडिकल और सोशली इन्क्लूसिव विचारों को जी रहे थे। "जात-पाँत पूछे नहीं कोई" की घोषणा पर आधारित जीवन-पद्धति, विचारों और व्यवहारों को तिलांजलि देकर वे सीधे ढंग से रामानुजीय श्रीवैष्णवों की वर्णाश्रमवादी जीवन-पद्धति को अपना लें--यह दबाव उन पर लगातार पड़ रहा था। कुछ सदियों पहले दक्षिण भारत में स्वयं रामानुजियों को क्षत्रिय सामन्तों के जिस तरह के दबाव में अपने मन्दिरों और सम्प्रदाय-संगठन का ब्राह्मणीकरण करना पड़ा था, वैसा ही दबाव सोलहवीं-सत्रहवीं सदी के उत्तर भारत में रामानन्दी झेल रहे थे।

ऐसे दबाव के कारण रामानन्दियों के वास्तविक जीवन और उनकी सामूहिक कल्पना तथा स्मृति की दुनिया में कैसी फाँकें और कैसे अन्तर्विरोध उत्पन्न हुए होंगे, इसकी कल्पना की जा सकती है। मुबाद शाह के विवरणों को ध्यान से यदि पढ़ा जाए, तो इन फाँकों को साफ महसूस किया जा सकता है।

कबीर के कुछ अध्येताओं ने 'दबिस्ताँ' का उपयोग किया जरूर है लेकिन अर्जुन-दृष्टि से! कबीर के उल्लेख रूपी चिड़िया पर ही उनकी नजर टिकी रही है। अध्येताओं ने नोट किया है कि 'दबिस्ताँ' में कबीर की दोहरी अन्त्येष्टि का उल्लेख है और इसके अनुसार कबीर की समाधि 'जगन्नाथ' में है। इस आधार पर कुछ लोगों को 'दबिस्ताँ' में दी गई सूचनाएँ संदिग्ध भी लगती हैं।

सभी अध्येता नोट करते हैं कि रामानन्द को गुरु बनाने के लिए कबीर द्वारा बरती गई चतुराई का उल्लेख भी 'दबिस्ताँ' में किया गया है, ऐसे में यह नतीजा आसानी से निकाला जा सकता है कि 'दबिस्ताँ' के रचनाकाल में ही रामानन्दी 'कुछ ज्यादा ही कट्टर' हो चुके थे लेकिन यह आसान नतीजा सही नतीजा भी है क्या?

अर्जुन-दृष्टि की बजाय अगर संवेदनशीलता के साथ 'दबिस्ताँ' को पढ़ा जाए तो दिख जाता है कि उपर्युक्त नतीजा आसान होने के साथ-साथ निराधार भी है। कबीर की समाधि 'जगन्नाथ' में होने जैसी सूचनाएँ लेखक की मेहनत और जानकारी की प्रामाणिकता रेखांकित करती हैं। मुबाद शाह बताते हैं कि अन्त्येष्टि के बारे में झगड़ रहे कबीर-शिष्यों को एक फकीर ने समझाया--"पवित्रात्मा कबीर दोनों धर्मों से परे थे।" दरवाजा खोलने पर, शिष्य चकित रह गए कि कबीर की पार्थिव देह तो गायब है! इसके बाद मुबाद शाह कहते हैं, "जगन्नाथ में श्मशान के पास एक समाधि है, जिसे लोग कबीर की समाधि बताते हैं।" ध्यान दें--"लोग बताते हैं।"

जगन्नाथपुरी में समुद्रतट के सामने, सड़कपार, अब तक इस्तेमाल हो रहा, श्मशान--'स्वर्गधाम'--है, जिसके ठीक पीछे धर्मदासी शाखा का कबीरमठ है। मैं इस

मठ में 9 जनवरी, 2005 को गया था। मठ के महन्त गोपीदासजी ने बताया कि समुद्र की मर्यादा बाँधने के लिए यहाँ कबीर साहब ने अपनी आसावड़ी गाड़ी थी। (आसावड़ी या कुबड़ी लकड़ी के बने उस सपोर्ट को कहते हैं, जिसे साधु लोग साँस का सुर बदलने के लिए काँख के नीचे लगाते हैं।) मठ में दो समाधियाँ हैं। बड़ी समाधि धर्मदासजी की है और छोटी कबीर साहब की आसावड़ी की। धर्मदासी कबीरपंथियों का मानना है कि धर्मदास को समाधि दिलाने के लिए ही कबीर ने पुरी की यात्रा की थी। लोग, मुबाद शाह के अनुसार, जिसे "कबीर की समाधि बताते हैं", वह कबीर के प्रतीक की, समुद्र की मर्यादा बाँध सकने की उनकी सामर्थ्य की समाधि यानी स्मारक है।

मुबाद शाह के अनुसार वैष्णवों के चार सम्प्रदाय हैं–रामानुजी, नीमानुजी (आशय निंबार्काचार्य के अनुयायियों से है), मधवाचारी और राधावल्लभी। वे वैष्णव शब्द के सैद्धान्तिक अर्थ से अधिक बल व्यावहारिक और व्यापक अर्थ पर देते हैं। उस अर्थ पर जो हमारे आसपास आज तक बिखरा पड़ा है, बशर्ते कि हम उसे सुनने को राज़ी हों। आपने दसियों 'वैष्णव' ढाबे या होटल देखे होंगे। स्वयं को 'वैष्णव' घोषित करता ढाबा न तो कोई सिद्धान्त निरूपण कर रहा है, न किसी उपासना पद्धति का प्रस्ताव। वहाँ लगा वैष्णव ढाबे का बोर्ड यह सूचना नहीं दे रहा कि यहाँ रामानुज या निम्बार्क के सम्प्रदाय की दीक्षा मिलती है, वह चेतावनी भी नहीं दे रहा कि यहाँ अवैष्णवों का प्रवेश निषिद्ध है। वह तो सिर्फ इतनी सूचना दे रहा है कि यहाँ शाकाहारी भोजन मिलता है।

वैष्णव माने शाकाहारी–यह गैर-पारिभाषिक अर्थ मुबाद शाह के हिन्दुस्तान में ही प्रचलित हो चुका था, लिखते हैं : "जीव-हत्या और मांसाहार से दूर रहनेवाले व्यक्ति को हिन्दुस्तान में वैष्णव माना जाता है, चाहे वह किसी भी सिद्धान्त या अक़ीदे का पालन करता हो।"[61] विष्णु के किसी न किसी रूप के उपासक होने और चतुःसम्प्रदाय में से किसी के साथ सम्बद्ध होने की सूचना देनेवाला पारिभाषिक अर्थ तो प्रचलित था ही।

दैनन्दिन जीवन और उसमें बरते जाने वाले शब्दों की अर्थ-छटाओं पर ऐसी पैनी नजर 'दबिस्ताँ' को बहुत महत्वपूर्ण स्रोत बना देती है। शब्दों के व्युत्पत्तिपरक और "मूल" अर्थों पर ही अड़े रहने वाले 'मूलवाद' (फंडामेंटलिज्म) के सहारे ही भारतीय परम्परा और सांस्कृतिक अनुभवों को समझने के इच्छुक उत्तर-आधुनिक शास्त्रप्रेमी जन चाहें तो आरम्भिक आधुनिक काल के 'दबिस्ताँ' से कुछ सीख सकते हैं।

मुबाद शाह रामानन्दियों का स्वतन्त्र सम्प्रदाय के रूप में उल्लेख नहीं करते। चार वैष्णव सम्प्रदायों के नाम बता चुकने के फौरन बाद ही वे कहते हैं–"जन्म से जुलाहे कबीर वैरागी ही थे।" 'दोनों धर्मों से परे, परित्रात्मा' कबीर का परिचय देने के बाद मुबाद शाह 'वैरागियों' के बारे में लिखते हैं :

> वैरागी किसी विशेष उपासना पद्धति का पालन नहीं करते। उनका कहना है कि विष्णु का नाम ही मुक्ति के लिए पर्याप्त है। यह सम्प्रदाय कलियुग में बना है और संसार के प्रति उदासीनता का भाव रखता है। ये लोग स्वयं को वैष्णव भी कहते हैं और इनका कहना है कि "हमारी राह वेद और कुरान की राह से जुदा है। हमें ना हिन्दुओं से वास्ता है, ना मुसलमानों से।" अनेक मुसलमानों ने भी वैरागियों का अक़ीदा अपना लिया है। इनमें मिर्ज़ा सालेह और मिर्ज़ा हैदर जैसे कुलीन मुसलमान भी हैं। इसी सम्प्रदाय के थे नारायणदास रामानन्दी जिनसे इस लेखक की भेंट 1052 हिज़री (1642 ई.) में, लाहौर में हुई थी। वे माया-मोह से मुक्त थे, सबका सम्मान करते थे और कहते थे कि सभी में परमात्मा का निवास है।[62]

रामानन्दी नारायणदास की बात यों भी कही जा सकती है : घट घट में तेरा साईं बसता, कटुक बचन मत बोल रे!

शिया और ट्रॉयर कृत अंग्रेजी अनुवाद में इस वर्णन के तुरन्त बाद की तेरह पंक्तियाँ छोड़ दी गई हैं, फलस्वरूप भ्रम होता है कि उपर्युक्त पैराग्राफ के बाद 'दबिस्ताँ' नारायणदास जैसे वैष्णव वैरागियों के विरोधी किसी वैरागी फिरक़े की बात कर रहा है। इन तेरह पंक्तियों में मुबाद शाह जतियों की चर्चा शुरू कर चुके हैं। जतियों और वैरागियों के सम्बन्ध तनावपूर्ण ही थे।

शारलोत वादिवेल को 'दबिस्ताँ' में दिए गए वर्णन न केवल भ्रान्त बल्कि बहुत बाद की हिन्दू मान्यताओं से आच्छादित भी लगते हैं : " 'दबिस्ताँ' में कबीर का विवरण भ्रान्तियों से भरपूर है। इस पर परवर्ती हिन्दू मान्यताओं और कबीर-वाणी की हिन्दू व्याख्याओं की स्पष्ट छाप है। फकीरों के प्रति कबीर की श्रद्धा दिखाने के लिए एक बेतुकी कहानी भी जोड़ दी गई है।" 'दबिस्ताँ' के विवरणों की 'संदिग्धता' रेखांकित करने के लिए शारलोत यह फुटनोट भी लगाती हैं : " 'दबिस्ताँ' वैष्णवों, वैरागियों और रामानन्दियों के बीच फर्क नहीं कर पाता।"[63]

फकीरों के प्रति कबीर की श्रद्धा दिखाने के लिए 'बेतुकी कहानी' जोड़ने की हद तक जानेवाले ग्रन्थ पर कबीर के हिन्दूकरण का भी आरोप लगाना स्वयं कुछ बेतुका नहीं लगता क्या? इस बेतुकेपन का जनक वही बेतुकापन है जो भारतीय इतिहास की जटिलताओं की उपेक्षा कर, उसे बस दो धार्मिक-सांस्कृतिक अस्मिताओं के सतत संघर्ष और उनके बीच जारी साजिशों के रूप में ही देखता है—कभी हिन्दू और मुसलमान के बीच तो कभी शूद्र और ब्राह्मण के बीच।

जिसे वादिवेल वैष्णवों, वैरागियों और रामानन्दियों के बीच फर्क कर पाने की क्षमता का अभाव समझ रही हैं, ऐतिहासिक रूप से महत्त्वपूर्ण संकेत वही है। 'रामानुजी' वैष्णवों और 'रामानन्दी' वैरागियों के बीच का 'फर्क' अगर मुबाद शाह के ज़माने में ही एकदम स्पष्ट हो गया होता तो भगवदाचार्य को बीसवीं सदी में इतने पापड़ न बेलने पड़ते। 'दबिस्ताँ' के विवरणों को ध्यानपूर्वक पढ़ा जाए तो मा'लूम

पड़ेगा कि उस समय सभी वैष्णव वैरागी नहीं होते थे लेकिन सभी वैरागी वैष्णव माने जाते थे। इसमें 'भ्रान्तिपूर्ण' क्या है? वैरागी कुछ खास तरह के, कुछ रेडिकल क़िस्म के वैष्णव थे। ठीक यही स्थिति आज भी है। रामानुजियों के वैष्णव होने में किसी को सन्देह नहीं–लेकिन उन्हें वैरागी तो कोई नहीं कहता। दूसरी ओर, रामानन्दी वैष्णव भी हैं और वैरागी भी।

वैरागियों की 'रेडिकल' बातें मुबाद शाह के अलावा और लोगों ने भी सुनी थीं। "सहज शून्य में नित्य बसने वाले" रामानन्द ने मन्दिरों और तीर्थों के प्रसंग में कहा था–'जहाँ जाइए तहाँ पषाण'। दबिस्ताँ की रचना के बीस-पच्चीस साल के भीतर ही, 1663 ई. में *'हरिभक्तिभास्कर वचनिका'* नाम की पुस्तक, "जोवनेर निवासी जसासुत कुसला" के "पठनार्थ" फतेसिंह ने रची। जल्दी ही मैं इसका प्रकाशन करने जा रहा हूँ। फतेसिंह की मुलाकात 'ढूँढराज' (ढूँढाड़-जयपुर के आसपास का पुराना नाम) में तीन वैरागियों से हुई। लिखते हैं :

पीछै ढूँढराज एक स्थल है। तहाँ वैरागी रहत हैं। तहाँ से तीन जने जहाँ मैं रहत हौं तहाँ आए। कछु सहज की बात मैंने उनसे कही और कछु पूछी नहीं। तब एक मोंसों यों बोल्यो। तुम जो प्रतिमा मानत हौ। सुकहा ही प्रतिमा ही ईश्वर है। किधौ और भाँति मानत हौ। सु मोकौं उनको इह कहिबौ बुरौ लग्यो। मैं मन में कही मैं इनसे कछु पूछो नाँही। अरु इन आपते कैसी कही है।

'वैरागियों का अक़ीदा' अपना लेनेवाले मुसलमान मुबाद शाह के परिचित मिर्ज़ा सालेह और मिर्ज़ा हैदर के अलावा और भी थे। ईरानी विद्वान् महमूद वली बल्ख़ी ने 1625 से 1631 ई. तक का अरसा भारत में जगह-जगह घूमते हुए बिताया था। अपनी इन यात्राओं के विवरण वह 'बहर उल असरार फि मारिफत उल अख़यार' नामक विस्तृत सफ़रनामे में छोड़ गया है। इस तथा ऐसे और सफ़रनामों का रोचक और विश्लेषणात्मक सार मुज़फ़्फ़र आलम और संजय सुब्रह्मण्यम ने 'इंडो-पर्शियन ट्रैवेल्स इन दि एज ऑफ डिस्कवरिज़–1400-1800' नामक ग्रन्थ में प्रस्तुत किया है।

बल्ख़ी ने बनारस की भी यात्रा की थी। बनारस के 'दिव्य सौन्दर्य' से अभिभूत तो वह हुआ ही, एक दृश्य ने उसे चकित भी किया। उसने गंगा किनारे 'तेईस तिलकधारी, जनेऊधारी मुसलमान' देखे, जो बाक़ायदा पूजा कर रहे थे। पूछने पर उन्होंने बस मौन संकेत से ही बल्ख़ी को बता दिया कि उनके ललाट पर ऊपर वाले ने यही लिख दिया है।[64]

इस जगह मुज़फ़्फ़र आलम और संजय सुब्रह्मण्यम को मिर्ज़ा सालेह और मिर्ज़ा हैदर का जिक्र करनेवाला 'दबिस्ताँ' याद आता है। आपको, शायद 'मीर' का शे'र याद आए :

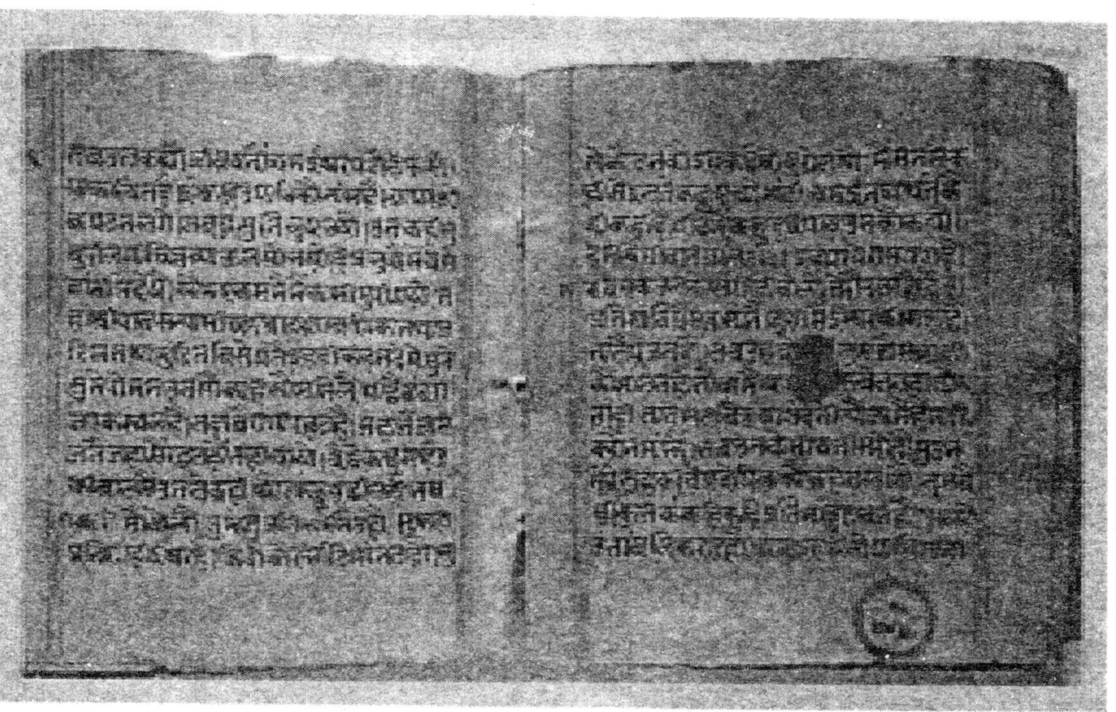

फतेसिंह कृत 'हरिभक्तिभास्कर वचनिका' (1663 ई.) का पृष्ठ, जिसमें फतेसिंह वैरागियों के साथ बातचीत के बारे में बता रहे हैं।

'मीर' का दीनो-मज़हब क्या पूछो हो, उनने तो
कशका खेंचा दैर में बैठा, कब का तर्क़ इस्लाम किया।

कशका माने तिलक, और दैर माने मन्दिर।

बल्ख़ी और मुबाद शाह जैसे समकालीनों के विवरण पढ़ने से पता लगता है कि 'मीर' के शे'र में जो कवि-सुलभ 'तर्क-ए-रुसूम' (रीति-रिवाज़ की उपेक्षा) वाली मस्ती है, उसका वास्तविक ऐतिहासिक अनुभव से क्या सम्बन्ध था। कवि की बात मार्मिक बिम्ब का रूप उसके आसपास और स्मृतियों में मौजूद सामाजिक-सांस्कृतिक अनुभव की छवियों की सहायता से ले रही है। क्या पता, स्वयं 'मीर' ने ऐसे मुसलमान देखे हों और उन्हें देखकर वे भी जीवन में न सही, समानान्तर जीवन (कविता) में कशका खेंच दैर में जा बैठे हों।

अपनी बौद्धिक बिरादरी को सुहाने वाले, पॉलिटिकली करेक्ट निष्कर्षों पर पहुँचने की बजाय साक्ष्याधारित 'हिस्टॉरिकली करेक्ट' निष्कर्षों को रेखांकित करना—अच्छे इतिहास-लेखन की शर्त है। ऐसा मानने वाले लोग रामानन्दियों के बारे में रिचर्ड बर्गहार्ट के कथन से सहमत होंगे :

> रामानन्दी सम्प्रदाय की विविधता (डाइवर्सिटी) इसे अन्य सम्प्रदायों से विलक्षण बना देती है। सोलहवीं-सत्रहवीं सदियों में भक्तिपरक और तान्त्रिक—दोनों तरह की साधनाओं का सम्बन्ध रामानन्द से जोड़ा जाता था। द्विज हिन्दुओं के साथ-साथ शूद्र और अस्पृश्य जातियों के लोग भी—बल्कि शायद मुसलमान भी—सम्प्रदाय में दीक्षित किए जाते थे।[65]

बर्गहार्ट को मुसलमानों के प्रसंग में 'शायद' कहने की जरूरत पड़ी। मुबाद शाह और महबूब वली बल्ख़ी से वाकिफ पाठक कह सकता है : 'निश्चित रूप से'। 'मध्यकालीन भारत' में ब्रज-रज के रूप में पुनर्जन्म लेने की इच्छा करनेवाले या कशका खेंच दैर में बैठ जानेवाले मुसलमानों के कारण इस्लाम उस तरह खतरे में नहीं पड़ जाया करता था, जिस तरह प्रगतिशील, आधुनिक भारत में पड़ जाता है। औपनिवेशिक 'आधुनिकता' के पहले भारत और अन्य गैर-यूरोपीय समाजों में भी लोग जन्मजात सामाजिक पहलुओं से आगे जाकर किसी नई पहचान की कल्पना करने का साहस भी करते थे। 'एथनिक कम्युनिटी' की जगह 'वैल्यू' कम्युनिटी का सपना देखने की हिम्मत भी करते थे।

ऐसे सपने धर्मसत्ता और राजसत्ता को उन दिनों भी रास नहीं आते थे। विभिन्न सम्प्रदायों के बीच हिंसक संघर्ष भी हुआ करते थे। उन दिनों के उत्तर भारत में धन-सम्पदा और सांस्कृतिक पूँजी पर अधिकार को लेकर होनेवाले ये संघर्ष मुख्य रूप से दशनामी शैव संन्यासियों और वैष्णवों के बीच हुआ करते थे। संगठित होने के कारण शैव वैष्णवों पर भारी पड़ते थे। कुम्भ जैसे महत्त्वपूर्ण अवसरों पर 'पहले स्नान कौन करें' का प्रतीकात्मक प्रश्न भयावह रक्त-स्नान का बहाना बन जाता था।

संगठित और लड़ाकू शैव वैष्णवों को बहुत सताते थे। 1640 के हरिद्वार कुम्भ के बारे में 'दबिस्ताँ-ए-मजाहिब' सूचित करता है :

> 1050 हिज़री (1640 ई.) में, हिन्दुओं के तीर्थ-स्थान हरिद्वार में, मुंडियों (वैष्णवों) और संन्यासियों (शैवों) के बीच बड़ी भारी लड़ाई हुई। संन्यासी जीते और उन्होंने मुंडियों का बड़ी तादाद में सफाया कर दिया। जान बचाने के लिए बहुत से मुंडियों ने तो अपनी तुलसी माला छोड़कर संन्यासियों की भाँति कान छिदाकर कुंडल पहनना शुरू कर दिया।[66]

संन्यासी-वैरागी संघर्षों के बारे में याद रखना चाहिए कि शैव संन्यासी केवल ब्राह्मणों को ही संन्यास का अधिकारी मानते थे। उधर, वैरागियों में साधारण साधुओं की तो बात ही क्या, महन्त और पीठाधीश तक कुम्हार जैसी 'छोटी' जातियों के भी हो सकते थे। शैव संन्यासियों और वैष्णव वैरागियों के बीच यह विश्व-दृष्टिपरक और सामाजिक आधारपरक अन्तर उनके बीच होनेवाले संघर्षों के मूल में था। ब्राह्मण सर्वोच्चता के समर्थक शैव संन्यासियों से रामानन्दी वैरागी अब्राह्मण जातियों की ओर से संघर्ष कर रहे थे। राघवदास की भक्तमाल में कबीर से कुपित होनेवालों में 'संन्यासी' भी थे—यह हम तीसरे अध्याय में देख चुके हैं। बीसवीं सदी में, ब्राह्मण सर्वोच्चता का विरोध करने के क्रम में, भगवदाचार्य ऋग्वेद के पुरुष-सूक्त तक की आलोचना से न चूके, इसीलिए शैव संन्यासी स्वामी करपात्री ने उन्हें नास्तिक कहा। शैव संन्यासियों और स्मार्त ब्राह्मणों द्वारा रामानन्दी वैरागियों के उत्पीड़न का असली कारण यही था कि ये लोग संन्यास की संस्था पर एकाधिकार बनाए रखने के इच्छुक ब्राह्मणों को 'वैरागी' बनकर चुनौती दे रहे थे।

रामानन्दी वैरागी अपने गृहस्थ अनुयायियों में से 'अन्त्यज को दीक्षा' और 'शूद्रों को जनेऊ'—दूसरे शब्दों में, विद्या और सम्मान की सांस्कृतिक पूँजी—देने के 'अपराधी' भी थे। अठारहवीं सदी में जयपुर के राजा जयसिंह ने रामानन्दियों से लिखवा कर लिया था कि आगे से 'अन्त्यज को दीक्षा और शूद्रों को जनेऊ' नहीं दिया जाएगा। रामानन्दियों ने यह अनुशासन कितना माना और कितना नहीं—यह सवाल अलग है। जनेऊ का तो पता नहीं, बात विद्या की करें तो, 'भक्तमाल' के टीकाकार 'रूपकला' जी के संस्कार-निर्माण में महत्त्वपूर्ण भूमिका निभानेवालों में से एक रामानन्दी साधु शिवचरन भगत कोरी जाति के थे। उसी कोरी जाति के, जिस के कबीर थे—"कहै कबीरा कोरी।" इन भगतजी के फारसी ज्ञान के कारण लोग इन्हें 'मुंशी' भी कहते थे।[67]

इन सब बातों से अनजान परम-विद्वान जब रामानन्दियों को 'कुछ ज्यादा ही कंजरवेटिव,' और 'जाति के प्रश्नों पर काफी कट्टर' तथा 'ब्राह्मणवादी' बताते हैं तो समझ नहीं आता कि आँसू किस पर बहाएँ—रामानन्दी वैरागियों के भाग्य पर या ऐसी विद्वत्ता पर।

6. *सवाई जयसिंह का अनुशासन-पर्व*

वैष्णवों में से केवल रामानन्दी ही शैव संन्यासियों का मुकाबला कर सकते थे। रामानन्दी वैरागी बालानन्द ने अठारहवीं सदी के तीसरे दशक में वैष्णवों को बाकायदा सैनिक रूप से संगठित करना शुरू कर दिया। बालानन्द मठ, जयपुर के वर्तमान महन्त श्री लक्ष्मणानन्द अपने मठ की परम्परा के आधार पर कहते हैं, "बालानन्द जी ने 1729 ई. में वृन्दावन में वैष्णवों का सैनिक संगठन खड़ा कर दिया था।" शैवों के उत्पीड़न का सामना तो सभी वैष्णवों को करना पड़ रहा था लेकिन रामानन्दी वैरागियों के सामने एक अतिरिक्त समस्या भी थी। वे स्वयं भी दूसरे वैष्णवों के लिए समस्या बन गए थे।

सभी मानते थे कि रामानंन्द रामानुज की शिष्य परम्परा में हैं। रामानुजीय श्रीसम्प्रदाय वर्णाश्रम के प्रति अपनी निष्ठा और आचार-विचार की कट्टरता के लिए विख्यात हो चुका था लेकिन रामानन्दी अभी भी अपनी राह चले जा रहे थे। वैष्णव संगठन की जरूरत के उस समय में रामानन्दी भी रामानुजी श्री वैष्णवों की ही राह पकड़ें—इसके लिए उन पर दबाव पड़ रहे थे। इन दबावों के कारण रामानन्दियों के दैनन्दिन व्यवहार, सामूहिक चेतना और स्मृति में पहचान का संकट उत्पन्न हो गया था। एक तरह की फाँक पैदा हो गई थी। यह फाँक मुबाद शाह के विवरण में साफ़ नज़र आती है। स्वयं को रामानुजी पैमानों पर 'पवित्र' सिद्ध करने की सामूहिक कामना ऐसी किंवदन्तियों को स्वीकार करती दीखती है जिनके अनुसार रामानन्द म्लेच्छों का मुँह तक नहीं देखते थे। जिनके अनुसार कबीर उनके शिष्य बने तो गुरु की इच्छा से नहीं, अपनी चतुराई से! लेकिन इन किंवदन्तियों के जगत के समानान्तर ही था—रामानन्दी वैरागियों के वास्तविक दैनन्दिन व्यवहार का जगत। इस जगत में मिर्ज़ा सालेह और मिर्ज़ा हैदर जैसे 'कुलीन मुसलमानों' को वैरागी बनते मुबाद शाह अपनी आँखों से देख रहे थे। 'हमारी राह वेद और कुरान की राह से ज़ुदा है'—ऐसा कहने वाले 'न हिन्दू न मुसलमान' वैरागियों की बानी अपने कानों सुन रहे थे।

कबीर को शिष्य बनाने में रामानन्द की हिचक सम्बन्धी जिस किंवदन्ती को आ. क्षितिमोहन सेन ने 'हास्यास्पद और बेहूदी' करार दिया था, मुबाद शाह और बल्खी द्वारा वर्णित दैनन्दिन जीवन की रोशनी में वह किंवदन्ती अपनी राह 'वेद और कुरान से जुदा' बताने वाले, 'न हिन्दू न मुसलमान' वैरागियों के जीवन की व्यथापूर्ण और ट्रैजिक कहानी लगने लगती है।

इस तरह के लोगों के उदय का क्षण भारतीय इतिहास में व्यक्ति-सत्ता के उदय का क्षण था। लेकिन यह उस विशिष्ट परम्परा—रामानन्दी परम्परा—के लिए अस्तित्व के संकट का भी क्षण था, जिसने इन लोगों की विशिष्ट सामूहिक पहचान सम्भव की

थी। स्वयं को 'न हिन्दू न मुसलमान' कहने वाले वैरागी सामाजिक पहचान के धरातल पर अन्ततः वैष्णव ही थे। इस धरातल पर उन्हें कट्टर मुसलमानों को भी झेलना पड़ता था, और कट्टर शैवों को भी। सामाजिक संरचना के मध्यवर्ती और 'निम्न' स्तरों से सम्बद्ध रामानन्दी स्वयं भी लड़ने-भिड़ने में सक्षम थे, अपनी ओर से तथा अन्य 'निरीह' वैष्णवों की ओर से लड़ते भी थे। बालानन्द द्वारा वैरागियों का सैनिक संगठन इसी उद्देश्य से खड़ा किया गया था।

इसके बावजूद आचार-विचार के सख्त पालन के आग्रहशील अन्य वैष्णव रामानन्दियों की आचार-विचार और जाति-पाँति के प्रति उपेक्षा को अक्षम्य मानते थे। वे अपने इन रक्षकों को समादरणीय वैष्णव नहीं, बल्कि केवल लड़ाई-भिड़ाई के काम की वानर-सेना ही मानते थे। लेकिन अब रामानन्दी वैरागी उचित आदर की माँग कर रहे थे, उधर शैवों की आक्रामकता ने सभी वैष्णवों के सामने अस्तित्व का संकट उपस्थित कर दिया था। रास्ता एक ही था। रामानन्दी वैष्णव अपने तौर-तरीके 'सुधारें', वर्णाश्रम के अनुशासन और आचार-विचार का पालन करें, और दीगर वैष्णव रामानन्दियों के प्रति अपना रवैया बदलें। अठारहवीं सदी के दूसरे दशक से इस दिशा में प्रयत्न आरम्भ हो गए थे।

इन प्रयत्नों को आमेर (जयपुर) के राजा सवाई जयसिंह (1700-1743) का सक्रिय समर्थन और संरक्षण प्राप्त था। यह बहुत प्रभावशाली राजा था और इसका अपना एक एजेंडा था। इस एजेंडे के परस्पर सम्बद्ध दो पहलू थे। औरंगजेब की मृत्यु (1707) के बाद, केन्द्रीय सत्ता कमजोर होती चली जा रही थी। विभिन्न प्रकार के सशस्त्र समूह इस स्थिति का लाभ उठा रहे थे। जयसिंह ने अपने प्रभाव-क्षेत्र में इस हालत पर काबू पाने की सफल कोशिश की। शैव-वैष्णव संघर्ष पर नियन्त्रण करना राजनीतिक अनुशासन कायम करने की इस कोशिश का ही अंग था। लेकिन जयसिंह के अनुशासन-पर्व का एक धार्मिक-सांस्कृतिक पहलू भी था—जिसके दूरगामी परिणाम हुए।

जयसिंह की आत्मछवि वैदिक स्मार्त परम्परा के 'गो-ब्राह्मण प्रतिपालक' राजा की थी। अपने महाराष्ट्रीय राजगुरु रत्नाकर पौंड्रीक और अन्य स्मार्त विद्वानों के परामर्श से उसने विभिन्न सम्प्रदायों को 'वैदिक विधि-निषेध' के अनुशासन में लाने का प्रयत्न किया। उत्तर भारत में ब्राह्मणों का वर्चस्व उतना नहीं था, जितना कि महाराष्ट्र में। इधर का धार्मिक पर्यावरण 'स्मार्त्त' की बजाय वैष्णव स्वभाव का था। जयसिंह को माध्यम बना कर स्मार्त्त ब्राह्मण इस 'गड़बड़' को दुरुस्त करने की कोशिश कर रहे थे।

इस प्रयत्न का ब्रज-मंडल में बहुत असर हुआ। आगरे की सूबेदारी (1720-1726) करते हुए जयसिंह ने ब्रज के धर्म-सम्प्रदायों में अच्छा-खासा प्रभाव अर्जित कर लिया था। वह ब्रज का महत्त्व बढ़ाने में ही नहीं, ज़ज़िया हटवाने में भी सफल रहा

था। इसी समय से वैष्णव परम्परा–खासकर गौड़ीय (बंगाली) वैष्णवता–के प्रति भी जयसिंह के मन में सम्मान का भाव था। लेकिन इस सम्मान की शर्त थी–वैदिक विधि-निषेध का सम्मान और वैष्णवता का शास्त्रीय प्रमाण। स्मार्त्त ब्राह्मणों के प्रभाव में जयपुर की राजसत्ता द्वारा यह शर्त काफी कड़ाई से लागू की गई। जयपुर के कापड़द्वारा में सुरक्षित दस्तावेज़ों से पता चलता है कि वैष्णव सम्प्रदायों में शूद्रों तथा अन्य 'निम्न' कुलोत्पन्न लोगों की क्या भूमिका और हैसियत होनी चाहिए–इस प्रश्न पर सवाई जयसिंह ने बंगाली वैष्णवों से बाकायदा व्यवस्था मँगाई थी।[68]

राजसत्ता और धर्मसत्ता, क्षत्रिय और ब्राह्मण के इस गठबन्धन का सबसे तीखा प्रभाव, स्वाभाविक रूप से उन भक्ति सम्प्रदायों पर पड़ा जो अपना स्वतन्त्र अस्तित्व मानते थे। डॉ. प्रभुदयाल मीतल के शब्दों में, जयसिंह के सलाहकारों ने उसे समझा दिया कि "इन सम्प्रदायों की प्रेमाभक्ति प्रचलित लोकाचारों के साथ ही वैदिक विधि-निषेध की भी विरोधिनी है और ये प्रेमोपासक भक्ति सम्प्रदाय अवैदिक हैं।"[69] ऐसे 'अवैदिक' भक्ति सम्प्रदायों पर जयसिंह के 'वैदिक' अनुशासन पर्व के प्रभाव को डॉ. मीतल ने बताया है :

> स्वामी हरिदास और हितहरिवंश के भक्ति सम्प्रदाय अपना स्वतन्त्र अस्तित्व मानते थे, किन्तु सवाई जयसिंह के आदेशानुसार उन्हें भी चतुःसम्प्रदायों में से किसी एक के साथ सम्बन्ध जोड़ना आवश्यक था। उस विषम परिस्थिति में हरिदास के अनुयायी विरक्त साधुओं ने निम्बार्क सम्प्रदाय से और गृहस्थ गोस्वामियों ने विष्णुस्वामी सम्प्रदाय से अपना-अपना सम्बन्ध स्थापित किया। इस प्रकार हरिदासी सम्प्रदाय दो वर्गों में विभाजित हो गया। हितहरिवंशजी के अनुयायी राधावल्लभीय भक्तजन किसी भी सम्प्रदाय से सम्बद्ध नहीं हो सके थे, अतः उन्हें जयसिंह के राजकीय कोप का भाजन बनना पड़ा था। तत्कालीन राधावल्लभीय आचार्य श्री रूपलाल गोस्वामी उसी कारण वृन्दावन छोड़कर कामवन में निवास करने को बाध्य हुए थे। संवत् 1800 / 1743 ई., में जब जयसिंह का देहावसान हो गया, तब कहीं वे वृन्दावन में वापस आ सके थे।[70]

दो प्रक्रियाएँ साथ-साथ चल रही थीं। शैवों से निबटने के लिए वैष्णवों का सैनिकीकरण और सवाई जयसिंह के आग्रह बल्कि आदेश पर 'अवैदिक' भक्ति सम्प्रदायों का शास्त्रीकरण। राजा को न शैवों का सैनिकीकरण पसन्द था, न वैष्णवों का। ऐसे सैनिकीकरण को रोक भले न सके, लेकिन इसे नियन्त्रित करना तो उसके लिए जरूरी था ही। उसका लक्ष्य स्पष्ट था। सैनिकीकृत हों या असैनिकीकृत, सभी वैष्णव 'शास्त्र-मर्यादा' का पालन अनिवार्यतः करें। इस माँग का व्यावहारिक अर्थ भी स्पष्ट था। अपने आचार-विचार या 'धर्माचार' में 'शास्त्र-मर्यादा' का पालन और लौकिक, सामाजिक व्यवहार में राजा के शासन का अनुगमन। जयसिंह के अनुशासन-पर्व

के ये दोनों पहलू परस्पर पूरक थे, और रामानन्दी वैरागियों तथा उनके अनुयायी गृहस्थों पर दोनों का दूरगामी प्रभाव पड़ा।

वैष्णव सैनिक संगठन के लिए जरूरी था कि विभिन्न सम्प्रदायों के आचार-विचार सम्बन्धी मतभेद दूर किए जाएँ। सबसे बड़ा प्रश्न रामानन्दी वैरागियों के आचार-विचार का ही था। इस तथा अन्य प्रश्नों पर मन्थन करने के लिए वैष्णवों की अनेक सभाएँ 1713 से 1734 के बीच वृन्दावन, गलता और नीम का थाना (निम्बार्क स्थान) में हुईं।

1733-34 तक सवाई जयसिंह लगभग सभी महत्त्वपूर्ण रामानन्दी महन्तों से वर्णाश्रम के अनुकूल चलने के शपथ-पत्र हासिल कर चुका था। अनेक महन्तों की ओर से, गलता के महन्त मधुराचार्य द्वारा दिया गया शपथ-पत्र स्पष्ट कर देता है कि वर्णाश्रम के प्रति तब तक रामानन्दियों का रवैया क्या था, जिसे बदलने की प्रतिज्ञाएँ वे अब कर रहे थे। इस शपथ-पत्र के अनुसार :

1. चार वर्णों के लोग भविष्य में एक साथ भोजन नहीं करेंगे। सबकी पंगतें अलग-अलग लगेंगी।
2. कोई वैष्णव महन्त किसी अन्त्यज को दीक्षा नहीं देगा।
3. जनेऊ आगे से केवल द्विजों को दिया जाएगा, और पूरी संस्कार विधि के साथ। शूद्रों को जनेऊ कदापि नहीं दिया जाएगा।

शपथ-पत्र के अनुसार उपर्युक्त प्रतिज्ञाएँ श्रीरामानुजाचार्य की 'मर्यादा के अनुकूल' हैं, और इनका उल्लंघन करने वाला भगवान के सामने, रामानन्दी महन्तों के सामने और महाराजा के सामने अपराधी तथा दंड का भागी माना जाएगा।[71]

भगवान तो दंड देते परलोक में, किन्तु महन्तों और महाराजा के दंड की सम्भावना तो लौकिक ही थी—लौकिक और तात्कालिक! इस दंड-सम्भावना के ही सहारे 'जात-पाँत पूछे नहीं कोई' की घोषणा करनेवाले रामानन्दियों को ब्राह्मणवाद के रास्ते चलने पर विवश किया जा सकता था। यह विवशता क्षत्रिय राजा के सक्रिय सहयोग के बिना सम्भव नहीं थी। राजसत्ता और धर्मसत्ता दोनों को ऐसे लोग खतरनाक लगते थे (आज नहीं लगते क्या?) जो संगठित धर्म की उपेक्षा कर धर्मेतर अध्यात्म की साधना और मानवीय संवेदना पर आधारित 'रहनी' की खोज करना चाहें।

परजीवी सामन्तों और पुरोहितों को ऐसे लोग तब और भी खतरनाक लगने लगते हैं, जब उनमें से अधिकांश कृषक, कारीगर और व्यापारी हों। रामानन्दी वैरागियों का सामाजिक प्रभाव ऐसे ही लोगों के बीच था, इसीलिए उन्हें अनुशासित करना जयसिंह और उसके स्मार्त्त परामर्शदाताओं की सर्वोच्च प्राथमिकता थी। एक उदारचेता समुदाय को राजदंड के दबाव में कट्टर बनाने का यही काम कोई तीन सदी पहले, रामानुजियों के प्रसंग में विजयनगर के राजा ने दक्षिण में किया था। यह

बात और है कि इस आरोपित कट्टरपन को रामानन्दियों ने उस हद तक आत्मसात कभी नहीं किया, जिस हद तक रामानुजियों ने कर लिया।

इसके कारण थे। दक्षिण और उत्तर की सामाजिक स्थितियों में अन्तर था। दक्षिण के ब्राह्मण सभी अब्राह्मणों को शूद्र और अस्पृश्य ही मानते थे। उत्तर में समाज इतने दो-टूक रूप से स्पृश्य-अस्पृश्य में नहीं बँटा था। यहाँ ब्राह्मणों की वैसी हैसियत नहीं थी, जैसी दक्षिण में थी। औपनिवेशिक सत्ता और ज्ञानकांड का साथ देकर, उत्तर भारत के ब्राह्मणों ने वैसी स्थिति बनाने की कोशिश जरूर की। लेकिन वह बात बाद की है, फिलहाल हम अठारहवीं सदी के पूर्वार्द्ध की बात कर रहे हैं। बाद में भी, ऐसी कोशिशों के बावजूद उत्तर के समाज में ब्राह्मण दक्षिण के ब्राह्मणों जैसा वर्चस्व न स्थापित कर पाए।

रामानन्दी तो वैसे भी ब्राह्मण-वर्चस्व को नकारते थे। वे उत्तर भारत के सांस्कृतिक इतिहास में ब्राह्मण-वर्चस्व को चुनौती देने की भूमिका औपनिवेशिक काल के पहले भी निभाते रहे, और बाद में भी। यह उनके सामाजिक आधार का अनिवार्य प्रतिफलन था। उनके बीच सोलहवीं सदी के नाभादास और उन्नीसवीं सदी के शिवचरण कोरी जैसे शूद्र और 'निम्नकुलोत्पन्न' होने के बावजूद सम्मानित लोग और भी थे। याद करें, बड़ा स्थान के महन्तजी के बुलावे पर वेदान्त पढ़ाने अयोध्या पधारे दक्षिणात्य, रामानुजी वैष्णव महोदय यहाँ शूद्रों को वेदान्त का अध्ययन करते देख हक्के-बक्के रह गए थे। यह स्थिति तो औपनिवेशिक आधुनिकता के जड़ जमा लेने के बाद की थी। अठारहवीं सदी में तो रामानन्दियों का ब्राह्मण-वर्चस्व विरोधी रवैया और भी स्पष्ट था।

रामानन्दियों के ब्राह्मण-वर्चस्व विरोधी रवैये के मूल में था रामानन्द का स्वतन्त्रचेता व्यक्तित्व। रामानन्द ने देशभाषा को जिस तरह देवभाषा भी बनाया; साधु की जाति नहीं, ज्ञान पूछने पर जो अथक बल दिया, उसके कारण ही रामानन्द का व्यक्तित्व नाभादास को रघुनाथ द्वारा बाँधे गए 'द्वितीय सेतु' सा लगा था। उसके कारण ही तो रामानन्दी सम्प्रदाय उत्तर भारत में मध्यवर्ती और 'निम्न' जातियों की सांस्कृतिक अभिव्यक्ति और आत्म-रेखांकन का माध्यम बन सका।

सवाई जयसिंह के अनुशासन-पर्व के दौरान आरोपित कट्टरपन को सैद्धान्तिक रूप से मान लेना रामानन्दियों की मजबूरी भी थी और जरूरत भी। मजबूरी थी राजा और अन्य वैष्णव सम्प्रदायों के दबाव के कारण। जातीय, साम्प्रदायिक या राष्ट्रीय घृणा की स्थिति में आपकी अपनी सोच से ज्यादा महत्त्वपूर्ण हो जाती है, वह सामाजिक अस्मिता जो आपका प्रतिपक्ष, बल्कि कहिए, वह ऐतिहासिक पल जो आप पर थोप दे। आप अपनी वैचारिकता पर कितना भी बल क्यों न दें, साम्प्रदायिक दंगे में महज अपने नाम की वजह से मारे जा सकते हैं। स्वाधीन चेतना के मनुष्यों की यह सार्वभौम त्रासदी है, और तत्कालीन रामानन्दी भी इसी के शिकार हुए।

शैवों से त्रस्त सभी वैष्णवों का संगठित होना उनके अस्तित्व का प्रश्न बन चुका था, दीगर वैष्णव आत्मरक्षा के लिए मुख्यतः रामानन्दियों पर निर्भर होने के बावजूद वर्णाश्रम तथा आचार-विचार की उपेक्षा बर्दाश्त करने को तैयार न थे। रामानन्दी वैरागियों को अपनी स्वाधीन चेतना, अपनी विलक्षणता इस मजबूरी पर कुर्बान करनी पड़ी।

इस मजबूरी के साथ ही, रामानन्दियों की अपनी जरूरत थी अन्य वैष्णवों के बीच समादर अर्जित करने की। रामानन्द रामानुज की परम्परा में थे अवश्य, लेकिन वर्णाश्रम के प्रति उनका उपेक्षा-भाव और संस्कृत के स्थान पर साधना और सम्प्रेषण दोनों के लिए लोक-भाषा को प्राथमिकता देना उन्हें अद्वितीय बना देता है। अन्तस्साधना पर रामानन्द के बल का सम्बन्ध योगियों के साथ उनके सम्भाव्य सम्पर्क से जोड़ा जाता है। लेकिन योगियों के विपरीत, रामानन्द की साधना में गहरी सामाजिक आलोचना भी प्रत्यक्ष रूप से मौजूद थी। स्वाभाविक ही था कि रामानुजी लोग अपनी परम्परा से रामानन्द का सम्बन्ध नकारते तो नहीं थे, लेकिन उन्हें गुरु-परम्परा में स्थान भी नहीं देते थे—बल्कि उन्हें 'भटके हुए शिष्य' के रूप में ही देखते थे।

रामानुजी श्रीसम्प्रदाय का प्रभाव मुख्य रूप से दक्षिण भारत में ही था। रामानुजी परम्परा से रामानन्द के सम्बन्ध के कारण उत्तर भारत के रामानन्दी माने तो श्रीसम्प्रदाय के ही अन्तर्गत जाते थे, लेकिन संकोच और विभ्रम के साथ। कारण वही—श्रीसम्प्रदाय के अन्तर्गत हैं तो आचार-विचार की परवाह किए बिना कैसे रह सकते हैं? श्रीसम्प्रदाय के अन्तर्गत हैं तो इनकी परम्परा में कबीर और रैदास जैसे अन्त्यज पूजे क्यों जाते हैं? पीपा जैसे क्षत्रियत्व का त्याग कर देने वाले राजा, धन्ना जाट और सेन नाई जैसे शूद्र और पद्मावती जैसी स्त्री की गणना रामानन्द के पट्ट-शिष्यों में क्यों की जाती है?

अठारहवीं सदी के आरम्भिक चार दशकों में रामानन्दियों को अवसर मिला कि वे स्वयं को श्रीसम्प्रदाय का प्रामाणिक उत्तराधिकारी मनवा सकें। रामानुजी श्रीवैष्णव वैसे भी उत्तर-भारत की राजनीतिक गतिविधियों और सम्प्रदायगत प्रतिस्पर्धाओं से ज्यादा वास्ता नहीं रखते थे। रामानन्दी यदि वर्णाश्रम की उपेक्षा और आचार-विचार की शिथिलता का दोष 'सुधार' लें, तो उन्हें क्या आपत्ति हो सकती थी?

यह 'दोष-सुधार' केवल भविष्य के लिए ही नहीं, अतीत पर भी लागू किया गया। एक ही पाँत में भोजन, अन्त्यजों को दीक्षा और शूद्रों को जनेऊ देने पर प्रतिबन्ध तो भविष्य में लागू होने ही थे; अतीत में भी रामानन्द के अब्राह्मण शिष्यों की हैसियत घटाने पर रामानन्दियों को मजबूर किया गया। व्यवस्था दी गई कि रामानन्द के शिष्यों में से अब्राह्मणों और स्त्री को सम्प्रदाय के आचार्यों की हैसियत हासिल नहीं होगी। वैसे ही, जैसे कि स्वयं रामानन्द को श्रीसम्प्रदाय में महत्त्वपूर्ण

शिष्य की हैसियत तो हासिल थी, लेकिन मन्त्र-दीक्षा देने या गादी स्थापित करने के लिए अधिकृत आचार्य या गुरु की नहीं! अब स्वयं रामानन्दी सम्प्रदाय में यही स्थिति कबीर, रैदास, पीपा, धन्ना, सेन और पद्मावती की होनी थी! रामानन्दियों के दोयम दर्जे को रेखांकित करने के लिए रामानुजियों ने यहाँ तक व्यवस्था कराई कि दीक्षा आदि के लिए अधिकृत रामानन्दी महन्त भी स्वयं को 'दास' ही कहेंगे, आचार्य नहीं। आचार्य तो केवल रामानुजी श्रीवैष्णव ही कहलाएँगे।

दोयम दर्जे के इसी रेखांकन को रद्द करने के लिए भगवद्दास स्वयं को भगवदाचार्य कहने लगे थे।

रामानन्दी सम्प्रदाय के सामूहिक चित्त में रामानन्द के विलक्षण व्यक्तित्व की उपस्थिति और सम्प्रदाय के सामाजिक आधार का परिणाम यह हुआ कि रामानन्दियों ने सवाई जयसिंह के अनुशासन-पर्व को कभी भी पूरे तौर से नहीं अपनाया। 'अनुशासन' तोड़ने में उन्हें दो सौ साल भी नहीं लगे। सिद्धान्त में भी और, व्यावहारिक धरातल पर भी रामानन्दी 'ज्यादा ही कंजरवेटिव' कभी नहीं हुए।

अनुशासन-पर्व अठारहवीं सदी के पूर्वार्द्ध में लागू किया गया था। उन्नीसवीं सदी के अन्तिम दशक में (1891) में मारवाड़ रियासत की जनगणना रिपोर्ट (1986) के बारे में आप दूसरे अध्याय में पढ़ चुके हैं।

यह रिपोर्ट मारवाड़ के विभिन्न समुदायों के बारे में अनुभव और सर्वेक्षणाधारित जानकारी देती है। इन समुदायों में रामानन्दी 'साध' (साधु) भी शामिल हैं। इन 'साधों' के स्थानों और महन्तों के बारे में बताते हुए यह रिपोर्ट सूचना देती है कि ये महन्त राज-दरबार और विभिन्न सरदारों द्वारा काफी सम्मानित हैं। रिपोर्ट में, रामानन्दियों के झींतड़ा स्थित मठ के बारे में कहा गया है :

> झींतड़े के महन्त भी जो परगने सोजत में हैं खोड वालों के गुरभाई हैं यह चम्पावत सरदारों का गुरुद्वारा है और यहाँ जानरायजी का मन्दिर है जानरायजी की गद्दी कुम्हारों की गद्दी भी मशहूर है क्योंकि यहाँ के कूम्भाजी जात के कुम्हार थे मगर बड़े भगत हुए और केवल कूम्भा कहलाते थे।[72]

उन्नीसवीं सदी के आरम्भिक वर्षों में बिहार का सर्वे कर रहे फ्रांसिस बूकानन ने नोट किया कि उनके बंगाली वैष्णव सहायकों के मन में बिहार के रामानन्दी वैष्णवों के प्रति काफी तिरस्कार का भाव है। इस तिरस्कार का कारण बूकानन जानते थे। अपने सर्वे में वे अनेक रामानन्दी मठों में शूद्रों को महन्त गादी पर विराजमान देख रहे थे। पटना जिले में तो उन्होंने पाया कि इक्का-दुक्का रामानन्दी महन्त ही ब्राह्मण हैं, अधिकांश का सम्बन्ध शूद्र जातियों से ही है।[73]

बूकानन के सर्वे के कुछ बरस बाद एच.एच. विल्सन ने भी नोट किया, 'गंगा-जमना के इलाके में बहुत से रामानन्दी हैं—अधिकांशतः दरिद्र और निम्न वर्गों के। हालाँकि इनमें कुछ क्षत्रिय और लड़ाकू किस्म के ब्राह्मण भी हैं।''[74]

मैक्समूलर ने वेदाध्ययन और 'भारत-विद्या' में सारी दिलचस्पी के बावजूद भारत आने की जरूरत कभी नहीं समझी। उन्हें जरूरी नहीं लगा कि ऋग्वेद के टेक्स्ट के साथ-साथ वेदाध्ययन की जीवन्त परम्परा और उसके परिवेश का प्रत्यक्ष परिचय भी प्राप्त करें। मैक्समूलर औपनिवेशिक ज्ञानकांड से सम्बद्ध थे।

आजकल, बहुत से भारतविद् अमेरिका या यूरोप से भारत आते तो साल में दो बार हैं, लेकिन वास्तविक दैनन्दिन जीवन और देशभाषा स्रोतों पर वे बस कृपादृष्टि ही करते हैं। उनके साथ सम्मानपूर्वक संवाद करना ऐसे ज्ञानियों को जरूरी नहीं लगता। वे इन चीजों के अध्ययन से निष्कर्षों पर पहुँचने के झंझट में नहीं पड़ते। निष्कर्ष तो वे साथ लाते हैं। खोज सिर्फ ऐसे पूर्व प्राप्त निष्कर्षों को 'सिद्ध' करने वाले 'मैटेरियल' और 'नेटिव इन्फार्मेंट' की होती है।

ऐसे सिद्ध ज्ञानी, उन रामानन्दियों को ब्राह्मणवादी और 'कुछ ज्यादा ही कंजरवेटिव' बताएँ जिन्होंने रामानुजियों और अन्य लोगों के दबावों का मुकाबला करते हुए भी शूद्रों को महन्त बनाया तो, किमाश्चर्यम्!

खैर, ब्राह्मणवाद के विरुद्ध रामानन्दी सम्प्रदाय के संघर्ष और इतिहासकारों द्वारा उनकी उपेक्षा का यह किस्सा विस्तार से फिर कभी।

अब हम भगवदाचार्य का कुछ परिचय प्राप्त करें।

7. भगवदाचार्य की वीर-गाथा : सफलता और विफलता

भगवदाचार्य जबर्दस्त संगठन क्षमता के धनी तथा अत्यन्त मेधावी व्यक्ति थे। पन्द्रहवीं सदी के हिन्दी रामानन्द के स्थान पर चौदहवीं सदी के संस्कृत रामानन्द को पधरा देना कोई हँसी-खेल न था। इस पराक्रम में उनके कई साथी बने, कई छूटे। आरम्भिक दिनों के परम सहयोगी रघुबरदास आगे चलकर उतने ही परम विरोधी हो गए। हालाँकि भगवदाचार्य की देखा-देखी स्वयं को रघुवराचार्य कहना उन्होंने भी शुरू कर दिया था। हमदम-हमकदम से दुश्मनी तक का यह सफरनामा खुद में निहायत दिलचस्प है लेकिन इसके बयान की जगह यह नहीं। इतना ही जान लें कि भगवदाचार्य सम्प्रदायगत गतिविधियों के साथ ही राष्ट्रीय आन्दोलन, हरिजनोद्धार और हिन्दू-मुस्लिम एकता के गांधीवादी प्रोजेक्ट की ओर गए, जबकि इन चीजों में रघुबरदास की कोई दिलचस्पी नहीं थी। स्वाभाविक ही था कि उन्हें राजाओं, जागीरदारों का खूब सहयोग मिला। भगवदाचार्य के सम्पन्न समर्थकों में गुजराती व्यापारी और नौकरीपेशा लोग ही थे। खैर, वापस बीसवीं सदी के तीसरे दशक की अयोध्या की ओर चलें।

अपने शिष्य की मेधा पर गर्व करने वाले गुरु महंत राममनोहरप्रसाद ने शिष्य की "विघटनकारी" गतिविधियों से चिढ़ कर उसे बड़ा स्थान से निकाल दिया।

लेकिन भगवदाचार्य "गुरु-परम्परा बदल डालने" का अपना संकल्प पूरा करके ही रहे। हमने देखा ही है कि इस संकल्प की सफलता का कारण यह था कि भगवदाचार्य के अभियान को रामानुजियों के ब्राह्मणवादी रवैये से क्रुद्ध रामानन्दियों का बल प्राप्त था।

'आत्मकथा' में भगवदाचार्य बताते हैं कि उनका जन्म उत्तर प्रदेश से पंजाब जा बसे ब्राह्मण परिवार में, 1880 में हुआ था। उनका जन्म-नाम सर्वजित था। घर से सम्बन्ध टूटने पर उन्होंने अपना नाम भवदेव ब्रह्मचारी रख लिया था। वे यह भी बताते हैं कि चूँकि उन्हें युवावस्था में अपनी जाति छिपाकर बिहार में रहना पड़ा था इसलिए उनके विरोधी उन्हें 'निम्न जाति में उत्पन्न बिहारी' कहा करते थे। विवाद के दिनों में उन्हें अपनी जाति को लेकर विरोधियों के व्यंग्य-बाण लगातार झेलने पड़े। लेकिन सफलता प्राप्त होने के साथ-साथ इस तरह की बातें धीरे-धीरे ठंडी पड़ती गईं। इन दिनों, रामानन्दी सम्प्रदाय में भगवदाचार्य द्वारा अपने आरम्भिक जीवन के बारे में बताई गई बातों पर कोई सन्देह नहीं करता।

'आत्मकथा' के अनुसार, भवदेव ब्रह्मचारी चालीस साल की आयु में, 1920 में अयोध्या पहुँचे। वे गांधीजी के प्रशंसक थे, कोचरब (अहमदाबाद) आश्रम में कुछ दिन रह भी आए थे। मुंगेर में रहते हुए राष्ट्रीय आन्दोलन में सक्रिय भी थे। असल में, संन्यासी बनने का ख्याल ही उनके मन में इसीलिए आया था कि "यदि संन्यासी बन जाऊँ तो पुलिस के हाथ से छूट सकता हूँ।"[75] रामानुजियों के प्रसिद्ध तोताद्रि मठ के स्वामीजी उन दिनों उत्तर भारत में भ्रमण कर रहे थे। उन्हीं से दीक्षा लेने के इरादे से भवदेव अयोध्या आए। रघुबरदास रामानन्दी श्रीवैष्णव थे और अयोध्या के ही निवासी थे। अपना इरादा उन्हें बताने पर भवदेव को मालूम पड़ा कि रामानुजी आचार्य से दीक्षित होने पर रघुबरदास के साथ उनका "सम्बन्ध टूट जाएगा।" कारण यह कि "यद्यपि सम्प्रदाय एक ही है परन्तु भोजन-व्यवहार नहीं है।" भवदेव के लिए यह चौंकानेवाली सूचना थी कि रामानन्दियों को श्रीवैष्णव मानने के बावजूद रामानुजी उनके साथ भोजन-व्यवहार नहीं रखते। वे अपने मित्र के साथ सम्बन्ध तोड़ने को तैयार नहीं थे। तय किया कि वे भी रघुबरदास की ही तरह रामानन्दी साधु हो जाएँ। रघुबरदास का सम्बन्ध बड़ा स्थान से था। उन्होंने अपने महन्तजी से बात की। भवदेव के संस्कृत ज्ञान और आगे पढ़ने की इच्छा से प्रभावित होकर महन्त राममनोहर प्रसाद ने उन्हें बड़ा स्थान में रख लिया। वे बाकायदा 'शंखचक्रांकित' रामानन्दी वैष्णव बने, नाम रखा गया—भगवद्दास।

इस समय तक रामानन्दियों का असंतोष मुखर होने लगा था। रामानुजियों से सम्बन्ध-विच्छेद को आतुर स्वतन्त्रतावादी दल को भगवद्दास और रघुबरदास में काफी सम्भावनाएँ नजर आ रही थीं लेकिन राममनोहर प्रसाद स्वयं परम्परावादी थे। वे रामानुजियों से 'पवित्र' आचार-विचार और संस्कृत ज्ञान में प्रतिस्पर्धा करना चाहते

थे, विच्छेद नहीं। इसीलिए उन्होंने वेदान्त पाठशाला की स्थापना की और दक्षिण से एक रामानुजी अध्यापक को आमन्त्रित किया। हम देख चुके हैं कि इन महाशय का आगमन "दुर्भाग्य से बड़े बुरे मुहूर्त" में हुआ। जिन तोताद्रि स्वामी के शिष्य बनने के इरादे से भवदेव मुंगेर से अयोध्या पहुँचे थे, स्वयं उनका व्यवहार रामानन्दी असंतोष को ज्वालामुखी बनाने की दिशा में ले जा रहा था, यह भी हम देख चुके हैं।

अपने गुरु की भावनाओं का ध्यान रखते हुए भगवद्दास रामानन्दियों के स्वतन्त्रता आन्दोलन से दूर रहने के लिए अयोध्या से प्रयाग चले गए। लेकिन थे वे स्वभाव से ही 'ऐक्टिविस्ट'। प्रयाग पहुँचकर अपने स्वभाव को व्यक्त करने के लिए उन्होंने एक बार फिर से राष्ट्रीय आन्दोलन का सहारा लिया। रघुबरदास को राष्ट्रीय आन्दोलन से कोई वास्ता नहीं था। उनकी आन्दोलन-प्रतिभा और रुचि रामानन्दी स्वतन्त्रता आन्दोलन तक ही सीमित थी। अपने मित्र के राजनीति में पड़ जाने से वे किंचित खिन्न ही थे। अन्य स्वतन्त्रतावादी रामानन्दियों की तरह वे भी यही चाहते थे कि भगवद्दास देश को अंग्रेजों से आजाद कराने से ज्यादा ध्यान रामानन्दियों को रामानुजियों से मुक्त कराने पर दें। भगवदाचार्य बताते हैं :

> वैष्णव [रामानन्दी] लोग मुझे खींचते थे परन्तु मैं पीछे होता जाता था। उनमें दो कारण थे : एक तो यह कि मेरे श्रीगुरुदेव यह नहीं चाहते थे कि मैं उस कलह में पड़ूँ। दूसरा यह कि मैं राष्ट्रियसेवा को ही सदा से मुख्य कार्य मानता आया था। यह कलह साम्प्रदायिक था। इससे राष्ट्र को कोई भी लाभ मिल नहीं सकता था। मैं इससे बचने के लिए ही थोड़े दिनों के लिए प्रयाग चला गया था।"[76]

प्रयाग में रहते हुए भगवद्दास राष्ट्रीय आन्दोलन में काफी सक्रिय रहे, आजीवन खादी धारण करने का व्रत भी उन्होंने इन्हीं दिनों लिया।

बड़ा स्थान के महन्तजी ने रघुबरदास को भी मुजफ्फरपुर भेज दिया था। वे अपने दोनों शिष्यों की प्रतिभा और क्षमताओं से बखूबी वाकिफ थे। इन दोनों के अयोध्या से हट जाने से स्वतन्त्रतावादी रामानन्दियों का दल कमजोर हुआ। यही महन्तजी चाहते थे, लेकिन 'राष्ट्रियसेवा' बहुत दिनों तक भगवद्दास को 'साम्प्रदायिक कलह' से दूर नहीं रख सकी। वे सम्प्रदाय में नए थे, उनके 'श्रीगुरुदेव' स्वतन्त्रतावादियों को उत्पाती ही समझते थे लेकिन रामानुजियों के ब्राह्मणवाद के प्रति तीव्र असंतोष कहिए या स्वयं को अब्राह्मण कहे जाने पर तीक्ष्ण रोष, श्रीगुरुदेव की नाराजगी का जोखिम उठाकर भी भगवद्दास ने अयोध्या लौटकर रामानन्दी स्वतन्त्रता आन्दोलन का नेतृत्व करने का फैसला कर ही लिया।

घटनाचक्र बहुत तेजी से चला। संस्कृत विद्या और आचार-विचार में प्रतिस्पर्धा के जरिए रामानुजियों की निगाह में ऊपर उठने की परम्परावादियों की बात अधिकांश रामानन्दियों को अपील नहीं करती थी लेकिन यह तो ऐतिहासिक सच्चाई थी और स्वयं रामानन्दियों की मान्यता भी कि रामानन्द थे रामानुज की शिष्य-परम्परा में ही।

स्वतन्त्रतावादियों ने इस मूल मान्यता पर ही मूलभूत चोट करने की ठानी और तय कर लिया कि **'गुरु-परम्परा बदल डालनी थी।...एक समिति की आवश्यकता थी कि जो गुरु-परम्पराओं की शोध करे और उन परम्पराओं में से यह ढूँढ़ निकाले कि रामानुज और रामानन्द का कोई सम्बन्ध नहीं है।''**

शोध और ढूँढ़ के इस काम में अग्रणी भूमिका भगवद्दास और रघुबरदास—इन दो गुरु-भाइयों की ही होनी थी।

''समय बहुत भयंकर था।'' रामानन्दी साधु दो दलों में बँट गए थे—पारम्परिक गुरु-परम्परा को माननेवाले और 'गुरु-परम्परा बदल डालने' के लिए कटिबद्ध। दोनों ओर से परचों-पैंफलेटों, आरोपों-प्रत्यारोपों की झड़ी लगी हुई थी। दोनों ओर से एक-दूसरे पर फर्जी पांडुलिपियाँ तैयार करने के आरोप लगाए जा रहे थे। बड़ा स्थान के महन्तजी परम्परावादियों के साथ थे लेकिन रामानन्दियों के दूसरे महत्त्वपूर्ण स्थान मणिराम की छावनी के महन्त रामशोभादास स्वतन्त्रतावादी रामानन्दियों के संरक्षक की भूमिका निभा रहे थे।

संस्कृत रामानन्द की शास्त्रसिद्ध आचार्य की निर्मिति में इन महन्तजी की भूमिका कितनी महत्त्वपूर्ण थी, यह उनके निधन पर रामानन्दियों के अखबार 'विरक्त' में प्रकाशित श्रद्धांजलियों से स्पष्ट हो जाता है। भगवदाचार्य ये श्रद्धांजलियाँ यह बताने के लिए उद्धृत करते हैं कि ''मैं उनका कितना बड़ा कृपापात्र था।'' महन्त भगवानदास खाकी ने अपनी श्रद्धांजलि में, भगवदाचार्य के प्रति महन्तजी के विश्वास को तो रेखांकित किया ही, साथ ही स्पष्ट शब्दों में कह दिया, ''छावनी ही वह स्थान है, जहाँ से श्रीरामानन्दीयता का प्रचार और प्रसार हुआ है।...श्रीरामानन्द स्वामीजी का जो चित्रपट हम आज देख रहे हैं, वह इन्हीं स्वामीजी की देन है।''[77]

ध्यान दें, रामानन्द की संस्कृत, शास्त्रसिद्ध आचार्य की छवि, ''इन्हीं स्वामीजी [और उनके कृपापात्रों—भगवदाचार्य तथा रघुवराचार्य] की देन है।''

आरोपों-प्रत्यारोपों से 'भयंकर' हो चुके उस माहौल में, रघुबरदास ने स्वतन्त्रतावादियों द्वारा वांछित, रामानन्द के शिष्य अग्रदास रचित, रामानुज-विहीन गुरु-परम्परा 'संयोगवश' खोज निकाली। इसी परम्परा के बारे में 'पुरातत्वानुसन्धायिनी समिति' की ओर से कहा गया था, ''इस परम्परा से यह बात मालूम होती है कि श्री रामानन्द स्वामीजी महाराज श्रीरामानुज स्वामी के परिवार में से नहीं हैं। यद्यपि यह बात बहुत कोलाहल पैदा करनेवाली है, तथापि गम्भीरता के साथ इस पर विचार होना चाहिए।''

''गम्भीरता के साथ विचार'' करने के लिए, हनुमान गढ़ी में शास्त्रार्थ का आयोजन किया गया। गम्भीरता के साथ विचार तो इतने गर्म माहौल में क्या होता। स्वतन्त्रतावादी अपने निष्कर्ष पर पहले से पहुँचे हुए थे, बाकी रामानन्दियों को रामानुजियों के ब्राह्मणवादी दम्भ से पिंड छुड़ाने का कोई आधार चाहिए था।

'श्रीअग्रदासजी महाराज विरचित प्राचीन परम्परा' खोज निकालकर दोनों गुरु-भाइयों ने वह उपलब्ध करा दिया।

इस शास्त्रार्थ में भगवदाचार्य ही स्वतन्त्रतावादियों के प्रमुख प्रवक्ता थे। उन्होंने नव-प्राप्त गुरु-परम्परा की प्रामाणिकता सिद्ध करने के लिए अपने गुरु से बहस की और रामानुजी परम्परा से अलग होने को बेचैन रामानन्दियों द्वारा 'विजयी' घोषित कर दिए गए। इस विजय से उत्पन्न तनाव के फलस्वरूप भगवदाचार्य को बड़ा स्थान छोड़ना पड़ा, मणिराम की छावनी में उनका बड़े उत्साह से स्वागत हुआ।

हनुमानगढ़ी शास्त्रार्थ में प्राप्त 'विजय' के बावजूद परम्परा-युद्ध अनिर्णीत ही था। बहुत से रामानन्दी महन्त अभी तक इस विषय में स्पष्ट नहीं थे। स्वतंत्रतावादियों द्वारा रामानुजियों द्वारा लगाए जानेवाले इस आरोप के बारे में भी लोग पूरी तरह आश्वस्त नहीं थे कि रामानुजी ग्रन्थों में रामानन्दियों के श्रीराममन्त्र, पूज्य देवताओं और आचार्यों की निन्दा की गई है। उज्जैन में कुम्भ होनेवाला था। 'छावनी' के महन्त रामशोभादास ने भगवदाचार्य को वहाँ रामानुजियों को चुनौती देने का सुझाव दिया। यह चुनौती दी गई, और जाहिर है कि रामानुजी आचार्य लोग रामानन्दियों की दृष्टि में एक बार फिर परास्त हुए।

यह सवाल महत्वपूर्ण था ही नहीं कि रामानुजी ग्रन्थों में पूज्यों और आचार्यों की निन्दा वास्तव में है या नहीं। ऐसी निन्दा हो या न हो, रामानुजियों का अपमानजनक व्यवहार रामानन्दियों के दैनन्दिन जीवन का वास्तविक अनुभव था। रामानुजी आचार्य अपने ब्राह्मण रामानन्दी शिष्यों तक को धातु के बर्तन नहीं छूने देते थे—अब्राह्मणों की बात ही क्या। रामानुजियों के हिसाब से शूद्रों को दीक्षा देनेवाले, उन्हें महंत मान लेने वाले रामानन्दी पर्याप्त रूप से "शुद्ध" हो ही नहीं सकते थे। आखिर इसी तर्क से तो उन्होंने "जात-पाँत पूछे नहीं कोई" कहने वाले रामानन्द को श्रीसम्प्रदाय की ऐतिहासिक स्मृति से बहिष्कृत किया था।

उज्जैन शास्त्रार्थ 9 मई, 1921 को हुआ, रामानन्दियों का कहना था कि श्रीराममन्त्र की स्वतन्त्र गुरु-परम्परा है और रामानुजी ग्रन्थों में श्रीराममन्त्र की निन्दा की गई है। रामानुजी इन दोनों ही बातों से इनकार करते थे। श्रीराममन्त्र की स्वतन्त्र गुरु-परम्परा के प्रमाणस्वरूप भगवदाचार्य (इस समय तक भगवद्दास ही) ने 'वाल्मीकि संहिता' के तीन श्लोक प्रस्तुत किए। इस संहिता को रामानुजी प्रामाणिक नहीं, 'कल्पित' मानते थे। इसकी अप्रामाणिकता सिद्ध करने और श्रीराममन्त्र की निन्दा सम्बन्धी आरोप का उत्तर देने के लिए शास्त्रार्थ के पंचों ने रामानुजियों को दो दिन का समय दिया। वे उत्तर नहीं दे सके या उन्होंने विच्छेद की अपरिहार्यता स्वीकार कर ली और उत्तर देने की जरूरत नहीं समझी। कारण जो भी हो, 1958 में आत्मकथा लिख रहे भगवदाचार्य के शब्दों में, "उनका उत्तर तो आज तक नहीं आया। श्रीरामानन्द सम्प्रदाय स्वतन्त्र श्रीसम्प्रदाय बना। आफ़त टली।"

"आफ़त टलने" का नतीजा तुरन्त देखने को मिला। स्वाभाविक गर्व के साथ भगवदाचार्य ने याद किया :

> उसी समय थोड़े ही दिनों में अन्तिम स्नान था। अब तक श्रीरामानुजीय लोग आगे-आगे स्नान के लिए चलते थे। उनकी मसाल होती थी। पीछे पालकी में कोई रामानुजीय महापुरुष होता था। रामानन्दीय संत ही उस पालकी को उठाते थे। पीछे-पीछे श्रीरामानन्दीय वैष्णव रहा करते थे। श्रीनिम्बार्क सम्प्रदाय, श्रीविष्णुस्वामी सम्प्रदाय और श्री मध्वसम्प्रदाय भी श्रीरामानन्दीय वैष्णवों के साथ ही चल सकते थे। उस अन्तिम स्नान में रामानुजियों को छोड़ दिया गया। अब वह किसी भी कुम्भ में किसी भी स्नान में श्रीरामानन्दीय सम्प्रदाय के साथ नहीं चल सकते।[78]

रामानन्दियों के प्रमाणों का खंडन करने और उनके आरोपों का उत्तर देने के लिए रामानुजियों के पास 11 मई शाम तक का समय था। भगवदाचार्य के शब्दों में "उत्तर तो आज तक भी नहीं आया", "अतः ता. 11-5-21 ई. के सायंकाल को सम्प्रदायोद्धार का दिन मानना चाहिए।"[79]

'सम्प्रदायोद्धार' के इस दिन के बाद भी, संघर्ष कई बरसों तक जारी रहा। 'विजय-प्राप्ति' के तरीकों और उनकी वास्तविकता को लेकर तनाव बने हुए थे। अयोध्या लौटना भगवद्दास को अनुकूल नहीं लगा। वे उज्जैन से गुजरात चले गए। कुछ दिन बाद अवश्य अयोध्या लौटे लेकिन आगे चलकर गुजरात ही उनकी गतिविधियों का मुख्य क्षेत्र बन गया।

भगवदाचार्य को लगभग एक सदी का जीवन मिला। वे व्यापक सामाजिक-राजनैतिक प्रश्नों पर भी सक्रिय रहे। खादी-व्रत तो उन्होंने जीवनभर निभाया ही, गांधीजी के 'हरिजनोद्धार' और मन्दिर-प्रवेश आन्दोलन से भी जुड़ गए। अपनी आत्मकथा के आरम्भ में भगवदाचार्य ने गांधीजी द्वारा 24 सितम्बर, 1934 को लिखे गए एक पोस्टकार्ड का चित्र प्रकाशित किया है। यह पोस्टकार्ड गांधीजी ने भगवदाचार्य के एक पत्र के जवाब में लिखा था। भगवदाचार्य अब तक जन्माधारित ऊँच-नीच के विरोधी हो चुके थे। गांधीजी के 'हरिजनोद्धार' कार्यक्रम में सक्रिय थे। पुराने साथी रघुबराचार्य से मनमुटाव का एक कारण भगवदाचार्य का 'कांग्रेसीपन' भी था। बलभद्रदास जैसे परम्परावादी भगवदाचार्य को 'आर्यसमाजी विष-बीज' कहते ही थे। अब इस 'विषबीजपन' में 'कांग्रेसीपन' का संयोग भी हो गया।

भगवदाचार्य के मन में कुछ बिगूचन (कन्फ्यूजन) आने लगा था। रामानन्दी सम्प्रदाय के सुधार और तत्सम्बन्धी विवादों तक ही स्वयं को सीमित रखें या 'राष्ट्रीय आन्दोलन' में भी सक्रियता बनाए रखें? यही प्रश्न उन्होंने गांधीजी को लिख भेजा था कि "रामानन्दी साधु होते हुए भी मन्दिर-प्रवेश आन्दोलन में भाग लूँ या नहीं?" गांधीजी ने अपने स्वभाव के अनुकूल सलाह दी : "भगवदाचार्य अपनी आत्मा की आवाज पर अमल करें।"

भगवदाचार्य की आत्मा की आवाज कितनी जोरदार थी, यह तो अब आप जान ही गए हैं। इस मामले में भी उन्होंने वैसा ही जोर दिखाया। मन्दिर-प्रवेश आन्दोलन में ही नहीं, हिन्दू-मुस्लिम एकता के भी गांधीवादी कार्यक्रमों में और अधिक सक्रिय हो गए। अहमदाबाद में उनके नाम पर 'भगवदाचार्य आश्रम' संस्थापित करनेवाले वयोवृद्ध खाकी बापू ने मुझे 3 सितम्बर, 2006 को बताया कि भगवदाचार्य की प्रेरणा से अनेक रामानन्दी साधु और महन्त राष्ट्रीय आन्दोलन में कूद पड़े थे। स्वयं खाकी बापू ने इस सिलसिले में जेलयात्रा की थी।

उसी दिन मेरी भेंट हुई रामानुजी आचार्य रामेश्वरानन्द से। वयोवृद्ध रामेश्वरानन्दजी ने रामानुजियों के विरुद्ध भगवदाचार्य के संघर्ष को एक रामानुजी 'लड़के' के रूप में देखा था। 'आचार्यजी' की मेधा और दृढ़ता से वे उन दिनों भी बहुत प्रभावित थे और आज तो स्पष्ट रूप से मानते हैं कि रामानुजियों के विरुद्ध रामानन्दियों का असंतोष बिलकुल जायज था। वे भगवदाचार्य की राजनैतिक गतिविधियों को भी सराहते हैं। उन्होंने मुझे बताया कि गांधीजी को 'हिन्दू-द्रोही, गौ-घातक' माननेवाले कुछ लोगों ने गांधीजी का साथ देने के अपराध के कारण, 1954 में भगवदाचार्य के प्राण लेने की कोशिश भी की थी।

सबसे रोचक और संकेतपूर्ण बात यह कि मुझे यह सब लगभग भक्ति-भाव से बतानेवाले रामेश्वरानन्द ने आज तक किसी रामानन्दी के हाथ से अन्न-जल ग्रहण नहीं किया, भगवदाचार्य तक के हाथ से भी नहीं! हालाँकि अपने शिष्यों को वे रामानन्दी हाथों से अन्न-जल ग्रहण करने की छूट देते हैं।

भगवदाचार्य ने गांधीजी के जीवन पर संस्कृत महाकाव्य 'भारत-पारिजातम्' की रचना भी की। आजादी के बाद वे कांग्रेस समर्थक साधुओं के संगठन 'भारत साधु समाज' के कर्ता-धर्ताओं में रहे। ब्राह्मणों की सर्वोच्चता और उससे जुड़ी छुआछूत की बीमारी से वे सम्प्रदाय के भीतर तो लड़ते ही रहे, बाहर भी संघर्ष करने से नहीं चूके। भगवदाचार्य की ऐसी गतिविधियों का स्वाभाविक परिणाम था कि 'कंजरवेटिव' संन्यासी स्वामी करपात्री ने उन्हें 'वेद-विरोधी नास्तिक' घोषित कर दिया। ब्राह्मण-सर्वोच्चता, छुआछूत और जातिवाद का विरोध करने के लिए भगवदाचार्य वेद-वाक्यों की आलोचना करने से भी नहीं हिचकिचाते थे।

आत्मकथा में उन्होंने मुम्बई में 3 दिसम्बर, 1957 को हुए 'संस्कृत सम्मेलन' में दिए अपने भाषण याद किए हैं। वहाँ 'लगभग सभी' कह रहे थे कि ''संस्कृत देवभाषा है और इसके पढ़ने से स्वर्ग मिलता है।'' भगवदाचार्य ने अपने भाषण में कहा कि ''संस्कृत एक भाषा है और किसी भाषा के पढ़ने से स्वर्ग नहीं मिला करता।'' अधिक महत्त्वपूर्ण और विवादास्पद था उनका दूसरा भाषण, जिसमें भक्ति का इतिहास बताते हुए भगवदाचार्य ने वेद के पुरुष-सूक्त की आलोचना की। कहा, इस सूक्त में ''पूछा कुछ और उत्तर दिया कुछ। पूछा था कि पैर क्या थे? उत्तर दिया

कि पैर से शूद्र हुआ। शूद्र कहाँ से पैदा हुआ? यह तो पूछा ही नहीं गया कि तब पैर से पैदा हुआ यह वेद का उत्तर हास्यास्पद है।''

आगे उन्होंने कहा कि ''मान लें कि उस पुरुष के उस परमात्मा के पैर से शूद्र पैदा हुआ तो वह नीच क्यों माना गया?...भगवान के या किसी भी देवता के पैर ही तो पूजे जाते हैं–मुख की पूजा कोई भी नहीं करता। तब उन पवित्र पैरों से पैदा हुए शूद्र को इतना बड़ा नीच क्यों माना गया?''[80]

ऐसे विचार व्यक्त करनेवाले व्यक्ति को, करपात्रीजी ने 'नास्तिक' कहा, इसमें आश्चर्य की कोई बात नहीं। न कहते, तो जरूर आश्चर्य होता!

भगवदाचार्य धुन के पक्के इन्सान थे। बीसवीं सदी के तीसरे-चौथे दशक में वे 'आनन्द-भाष्य' की प्रामाणिकता की कसमें खा रहे थे। इसे रघुबरदास द्वारा तैयार किया हुआ बतानेवालों को 'बदमाश' कह रहे थे। आगे चलकर रघुबरदास उर्फ रघुबराचार्य से उनकी खटक गई तो उन्होंने आनन्द-भाष्य की प्रामाणिकता नकार दी लेकिन सम्प्रदाय के स्वायत्त अस्तित्व की तो पहली ही शर्त थी कि वेदान्त-सूत्रों पर सम्प्रदाय का अपना भाष्य उपलब्ध हो। 1963 में भगवदाचार्य ने 'रामानन्द भाष्य' प्रस्तुत किया। इसके मुखपृष्ठ पर 'पिछले पचीस सालों से की जा रही' घोषणा फिर से दोहराई कि ''आनन्द-भाष्य जाली है।'' ध्यान देने की बात यह है कि भगवदाचार्य ने 'रामानन्द भाष्य' को रामानन्द द्वारा रचित बताने की बजाय दावा किया कि ''इसमें वेदान्त सूत्रों की संगति श्रीरामानन्दीय वैष्णव सम्प्रदाय के सिद्धान्तानुसार लगाई गई है।''

यह बात किसी सम्प्रदाय द्वारा मान्यता प्राप्त करने की पारम्परिक विधि के अनुकूल थी लेकिन 'आनन्द-भाष्य' को स्वतन्त्र जीवन प्राप्त हो चुका था, भगवदाचार्य को भले ही वह 'जीवन-शून्य' लगता रहे। वह सम्प्रदाय के स्वायत्त अस्तित्व का आधार बन चुका था। रघुबराचार्य के सहयोग से, पन्द्रहवीं सदी के हिन्दी रामानन्द के स्थान पर चौदहवीं सदी के संस्कृत रामानन्द को सफलतापूर्वक स्थापित करनेवाले भगवदाचार्य रामानन्दियों के चित्त से 'आनन्द-भाष्य' को विस्थापित करने में विफल रहे।

उनकी सफलता ऐतिहासिक थी और विफलता मार्मिक।

कृतज्ञ सम्प्रदाय ने उन्हें 'अपर' (दूसरे) रामानन्द कहा। 1970 में जब वे 90 वर्ष के हो चुके थे, उनके प्रशंसकों ने उन्हें औपचारिक रूप से 'जगद्गुरु रामानन्द' घोषित किया। अब तक ऐसे प्रयत्नों का विरोध स्वयं भगवदाचार्य करते रहे थे। वे आचार्य गादी से अधिक मूल्यवान बतौर विद्वान् के अपनी स्वतन्त्रता को मानते थे। रामेश्वरानन्द बताते हैं कि आचार्य गादी पर बैठते हुए भगवदाचार्य ग्लानि से रो दिए थे–''मैंने इस गादी के लिए अपनी कलम की स्वाधीनता का बलिदान कर दिया।''

अब भगवदाचार्य पिछले कई वर्षों से चली आ रही घोषणा—''आनन्द-भाष्य जाली है''—उतने जोर-शोर से नहीं दोहरा सकते थे। सम्प्रदाय का रवैया यह था और है कि रामानन्द के नाम के साथ 'आनन्द-भाष्यकार' का विरद ही ठीक है, सम्प्रदाय को भगवदाचार्य विरचित 'रामानन्द-भाष्य' की कोई जरूरत नहीं—भले ही आचार्य गादी पर स्वयं भगवदाचार्य 'जगद्गुरु रामानन्दाचार्य' की उपाधि के साथ विराजें!

'जगद्गुरु रामानन्दाचार्य' की उपाधि स्वीकार करते समय भगवदाचार्य के आँसू स्वाभाविक ही थे।

हिन्दी रामानन्द के संस्कृत रूपांतरण का आख्यान और भगवदाचार्य की वीर-गाथा दोनों शिक्षाप्रद हैं। इनसे सीखा जा सकता है कि इतिहास लेखन का अर्थ अतीत को वर्तमान की चाकरी में लगा देना नहीं होता। रामानुजियों के दुर्व्यवहार का विरोध करना—यह निःसन्देह अच्छा और जरूरी काम था लेकिन यह काम करने के लिए ऐतिहासिक साक्ष्यों के साथ जो सलूक किया गया, उसे अच्छा कहना असम्भव है। भगवदाचार्य गांधीजी के प्रति सम्मान और अनुराग के बावजूद, 'साम्प्रदायिक कलह' के प्रसंग में यह याद नहीं रख पाए कि साध्य की श्रेष्ठता के साथ-साथ साधन की शुद्धता भी आवश्यक है।

भगवदाचार्य की वीर-गाथा परिणति को प्राप्त हुई। न केवल सम्प्रदाय ने बल्कि साहित्य के इतिहास ने भी पन्द्रहवीं सदी के हिन्दी रामानन्द के स्थान पर चौदहवीं सदी के संस्कृत रामानन्द को स्वीकार कर लिया। सम्प्रदाय ने संस्कृत रामानन्द को प्राथमिकता अवश्य दी लेकिन हिन्दी रामानन्द को पूरी तरह खारिज कभी नहीं किया, इसीलिए उसे दो रामानन्दों की बात करने की जरूरत भी कभी नहीं पड़ी। दो कबीरों की बात पर भी सम्प्रदाय ने कभी बल नहीं दिया। स्वयं भगवदाचार्य ने भी इसे नहीं दोहराया। काशी के पंचगंगा घाट पर स्थित मूल रामानन्दी स्थान में कबीर ही नहीं, रैदास की प्रतिमा भी पूजा भाव से स्थापित है।

स्वतन्त्रतावादी रामानन्दी रामानुजियों के ब्राह्मण अभिमान से मुक्ति चाहते थे। 'मुक्ति' तो मिली लेकिन स्वयं ब्राह्मणवादी पैमानों को आत्मसात करके। रामानन्द की विलक्षणता ऐसे पैमानों की परवाह न करने में थी। उन्होंने लोगों के ही साथ नहीं, अपने आराध्य के साथ भी संवाद करने के लिए देशभाषा को ही अपनाया। न केवल भक्ति, बल्कि सामाजिक व्यवहार के धरातल पर भी ''जात-पाँत पूछे नहीं कोई'' की तेजस्वी घोषणा की। रामानन्द के समकालीन, आरम्भिक आधुनिक काल के उत्तर भारतीय समाज ने इस घोषणा को रामानन्द की ऐसी अनिवार्य पहचान बना दिया कि यह 'वैष्णव-मताब्ज-भास्कर' की प्रामाणिकता का प्रतिमान बन गई—''अपेक्ष्यते तत्र कुलं बलं च नो।''

ब्राह्मणवादी पैमानों पर स्वयं को सिद्ध करने के दबावों से रामानन्दी पिछली कई सदियों से जूझ रहे थे। सम्प्रदाय के आचार्यों की मान्यता रामानन्द के द्विज शिष्यों

को ही देंगे—यह उन्हें अठारहवीं सदी में ही मानना पड़ा था। भगवदाचार्य के अभियान के फलस्वरूप कबीर, रैदास, पीपा और धन्ना के साथ रामानन्द का सम्बन्ध ऐतिहासिक और वैचारिक रूप से 'असम्भाव्य' प्रतीत होने लगा। क्षत्रिय राजा के सहयोग से आरम्भ हुआ ब्राह्मणवादी अभियान औपनिवेशिक आधुनिकता की कृपा से अन्ततः सफल हुआ।

रामानन्द का रूपान्तरण कर देनेवाले भगवदाचार्य की ऐतिहासिक सफलता में ही उनकी मार्मिक और विडम्बनापूर्ण विफलता भी छुपी हुई थी। विफलता की इस विडम्बना में औपनिवेशिक आधुनिकता कितनी बड़ी भूमिका निभा रही थी—यह इस पूरे आख्यान में आपने देखा। सांस्कृतिक संवेदना-विच्छेद से ग्रस्त यह आधुनिकता कल्पना ही नहीं कर सकती थी कि संस्कृत परम्परा के शास्त्रसिद्ध आचार्य हुए बिना भी, तथाकथित 'मध्यकालीन' और 'पिछड़े हुए' समाज में रामानन्द इतने लोकप्रिय हो सकते थे।

यह सफलता और विफलता हमें एक बार फिर याद दिलाती है कि अपना मनचाहा इतिहास गढ़ने का प्रलोभन मोहक और मादक तो होता है, लेकिन इतिहास के साथ-साथ स्वयं ऐसे मादक मोह से ग्रस्त लोगों के लिए घातक भी होता है। ऐतिहासिक सच्चाइयों का सम्मान और सामना करने की बजाय वक्त-जरूरत के मुताबिक इतिहास गढ़ने का नशा जब चढ़ता है, तब मजा तो सचमुच बहुत देता है, लेकिन विमर्श और समाज के स्वास्थ्य के लिए घातक भी बहुत होता है। जोश से निकलकर होश में आने तक कई बार बहुत देर हो चुकी होती है।

8. *कबीर और रामानन्द : एक बार फिर*

रामानन्दियों की तो अपनी ऐतिहासिक जरूरतें थीं कि रामानन्द की संस्कृत निर्मिति तैयार करें लेकिन साहित्य और संस्कृति के इतिहासकारों की ऐसी क्या मजबूरी थी कि इस निर्मिति को बिना परीक्षण के स्वीकार कर लें? परम्परा की आम राय को सिर्फ एक स्रोत—'अगस्त्य संहिता' के तथाकथित पाँच अध्यायों के आधार पर रद्द कर दें? रामानन्द का यह आख्यान इसी प्रश्न का उत्तर खोजने के क्रम में सम्भव हुआ है। आशा है कि अब उत्तर आपके सामने भी स्पष्ट है।

हिन्दी साहित्य का ही नहीं, कोई भी इतिहास लिखते-पढ़ते समय यह याद रखना जरूरी है कि परम्परा साजिशों की संदूकची नहीं होती, और देशभाषा के स्रोत बुद्धूपन के पिटारे नहीं होते। भक्ति-संवेदना और आन्दोलन का इतिहास लिखने की बात भी यह भुलाकर नहीं सोची जा सकती कि इतिहास-लेखन के अनेक स्रोतों और प्रमाणों का गहरा सम्बन्ध विभिन्न भक्ति-सम्प्रदायों के ऐतिहासिक विकास और संघर्षों से है। 'अगस्त्य संहिता के पाँच अध्यायों' सरीखे ''अकाट्य प्रमाण'' और भी हैं, जिनका

जन्म ही ऐसे संघर्षों का परिणाम है। इतिहास-लेखन में इन्हें "अकाट्य प्रमाण" की तरह बरतने के पहले स्वयं इन स्रोतों के इतिहास पर ध्यान देना जरूरी है।

परम्परामान्य रामानन्द-कबीर सम्बन्ध को नकारनेवाले एक प्रश्न यह भी उठाते हैं कि कबीर की रचना में उनके गुरु के तौर पर रामानन्द या अन्य व्यक्ति का नाम सीधे-सीधे क्यों नहीं मिलता? मेरा प्रतिप्रश्न यह है कि सरहपा से लेकर तुलसीदास तक–किस संत, भक्त या साधक की रचना में मिलता है? फिर यह मानने में ही क्या दिक्कत है कि इनमें से किसी का कोई गुरु नहीं था। जाहिर है कि दिक्कत है। साधना की उस परम्परा में गुरु-विहीन रहना अकल्पनीय था। जो यह जानते हैं, उन्हें यह भी याद रखना चाहिए कि अपने गुरु का नामोल्लेख ना करना ही उस परम्परा में मान्य विधि थी।

कबीर की रचना में रामानन्द का नाम नहीं है, तो नीरू और नीमा का नाम ही कहाँ है? जिन स्रोतों के आधार पर नीरू और नीमा को कबीर के जनक या पालक माता-पिता माना जाता है, वे ही स्रोत रामानन्द को कबीर का गुरु भी बताते हैं। रामानन्द-कबीर के गुरु नहीं थे, ऐसा कहनेवालों को यह भी कहना चाहिए कि नीरू-नीमा कबीर के न तो जनक-जननी थे, न उन्होंने कबीर को पाला था।

सदियों से चली आ रही पारम्परिक सर्वसम्मति को नकारने का कोई तो तार्किक आधार होना चाहिए। रामानन्द को कबीर का गुरु मानने में 'अगस्त्य संहिता' के कारण ऐतिहासिक असम्भाव्यता और रामानन्द की संस्कृत निर्मिति के कारण वैचारिक असंम्भाव्यता की जो बातें की जाती हैं–वे कितनी निराधार हैं, यह आप देख सकते हैं।

संवेदना की समानधर्मिता, कबीर-रामानन्द की ऐतिहासिक समकालीनता और रामानन्द-कबीर के गुरु-शिष्य सम्बन्ध के बारे में पारम्परिक सर्वसम्मति के बावजूद, रामानन्द-कबीर सम्बन्ध पर जो सन्देह आधुनिक विद्वानों और अविद्वानों के चित्त का संस्कार बनकर जम गया है, ब्राह्मणवाद की सफलता का प्रमाण वह है, देशभाषा स्रोतों में सर्वमान्य रामानन्द-कबीर सम्बन्ध नहीं।

सन्दर्भ

1. देखें बर्टन स्टाइन का लेख, *सोशल मोबिलिटी एंड मीडिएवल साउथ इंडियन सेक्ट्स, 'रिलीजियस मूवमेंट्स इन साउथ एशिया 600-1800* (सं. डेविड लोरेंजन, ऑक्सफोर्ड यूनिवर्सिटी प्रेस, नई दिल्ली, 2004) में संकलित, पृ. 80-101
2. *रवीन्द्र-रचनावली* (बांग्ला)–षोडश खंड, विश्वभारती, पृ. 100-103। इस कविता की ओर ध्यान आकृष्ट करने के लिए मैं इतिहासकार गौतम भद्र का आभारी हूँ।
3. विलियम पिंच, *पैजेंट्स एंड मांक्स इन ब्रिटिश इंडिया,* ऑक्सफोर्ड यूनिवर्सिटी प्रेस, नई दिल्ली, 1996, पृ. 50

4. देखें रिचर्ड बर्गहार्ट, *दि फाउंडिंग ऑफ रामानन्दी सेक्ट,* (लोरेंजन पूर्वोद्धृत में संकलित), यह लेख 1978 में लिखा गया था।
5. आ. रामचन्द्र शुक्ल, *हिन्दी साहित्य का इतिहास,* नागरी प्रचारिणी सभा, वाराणसी, (सं. 2035 संस्करण), पृ. 83
6. शारलोत वादिवेल, *ए वीवर नेम्ड कबीर,* ऑक्सफोर्ड यूनिवर्सिटी प्रेस, नई दिल्ली, 1993, पृ. 88
7. वही, पृ. 88-89
8. पीटर फान डेर फीर, *'गॉड्स ऑन अर्थ : रिलीजियस एक्सपीरिएंस एंड आइडेंटिटी इन अयोध्या',* ऑक्सफोर्ड यूनिवर्सिटी प्रेस, दिल्ली, 1997 (प्रथम प्रकाशन 1988)।
9. आ. रामचन्द्र शुक्ल, *हिन्दी साहित्य का इतिहास,* पृ. 83
10. वही, पृ. 86
11. वही, पृ. 83
12. विनांद कैल्वर्त, *दि हेजियोग्राफीज़ ऑफ अनन्तदास : दि भक्ति पोयट्स ऑफ नॉर्थ इंडिया,* कर्जन प्रेस, सरे, 2000 पृ. 1
13. वही, पृ. 32
14. शारलोत वादिवेल, पूर्वोद्धृत, पृ. 87
15. विनय धारवाड़कर, *कबीर : दि वीवर्स सांग्स,* पेंग्विन बुक्स, नई दिल्ली, 2003, पृ. 19-20
16. डॉ. प्रभुदयाल मीतल, *ब्रजभाषा साहित्य कौ इतिहास,* राजस्थान ब्रजभाषा अकादमी, जयपुर, 2000 पृ. 453, 456
17. भगवती प्रसाद सिंह, *रामभक्ति में रसिक सम्प्रदाय,* अवध साहित्य मन्दिर, बलरामपुर, सं. 2014 (1957 ई.), पृ. 83
18. आर.जी. भंडारकर *वैष्णविज़्म, शैविज़्म एंड माइनर रिलीजस सिस्टम,* (पुनर्मुद्रण), मुंशीराम मनोहरलाल, नई दिल्ली, 2001 पृ. 66-67
19. श्री सीतारामशरण भगवान प्रसाद 'रूपकला', *श्री भक्तमाल,* तेजकुमार बुक डिपो, लखनऊ, 2001, पृ. 292
20. हंस बाकर, 'अयोध्या, (भाग एक), एग्बर्ट फोर्स्टेन, ग्रोनिंजन, 1986, पृ. 67
21. हंस बाकर, पूर्वोद्धृत, पृ. 68
22. वही, पृ. 70
23. पिनुकिया कराकी, *विटा दि रामानन्द,* प्रोमोलिबरी, टोरिनो, पृ. 10-13
24. बलभद्रदास, *श्रीवैष्णव-मताब्ज-भास्करः रामार्चनपद्धति-सहितः* जयपुर, सं. 1985 (1928 ई.) पृ. 243 ('प्रस्तुत प्रसंग' भाग)। इसके प्रकाशक के तौर पर बालानन्द मठ के महन्त श्रीरामकृष्णानन्दजी का नाम दिया गया है। यह तथा रामानन्दियों के आन्तरिक विवाद से सम्बन्धित अन्य कई ग्रन्थ मुझे युवा रामानन्दी श्री कोसलेन्द्रदास के सौजन्य से प्राप्त हुए।
25. भगवद्दास ब्रह्मचारी (भगवदाचार्य), *श्रीमद्रामानन्ददिग्विजयः,* आबू, 1984 वि. (1927 ई.) पृ. 19
26. भगवदाचार्य, *स्वामी भगवदाचार्य* (तृतीय भाग), श्रीराममन्दिर, अहमदाबाद, 1961, पृ. 178 ('स्वामी भगवदाचार्य'—इसी शीर्षक से भगवदाचार्य ने अपनी 'संकलित रचनाएँ' सात खंडों में प्रकाशित कीं। पहला खंड उनकी आत्मकथा है।)

27. *भविष्य महापुराणम्* (द्वितीय खंड), हिन्दी साहित्य सम्मेलन, इलाहाबाद, 1997, पृ. 606
28. *एन्साइक्लोपीडिया ऑफ रिलीजन एंड एथिक्स* (दशम खंड), सं. जेम्स हेस्टिंग्स, एडिनबरा, 1918, पृ. 571
29. देखें 'श्री भक्तमाल', लखनऊ, 2001, पृ. 283 और 296
30. जॉर्ज ए. ग्रियर्सन, *दि मॉडर्न वर्नाक्यूलर लिट्रेचर ऑफ हिन्दुस्तान,* कोलकाता, 1888, पृ. 7
31. डेविड लोरेंजन, *कबीर लीजेंड्स एंड अनन्तदास कबीर परचई,* सद्‌गुरु प्रेस, दिल्ली, 1992, पृ. 11
32. वही, पृ. 12-13
33. भगवद्दास ब्रह्मचारी (भगवदाचार्य), *श्रीमद्रामानन्ददिग्विजयः,* आबू, 1984 वि. (1927 ई.) पृ. 34
34. क्षितिमोहन सेन, *मीडिएवल मिस्टीसिज्म ऑफ इंडिया,* नई दिल्ली, 1974 पृ. 72 और पृ. 89 (फुटनोट)
35. डॉ. पीताम्बरदत्त बड़थ्वाल, *ट्रैडीशंस ऑफ इंडियन मिस्टीसिज्म बेस्ड अपॉन निर्गुण स्कूल ऑफ हिन्दी पोयट्री,* (पुनर्मुद्रण), हेरिटेज पब्लिशर्स, नई दिल्ली, 1978, पृ. 249
36. वही, पृ. 252
37. हजारीप्रसाद द्विवेदी, *हिन्दी साहित्य की भूमिका,* राजकमल प्रकाशन, नई दिल्ली, 2006, पृ. 51
38. हजारीप्रसाद द्विवेदी, *हिन्दी साहित्य : उद्‌भव और विकास,* राजकमल प्रकाशन, (प्रथम प्रकाशन 1952) नई दिल्ली, 1987, पृ. 71
39. हजारीप्रसाद द्विवेदी, *हिन्दी साहित्य की भूमिका,* पृ. 55
40. आ. परशुराम चतुर्वेदी, *उत्तरी भारत की संत परम्परा,* भारती भंडार, (प्रथम प्रकाशन 1950) इलाहाबाद, 1972, पृ. 229
41. वही, पृ. 869
42. *हिन्दी साहित्य का बृहत् इतिहास,* (चौथा भाग, सं. परशुराम चतुर्वेदी), नागरी प्रचारिणी सभा, वाराणसी, सं 2025, पृ. 121
43. वही, पृ. 132
44. डॉ. रामकुमार वर्मा, 'कबीर एक अनुशीलन', साहित्य भवन, इलाहाबाद, 1983, पृ. 40
45. डॉ. पीताम्बरदत्त बड़थ्वाल, *रामानन्द की हिन्दी रचनाएँ,* नागरी प्रचारिणी सभा, वाराणसी, सं. 2012 (1955 ई), भूमिका, पृ. 1
46. जॉन स्ट्रैटन हॉली, 'थ्री भक्ति वॉयसेज : मीराबाई, सूदास एंड कबीर इन देयर टाइम्स एंड अवर्स', ऑक्सफोर्ड यूनिवर्सिटी प्रेस, नई दिल्ली, 2005, पृ. 272
47. बलभद्रदास, पूर्वोद्धृत, पृ. 180-181 (पाठ भाग)
48. शहाबुद्दीन इराकी, 'दि सर्वंगी ऑफ रज्जबदास', ग्रंथायन, अलीगढ़, 1985, पृ. 173-176
49. भगवदाचार्य, *श्री परम्परा परित्राण* ('स्वामी भगवदाचार्य', तृतीय भाग में संकलित), अहमदाबाद 1961, पृ. 94-95
50. भगवदाचार्य, *स्वामी भगवदाचार्य,* (प्रथम भाग), श्रीरामानन्द-साहित्य-मन्दिर, अलवर, 1958, पृ. 86–'स्वामी भगवदाचार्य'–इसी शीर्षक से सात खंडों में प्रकाशित संकलित रचनाओं के इस पहले खंड में भगवदाचार्य ने अपनी आत्मकथा लिखी है।
51. भगवदाचार्य, *श्री राममन्त्रराजपरम्परा,* ('स्वामी भगवदाचार्य', तृतीय भाग में संकलित), अहमदाबाद, पृ. 32

52. भगवदाचार्य, *स्वामी भगवदाचार्य* (प्रथम भाग), अलवर, 1958, पृ. 596
53. वही, पृ. 486-488
54. बलभद्रदास, पूर्वोद्धृत, ('प्रस्तुत प्रसंग'), पृ. 241
55. भगवदाचार्य, *श्रीरामानन्ददिग्विजय,* (द्वितीय संस्करण), अहमदाबाद, 1967, पृ. 47
56. बलभद्रदास, पूर्वोद्धृत, (प्रस्तावना), पृ. 7
57. बलभद्रदास, पूर्वोद्धृत, ('प्रस्तुत प्रसंग'), पृ. 251
58. भगवदाचार्य, *स्वामी भगवदाचार्य* (प्रथम भाग), पृ. 65-66
59. बलभद्रदास, पूर्वोद्धृत, ('प्रस्तुत प्रसंग'), पृ. 251-52
60. बहुत अच्छे अध्येता, बहुत अच्छे दोस्त आदित्य बहल का इस किताब के लिखे जाने के दौर में ही, सितम्बर 2009 में, बस बयालीस साल की उम्र में निधन हो गया।
61. *दबिस्ताँ-ए-मजाहिब,* डेविड शिया और एंटनी ट्रायर कृत अंग्रेज़ी अनुवाद, (पुनर्मुद्रण, खलील एंड कम्पनी, लाहौर), 1973, पृ. 262
62. वही, पृ. 266
63. वादिवेल, पूर्वोद्धृत, पृ. 50
64. मुज़फ़्फ़र आलम और संजय सुब्रह्मण्यम, *इंडो-पर्शियन ट्रैवेल्स इन दि एज ऑफ डिस्कवरीज-1400-1800,* कैंब्रिज यूनिवसिटी प्रेस, नई दिल्ली, 2008, पृ. 140
65. बर्गहार्ट, पूर्वोद्धृत, पृ. 231
66. *दबिस्ताँ-ए-मजाहिब,* पृ. 267
67. विलियम पिंच, *पेजेंट्स एंड मांक्स इन ब्रिटिश इंडिया,* नई दिल्ली, 1996, पृ. 73
68. विलियम पिंच, 'वारियर एसेटिक्स एंड इंडियन एम्पायर्स', कैम्ब्रिज यूनिवर्सिटी प्रेस, नई दिल्ली, 2006, पृ. 73
69. डॉ. प्रभुदयाल मीतल, *ब्रज के धर्म-सम्प्रदायों का इतिहास,* नेशनल पब्लिशिंग हाउस, नई दिल्ली, 1974, पृ. 340
70. वही, पृ. 210-11
71. देखें मोनिका हॉर्स्टमान का लेख, *दि रामानन्दीज़ ऑफ गलता,* 'मल्टीपल हिस्ट्रीज़ : कल्चर एंड सोसाइटी इन दि स्टडी ऑफ राजस्थान', (सं. लारेंस बाब, वर्षा जोशी और माइकेल माइस्तर, रावत पब्लिकेशंस, जयपुर, 2002) में संकलित, पृ. 161
72. मुंशी हरिदयाल सिंह, *रिपोर्ट मरदुमशुमारी राजमारवाड़–1891,* (पुनर्मुद्रण श्री जगदीश सिंह गहलोत शोध संस्थान), जोधपुर, 1997, पृ. 272
73. बुकानन की टिप्पणियाँ विलियम पिंच ने उद्धृत की हैं। देखें, विलियम पिंच, पूर्वोद्धृत, पृ. 37-38
74. एच.एल. विल्सन, *रिलीजस सेक्ट्स ऑफ दि हिन्दूज़,* प्रथम प्रकाशन 1828 और 1832, (पुनर्मुद्रण, सुशील गुप्ता प्रा. लि.), कोलकाता, 1958, पृ. 35
75. भगवदाचार्य, *स्वामी भगवदाचार्य,* (प्रथम भाग) श्रीरामानन्द साहित्य मन्दिर, अलवर, 1958, पृ. 50
76. वही, पृ. 79
77. वही, पृ. 569
78. वही, पृ. 118
79. वही, पृ. 118
80. वही, पृ. 607 और 609

अध्याय : छह

'हद बेहद दोऊ तजै' : कबीर की साधना

1. धर्म कर्म कुछ नहीं उहवां : कबीर और धर्मगुरु?
2. 'कहु कौने बौराया' : फाउस्टियन पैक्ट पर आधारित धर्मसत्ता बनाम आत्मसत्ता, अध्यात्मसत्ता।
3. राम राई भई विकल मति मोरी : वेदना की द्वन्द्वात्मकता।

1. *धर्म कर्म कछु नहीं उहवां : कबीर और धर्मगुरु?*

रामानन्द के शिष्य, संवादी कबीर ने स्वयं को न कभी धर्मगुरु कहा, न अवतार। वे स्वयं को न पैगंबर के रूप में देखते हैं, न नए धर्म के संस्थापक के रूप में। उनके नाम से पंथ का प्रवर्तन किया धनी धर्मदास ने—कबीर के निधन के कम से कम सौ बरस बाद। आधुनिक खोजियों ने कबीर के दावों और पंथ के दावों को गड्डमड्ड कर डाला। ये खोजी कल्पना ही नहीं कर सकते थे कि आधुनिक युग से पहले भी संगठित धर्म की ऐसी आलोचना सम्भव थी, जिसका लक्ष्य किसी नए धर्म का प्रवर्तन या किसी नए पंथ की स्थापना करने की बजाय धर्म-मात्र के विकल्प की खोज करना होगा। अपनी कल्पना की दरिद्रता को कबीर पर आरोपित करके यह मान लिया गया कि वे नया पंथ खड़ा करने चले थे; वे धर्मगुरु थे, उनका लक्ष्य एक और संगठित धर्म-मत की स्थापना करना था। धर्मगुरुओं द्वारा कबीर के नाम से किए गए दावों को ऐसे सुना गया जैसे कि वे कबीर के अपने वचन हों। मान लिया गया कि कबीर की सारी साधना का लक्ष्य था : नए पंथ या नए धर्म का प्रवर्तन।

सुनना चाहिए कि स्वयं कबीर के वचन क्या कहते हैं। कैसे बखान करते हैं अपनी साधना का। परखना चाहिए कि उनकी आलोचना का लक्ष्य हिन्दू धर्म और इस्लाम है या धर्म-मात्र के मूल तर्क को ही प्रश्नविद्ध करते हैं कबीर के वचन। स्वयं कबीर की दृष्टि में क्या लक्ष्य और क्या स्वरूप है उनके द्वारा प्रस्तावित साधना का?

इस साधना के स्वरूप को समझने के लिए इस धारणा से मुक्त होना जरूरी है कि चूँकि कबीर संस्कृत नहीं जानते थे, इसलिए कुछ नहीं जानते थे। बेशक उन्होंने

कहा, 'मसि कागद छुयो नहीं कलम गह्यो नहिं हाथ...', लेकिन उन्होंने यह भी कहा, 'सात समंद की मसि करौ लेखनि सब बनराइ'। पहली पंक्ति को उनके पढ़े-लिखे न होने के पक्ष में अकाट्य तर्क की तरह प्रस्तुत किया जाता रहा है; दूसरी पंक्ति के आधार पर उन्हें खासा पढ़ा-लिखा भी साबित करना असम्भव तो नहीं। वास्तविकता यह है कि कबीर के समय और समाज में 'पढ़ा-लिखा' और 'जानकार' होना उस तरह से पर्यायवाची नहीं माने जाते थे, जिस तरह छापे के असर से आतंकित समाज में माने जाते हैं। इस बात का साक्ष्य स्वयं कबीर की कविता है कि वे भले ही 'शास्त्र-ज्ञान-सम्पन्न' न रहे हों, अपने समय में प्रचलित धर्मों और आस्थाओं के मुहावरे से भलीभाँति परिचित थे, केवल वैदिक, अवैदिक, पौराणिक मतों से ही नहीं, इस्लाम से भी, जैसा कि पंडित चन्द्रबली पांडेय सप्रमाण, सविस्तार बरसों पहले दिखा चुके हैं।[1]

यह ध्यान रखना चाहिए कि किसी भी समाज में विचारों और ज्ञान के संप्रेषण तथा प्रसार का एकमात्र माध्यम लिखित/मुद्रित शब्द नहीं होता। आधुनिक समाजों में भी मौखिक और श्रुत शब्द के जरिए विचार फैलते हैं–उत्तर-आधुनिक समाजों में तो और भी ज्यादा। कबीर की कविता ही इस बात को साफ कर देती है कि वे 'बहुपठित' हों या न हों, 'बहुश्रुत' तो निश्चय ही थे। उनके जीवनकाल से लेकर आज तक उनके प्रेमी और प्रशंसक कबीर को 'ज्ञानीजी' यूँ ही नहीं कहते आए हैं–और उनका ज्ञान केवल भीतर का नहीं बाहर का भी था। उन्हें केवल अपने 'आतम' की ही नहीं, आस-पास के ज्ञान-विमर्श की भी अच्छी-खासी 'खबर' थी। इसलिए हमें कबीर द्वारा किए गए उल्लेखों और उनसे भी अधिक अनुल्लेखों में, केवल उनकी जानकारी का अभाव नहीं, बल्कि उनका चुनाव भी देखना चाहिए। उनके एक-एक शब्द को विनम्रता और ध्यान से समझना चाहिए।

एक और बात। दो स्थितियों में फर्क करना चाहिए। कबीर या किसी के भी द्वारा स्वयं धर्मस्थापना का प्रयत्न करना एक स्थिति है; उनकी कविता को धर्मशास्त्र बनाकर अन्यों द्वारा उनके नाम से पंथ या धर्म चला देना दूसरी बात। पंथ चलानेवालों की ऐतिहासिक भूमिका पर सहानुभूतिपूर्वक ध्यान जरूर देना चाहिए लेकिन स्वयं कबीर को धर्मगुरु, पंथप्रवर्तक, आत्मघोषित पैगंबर आदि घोषित करने के पहले उनकी कविता पर ध्यान देना चाहिए।

तो क्या है कबीर की साधना का स्वरूप? और क्या है संगठित धर्म और धर्मसत्ता के प्रति कबीर का रवैया? 'धर्मगुरु' कहे गए कवि-दार्शनिक कबीर की रचना में कितनी बार आता है यह शब्द–'धर्म'!

श्यामसुन्दर दास द्वारा सम्पादित 'ग्रन्थावली' के आधार पर उपर्युक्त प्रश्न का उत्तर है : कुल बीस बार; इसमें 'धर्म' का समशील शब्द 'दीन' भी शामिल है। साखी, पद, रमैनी और परिशिष्ट में संकलित 'आदिग्रन्थ' के अंशों को मिलाकर कुल बीस बार। इनमें से चार बार तो शब्द है–'धर्मराज' (मृत्यु के देवता), जैसे : 'अबकी बेर

न कागद कीरूयो, तौ धर्मराई सूं तूटै' (पद 108) और 'परगट भए निदान सब जब पूछे धर्मराइ' (परिशिष्ट, साखी 61)। एक जगह 'धर्म' किसी वर्ण या जाति के अपेक्षित लोकस्वीकृत कर्तव्य के अर्थ में है–'खत्री करै खत्रिया धरमो' (अष्टपदी रमैनी, ग्रन्थावली, पृ. 182), एक जगह आशय है : देहधारी, जीव-मात्र का स्वभाव : 'देही गावा जीव धर्महत' (ग्रन्थावली, परिशिष्ट, पद 120)। एक स्थान पर 'धर्म' का अर्थ है, गृहस्थ-कर्तव्य : 'जौ गृहकर हित धर्म करु' (परिशिष्ट, साखी 66)। मतलब यह कि जिस अर्थ में इस शब्द को लेते हुए कबीर को धर्मप्रवर्तन का श्रेय (!) दिया जाता है, उस संगठित आस्थातन्त्र के पारिभाषिक अर्थ में 'धर्म' और 'दीन' शब्द कुल मिलाकर ग्रन्थावली में आते हैं सिर्फ तेरह बार। इनमें भी देखें यह प्रसिद्ध साखी :

सूरा सो पहिचानियै जु लरै दीन के हेत।
पुरजा पुरजा कटि मरै तबहुँ न छाड़ै खेत।

(ग्रन्थावली, दास, परिशिष्ट, साखी 192, पृ. 200)

यह साखी ग्रन्थावली के मुख्य भाग में भी है, इस रूप में :

सूरा तबही परषिए, लडै धणीं के हैत।
पुरिजा पुरिजा है पड़ै, तऊ न छाड़ै खेत।

(ग्रन्थावली, दास, सूरा तनकौ अंग 9)

'धणी' याने स्वामी। सो, कुल मिलाकर, सारी ग्रन्थावली में धर्म/दीन प्रकटे : बारह बार। उपर्युक्त साखी के पहले रूप में भी 'दीन' का आशय संगठित धर्म ही हो, यह जरूरी नहीं। संगठित धर्म के लिए कट गिरनेवालों को कबीर शूर-वीर मानें, इससे अधिक सम्भावना तो इस बात की है कि वे 'दीन-दुखी' के पक्ष में संघर्ष करनेवाले को सच्चा शूरवीर मानें। सो, धर्म दीन की उपस्थिति रह गई : ग्यारह बार। इनमें से दस स्थानों पर 'धर्म' शब्द ठेठ कबीरीय अन्दाज में आया है। धर्मप्राण या दीनदार होने का दावा करनेवालों को छेड़ने/छकाने के प्रयोजन से। सारी ग्रन्थावली में एक बार, कुल मिलाकर एकबार ऐसा लगता है कि कबीर धर्म-उपदेश की कुछ फिक्र कर रहे हैं। यहाँ भी वे अपनी वाणी को धर्म-उपदेश बताने की बजाय उनकी पात्रता की चिन्ता कर रहे हैं, जो उस वाणी को धर्म-उपदेश की तरह सुनने पर उतारू हैं :

जीवन को समझै नहीं, मुवा न कहै संदेस।
जाको तनमन सौं परचा नहीं, ताको कौण धरम उपदेस।

(ग्रन्थावली, दास, उपदेश को अंग, फुटनोट, पृ. 44)

और इस साखी के बारे में भी मजे की बात यह कि जिन दो पांडुलिपियों के आधार पर ग्रन्थावली तैयार की गई, उनमें से प्राचीनतर पांडुलिपि में यह साखी है ही नहीं। (देखें ग्रन्थावली, पृ. 44) डॉ. माताप्रसाद गुप्त ने ग्रन्थावली के अपने पाठ में इस साखी को शामिल भी नहीं किया है।

है न रोचक स्थिति? पंथप्रवर्तक, धर्मगुरु, नए धर्म के पैगंबर ठहराए गए कवि की रचना में धर्म/दीन के दर्शन कुल ग्यारह बार—उसमें भी दस बार विडम्बनापरक अर्थ में! प्राचीनतर पांडुलिपि को आधार मानें तो 'धर्म-उपदेश' की चिन्ता तक एक बार भी नहीं, स्वयं की कविता को 'धर्म-उपदेश' बताने का तो सवाल ही नहीं। अपनी कविता को 'निज ब्रह्म विचार' कहनेवाले कवि-दार्शनिक कबीर 'ब्रह्म विचार' और धर्म-उपदेश या पंथप्रवर्तन के बीच फर्क करते थे। इस फर्क को यत्नपूर्वक मिटाया है कबीर के दावेदारों ने। और उन दावेदारों तथा स्वयं कबीर के बीच फर्क न करनेवाले अध्येताओं ने।

उपर्युक्त गणना हमने जान-बूझकर श्यामसुन्दर दास की ग्रन्थावली से की है। वजह एक तो यह कि इसे बीजक की तुलना में कहीं अधिक 'वैष्णवीकृत' बताया जाता है; दूसरे, पारसनाथ तिवारी ने अपने पाठालोचन में इस ग्रन्थावली की बहुत-सी रचनाओं को बाहर कर दिया। दोनों ही वजहों से 'धर्म' शब्द श्यामसुन्दर दास की ग्रन्थावली में ज्यादा बार आना चाहिए; और कुछ सकारात्मक अर्थ में आना चाहिए। बीजक की स्थिति भी इस मामले में ग्रन्थावली-जैसी ही है। वहाँ भी 'धर्म' शब्द का प्रयोग इतनी ही बार, ऐसे ही प्रयोजन से हुआ है। सम्भव है, गिनने में कुछ चूक हुई हो। 'धर्म' महाशय ग्यारह की बजाय इक्कीस बार कबीर की कविता में प्रकट हों, लेकिन इससे हमारे तर्क पर कोई प्रतिकूल प्रभाव नहीं पड़ता।

कबीर की रचना में 'धर्म' और 'धर्म-उपदेश' की यह जो 'एकोऽहं द्वितीयोनास्ति' टाइप उपस्थिति है, इसकी तुलना जरा 'भक्ति' और 'भाव भगति' की उपस्थित से करें। मैंने तो थककर गिनना ही छोड़ दिया। जिनमें अपार धीरज हो वे गिनकर बताएँ कि कबीर 'भक्ति' और 'भाव भगति' का कितनी बार प्रयोग करते हैं; और उनके यहाँ कितनी बार यह शब्द स्वीकृति और लगाव के साथ आता है, कितनी बार विडम्बना के साथ।

क्या कबीर के समय में 'धर्म' शब्द अप्रचलित था? 'संवत सोरह सौ इकतीसा' (1574 ई.) में तुलसीदास रामचरितमानस लिख रहे थे। उनकी केन्द्रीय चिन्ता ही थी—'जब-जब होइ धरम कै हानी... ।' 1574 ई. से सौ बरस पहले ही क्या 'धर्म' शब्द कबीर को उपलब्ध नहीं था?

ऐसा तो है नहीं कि कबीर अपने समय की धर्म-साधनाओं से नावाकिफ थे। उलटे उनकी काव्य-भाषा में इन धर्म-साधनाओं की पारिभाषिक शब्दावली की भरमार ही है। 'राम' की तो खैर गिनती ही कैसे करें, ठेठ वैष्णव नाम केशव, गोविन्द, मुरारि भी बार-बार आते हैं—पौराणिक कथाओं और दार्शनिक विचारों से कबीर के अच्छे-खासे परिचय का सन्देश देते हुए। साथ ही 'अल्लाह' और 'करीम' जैसे शब्द ही नहीं, इस बात के प्रमाण भी मिलते हैं कि इस्लामी आस्था और पौराणिकता से भी कबीर का खासा परिचय था। नाथपंथी शब्दावली का तो खैर कहना ही क्या।

कबीर अपने 'अनभै सांचा' (आध्यात्मिक अनुभव) और 'अनभै बानी' (सामाजिक आलोचना) दोनों को कहने के लिए उस वक्त प्रचलित धार्मिक शब्दावली का जमकर उपयोग करते हैं। लेकिन इस उपयोग का लक्ष्य क्या है?

जगजाहिर बात है कि कबीर की साधना हिन्दू धर्म, इस्लाम, नाथपंथ, देशाचार, लोकाचार से न्यारी थी। सवाल यह है कि क्या कबीर का रास्ता किसी नए धर्म/पंथ की स्थापना की ओर जा रहा था? क्या वे सचमुच 'निराला पंथ' निकाल रहे थे, जैसा कि आचार्य शुक्ल ने क्षुब्ध भाव से कहा? क्या वे सचमुच 'धर्मगुरु' थे, जैसा कि आचार्य द्विवेदी मानते हैं?

उपर्युक्त प्रश्न के उत्तर में हम कबीर के अध्येताओं के बीच अद्‌भुत और 'कालातीत' (!) सर्वसम्मति पाते हैं। आचार्य शुक्ल और आचार्य द्विवेदी को ही नहीं, 1987 ई. में लिख रहे डेविड लोरेंजन को भी लगता है कि "कबीर का प्रतिमाभंजन इतना जबरदस्त है कि बिलकुल तर्कसंगत रूप से माना जा सकता है कि वे हिन्दू धर्म और इस्लाम दोनों से नाता तोड़कर एक स्वतन्त्र धार्मिक परम्परा स्थापित करना चाहते थे।"[2]

उपलब्ध धर्मों से स्वयं को अलगाने की जो मुखर बेचैनी कबीर में है उसके कारण यह भ्रम 'बिलकुल तर्कसंगत रूप से' (!) सम्भव है कि वे किसी नए धर्म की स्थापना करना चाहते थे। सवाल यह है कि हिन्दू धर्म और इस्लाम दोनों से नाता तोड़ने की बेचैनी का अनिवार्य अर्थ क्या एक नई 'धार्मिक परम्परा' की स्थापना करने की इच्छा भी है? सवाल यह भी है कि क्या ऐसी किसी इच्छा की सूचना कबीर की कविता से मिलती है?

ऐसा लगता है कि कबीर को धर्मगुरु बतानेवाले आधुनिक अध्येताओं की तुलना में मध्यकालीन भक्त और संत कबीर का प्रयोजन बेहतर ढंग से समझते थे। पीपा सरीखे उनके प्रशंसक हों या तुलसीदास सरीखे उनके आलोचक। पीपा कृतज्ञ हैं कबीर के कि उन्होंने 'साच प्रकासा'। इस सच का प्रकाश कबीर ने न किया होता, तो पीपा के शब्दों में :

> जो कलि नाम कबीर न होते
> तौ लोक वेद अरु कलिजुग मिलकर
> भगति रसातल देते॥[3]

तुलसीदास की राय तो प्रसिद्ध ही है। 'राम नाम का मरम है आना' कहनेवालों को लक्ष्य करके ही तुलसीदस ने शिव से कहलाया है :

> कहहिं सुनहिं अस अधम नर ग्रसे जे मोह पिसाच॥
> पाखंडी हरिपद विमुख जानहिं झूठ न साच॥
> अग्य अकोविद अंध अभागी। काई विषय मुकुर मन लागी॥
> लंपट कपटी कुटिल बिसेषी। सपनेहुँ संत सभा नहिं देखी॥

कहहिं ते वेद असम्मत बानी। जिन्ह के सूझ लाभु नहिं हानी॥
मुकुर मलिन अस नयन विहीना। रामरूप देखहिं किमि हीना॥
जिन्ह के अगुन न सगुन विवेका। जलपहिं कल्पित वचन अनेका॥

(मानस, बालकांड, दोहा 114)

सत्य के प्रकाश का श्रेय कबीर को देनेवाले कृतज्ञ पीपा हों, या उनकी 'वेद असम्मत बानी' से क्रुद्ध तुलसीदास, एक बात दोनों अच्छी तरह जानते हैं कि कबीर की भाव भगति कुछ न्यारी ही चीज है। वह धर्मसत्ता-मात्र की कठोर आलोचना है; एक और धर्म का प्रस्ताव नहीं। पीपा को लगता है कि कबीर न होते तो लोक, वेद और कलियुग मिलकर 'भगति' को रसातल पहुँचा देते; तुलसीदास का मानना है कि कबीर-जैसे 'अगुन सगुन विवेक' से वंचित लोगों के ही कारण धर्म की हानि हो रही है। 'भगति वेद प्रकासा' रसातल को चली जा रही है। एकदम विरोधी दृष्टियों से कबीर की भक्ति को देखनेवाले पीपा और तुलसीदास साफ देख पा रहे हैं कि संगठित धर्मसत्ता और कबीर की भाव भगति के बीच कितना बुनियादी और कितना तीखा विरोध है। यह विरोध आधुनिक अध्येताओं की दृष्टि से ओझल हो गया है।

फिर से कहें, पंथनिर्माण की प्रक्रिया के साथ पूरी सहानुभूति रखते हुए भी कबीर की साधना को पंथ की आत्मछवि के साथ गड्डमड्ड करना उचित नहीं। कबीर की कविता केवल उपलब्ध धर्मों की आलोचना ही नहीं, धर्म के मूल तर्क से ही असंतोष का साक्ष्य देती है। 'स्वतन्त्र धार्मिक परम्परा' को उनकी साधना का लक्ष्य मान लेना भारी भ्रम है, जिसका आधार ऐसा मान लेने में निहित है कि मौजूदा धर्मों की आलोचना करने का एक ही मतलब है—नए धर्म की स्थापना। दूसरे शब्दों में संगठित धर्म के बिना मनुष्य का काम चल ही नहीं सकता। पुराना नहीं, तो नया सही, 'धर्म' तो चाहिए! आजकल के उत्तर-आधुनिकतावादियों की तो मूल स्थापना ही है : धर्म ही मानव की सामाजिक अस्मिता और 'अन्यों' से उसके 'फर्क' का प्राथमिक प्रमाण है; सो इक्कीसवीं सदी में संगठित धर्मसत्ता को पूरी धूमधाम के साथ वापस आना ही चाहिए।

जब इस उत्तर-आधुनिक युग में 'धर्म' की ऐसी क्रान्तिकारी जन-अभिनन्दित, बहुविध महिमामंडित वापसी हो रही है तो फिर आधुनिक युग के भी पहले भला कोई सोच सकता था—धर्मेतर अध्यात्म के बारे में? कैसे कोई साधना हो सकती थी ऐसी जो धर्मसत्ता-मात्र को खारिज करे, उसके हिन्दू या इस्लामिक रूप-भर को नहीं? धर्मसत्ता के बिना भी मानव-जीवन का भीतर-बाहर, व्यक्तिगत और सामाजिक अस्तित्व सम्भव है, यह कल्पना तक कोई व्यक्ति आधुनिक युग के पहले भला कैसे कर सकता था?

आधुनिक और उत्तर-आधुनिक दर्प में डूबे 'तर्क' और 'कॉमनसेंस' का ही परिणाम है कि आधुनिक युग से पहले आप किसी को धर्म की आलोचना करते देखिए तो झट से समझ जाइए कि यह व्यक्ति धर्मगुरु है; नए धर्म की स्थापना करना

चाहता है। और कुछ नहीं तो नया 'भक्ति धर्म' ही सही, जैसा कि भक्ति-आन्दोलन के आरम्भिक पाश्चात्य अध्येता मानते थे।

इस दर्प से मुक्ति जरूरी है। उसी तरह जैसे कबीर द्वारा किए गए उल्लेखों-अनुल्लेखों में उनकी जानकारी के अभाव से कहीं ज्यादा उनका चुनाव देखना जरूरी है। वे चाहते तो स्वयं को धर्मगुरु, पैगंबर, धर्मसंस्थापक खुद ही कह सकते थे। अपने से पहले हुए बसवेश्वर और बाद में हुए नानकदेव की तरह स्वयं अपने शिष्यों का संगठन और उस संगठन की धर्मसत्ता खड़ी कर सकते थे। अन्य धर्मसाधनाओं की आलोचना करने के साथ-साथ अपने नए धर्म की साधना और पूजा-पद्धति का विस्तृत वर्णन कर सकते थे।

कबीर ने ऐसा नहीं किया। जानकारी के अभाव की वजह से नहीं, चुनाव की वजह से। यह उनका चुनाव है कि उनकी कविता, उनका जीवन किसी बाहर स्थित 'साधना' की सूचना देने का माध्यम नहीं, स्वयं ही साधना है। कोई साधना नहीं है कबीर के यहाँ, सिवाय प्रेमाधारित सहज 'रहनि' (जीवनपद्धति) के और 'भीतर-बाहर' (आध्यात्मिक और सामाजिक) की परस्पर निर्भरता को साधनेवाले 'सबद निरन्तर' के। वे मनुष्य के प्रामाणिक, सहज जीवन और प्रामाणिक, सहज शब्द के साधक हैं, पुरानी या नई धर्मसत्ता के संस्थापक नहीं। विभिन्न धर्मों से वे पारिभाषिक शब्द जरूर लेते हैं, लेकिन इन शब्दों से जो वाक्य बनाते हैं, जो काव्य रचते हैं, वह उनका अपना है। उनकी कविता में आने को तो पूजा भी आती है, और नमाज भी; लेकिन कबीर की सहजबोधजनित प्रज्ञा के प्रसंग में अपनी व्यर्थता जानते हुए ही :

एक निरंजन अलह मेरा
हिन्दू तुरक दुहू नहीं मेरा
राखूं व्रत न महरम जांनां, तिसही सुमिरूं जो रहै निदांनां।
पूजा करूं न निमाज गुजारूं, एक निराकार हिरदै नमसकारूं ॥
नां हज जाऊं न तीरथ पूजा, एक पिछांया तौ का दूजा ॥
कहै कबीर भरम सब भागा, एक निरंजन सूं मन लागा ॥

(ग्रन्थावली, दास, पद 338, पृ. 152)

शब्द हिन्दू धर्म और इस्लाम के हैं लेकिन भरम भगानेवाला 'वाक्य'–वक्तव्य–कबीर का है। स्वयं 'निरंजन' शब्द जिस नाथपंथी शब्दावली से लिया गया है, कबीर पूजा-नमाज के बरअक्स उसकी भी 'साधना-पद्धति' को नहीं, सहज सत्य की अपनी पहचान को ही रेखांकित कर रहे हैं–'एक पिछांया तौ का दूजा।'

कबीर की कविता इस तथ्य का रोमांचक प्रमाण देती है कि वे अपने वक्त से ही नहीं, धर्मसत्ता की वास्तविकता को समझने के प्रसंग में हमारे भी वक्त से आगे थे। आधुनिक युग के बुद्धिवाद से पहले के उन लोगों में थे कबीर, जो जानते थे और धर्मप्रेमियों, धर्मवीरों के 'फिरि-फिरि डंक मारने' के बावजूद बताते भी थे कि प्रचलित

धर्मों की आलोचना का अर्थ अनिवार्यतः किसी नए धर्म की स्थापना करना नहीं। धर्मसत्ता के सामने सर झुकाना मनुष्य की शाश्वत नियति नहीं। कबीर की आलोचना किसी धर्मविशेष तक सीमित न होकर धर्म-मात्र की आलोचना है। उनकी साधना धर्म-मात्र का विकल्प खोजने की साधना है। कबीर का काव्य ऐसा ही विकल्प है। मनुष्य की मूलभूत आध्यात्मिक पिपासा को धारण करनेवाली युक्तियाँ धर्म के सिवा और भी हो सकती हैं। कबीर की कविता ऐसी ही युक्ति है। भीतर-बाहर, लौकिक-लोकोत्तर, वैयक्तिक-सामाजिक के द्वन्द्वों में बँटी दीखनेवाली, लेकिन वस्तुतः समग्र मनुष्य की संवेदना को साधने की कल्पनाएँ और भी की जा सकती हैं। कबीर की भक्ति ऐसी ही कल्पना है। ऊपर-ऊपर से देखने पर ये द्वन्द्व ही सत्य लगते हैं, लेकिन मानवीय चेतना की सहज कौंध बताती है कि वस्तुतः भीतर-बाहर, लौकिक-लोकोत्तर, वैयक्तिक-सामाजिक के बीच गहरी निरन्तरता भी है। इस सहज कौंध को सहेजकर इसे अपना स्वभाव बना लेना असम्भव नहीं। लेकिन इसके लिए चाहिए साधना। निरन्तरता का बोध करानेवाले सबद निरन्तर की साधना। कबीर की कविता ऐसी ही साधना है। निरंतर शब्द की साधना।

इस साधना का लक्ष्य पहले से मौजूद संगठित धर्मों की लिस्ट में एक और 'धर्म' जोड़ देना नहीं, कबीर द्वारा पहचाने गए विशिष्ट अर्थसूचक 'राम' की कसौटी पर खरे उतरनेवाले सहज मानवीय स्वभाव-धर्म–को रेखांकित करना है :

सदा धर्म तेहि हृदया बसई। राम कसौटी कसतहि रहई।

(बीजक, रमैनी 64, पृ. 101)

कबीर का लक्ष्य आपको किसी नए धर्म में दीक्षित करना या आपके परम्पराप्राप्त धर्म की रक्षा करना नहीं, बल्कि आपकी कल्पना को वहाँ तक ले जाना है, जहाँ धर्म-कर्म से आगे भी कुछ सोचा जा सके :

धर्म कर्म कछु नाहीं उहवां, न उहां वेद विचारा।

(बीजक, पद 43 [12] पृ. 126)

इसीलिए कबीर की साधना के प्रसंग में सही सवाल होगा : उनकी रचना में 'धर्म' की ऐसी गूँजती अनुपस्थिति और 'भाव भगति' की ऐसी विपुल उपस्थिति क्या व्यंजित करती है? क्या अर्थ है इसका?

इस सवाल पर सोच-विचार के पहले जरूरत है थोड़ी-सी 'धर्मचर्चा' की।

2. *'कहु कौने बौराया?' : फाउस्टियन पैक्ट पर आधारित धर्मसत्ता बनाम आत्मसत्ता, अध्यात्मसत्ता!*

पन्द्रहवीं सदी की जर्मनी में एक खगोल-विज्ञानी था : फाउस्ट। उसके बारे में कहा जाता था कि उसने अपनी आत्मा शैतान के हवाले कर दी है। शेक्सपियर के

समकालीन नाटककार क्रिस्टोफर मारलो ने इस मान्यता के आधार पर एक नाटक लिखा, और उसके बाद जर्मन महाकवि गोयथे ने फाउस्ट को अपने एक महाकाव्य का नायक (!) बनाया। इन दो साहित्यिक पुनर्रचनाओं के बाद फाउस्ट की वास्तविक जीवनी अप्रासंगिक हो गई और फाउस्ट किसी व्यक्ति-विशेष का नाम न रहकर आधुनिक मानव के मूल संकट को व्यंजित करनेवाला मिथक बन गया। इस मिथकीय रूप में फाउस्ट अपनी आत्मा लुसिफर (एंटी-क्राइस्ट, शैतान) के हवाले कर देता है, ताकि वह अनंत काल तक मनमानी सत्ता का उपभोग कर सके। सत्ता, सुरक्षा, अमरता के बदले शैतान को अपनी आत्मा, अपना विवेक बेच देना फाउस्ट के आधुनिक मिथक का बीज है। इस बिक्री के दस्तावेज–फाउस्टियन पैक्ट–पर फाउस्ट ने अपने रक्त से हस्ताक्षर किए थे।

आधुनिक शब्दावली में फाउस्ट अपनी इच्छाओं, तृष्णाओं और विवेकहीन लालसाओं की मृगमरीचिका में भटकते मनुष्य का मिथक या आद्य बिम्ब है। इस मृगमरीचिका की सिद्धि के लिए अशुभ से समझौता करनेवाले, अपनी आत्मा और विवेक याने मनुष्यता को ही अशुभ की सत्ता के हवाले कर देनेवाले विवेकहीन मनुष्य का मिथक! 'फाउस्टियन पैक्ट' की बात करने का आशय है–ऐसी मृगमरीचिका के पीछे भागते मनुष्य की विवेकहीनता की बात करना। 'फाउस्टियन पैक्ट' अर्थात् सुरक्षा की तलाश में या सत्ता की लिप्सा में या किसी प्रलोभन के कारण अपने विवेक को किसी ऐसी महाकाय सत्ता के हवाले कर देना, जो आपको सुरक्षा का आश्वासन दे, लेकिन एक बार 'पैक्ट' हो जाने के बाद आप पाएँ कि चाहकर भी आप उससे बाहर नहीं आ सकते। वह सत्ता इतनी सर्वग्राही हो चुकी है कि उससे पिंड छुड़ाने की गुंजाइश ही नहीं। वह आपके बाह्य अस्तित्व पर काबिज ही नहीं, आपकी आत्मा में भी पैवस्त हो चुकी है। न मुक्ति का कोई मार्ग बाकी है, न संवाद की कोई जगह। आपने सुरक्षा तो पा ली, लेकिन अपने विवेक से ही हाथ धो बैठे। मनमाना सुख सम्भव करनेवाली 'सत्ता' तो पा ली, लेकिन सुख की पड़ताल करनेवाली विवेक-सत्ता, आत्मसत्ता खो दी।[4]

पता नहीं, लूसिफर ने फाउस्ट से ऐसा कोई पैक्ट किया या नहीं; पता नहीं, फाउस्ट ऐसा कोई पैक्ट स्वयं करना चाहता भी था या नहीं। लेकिन धर्मसत्ता तो मनुष्य को ऐसे ही पैक्ट में बाँधती है। सुरक्षा के बदले विवेक का सौदा। अमरता के बदले आत्मसत्ता का समर्पण। अस्तित्व में अनिवार्य रूप से गुँथी हुई अनिश्चितता के बदले निश्चिन्तता का आश्वासन। जब तक यह 'पैक्ट', यह सौदा आपको खटकने न लगे, तब तक आप निश्चय ही निश्चिन्त हैं, लेकिन आप जरा-सा भी कुनमुनाए, तो आपको फौरन बता दिया जाता है कि इस पैक्ट में कैंसिलेशन की धारा है ही नहीं। अधिक से अधिक आप अपना स्वामी बदल सकते हैं, इस धर्मसत्ता की जगह उस धर्मसत्ता की शरण में जा सकते हैं, पर धर्मसत्ता-मात्र से मुक्ति का कोई उपाय

नहीं। अमरता की जो लालसा आपको यहाँ लाई थी, उसी लालसा ने आपके विवेक को सदा के लिए 'लिंबो' (ईसाई विश्वास के अनुसार वह जगह जहाँ आत्माएँ ईश्वरीय निर्णय की प्रतीक्षा करती हैं) में डाल दिया है।

मनुष्य क्योंकर स्वीकार करता है धर्मसत्ता का फाउस्टियन पैक्ट? क्योंकर जाता है वह धर्म की शरण में? क्योंकर लगभग सभी मानव-समाजों में धर्म किसी न किसी रूप में बहुत गहरी पैठ बनाए रहा है? प्रकृति-पूजा, बहुदेववाद, एकेश्वरवाद, सर्वेश्वरवाद और न जाने किन-किन रूपों में। इस पैठ का सम्बन्ध यदि केवल 'भय' से होता तो प्रकृति-सम्बन्धी ज्ञान-विज्ञान के विस्तार के साथ धर्म की ताकत घटनी चाहिए थी। एक समय यह ताकत घटने भी लगी थी, लेकिन एक बार फिर हम धर्म की जबरदस्त वापसी सारी दुनिया में देख रहे हैं। आखिर क्यों?

इन सवालों से टकराए बिना न 'धर्म का मर्म' समझा जा सकता है, न धर्मसत्ता का।

इस बात पर ध्यान देना चाहिए कि कोई भी धर्म मनुष्य के जीवन, उसके अनुभव, स्मृतितन्त्र और अस्तित्व-मात्र से उसके सम्बन्ध का समग्र आख्यान–टोटल नैरेटिव–है। वास्तव में धर्म ही अकेला समग्र आख्यान है। ऐसा आख्यान जिसके हवाले से मनुष्य अपने अलग-अलग अनुभवों को अर्थवत्ता के एक सूत्र में गूँथता है। ऐसा आख्यान जिसके जरिए हम इस विराट् ब्रह्मांड में अपने होने–सार्थक ढंग से होने–के विस्मय- बोध का तर्क खोज पाते हैं। ऐसा आख्यान जो हमें ऐतिहासिक स्मृतियों का 'अर्थ' समझाता है, जो हमारे सामाजिक सम्बन्धों की व्याख्या करता है। इससे भी ज्यादा महत्त्वपूर्ण यह कि हमारे नितान्त निबिड़ एकान्त को, हमारी गहनतम संवेदनाओं और भावनाओं को भी धर्म हमारे लिए बोधगम्य और व्याख्या के योग्य बनाता है। हम केवल एक जैविक संयोग का परिणाम नहीं, हमारे जीवन का कुछ विशिष्ट अर्थ है, यह विश्वास हमें दिलाता है : धर्म। हमारे 'इस' जीवन का अर्थ 'यहीं' तक सीमित नहीं है; इस अर्थ का विस्तार परलोक या जन्मान्तर या किसी अन्य रूप में 'यहाँ और अभी' से आगे तक जाता है। जीवन से परे भी जीवन है, और जीवन न भी हो तो ईश्वर है, ईश्वर न भी हो तो एक तर्केतर, कालातीत पहचान है, जो हमें हमारा धर्म देता है। दूसरे शब्दों में, धर्म मनुष्य को उसकी अपनी सार्थकता का आश्वासन देता है।

स्वाभाविक रूप से, जब यह सार्थकता संदिग्ध होने लगे तो धर्म की 'वापसी' की सम्भावना बढ़ जाती है। मनुष्य की अस्तित्वगत विडम्बना है कि उसे रहना है एक ऐसी प्राकृतिक अवस्था के बीच, जिसका पूरे का पूरा तर्क मनुष्य की समझ के बाहर है। जाने कोई तर्क है भी या नहीं। उसके बारे में कोई पूरी तरह से विश्वसनीय भविष्य-कथन सम्भव नहीं। 'सामां सौ बरस का पल की ख़बर नहीं।' लेकिन जीने के लिए चाहिए प्रकृति के तर्क की कल्पना। इस अस्तित्व के पीछे कोई कारण है–यह

विश्वास जब तक समग्र आख्यान का रूप न ले, तब तक बहुत उपयोगी भी नहीं हो सकता। धर्म का समग्र आख्यान मनुष्य को इसी तर्क का, प्रकृति के पीछे ईश्वरीय इच्छा या किसी न किसी प्रकार की सार्थकता का, विश्वास दिलाता है। धर्म की यह मूलभूत भूमिका ऐतिहासिक भी है, मनोवैज्ञानिक भी। इसीलिए सेकुलर सत्ता-तन्त्र और विज्ञान के सारे विकास के बावजूद इक्कीसवीं सदी में धर्मसत्ता की ऐसी विश्वव्यापी वापसी नजर आती है। मनुष्य के जीवन में धर्म की इस गहरी भूमिका को समझना जरूरी है।

धर्म-भावना प्राकृतिक परिघटना में किसी अन्तर्निहित व्यवस्था की कल्पना के जरिए मनुष्य को सुरक्षा और निश्चिन्तता का बोध देती है, तो धर्मसत्ता खुद अपनी तथा अपने द्वारा स्वीकृत लौकिक-सामाजिक सत्ता की पवित्रता का बोध कराती है। पवित्रता की खोज मनुष्य की बुनियादी खोज है। धर्मसत्ता लौकिक-लोकोत्तर-अलौकिक सभी धरातलों पर इस खोज की तृप्ति का दावा करती है। वह मनुष्य को प्राकृतिक-सामाजिक दोनों तरह की अवस्थाओं के सन्दर्भ में पवित्रता और निश्चिन्तता का आश्वासन देती है और बदले में चाहती है उतना ही पवित्र 'तर्केतर' समर्पण!

सामाजिक-राजनैतिक सत्ता-तन्त्र के लौकिकीकरण--सेकुलराइजेशन--के बाद के दौर में ऐसा लगा कि कम से कम सामाजिक सत्ता के सन्दर्भ में (और किसी हद तक प्राकृतिक सत्ता के सन्दर्भ में भी) मनुष्य पर धर्म की पकड़ कुछ कमजोर हुई है। सामाजिक रूपान्तरण के आधुनिक स्वप्न की सीमाएँ 'उजागर' होने के बाद, उस स्वप्न के दुःस्वप्न में बदल जाने के बाद के उत्तर-आधुनिक दौर में धर्मसत्ता अभूतपूर्व जोश के साथ मानव-चेतना पर फिर से छा जाने का प्रयत्न कर रही है। समाज और प्रकृति दोनों के सन्दर्भ में 'वैज्ञानिक सोच' अनिवार्य रूप से मुक्तिकारी सिद्ध नहीं हुई, बल्कि वह स्वयं एक मानव-विरोधी सत्ता-प्रतिष्ठान का रूप ले बैठी। इस ऐतिहासिक त्रासदी ने धर्मसत्ता को विश्वव्यापी वापसी दर्ज कराने का अवसर दिया। संकट की घड़ी में, आधुनिकता के स्वप्नों के विखंडन की घड़ी में मनुष्य आश्वासन और पवित्रता की मिली-जुली पिपासा बुझाने कहाँ जाय? जिस अनिश्चितता से आतंकित होकर मनुष्य ने धर्म का फाउस्टियन पैक्ट स्वीकार किया था, इक्कीसवीं सदी में वह अनिश्चितता कम होने की बजाय स्वयं एक संगठित आतंक-सत्ता का रूप ले चुकी है। धर्मसत्ता से बेहतर कौन जानता है कि डरा हुआ दुःखी मनुष्य फाउस्टियन पैक्ट अपनाने के लिए बेकरार है। इस आतंकित करनेवाले समय का समग्र लाभ उठा रहा है धर्म का समग्र आख्यान।

धार्मिक आतंकवाद का विस्तृत अध्ययन करते हुए मार्क युरगेंसमेयेर ने लक्ष्य किया है कि घृणा को महिमामंडित करनेवाले भाँति-भाँति के धर्मवीर आपस में लड़ने-झगड़ने के बावजूद सेकुलरिज्म और सेकुलर सत्ता को दुश्मन नंबर एक मानने में पूर्णतया एकमत हैं। इस हद तक कि कट्टरपंथी मुस्लिम धर्मवीर उतने ही

कट्टरपंथी यहूदी धर्मवीरों के साथ मिलकर इजराइल द्वारा अधिकृत क्षेत्रों में यासिर अराफात की 'सेकुलर' राजनीति का विरोध कर रहे हैं; जापान के शोको अशारा के अनुयायी अनैतिक 'सेकुलर' समाज को सबक सिखाने के लिए मेट्रो रेल में जहरीली गैस छोड़ रहे हैं। 'धार्मिक कल्पना-मात्र में हिंसा की महिमा' को रेखांकित करते हुए युरगेंसमेयेर ने उपन्यासकार डॉन डिलेलो का लोमहर्षक कथन उद्धृत किया है– "आधुनिक समाज में प्राणघातक आस्था ही गम्भीरता से ली जाती है। ऐसा ही व्यक्ति गम्भीरता से लिया जाता है जो आस्था के लिए प्राण ले ले और प्राण दे दे।"[5]

अपनी सारी सीमाओं के बावजूद सेकुलर सत्ता ईश्वरकृत होने का, इसलिए अवेध्य होने का दावा नहीं कर सकती। 'राष्ट्र' को ईश्वर का विकल्प बनाकर इस कमी को दूर करने की कोशिशों के बावजूद! सेकुलर विमर्श उस तरह का टोटल नैरेटिव नहीं बन सकता, जैसा कि धार्मिक कल्पना रचती है। फिर भी धर्मसत्ता के लिए सेकुलर तन्त्र दुश्मन नंबर एक इसलिए है क्योंकि यह तन्त्र समाज-सत्ता के संगठन के विश्वसनीय और वेध्य विकल्प के रूप में विकसित हुआ है।

धर्म के आख्यान की ऐसी सर्वग्रासी समग्रता का कारण क्या है? मनुष्य के मन में उसके प्रति ऐसा अदम्य आकर्षण क्यों है?

किसी भी धर्म में चार चीजें साफ दीखती हैं। मनुष्य की आध्यात्मिक पिपासा को तृप्त करने का दावा, सामाजिक अनुशासन और नैतिकता के नियम, आस्थातन्त्र (डॉग्मा) और विधर्मियों, अन्य धर्मावलम्बियों से अलग धार्मिकों की अपनी विशिष्ट सामाजिक पहचान। मानवीय इतिहास की इतनी लम्बी यात्रा के बाद इस पर ध्यान देना रोचक है कि उपर्युक्त में से सामाजिक अनुशासन और नैतिकता के स्रोत धर्म से बाहर भी खोजे गए। आस्थातन्त्र (डॉग्मा) नितान्त सेकुलर प्रकार के भी हो सकते हैं। सामाजिक अस्मिता के दावेदार अन्य विमर्श भी हो सकते हैं। लेकिन सवाल यह है कि क्या मनुष्य की आध्यात्मिक पिपासा की तृप्ति का धर्म के सिवाय और कोई स्रोत हो सकता है?

धर्मसत्ता की किसी भी गम्भीर आलोचना के लिए सबसे पहला और सबसे मार्मिक सवाल–यक्षप्रश्न–यही है : धर्म के बाहर अध्यात्म सम्भव है या नहीं? इस सम्भावना को टटोलने की कोशिशें की गई हैं या नहीं?

यक्षप्रश्न यह इसलिए है क्योंकि आध्यात्मिक जीवन–अध्यात्म सत्ता–मनुष्य की आत्मसत्ता का अविभाज्य अंग है। धर्मसत्ता इसी अविभाज्य अंग को आधार बनाकर समाजसत्ता, डॉग्मा और अस्मिता का रूप ले लेती है और आध्यात्मिक तृप्ति के बदले डॉग्मा पर आधारित समाजसत्ता और अस्मिता के प्रति अन्धसमर्पण का फाउस्टियन पैक्ट मनुष्य पर आरोपित करती है। वह मनुष्य की सहज कल्पना, ब्रह्मांड के प्रति उसके सहज विस्मय-भाव, लगाव, 'यहाँ' और 'अभी' से परे की लोकोत्तर कल्पना, इन सबको एक ही पद में कहें तो उसकी अध्यात्म-सत्ता को विकृत कर उस पर

एकाधिकार का दावा करती है। यह विकृतीकरण मनुष्य के आत्मक्षय का रूप ले लेता है और इसकी जड़ में है मनुष्य की अपने प्रजाति-सार (स्पेसिस एसेंस) से विच्छिन्नता!

अपने सहजबोध, अपनी स्वतःस्फूर्त कल्पना से हमारी विच्छिन्नता हमारी अपनी आत्मसत्ता और अध्यात्म-सत्ता को हमारे लिए अजनबी बना देती है, और फिर धर्मसत्ता हमें हमारा 'सहज' देने का दावा करती है—बाहर से, ऊपर से, आरोपित ढंग से। ठीक उसी तरह जैसे हमारी सहज शारीरिक गतिविधि हमसे विच्छिन्न होकर बेचने-खरीदने योग्य वस्तु में बदल दी जाती है। और फिर अर्थसत्ता दावा करती है 'श्रम' के बदले आजीविका देने का। हमारी स्वतःस्फूर्त मानसिक गतिविधि और शारीरिक गतिविधि से हमारी विच्छिन्नता और इन दोनों गतिविधियों की परस्पर विच्छिन्नता परस्पर सम्बद्ध हैं। इस परस्पर सम्बद्ध विच्छिन्नता के फलस्वरूप ही धर्मसत्ता और अर्थसत्ता का उदय हुआ है; और जिस तरह शारीरिक गतिविधि के पराएपन को समाप्त करना अर्थसत्ता को समाप्त करना है, उसी तरह हमारी सहज कल्पना के आरोपित परायेपन को समाप्त करना धर्मसत्ता को समाप्त करना है। दूसरे शब्दों में, धर्मसत्ता से मनुष्य की अध्यात्म-सत्ता की मुक्ति का प्रश्न वास्तविक अर्थों में 'रेडिकल' और मुक्तिकामी कल्पना के लिए बुनियादी प्रश्न है, केवल तात्कालिक या रणनैतिक मसला नहीं।

जिनके लिए मसला केवल दुनिया की व्याख्या करने का नहीं, बल्कि इसे बदलने का था, उन मार्क्स से बेहतर कौन कह सकता था—मनुष्य की स्वतःस्फूर्त कल्पना, उसकी 'आध्यात्मिक प्रकृति' के विकृतीकरण और तज्जनित पराएपन की विडम्बना के बारे में : "...धर्म में मनुष्य की कल्पना, उसके दिलो-दिमाग की सहज स्वतःस्फूर्त गतिविधि उसकी अपनी नहीं रहती। यह स्वतःस्फूर्त गतिविधि मनुष्य से स्वायत्त हो जाती है। अलग होकर वह उसके ऊपर आरोपित ईश्वरीय अथवा शैतानी गतिविधि का रूप ले लेती है। इसी तरह श्रमिक की गतिविधि उसकी सहज गतिविधि नहीं रहती। वह दूसरे की हो जाती है—आत्मक्षय का रूप ले लेती है।"[6]

सचमुच धर्मसत्ता मनुष्य की सहज कल्पना और अध्यात्म-सत्ता के आत्मक्षय की परिणति है। इसी आत्मक्षय के फलस्वरूप आध्यात्मिक पिपासा की तृप्ति का दावा करनेवाला धर्म वस्तुतः सत्तातन्त्र और अस्मिता का वाचक बन जाता है।

'आध्यात्मिक' (अंग्रेजी में 'स्प्रिचुअल') शब्द स्वयं मार्क्स का है। वे स्पष्ट करते हैं कि पशु का प्रकृति के साथ आवयविक (ऑर्गेनिक) सम्बन्ध है; उसमें आत्मचेतना नहीं है। मनुष्य भी पशु की ही भाँति प्रकृति का अंश अवश्य है, लेकिन इस अंश-भाव की आत्मचेतना उसे पशु से अलग करती है। वह जानता है कि वह प्रकृति का अवयव है और यह जानना ही प्रकृति के साथ उसके सम्बन्ध को गैरआवयविक बना देता है। आत्मचेतना-सम्पन्न-सत्ता का स्वभाव, मार्क्स के शब्दों में 'आध्यात्मिक, गैरआवयविक स्वभाव' ('स्प्रिचुअल, इनऑर्गेनिक नेचर') है।

मनुष्य की आत्मसत्ता प्रकृति को ज्यों का त्यों अपना लेने की बजाय, उसके साथ आवयविक अस्तित्व में बने रहने की बजाय प्रकृति के साथ सह-अस्तित्व, प्रेम और संघर्ष के रूप में फलीभूत होती है। इसी क्रम में सामाजिक संगठन भी बनता है और मनुष्य की स्वतःस्फूर्त गतिविधियाँ–कल्पना और श्रम–उसके लिए पराई भी हो जाती हैं; और तब : ''मनुष्य की प्रजाति-सत्ता (स्पेसिस बीइंग) भी उससे छिन जाती है। उसकी प्रकृति और मनुष्य होने के नाते उसकी प्रजाति की विशिष्ट सम्पदा–आध्यात्मिकता–दोनों उससे छिन जाती हैं। दोनों (उसका स्वभाव न रहकर) उसके व्यक्तिगत अस्तित्व का साधन-मात्र रह जाती हैं। मनुष्य की देह पराई हो जाती है और ठीक उसी तरह पराई हो जाती है : उसकी बाहरी प्रकृति तथा उसकी अध्यात्म-सत्ता–उसकी मनुष्य-सत्ता।''[7]

1844 ई. में यह लिख रहे मार्क्स पर स्पष्टतया 1841 ई. में प्रकाशित, लुडविग फायरबाख रचित 'एसेंस ऑफ क्रिश्चियानिटी' का गहरा प्रभाव था। प्रभाव के बावजूद और इससे संवाद करते हुए मार्क्स धर्मसत्ता और अध्यात्मसत्ता के विषय में अपना स्वतन्त्र चिन्तन विकसित कर रहे थे। इस विषय में उनका परवर्ती चिन्तन भी इस बात का प्रमाण देता है कि धर्म और अध्यात्म के बारे में मार्क्स के सोच का स्वभाव मार्क्सवादी सत्तातन्त्र (या कहें कि मार्क्सवादी धर्मसत्ता!) के सोच के स्वभाव से काफी जुदा था। खैर, वह किस्सा फिर कभी।

अभी तो यह देखें कि शारीरिक गतिविधि या श्रम और ब्रह्मांड-भर से, अस्तित्व-मात्र से अपने सम्बन्ध की चेतना या आध्यात्मिकता दोनों ही मनुष्य की स्वतःस्फूर्त, जन्मजात विशेषताएँ हैं। उसके लक्षण हैं; उसकी मनुष्यता की परिभाषा है। वह न शारीरिक गतिविधि के बिना रह सकता है, न प्रकृति से अपने 'आध्यात्मिक सम्बन्ध' के बिना। समाज का आर्थिक संगठन मनुष्य को उसकी सहज शारीरिक गतिविधि से 'ऐलियनेट' करता है, तो धर्म का संगठित रूप उसे उसकी सहज अध्यात्म-सत्ता से। अर्थसत्ता श्रम को 'कमोडिटी' बना देती है, तो धर्मसत्ता अध्यात्म को!

दोनों एलिएनेशन और दोनों वस्तूकरण (श्रम और अध्यात्म का) सम्बद्ध हैं। ठीक वैसे ही जैसे वस्तुतः मनुष्य के अस्तित्व में शारीरिक/मानसिक, श्रम/अध्यात्म परस्पर सम्बद्ध हैं। धर्मसत्ता अध्यात्म को तो मनुष्य की आत्मसत्ता से विच्छिन्न करती ही है, वह श्रम और अध्यात्म को भी अलग-अलग कर देती है। इसे धर्मसत्ता की महिमा ही कहना चाहिए कि धर्म के कठोर आलोचकों की दृष्टि में भी श्रम और अध्यात्म अलग-अलग ही रहे चले आए हैं। श्रम और उसकी मुक्ति का सवाल जिनकी केन्द्रीय चिन्ता है, उनमें से भी बहुतों को अध्यात्म और धर्म से उसकी मुक्ति की चिन्ता करना कभी प्रतिक्रियावाद का प्रमाण लगता है, तो कभी वक्त की बर्बादी का।

कबीर और उनके सरीखे दूसरे मनीषी अपनी सर्जनात्मकता में मनुष्य की शारीरिक और मानसिक गतिविधि की एक दूसरे से और दोनों की मनुष्य की प्रकृति

से विच्छिन्नता को समाप्त करने का हौसला करते हैं। उनकी अन्तर्दृष्टि मूलगामी, रेडिकल और क्रान्तिकारी इसी कारण है कि वे श्रम और अध्यात्म की प्रचारित 'कॉमनसेंसिकल' असम्बद्धता को सिरे से नकारकर अपनी साधना में मनुष्य के 'सहज स्वभाव' को फिर से प्राप्त करने का यत्न करते हैं। श्रम और अध्यात्म दोनों को फिर से परस्पर सम्बद्ध करना, इन दोनों को विच्छिन्न कर देनेवाली सत्ता को प्रश्नविद्ध करना–यही कबीर की सहज साधना है और इस साधना के जरिए फिर से कमाए गए सहज स्वभाव के परिणामस्वरूप ही साधक को अपना मूलभूत आत्मबोध प्राप्त होता है–'सहज सुभाइ मिलै राम राइ!'

कबीर की साधना श्रम, प्रेम और अध्यात्म की उस अविच्छिन्नता को फिर से पाने की साधना है, जो मनुष्य को परिभाषित करती है, और जिससे मनुष्य को वंचित कर दिया गया है। उनकी 'सहज समाधि' मनुष्य की स्वतःस्फूर्त कल्पना, उसकी अध्यात्म-सत्ता पर बाहर से आरोपित कर दी गई 'दैवीय' गतिविधि नहीं, बल्कि मनुष्य की उतनी ही सहज शारीरिक गतिविधि से सम्बद्ध, मनुष्य की समग्र सत्ता की गतिविधि है। यह सहज समाधि केवल एक भक्त–कबीर–की सहज समाधि भी नहीं, हर उस मनुष्य के लिए साध्य और प्राप्य सम्भावना है जिसमें अपने सच्चे आत्मबोध को कर्मक्षेत्र में सिद्ध करने के लिए आवश्यक निडरता हो। अनेक रूप धारण करते हुए कवि कबीर इस बात को यों कहते हैं :

सहज समाधि न जम थैं डरिहूं।
कुंभरा हूवै करि बासन घरिहूं धोबी हूवै मल धोऊं।
चमरा हूवै करि बासन रंगो, अघौरी जाति पांति कुल खोऊं।
तेली हूवै तन कोल्हू करिहौं, पाप पुंनि दोऊ पेरूं।
पंच बैल जब सूध चलाऊं, राम जेवरिया जोरूं।
क्षत्री हूवै करि खड़ग संभालूं, जोग जुगति दोउ साधूं।
नउवा हूवै करि मन कू मूंडूं, बाढ़ी हूवै कर्म बाढूं।
अवधू हूवै करि यहु तन धूतौं, बधिक हूवै मन मारूं।
बनिजारा हूवै तन कू बनिजूं, जुवारी हूवै जम हारूं।
तन करि नवका मन करि खेवट, रसना करउं बड़ारूं।
कहि कबीर भवसागर तरिहूं, आप तिरूं बपु तारूं॥

(ग्रन्थावली, दास, पद 389, पृ. 164)

ध्यान रखना चाहिए कि श्रम, प्रेम और अध्यात्म की ऐसी मार्मिक समग्रता की साधना करनेवाले कबीर न पहले व्यक्ति हैं, न अन्तिम। सभी सभ्यताओं और सभी धर्म-परम्पराओं में धर्मसत्ता के बरअक्स मनुष्य की आत्मसत्ता और तज्जनित सहज अध्यात्म-भाव को प्रतिष्ठित करने का प्रयत्न करनेवाले साधक हर दौर में हुए हैं। आज भी हैं। निर्गुणपंथी रचनाओं और गीतों का विवेचन करते हुए डेविड लोरेंजन को

मध्यकाल के नहीं, बीसवीं सदी के तीसरे दशक के साउथ कैरोलाइना (अमेरिका) के प्रज्ञाचक्षु विलि जॉनसन के गीत याद आते हैं। इन गीतों की संवेदना, इनमें विन्यस्त पावनता की अवधारणा, ईश्वर की कल्पना, डेविड के शब्दों में, "रूप और अन्तर्वस्तु दोनों की दृष्टि से अनेक निर्गुणपंथी गीतों से अद्‍भुत रूप से मिलती-जुलती है।" इससे भी अधिक महत्त्वपूर्ण यह कि प्रज्ञाचक्षु विलि जॉनसन के गीत सिर्फ उनका अपना व्यक्तिगत 'चमत्कार' नहीं, बल्कि साउथ कैरोलाइना के लोक-जीवन और लोक-सर्जनात्मकता का समकालीन रूप हैं। दुनिया के दो सिरों, बल्कि कहिए कि दो दुनियाओं के और कालक्रम में एक-दूसरे से आधी सहस्राब्दी दूर के इन दो कवियों—कबीर और विलि जॉनसन—की अद्‍भुत संवेदना-समानता से डेविड ने बिलकुल ठीक निष्कर्ष निकाला है : "सभी समाजों की तरह भारतीय समाज और संस्कृति की भी अपनी संगठनपरक विशेषताएँ तो असंदिग्ध रूप से हैं ही, लेकिन मूलभूत संरचनाएँ मानवीय ही हैं, सिर्फ भारतीय नहीं।...विभिन्न संस्कृतियों के बीच अन्तर को इन दिनों कुछ ज्यादा ही बढ़ा-चढ़ाकर पेश किया जाता है...(वास्तविकता यह है कि)... निर्गुणी गीतों में निहित सामाजिक और धार्मिक मूल्य न केवल गैर-निर्गुणियों तक, बल्कि गैर-भारतीयों तक भी सहज रूप से संप्रेषित होते हैं। इस संप्रेषण के लिए थोड़ी-सी जरूरी टिप्पणियों के अलावा कुछ नहीं चाहिए।" इसी क्रम में डेविड आगे चलकर 'मनुष्यों द्वारा मिलते-जुलते ढंग से मिलते-जुलते विचारों और भावों की अभिव्यक्ति' को 'मनुष्य की सार्वभौम प्रकृति', बल्कि जेनेटिक रुझान कहते हैं।[8]

सचमुच धर्मसत्ता के बरअक्स अपनी अध्यात्म-सत्ता का रेखांकन, विच्छिन्नता की तकनीक से टुकड़े-टुकड़े कर दी गई अपनी मनुष्यता के लक्षणों—श्रम, प्रेम और अध्यात्म-भाव—की परस्पर सम्बद्धता को फिर से पाने की लालसा मनुष्य का स्वभाव ही तो है। उसका 'जेनेटिक प्रिडिसपोजीशन'! कबीर की साधना, इस सहज स्वभाव की सार्वभौम मानवीय साधना का ही एक रूप है। इस साधना के विशिष्ट ऐतिहासिक, सामाजिक सन्दर्भ के साथ-साथ इसमें व्यक्त सार्वभौम मानवीय सरोकार को भी लगातार ध्यान में रखना चाहिए। यह सार्वभौम मानवीय सरोकार—यह 'जेनेटिक प्रिडिसपोजीशन' अपने सहज, स्वतःस्फूर्त रूप में न बुद्धि की उपेक्षा कर सकता है, न प्रेम की, न श्रम की और न आध्यात्मिक विस्मय और वेदना की। बुद्धि-विवेक (रेशनैलिटी) और अध्यात्म (स्प्रिचुअलिटी) के बीच केवल और केवल विरोध की ही कल्पना करनेवाले भूल जाते हैं कि चूँकि मनुष्य विवेकशील प्राणी है, ऐन इसीलिए उसे अपने जीवन में पावनता का सतत बोध भी चाहिए। यह उसे पशु से अलग करनेवाले उसके गैरआवयविक आध्यात्मिक स्वभाव की अनिवार्य परिणति है। धर्म का फाउस्टियन पैक्ट उसे पावनता का बोध देने का वायदा करता है, लेकिन विवेक की कीमत पर। पावनता की लालसा उत्पन्न ही होती है बुद्धि-विवेक से और धर्म पावनता को खड़ा कर देता है विवेक के खिलाफ।

लेकिन भयानक विडम्बना यह है कि धर्म के बहुत-से आलोचक भी ऐन यही काम करते हैं। वे भी विवेकशीलता और पावनता की लालसा को परस्पर विरोधी सत्ताओं के रूप में देखते हैं, ठीक वैसे ही जैसे धर्मसत्ता देखती और दिखाती है।

धर्म की आधुनिक, बुद्धि-विवेकवादी आलोचना की बुनियादी कमजोरी यही है। विवेकशीलता और पावनता की लालसा के बीच परस्पर निर्भरता की बजाय असाध्य विरोध की कल्पना। इसी कल्पना के कारण धर्म में निहित तीन तत्त्वों—नैतिकता, आस्थातन्त्र और सामाजिक अस्मिता-बोध—के विकल्प तो खोजे गए; धर्मसत्ता के इन पर एकाधिकार के दावों को चुनौती दी गई, लेकिन आध्यात्मिकता को या तो सिरे से खारिज कर दिया गया, या फिर मान लिया गया कि आध्यात्मिकता पर सचमुच धर्म का एकाधिकार है। वह सिर्फ धर्म और 'धार्मिक' लोगों का ही सरदर्द है—'धर्मगुरु' ही धर्म और अध्यात्म के सच्चे प्रवक्ता हैं। वे ही आध्यात्मिकता के विशेषज्ञ हैं। आध्यात्मिकता की उपेक्षा या उस पर धर्म तथा धर्मगुरुओं के एकाधिकार की स्वीकृति, ये एक ही सिक्के के दो पहलू हैं। धर्म की बुद्धि-विवेकवादी आलोचना ने इसे 'कॉमनसेंस' का रूप दे दिया है। धर्मसत्ता के लिए इस 'कॉमनसेंस' से अधिक सहायक और हितकारी भला क्या हो सकता है?

वजह यह कि धर्म शुरू ही करता है अध्यात्म-भाव से। आस्था, परम्परा और दैवीय प्रामाणिकता के संश्लिष्ट रूप में धर्म दावा करता है कि उसके पास ही मनुष्य की अध्यात्म-सत्ता को भी व्यक्त करने की विधियाँ हैं और सहज नैतिक विवेक को भी व्यक्त करने की। इस दावे को स्वीकार करनेवालों के लिए वह सामाजिक सत्ता-तन्त्र, वह अस्मिता-बोध भी 'सहज', 'विवेकयुक्त' और 'दैवीय' हो जाता है, जिसे धर्म 'प्रामाणिकता' प्रदान कर रहा है। वर्णाश्रम हो या निजामे मुस्तफा, संघ हो या चर्च, धर्मसत्ता द्वारा समर्थित सत्ता-तन्त्र स्वयं मनुष्य के धर्म (स्वभाव) के अनुकूल (!) हो जाता है। सामाजिक सत्ता-तन्त्र द्वारा परिभाषित 'अस्मिता' ऐतिहासिक (इसलिए परिवर्तनीय) न रहकर धार्मिक (इसलिए शाश्वत) मान ली जाती है। सत्ता-तन्त्र और अस्मिता के प्रवक्ताओं का विरोध उनका विरोध न रहकर ईश्वरीय सत्ता, प्राकृतिक नियम, शाश्वत सत्य और सहज विधान का विरोध बन जाता है। ऐसा विरोध मानवीय जिज्ञासा की अभिव्यक्ति की बजाय पाप, कुफ्र या हेरेसी मान लिया जाता है। मनुष्य की आत्मसत्ता का रेखांकन, धर्मेतर अध्यात्म-सत्ता की खोज का प्रयत्न, सवाल पूछने का उपक्रम, मानवीय स्वभाव का प्रस्फुटन दंडनीय अपराध—धर्मद्रोह—बन जाता है।

और तब दॉस्तॉयवस्की की सर्जनात्मक कल्पना के अनुसार, धर्मसत्ता द्वारा नियुक्त दंडाधिकारी (ग्रैंड इंक्विजिटर) स्वयं ईसा मसीह को एकबार फिर से क्रूसीफाई किए जाने की धमकी दे डालता है, ताकि वे मनुष्य को उसकी अध्यात्म-सत्ता की

फिर से याद दिलाकर धर्मसत्ता के अच्छे-भले चलते कारोबार में गड़बड़ी न पैदा कर सकें![9]

धर्मसत्ता द्वारा अध्यात्म के अपहरण का मर्म न समझ पाने के कारण ही वह गड़बड़ होती है, जिसका उल्लेख हमने शुरू में किया है। कबीर या उनके जैसे किसी भी साधक के मुँह से प्रचलित धर्मों की आलोचना सुनते ही लोग चट से कह उठते हैं कि वे एक नए धर्म की स्थापना कर रहे थे। अध्यात्म की उपेक्षा करने या उस पर धर्म का ही एकाधिकार मानने का यह स्वाभाविक परिणाम है कि आप धर्म की हर आलोचना में या तो अध्यात्म को दरकिनार कर दें या फिर आपको नया धर्म प्रकट होता दिखे। अन्तर्निहित मान्यता कुछ यों है : जब हम 'पढ़े-लिखे' 'वैज्ञानिक बुद्धिसम्पन्न' 'आधुनिक' जन अध्यात्म-भाव के लिए धर्म का विकल्प नहीं खोज सकते, धर्मेतर अध्यात्म की कल्पना नहीं कर सकते, तो भला मध्यकाल के मेहनतकश कवि (ऊपर से 'शास्त्र-ज्ञानवंचित') की क्या मजाल कि धर्म की ऐसी मूलगामी आलोचना करे, जिसका लक्ष्य एक और धर्म की स्थापना करना नहीं, बल्कि धर्म-मात्र के विकल्प की कल्पना करना हो।

इसी गड़बड़ का एक रूप वह था जिसमें कबीर के विचारों में 'किसी प्रकार की दार्शनिक व्यवस्था दिखलाने के प्रयत्न' की व्यर्थता बखानी गई थी; या उन्हें 'पूरे शांकराद्वैतवादी' ठहराया गया था; या फिर नाथपंथी 'द्वैताद्वैत विलक्षणवादी'।

बेहतर होगा कि हम कबीर की कविता की उँगली पकड़कर चलें और देखें कि वे हमें कैसी साधना की ओर ले जाना चाहते हैं। आखिरकार दर्शन सिर्फ तत्त्वमीमांसा नहीं, मूल्य-मीमांसा और भाषा-मीमांसा भी है। कबीर की भाषा, उनकी कविता पूर्व-निर्धारित दार्शनिक दृष्टियों का प्रचार करने या उनके पक्ष-विपक्ष में खड़े होने तक सीमित नहीं। उनकी साधना पूर्वनिर्धारित दार्शनिक पक्ष-विपक्ष को उलाँघकर अपना पक्ष प्रस्तुत करनेवाले शब्द-साधक की साधना है। और इस साधना में वे बहुत-से शब्द-साधकों–कवियों–के समानधर्मा हैं। कविता को प्रदत्त ज्ञान-मीमांसा और ज्ञानशास्त्र का अखाड़ा मानने की विधि कबीर सरीखे कवियों के प्रसंग में व्यर्थ है। वहाँ तो कविता को स्वयं प्राथमिक 'टेक्स्ट' के रूप में पढ़ना और उस 'टेक्स्ट' में ही गुँथी हुई दार्शनिक दृष्टि को समझने का प्रयत्न ही काम आएगा। इस 'टेक्स्ट' और इसकी 'दृष्टि' का बोध प्राप्त करने के लिए जरूरत है कविता तक सहज, संवेदनशील और पूर्वग्रहमुक्त ढंग से जाने की!

कबीर की साधना को समझना सहायक होगा, अन्य चीजों के साथ हमारे समय में धर्म की वापसी को समझने में भी। इक्कीसवीं सदी में भी धर्म वही है, जो सदा था–'फाउस्टियन पैक्ट', बल्कि इस सदी में तो धर्म अपनी अध्यात्म-सत्ता से और भी वंचित होकर विशुद्ध सत्ता-तन्त्र और अस्मिता-तन्त्र में बदलता जा रहा है। 'धर्म' अपना आध्यात्मिक और नैतिक आशय खोकर सामाजिक, बल्कि नस्लीय

संगठन का वाचक और प्रतीक बनाया जा रहा है। हमारे देश में 'हिन्दुत्व' की राजनीति और क्या सूचित करती है? सावरकर द्वारा 'हिन्दू शब्द की ठेठ नस्लवादी व्याख्या और क्या सूचित करती है? धर्म को नस्लवादी, अस्मितावादी राजनीति का रूपक बनाने में अमेरिकी कट्टरपंथी ईसाइयों का संगठन 'क्रिश्चियन आइडेंटिटी' शायद सबसे आगे निकल गया है। इस संगठन की मान्यता है कि ईसा मसीह यहूदी थे ही नहीं, वे तो विशुद्ध रक्त और नीली आँखोंवाले 'आर्य' थे! यहूदी तो शैतान और हव्वा के बीच हुए जारकर्म से उत्पन्न हैं, और उन्होंने शुद्ध आर्य ईसा को हथिया लिया है![10] लेकिन क्या ऐसी अद्भुत बातें केवल ईसाई आइडेंटिटी के ये पक्षधर ही कर रहे हैं? क्या रक्ताधारित समुदाय को ही एकमात्र प्रामाणिक समुदाय माननेवाले, रक्तशुद्धि के जरिए अपनी घृणा को व्यक्त करनेवाले सारे के सारे मानव-समूहों को जन्म के ही कारण तिरस्कार के योग्य माननेवाले सभी समाजों में नहीं पाए जा रहे? क्या इस दौर में रक्तशुद्धि पर आधारित अस्मिता को ही एकमात्र अस्मिता मानने के विचार को सभी समाजों में जनसमर्थन नहीं मिल रहा? और क्या ऐसे विचार और उनके प्रवक्ता अपनी हिंसक आक्रामकता को 'धर्म' का नाम नहीं दे रहे?

इसका कारण है। 'धर्म' से जुड़ते ही ऐसी बातें आस्था का विषय बन जाती हैं। अवेध्य होकर समीक्षा के परे चली जाती हैं। ऐसी बातों की आलोचना से लोगों की भावनाएँ आहत (!) होने लगती हैं। फिर अपनी निजी कुंठाओं की तृप्ति के लिए सारे के सारे मानव-समुदायों को सतत घृणा के लक्ष्य के रूप में पेश करना आसान हो जाता है। ऐसी अवेध्य आस्था सबसे पहले मनुष्य के स्वतन्त्र विवेक, उसकी आलोचना-बुद्धि को ही ध्वस्त करती है। फिर मनुष्य की स्वतन्त्रता का अर्थ हो जाता है : धार्मिक नियमों के अनुसार जीने की स्वतन्त्रता।

हम यह कतई नहीं कह रहे कि उपर्युक्त के अलावा धर्म में कुछ है ही नहीं। उलटे, हमारा आग्रह है कि धर्म को उसकी द्वन्द्वात्मक समग्रता में समझा जाय। अध्यात्म, आस्थातन्त्र, बाह्याचार, नैतिक आग्रह और सामाजिक अस्मिता की संश्लिष्ट सत्ता के रूप में धर्म को देखना बेहद जरूरी है। धार्मिक कल्पना में हिंसा, प्रतिशोध और रक्तशुद्धि के आग्रह के अलावा भी बहुत कुछ है--बहुत पावन, शुभ और श्रेष्ठ। गांधीजी, खान अब्दुल गफ़्फ़ार ख़ाँ, मार्टिन लूथर किंग, रमण महर्षि-जैसी जानी-मानी हस्तियों का ही नहीं, दुनिया के करोड़ों साधारण धर्म-भीरु लोगों का जीवन इस बात का प्रमाण है। बात धर्म के विरुद्ध धर्मयुद्ध छेड़ देने की नहीं, उसकी सत्ता और भूमिका को द्वन्द्वात्मक समग्रता में समझने की है। धर्म के अध्यात्म-भाव को महत्त्व देनेवाली और उसे सामाजिक सत्ता-तन्त्र का अवेध्य रूपक बना देनेवाली धर्म-दृष्टियों के बीच फर्क करने की, बल्कि उनके बीच चलनेवाले सतत संघर्ष में अपना पक्ष चुनने की है। धर्म के गठन में अध्यात्म-भाव की महत्त्वपूर्ण भूमिका को

समझते हुए यह सवाल पूछने की जरूरत है : धर्म के बाहर अध्यात्म-सत्ता की कल्पना सम्भव है या नहीं?

कबीर की साधना उपर्युक्त प्रश्न का उत्तर निर्भ्रान्त भाव से, रोमांचक ढंग से देती है : हाँ, ऐसी कल्पना सम्भव है।

यह उत्तर रोमांचक इसलिए है कि अन्ततः उसी क़ुरआन से ख़ान अब्दुल गफ़्फ़ार ख़ाँ प्रेरित थे, जिससे बिन लादेन के 'जेहादी' 'प्रेरित' (!) हैं; उसी गीता को गांधी, रमण महर्षि और विनोबा 'बाँचते' थे, जिसे हिन्दुत्ववादी लाठी की तरह भाँजते हैं। उसी बाइबिल को मार्टिन लूथर किंग ने 'पढ़ा' था, जिसके आधार पर क्रिश्चियन आइडेंटिटी वाले 'शुद्ध आर्य' ईसा मसीह को गढ़ रहे हैं। कहने की आवश्यकता नहीं कि पावनता (या उसका अभाव!) धर्मशास्त्र से कहीं ज़्यादा उसे पढ़नेवाली 'दृष्टि' का मसला है। उस दृष्टि में निहित सहज मानवीय विवेक और अध्यात्मभाव (या इन दोनों के अभाव!) का मसला है। गांधी, गफ़्फ़ार ख़ाँ, मार्टिन लूथर किंग अपनी-अपनी धर्म-परम्पराओं के साथ आवयविक सम्बन्ध रखते हुए भी धर्मसत्ता द्वारा आरोपित 'फाउस्टियन पैक्ट' को तोड़ सके, क्योंकि उन्होंने पावनता के बदले विवेक को गिरवी रख देने का सुरक्षित राजमार्ग अपनाने की बजाय स्वयं धर्म को अध्यात्म और नैतिकता की याद दिलाने की कठिन डगर पर चलने का फैसला किया था।

धर्म की द्वन्द्वात्मक समग्रता और उसकी संश्लिष्टता को लगातार ध्यान में रखने पर ही गांधी, मार्टिन लूथर किंग और गफ़्फ़ार ख़ाँ-जैसे धार्मिकों के आत्मसंघर्ष और साधना का मर्म समझा जा सकता है और कबीर-जैसे शब्द-साधकों की साधना का भी। इस मर्म तक पहुँचने के लिए धर्मशास्त्र से कहीं अधिक उस सम्बन्ध पर ध्यान देना भी जरूरी है, जो विभिन्न धर्म-दृष्टियाँ धर्म के साथ बनाती हैं। धर्म के अध्यात्म-भाव पर टिकनेवाली दृष्टि और धर्म को सत्तातन्त्र तथा अस्मिता के वाचक-मात्र के रूप में पढ़नेवाली दृष्टि एक-सी नहीं होती। पहली दृष्टि धर्म को अपने निजी, विशिष्ट आध्यात्मिक अनुभव का सहारा बनाती है, तो दूसरे प्रकार की दृष्टि 'फाउस्टियन पैक्ट' को और भी पुख़्ता बनाकर मनुष्य को और बेसहारा करती है। धर्म के अनुयायी हों या समीक्षक, यह उन्हीं को तय करना है कि वे इनमें से किस दृष्टि के निकट जाना चाहेंगे और किससे दूर।

क्योंकि अन्ततः यह मनुष्यों द्वारा बनाया गया सम्बन्ध ही है जो किसी पाठ को 'धर्मशास्त्र' बनाता है और कई बार 'धर्मशास्त्र' को भी लौकिक/साहित्यिक संरचना की तरह पढ़ता-गढ़ता है। धर्म के इतिहास में मौखिक-श्रुत परम्परा का अध्ययन करते हुए विलियम ग्राह्म ने बिलकुल ठीक लक्ष्य किया है : "कोई पाठ शास्त्र (स्क्रिप्चर) तभी बनता है जब वह संचित सामुदायिक परम्परा का अंग हो, मनुष्यों के साथ सक्रिय सम्बन्ध में स्थित हो। किसी समुदाय से विच्छिन्न कोई पाठ 'अपने आपमें'

प्रामाणिक या पावन नहीं होता। किसी शास्त्र-वचन में कोई अमूर्त परम अर्थ नहीं होता, अर्थ उसे मिलता है, अर्थ देनेवाले समुदाय से।''[11]

इसीलिए यह सवाल केन्द्रीय महत्त्व का है कि आपकी समुदाय-कल्पना 'साझे रक्त' के विचार पर आधारित है या साझे मूल्यों के विचार पर। कवि के सन्दर्भ में तो यह कविता का वध करने-जैसा ही है कि आप उसके प्रेमियों/प्रशंसकों के समुदाय को साझे रक्तवाले, नस्लपरक, संकीर्ण समुदाय में बदल डालें!

ध्यान रखना चाहिए कि अपने श्रेष्ठ रूप में भी धार्मिक कल्पना की एक विशिष्ट विचार-प्रक्रिया होती है। कुछ चीजें तर्कातीत होती हैं, आस्था होती हैं, उनकी आप अधिक से अधिक पुनर्व्याख्या कर सकते हैं, उन पर पुनर्विचार नहीं। जो विचार करने को तैयार नहीं, उसे 'झूठा' तक कह देनेवाले कबीर के यहाँ विचार क्या इसी तरह किया जाता है? क्या उनके यहाँ भी कोई 'शास्त्र' है, जिसके प्रति तर्कातीत आस्था की माँग कबीर कर रहे हों?

इस प्रश्न का उत्तर कबीर के भाँति-भाँति के व्याख्याकारों को मुश्किल लगे तो लगे, कवि दार्शनिक कबीर के श्रोता के सामने तो वह उत्तर स्पष्ट है।

हर तर्कातीत आस्था को सहजबोध के तर्क से बेधती कबीर की कविता मानवीय कल्पना और जिज्ञासा को मुक्त करती है। उनकी दुनिया में कविता अध्यात्म-भाव को धारण करनेवाली वैकल्पिक युक्ति है। इसलिए वह धर्म-मात्र की अत्यन्त तेजस्वी मूलगामी आलोचना है, धर्मधुरीणों की अदला-बदली का निर्जीव, निस्तेज प्रयास नहीं। कबीर की कविता जिरह के जरिए स्वयं धार्मिक कल्पना के विस्तार की, सहज मानवीय कल्पना के पुनर्वास की कविता है। उसी सहज कल्पना के पुनर्वास की, जिससे विच्छिन्न होकर मनुष्य धर्म के फाउस्टियन पैक्ट पर अपने रक्त से हस्ताक्षर करने को विवश होता है!

3. राम राइ भई बिकल मति मोरी : वेदना की द्वन्द्वात्मकता

कबीर धार्मिक शब्दावली का उपयोग करते ही हैं—इस फाउस्टियन पैक्ट से मनुष्य को बाहर लाने के लिए, दुनियादारी में उलझे दीनदारी के दावेदारों को दीन-धर्म का नैतिक सार और आध्यात्मिक आशय याद दिलाने के लिए :

दीन गँवाया दुनी सौं, दुनी न चाली साथि।
पाइ कुहाड़ा मारिया, गाफिल अपणै हाथि॥

(ग्रन्थावली, दास, चितावणी कौ अंग 43, पृ. 19)

काजी मुलां भ्रमिया, चल्या दुनी कै साथि।
दिल थैं दीन बिसारिया, करद लई जब हाथि॥

(वही, साँच कौ अंग 7, पृ. 33)

करद अर्थात् छुरी!

कबीर की धर्म-भावना की सार्थकता है, करुणा में; बुद्धि-विवेक में। आत्मप्राप्ति का दावा करनेवाले योगियों की ही पारिभाषिक शब्दावली में पूरा रूपक गढ़ते हुए कबीर उन्हें 'बुद्धि की विभूति' (भभूत) चढ़ाने की सलाह देते हैं। और यह पहचानने का न्यौता कि : कहत कबीर सुनहु रे संतहु धर्म दया करि बाढ़ी।

(ग्रन्थावली, दास, पद 165, परिशिष्ट, पृ. 242)

इसी के साथ यह भी ध्यान रखना चाहिए कि जहाँ कबीर को अपना मत व्यंजित करना होता है, अपनी साधना का स्वभाव निरूपित करना होता है, वहाँ वे 'धर्म' के स्थान पर सहज, अनभौ, अनभै, पारख, रहनि–ऐसी शब्दावली का प्रयोग करते हैं। वस्तुतः ये कबीर की साधना के बीज शब्द हैं और यह साधना अनभय पद पाने की है। इस अनभय पद की प्राप्ति कबीर द्वारा एक और धर्म का इलहाम नहीं सूचित करती। कबीर की कविता में ऐसा अनभय सिद्ध होता है, हरिजन के स्वयं ही हरि बन जाने की अद्भुत महत्त्वाकांक्षा के रूप में :

पाणी भया तो क्या भया, ताता सीता होइ।
हरिजन ऐसा च॥हिए जैसा हरि ही होइ॥

(ग्रन्थावली, दास, चित्त कपटी कौ अंग, 20, फुटनोट, पृ. 51)

ऐसा हरिजन-पद प्राप्त करने का, कबीर की दृष्टि में, एकमात्र तरीका है प्रेम की अकथ कहानी को सुनना; उसकी कस्तूरी-गन्ध को अपने अस्तित्व में व्याप्त होने देना–सिर्फ सुनना नहीं, उसे 'जीना' भी, रहनि-करनी के धरातल पर। बेशक ऐसी करनी में कठिनाई अपार है; अपनी 'आस्था (!) को भाँजना काफी नहीं; अपने 'धर्म' की घोषणा (!) पर्याप्त नहीं। इस कठिनाई के ही कारण कबीर की मनचीती भक्ति कायरों के काम की नहीं। इस भक्ति की कसौटी पर तो जी-जीकर मरनेवाले और मर-मरकर जीनेवाले ही खरे उतर सकते हैं।

जैसी कहैं करैं जो तैसी, तौ तिरत न लागै बारा।
कहता कहि गया सुनता सुन गया, करणीं कठिन अपारा॥

(ग्रन्थावली, दास, पद 200, पृ. 117)

भगति दुहेली राम की, नहिं कायर का काम।
सीस उतारै हाथि करि, सो लेसी हरि नाम॥

(वही, सूरा तन कौ अंग 24, पृ. 55)

कबीर कसौटी राम की, झूठा टिका न कोइ।
राम कसौटी सो सहै जो मरि जीवा होइ॥

(वही, परिशिष्ट, साखी 20, पृ. 190)

कबीर जब स्वयं को न हिन्दू न मुसलमान कहते हैं तो उनकी कविता से यह अर्थ कहीं भी नहीं निकलता कि वे किसी नए धर्म की स्थापना कर रहे थे। ऐसा

भी नहीं है कि वे केवल हिन्दू धर्म की आलोचना कर रहे थे और मुसलमानों के प्रति उनका रवैया था कि वे जानें और उनका काम। ऐसी राजनैतिक-रणनैतिक चतुराई कबीर के यहाँ तो नहीं दीखती। उनकी आलोचना का लक्ष्य धर्म-मात्र है और उनका प्रस्थान-बिन्दु ही है अनुभव और अनभय–'न हौं डरौं न और कूँ डराऊँ!'

कबीर की साधना में वेदना की द्वन्द्वात्मकता है। इस द्वन्द्वात्मक वेदना में सामाजिक और आध्यात्मिक एक दूसरे के विपरीत न होकर परस्पर समृद्धिकारी पूरक हैं। वस्तुतः कबीर की सामाजिक आलोचना का उद्‍गम ही होता है उनकी आध्यात्मिक वेदना से। और स्वयं यह आध्यात्मिक वेदना न तो श्रम से विच्छिन्न है, न सामाजिक वास्तविकता से। कबीर की साधना की चुनौती ही यह है कि इस तरह की विच्छिन्नता को 'सहज' मान लेनेवाले, सहज को पारिभाषिक शब्द तक में बदल डालनेवाले मानस को बताया जाय :

सहज सहज सबको कहै, सहज न चीन्हैं कोइ।
जिन्ह सहजै हरि जी मिलै, सहज कहीजै सोइ॥

(ग्रन्थावली, दास, सहज कौ अंग 4, पृ. 33)

'हरिजी' का मिलना रूपक है उस कौंध का, जिसमें मनुष्य की श्रम-सत्ता और उसकी अध्यात्म-सत्ता–उसकी प्रजाति-सत्ता (स्पेसिस बीइंग)–पर आरोपित कर दी गई विच्छिन्नता समाप्त होती दीखती है। उसके अस्तित्व में पैदा कर दी गइ दरार पटती दीखती है। इस कौंध में श्रम, प्रेम और अध्यात्म-भाव एक संश्लिष्ट समग्र सत्ता का रूप ले लेते हैं। कबीर की कविता नया पंथ निकालने से कहीं बहुत आगे का हौसला करती है। धर्म के समग्र आख्यान का समग्र विकल्प खोजने और उसे कहने का हौसला। इस हौसले में श्रम और प्रेम की महिमा से सिर्फ साधक ही की नहीं, स्वयं साध्य की सत्ता परिभाषित होती है। साधक ही अकेला 'श्रमिक' के विभिन्न रूपों को 'साधना' की महिमा नहीं देता (जैसा कि हमने ऊपर उद्धृत पद 389 में देखा), स्वयं साध्य भी चुनरी रंग डालनेवाला रंगरेज बन जाता है, नारी-रूप धारण किए हुए, नारी की भाषा बोलते हुए कबीर की चुनरी रंग डालनेवाला, नेह के जल में कबीर को बोर डालनेवाला सुजान प्रियतम :

साहेब है रंगरेज चुनरी मेरी रंग डारी॥
स्याही रंग छुड़ायके रे दियो मजीठा रंग।
धोय से छूटै नहीं रे दिन होत सुरंग॥
भाव के कुंड नेह के जल में प्रेम रंग देइ बोर।
दुख देह मैल लुटाय दे रे खूब रंगी झकझोर॥
साहिब ने चुनरी रंगी रे पीतम चतुर सुजान।
सबकुछ उन पर बार दूँ रे तन मन धन और प्रान॥

कहैं कबीर रंगरेज पिया रे मुझ पर हुए दयाल।
सीतल चुनरी ओढ़िके रे भई हौं मगन निहाल॥

(आचार्य हजारीप्रसाद द्विवेदी द्वारा संकलित 'कबीर वाणी', पद 229)

श्रम, प्रेम और अध्यात्म की इस संश्लिष्टता से ही कबीर की सामाजिक आलोचना उत्पन्न होती है, और इसी में निहित है, धर्म के समग्र आख्यान का रोमांचक विकल्प!

कबीर को समष्टि-वृत्ति की उपेक्षा करनेवाले या 'घट साधक' के रूप में देखना निःसन्देह भ्रामक है। लेकिन इससे भी कहीं अधिक भ्रामक, बल्कि कबीर की कविता के लिए घातक यह है कि आप उनकी कविता को ऐसे पढ़ें, गोया सामाजिक आलोचना तो काम की चीज है और आध्यात्मिक वेदना फालतू की। उनकी कविता तो ऐसी सम्भावना की खोज, ऐसे 'पारख' की साधना है, जहाँ हर व्यक्ति अपने विशिष्ट अध्यात्म-भाव और आध्यात्मिक अनुभव की पुनर्रचना कर सके, अपनी आत्मसत्ता को धर्मसत्ता के हवाले किए बगैर! कबीर की काव्य-संवेदना अपनी समग्रता में प्रेरणाप्रद और शिक्षाप्रद है, क्योंकि वहाँ धर्मसत्ता से आत्मसत्ता, अध्यात्म-सत्ता को मुक्त करनेवाली वेदना भी है और सामाजिक अन्याय का मुखर प्रतिवाद करनेवाली, जन्मजात अस्मिता के तर्क को खारिज करनेवाली वेदना भी।

धर्मसत्ता की मूलगामी आलोचना करने के ही कारण कबीर वर्णाश्रम की भी ऐन मूलगामी आलोचना करते हैं। वर्णाश्रम की ही नहीं, मनुष्य का मोल जन्म के आधार पर करनेवाले हर तर्क की, ऐसे तर्कों की ओर से किए जानेवाले आस्था और पावनता के हर दावे की जन्म से ही किसी मनुष्य को 'मधिम' माननेवालों से कबीर की नहीं बनती। ऐसे महानुभाव हिन्दू हों, 'तुर्क' हों या कोई और। कबीर का सवाल सबसे है और सलाह भी सबके लिए है :

जे तूं बांभन बंभनी जाया, तो आन बांट ह्वै काहे न आया।
जे तूं तुरक तुरकनी जाया, तौ भितरि खतनां क्यूं न कराया॥
कहै कबीर मधिम नहीं कोई, सो मधिम जा मुखि रांम न होई॥

(ग्रन्थावली, दास, पद 41, पृ. 79)

कबीर के बहुचर्चित 'बाह्याचार विवर्जन' का मर्म समझना चाहिए। इन बाह्याचारों के शास्त्रीय औचित्य-निरूपण से कबीर वाकिफ हों न हों, इस बात से वे भलीभाँति वाकिफ थे कि लोग इन बाह्याचारों के फेर में बौराए क्यों रहते हैं! इनकी ताकत का राज क्या है! बाह्याचार उसी धर्मसत्ता की दैनन्दिन अभिव्यक्ति ही तो है, जिसने मनुष्य की अध्यात्म-सत्ता और उसके सहज विवेक पर एकाधिकार का दावा कर रखा है। बाह्याचार उसी 'डॉग्मा' का तो रोजमर्रा के जीवन में रेखांकन है, जिसे धर्माचार्य और धर्मप्रवर्तक तर्कातीत बताते हैं। मजे की बात यह है कि यदि मनुष्य अनभय रूप से, अपने अनुभव के आधार पर इन बाह्याचारों की परख करे तो तर्कातीतता के ये

दावे, अलग-अलग मुहावरे के बावजूद एक ही 'फाउस्टियन पैक्ट' के विविध रूपों के तौर पर उजागर हो जाते हैं। और ऐसे दावों के सामने अपने विवेक का समर्पण कर चुके लोगों को याद दिलाते हैं कबीर कि उन्हें सवाल पूछने चाहिए, ताकि वे जान सकें कि उन्हें किसने बौराया है :

भाई रे दो जगदीस कहाँ से आया, कहु कौने बौराया।
अल्ला राम करीमा केसव, हरि हजरत नाम धराया॥
गहना एक-कनक ते गहना, यामें भाव न दूजा।
कहत सुनत को दुइ करि थापै, एक निमाज एक पूजा॥
वही महादेव वही मुहम्मद, ब्रह्मा आदम कहिए।
को हिन्दू को तुर्क कहावै, एक जिमीं एक रहिए॥
बेद किताब पढ़े वे कुतुबा, वे मौलाना वे पांडे।
बेगर बेगर नाम धराए, एक माटी के भांड़े॥
कहैं कबीर ये दूनो भूले, रामहि किनहु न पाया।
वै खसी वै गाय कटावै, बादहि जन्म गंवाया॥

(बीजक 30, पृ. 122)

कबीर की साधना का मूल आधार है, यह अन्तर्दृष्टि कि धर्मसत्ता ने मनुष्य के सहज स्वभाव को ही विकृत कर दिया है। उसे अपने आत्मसार से ही विच्छिन्न कर दिया है। विवेक के आग्रह और पावनता की ललक को उनके सहज, परस्पर पूरक रूप में रहने देने की बजाय एक दूसरे का विरोधी ठहरा दिया है। मनुष्य की आत्मसत्ता की समग्रता को पक्ष-विपक्ष में बाँट दिया है। दुर्भाग्य यह है कि इस मूलभूत विभाजन, इस त्रासद विच्छिन्नता पर लोग विचार तक नहीं करना चाहते। विवेक और विस्मय, सार्थकता और आध्यात्मिकता, लौकिक और लोकोत्तर दोनों के प्रति जिज्ञासा का भाव, अन्याय की अनभय आलोचना का साहस—ये सब ही तो मनुष्य की परिभाषा हैं, उसके सहज गुण हैं, और इन्हीं को अवेध्य आस्था के नाम पर, सामाजिक तन्त्र के नाम पर, धर्मसत्ता के नाम पर अवगुण ठहरा दिया गया है :

आपन गुन को अवगुन कहहू। इहै अभाग जो तुम न बिचरहू॥

(बीजक, रमैनी 65)

विचारहीनता का ही परिणाम है : बिगूचन (कन्फ्यूजन, भ्रम)। यह 'बिगूचन' भी एक तरह से कबीर के बीज शब्दों में ही है। यह बात और है कि कुछ लोग सोच-विचार कर ही बिगूचन फैलाते हैं। जाहिर है कि ऐसे लोग 'ज्ञानी' ही होते हैं! संसारी लोगों को जान-बूझकर बिगूचन में डालनेवाले ज्ञानी—'भले इन ग्यानिन थैं संसारी!' कबीर की भाव-पूजा में तरह-तरह की पूजा-पद्धति खोज निकालनेवाले ज्ञानी! कबीर की सहज अविच्छिन्नता की साधना में एक और धर्मसत्ता की स्थापना

का प्रस्ताव खोज निकालनेवाले ज्ञानी! इन ज्ञानियों के निरन्तर बिगूचन-अनुष्ठान के चलते कबीर को लगता है कि या तो सचमुच संसार में धर्मप्रेमियों की बाढ़ आ गई है, दुनिया राम की दीवानी हो गई है, या फिर स्वयं कबीर की मति 'बिकल' हो गई है :

रांम राइ भई बिकल मति मोरी,
कै यहु दुनी दिवानी तेरी।
जे पूजा हरि नाहीं भावै सो पूजनहार चढ़ावै ॥
जिहिं पूजा हरि भल मांनैं, सो पूजनहार न जानैं ॥
भाव प्रेम की पूजा, ताथैं देव थैं दूजा ॥
का कीजै बहुत पसारा, पूजी जे पूजनहारा ॥
कहै कबीर मैं गावा, मैं गावा आप लखावा ॥
जो इहि पद मांहि समाना, सो पूजनहार सयांना ॥

(ग्रन्थावली, दास, पद 275, पृ. 136)

मानवचित्त की अविच्छिन्नता को फिर से पाने के लिए 'बिकल' साधक कबीर की कविता में 'भाव भगति' शब्द की भरमार और 'धर्म' शब्द का लगभग अकाल न तो अनायास है, न कोरा संयोग। पूरेपन में यदि पढ़ी जाय तो कबीर की कविता असंदिग्ध रूप से व्यंजित करती है कि 'धर्म' की चतुराई का उन्हें खूब विवेक था। जिस प्यास को बुझाने का एकाधिकारी दावा धर्म करता है, उस प्यास को बुझाने के लिए कबीर के पास प्रेम-साधना का, शब्द-साधना का अमृत है। धर्म द्वारा आरोपित 'फाउस्टियन पैक्ट' के प्रति कबीर के मन में दोटूक तिरस्कार है, उनका पाखंड-खंडन, बाह्याचार-विवर्जन इस तिस्कार से ही उपजा है, 'निराला पंथ निकालने' या नया धर्म स्थापित करने की इच्छा से नहीं।

कबीर जानते थे कि विच्छिन्नता को 'सहज' मान बैठे मानव-मन के लिए सहज अविच्छिन्नता का बोध कितना दुष्कर बना दिया गया है। कितना कठिन है अपने गुण को ही अवगुण मानने के आदी लोगों को उनका अपना 'सहज सुभाइ' (स्वभाव) याद दिलाना। कितना मुश्किल है लोगों को समझाना कि श्रम, प्रेम और अध्यात्म की सहज सत्ता को आत्मसजग रूप से साधना ही 'आतमखबर' पाना है, सच्ची साधना है। ऐसे साधक को बाह्याचार की जरूरत ही क्या? उसके जीवन में सहज जीवनयापन से अलग, 'सबद निरन्तर' से अलग, परिक्रमा, दंडवत पूजा या ऐसी किसी भी बाह्याचार-पद्धति की गुंजाइश ही कहाँ है :

साधो सहज समाधि भली।
गुरु प्रताप जा दिन तैं उपजी दिन दिन अधिक चली ॥
जहां जहां डोलौं सोइ परिकरमा जो कछु करूं सो सेवा।

जब सोवों तब करों दंडवत पूजों और न देवा॥
कहौं सो नाम सुनौं सो सुमरन खाँव पियों सो पूजा।
गिरह उजाड़ एक सम लेखों भाव न राखों दूजा॥
आँख न मुंदों कान न रूंधों तनिक कंठ नहिं धारों।
खुले नैन पहिचानूं हंसि हंसि सुन्दर रूप निहारों॥
सबद निरन्तर से मन लागा मलिन वासना त्यागी।
उठत बैठत कबहुं न छूटै ऐसी तारी लागी॥
कहिं कबीर यह उनमुनि रहनी सो परगट करि गाई।
सुख दुख से एक परे परमपद सो पद है सुखदाई॥

(शब्दावली, गंगाशरण शास्त्री, पद 6, पृ. 3)

कबीर यह भी जानते थे कि श्रम और प्रेम से परिभाषित जिस अध्यात्म-भावदशा को वे 'परगट करि' गा रहे हैं, उसे गानेवाले की नियति अनलपक्षी-जैसी है। उसे किसी पारम्परिक विश्वास का सहारा नहीं मिलता। उसे तो 'बिन ठाहर बिस्वास'—अपने विश्वास को स्वयं रचना होता है। यह रचना—मानवीय अविच्छिन्नता की फिर से प्राप्ति—तब तक सम्भव नहीं, जब तक आप समाज-स्वीकृत 'कॉमनसेंस' को प्रश्नविद्ध करने को तैयार न हों। जब तक आप अपने बने-बनाए 'मन' को दे नहीं डालते, तब तक नया 'मन'—मानव की सम्भावना का पुनर्नवा 'मन' कैसे मिलेगा? जब तक बिना सहारे के आकाश में न उड़े, जब तक अपनी भाव-विभोरता की लपट में स्वयं न जले, तब तक अनलपक्षी कैसा :

मन दीयां मन पाइए, मन बिन मन नहीं होइ।
मन उनमन उस अंड ज्यूं अनल आकासां जोइ॥

(ग्रन्थावली, दास, मन कौ अंग 9, पृ. 22)

कबीर बखूबी जानते थे कि उनकी बातें 'मर्यादा का उल्लंघन' करती हैं, हद के बाहर (!) जाती हैं। अपनी-अपनी हदों से बाहर निकलने का साहस करनेवाले निःसन्देह साधु हैं, लेकिन कबीर की साधना की चुनौती तो और भी विकट है। हद-बेहद के 'पार' जाने की चुनौती, परस्पर विरोधी 'लक्षणों' में बाँट दी गई मनुष्य की आत्मसत्ता की कौंध प्राप्त कर पाने की चुनौती, उस आत्मसत्ता को बाहर-भीतर में तोड़कर देखने की आदत को तजने की चुनौती—'शब्द की निरन्तरता' को निरन्तर साधने की चुनौती :

हद चले सो मानवा बेहद चलै सो साध।
हद बेहद दोऊ तजे ताकर मता अगाध॥

(बीजक, 189, पृ. 163)

सन्दर्भ

1. देखें *जिन्द कबीर की संक्षिप्त चर्चा, विचार-विमर्श,* हिन्दी साहित्य सम्मेलन, प्रयाग, सं. 2008, पृ. 1-51
2. *ट्रैडीशंस ऑफ नान-कास्ट हिन्दुइज्म : द कबीर पंथ* (कंट्रीब्यूशंस टू इंडियन सोशियोलॉजी, नई सीरीज 21, 2), सेज पब्लिकेशंस, नई दिल्ली, 1987, पृ. 266-67
3. रोचक बात यह है कि यह पद विनांद कैल्वर्त्त ने स्वयं कबीर की वाणी में भी 1620 की किसी पांडुलिपि के आधार पर संकलित कर दिया है। प्रामाणिकता का 'स्टार सिस्टम' अपनाने के बावजूद कैल्वर्त्त यहाँ स्पष्टतया गलती कर गए हैं। (देखें *द मिलेनियम कबीर वाणी,* मनोहर, नई दिल्ली, 2000, पृ. 602)
4. फाउस्ट और अन्य आधुनिक मिथकों के विकास का अत्यन्त विचारोत्तेजक अध्ययन कुछ ही बरस पहले आलोचक इयान वाट ने किया है। देखें 'मिथ्स ऑफ माडर्न इंडिविजुअलिज्म : फाउस्ट, डॉन क्विहोते, डॉन हुआन, रॉबिंसन क्रूसो,' कैंब्रिज यूनिवर्सिटी प्रेस, 1996। इधर श्री मुकंद लाठ ने श्री सोमराज की पुस्तक 'दि वर्ड स्पीक्स टू फाउस्टियन मैन' के प्रसंग में श्री रमेशचंद्र शाह से बहस करते हुए फाउस्ट मिथक को नए विचारोत्तेजक ढंग से पढ़ा है। देखें उनका लेख *फाउस्टियन मैन* 'उन्मीलन' (जुलाई 2001, जयपुर)
5. *टेरर इन द माइंड ऑफ गॉड : द ग्लोबल राइज ऑफ रिलीजस वायलेंस,* ओयूपी, नई दिल्ली 2001, पृ. 125
6. *इकोनॉमिक एंड फिलॉसाफिकल मैन्युस्क्रिप्ट्स 1844,* फॉरेन लैंग्वेजेज पब्लिशिंग हाउस, मॉस्को, 1961, पृ. 73
7. वही, पृ. 76
8. *प्रेजेज टू ए फार्मलेस गॉड,* स्टेट यूनिवर्सिटी ऑफ न्यूयॉर्क प्रेस, अलबनी, पृ. 1-5 (डेविड लोरेंजन का यह उद्धरण पृ. 3 से। डेविड लोरेंजन की यह पुस्तक अपने विचारोत्तेजक विश्लेषण और गहरी अन्तर्दृष्टि के कारण निर्गुणभक्ति के हर अध्येता के लिए बेहद जरूरी है।)
9. *द ब्रदर्स करामाजोव,* अनु. कॉस्टेंस गारनेट, रैंडम हाउस, न्यूयार्क, 1950, 'द ग्रेंड इंक्विजिटर' (पृ. 292-313)
10. युरगेंसमेयेर; पूर्वोद्धृत, पृ. 33
11. *बियांड द रिटन वर्ड : ओरल आस्पेक्ट्स ऑफ स्क्रिप्चर इन द हिस्ट्री ऑफ रिलीजन',* कैम्ब्रिज यूनिवर्सिटी प्रेस, 1987, पृ. 5

अध्याय : सात

'भगति नारदी मगन सरीरा' : भक्ति माने भागीदारी

1. 'परगट कियो कबीर ने' : सिद्धान्त बनाम संवेदना
2. 'भगति नारदी हिरदै न समाई' : काव्योक्त और शास्त्रोक्त भक्ति
3. 'जेति औरति मरदां कहिए' : वर्णाश्रम बनाम मानवाधिकार

1. *'परगट कियो कबीर ने' : सिद्धान्त बनाम संवेदना*

'भक्ति' शब्द मूलतः अनुराग और भागीदारी का आशय लेकर ही आया था। इस मूल आशय में समर्पण सत्ता के भय से उत्पन्न नहीं, प्रेम और अनुराग का ही समर्पण है। भक्त पराजित सैनिक की तरह समर्पण करनेवाले को नहीं, बराबरी के प्रेम में समर्पण करनेवाले को कहा जाता था। यह बात यास्क के निरुक्त और पाणिनि के सूत्रों से स्पष्ट हो जाती है। पाणिनि कोई भाषा गढ़ नहीं रहे थे, वे दैनंदिन व्यवहार (एवरीडे प्रैक्टिस) की भाषा का वर्णन कर रहे थे। वासुदेवशरण अग्रवाल के शब्द याद करें तो, पाणिनि के लिए 'लोक ही प्रमाण है।''[1] पाणिनि का लक्ष्य भक्ति का लक्षण-निरूपण (परिभाषा देना) नहीं, बल्कि भक्ति शब्द के लोक-प्रचलित प्रयोगों को नोट करना था।

पाणिनि 'भक्ति' शब्द का उल्लेख सम्बन्धभावना व्यक्त करनेवाले शब्दों के प्रचलन और उनके विविध प्रयोगों के नियमों का परिचय देने के क्रम में करते हैं। 'सोस्यः निवासः' (4.3.89), 'अभिजनश्च' (4.3.90), 'आयुधजीविश्यिछः पर्वते' (4.3.91) आदि सूत्रों में स्थानादि के प्रति सम्बन्ध बतानेवाले शब्दों के क्रम में ही भक्ति-सम्बन्धी सूत्र आते हैं। 'भक्ति' सम्बन्ध में अनुराग प्रमुख है, इसलिए यह सम्बन्ध की प्रगाढ़ता सूचित करनेवाला शब्द है। पाणिनि के समय (480-410 ई.पू.) तक देवता या राजा के प्रति ही नहीं, पूड़ी और पुए के प्रति अनुराग (सूत्र 96) भी 'भक्ति' ही कहलाता था। इसी के साथ भक्ति का विशिष्ट अर्थ भी विकसित हो रहा था, लेकिन अनुराग और साहचर्य पर प्रधान बल के साथ ही। वासुदेवशरण अग्रवाल बताते हैं :

> 'देवता द्वन्द्वे च' सूत्र से ज्ञात होता है कि ऐसे कुछ देवताओं के जोड़े या साहचर्य का विश्वास वैदिक देवताओं के विषय में भी था जैसे इन्द्रासोमौ, इन्द्राबृहस्पती आदि। साथ ही कुछ देवता ऐसे थे, जिनका साहचर्य लोक में प्रसिद्ध था, जैसे ब्रह्म-प्रजापती, शिव-वैश्रवणौ इत्यादि। दधि पय आदिगण (2.4.14) में इन दोनों जोड़ों का एवं स्कन्द विशाखौ का उल्लेख है। नर-नारायण की भाँति संकर्षण और वासुदेव नए भक्तिधर्म का मुख्य सूत्र बन गया...भारत के धार्मिक इतिहास में यह परिवर्तन बहुत महत्त्वपूर्ण था। इसकी गूँज पाणिनि के 'वासुदेवार्जुनाभ्याम् वुन्' (4.3.98) सूत्र में सुनाई देती है। भागवत धर्म के इतिहास में पाणिनीय सूत्र की प्रमाण साक्षी अमूल्य है।[2]

सचमुच यह 'प्रमाण साक्षी' अमूल्य है। भक्ति के ऐतिहासिक विकास के बारे में बताने के लिए ही नहीं, बल्कि आरम्भिक भक्ति-भावना का स्वभाव बताने के कारण भी। भक्ति अज्ञात के भय को अज्ञात, अनन्त के प्रति अनुराग में बदल देती है। 'वासुदेव' शब्द इस समय तक व्यक्ति-विशेष का वाचक हो चला था, लेकिन महत्त्वपूर्ण यह है कि यहाँ वासुदेव और अर्जुन का, बराबरी का साहचर्य भाव रेखांकित हो रहा है, समर्पण भी मित्रों का परस्पर समर्पण ही है, स्वामी के प्रति सेवक का समर्पण नहीं। 'वासुदेवक' और 'अर्जुनक' जैसे शब्दों से मालूम पड़ता है कि वासुदेव के साथ-साथ अर्जुन से विशेष लगाव महसूस करनेवाले, उनके अपने भक्त भी हुआ करते थे। आगे चलकर अर्जुन सखाभक्त के रूप में विख्यात होते हैं, बल्कि सख्य-भक्ति के आद्यबिम्ब ही बन जाते हैं।

सूत्र 99 और 100 से मालूम पड़ता है कि भक्ति गोत्र के प्रति भी संभव है, और 'क्षत्रिय' के प्रति भी। संकेत जनपदों और राजाओं के प्रति अनुराग और श्रद्धा की तरफ है। भक्ति का मूल अर्थ यही था–अनुरागजनित भागीदारी, सम्बन्ध-भावना। सेंस ऑफ बिलांगिंग। पाणिनि के पहले निरुक्तकार यास्क भी भक्ति को, 'दैवतकांड' में इसी तरह समझाते हैं : "तिस्र एव देवतां इत्युक्तं पुरस्तात। तासां भक्तिसाहचर्यम् व्याख्यास्यामः"। (7.8) निरुक्त के अंग्रेजी अनुवाद[3] में लक्ष्मण सरूप ने 'साहचर्यम्' का अनुवाद, 'शेयर एंड कंपेनियनंस' ही किया है। यास्क अग्नि, इन्द्र और आदित्य–इन तीन देवताओं के अंशों और सहचारियों की सूचना देते हैं। ये सहचारी 'उपासक' नहीं, साथी हैं। इन्द्र, सोम, वरुण, पर्जन्य आदि अग्नि के 'भक्त' हैं, याने उनकी भी स्तुति अग्नि के साथ है, वे अग्नि के ऐश्वर्य में भागीदार हैं–"अथास्य संस्तविका देवाः"।

अभी भक्ति 'समर्पण की विचारधारा' में नहीं बदली थी। समाज पदानुक्रम की व्यवस्था में नहीं बदला था। भक्ति का अर्थ मुख्य रूप से, साहचर्य, भागीदारी ही समझा जाता था। जैसा सभी शब्दों के साथ होता है, वैसा ही भक्ति के साथ हुआ, शब्द तो वही रहा, लेकिन अर्थ वक्त के साथ बदलता गया। समाज के बदलने के

समानान्तर, भक्ति भागीदारी कहने को रह गई, नतमस्तक समर्पण को ही भक्ति मान और मनवा लिया गया। संगठित धर्मसत्ता किस प्रकार समाज-व्यवस्था विशेष को दैवीय और उसके प्रति समर्पण को स्वयं भगवान के प्रति समर्पण का ही विस्तार मनवाती है, यह हम पिछले अध्याय की धर्म-चर्चा में देख चुके हैं। नामदेव, रामानन्द और कबीर का महत्त्व इस बात में है कि वे समाजसत्ता और धर्मसत्ता द्वारा भक्ति पर चढ़ा दिए गए आवरण को हटाकर इसके मूल आशय–भागीदारी–को वापस लाते हैं। इसीलिए अनन्तदास नामदेव को कलियुग का पहला भक्त कहते हैं, रामानन्द को भक्ति 'लाने' का श्रेय दिया जाता है, पीपा कबीर के गुण गाते हैं कि उनके कारण भक्ति रसातल जाने से बच गई। जन्मजात पदानुक्रम को ईश्वरीय विधान बतानेवालों का प्रतिवाद कर रहे व्यापारी और दस्तकार इसलिए नामदेव, रामानन्द और कबीर की आध्यात्मिक वाणी में अपनी सामाजिक आकांक्षाओं के स्वर सुन पाते हैं।

पाणिनि के समय तक भक्ति शब्द का प्रयोग अनुराग और भागीदारी के साथ ही, व्यक्तिविशेष, समूह, सत्ता या देवता के प्रति समर्पण-भाव की सूचना देने के लिए भी होने लगा था। इसके बाद से भक्ति का यह दोहरा आशय लगातार बना रहता है, देशभक्ति, गुरुभक्ति, पितृभक्ति जैसे प्रयोगों से यह बात साफ है। ऐसे प्रयोगों में व्यंजित भक्ति ठेठ 'सेकुलर' अवधारणा है। लेकिन अकेले 'भक्त' शब्द का प्रयोग भगवान के भक्त को सूचित करता है। बहरहाल, पाणिनि (480-410 ई.पू.) से गुप्त साम्राज्य के काल (पाँचवीं सदी ईस्वी) तक आते-आते भक्ति अपने विशिष्ट, पारिभाषिक अर्थ में 'समर्पण की अद्वितीय विचारधारा' में बदल चुकी थी। जिज्ञासा यह होनी चाहिए कि इस बदलाव को अस्वीकार करने के, भक्ति माने भागीदारी पर बल देने के, जैसे प्रयत्न आरम्भिक आधुनिक काल में हुए, वैसे कोई प्रयत्न इस कालखंड में भी हो रहे थे, या नहीं।

ऐसे प्रयत्नों के पर्याप्त संकेत मिलते हैं, भारतीय समाज 'बर्फ में लगा' या 'स्तब्ध मनोवृत्ति' का समाज कभी भी नहीं था। लेकिन इन संकेतों पर विचार फिर कभी।

अब एक बार फिर से सोचें, क्योंकर अनन्तदास ने कहा होगा–"कलिजुग प्रथमि नामदे भईयौ केसौ अपनैं बस करि लीयौ'। सोचने में आसानी होगी, नामदेव का पद पढ़ने से :

> हीन दीन मेरी जात मेरी पंडरीके राया,
> ऐसा तुमनें नामा दरजी कायु कु बनाया।
> टाळ बिना लेके नाम। देउल में गया,
> पुजा करते बह्मन उन्ने बाहेर ठकलाया।
> देउलके पिछे नामा अल्लक पुकारे,
> जीदर जीदर नामा उदर देउल ही फिरै।

नानावर्ण गवा उनका एक वर्ण दुध,
तुम कहाके बह्मन हम कहाके सुद।
मन मेरी सुई तन मेरा धागा,
खेचरजी के चरणपर नामा सिंपी लागा।[4]

नामदेव की भक्ति की महिमा बखानती किंवदन्ती है कि जब 'ब्रह्मन' ने उन्हें मन्दिर से निकाल दिया, और नामदेव बाहर से ही, घूम-घूमकर भगवान को पुकारने लगे, तो मन्दिर का मुँह उधर-उधर फिर जाता था, जिधर से नामदेव पुकारते थे। इस महिमा के विपरीत ब्राह्मण देवता का रवैया था, जिस से संतप्त नामदेव पंडरी के राया से कह रहे हैं कि क्यों मुझे दीन-हीन जाति का—दरजी—बनाया। अपनी भक्ति के लिए रूपक नामदेव अपने पेशे से ही लेते हैं—मन सुई है और तन धागा है। यह बात कबीर की याद दिलाती है। 'तुम कत बाँभन हम कत सुद' का सवाल तो शब्दशः मौजूद है ही।

आरम्भिक आधुनिक काल की भक्ति को 'प्राचीन भागवत धर्म का पुनरोदय' मात्र माननेवाले विद्वानों को अनन्तदास के भक्ति-बोध पर ध्यान देना चाहिए। नामदेव इस अर्थ में कलियुग के पहले भक्त हैं कि वे सामन्ती सत्ता के प्रति समर्पण की विचारधारा के अर्थ से भक्ति को मुक्त कर फिर से भागीदारी के अर्थ को रेखांकित कर रहे हैं। आरम्भिक आधुनिक काल की भक्ति-संवेदना 'प्राचीन भागवत धर्म का पुनरोदय' नहीं, उसके मुहावरे में एक नई चेतना का उदय सूचित करती है, पुनरोदय वह सूचित करती है भक्ति के उस मूल आशय का, जिसे यास्क और पाणिनि ने लक्ष्य किया था। वह आशय जिसने प्रकृति से मनुष्य के सम्बन्ध को भय के बजाय अनुराग के सम्बन्ध में बदल दिया था। सामाजिक सम्बन्धों से लेकर परमात्मा से सम्बन्ध तक को बराबरी, भागीदारी और संवाद के आधारों पर परिभाषित करने का हौसला किया था। आरम्भिक आधुनिक काल के भक्तों की चेतना इस सांस्कृतिक उपक्रम की स्मृति को ताजा करती है, इसका नॉस्टेल्जिया उनके धर्मेतर अध्यात्म का आधार बनता है, और सामन्ती सत्ता की विचारधारा के विरुद्ध व्यापारियों, दस्तकारों की समतापरक, न्यायसंगत व्यवहार—'फेयर प्ले'—की माँग का आध्यात्मिक अनुवाद भी।

भक्ति माने भागीदारी की अवधारणा, उत्तर भारत में रामानन्द की घोषणा के साथ पहुँची—'जाति-पाँति पूछे नहीं कोई...'। देशज विमर्श में प्रसिद्ध है—'भक्ति द्राविड़ उपजी, लाए रामानन्द/परगट कियो कबीर ने सप्त दीप नव खंड'। कबीर-चौरा के आचार्य विवेकदास के अनुसार यह दोहा कम से कम तीन सौ साल पुराना तो है ही। दोहा बहुत पुराना न भी हो, तो भी अठारहवीं सदी के गरीबदास तो कहते ही हैं—"भक्ति द्राविड़ देश थी, यहाँ नहीं एक बिरंच/ऊत, भूत का ध्यावना, पाखंड और परपंच"। पद्मपुराण में दिए गए श्रीमद्भागवत माहात्म्य में भक्ति के मुख से

कहलवाई गई बात—'उत्पन्ना द्राविडेचाहं' से भी इतना तो पता चलता ही है कि आरम्भिक आधुनिक काल में भक्ति का जन्म दक्षिण में माना जा रहा था।

'आधुनिक'' विद्वान बताते हैं कि 'प्राचीन भागवत धर्म' का उदय तो उत्तर भारत में ही हुआ था। विष्णुपराुण और भगवद्‌गीता की रचना उत्तर में ही हुई थी। वैष्णव धर्म राजा के दैवीकरण का माध्यम उत्तर में ही बना था। हेलियोडोरस ने विष्णुस्तम्भ विदिशा के पास ही बनवाया था। कुछ लोगों का कहना है कि उत्तर में ही जन्मी भक्ति न जाने किन कारणों से उत्तर में तो सूख गई, लेकिन दक्षिण में हरी-भरी रही, फिर चौदहवीं-पन्द्रहवीं सदी में एकाएक बिजली की तरह उत्तर के सांस्कृतिक आकाश पर चमक उठी। लेकिन तथ्य तो यह है कि उपासना के रूप में भक्ति का पुनरोदय उत्तर में रामानन्द और कबीर से कम से कम तीन सौ साल पहले ही शुरू हो गया था। बारहवीं सदी से रामोपासना के प्रसार के प्रमाण दिखने लगते हैं। ऐसे में, जाहिर है कि भोले-भाले, इतिहास-बोध से वंचित लोग अपने अज्ञान के कारण, द्रविड़ देश से आए रामानन्द को भक्ति लाने का श्रेय देने लगे।

औपनिवेशिक आधुनिकता से वंचित, देशभाषा स्रोतों को अवज्ञा या कृपा के साथ पढ़ने की बजाय संवादधर्मिता के साथ पढ़ने की आदत डालें, तो भक्ति के ही नहीं, भारत के इतिहास का भी अधिक प्रामाणिक बोध प्राप्त हो सकेगा। गुप्त साम्राज्य के 'वैज्ञानिक' इतिहास से भले ही वाकिफ न रहे हों, आरम्भिक आधुनिक काल के भारतीय उसकी सांस्कृतिक स्मृतियों से कोरे भी न रहे होंगे। उनमें से भी कुछ ने हेलियोडोरस का विष्णुस्तम्भ देखा होगा। सोचना यह चाहिए कि देशज आधुनिकता रामानन्द और कबीर को असल में किस चीज का श्रेय दे रही थी।

सामाजिक स्तर पर विनय और समर्पण की विचारधारा जिस भक्ति को कहा गया, वह भक्त के जीवन में उपासना-पद्धति थी। इस अर्थ में भक्त कोई भी हो सकता था, कबीर से लेकर बिहारी तक। मराठी में नामदेव और हिन्दी में कबीर उस प्रक्रिया के प्रवर्तक हैं, जिसमें भक्ति उपासना-पद्धति से अधिक कुछ हो जाती है। कवि-भक्त के जीवनानुभव, विवेक और सहज मानवीय प्रेमानुभूति से सर्जनात्मक रूप से जुड़कर भक्ति, नामदेव और कबीर ही नहीं, मीरा, तुलसी और सूर के हाथों भी उपासना-पद्धति के स्थान पर काव्य और जीवन की संवेदना बन जाती है। विचार-विमर्श और वाद-विवाद की भाषा बन जाती है। केवल उपासना पद्धति नहीं, जीवन जीने की विधि, कविता को संभव करनेवाली संवेदना—भक्ति के इसी अर्थ की प्रधानता के कारण कबीर और तुलसी परस्पर सारे विरोधों के बावजूद भक्त कहे जाते हैं। दूसरी ओर, व्यक्तिगत जीवन में किसी न किसी देवता की उपासना अनिवार्यतः करनेवाले हिन्दी साहित्य के आदिकाल और रीतिकाल के कवि 'भक्त' नहीं कहलाते, क्योंकि उनकी काव्य-संवेदना भक्ति से नहीं परिभाषित होती। 'भक्त-कवि' एक विशिष्ट प्रकार का कवि हो जाता है, और भक्ति एक विशेष प्रकार की काव्य-संवेदना। भक्ति

के इस अर्थ को लेकर आनेवाले रामानन्द स्वयं अपने गुरु से विद्रोह करके आए थे। वेदान्त दर्शन पर भाष्य रचने की परवाह उन्होंने नहीं की थी। जो वह लाए, और जिसे कबीर ने प्रकट किया, वह भक्ति की एक अलग अवधारणा थी।

प्राचीन भागवत धर्म से इस अवधारणा का सम्बन्ध था, तो अन्तर भी। अन्तर की पूरी तरह उपेक्षा करने का नतीजा यह हुआ है कि आरम्भिक आधुनिक काल के भक्त-कवियों की जो संवेदना छोटे-मोटे सामन्तों को तो छोड़िए, शाहों और सुल्तानों तक का नोटिस नहीं लेती, जिसके किंवदन्ती-जगत में सिकन्दर मजबूर होता है कबीर की महिमा मानने के लिए, और अकबर को सुनना पड़ता है तुलसीदास से–'अब कहा होहिंगे नर के मंसबदार'; उस भक्ति को भी सामन्ती सत्ता के प्रति समर्पण की विचारधारा ठहरा दिया जाता है। सामाजिक सत्ता-तन्त्र के धरातल पर भी बात करें, तो सामन्ती चेतना के मूर्त रूप, वर्णाश्रमवाद, को दो-टूक ढंग से नकारनेवाली निर्गुण भक्ति किस अर्थ में सामन्ती चेतना के प्रति समर्पण करना सिखाती है?

निर्गुण भक्तों के रहस्यवाद के सामाजिक आशय को नामवरजी ने बिल्कुल ठीक शब्द दिए हैं : अनुभवसम्मत विवेकवाद–"रहस्यवादी कहे जानेवाले संत वस्तुतः अनुभववादी और विवेकवादी ठहरते हैं। उन्हें ज्ञानी कहने का कारण भी सम्भवतः यही है। इसी अनुभववाद के अस्त्र से उन्होंने जाति-पाँति, छुआछूत और ऊँच-नीच के भेदभाव पर चोट की थी।"[5] इस अनुभवसम्मत विवेकवाद के कारण काव्योक्त भक्ति प्रेम में 'अहैतुक समर्पण' तो करती है, लेकिन भागीदारी के आधार पर ही। सामाजिक सन्दर्भ में तो वह सीधे-सीधे शब्दों में 'बराबरी का हक और बराबरी का दावा' की घोषणा कर देती है।

किसी न किसी आचार्य द्वारा निरूपित ब्रह्म-धारणा और सामाजिक विचारणा का प्रचार करनेवाली शास्त्रोक्त भक्ति से बहुत अलग, काव्योक्त भक्ति किसी सम्प्रदाय की प्रतिष्ठा करने के माध्यम की बजाय सार्वजनीन मानवीय अनुभूतियों, जिज्ञासाओं और उनकी अभिव्यक्ति की भाषा बन जाती है। सिद्धान्त से संवेदना बन जाती है। प्रेम, जीवन, मृत्यु, और मृत्यु के बाद–इन सबसे कवि बतियाता है भक्ति के मुहावरे में। काव्योक्त भक्ति पहले से चले आ रहे सवालों के जवाब देने की बजाय कुछ नए सवाल खड़े कर देती है। भक्ति यदि केवल उपासना-पद्धति है, तो वह अनिवार्यतः किसी न किसी शास्त्रोक्त सम्प्रदाय के अन्तर्गत नहीं, तो अनुकूल अवश्य होगी। इसके उलट, 'बाह्मन गुरु जगत का, कबीर का गुरु नाहीं' कहनेवाले कबीर असल में पूछ यह रहे हैं कि शास्त्र को भक्ति माने भागीदारी की संवेदना के अनुकूल क्यों नहीं होना चाहिए?

बिना परम्परा के कोई आधुनिकता नहीं होती, और हर आधुनिकता परम्परा में से चुनाव करती है। भारत की आरम्भिक आधुनिकता के कबीर जैसे कवियों की रचना भक्ति माने भागीदारी की परम्परास्थित, उन स्मृतियों को जीवन्त कर देती है,

जो भक्ति माने (सामन्ती सत्ता के प्रति) अहैतुक समर्पण के कारण धुँधली या विकृत हो गई थीं। भक्ति के नायकों के तौर पर प्रह्लाद, ध्रुव, नारद, को याद करते कबीर फेयर-प्ले की माँग कर रहे व्यापारियों, दस्तकारों को यह मानने का नैतिक, सांस्कृतिक स्मृतिपरक आधार दे रहे थे कि भक्ति की सही परम्परा उनकी ही–भक्ति माने भागीदारी–की ही है। कबीर की कविता का सच्चा सामाजिक और ऐतिहासिक महत्त्व भक्ति माने भागीदारी पर बल देकर भारत की देशज आधुनिकता के लिए भक्ति की परम्परा का पुनरान्वेषण करने में, और भक्ति की शास्त्रोक्त धारणा के सामने काव्योक्त भक्ति-धारणा रखने में है।

भक्ति का सिद्धान्त या मत से काव्य-संवेदना में रूपान्तरण, काव्योक्त भक्ति का उदय उत्तर भारत में पहली बार, रामानन्द की प्रेरणा से कबीर की बानी में घटित होता है, इसलिए देशज आधुनिकता का भक्ति विमर्श कहता है–भक्ति द्राविड़ उपजी लाए रामानन्द/परगट कियो कबीर ने सप्तद्वीप नवखंड।

2. *'भगति नारदी हिरदै न समाई' : काव्योक्त और शास्त्रोक्त भक्ति*

आरम्भिक आधुनिक काल की भक्ति-संवेदना को प्राचीन भागवत धर्म का पुनरोदय मात्र मानने, इसकी अपनी तथा इसके ऐतिहासिक सन्दर्भ की उपेक्षा करने की रोचक परिणतियाँ हुई हैं। एक परिणति आचार्य रामचन्द्र शुक्ल के इस कथन में सुनी जा सकती है : "भागवत धर्म और वैष्णव धर्म की जो परम्परा भारतवर्ष में चली, उसमें ज्ञान का स्थान अलग रहा है, और भक्ति का अलग। प्रत्येक सम्प्रदाय के ज्ञानपक्ष या सिद्धान्त पक्ष का प्रतिपादन आचार्य लोग किया करते थे, और प्रेम या भक्ति-भाव का जनता में संचार आड़वार लोग भजन-कीर्तन द्वारा करते थे"।[6] शुक्लजी ठीक पहचानते हैं कि 'प्राचीन भागवत धर्म' के अन्तर्गत उपासना करनेवाले 'भक्तों' में किसी नए ज्ञान का दावा करने की परम्परा नहीं थी। इस रूप में भक्ति उपासना पद्धति से अधिक कुछ थी ही नहीं, इसलिए स्वाभाविक ही है कि, "भक्त अपने ज्ञान या भाव की मग्नता में भगवान के सम्बन्ध में किसी नई बात का, उसके किसी ऐसे स्वरूप का जिसका निरूपण कहीं न हुआ हो, उद्घाटन नहीं करता"।[7] इसके विपरीत निर्गुणपंथियों के दावे देखिए, स्वयं के अलग, अनोखे ज्ञान से तो श्रीगणेश ही होता है, लोकस्वीकृत वेद के विरुद्ध अपने स्वसंवेद और 'सुच्छम वेद' की बातें भी की जाती हैं!

शुक्लजी की बात सौ फीसदी सच है, बशर्ते हम आरम्भिक आधुनिक काल की भक्ति को प्राचीन भागवत धर्म का पुनरोदय मात्र मानें, उसकी अपनी विशिष्टता को, उपासना-पद्धति की बजाय संवेदना बनती भक्ति को, समर्पण की बजाय भागीदारी की माँग करती भक्ति को पहचानने से इनकार कर दें।

ऐसे इनकार का संस्कार औपनिवेशिक आधुनिकता में बद्धमूल तो ग्रियर्सन के समय से ही हो गया था, शुक्ल जी की तारीफ उनकी तार्किक सुसंगति और साफगोई के लिए करनी चाहिए। यदि भक्ति को शास्त्रोक्त ही होना चाहिए, यदि भक्त की सार्थकता किसी न किसी सम्प्रदाय के सिद्धान्त पक्ष का जनता के बीच भावोन्मेष करने में ही है, तो मानना ही होगा कि कबीर और दूसरे निर्गुण संतों में किसी प्रकार की दार्शनिक व्यवस्था दिखाने के प्रयत्न व्यर्थ हैं। क्योंकि इस अर्थ में दार्शनिक व्यवस्था वहाँ है ही नहीं, और जिस अर्थ में है, उस अर्थ में उसे देखने के लिए "आधुनिक" दृष्टि तैयार नहीं है। हम देख चुके हैं कि आ. द्विवेदी यह सिद्ध करने के लिए एड़ी-चोटी का जोर लगा देते हैं कि कबीर न केवल नाथपंथी द्वैताद्वैतविलक्षणवाद के आधार पर कविता कर रहे थे, बल्कि सभी निर्गुणपंथी संतों की बानी योग के अंगों-उपांगों को स्पष्ट करने के इरादे से ही रची गई हैं–"इनकी साखियाँ आठ योगांगों के विभिन्न पहलुओं को स्पष्ट करने के उद्‌देश्य से ही लिखी गई हैं। इन उपदेशों में ज्ञानप्रवण नैतिक स्वर ही प्रधान है, योग-सम्बन्धी स्वर गौण। इसी ज्ञानप्रवण नैतिकता-प्रधान योग-मार्ग के खेत में भक्ति का बीज पड़ने से जो मनोहर लता उत्पन्न हुई, उसी का नाम निर्गुण भक्ति है"।[8]

भक्ति को प्राचीन भागवत धर्म का पुनरोदय मात्र मान कर चलने की एक परिणति ब्रिटिश ओरियंटलिस्ट्स के यहाँ दिखती है। भक्ति को या तो किसी न किसी शास्त्रोक्त सम्प्रदाय का भावनात्मक पुनर्कथन मान लिया जाता है, जैसे शुक्ल जी मानते हैं, या फिर एक सर्वथा नये 'भक्ति-धर्म' की ही कल्पना कर ली जाती है। इस कल्पना की जैनॉलॉजी का बहुत विचारोत्तेजक अध्ययन इतिहासकार, स्व. कृष्णा शर्मा ने किया था। दुर्भाग्य से उनके काम पर इतिहासकारों ने भी उचित ध्यान नहीं दिया, हिन्दी भक्ति-विमर्श में तो उनकी चर्चा तक भी शायद ही कहीं हुई हो। कृष्णा जी की सीमा यह है कि औपनिवेशिक ज्ञानकांड द्वारा ईसाइयत की मिरर-इमेज के रूप में भक्ति को गढ़ने का खंडन करते हुई वे भक्ति के जेनेरिक-समर्पणपरक-अर्थ पर इतना बल देती हैं कि ज्ञानमीमांसा तो क्या भक्ति की स्वायत्त संवेदना तक का अस्तित्व उन्हें अस्वीकार्य लगने लगता है। इस मामले में उनकी सोच शुक्लजी जैसी ही है। फर्क यह है कि जहाँ शुक्ल जी को कबीरादि में दार्शनिक व्यवस्था खोजने के व्यर्थ प्रयत्नों में कोई दिलचस्पी नहीं है, वहीं कृष्णा जी कबीर की सारी कविता को शंकराचार्य की दार्शनिक मान्यताओं का काव्य-प्रस्तुतीकरण सिद्ध कर देती हैं।[9]

बहरहाल, यह तो है ही कि जिस अर्थ में शुक्ल जी 'दार्शनिक व्यवस्था' देखना चाहते थे, याने किसी न किसी दर्शन सम्प्रदाय या सिद्धान्त की काव्यात्मक, भावनात्मक पुनःप्रस्तुति–उस अर्थ में तो कबीर ही नहीं, सभी निर्गुण संतों और मीरा की रचना में भी 'दार्शनिक व्यवस्था' खोजने के 'प्रयत्न व्यर्थ हैं'। यह बात नाभादास भी जानते थे, लेकिन वे इसके लिए कबीर की आलोचना करने की बजाय प्रशंसा ही

करते थे–'भक्तिविमुख धर्ग सु सब अधर्म करि गाये' और 'कानि राखी नहीं वर्णाश्रम षटदर्शनी'। नाभादास के लिए यह तथ्य कबीर के भक्ति के स्वाभाविक, भारतीय मार्ग से विचलन का प्रमाण नहीं था। निर्गुणियों से बेहद ख़फा तुलसीदास तक ने उन्हें विदेशी मार्ग का पथिक कहने की जरूरत नहीं समझी थी, यह हम देख चुके हैं।

सवाल यह है कि कबीर स्वयं अपनी भक्ति को क्या नाम देते हैं, और क्यों? उनका अपना कथन है :

कैसें तूं हरि को दास कहायो।
करि बहु भेष रे जनम गंवायो ॥
सुध बुध होइ भज्यौ नहीं सांई। काछ्यौ ड्यंभ उदर के तांई।
हिरदै कपट सूं नहीं साचौ। कहा भयो जे अनहद नाच्यौ।
झूठे फोकट कलू मंझारा। रांम कहैं ते दास नियारा।
भगति नारदी मगन सरीरा। इहि विधि भव तिरि कहै कबीरा।

(सोरठि, 17, ग्रन्थावली, पृ. 312)

यह नारदी भक्ति कोई बहुत ही महिमापूर्ण वस्तु रही होगी, जिसके बिना अनहद नाच लेने तक का कोई मतलब कबीर की निगाह में नहीं है। एक पद में कहते भी हैं, क्या फायदा कैसी भी साधना का, यदि नारदी भक्ति को हृदय में नहीं व्यापने दिया। एक अन्य पद में सुझाव देते हैं, उन चरण कमलों की वन्दना करने का, जो नारद और शुकदेव द्वारा पूजित हैं। शुकदेव की महत्ता कबीर के लिए कितनी और क्यों है, यह हम इस किताब में आगे भी देखेंगे। तो, किसे कहा जाता था नारदी भक्ति कबीर के समय में? कबीर उसी को क्यों अनहद की प्रामाणिकता तक का प्रतिमान बनाते हैं? नारदीय भक्ति को जस का तस अपना लेते हैं, या उसमें अपने कवित्व का भी कुछ योगदान करते हैं?

नारद के नाम से विख्यात भक्ति सूत्रों के ऐतिहासिक कर्ता के बारे में हम कुछ भी नहीं जानते, लेकिन यह महत्त्वपूर्ण है कि इनका रचनाकाल ग्यारहवीं सदी में माना जाता है। यह भी ध्यान देना चाहिए कि जिन नारद के नाम इन सूत्रों का रचयिता इनको कर गया है, वे दासीपुत्र या कानीन संतान माने जाते हैं। नारद का नाम क्यों दिया इन सूत्रों को, यह तो सूत्रकार ही जाने, लेकिन इन चौरासी सूत्रों से गुजरने वाला व्यक्ति यह जरूर जान जाएगा कि जिसने भी ये सूत्र रचे, वह कोई बहुत ही गहरा साधक और सार्थक प्रेमी रहा होगा।

इन सूत्रों में तार्किक सुसंगति है, लेकिन वैसी नीरसता नहीं, जैसी तार्किक अनुष्ठानों में अनिवार्य मानी जाती है। इनमें तो कविता का संगीत है। इनके अनुसार, प्रेम/भक्ति संसार से किसी तरह गुजर जाने का एक और रास्ता नहीं, बल्कि उससे तरने की प्रधान युक्ति है–जो भक्ति करता है, वही तरता है वही तारता है–

स तरति स तारयति...। ये सूत्र वैष्णव सूत्र कहे जा सकते हैं लेकिन किसी सम्प्रदाय से सम्बन्धित होने के अर्थ में नहीं, उसी व्यापक अर्थ में, जिसकी चर्चा हम 'कासी बसै जुलाहा एक' अध्याय में कर चुके हैं। ये सूत्र किसी भी वैष्णव सम्प्रदाय का न खंडन करते हैं न मंडन। इनकी रुचि वैष्णव शास्त्र की मान्यता पाने में नहीं, मूलभूत मानवीय प्रेम की महिमा बखानने में है। आधुनिक विद्वान अपने ढंग से इस बात को नोट भी करते हैं–इन सूत्रों को भावुकता-प्रधान और शांडिल्य के सूत्रों को दर्शनपरक बताया जाता है। यह भावुकता ही नारद के सूत्रों की सबसे बड़ी सम्भावना है, शास्त्र, सम्प्रदाय, खंडन-मंडन से निर्लिप्त रहते हुए प्रेम के आत्मानुभव को अलौकिक में बदलने की सम्भावना। शांडिल्य के अनुसार भक्ति ईश्वर में परमानुरक्ति को कहते हैं–''सा परानुरक्तीश्वरे''। नारद भक्ति के लक्ष्य को आत्माराम में बदल देते हैं–'सात्वस्मिनपरमप्रेमरूपा' (सूत्र 2) प्रेम इसमें, निस्सन्देह ईश्वर में, लेकिन इस ईश्वर में। नारद के अनुसार आत्माराम की स्थिति ही साध्य है, साधना का लक्ष्य है–'तदेव साध्यतां' (सूत्र 42)।

भक्ति को ''इसमें प्रेम'' कह कर परिभाषित करने वाले नारद भक्त के बारे में यह भी कहते हैं–मस्त हो जाता है, वह उसे पाकर, आत्माराम में बदल जाता है–''यज्ज्ञात्वा मत्तो भवति, लब्धो भवति, आत्मारामो भवति'' (सूत्र 6)। वही बात–'मंगता बन कर मांगन लागा, देने वाला तू का तू'। घट-भीतर के राम को पहचानना जिन कबीर के लिए सबसे बड़ी चुनौती है, उनका नारद के आत्माराम से लगाव स्वाभाविक है। नारद कृत भक्ति-परिभाषा प्रेम की अकथ कहानी का बखान ही है। प्रेम के आत्माराम और साथ ही दूसरों को तार सकने वाले अनुभव का बखान। अनेक भक्तों के नाम गिनाते हैं नारद लेकिन सैद्धान्तिक धरातल पर प्रतिमान होने का गौरव गोपियों की भक्ति को ही देते हैं–'यथा व्रजगोपिकानाम्'।

नारद के अनुसार भक्ति को किसी शास्त्रप्रमाण की जरूरत नहीं है। शास्त्र में बताई गई हो, तभी वाजिब होगी, ऐसी मजबूरी भक्ति के साथ नहीं, क्योंकि वह तो स्वयं शास्त्र क्या, तीनों सत्यों से भी अधिक महिमामयी है–'त्रिसत्यस्य गरीयसी' (सूत्र 81)। स्वाभाविक है कि वह अपना प्रमाण आप है, उसे किसी और प्रमाण की जरूरत नहीं, वह स्वयंसंवेद्य है, आत्मविचार है, शास्त्रनिर्भर अनुचिन्तन नहीं–'प्रमाणांतरस्यानपेक्षत्वात् स्वयं प्रमाणत्वात्' (सूत्र 59)। वेद का खंडन करने में नारद की रुचि नहीं, लेकिन भक्तिमार्ग पर चलने में न वेद की परवाह करनी चाहिए न लोक की, इतना वे जरूर पुरजोर ढंग से कहते हैं–''निरोधस्तु लोकवेदव्यापारन्यासः' (सूत्र 8)। यही नहीं,–''कस्तरति कस्तरति मायाम्''? (सूत्र 46) इस प्रश्न के उत्तर में नारद बताते हैं–जो एकान्त सेवन करे, ममता के सम्बन्धों से मुक्ति प्राप्त करे, लोकबन्धनों से मुक्त हो जाए, और जो वेदों तक से संन्यास ले ले, केवल अविच्छिन्न अनुराग बनाए रखने की साधना करे, वही तरता है, वही दूसरों को भी तारता

है–''वेदानपि सन्नयस्यति केवलमविच्छिन्नानुरागम् लभते। स तरति, स लोकांस्तारयति'' (सूत्र 49, 50)। ऐसी भक्ति, ऐसे प्रेम का स्वरूप अनिर्वचनीय के अलावा क्या हो सकता है? उसे गूँगे के गुड़ के अलावा क्या कहा जा सकता है–''मूकास्वादनवत्'' (सूत्र 52), यह प्रेम किसी किसी घट (पात्र) में ही प्रकाशता है–'प्रकाशते क्वापि पात्रे' (53)।

और ऐसी अनिर्वचनीय भक्ति के निर्वचन में यह कहे बिना भी कैसे रहा जा सकता है कि इसमें जाति-कुल का कोई महत्त्व नहीं, इसमें व्यर्थ वाद-विवाद की गुंजाइश नहीं–''नास्ति तेषु जातिविद्यारूपकुलधनक्रियादि भेदः। यतस्तदीयाः। वादो नावलम्ब्यः''। (72, 73, 74)

अपनी भक्ति को नारदी कहने वाले, उसे हृदय में स्थान न देने वालों की कठोर आलोचना करने वाले कबीर शांडिल्य का नाम तक नहीं लेते, वजह अज्ञान नहीं, चुनाव है। शांडिल्य के भक्तिसूत्र परम्परा में कही अधिक मान्य रहे हैं। लेकिन हैं वे शास्त्रोक्त भक्ति के ही सूत्र, नारद की तरह काव्योक्त भक्ति के नहीं। उनका बल प्रेम पर नहीं, मर्यादा पर है। शांडिल्य 'पितावत् श्रुति की रचना करने वाले' परमात्मा के हवाले से भक्ति सम्बन्धी जिज्ञासा का समाधान करते हैं। 'उस' परमात्मा के प्रति 'एकभाव' का रेखांकन करने के लिए गीता का साक्ष्य देते हैं। फिर से कहें, नारद शास्त्रों का खंडन नहीं करते, लेकिन उनका बल शास्त्रप्रमाण पर नहीं, सहज प्रेम के आत्मानुभव पर है। शांडिल्य और नारद के बीच बलाघात का यह फर्क कबीर के लिए निर्णायक महत्त्व का है।

खुद कबीर और नारद के बीच फर्क यह है कि नारद की वाद-विवाद में कोई रुचि नहीं, और कबीर विवादमूलकता के अद्वितीय साधक हैं। नारद जातिभेद या वेदप्रामाण्य की उपेक्षा से ही संतुष्ट हैं, कबीर जोर से जिरह करते हैं। यह फर्क व्यक्तिगत स्वभाव का तो है ही, सामाजिक स्थिति और और ऐतिहासिक परिवेश का भी है।

लेकिन फर्क से ज्यादा मानीखेज है सरोकारों की निरन्तरता। नारद के भक्ति सूत्र काव्योक्त भक्ति का मार्मिक घोषणापत्र हैं। यहाँ सर्जनात्मक चेतना किसी सिद्धान्त या शास्त्र का काव्यानुवाद करने की बजाय, स्वयं अपने प्रस्थान की तलाश कर रही है। अनिर्वचनीय को कहने की बेचैन हौंस, जैसे अपने लिए उपयुक्त भाषा की तलाश कर रही है, और कह रही है कि शास्त्र के साथ इस भाषा का सम्बन्ध बराबर वालों के मुखामुखम जैसा होना चाहिए, आचार्य द्वारा निरूपित ब्रह्म को लोकप्रिय बनाने वाले गायक जैसा नहीं।

ठीक यही बात कबीर उस पद में कह रहे हैं, जिसमें आने वाली एक पंक्ति–'तुम जिनि जानौ यह गीत है, यह तो निज ब्रह्म विचार'–को आम तौर से उनके कवि न होने के अकाट्य प्रमाण, आत्मसाक्ष्य के रूप में पढ़ा जाता है। इस पद में कबीर असल

में कह यह रहे हैं कि जिस अर्थ में गीत शब्द का प्रयोग किया जाता है, उसमें मेरी कविता गीत नहीं है, क्योंकि यह किसी आचार्य द्वारा निरूपित ब्रह्म का लोक-प्रचार नहीं, मेरा अपना ब्रह्म-विचार है। मेरे गीतों में ब्रह्म-विचार बाहर से नहीं आ रहा, वह मेरी भक्ति की, काव्य-संवेदना की सत्ता में अन्तर्निहित है। कबीर इस पद में वह बात बयान कर रहे हैं, जो करते वे अपने समूचे काव्य-कर्म में हैं। निजी प्रेमानुभव को, भक्ति माने भागीदारी की सार्वजनीन भाषा में रखते हुए कबीर आप ही आप विचारने से होने वाले आनन्द में डूबने का न्यौता दे रहे हैं। वे रेखांकित कर रहे हैं कि मेरे लिए ब्रह्मविचार और गीत का सम्बन्ध ब्रह्म-निरूपण करनेवाले आचार्य और गायन करनेवाले कवि के सम्बन्ध से अलग काव्योक्त भक्ति की अपनी पहचान का सम्बन्ध है। मेरा ब्रह्मविचार मेरे गीत में ही है, और मेरा गीत ही मेरा ब्रह्मविचार है। काव्योक्त भक्ति के ब्रह्मविचार की खूबी कबीर के शब्दों में यह है कि इसमें परस्पर अपवर्जी (एक्सक्लूसिव) समझी जानेवाली चीजें भी साथ ही साथ सध जाती हैं, योग भी, भोग भी, गीत भी, ब्रह्म भी :

एक जुगति एक ही मिलै, किंवा जोग कि भोग।
इन दुन्यूँ फल पाइए, राम नाम सिधि जोग रे।
प्रेम भगति ऐसी कीजिए, मुखि अमृत बरिसै चन्द।
आप ही आप बिचारिए, तब केता होइ अनन्द रे।
तुम्ह जिनि जानौ यह गीत है, यह तो निज ब्रह्म विचार।
केवल कहि समझाइया, आतम साधन सार रे।

(गौड़ी 5, ग्रन्थावली, पृ. 143)

स्वाभाविक ही था कि आम तौर से काव्योक्त भक्ति की साधना निर्गुणपन्थियों ने की, लेकिन कुछ सगुणमार्गी भी अपनी भक्ति को किसी सम्प्रदाय या सिद्धान्त का काव्यानुवाद बनाने की बजाय भक्ति की, काव्योक्त भक्ति की स्वायत्तता पर बल देते थे। मीराबाई की संवेदना तो निर्गुणी संवेदना के बहुत निकट है ही, 'द्वितीय सेतु जगतरण कियो' अध्याय में हमने देखा है कि स्वामी हरिदास और हितहरिवंश के अनुयायी भी अपनी भक्ति-राधना का स्वतन्त्र अस्तित्व मानते थे, सवाई जयसिंह के आदेशानुसार उन्हें भी चतुःसम्प्रदायों में से किसी एक के साथ सम्बन्ध जोड़ना आवश्यक था। उस विषम परिस्थिति में हरिदास के अनुयायी विरक्त साधुओं ने निम्बार्क सम्प्रदाय से और गृहस्थ गोस्वामियों ने विष्णुस्वामी सम्प्रदाय से अपना-अपना सम्बन्ध स्थापित किया। जिन्होंने ऐसा न करने का फैसला किया, उन्हें राजा जयसिंह और उसके स्मार्त्त सलाहकारों का कोपभाजन बनना पड़ा।

काव्योक्त भक्ति के, सर्जनात्मक शब्द की स्वायतत्ता के ऐसे साधकों पर ध्यान देने से मालूम पड़ता है कि भक्ति-संवेदना के इतिहास पर, उसमें अपनाई गई परिभाषाओं और धारणाओं पर पुनर्विचार करना कितना जरूरी है।

3. *'जेती औरति मरदाँ कहिए' : वर्णाश्रम बनाम मानवाधिकार*

मानवाधिकार की धारणा ठेठ आधुनिक धारणा है। ईश्वर या इतिहास द्वारा श्रेष्ठता के लिए चुन लिये गए समुदाय से जुड़े होने के कारण कुछ लोगों को विशेषाधिकार प्राप्त हैं, यह एक धारणा है। हर मनुष्य के कुछ न्यूनतम अधिकार तो हैं ही, भले ही उसकी राष्ट्रीयता, नस्ल या लिंग कुछ भी हो, यह मानवाधिकारवादी धारणा है। मानवाधिकारों में असहमति और अभिव्यक्ति के अधिकार को विशेष महत्त्वपूर्ण माना जाता है, क्योंकि यह समूची धारणा ही व्यक्ति-सत्ता की स्वीकृति पर आधारित है। किसी भी पहचान से परिभाषित होने के पहले मानव होने भर के कारण हर मानव व्यक्ति है, और इस व्यक्तित्व की अभिव्यक्ति के खामखाह दमन का अधिकार किसी भी पहचान—सामाजिक, धार्मिक या राजनैतिक—से परिभाषित होनेवाली सत्ता को नहीं दिया जा सकता।

मानवाधिकार का विचार हर मनुष्य में निश्चित मानवीय गौरव की उपस्थिति को निर्विवाद मानता है। इस गौरव का होना जाति, नस्ल, धर्म या जेंडर पर निर्भर नहीं करता। समाज और राजसत्ता इस बुनियादी गौरव को स्वीकार करें, यह मानवाधिकार है। जन्मगत भेदभाव से मुक्ति मानवाधिकार है। अपनी व्यक्ति-सत्ता में निहित सम्भावनाओं के साक्षात्कार में सहायक सामाजिक पर्यावरण की प्राप्ति मानवाधिकार है। समाज बहुत सम्पन्न हो या न हो, मानवाधिकारों के प्रति संवेदनशील तो उसे होना ही चाहिए। मानवाधिकार भौतिक रूप से सम्पन्न समाजों की ऐयाशी नहीं, नागरिकता की अवधारणा और लोकतन्त्र मात्र का मूल आधार है। यह सामाजिक सम्बन्धों और व्यवस्था का विरोधी विचार नहीं है, हाँ, निरंकुश या निरंकुश बनने को उत्सुक सत्ताओं को मानवाधिकार से चिढ़ जरूर होती है, जोकि स्वाभाविक ही है। मानवाधिकार-धारणा में निहित व्यक्ति-सत्ता की स्वीकृति का अर्थ समाज-निरपेक्ष व्यक्तिवाद का महिमामंडन करना नहीं है। व्यक्ति-सत्ता परिभाषित ही होती है, सामाजिक सम्बन्धों से, लेकिन इन सम्बन्धों की व्यवस्था में इतनी प्रशस्तता होनी चाहिए कि व्यक्ति का मोल उसके साधुत्व (गुण) के आधार पर करे, उसकी जाति-प्रजाति-जेंडर के आधार पर नहीं।

जन्म के आधार पर व्यक्ति का मूल्यांकन करनेवाली किसी भी सोच का मानवाधिकार के विचार से मूलभूत विरोध स्वाभाविक ही है, इतना ही स्वाभाविक है, अभिव्यक्ति की स्वतन्त्रता को लेकर विभिन्न रंगों की राजसत्ताओं और विचारधाराओं का परेशान होना। मानवाधिकारों के समकालीन विमर्श में से अधिकांश के लिए मानवाधिकारों पर विचार या चिन्ता का सन्दर्भ राजसत्ता ही है। राजसत्ताओं के परस्पर और अपने-अपने देश की जनता के साथ सम्बन्धों के प्रसंग में ही, आम तौर से, मानवाधिकार की बात की जाती है। नतीजा यह होता है कि मानवाधिकार

सम्बन्धी चर्चा समाज में व्याप्त हिंसा के व्यापकतर सवाल से कट जाती है। सामाजिक संरचना मात्र में अन्तर्निहित हिंसा पर मानवाधिकार विमर्श का ध्यान नहीं जाता, उसे स्वाभाविक मानते हुए ही मानवाधिकार की बात कुछ लोग करते हैं। दूसरी ओर कुछ लोगों के लिए 'क्रान्तिकारियों' द्वारा मानवाधिकारों के हनन का तो कोई मुद्दा बनता ही नहीं, आतंकवादियों की हिंसा पर भी वे रणनैतिक चुप्पी साध लेते हैं।

मानवाधिकार का प्रतिपक्ष केवल राजसत्ता को मान लेने के कारण कुछ लोगों को मानवाधिकारों का, और संकीर्ण अस्मितावाद की राजनीति का समर्थन एक ही साँस में करने में कोई उलझन महसूस नहीं होती। वे एक तरह की अस्मितावादी राजनीति को साम्प्रदायिक और प्रतिक्रियावादी कहते हुए, अपनी मनचीती अस्मितावादी राजनीति को परम-प्रगतिशील सिद्ध कर दे सकते हैं, भले ही ऐसी राजनीति केवल 'अन्यों' को ही नहीं, स्वयं अपने ही समुदाय की स्त्रियों को भी 'ठीक' कर देने पर घोषित रूप से आमादा हो। सार्वभौम मानवीय मूल्यों को जो स्वीकार नहीं करते, उनका मानवाधिकार प्रेम फूहड़ सापेक्षतावाद की गिरफ्त में आ ही जाता है। एक बिरादरी की पंचायत विधवा-दहन का, या प्रेमियों की फाँसी का फरमान सुनाए तो ऐसे लोग तिलमिला उठते हैं, लेकिन जिस बिरादरी को इन लोगों के हिसाब से, इतिहास-देवता ने प्रगतिशील भूमिका अता फरमा रखी है, उसकी पंचायत ऐसी कोई हरकत कर दे तो ऐसे मानवाधिकार-प्रेमियों के मुँह में दही जम जाता है।

उत्तर-आधुनिकतावाद के इस दौर में सामाजिक-सांस्कृतिक अस्मिताओं की विशिष्टताओं पर बहुत बल है, 'यूनिवर्सल' को संदिग्ध ठहराया जा चुका है, बोलबाला सापेक्षतावाद का है। ऐसे में स्वाभाविक ही है कि दिसम्बर, 1948 के मानवाधिकार घोषणापत्र को ईसाइयत/यूरोपियत में रचा-बसा बताते हुए कुछ लोगों ने मानवाधिकारों की इस्लामी अवधारणा की बात शुरू कर दी है।[10] खासकर इस प्रश्न के सन्दर्भ में कि अभिव्यक्ति की स्वतन्त्रता और धार्मिक आस्था के बीच क्या सम्बन्ध होना चाहिए? पिछले अध्याय में की गई धर्म-चर्चा को याद करें तो इस सवाल की गम्भीरता समझी जा सकती है, और कबीर जैसों की धर्मेतर अध्यात्म की खोज का महत्त्व भी। धर्मसत्ता अपनी वैधता का जो दावा करती है, कबीर का धर्मेतर अध्यात्म उसकी जड़ पर ही चोट करता है, और मानवाधिकार की ऐसी सम्भावना का भी संकेत करता है, जो आजकल के प्रचलित अर्थ में न तो सेकुलर है, और न धर्माधारित। कबीर और दूसरे निर्गुण संतों की ज्ञानमीमांसा से मानवाधिकार की सार्वभौम, सार्वजनीन (यूनिवर्सल) धारणा ही निकल सकती है, हिन्दू, इस्लामी या कबीरपंथी नहीं।

मानवाधिकार-विमर्श की यूरोकेन्द्रिकता का विरोध करने के नाम पर विभिन्न प्रकार की अस्मितावादी राजनीति विभिन्न पारंपरिक समाज-सत्ताओं और तंत्रों की

मनमानी को जायज न भी ठहराए, तो उसकी ओर से आँखें तो मूँद ही लेती है। वह अस्मिता के नाम पर राजनीति करने वालों की फासिस्ट फैंटेसियों को रेशनलाइज करने का भी काम करने लगती है। अपने समाज में ही प्रमियों को फाँसी चढ़ाती पंचायतों को और चुप्पी साधते राजनेताओं, मानवाधिकार कार्यकर्ताओं को याद कर लें तो पहली बात समझ में आ जाएगी और वेलेंटाइन डे मनाने वालों को, बुर्का न पहनने वालियों को सबक सिखाने पर आमादा रणबाँकुरों को याद कर लें, तो दूसरी। मानवाधिकार का सार्थक, प्रामाणिक विमर्श सार्वभौम मानवीय मूल्यों और आकांक्षाओं की स्वीकृति पर ही आधारित हो सकता है, अस्मितावादी राजनीति और नैतिक सापेक्षतावाद मानवाधिकार-विमर्श का केवल रणनैतिक उपयोग ही कर सकता है, करता ही है।

निर्गुण भक्ति में यह उत्तेजक संभावना है कि मानवाधिकार का ऐसा विमर्श विकसित हो, जो अस्मितावादी राजनीति की फैंटेसियों और यूरोप की अहम्मन्यता का प्रतिवाद एक साथ कर सके। यह एक सचाई है कि इस समय जिसे ''पारंपरिक'' भारतीय सोच कहा जाता है, उसमें भी, और हमारे सामाजिक-राजनैतिक जीवन में भी, व्यक्ति-सत्ता की स्थिति काफी कमजोर है। पारंपरिक वर्णाश्रमवादी सोच तो इसका मुख्य कारण है ही, लगभग उतना ही महत्त्वपूर्ण कारण औपनिवेशिक ज्ञानकांड और सत्ता का हस्तक्षेप भी है, जिसने भारतीय इतिहास में, देशज आधुनिकता के विकास को अवरुद्ध और जड़ता की शक्तियों को प्रोत्साहित करने की वस्तुनिष्ठ रूप से, प्रतिक्रियावादी भूमिका निभाई।

कबीर के पहले, अश्वघोष से लेकर सरहपा तक की वाणी वर्णाश्रमवाद का प्रखर विरोध करती है। कबीर और उनके समकालीन संतों को विरोध की इस परंपरा का बल विरासत में मिला, साथ ही जन्मगत भेदभाव, धर्मसत्ता के एक और रूप—इस्लाम—से भी उनका पाला पड़ा। इन लोगों ने किसी एक तरह के नहीं, हर तरह के मानवाधिकार-विरोधी तर्क का प्रतिवाद किया। जन्माधारित भेदभाव के किसी रूप को कोई रणनैतिक कंसेशन कबीर जैसे विचारक नहीं देते। ''जो तू बांभन बांभनी जाया, तो आन बाट काहे नहीं आया'' जिस पंक्ति में कहते हैं, उसकी अगली पंक्ति में कबीर यह भी कहते हैं—''जो तू तुरक तुरकनी जाया, भीतरि खतना क्यूं न कराया''। बात, कबीर के अनुसार यही है कि कोई मनुष्य न हिन्दू होने के कारण हीन है, न मुसलमान होने के कारण। हीन (कबीर का शब्द है—'मद्धिम') यदि कोई है तो नैतिक कारणों से ही है। कबीर की नैतिक रहनि का प्रतिमान सब जानते ही हैं—राम। सो, ''कहै कबीर मद्धिम नहीं कोई, सो मद्धिम जा मुख राम न होई''।

मुख में राम का होना, कबीर के अनुसार, निश्छल और समतापरक जीवन जीने का, 'समता सी वस्तु' की खोज का, उसके लिए संघर्ष का रूपक है। छुआछूत मानने वालों के सामने कबीर तिलमिला देने वाले सवाल तो रखते ही हैं, याद भी दिलाते हैं

कि बुनियादी छूत माया की ही है। जो मायामुक्त हो चुका हो, वही छुआछूत से मुक्त होने की बातें करे–"कहहिं कबीर ते छूति विविर्जत जिनके संग न माया"। जैसी 'अपवित्रता' के आधार पर छूत-छात को जायज ठहराया जाता है, उसके बारे में कबीर 'पांडे' को याद दिलाते हैं कि मिट्टी में शव गाड़े जाते हैं, नदियों में जलचरों का रक्त और पसीना मिलता है। जिस दुग्ध का पान पांडेजी करते हैं, वह हड्डी-चर्बी से झर-झर कर ही बनता है–"हाड़ झरि झरि, गूद गलि गलि, दूध कहाँ ते आया"। इसलिए, मायाजाल से मुक्ति का मतलब है–जन्म के आधार पर किसी को हीन (मद्धिम) समझने की बीमारी से मुक्ति पाना।

बात केवल कबीर की नहीं, सारी निर्गुण संवेदना की है। जन्माधारित मूल्यांकन का विरोध करते ये संत लोगों को, शब्दों को उनके सही आशयों तक पहुँचने की प्रेरणा और चुनौती भी देते हैं। कबीर कहते हैं–"वैष्णों भया तो का भया, बूझा नहीं विवेक"। दादू बताते हैं–"दादू काफिर जे बोले काफ। दिल आपणां नहीं राखे साफ"। भक्ति को उसके मूल आशय–भागीदारी–में स्थापित करने का निर्गुण संतों का प्रयत्न इसी चुनौती को स्वीकारने का प्रमाण ही तो है। भक्ति के इस आशय को रेखांकित करने वाले संतों के लिए उच्चतर जाति पुराहितों या योद्धाओं की नहीं, उन निर्मल चित्त साधकों–'हरिजनों'–की है, जिनके पीछे-पीछे स्वयं भगवान फिरते हैं–"हरिजन सई न जाति"। कबीर जैसे साधकों के लिए पाप का अर्थ है–न्यूनतम, सार्वभौम नैतिकता का उल्लंघन और नैतिकता को बनाए रखने वाले तत्त्व हैं–प्रेम, विवेक, पारख और भावभगति। इनकी निरंतरता बनाए रखना मनुष्य का और व्यवस्था का कर्तव्य है, और अपनी संभावनाओं का विस्तार करने का अवसर पाना मानव मात्र का अधिकार।

कबीर और अन्यों की काव्योक्त भक्ति में हम व्यक्ति-सत्ता की अभिव्यक्ति भी देखते हैं, और विकल्प खोजने की छटपटाहट भी। यह भक्ति राम के विरह और मिलन के आनंद तक सीमित नहीं, निज ब्रह्म विचार भी है, और समाज-विचार भी।

मानवाधिकार का समकालीन विमर्श यदि भारत की देशज आधुनिकता में पनपी काव्योक्त भक्ति की संवेदना और ज्ञानमीमांसा के साथ विवेकपूर्ण संवाद करे, तो उसे गहराई और व्यापकता दोनों ही प्राप्त होंगी। इस संवाद से वे लोग निश्चय ही 'आत्मविचार' की प्रेरणा पाएँगे, जो 'अन्य' द्वारा की जा रही हिंसा को अनैतिक मानते हैं, और 'आत्म' की हिंसा को स्वाभाविक।

जरूरत कबीर की संवेदना के साथ विवेकपूर्ण संवाद करने की है, हर बात में, हर हाल में उसके महिमामंडन की नहीं। रिश्ता 'जेती औरति मरदां कहिए सबमें रूप तुम्हारा' कहने वाले कबीर के नारी-निंदक संस्कार से बनाना है, या कविता में नारी रूप धारती उनकी कवि-संवेदना से–यह फैसला उनके आज के पाठक को स्वयं ही करना होगा।

सन्दर्भ

1. वासुदेवशरण अग्रवाल, 'पाणिनिकालीन भारतवर्ष', चौखम्बा विद्याभवन, वाराणसी, 1969, पृ. 4
2. वही, पृ. 349
3. *'दि निघंटु एंड दि निरुक्त'*, (पुनर्मुद्रण), मोतीलाल बनारसीदास, दिल्ली, 1984
4. आचार्य विनयमोहन शर्मा, *'हिन्दी को मराठी संतों की देन'*, बिहार राष्ट्रभाषा परिषद, पटना, 2005 (द्वितीय संस्करण), पृ. 270
5. नामवर सिंह, *'दूसरी परंपरा की खोज'*, राजकमल प्रकाशन, नयी दिल्ली, 1982, पृ. 82
6. रामचंद्र शुक्ल, 'सूरदास', नागरी प्रचारिणी सभा, काशी, पृ. 16
7. वही पृ. 18
8. हजारीप्रसाद द्विवेदी, 'मध्यकालीन धर्म-साधना', (ग्रन्थावली-5), राजकमल प्रकाशन, नयी दिल्ली, 1981, पृ. 253
9. कृष्णा शर्मा, *'भक्ति एंड दि भक्ति मूवमेंट : ए न्यू पर्सपेक्टिव'*, मुंशीराम मनोहरलाल, दिल्ली, 1987, पृ. 162-197
10. ज़ियाउद्दीन सरदार की पुस्तक 'पोस्टमॉडर्निज्म एंड दि अदर : दि न्यू इंपीरियलिज्म ऑफ वेस्टर्न कल्चर' (प्लूटो प्रेस, लंदन, 1998) ''इस्लामी पोजीशन'' को काफी विवादमूलक और आक्रामक ढंग से प्रस्तुत करती है। यूरोपीय अहम्मन्यता के विरुद्ध, अस्मितावादी राजनीति का समर्थन करते सरदार ही नहीं, और भी बहुत से लोग उसी समस्या की गिरफ्त में हैं, जिसकी चर्चा हमने दूसरे अध्याय में की है। 'ओरियंटलिज्म' का विरोध करने के लिए 'ऑक्सिडेंटलिज्म' का सहारा लेना। यूरोप के साम्राज्यवाद का विरोध करने के लिए गैर-यूरोप की घोर प्रतिक्रियावादी प्रवृत्तियों का समर्थन करने लगना—उनके प्रवक्ता बन जाने की हद तक। इसी का एक रूप हमारे अपने समाज में जाति की राजनीति और विमर्श में देखा जा सकता है।

अध्याय : आठ

'बालम आव हमारे गेह रे...' : कबीर का नारी रूप

कबीर प्रीतड़ी तौ तुझ सों बहु गुणियाले कंत।
जे हँसि बोलौं और सों तौ नील रँगाऊँ दंत॥

(ग्रन्थावली, दास, निहकर्मी पतिव्रता कौ अंग 1, पृ. 35)

हँसि हँसि कंत न पाइए, जिनि पाया तिन रोइ।
जो हाँसे ही हरि मिलैं, तौ नहीं दुहागिन कोइ॥

(ग्रन्थावली, दास, विरह कौ अंग 29, पृ. 7)

हो बलिया कब देखोंगी तोहि।
अह निस आतुर दरसन कारनि, ऐसी व्यापै मोहि॥
नैन हमारे तुम को चाहें, रति न मानै हार।
बिरह अगनि तन अधिक जरावै ऐसी लेहु बिचारि॥
सुनहुँ हमारी दादि गुसाईं अब जिन करहु बधीर।
तुम धीरज मैं आतुर स्वामी, काचै भाँड़े नीर॥
बहुत दिनन के बिछुरे माधौ, मन नहीं बाँधै धीर।
देह छताँ तुम मिलहु कृपा करि, आरतिवंत कबीर॥

(ग्रन्थावली, दास, पद 305, पृ. 143)

उपर्युक्त पदों और साखियों को पढ़कर उलझन होती है। ये कविताएँ क्या सचुमच उसी कवि की हैं, जिसने नारी की घोर निन्दा भी की है? 'ग्रन्थावली' का एक पूरा अंग–'कामी नर को अंग' ऐसी ही साखियों का संकलन है, जिसमें साधना में आने वाले वासना के खतरों का रूपक नारी को मान लिया गया है। अन्यत्र भी ऐसी पंक्तियाँ मिलती ही हैं, जिनमें कबीर साधक को नारी से बचने की चेतावनी देते हैं।

नारी का नारीत्व यदि साधना में ऐसा बाधक है, तो परमात्मा के प्रति अपने समर्पण को नारी के प्रेमाकुल समर्पण का, और परमात्मा से दूर होने की अपनी मजबूरी को नारी की विरह वेदना का मुहावरा देने की क्या जरूरत है? यदि नर नारी

का परस्पर कामज आकर्षण इतना ही पापपूर्ण है तो राम को 'बालम' कहकर उन्हें पाप में घसीटने की क्या जरूरत है? क्या कारण है कि अपने प्रेम और विरह की तीव्रता को व्यक्त करने के लिए पुरुष कबीर कविता में लगभग हर जगह नारी बन जाते हैं? क्या कारण है कि इस तीव्र आकुलता की अभिव्यक्ति निर्भ्रान्त रूप से कामपरक-एरॉटिक-शब्दावली और चित्रों में होती है! क्या कारण है कि प्रेम की सम्पूर्णता तभी सम्भव लगती है कि कबीर रूपी नारी और बालम रूपी राम केवल 'सबद' में ही नहीं 'देह' में भी एकमेक हो जाएँ, अन्यथा–'एकमेक ह्वै सेज न सोवै तब लगि कैसा नेह रे?'

कोई तो कारण होना चाहिए कि भक्त मन की अबूझ, असहनीय आतुरता का आर्त्तनाद व्यंजित करने के लिए कबीर नारी रूप धारण करके प्रेम के काव्यानुभव में जाते हैं। और वह आर्त्तनाद इस बेहिचक शब्दावली में प्रकट होता है–'रति न मानै हार', ऐसे बिम्ब का रूप लेता है, जिसके अर्थ की लहरें भावक के मन में लोमहर्षक पीर की तरह फैलती ही जाती हैं–'तुम धीरज मैं आतुर स्वामी–काचै भाँड़े नीर।' कच्चे घड़े को गलाकर जिस तरह पानी फूट पड़ता है–वैसे ही कबीर की आतुरता फूट पड़ने को है–जीवन तक को समाप्त करके। इस आतुरता की अभिव्यक्ति करने के लिए पुरुष कबीर स्त्री बन गए हैं, या ऐसी आतुरता की अनुभूति ही पुरुष मात्र में एक तरह का स्त्रीत्व उद्‌बुध कर देती है? क्या यह 'अरध सरीरी नारि' के शाश्वत सत्य का सहजबोध नहीं है? ऐसा सहजबोध जिसे विभिन्न प्रकार की विचारधाराओं से रंजित ज्ञान-मीमांसाएँ छिपाती रहती हैं–और जो कविता की अपनी सहज, निगूढ़ ज्ञान प्रक्रिया में कबीर जैसे कवि के सर्जनात्मक मन में अपनी अपरिहार्यता और गरिमा के साथ एकाएक उद्‌भासित हो जाता है।

स्त्री के प्रति आकर्षण को साधक की सबसे बड़ी समस्या मानना, स्त्री के प्रति आकर्षण से साधक को विरत करने के लिए स्त्री मात्र को भयावह और तिरस्करणीय छवि देना; उसकी छाया मात्र से भुजंग के अन्धे हो जाने का बयान करना–और दूसरी तरफ साधना के गहनतम धरातल पर नारी की बानी बोलने लगना, प्रेम के समूचे प्रसंग को नारी की निगाह से देखने लगना, मिलन की आतुरता और विरह की व्यथा को स्त्री की तरह महसूसना–कबीर की काव्यसंवेदना की यह फाँक गौरतलब है। इस फाँक को पढ़ने के लिए अब तक अपनाई गई आलोचनात्मक युक्तियाँ इसका अर्थ खोलने में बहुत सहायता नहीं करतीं। एक युक्ति यह है कि नारी निन्दा के असुविधाजनक अंशों को या तो 'प्रक्षिप्त' कह दिया जाए; या फिर किसी-न-किसी तरह उन्हें 'रेशनलाइज' किया जाए। जहाँ तक प्रक्षिप्त होने-न-होने का सवाल है–कबीर (या मौखिक से लिखित परम्परा के बीच आवाजाही करने वाले किसी भी कवि) के प्रसंग में प्रामाणिक और प्रक्षिप्त पाठ की बहस की सार्थकता-निरर्थकता

अपनी जगह—लेकिन उसे सार्थक ही मान लें तो भी पाठ निर्धारण का यह तरीका एकदम बेतुका है कि मनचाहे को प्रामाणिक कह दिया जाए और अनचाहे को प्रक्षिप्त। यह तरीका कवि को मसीहा या धर्मप्रवर्तक मानने वालों को ही रास आ सकता है—कविता के पाठकों को नहीं। जहाँ तक ऐसे 'रेशनलाइजेशन' का सवाल है कि 'साहब कबीर तो साधक को विरत करने के लिए, उसे सच्चरित्र बनाने के लिए नारी की, कामिनी की निन्दा करते रहते हैं...' तो पलटकर पूछा जा सकता है कि ऐसी स्थिति में निन्दा स्वयं साधक की क्यों न की जाए? बजाय नारी को कोसने के, उस 'चरित्र' को ही क्यों न कोसा जाए जो नारीमात्र का तिरस्कार किए बिना दृढ़ रह नहीं सकता।

एक और युक्ति यह है कि कम-से-कम स्त्री के प्रति दृष्टिकोण के मुद्दे पर कबीर और तुलसी की काव्यसंवेदना एक सी मान ली जाए। तर्क कुछ इस प्रकार है कि यदि 'नारी की झाँई पड़त अन्धे होत भुजंग' कहने वाले कवि को आप जनवादी मानते हैं तो 'ढोल गँवार सूद्र पसु नारी' के बावजूद तुलसी को प्रगतिशील क्यों न माना जाए? यह भी साथ-साथ कह दिया जाता है कि बाबा को ऐसी बातें नहीं कहनी चाहिए थीं। क्योंकि 'स्त्रियाँ भी आखिरकार मनुष्य हैं, उनका जी दुख सकता है।' यह आलोचनात्मक दृष्टि जितने कृपाभाव से स्त्रियों को भी 'आखिरकार मनुष्य' मान लेती है, उतने ही अधिकार भाव से यह आग्रह करती है कि सारी भक्ति संवेदना के सहज अंश के रूप में नारी-निन्दा को स्वीकार कर लिया जाए, या फिर यह मान लिया जाए कि 'जी दुखने' का खतरा न होता तो बात में दम तो है ही!

कबीर की तुलना में तुलसी अपने आधुनिक प्रशंसकों को अधिक उलझन में डालते हैं। उनकी काव्यसंवेदना आधुनिक चेतना में बद्धमूल आग्रहों के ऐन विपरीत पड़ती है। इसीलिए तुलसी के ऐसे कथनों, उनके द्वारा रचे ऐसे प्रसंगों—जो आधुनिक मानस के लिए अझेल हैं—को 'रेशनलाइज' करने के प्रयत्न बार-बार हुए हैं। कभी कहा जाता है कि ऐसे कथन, ऐसे प्रसंग तुलसी की मौलिक उद्भावना नहीं, किसी-न-किसी पूर्ववर्ती पाठ की पुनर्रचना हैं। गोया कि ऐसी पुनर्रचना में कवि के अपने चुनाव का कोई महत्त्व ही न हो। और भी रोचक तब लगता है जब ऐन इस बात के लिए तुलसी के मानवतावाद की दाद दी जाती है कि उन्होंने सीता-निर्वासन और शंबूक-वध के प्रसंगों की पुनर्रचना नहीं करने का चुनाव किया। सीता-निर्वासन की पुनर्रचना न करने के लिए साधुवाद के पात्र तुलसी हैं, लेकिन 'ढोल गँवार सूद्र पसु नारी, सकल ताड़ना के अधिकारी' लिखने का अपराध गर्ग मुनि का है—क्योंकि मूल संस्कृत श्लोक उन्हीं का है!

इसी युक्ति का एक रूप तुलसी के राम को 'सूचित' और 'चित्रित' में अलगा कर पढ़ने का आग्रह करता है। तर्क यह कि 'सूचित' पारम्परिक संस्कारों की जकड़

का वाचक है, और 'चित्रित' तुलसी की अपनी संवेदना का। बात बहुत दूर तक नहीं जा पाती। सवाल उठता है कि 'नारि हानि बिसेस छति नाहीं', 'जिमि सुतंत्र होइ बिगरैं नारी' कहने वाले या सीताहरण के बाद 'जुबती, सास्त्र, नृपति बस नाहीं' कहकर अपहृता नारी पर स्वेच्छाचारिता का आरोप लगाते राम 'सूचित' हैं या 'चित्रित'? असल में तो सवाल राम की नहीं, कवि की संवेदना का है। उसी संवेदना का जो ऐसी विदग्ध पंक्ति रचती है : 'दारुण वैरी मीचु के बीच विराजति नारि।' तुलसी की कविता ऐसा साक्ष्य नहीं देती जिससे लगे कि स्त्री के प्रसंग में उनकी काव्यसंवेदना में पारम्परिक संस्कार और कवि की अपनी भावसत्ता के बीच कोई द्वन्द्व है। तुलसी की भक्ति संवेदना से गुजरते हुए ऐसा नहीं लगता कि वहाँ नारी-निन्दा के संस्कार और नारी महिमा के स्वीकार के बीच कोई संघर्ष अनुभूति के धरातल पर चल रहा है।

यही सबसे गहरा, सबसे मार्मिक अन्तर है कबीर और तुलसी के नारी सम्बन्धी दृष्टिकोण में। एक की संवेदना नारी-निन्दा के संस्कार के बावजूद नारी महिमा को उन्मुक्त रूप से स्वीकार कर अपनी साधना की अनुभूति रचती है; दूसरे की संवेदना नारी निन्दा के संस्कार का पूर्ण आत्मसातीकरण कर लेती है।

तुलसी के प्रसंग में पूर्ववर्ती पाठों की पुनर्रचना, परम्पराप्राप्त काव्य-प्रसंगों, रूढ़ियों, मोटिव्स आदि में से चुनाव की बात करना ठीक ही है—बशर्ते हम उस चुनाव में निहित तुलसी के अपने विवेक का विश्लेषण करें—न कि अपने मनचीते चुनाव का श्रेय (या कुश्रेय) तुलसी को देने लगें। ठीक इसी तरह कबीर की काव्यसंवेदना में परम्परा प्राप्त तत्त्वों की उपस्थिति, उपलब्ध तत्त्वों में से कुछ को चुनने, कुछ को छोड़ने के सहज कवि विवेक का विश्लेषण जरूरी है। 'मसि कागद छुयो नहीं' को शब्दशः लेना उतना ही सार्थक या व्यर्थ है जितना कि 'कवित विवेक एक नहिं मोरे' को शब्दशः सत्य मान लेना। यह मान ही लिया जाए कि कबीर 'पढ़े लिखे' नहीं थे (क्योंकि संस्कृत से अनभिज्ञ थे) तब भी कबीर की कविता स्वयं साक्ष्य है कि उस पर विविध परम्पराओं का प्रभाव पड़ा है—और कबीर की काव्यसंवेदना ने अपने स्वभाव और विवेक के अनुकूल कुछ चुनाव किए हैं—जैसे कि किसी भी कवि की संवेदना करती है। कबीर की साधना, शून्य की साधना है; लेकिन उनकी कविता किसी शून्य से नहीं टपक पड़ी है। किसी भी सार्थक कविता की तरह उसमें भी उपलब्ध परम्परा, संस्कारों और कवि की अपनी संवेदना का द्वन्द्व विन्यस्त है। जरूरत इस विन्यास के स्रोतों और स्वभाव को समझने की है।

नारी रूप कबीर का कहना है :

"बहुत दिनन की जोवती, बाट तुम्हारी राम।
जिव तरसै तुझ मिलन को, मन नाहीं विश्राम॥

बिरहिन ऊठै भी पड़े, दरसन कारनि राम।
मूवाँ पीछै देहुगे, सो दरसन किहि काम।''

(ग्रन्थावली, दास, विरह कौ अंग 5, 6, पृ. 6)

मिलन की यह जीवनाग्रही आतुरता शायद किसी और ढंग से भी कही जा सकती थी। स्त्री का अबाध समर्पण और उस समर्पण के सम्भव न हो पाने पर उसकी पीड़ा यदि लौकिक मानवीय सम्बन्धों में माया का जाल भर है, तो साधक को अपने अलौकिक प्रेम की व्यंजना के लिए कोई और ढंग तलाशना चाहिए। स्त्री का प्रेम यदि साधना की बाधाओं का रूपक ही है तो फिर आश्वासन देने का यह तरीका तो अटपटा ही है न :

''तोको पीव मिलैंगे, घूँघट के पट खोल रे।

सुन्न महल में दियरा बारि ले आसा सों मत डोल रे॥
जोग जुगत सो रंग महल में पिय पायो अनमोल रे।
कहैं कबीर आनंद भयो है बाजत अनहद ढोल रे।''

(कबीर वचनावली, संपा. हरिऔध, 94, पृ. 166)

इस 'अटपटेपन' से साधना शायद मुक्ति पा ले, लेकिन कविता कैसे पाएगी? साधना कविता बनती तभी है, जब वह प्रकृत मनोभूमि और स्वाभाविक भावदशाओं के अनुकूल बने। और साधना की जिस व्याकुलता को, जिस आश्वासन को साधक कवि अनुभूत और अभिव्यक्त करना चाहता है—उसकी गहराई की तुलना स्त्री-पुरुष के प्रेम के अलावा किस भाव दशा से की जा सकती है? जिस प्रेम विवशता को साधक अपनी आत्मा में जीता है, उसकी अनुभूति का सशक्ततम मुहावरा स्त्री के प्रेम के अलावा और किस स्रोत से आ सकता है? प्रेम के मनोराज्य के जिस अभाव को कवि आसपास की दुनिया में पसरा देखता है, उस अभाव की वेदना को महसूसने की श्रेष्ठतम विधि क्या उस अभाव के प्रति संवेदनशील होना नहीं है—जो 'विरहनि' की रग-रग में बजता है, लेकिन किसी को सुनाई नहीं पड़ता। अन्तरात्मा सिसकती रहती है और चेहरे पर शिकन नहीं आती :

''सब रग तंत रबाब तन, बिरह बजावै नित्त।
और न कोई सुनि सकै, कै साईं कै चित्त॥''

(ग्रन्थावली, दास, विरह कौ अंग, 20, पृ. 7)

आध्यात्मिक अभाव और प्रेम विरह को एकमेक करके साधने वाले कबीर अकेले नहीं हैं। आचार्य शुक्ल ने किंचित् तिरस्कार के साथ, विरह को 'सूफियों की रूढ़ि' कहा है। उनके अनुसार, ''भारतीय भक्त तो अपनी व्यक्तिगत सत्ता के बाहर सर्वत्र भगवान का नित्य लीला-क्षेत्र देखता है, उसके लिए विरह कैसा?''[1] शुक्लजी की टिप्पणी इस अर्थ में तथ्यात्मक है कि कबीर तथा अन्य निर्गुणपंथी

कवियों की विरह भावना का सम्बन्ध सूफी परम्परा से भी है। स्वयं को परमात्मा की दुलहिन मानना भारतीय सूफियों की प्रिय साधनात्मक युक्ति रही है। अरब और ईरान के सूफी खुद को आशिक और परमात्मा को माशूक की तरह देखते थे। यह साधनात्मक युक्ति काव्योक्ति किस दर्जे की बनती है, यह जाहिर है कि साधना की ऊँचाई पर कम, काव्यसंवेदना की गहराई पर ज्यादा निर्भर करता है। संसार में प्रेम का, सहज सम्बन्ध का जो अभाव साधक को सताता है, अपने परमात्मा से दूर होने का जो आध्यात्मिक दर्द कवि को सालता है—वहीं ऐसे बिम्ब का रूप लेता है :

कागा सब तन खाइयो चुन चुन खाइयो मांस।
दो नैना मत खाइयो पिया मिलन की आस॥

ठेठ लौकिक प्रेम के सम्बन्ध में भी आतुरता और विरह दोनों को नारी के 'आर्केटाइप' के जरिए व्यक्त करने की रूढ़ि 'प्रकृत काव्य परम्परा' में भी रही है। सूफी साधक इस रूढ़ि को आध्यात्मिक अर्थवत्ता से जोड़कर इसे साधना की युक्ति में रूपान्तरित कर देते हैं। यह युक्ति कबीर की भाव-प्रवण संवेदना में पग कर प्रेम के प्रसंग में लौकिक-आध्यात्मिक के विभाजन का निषेध तो करती ही है—साथ ही कबीर की कविता को नारी सम्बन्धी पूर्वग्रहों और नारी की प्रेम क्षमता के स्वीकार के बीच मार्मिक संघर्ष का क्षेत्र भी बना देती है।

कबीर की काव्यसंवेदना का यह द्वन्द्व बरबस हमें अन्य रचनाओं की ओर भी ले जाता है—और कुछ ज्वलन्त प्रश्नों की ओर भी।

सबसे ज्वलंत प्रश्न तो उन सभ्यताओं और संस्कृतियों की ग्रन्थियों का है जो अपने सामाजिक संगठन और सांस्कृतिक रूपाकारों में स्त्री की 'सेक्सुअलिटी' से भयभीत लगती हैं। हम आदिवासी संस्कृतियों की चर्चा तो इस प्रसंग में नहीं कर सकते—बाकी स्वयं को सभ्य कहने वाली सभी परम्पराएँ उस स्त्री से कमोबेश आतंकित लगती हैं जो देह और देवी की बजाय व्यक्ति होना चाहे। यही भय है जो नियन्त्रण की मंशा को पवित्रता के विमर्श में सँवारकर पेश करता है। स्त्री की सेक्सुअलिटी का यही आतंक है जो सेक्सुअलिटी के अबूझ तथ्य को या तो देवीपन के जरिए हानिरहित—हार्मलेस बनाने की कोशिश करता है या फिर कामिनीपन के जरिए स्त्री की सेक्सुअलिटी को 'ऑब्जेक्ट' में तब्दील कर देता है। स्त्री स्वयं अपनी सेक्सुअलिटी की—उसके उदात्त और स्थूल आशयों की—कर्ता स्वयं हो तो सभ्यता खतरे में पड़ जाती है, सांस्कृतिक मूल्यों का संकट खड़ा हो जाता है। अपने देश में तो और भी रोचक स्थिति है। यहाँ बहुत से महानुभाव ऐसे हैं जो राजनीति में वामपंथ और सांस्कृतिक विमर्श में दक्षिणपंथ को बड़ी ही सहजता से साध लेते हैं। जिन्हें वर्ग विमर्श के बड़े स्थूल चौखटे के बाहर किसी भी समस्या पर विचार करना कुफ्र ही लगता है। जो स्त्री को इस लायक भी नहीं मानते कि वह ऐन अपने स्त्रीत्व—अपनी

सेक्सुअलिटी–के विचार और व्यवहार की कर्त्ता स्वयं बन सके–और जो बिना किसी उलझन के स्वकीया बनाम परकीया प्रेम को पूरी गम्भीरता के साथ काव्य-प्रतिमान की हैसियत बख्श देते हैं।

ऐसी कविता बतौर सांस्कृतिक पाठ के भी महत्त्वपूर्ण है जो स्त्री को जीवन के विविध व्यापारों के कर्त्ता की स्थिति में बखानती है! ऐसी कविता और भी अधिक महत्त्वपूर्ण है जो प्रेम और रति सरीखे नाज़ुक, आत्मीय प्रसंगों को नारी के कोण से अनुभूति और अभिव्यक्ति का विषय बनाती है। वजह यह कि स्त्री-पुरुष का प्रेम गढ़ी-गढ़ाई सामाजिक मर्यादाओं के लिए चुनौती बन जाता है। परिवार के सम्बन्धों और सामाजिक अस्मिता की परिभाषाओं से बँधा व्यक्तित्व अपने होने का–अपने निजी व्यक्तिभाव का–पहला बोध शायद पहले प्रेम में–किशोरावस्था के प्रेम में ही पाता है। इसीलिए पहला प्यार भुलाए नहीं भूलता। लाख जतन कर लें लेकिन 'लरिकाई को प्रेम' चित्त से दूर नहीं होता। अपने व्यक्तित्व का मोल पहचनवा देने वाला प्रेम किसी भी स्त्री या पुरुष के लिए स्वर्णपात्र से ढँके सत्य के अनावृत्त साक्षात्कार का-सा अनुभव है। ऐसा अनमोल अनुभव जिसका मोल प्रेमीजन शब्दशः अपने प्राणों से चुकाते आए हैं। जाति पंचायतों के तुगलकी फरमानों के शिकार आज तक बन रहे हैं!

किसी के अदम्य आकर्षण का केन्द्र होना, किसी के जीवन का सार होना–अपने होने की सार्थकता का इससे सघन अनुभव भला क्या हो सकता है? फिर स्त्री-पुरुष का प्राकृतिक आकर्षण! कवि तो खैर जानते ही हैं। साधक भी अपनी साधना के निविड़ एकान्त में अनुभव करते हैं कि यदि सामाजिक परिणतियों को एक पल के लिए स्थगित कर दें तो स्त्री-पुरुष और भक्त-भगवान के प्रेम में कोई वास्तविक अन्तर है नहीं। अनुभूति एक ही है–व्याख्या और संप्रेषण की सुविधा के लिए भले ही आप उसे लौकिक और आध्यात्मिक में विभाजित कर लें। या एक कदम और बढ़ाकर 'लौकिक' को पाप, 'आध्यात्मिक' प्रेम को परम साध्य कह लें। कुछ भी कर लें, लेकिन वास्तविकता यही है कि :

> "...संसार भर में प्रेम से अधिक संदिग्ध कुछ भी नहीं। न मनुष्य, न शैतान। वजह यह कि जितनी गहराई से प्रेम आत्मा में पैठता है, और कुछ नहीं। हृदय को प्रेम जैसे भरता है, जैसे बाँधता है–कोई और चीज नहीं बाँधती, नहीं भरती। प्रेम आत्मा को अनंत भूल-भुलैया में ले जाता है–इसलिए जरूरी है कि आपके पास इसे काबू में रखने के अस्त्र-शस्त्र हों। ध्यान रहे कि ये बातें सिर्फ वासनापूर्ण प्रेम पर लागू नहीं होतीं। वह तो है ही शैतान की खुराफात–लेकिन कितना भी डरावना लगे–सच है यही कि स्त्री-पुरुष का प्रेम, यहाँ तक कि ईश्वरीय प्रेम भी उतना ही भयावह है, जितना कि पापपूर्ण प्रेम।" (अंबर्टो ईको के उपन्यास 'नेम ऑफ दि रोज' में फादर अबरटिनो का एक कथन)[2]

व्यक्तित्व के हनन पर आधारित मर्यादा; प्रतिष्ठान का रूप ले चुकी आस्था की मान्यताओं, प्रेम के प्रति उसके सन्देह और भय का दुर्लभ रूप से दो टूक बयान है यह कथन। समस्या उन मनुष्यों की है जो आत्मा को अनन्त की भूल-भुलैया में ले जाने का जोखिम उठाना चाहते हैं। जो प्रेम को 'आतम साधन सार' में रूपान्तरित कर देना चाहते हैं। ऐसे मनुष्य अनजाने ही उस 'मर्यादा' से जिरह करने की स्थिति में आ जाते हैं, उसके 'इंटेरोगेटर' बन जाते हैं जो या तो प्रेम के नाममात्र से बिदकती है या फिर उसे लौकिक-अलौकिक में बाँटकर उसकी प्रश्नाकुलता, उसकी जिज्ञासा-क्षमता को घटाना चाहती है। अकारण नहीं है कि संस्कृति के जिस पल में 'प्रेम' जितना पड़ा टैबू होता है, उस पल में साधना और कविता की समानान्तर दुनिया में लौकिक प्रेम का अलौकिकीकरण उतना ही अधिक होता है।

कबीर को प्रेमानुभूति में नारी रूप धारण करना पड़ता है—बल्कि कहना चाहिए, ऐसा स्वतः हो जाता है। कवि कबीर की महत्ता इस बात में है कि वे इस 'हो जाने' को संस्कारजनित, आभ्यन्तरीकृत सेंसर के हवाले नहीं करते। वे संस्कार-विचार और प्रेम-अनुभूति के इस अन्तस्संघर्ष को जितने साहस के साथ जीते हैं, उतनी ही पारदर्शिता के साथ इस अन्तस्संघर्ष के साक्ष्य अपनी कविता में छोड़ जाते हैं। कबीर के विचारजगत में जो नारी निन्दा मौजूद है, उसका स्रोत वही है जिसकी चर्चा की जा चुकी है—विचार परम्परा और उसे धारण करनेवाली संस्कृति में व्याप्त नारी की 'सेक्सुअलिटी' का आतंक! जो लोग मानते हैं कि साधना की एकनिष्ठा बनाए रखने के लिए माया उर्फ कामिनी उर्फ नारी की निन्दा आवश्यक है वे आंदाल और मीराबाई की साधना के बारे में क्या कहेंगे? इन्हें तो कहीं पुरुष मात्र की निन्दा करने की जरूरत नहीं पड़ती। वे प्रेम के लौकिक-अलौकिक विभाजन को अतिक्रान्त कर जाती हैं—अपने नारीत्व के साथ; बिना पुरुष की निन्दा किए। क्या इसलिए कि उनका स्त्रीत्व उन्हें वैसा आत्मज्ञान सहज रूप से ही दे देता है, जैसा आत्मज्ञान पाने के लिए पुरुष विचार के धरातल पर नारी को नींदता है और अनुभूति में स्वयं नारी का रूप धारता है।

बरबस याद आता है, ऐन ओकले के उपन्यास 'दि मेंस रूम' में एक पात्र का कथन :

> अपने आपका जो अहसास, जो आत्मज्ञान स्त्री को अन्ततः जिताता है : पुरुष में उसी आत्मज्ञान का अभाव होता है।

यदि प्रेम ही लक्ष्य है, और नारी-निन्दा साधक के प्रेम को एकनिष्ठ बनाए रखने की युक्ति है, तो साधक लोग सचमुच साधिकाओं से बहुत कुछ सीख सकते हैं।

कबीर को प्रेमाश्रयी नहीं ज्ञानाश्रयी बताते हुए उनकी ज्ञान प्रक्रिया को 'ज्ञान की प्रकृत पद्धति' के विपरीत बताया गया है। आइए 'प्रेमाश्रयी नहीं ज्ञानाश्रयी' कबीर की वाणी हम भी सुनें :

संतौ भाई आई ग्याँन की आँधी रे।
भ्रम की टाटी सबै उड़ाणीं, माया रहै न बाँधी॥
× × ×
कूड़ा कपट काया का निकस्या, हरि की गति जब जाणी।
आँधी पीछैं जो जल बूड़ा, प्रेम हरिजन भीनाँ॥
कहै कबीर भान के प्रगटे उदित भया तम खीनाँ॥

(ग्रन्थावली, रागगौड़ी, 16, पृ. 154)

इस रूपक में ज्ञान की आँधी आरम्भ है, परिणति है प्रेम। ज्ञान की आँधी जरूरी इसीलिए है कि प्रेम के मार्ग में संस्कार रूप में, जड़ मर्यादा के रूप में आने वाली बाधाएँ हट जाएँ। संस्कार गढ़ने वाली संस्कृति जिसे ज्ञान की प्रकृत पद्धति मानती है, वह पद्धति स्वयं अनभै-साँच के मार्ग में बाधक है। इन सब बाधाओं को हटाते हुए आती है ज्ञान की आँधी, जिसके बाद हरिजन प्रेम में भीग-भीग उठता है। ज्ञान की इस आँधी को सम्भव करने वाले सद्गुण के प्रति कृतज्ञता का कारण ही यह है :

सतगुर हम सूँ रीझि कर, एक कह्या प्रसंग।
बरस्या बादल प्रेम का, भीजि गया सब अंग।

(ग्रन्थावली, दास, गुरुदेव कौ अंग, 33, पृ. 3)

कबीर की काव्यसंवेदना में नारी के प्रश्न पर सर्जनात्मक फाँक इसीलिए है कि दूसरों को चेतावनी देने वाले, साधना की विधि बताने वाले कबीर जो बात साधिका से नहीं सीख पाते, प्रेम में गहरे बूड़ने वाले कबीर सीख जाते हैं। मीराबाई के यहाँ ऐसी फाँक नहीं है, क्योंकि वे तो समाज और शरीर में भी नारी हैं, मन और साधना में भी। ऐसी फाँक तुलसी के यहाँ भी नहीं है क्योंकि प्रदत्त सामाजिक सम्बन्धों की पवित्रता (अर्थात् मर्यादा) उनके लिए ऐसा अनुल्लंघनीय सत्य है; स्त्री-पुरुष सम्बन्ध की पुरुषवादी दृष्टि उनके लिए ऐसा अकाट्य तथ्य है कि प्रेम को स्त्री की तरह जीने की सम्भावना ही तुलसी की काव्यसंवेदना के लिए अगम्य है। कबीर में यह अनोखी बात है कि उनकी कविता अपने उपदेशक रूप में तुलसी की नारी निंदा के निकट पड़ती है, और अपनी प्रेमानुभूति में मीराबाई के। मीरा की कविता उन मतवाले बादलों से शिकायत करती है जो हरि का संदेस न लाएँ, कबीर की कविता रास्ते के छोर पर खड़ी, हर आते-जाते से पीव का एक सबद सुनने को आतुर है। मीरा के विरह का दुख कोई नहीं बूझ सकता, सिवा स्वयं उनके और उस साँवलिया बैद के जो 'रोगी अन्तर' में ही बसता है–ठीक उस तरह जैसे विरह से बेहाल कबीर का हाल या तो साँई जानता है या चित्त। गिरिधर के हाथ बिकाणी मीरा वैसे ही 'बिगड़ गई' है, जैसे कबीर राम से एकाकार होकर–'कहै कबीर जे राम कहैला। बिगरि-बिगरि सो रामहि है्ला।'

कबीर की नारी सम्बन्धी दृष्टि में फाँक इसलिए सर्जनात्मक है कि यहाँ हम संस्कार का रूप ले चुकी विचारधारा के सामने सहज मानवीय संवेदना और बोध को पूरी तेजस्विता के साथ खड़े होते देखते हैं। स्वयं साधना के धरातल पर द्वन्द्व है–नारी निन्दा की रूढ़ि और नारी रूप धारण करने की युक्ति के बीच। यह द्वन्द्व जो कबीर को परम्परा से ही प्राप्त है–कबीर की कविता में और भी रोमांचक बन जाता है–उनकी स्वाभाविक पारदर्शिता के कारण, उनकी अद्वितीय काव्य क्षमता के कारण। यहाँ फाँक सर्जनात्मक होने के साथ-साथ अपने सांस्कृतिक आशयों में भी अत्यन्त उत्तेजक और सार्थक है। बार-बार कौंधती है यह सच्चाई इस फाँक से गुजरते हुए कि महान् कविता विचारधारात्मक ज्ञानमीमांसाओं पर सहज विवेक और अनुभव पर आधारित प्रश्नचिह्न लगाने का काम भी करती है–मर्यादावादी संस्कारों पर टिके संसार के समानान्तर संवेदना और प्रश्नाकुलता का एक प्रतिसंसार रचने का काम भी करती है। वस्तुतः प्रेम के लौकिक-अलौकिक विभाजन को अतिक्रान्त कर, सारी मर्यादाओं और संस्थाओं के आकलन का मानदंड प्रेम को बनाकर (बजाय इसके कि, प्रेम को संस्थाओं के अनुकूल बना दिया जाए।) प्रेम की निजी पीर को हर तरह से अन्याय के प्रतिकार का मुहावरा बनाकर कबीर की कविता याद दिलाती है, "अच्छर तो हैं दो ही इश्क के, लेकिन है विस्तार बहुत।"

कवि कबीर का नारी रूप इतना निश्छल, स्वाभाविक और वास्तविक है कि वह साधना की युक्ति मात्र होने से कुछ आगे निकल जाता है। यह रूप कबीर का 'एक अन्य' रूप नहीं, उनके आत्म का सर्वाधिक व्यंजक रूप है। केवल साधनात्मक युक्ति के रूप में औरतपन को अपना लेने की बजाय कबीर की कविता प्रेमानुभूति के प्रसंग में नारी की कविता ही बन जाने का बोध कराती है। उनकी ऐसी कविताओं के सन्दर्भ में 'कबीर' नाम का प्रयोग पुल्लिंग में करना तक अटपटा लगने लगता है। अधिक स्वाभाविक बनेगा, यदि हम कहें कि "कबीर कह रही हैं...'हरि मोर पीव, मैं राम की बहुरिया'–'न हौं देखूँ और कूँ, न तुझ देखन देऊँ', 'तन रति करि मैं मन रति करिहौं', 'साँई के संग सासुर आई'।" लम्बी सूची बनाई जा सकती है, ऐसी उक्तियों की, ऐसे मुहावरों की जो नारी की स्थिति और उसके अनुभवों से ही उपजते हैं। सच तो यह है कि ऐसी कविताएँ कबीर के यहाँ खोजने से ही मिलेंगी जहाँ प्रसंग प्रेमानुभूति का हो और कबीर कविता में नारी न बन गए हों। ऐसे प्रसंगों में कबीर को याद नहीं रहता कि नारी की छायामात्र से भुजंग अन्धे हो जाते हैं! ऐसी स्थितियाँ प्रेमालोक की स्थितियाँ हैं–अपनी कमजोरियों को नारी पर थोपने वाले पुरुषदर्प के अन्धकार को गला देने वाले प्रेमालोक की!

प्रेमालोकस्नात यह संवेदना ऐसी मार्मिक उक्तियों में फलीभूत होती है, जो स्त्री के अपने आन्तरिक और सामाजिक अनुभवों से उपजे मुहावरे में विन्यस्त हैं :

"मिलन कठिन है, कैसे मिलौंगी पिय जाय।
समुझि सोच पग धरौं जतन से बार-बार डिग जाय॥
ऊँची गेल राह रपटीली पाँव नहीं ढहराय।
लोक लाज की मरजादा देखत मन सकुचाय॥
नैहर बास बसा पिहर में लाज तजी नहिं जाय।
× × ×
दूती सत गुरु मिले बीच में दीन्हों भेद बताय॥
साहब कबिरा पिया सों भेट्यो सीतल कंठ लगाय।"

प्रेम करती स्त्री के आन्तरिक द्वन्द्व कितने अनायास ढंग से यहाँ व्यंजित हो रहे हैं–द्वन्द्व आतुरता और लाज-संकोच के बीच, द्वन्द्व जतन और रपटीली राह के बीच! सर्वाधिक व्यंजक और मार्मिक है–सद्गुरु को दूती कहना। सामाजिक अनुभव के संसार में 'दूती' का कर्म कोई बहुत सम्मानजनक नहीं है, क्योंकि सामाजिक मर्यादा का उल्लंघन करता है वह कर्म। ऐन इसी वजह से कबीर की प्रतिभा उस कर्म को कविता के संसार में इतना महिमापूर्ण मानती है, क्योंकि पिया से कंठ भर भेंटने के लिए मर्यादाओं के परे जाना अनिवार्य है। परे जाने की राह सद्गुरु ने ही कबीर को दिखाई है–दूती सद्गुरु ने! प्रेमानुभूति ही नहीं–मनुष्य के मूलभूत आध्यात्मिक अकेलेपन की व्यंजना करने वाले मार्मिक प्रसंगों में से भी अनेक कबीर ने अपने नारी रूप ही में सिरजे हैं–रोम-रोम में व्याप जाने वाली सम-वेदना के साथ, अकेलेपन के निविड़ साक्षात्कार की सघन सम्प्रेषणीयता के साथ :

सती पुकारै सलि चढ़ि, सुन रे मीत मसाँन।
लोग बटाऊ चलि गए, हँम तुझ रहे निदान।

(ग्रन्थावली, सूरातन कौ अंग, 33, पृ. 118)

यह तथा ऐसी अनेक अन्य कविताएँ कबीर की उन जीवनासक्ति परक कविताओं के साथ पढ़नी चाहिए, जहाँ वे अपने प्रिय से इसी जीवन में पूरमपूर मिलन चाहते हैं। कबीर के बोध में जीवनासक्ति और मरण की शाश्वत उपस्थिति परस्पर विरोधी नहीं, पूरक भाव हैं। श्मशान या शव यात्रा का चाक्षुष बिम्ब कबीर की कविता में बारंबार आता है–अधिकांश स्थानों पर ऐसे बिम्ब स्त्री की दृष्टि से रचे गए हैं, ठीक वैसे ही जैसे मिलन के अधिकांश बिम्ब रति के लिए आतुर स्त्री, संकोच और लाज से दबी दुलहिन की दृष्टि से रचे गए हैं। कहीं-कहीं तो ये दोनों प्रकार के बिम्बों का दिल हिला देने वाला अद्भुत संयोग घटित हुआ है :

"कौन ठगवा नगरिया लूटल हो।
चंदन खाट कै बनत खटोलना तापर दुलहिन सूतल हो॥
उठो सखी मोर माँग सँवारो दुलहा मोसे रूठल हो।

चारि जने मिलि खाट उठाइन चहुँ दिस धू धू ऊठल हो ॥
आए जमराज पलंग चढ़ि बैठे, नैनन आँसू टूटल हो।
कहत कबीर सुनो भाई साधो जग से नाता टूटल हो ॥''

(शब्दावली, संपा. गंगाशरण शास्त्री, भजन, 130, पृ. 156)

मनुष्य, बल्कि प्राणिमात्र के लिए जीवनासक्ति जितनी सहज है, उतना ही वास्तविक है उसका मरणधर्मा होना। कवि कबीर के लिए, प्रेम में नारी बनते कबीर के लिए जितनी आत्मीय है उनके पिया की सेज, उतनी ही निकट है श्मशान को मीत कहती, चिता पर बैठी सती की पुकार। प्रेम लौकिक-अलौकिक के भेद को ही नहीं, जीवन-मृत्यु के विरोध को भी अधिक्रान्त कर जाता है, उसे अवास्तविक बना देता है। इश्क में जीने और मरने के बीच का फर्क मिट जाता है।

कहा जाता है कि दांपत्य रति कबीर के लिए साधना का रूपक है। कबीर की कविता से गुजरते हुए तो लगता है कि उनकी साधना ही प्रेम के सबसे संश्लिष्ट रूप–दांपत्य रति का रूपक है। उनका समर्पण, प्रेमावेश, विरह और उनकी कटूक्तियाँ भी मार्मिक इसीलिए हैं कि उनकी कविता जीवन और मृत्यु दोनों से ही प्रेम का अवकाश–स्पेस–तलब करती है। अपने जीवन यथार्थ में प्रेम के पवित्र अनुष्ठान और उसकी स्वाभाविक परिणतियों की गुंजाइश कबीर को नजर नहीं आती। इसीलिए उनकी संवेदना उस यथार्थ को निर्धारित करनेवाली विचारधारा और ज्ञानमीमांसा पर इतने कड़वे और चुटीले आक्रमण करती है। कबीर की साधना स्त्री-पुरुष के सम्बन्ध को कविता के समानान्तर संसार में नए सिरे से रचती है। 'संसार' में भले ही स्त्री 'माया' हो–लेकिन 'कविता के संसार' में तो वही प्रेम की विधायिका, कर्ता और द्रष्टा है। कविता इस संसार में कबीर की कविता जिसे प्रेम करती है–उस राम को ही 'जगजीवन' और 'परमानन्द' कहती है। यथार्थ के संसार में प्रेम जितना साध्य है, कविता के संसार में उतना ही नित्य। उस समान्तर संसार से कबीर की संवेदना शक्ति पाती है–यथार्थ संसार से टकराने की, उससे जिरह करने की और मानो अपने प्रिय राजा राम भरतार से यह कहने की कि मेरे लिए इतना ही काफी है कि उसी हवा में चलती है मेरी साँस, जिसमें आपकी।

लेकिन कई बार उसी हवा में साँस चलना ही काफी नहीं लगता। अपने बालम से मिलन के लिए आतुर कबीर उसे इन लरजते, रुनकते शब्दों में बुलाती हैं :

बाल्हा आव हमारे गेह रे
तुम बिन दुखिया देह रे।
सब कोई कहें तुम्हारी नारी मोको यह अंदेह रे
एकमेक ह्वै सेज न सोवैं तब लगि कैसा नेह रे।

अन्न न भावै नींद न आवै, गृह बन धरै न धीर रे।
ज्यूँ कामी को काम पियारा, ज्यूँ प्यासे कूँ नीर रे।
है कोई ऐसा पर उपकारी, हरि सूँ कहै सुनाइ रे।
ऐसे हाल कबीर भए हैं, बिन देखे जीव जाइ रे।

(ग्रन्थावली, दास, 307, पृ. 144)

मिलन की आतुरता का यह चित्र नारी का ही है, जिसका नाम पुल्लिंग में है। अन्तिम पंक्ति पद के तर्क में अधिक खपती यदि यों होती 'ऐसे हाल कबीर भईं, बिन देखे जीव जाइ रे।' यों तो साहित्य की एक विधि ही है–परकाया प्रवेश। पुरुष सूरदास भ्रमरगीत में गोपियों की शब्द-देह धार लेते हैं, लेकिन यहाँ कवि स्वयं ही नारी बन गया है–राम की दुल्हनिया। कबीर के सारे पदों, साखियों को यदि एक विराट् रचना के रूप में पढ़ें तो देखेंगे कि वह प्रेमाभिव्यक्ति के धरातल पर नारी की कविता है–नारी के बारे में कविता नहीं। प्रिय के प्रति वैसा ही अधिकार भाव, वैसा ही संकोच और आतुरता का द्वन्द्व, मिलन को लेकर वैसी ही उत्सुकता, वैसी ही घबराहट, विरह की वैसी ही वेदना और यह दर्द भरा अहसास कि 'बिन रोवाँ क्यूँ पाइए, प्रेम पियारा मित्त।' कुछ अधिक ही निस्संकोच समझे जाने का जोखिम लेते हुए भी कबीर की कविता हमसे यह कहती प्रतीत होती है कि प्रेम का दर्द–आपकी जानकारी के लिए–दर्द होता नहीं है। वस्तुतः दिल में दर्द को जगह दिए बिना कोरे इल्म से शायरी होती कहाँ है? यही तो कहते हैं कबीर :

बिरहा बुरा जिन कहौ बिरहा है सुलतान–
जिइ घर बिरह न संचरै सो घर सदा मसान।

(ग्रन्थावली, दास, विरह कौ अंग, 21, पृ. 7)

मिलान कुंदेरा का उपन्यास 'इम्मॉरेटिलिटी' एक जगह कहता है, "अरागाँ का कथन है 'स्त्री ही मनुष्य का भविष्य है'–मतलब 'यह कि जो दुनिया पुरुष की छवि में रची गई थी, अब स्त्री की छवि में रूपान्तरित होने को है। दुनिया जितनी तकनीकी, यांत्रिक, ठंडी और धातुवत् होती जाएगी, उस ऊष्मा की जरूरत उतनी ही बढ़ती जाएगी–जो ऊष्मा केवल स्त्री दे सकती है। यदि हम दुनिया को बचाना चाहते हैं, तो हमें स्त्रीत्व अपनाना होगा। स्त्री की अगुआई स्वीकारनी होगी। शाश्वत स्त्रीत्व को अपने आपमें व्यापने देना होगा।"[3]

कबीर की काव्यसंवेदना वस्तुतः शाश्वत स्त्रीत्व को अपने आपमें व्यापने देने के अन्तस्संघर्ष का मार्मिक साक्ष्य देती है। इस अन्तस्संघर्ष में भाषा के दो मुहावरे आपस में टकराते हैं। रीति-रिवाज, धर्म-कर्म और प्रदत्त मर्यादा का पुरुषोन्मुख मुहावरा नारी निन्दा कराता है, तो साधना का प्रेमोन्मुख मुहावरा कवि को नारी ही बना देता है। मदमाता आवेश और तड़पता विरह स्वयं एक नैतिक प्रतिमान का सृजन करता है; यह नैतिक प्रतिमान उपलब्ध मर्यादा के प्रतिमानों से कबीर की तीखी जिरह का

आधार बन जाता है। वे प्रतिमान चाहे वेद के हों चाहे किताब के। वर्णाश्रम के हों चाहे हठयोग के—कबीर के प्रेमपगे व्यक्तित्व को अपर्याप्त बल्कि बाधक प्रतीत होते हैं। इन प्रतिमानों के बरक्स कबीर की कविता प्रेम को ही कसौटी बनाती है। वंशगत मर्यादा, जातिगत 'स्वधर्म' का दो टूक नकार कबीर को हर व्यक्ति को प्रतिष्ठा देने वाली प्रेमभक्ति और उस पर आधारित 'रहनि' की ओर ले जाता है। कबीर की कविता एक ही साथ फंतासी और प्रेरणा दोनों बन जाती है। फंतासी की एक अभिव्यक्ति है—प्रदत्त सामाजिक सम्बन्धों के मूल तर्क को स्पष्टतः नकारते हुए प्रेमपगी भक्ति की 'रहनि' से स्पन्दित सम्बन्धों का उज्ज्वल लोक रचना। दूसरी अभिव्यक्ति है संस्कारगत नारी निन्दा के बावजूद अपने इस अन्तर्लोक में प्रेम को—उसकी उदात्त पीर को पूरेपन में जीने के लिए, प्रेम के लौकिक-अलौकिक विभाजन को व्यर्थ करने के लिए, उसमें उमगने और सकुचने के लिए कविता में स्वयं नारी बन जाना।

ऐसा लग सकता है कि कबीर 'जानबूझकर', सायास अपनी भाषा का ऐसा प्रतिसंसार, कविता का अपार संसार रचते हैं जिसमें प्रेम का कर्त्ता शाश्वत स्त्रीत्व ही हो सकता है। यह लगना वस्तुतः व्याख्या की सीमा है। प्रेम-सत्य के अनुभव को भाषा में निरूपित करने की सीमा। प्रेम में तो ऐसा हो जाता है, किया नहीं जाता। कबीर किसी 'पॉलिटिकली करेक्ट प्रोजेक्ट' के तहत कविता में नारी नहीं बनते। उनके कवि-मन में संचित अनुभव और स्मृतियाँ उनकी अनुपम प्रेमवेदना के क्षणों में, अपूर्व आकांक्षा के प्रज्ञापूर्ण क्षणों में उन्हें नारी बना देते हैं। कबीर की महत्ता इस बात में है कि वे कम-से-कम कविता के क्षणों में तो शाश्वत स्त्रीत्व को अपने आपमें व्यापने देते हैं। उनकी कविता की महत्ता इस बात में है कि वहाँ रचा गया प्रतिसंसार—वहाँ रची गई फंतासी भावक को प्रेरणा भी देती है—इस अन्तस्संघर्ष से गुजरने की, सबद निरन्तर के सहारे बाहर-भीतर दोनों धरातलों पर चलने वाले अन्तस्संघर्ष से गुजरने की प्रेरणा। खासकर पुरुषभावकों के लिए प्रेरणा कि वे "शाश्वत स्त्रीत्व को अपने आपमें व्यापने दें।"

नारी निन्दा और नारी रूप का यह सह-अस्तित्व कुछ लोगों को बिगूचन का प्रमाण लग सकता है। वह है भी। मनुष्य के अन्तर्मन की जटिलताओं का 'बिगूचन' जिसे प्रेम ही थोड़ा बहुत खोल पाता है। नारी बनने की साधनात्मक युक्ति अपनाते-अपनाते कबीर उस युक्ति से आगे बढ़ जाते हैं—क्योंकि वे कवि हैं। उनकी कविता नारी के समर्पण भाव के साथ उसकी सामाजिक स्थितियों की व्यंजना भी करने लगती है। इसीलिए यह बिगूचन रोमांचक और मादक तो है ही—विचारोत्तेजक भी है। साधना में नारी भाव साधते-साधते कवि कबीर नारी की नियति और उसकी मनोरचना से तद्रूप हो जाते हैं, कुछ-कुछ वैसे ही जैसे राम के साथ—'तूँ तूँ करता तूँ भया—मुझमें रही न हूँ।'

सारी सांसारिक बाधाओं के बावजूद सतत स्मरण ऐसा ही चमत्कार करता है। अत्यन्त संवेदनशील कवि कबीर ही के यहाँ नहीं, भक्ति को दार्शनिक प्रतीति के रूप में साधने वाले साधकों के यहाँ भी :

"भवद्भक्तस्य संजातभवद्रूपस्य मेऽधुना
त्वामात्मरूपं संप्रेक्ष्य तुभ्यं मह्यं नमोनमः!"

सन्दर्भ

1. रामचन्द्र शुक्ल, *गोस्वामी तुलसीदास*, नागरी प्रचारिणी सभा, काशी, 2033 वि., पृ. 8
2. अंबर्टो ईको, *नेम ऑफ़ दि रोज* (अनु. विलियम वीवर), मिनर्वा, लंदन, 1995, पृ. 230-1
3. मिलान कुन्देरा, *इम्मॉरटेलिटी*, (अनु. पीटर मुस्सी), रूपा एंड कम्पनी, नई दिल्ली, 1991, पृ. 380

अध्याय : नौ

'काम मिलावे राम कूं...' शाश्वत स्त्रीत्व और कबीर की प्रेम धारणा

कबीर स्पष्ट शब्दों में साखी भरते हैं (और शुकदेव का नाम लेकर परम्परा का संकेत भी साथ ही दे देते हैं) :

"काम मिलावे राम कूं जे कोई जांणै राखि।
कबीर बिचारा क्या करै, जे सुखदेव बोलै साखि॥"

(ग्रन्थावली, साध साखीभूत कौ अंग, 11, पृ. 86)

लेकिन 'कबीर-ग्रन्थावली' के सम्पादक डॉ. माताप्रसाद गुप्त कहते हैं : "केवल एक स्थान पर और वह भी दबी जुबान से, कबीर ने इस मत को स्वीकार किया है कि नियन्त्रित और मर्यादित काम भी राम को मिलाने में सहायक हो सकता है...।"[1]

'दबी जुबान' के सबूत के तौर पर ही डॉ. गुप्त ने उपर्युक्त साखी उद्धृत की है।

यह 'दबी जुबान' वाली बात डॉ. गुप्त की अपनी है, कबीर की नहीं। कबीर तो डंके की चोट अपने राम के प्रति अपनी कामभावना के गीत गाते हैं—वह भी औरत की आवाज में। स्त्री का रूप धारण करके। समाज भावना की मुखर अभिव्यक्ति के साथ ही। कबीर का प्रेम रामभावना और समाजभावना के बीच और उसके साथ ही देह और आत्मा के बीच मान लिए गए विरोधभाव को एक साथ ध्वस्त करता है। कबीर की खोज का तो निष्कर्ष ही यह है कि कामभावना (प्रेम की विकलता), रामभावना (आध्यात्मिक बेचैनी) और समाजभावना (अन्याय के प्रति आक्रोश) के बीच सम्बन्ध एक दूसरे को बल प्रदान करने का है; कमजोर करने का नहीं। वे प्रेम की अनुभूति और अभिव्यक्ति के लिए सर्जनात्मक स्त्रीत्व का सहारा लेते हैं; मिलन और विरह के क्षणों में स्त्री का रूप धारण करते हैं। ऐसे क्षणों में उनके अन्तस में मिलन के रोमांच और विरह की वेदना के जो आँसू बहते हैं, वे ही तो उनकी कविता

के आँगन में अबीर के कण बनकर उड़ते हैं—और कुछ लोगों की आँखों में किरकते भी हैं!

कबीर का प्रेम कोरी काव्यरूढ़ि या केवल भावदशा मात्र नहीं। उनके भाव-जगत और कवि-कर्म में प्रेम संवेदना भी है, अवधारणा भी। वे प्रेम के अनुभव को संज्ञानात्मक कर्म में रूपान्तरित कर देते हैं—'साधना के भीतर' का अनुभव संसार हो या उसके 'बाहर' का समाज; कबीर भीतर-बाहर के निरंतर को देखते हैं प्रेम की आँख से। परखते हैं प्रेम की कसौटी पर।

जिस प्रेम को कबीर संज्ञानात्मक कर्म में बदल देते हैं, उस प्रेम के ऐन्द्रिक और मानसिक पहलुओं के अन्तस्सम्बन्ध को लेकर कबीर की कविता में उलझनें ज़रूर है; लेकिन कुंठा और कुंठाजनित छिपाव नहीं है। एक ओर नारी निन्दा का संस्कार, और दूसरी ओर स्वयं नारी का रूप धरना—यह अन्तर्विरोध है, लेकिन कबीर अपनी कविता में उलझन और अन्तर्विरोध के साथ पूरमपूर मौजूद हैं। ऐसे में 'दबी-जुबान' से कुछ कहने का सवाल ही कहाँ पैदा होता है?

यह सवाल पैदा होता है कबीर के व्याख्याकारों के लिए। इनमें से कुछ ने प्रेम को लौकिक बनाम अलौकिक में बाँट रखा है। वे भूल जाते हैं कि लौकिक हो या अलौकिक—प्रेम कामभावना का ही संश्लिष्ट रूप है, और कबीर जैसे साधक जानते हैं : 'काम मिलावे राम कूं।' कुछ व्याख्याकारों के लिए प्रेमभावना और समाजचिन्ता के बीच विरोध का नहीं तो कुट्टी का, असंवाद का सम्बन्ध अवश्य है। इस मुद्दे पर कबीर के प्रचंड 'परम्परावादी' और घोर 'रैडिकल' व्याख्याकारों के मिज़ाज में खासी मनोरंजक समानता है। दोनों ही के हिसाब से प्रेम निठल्लों का मनोविनोद है, खासकर कबीर के सन्दर्भ में प्रेम की बात करना तो हिमाकत ही है। विरुद्धों के इस अद्‌भुत सामंजस्य की वजह शायद यही हो कि दोनों ही कबीर को अपने-अपने हिसाब से निबटा देना चाहते हैं, कबीर की प्रज्ञा से संवाद करना नहीं।

कबीर की कविता को जो समग्रता में समझना चाहे, उस पाठक/श्रोता के लिए सही सवाल होगा : क्या विशेषता है कबीर के प्रेम की? कैसा सम्बन्ध है उनकी कामभावना, रामभावना और समाजभावना के बीच? किस अर्थ में है उनका प्रेम एक संज्ञानात्मक कर्म?

स्त्री-निन्दा के संस्कार और स्त्री-रूपधारण के बीच के अन्तर्विरोध को भी कबीर के संवेदनशील पाठक/श्रोता लक्ष्य किए बिना नहीं रह सकते। अपनी कामवासना को नियन्त्रित करना ही यदि स्त्रीमात्र की निन्दा का प्रेरक तत्त्व मान लिया जाए तो सवाल उठता है कि दूसरे 'जेंडर' की ऐसी निन्दा करने की ज़रूरत मीरा, महादेवी अक्का या आंडाल को क्यों नहीं पड़ती? उन्हें क्यों नहीं ज़रूरी लगता कि पुरुष मात्र को नर्क का द्वार निरूपित कर दिया जाए?

ध्यान रखना चाहिए कि स्त्री-निन्दा के भरपूर उपदेश करने के बावजूद साधना और कविता के क्षणों में स्त्री की आवाज़ और उसका रूप अपनाने को विवश होने वाले कबीर अकेले पुरुष नहीं हैं। संवेदना के धरातल पर स्त्रीत्व की सर्जनात्मक महिमा दुनिया भर के कवियों-साधकों द्वारा स्वीकार की गई है। परमात्मा से प्रेम की साधना करने वाले पुरुषों में से कुछ स्वयं स्त्री का रूप धारण करते हैं, तो कुछ परमात्मा ही की कल्पना स्त्री के रूप में कर लेते हैं। 'शाश्वत स्त्रीत्व' की महिमा का स्वीकार दोनों ही स्थितियों में है।[2]

यह 'शाश्वत स्त्रीत्व' विचार का विषय होना चाहिए, क्योंकि संवेदना के धरातल पर यह उन पुरुषों की भी मजबूरी बन जाता है जो संस्कार और सजग विचार के धरातल पर न तो स्त्री की प्रेम-क्षमता स्वीकार कर पाते हैं, न उसकी बोध-क्षमता। इस स्थिति पर इसलिए भी विचार करना चाहिए क्योंकि अक्सर ही साधना के धरातल पर स्वयं स्त्री बनने वाले भी सामाजिक वास्तविकता के धरातल पर स्त्री की स्थिति के प्रति संवेदनशीलता का परिचय नहीं दे पाते। वर्णव्यवस्था और जातिवाद के तर्क को सिरे से ख़ारिज़ करने वाले कबीर के लिए नारी मात्र 'कुंड नरक का'[3] और 'भक्ति, मुक्ति और ज्ञान के तीनों सुखों का नाश'[4] करनेवाली बन जाती है। पति को सर्वस्व मानने वाली एकनिष्ठा नारी उनकी भक्ति का रूपक बनती है; और 'एकनिष्ठता' की जो अभिव्यक्ति विधवादहन—सती-प्रथा—में होती है; कबीर उसके प्रति भी प्रशंसा-भाव रखते दिखते हैं।[5] जातिवाद का तर्क कहीं भी, किसी भी रूप में कबीर के प्रशंसा-भाव का पात्र नहीं बनता, इसलिए सती-प्रथा का यह महिमामंडन और भी गौरतलब हो जाता है।

तो, संस्कार और उपदेश के धरातल पर स्त्री की निन्दा और प्रेम के पक्षों में स्त्री रूप धारण—यह अन्तर्विरोध विचारणीय है या नहीं? प्रेम संवेदना में स्त्रीत्व की महिमा की स्वीकृति, लेकिन सामाजिक वास्तव के धरातल पर स्त्री की दशा के प्रति उदासीनता—यह तथ्य विचारणीय है या नहीं? इस अन्तर्विरोध के आधार क्या हैं? इसका निहितार्थ क्या है? कबीर और दूसरे बहुत से साधकों के यहाँ संवेदना के धरातल पर जो स्त्रीत्व-विमर्श है; यह सामाजिक चिन्ता के धरातल पर स्त्री-विमर्श का रूप क्यों नहीं ले पाता? उनकी रामभावना और समाजभावना में स्त्री के प्रति ऐसी परस्पर विरोधी भावनाएँ क्यों हैं? प्रेम को संज्ञानात्मक कर्म में बदलते हुए भी कबीर स्त्री की सामाजिक स्थिति का संज्ञान क्यों नहीं ले पाते? उनका सर्जनात्मक स्त्रीत्व सामाजिक स्त्री-विमर्श तक क्यों नहीं पहुँच पाता?

उपर्युक्त प्रश्नों पर विचार करने का कुछ प्रयत्न, कबीर के सन्दर्भ में, मैंने 'बालम आव हमारे गेह रे...' शीर्षक निबन्ध में किया था। इस प्रयत्न की समीक्षा करते हुए प्रो. राजेन्द्र कुमार को चिन्ता हुई, 'कबीर को डिफेंड' करने की ऐसी ज़रूरत भला किसी आलोचक को क्यों पड़नी चाहिए?''[6]

'डिफेंड' . .ने की नहीं, ज़रूरत तो नारी निन्दा के लिए कबीर को, या किसी को भी 'क्रिटिसाइज' करने की है। यही उस निबन्ध में किया भी गया था। लेकिन ज़रूरत यह सवाल पूछने की भी है कि नारी निन्दा करने वाले साधक–कवि को अपनी साधना–कविता के गहनतम क्षणों में नारी का रूप धारने की ज़रूरत क्यों पड़ती है? यह सवाल ही उस निबन्ध का बुनियादी सवाल था, जिसे आप पिछले अध्याय के रूप में पढ़ चुके हैं।

उम्मीद है कि राजेन्द्र कुमार जी स्वीकार करेंगे कि उपर्युक्त सवाल 'डिफेंड' करने वाला नहीं विश्लेषण की माँग करने वाला सवाल है। इसी सवाल ने वह निबन्ध लिखाया था और यही सवाल यह निबन्ध लिखवा रहा है!

2

कबीर की संवेदना से मनमाफिक टुकड़े खींच भागने की बजाय यदि उसे समग्रता में ग्रहण किया जाए तो यह देखना मुश्किल नहीं है कि प्रेम ही उनका प्रस्थान है; और प्रेम ही उनका प्रतिमान। अपने प्रेम-संज्ञान से ही कबीर दुनिया को देखते-परखते हैं। उनका 'निज ब्रह्म विचार' हो या उनकी सामाजिक आलोचना; उनके अनुभव और अनभय प्रतिमानों की गंगा-जमुना को सींचने वाली अन्तःसलिला, कबीर की सरस्वती है–प्रेम।

भावनात्मक हो या संज्ञानात्मक, प्रेम का प्राण है समर्पण। देखना यह चाहिए कि जिसके प्रति समर्पण किया जा रहा है, उसका स्वभाव कैसा है। जिस भाषा में समर्पण का भाव व्यक्त किया जा रहा है, उस भाषा का जीवन जगत के साथ क्या सम्बन्ध है?

कबीर अपने 'अलह राम' के लिए जीते हैं (और मरते हैं)। उस सांई से 'बन्दे' पर 'मिहर' करने की याचना करते हैं। यह याचना का स्वर ही 'मसकीन' (उत्पीड़ित) की तरफ से ज़िरह का भी स्वर बन जाता है। यही नहीं, विभिन्न धार्मिक पहचानों में बाँट दिए गए मनुष्य मात्र में; स्त्री हों या पुरुष–कबीर का प्रेम-संज्ञान उसी अलह–राम की छवि देखता है, जिससे वे प्रेम करते हैं। कहीं-कहीं बालक बनकर और अधिकांश स्थानों पर बिरहिन या सुहागिन बनकर :

अलह राम जीऊँ तेरे नाईं
बंदे परि मिहर करौ मेरे साँई॥
क्या ले माटी भुंइ सूं मारै, क्या जल देह न्हवायें।
जोर करै मसकीन सतावै, गुन ही रहैं छिपायें।
क्या उजू जब मंजन कीयें, क्या मसीति सिर नायें।
रोजा करैं निमाज गुजारें, क्या हज/काबे जायें॥

ब्राह्मण ग्यारसि करै चौबीसों, काजी माह रमजान ॥
ग्यारह मास जुदे क्यूँ कीये, एकहि माँहि समान ॥
जौ रे खुदाइ मसीति बसत है और मुलकि किस केरा ॥
तीरथ मूरति राम निवासा, दुहूँ मैं किनहूँ न हेरा ॥
पूरिब दिसा हरी का बासा, पछिम अलह मुकामां ॥
दिल ही खोजि दिलैं दिल भीतरि, इहाँ राम रहिमांनां ॥
जेती औरति मरदां कहिये, सब में रूप तुम्हारा ॥
कबीर पंगुड़ा अलह राम का, हरि गुर पीर हमारा ॥

(ग्रन्थावली, राग आसावरी, पद-52, पृ. 300-301)

ज़रूरी नहीं है कि हर प्रेमी अपने प्रेम और समर्पण को आत्मसजग रूप से सामाजिक आलोचना बना दे। यह सही है कि जीवन में और कविता में प्रेम आमतौर से प्रचलित सामाजिक मर्यादा से टकराता है; कई 'रहस्यवादियों' की प्रेमसाधना का निहितार्थ ही है समाज-सत्ता से टकराव। लेकिन उनमें से बहुतों के यहाँ ऐसा टकराव निहितार्थ ही है, जिसे पाठक चाहे तो पढ़ सकता है। कबीर की विशेषता यह है कि उनका प्रेम समाज सत्ता से प्रत्यक्ष ज़िरह करता है; अप्रत्यक्ष निहितार्थपरक नहीं। जिस 'अलहराम' के कबीर 'पंगुड़ा' (बालक) हैं, उसके प्रति उनका प्रेम ही उन्हें बताता है कि 'जेती औरति मरदां कहिये' सभी में उसी 'अलहराम' का रूप व्याप्त है; और उस रूप को देखने के लिए अनिवार्य है कि सबसे पहले 'दिल भीतरि' देखा जाए। दूसरे शब्दों में कबीर का प्रेम-संज्ञान उनके सामाजिक आत्मबोध का ऐसा विस्तार करता है कि उसमें सामाजिक 'अन्य' की मूलभूत मनुष्यता भी जगह पाती है। उनकी संवेदना में घृणा उन व्यवस्थाओं और जीवनदृष्टियों के ही प्रति है, जो किसी मनुष्य की व्यक्तिसत्ता को नष्ट कर उसे सिर्फ उसकी जन्मगत सामाजिक पहचान का प्रतीक बना देती हैं। ऐसी मनुष्य-विरोधी जीवन-दृष्टि का नाम-रूप चाहे जो हो, कबीर के अनुसार उसका सार 'भरम' ही है; ऐसे दृष्टिभ्रम से मुक्ति दिला सकता है 'हरि' को मनुष्यमात्र में दिखाने वाला 'अंजन' :

इक कथ कथ भस्म लगावै। समिता सी बस्त न पावै।
कहै कबीर का कीजै। हरि सूझे अजंन दीजै।

(ग्रन्थावली, राग सोरठि, पद 15, पृ. 311)

'हरि का सूझना' और 'समता सी वस्तु' का पाना--दूसरे शब्दों में, रामभावना और समाजभावना--दोनों का सम्बन्ध है कबीर की कामभावना, प्रेमधारणा से।

यह प्रेमधारणा जितनी प्रासंगिक कबीर के समय में थी, उतनी ही आज भी है। इस प्रासंगिकता का सच्चा बोध पाने के लिए ज़रूरी है याद रखना कि व्यक्तिसत्ता को सिर्फ़ सामाजिक पहचान के प्रतीक के रूप में बदल देने वाली हर उस जीवनदृष्टि की कठोर आलोचना कबीर ने की है, जो उनके समय में उपलब्ध थी। उनसे सीखने की

बात यही है कि हमारे समय में उपलब्ध ऐसी हर उस जीवनदृष्टि और विचारधारा की कठोर आलोचना आज भी की जाए। कबीर सिर्फ़ हिन्दू धर्म की या सिर्फ़ इस्लाम की आलोचना करके कोई नया धर्म चलाने नहीं निकले थे। उनके प्रेम संज्ञान ने उन्हें धर्मसत्ता मात्र के स्वभाव में गहरी अन्तर्दृष्टि प्रदान की थी। वे धर्म-सत्ता मात्र को, श्रम, प्रेम और अध्यात्म की समग्रता को धारण करने वाले प्रेम-संज्ञान की कसौटी पर कसते हैं और देख पाते हैं कि किस तरह धर्म-सत्ता का 'फाउस्टियन पैक्ट' मनुष्य की आत्मसत्ता का अपहरण करता है।

कबीर को अपनी-अपनी फैंटेसी की धर्मसत्ता के पक्ष में अगवा या भगवा करने वाले महानुभाव कबीर की संज्ञानात्मक प्रेम-धारणा की कौंध को देख ही नहीं सकते। ऐसे लोग हमारे समय में तो हैं ही, कबीर के समय में भी रहे होंगे। ऐसे ही लोगों को ध्यान में रखकर उन्होंने कहा होगा :

हीरा तहाँ न खोलिये, जहाँ कुंजरों की हाट।
सहजहिं गाँठि बाँधिये, लीजिये अपनी बाट॥

(बीजक साखी, पद 170, पृ. 162)

कबीर के राम आत्मस्थ तो हैं ही, (इस हद तक कि 'तूं तूं करता तूं भया, मुझमें रही न हूँ') वे लोकस्थ भी हैं। लोकस्थता का यह बोध कबीर के अनुसार सच्चे ज्ञान और भक्तिभाव का मूल प्रतिमान है :

भगति भाव परभाव न जइयो, हरी के चरन निवासा।
जे जन जाति जपैं जगजीवन तिनका ग्यान न नासा॥

(ग्रन्थावली, राग आसावरी, पद 33, पृ. 286)

कबीर बारंबार अपने राम को जगजीवन कहते हैं। राम को जगजीवन में भी देख पाने के कारण ही, राम की लोकस्थता के बोध के कारण ही वे 'पाँडे' को बताते हैं :

बेद पढ़या का यहु फल पांडे, सब घटि देखै रामां।
जनम मरन थैं तौ तू छूटै, सुफल हूंहि सब कामां॥

(ग्रन्थावली, दास, राग सोरठि, पद 39, पृ. 78)

कुछ लोग समाज की उपेक्षा कर प्रेम के एकान्त में डूब जाते हैं, तो कुछ लोग प्रेम की उपेक्षा कर सामाजिक क्रान्ति में लग जाते हैं। ऐसी स्थिति में, कहना ही पड़ जाता है : 'मुझसे पहली सी मुहब्बत मेरे महबूब न माँग।' लेकिन कबीर कहीं नहीं कहते कि पहले धर्मसत्ता और जातिव्यवस्था को ध्वस्त कर लें, प्रेम बाद में देखा जाएगा। वे सामाजिक सत्ता से जिरह को प्रेमानुभूति के निहितार्थ तक भी नहीं छोड़ देते। वे प्रेम को संज्ञानात्मक कर्म बनाते हैं–इस संज्ञान में कामभावना-रामभावना-समाजभावना के बीच सतत निरन्तरता का सम्बन्ध है। यह पहले, वह पीछे वाला प्राथमिकता-क्रम नहीं। अपने प्रिय राम से संवाद कबीर प्रेमानुभूति के पलों में भी करते हैं, सामाजिक आलोचना के पलों में भी।

कबीर के लिए राम की आत्मस्थता और लोकस्थता दोनों स्पष्ट हैं। इसी कारण मन्दिर-मस्जिद-जटाधारण की व्यर्थता भी उनके लिए स्पष्ट है। इसी कारण तलवार की बजाय म्यान के मोलभाव की व्यर्थता भी स्पष्ट है। गुणावगुण के आधार पर किसी का मूल्यांकन करने की बजाय, जाति के आधार, जन्म के आधार पर मनुष्यों को ऊँचे-नीचे, अच्छे-बुरे में बाँटने वाली घृणाधारित जीवनदृष्टियों की व्यर्थता भी उसके लिए स्पष्ट है।

जाहिर है कि ऐसी स्पष्टता सबको सुलभ नहीं है। जो बात कबीर को एकदम सहज, स्वाभाविक लगती है, अपने (और हमारे भी!) परिवेश में उसका ऐसा विकट अभाव कबीर को विकल करता है। इतना विकल कि वे अपने राम से पूछे बिना नहीं रह पाते कि कहीं 'तेरी दुनिया' ही 'दीवानी' तो नहीं हो गई है कि जो पूजा तुझे भाती नहीं, लोग उसी को तेरे माथे मढ़ने को आमादा हैं :

रांम यह भई विकल मति मेरी। कै दुनी दीवानी तेरी ॥
जे पूजा हरि नहीं भावे। सो पूजनहार चढ़ावे ॥
जिहि पूजा हरि भल मानै। सो पूजनहार न जानैं ॥
भाव प्रेम की पूजा। ताथैं भयो देव थैं दूजा ॥
का कीजै बहुत पसारा। पूजीजै पूजनहारा ॥
कहै कबीर मैं गावा। मैं गावा आप लखावा ॥
जो इहि पद माँहि समांना। सो पूजनहार सयानां ॥

(ग्रन्थावली, राग सोरठि, पद 14, पृ. 311)

प्रेमानुभूति और सामाजिक चिन्ता के सह-अस्तित्व के गहनतम बोध को कविता का रूप देता 'सबद' है यह। लौकिक हो या अलौकिक, प्रेम में प्रिय का अलग व्यक्तिसत्ता होना 'तथ्य' है लेकिन जिस 'सत्य' के साक्षात्कार के लिए प्रेम तड़पता है, वह तो यही है, 'बूँद समाणी समंद में सो कत हेरी जाई।' भाव प्रेम की पूजा के लिए भी 'देव' को 'दूजा' तो बनाना ही पड़ता है, लेकिन ध्यान रहना चाहिए कि 'देव' की पूजा अन्ततः 'पूजनहार' की ही पूजा है। राम से प्रेम करना केवल 'आत्मा' की साधना नहीं है, वह 'अन्य' के साथ प्रेम का सम्बन्ध बनाना भी है—व्यक्ति आत्म के रूप में भी, सामाजिक आत्म के रूप में भी। 'जो इह पद माँहि' समाया है, वह 'पूजनहार सयानां' जानता है कि आत्मस्थता के धरातल पर 'मुझ में रही न हूँ' का भाव और लोकस्थता के धरातल पर 'सब में रूप तुम्हारा' का भाव परस्पर विरोधी नहीं, परस्पर पूरक हैं।

इसी 'भाव-प्रेम' की पूजा 'राम-राइ' को भी भाती है; और उनके सयाने 'पूजनहार' कबीर को भी। यह और बात है कि आजकल कुछ लोग राम को घृणा की पूजा चढ़ाने पर आमादा हैं तो कुछ लोग कबीर को। ऐसे ज़रूरत से ज़्यादा 'सयाने' पूजनहारों के ही कारण कबीर की 'मति विकल' होती है—और 'आतम खबर' न जानने वाले ऐसे 'सयानों' की खबर भी कबीर जमकर लेते हैं।

भाव-प्रेम के पूजनहार कबीर ऐसी पूजा कहीं बालक बनकर करते हैं, तो कहीं यह भी कहते हैं : 'मैं गुलाम मोहिं बेच गुसाईं'। लेकिन अपने प्रेम को कहने का जो तरीका उन्हें सबसे ज़्यादा रास आता है, वह स्त्री का रूप धारण करना, स्त्री की आवाज़ में बोलना।

3

न तो निर्गुण-निराकार की परिकल्पना अभूतपूर्व थी, और न कान्ताभाव की साधना पद्धति। कबीर को ये दोनों बातें अपने बौद्धिक परिवेश में उपलब्ध थीं। 'द्राविड़ ऊपजी भक्ति' की परम्परा से भी और सूफ़ियों की विरह-भावना से भी। लेकिन निर्गुण की परिकल्पना और कान्ताभाव की साधना थीं अलग-अलग। सूफी दर्शन भी परमात्मा पर स्त्रीत्व का आरोप करता था, साधक पर नहीं। साधक पर स्त्रीत्व और परमात्मा पर पुरुषत्व का यह आरोप भारतीय सूफी काव्य की विशेषता है और अध्येताओं ने इस पर भारतीय लोकपरम्परा तथा साधना-पद्धति का प्रभाव लक्ष्य किया है। इस्लामी रहस्यवाद का गहन अध्ययन करनेवाली ऐन मेरी शिमेल रेखांकित करती हैं :

> सिन्ध और पंजाब दोनों (के सूफियों) में स्त्रियों के प्रति रहस्यात्मक सराहना का ऐसा पहलू दिखता है, जिसके दर्शन इस्लामी दुनिया के दीगर हिस्सों में दुर्लभ ही हैं--यह पहलू है विरहाकुल आत्मा को विरहाकुल स्त्री के रूप में देखना।...सिन्ध से कश्मीर तक के (सूफी) कवि इस मामले में, आत्मा को विरहाकुल नायिका, एकनिष्ठा पत्नी या प्रेमरत वधू के रूप में देखने वाली हिन्दू परम्परा का पालन करते हैं...सिन्धी और पंजाबी लोककथाओं में 'ट्रैजिक' नायिकाएँ प्रिय की खोज में रत मानव आत्मा का प्रतीक बन जाती हैं। ऐसा प्रिय जिससे मिलन सतत यातना, बल्कि अन्ततः आत्म बलिदान के बाद ही सम्भव हो पाता है।[7]

तो, जिसे 'सूफियों' की विरह रूढ़ि कहकर भारतीय भक्ति मार्ग से ख़ारिज किया गया, वह स्त्री सुलभ विरह भाव स्वयं सूफियों ने भारतीय साधना-परम्परा और लोक-जीवन से लिया था। अरब, ईरान के सूफी परमात्मा को स्त्री छवि में देखते थे; यानी स्त्री को प्रेम का लक्ष्य मानते थे; उसकी काम्यता का 'अलौकिकीकरण' करते थे। भारत की लोकपरम्पराओं से उन्होंने, प्रेम के सन्दर्भ में स्त्री के अपने कर्ताभाव का उसकी अपनी कामभावना का 'अलौकिकीकरण' करना सीखा। साधना में स्त्री-रूप धारण के इस लोक-पक्ष को हम इस तथ्य में भी देख सकते हैं कि प्रेम और विरह की अनेक साखियाँ कबीर और अन्य निर्णुण कवियों की कविता में 'प्रकृत काव्य परम्परा' (आचार्य परशुराम चतुर्वेदी के शब्द) से ज्यों की त्यों चली आई हैं।[8]

कबीर की 'घट साधना' अपनी जगह, लेकिन स्त्री बनकर राम से प्रेम करते (बल्कि करती) कबीर की संवेदना श्रोता/पाठक के चित्त में 'हृदय की स्वाभाविक अनुभूति' का विस्तार बनकर ही फैलती है; 'साधनात्मक रहस्यवाद' या 'घटसाधना' की 'डू इट यौरसेल्फ गाइड' बनकर नहीं। मिसाल के तौर पर यों ही कुछ पंक्तियाँ लें :

आई न सकौं तुझ पै, सकूँ न तुझ बुलाइ।
जियरा यों ही लेहु जे बिरहा तपाइ-तपाइ।

कबीर कै बिरहिन कूं मींच दे, कै आपा दिखलाइ।
आठ पहर का दाझणां मो पै सह्या ना जाइ।

बिरहिन ऊभी पंथ सिरि पंथी बूझे धाइ।
एक सबद कहि पीव का कब रे मिलेंगे आई॥

(ग्रन्थावली, दास, विरह कौ अंग, साखी 10, 5, 35, पृ. 68)

यदि आपको पहले से न सुझा दिया जाए कि ये किसी 'साधनात्मक रहस्यवादी' की; 'अलोक-सामान्य तत्त्व' के 'रहस्य साधक' की पंक्तियाँ हैं, यदि इन की वेदना-संवेदना को आपके चित्त में स्वतः खुलने दिया जाए तो इन पंक्तियों की अलौकिक मार्मिकता, इनकी लोक-जीवन सम्बद्धता और निश्छल स्वाभाविकता में ही है। यही निश्छलता उस विकट अन्तर्विरोध को और घनीभूत कर देती है कि एक तरफ़ औरत की आवाज़ का ऐसा आत्मसातीकरण और दूसरी ओर स्त्रीमात्र की ऐसी विकट निन्दा।

स्त्रीत्व कबीर के लिए प्रेम करने की क्षमता का, प्रेम के कर्ताभाव का रूपक है। प्रेम की क्षमता पाने के लिए ही वे कविता में नारी का रूप धारण करते हैं–और उस प्रेम का लक्ष्य बनाते हैं रमैया राम को, अवतारी राम को नहीं। कबीर प्रेम के अमूर्त्त सिद्धान्तकार नहीं, मनीषी-कवि हैं और जानते हैं कि बिना रूपासक्ति के, न कोई प्रेमी हो सकता है न कोई कवि। सवाल यह है कि जिस पर आसक्ति है, वह रूप किस प्रकार का है?

जैसे कबीर का स्त्रीत्व प्रेम करने की क्षमता का, समर्पण का रूपक है, वै,से ही उनके राम भी उनके भीतर-बाहर की निरन्तरता को धारण करने वाला शब्द और उनकी कल्पना के 'जगजीवन'–उनके समाज-स्वप्न का रूपक हैं। जिन राम के प्रेम में कबीर स्त्री बनकर सराबोर डूबते हैं, वे राम तलवार छोड़कर म्यान का मोल करनेवाली किसी भी दृष्टि के प्रतीक नहीं हैं। जन्मगत अस्मिता–जाति–को निर्णायक प्रतिमान बनाने वाले जातिवाद के किसी भी रूप के रूपक नहीं हैं–कबीर के राम! कोई जन्म से शूद्र होने के कारण नीच है; तो कोई जन्म से ब्राह्मण होने के कारण संदिग्ध और घृणित; अस्मितावाद के ये दोनों ही विमर्श कबीर की रामभावना और

समाजभावना के विरोधी विमर्श हैं। कबीर के राम 'जेती औरति मरदाँ कहिए'-सबमें अपना रूप दिखाते हैं, भाँति-भाँति के धर्मवीरों द्वारा 'चुनिन्दा जन' (चोज़ेन पीपुल) मान लिये गए जाति-विशेष के औरतों-मर्दों या सिर्फ़ मर्दों में नहीं!

'निर्गुण राम' की सबसे प्राथमिक गुणवत्ता इसी बात में है कि वह असल में मनुष्य की आत्मसत्ता-अध्यात्मसत्ता को दिया गया नाम भी है और मनुष्य मात्र की संवादपरक समता को दिया गया नाम भी है। इसी अर्थ में कबीर का राम नाम मूलभूत मानवीय तत्त्व का और समूचे अस्तित्व (तिहूँ लोक) का सार व्यंजित करता है :

कबीर कहै मैं कथि गया, कथि गया ब्रह्म महेस।
राम नाम ततसार है सब काहू उपदेस॥

तत तिलक तिहूँ लोक में, राम नाम निज सार।
जन कबीर मस्तक दीया, सोभा अधिक अपार॥

(ग्रन्थावली, सुमिरण कौ अंग, साखी 2, 3, पृ. 7)

कबीर की प्रेम-धारणा का अनोखापन इस बात में है कि वे 'निर्गुण राम' को मानवीय गुण भी प्रदान करते हैं। उनके राम 'तिहूँ लोक' के 'तत सार' होने के साथ ही ऐन उनके अपने प्रिय 'राजा राम भरतार' भी हैं, और राम के इस रूप के प्रसंग में स्त्री रूप धारण किए हुए कबीर की अधिकार भावना का आलम यह है :

कबीर नैनां अन्तरि आव तूं, ज्यूं हौं नैन झंपेउं।
नां हौं देखूं और कूं न तुझ देखन देऊं।

(ग्रन्थावली, निहकर्मी पतिव्रता कौ अंग, साखी 2, पृ. 35)

निर्गुण राम का ऐसा मानवीयकरण उन्हें वास्तविक सामाजिक सम्बन्धों की संवेदना का सन्दर्भ देता है; और उन्हीं राम का रूपकत्व उन्हें सामाजिक व्यवस्था की मूलगामी समीक्षा का प्रतिमान बना देता है। कबीर के प्रेम-संज्ञान में कामभावना, रामभावना और समाजभावना एकमेक हो जाती है। ठीक वैसे ही जैसे वे अपने राम के साथ एकमेक होकर 'सेज सोना' चाहते हैं—या चाहती हैं!

यह 'चाहना' ही स्त्रीरूप कबीर के लिए देह धरने की सार्थकता है। राम के प्रति भक्ति भावना को कबीर निस्संकोच स्त्री द्वारा व्यक्त की जा रही मिलन कामना का स्वर देते हैं :

वै दिन कब आवेंगे माइ।
जा कारनि हम देह धरी है, मिलिबौ अंगि लगाइ।
हौं जांनू जे हिल मिलि खेलूं तनमन प्रांन समाइ॥
या कांमनां करौ परपूरन, समरथ हौ राम राइ।

(ग्रन्थावली, राग केदारौ, पद 7, पृ. 328)

और इस पद के तुरन्त बाद ही है वह मार्मिक, मादक आमन्त्रण :

बालम आव हमारे गेह रे।
तुम बिन दुखिया देह रे॥
सब को कहै तुम्हारी नारी, मोकों इहै अंदेह रे
एकमेक ह्वै सेज न सोवै, तब लग कैसा नेह रे॥

(ग्रन्थावली, राग केदारौ, पद 8, पृ. 328)

'सब कोई मुझे तुम्हारी नारी कहते हैं'—लेकिन देह के मिलन के बिना मेरा अपना सन्देह कैसे मिटे, इस पद में बोलती नारी का यह अकुंठ प्रश्न स्वयं कवि के लिए साधना का रूपक अवश्य है, लेकिन क्या पाठक के लिए भी वह सिर्फ़ रूपक ही है?

रूपक की ही बात करें तो कबीर के राम ऐसे पलों में प्रेम करती नारी के अधिकार भाव और एकमेक होकर सन्देह दूर करने की स्वाभाविक इच्छा के लक्ष्य हैं, तो दूसरी ओर वे अस्तित्व मात्र के रूपक भी हैं :

फूलनि में जैसे रहत बास। यूं घटि घटि गोव्यंद हरि निवास।
कहै कबीर मनि भया अनंद। जगजीवन मिलिया परमानंद॥

(ग्रन्थावली, राग बंसत, पद 5, पृ. 371)

जगजीवन में व्याप्त यह गन्ध, यह परमानन्द कबीर के प्रेम का ही परमानन्द है। कबीर के रूपकों की संवेदना पाठक की चेतना में 'एरॉटिक' और 'ट्रांसेंडेंटल' दोनों को सक्रिय करती है। कामभावना और रामभावना के गहरे सम्बन्ध की अन्तर्दृष्टि सम्भव करती है। इसी अन्तर्दृष्टि की परिणति है उनकी समाजभावना। पाठक की दृष्टि से, ये तीनों भावनाएँ उसके अपने 'हृदय की स्वाभाविक अनुभूति' का विस्तार ही तो हैं—इनमें 'अलोकसामान्य' क्या है?

कबीर के 'साधनात्मक रहस्यवाद' का रहस्य वस्तुतः यही है कि वह हमारे मनजीवन और जगजीवन दोनों के 'रहस्य' को समझने में सहायता देता है। इस रहस्य की कुंजी प्रेम में खोजने की साधना करने का सुझाव देता है। प्रेम की इस साधना से ही मनजीवन के भी संशय दूर होते हैं, जगजीवन के भी। प्रेम के प्रकाश में ही प्यारे कंत के साथ अबाध मिलन—अनंत योग—सम्भव होता दीखता है :

कबीर पंजरि प्रेम प्रकासिया, जाग्या जोग अनंत।
संसा छूटा सुख भया, मिल्या प्यारा कंत॥

(ग्रन्थावली, परचा कौ अंग, साखी 13, पृ. 25)

और प्रेम के प्रकाश में नहाए हुए कबीर अपने भीतर, अपने प्रिय से बोलने के लिए बन जाते हैं स्त्री। उनके प्रेम का पात्र यों तो 'फूलनि में बास' की तरह जगजीवन भर में व्याप्त है, फिर भी बड़भागी वे ही हैं जिनके 'घट' में वह प्रकट हो, जिनकी संवेदना में वह प्रत्यक्ष हो। इस बड़भागीपन को कहते हैं (बल्कि कहती हैं) कबीर—'सखी' से :

कबीर सब घटि मेरा सांइयाँ, सूनीं सेज न कोई।
भाग तिन्हीं का हे सखी, जिहि घटि प्रगट होइ ॥

(ग्रन्थावली, साध-साषीभूत कौ अंग, साखी 18, पृ. 87)

इस बड़भागीपन की आकांक्षी साधना 'सखी' को ही सम्बोधित नहीं करती; 'राम' को भी स्त्रियों के ठेठ लोकप्रचलित मुहावरे में 'ननद के भाई' कहकर पुकारती है :

अब मोंहि ले चलि, नणद के बीर अपने देसा।
इन पंचनि मिलि लूटी हूँ कुसंग आहि ब देसा ॥

(ग्रन्थावली, दास, पद 14, पृ. 73)

कबीर का ऐसा मुखर स्त्रीत्व बस यों ही अपना ली गई भंगिमा मात्र है; या किसी गहरी अन्तर्दृष्टि की व्यंजना भी? समस्या स्त्री रूप धारण करने वाले साधकों को 'डिफेंड' या 'क्रिटिसाइज' करने की ही है या कुछ और भी? बात स्त्रीरूप धारण को 'साधनात्मक रहस्यवाद' कहकर निपटा देने की नहीं उस रहस्य से टकराने की है जिसके कारण कबीर और दूसरे साधक साधना के क्षणों में अर्जित अन्तर्दृष्टि को अपनी विश्वदृष्टि तक सीमित रूप में ही पहुँचा पाते हैं। उनका सर्जनात्मक या साधनात्मक स्त्रीत्व पूरमपूर स्त्री-विमर्श में नहीं बदल पाता। साधना के पल को स्त्रीत्व की दृष्टि से रचने वाले कबीर समाज के सच को स्त्री की दृष्टि से नहीं देख पाते।

चुनौती 'डिफेंड' या क्रिटिसाइज़' करने में नहीं, कबीर की प्रेम-धारणा की सम्भावनाओं और समस्याओं को खोलने में है! और, जैसा कि हमने कहा, स्त्री की आवाज़ अपनाने वाले कबीर अकेले पुरुष साधक नहीं हैं।

4

ए.के. रामानुजन का महत्त्वपूर्ण निबन्ध है : 'मेन, वीमेन एंड सेंट्स'। इसमें वे सूचना देते हैं : "नाम्मालवार की लगभग एक हज़ार कविताओं में से 270 औरत की आवाज़ में हैं। स्त्री रूप धारण करने की यह परम्परा संगम काव्य तक जाती है, जहाँ बहुत से कवि कविता में नारी रूप धारण करते हैं।"[9]

दक्षिण की भक्ति संवेदना में प्रेम-प्रतीकवाद बहुत ही महत्त्वपूर्ण था। कबीर के सन्दर्भ में, विरह को 'विदेशी परम्परा की काव्यरूढ़ि' बताने वाले या 'वैष्णव' शब्द से ही भड़क उठने वाले महानुभावों की तो बात और है, लेकिन 'भक्ति का सन्दर्भ' समझने वाले जानते हैं, "...दक्षिण के उत्तराधिकारी अपने को 'राम की बहुरिया' कहते हैं।"[10] इस तथ्य का एहसास भक्ति संवेदना के पारम्परिक बोध में मौजूद था। इस अहसास के कारण ही, कबीर को 'द्राविड़ ऊपजी' भक्ति को 'सप्तदीप-नवखंड में परगट' करने का श्रेय दिया गया।

बहरहाल, रामानुजन पुरुषों द्वारा स्त्री रूप धारण की परम्परा के साथ ही स्त्री संतों की विशेषताओं पर भी ध्यान देते हैं, और इन दोनों ही के द्वारा कविता में 'अस्तित्व की पुनर्रचना' के प्रयत्न को रेखांकित करते हैं :

> ...अपने अस्तित्व की पुनर्रचना करने के प्रसंग में स्त्री की भूमिका ले सकते हैं, औरत की आवाज़ में बोल सकते हैं, अपने पुरुष-ईश्वर के विरह में तड़प सकते हैं, जैसे कि स्त्रियाँ प्रेमी के विरह में तड़पती हैं। स्त्री संत पुरुषों की विशेषताएँ अपना सकती हैं, वे अपने पिता या पति के नहीं अपने चुने हुए ईश्वर के लिए घर–छोड़ सकती हैं। इस तरह ये मेरे शीर्षक में उल्लिखित तीसरा जेंडर बन जाती हैं/बन जाते हैं–स्त्री पुरुष और संत।[11]

स्वाभाविक रूप से, पुरुष द्वारा स्त्री की भूमिका अपनाने के सिलसिले में रामानुजन को–"भक्ति परम्पराओं से गहरे में प्रभावित" गांधी जी भी याद आते हैं!

लेकिन रामानुजन इस बात पर विचार नहीं करते कि उनके शीर्षक में उल्लिखित तीसरा जेंडर–'संत' बनने के क्रम में स्त्रियों को दूसरे जेंडर–पुरुष मात्र–की निन्दा करने की ज़रूरत क्यों नहीं पड़ती? 'अस्तित्व की पुनर्रचना' करने के क्रम में, 'तीसरा जेंडर' बनने के क्रम में बाधाएँ तो स्त्रियों के सामने भी आती हैं। पुरुषों की ओर से आती हैं। लेकिन स्त्री संत इस कारण पुरुष मात्र को कोसने नहीं लगतीं। 'विष का प्याला राणाजी, भेज्या, पीवत मीराँ हाँसी रे'–लेकिन मीराँ की कविता कहीं भी पुरुष मात्र को साधना में बाधा का रूपक नहीं कहती। वह यह ज़रूर कहती है–'राणाजी म्हाणै बदनामी लागै मीठी। चाहे कोई निन्दो, चाहे कोई बिन्दो, चलूँगी चाल अनूठी!'

यह अन्तर्विरोध पुरुष संत की अपनी विशेषता और उसकी संवेदना की समस्या है कि एक ओर स्त्री मात्र 'अपनी या पराई' साधना में सबसे बड़ी बाधा हो; और फिर उसी साधना में स्वयं साधक स्त्री बन जाए। एक ओर स्त्री का प्रेम सबसे विकट बाधाओं का रूपक माना जाए; दूसरी ओर वही प्रेम अबाध भक्ति का सर्वाधिक प्रिय रूपक बनाया जाए। एक ओर कबीर की 'चेतावनी' (!) है :

कबीर नारि पराई आपणीं, भुगत्या नरकहि जाइ।
आगि आगि सब एक है, तामैं हाथ न बाहि॥

(ग्रन्थावली, कामी नर कौ अंग, साखी 24, पृ. 69)

और दूसरी ओर उन्हीं कबीर की प्रेमानुभूति, भक्तिभावना है; कवि की विवशता है कि वह अपनी भक्तिभावना के गहरे पलों में उसी स्त्री का रूप धारण कर ले, जिसे वह भक्ति के मार्ग में सबसे बड़ी बाधा मानता है :

तन रत करि मैं मन रत करिहुँ, पंचतत बराती।
रामदेव मोरै पाहुने आए हैं, मैं जोबन मैमाती॥

मन्दिर मांहि भया उजियारा। ले सूती अपना पीव पियारा॥
मैं र निरासी जे निधि पाई। हमहिं कहा यह तुमहि बड़ाई॥
कहै कबीर मैं कछू न कीन्हां। सखी सुहाग राम मोहि दीन्हा॥

चरननि लागि कैरों बरियाई। प्रेम प्रीति राखौं उरझाई॥
इत मन मन्दिर रहौ नित चोखै। कहै कबीर परहु मति धोखै॥

एकही रूप दीखें सब नारी। नां जांनू को पीयहि पियारी॥
कहै कबीर जा मस्तिक भाग। नां जांनू काहू देइ सुहाग॥

(ग्रन्थावली, राग गौड़ी, पद 1, 2 और 3, पृ. 140-141)

इन पंक्तियों में कबीर की शब्दावली कितनी 'एरॉटिक' है; 'तन रति' 'मन रति' से पहले है! राम (!) को धोखे में पड़ने से बरजने वाला अधिकार-भाव है और यह उत्कंठा भी कि 'एक ही रूप' दीखने वाली सब नारियों में से भाग किसके जागते हैं; सुहाग किसको मिलता है!

कबीर के यहाँ स्त्री मात्र की निन्दा का 'उपदेश' भी है, और उसी उपदेश को मुँह चिढ़ाती उनकी प्रेम-धारणा भी। कहने की आवश्यकता नहीं कि यह आप पर निर्भर है कि आप 'नारी कुंड नरक का' वाले उपदेश से सीखते हैं या उस संवेदना और उस प्रेमधारणा से जो पुरुष-दर्प के अन्धकार को जलाकर 'मन्दिर माँहि उजियारा' कर देती है। जो संस्कार को भेद कर कवि के (उम्मीद करें पुरुष श्रोता/पाठक के भी) सर्जनात्मक शाश्वत स्त्रीत्व को उद्बुध कर देती है।

पुरुष देह और मन के भीतर स्त्रीत्व की उपस्थिति का बोध वस्तुतः उभयलिंगी आत्म के साक्षात्कार का परिणाम है—नाम्मालवार से लेकर कबीर तक! यह गहरा आत्म-साक्षात्कार समतामूलक सम्बन्धभाव की ओर जाता है—'समिता सी बस्तु' की चाहना की तरफ। संस्कारजनित नारी निन्दा के बावजूद कबीर नारी की बानी और उसी का बाना अपना लेते हैं। इस बानी में बोलती उनकी संवेदना निस्सन्देह समर्पण की संवेदना है। जिस राम के प्रति समर्पण है, वह राम समतामूलक सामाजिक सम्बन्धों का रूपक है; अस्तित्वपरक विकलता-आध्यात्मिक खोज को दिया गया नाम तो वह है ही। चुनौती है राम की इस समग्रता की गहरी प्रतीति प्राप्त करने की :

कबीर खोजी राम का, गया जु स्यंघल दीप।
राम तो घट ही भीतरि रंमि रहया, जो आवै परतीत॥

(ग्रन्थावली, कस्तूरिया मृग कौ अंग, साखी 4, पृ. 131)

विडंबना यही है कि इस 'परतीत' के बावजूद कबीर जाति-व्यवस्था की ऊँच-नीच से जैसी जिरह करते हैं; पितृसत्ता की ऊँच-नीच से नहीं कर पाते। उनकी

सामाजिक आलोचना अधूरी छूट जाती है। इस अधूरेपन की जड़ में है नारी निन्दा का आग्रह। यही आग्रह संवेदना में फाँक उत्पन्न करता है। और केवल कबीर ही की संवेदना में नहीं। अनेकों ऐसे साधक हैं 'रहस्य साधना' और कविता की दुनिया में जो संस्कारजनित उपदेशात्मकता के धरातल पर 'कामिनी' की निन्दा करते नहीं थकते और प्रेम-संवेदना के धरातल पर कामिनी का रूप धारण करते भी नहीं थकते। यह आत्मसंघर्ष उस अन्तर्दृष्टि का प्रमाण है जो कविता की अपनी सहज (चाहें तो कहें, रहस्यात्मक!) बोध-प्रक्रिया से इन कवियों को प्राप्त होती है।

यह वही अन्तर्दृष्टि है, जिसे प्राप्त करने के लिए मीरा या महादेवी अक्का को अलग से साधना नहीं करनी पड़ती। वे तो देह, मन और समाज में भी स्त्री हैं; कविता और साधना में भी। 'अरध सरीरी नारि' के बोध को विभिन्न प्रकार की ज्ञानमीमांसाएँ तरह-तरह से बाधित करती हैं। कबीर जैसे कवि कम से कम साधना के धरातल पर ऐसी बाधाएँ लाँघकर इस बोध को प्राप्त कर लेते हैं—यह उनकी सम्भावना है। सीमा यह है कि उनका स्त्रीत्व साधनात्मक ही रहता है; सामाजिक स्त्री-विमर्श का रूप नहीं ले पाता।

स्त्रीत्व के सामाजिक अनुभव और स्त्रीत्व के प्रेम की विशिष्टता की अन्तर्दृष्टियों को नारीवादी सभ्यता समीक्षा ने व्यवस्थित विमर्श का रूप दिया है। नारीवादी चिन्तकों ने सामाजिक इतिहास, व्यक्तिमानस और सेक्सुअलिटी की गहन पड़ताल कर इस अन्तर्दृष्टि को पुष्ट किया है कि पुरुषत्व की दृष्टि से प्रेम एक एडवेंचर, एक विजय है तो स्त्रीत्व की दृष्टि से समूचा जीवन। और यह बात केवल 'पतिव्रता' के प्रेम तक सीमित नहीं। मनुष्य की चेतना में स्त्रीत्व भी सक्रिय है और पुरुषत्व भी, लेकिन ऐतिहासिक विकास क्रम में, 'निजी सम्पत्ति, परिवार और राज्यसत्ता' के विकासक्रम में, मनुष्य मात्र के 'अर्द्धनारीश्वर' होने का बोध पीछे छूट गया है। पुरुषत्व प्रतिमान बन गया है और स्त्रीत्व पिछड़ेपन का प्रमाण! पुरुष का 'जनाना' होना उपहासास्पद है : स्त्री का 'मर्दानी' होना प्रशंसापरक!

पितृसत्तात्मक समाज में, इसके द्वारा स्वीकृत प्रेम-धारणा में आधिपत्य और विनाश (थैनॉटॉस) के तत्त्व अधिक सक्रिय हैं, स्वतःस्फूर्तता और रति (ईरॉस) के कम। नितान्त व्यक्तिगत प्रेम भी सामाजिक सत्ता-विमर्श के बाहर नहीं खड़ा होता। वह किसी न किसी हद तक, किसी न किसी रूप में या तो पितृसत्तात्मक समाज में निहित जेंडरपरक आधिपत्य को पुष्ट करता है या उसे चोट पहुँचाता है। इस समाज सत्तापरक अर्थ में प्रेम की अपनी राजनीति होती है। एक लैंगिक अस्मिता द्वारा दूसरी पर आधिपत्य की राजनीति या ऐसे आधिपत्य के प्रतिरोध की राजनीति। गर्मेन ग्रीयर के मार्मिक शब्दों में :

असल में स्त्री और पुरुष अलग-अलग तरह से प्रेम करते हैं, इस शब्द (प्रेम) से हम जिस व्यवहार को वर्णित करते हैं, वह सद्‌भावना से इतना दूर और इतना असामाजिक है कि इसे प्रेम की मूल भावना के प्रतिकूल ही मानना चाहिए। हमारी जीवन-शैली में थैनॉटॉस ज्यादा है, ईरॉस कम, क्योंकि हममें अहम्मन्यता, शोषण, छल, व्यामोह और आसक्ति ज़्यादा है और रत्यात्पकता, उदारता और स्वतःस्फूर्तता बहुत ही कम।[12]

पितृसत्तात्मक समाज के संस्कारों और स्वयं अपनी प्रेम-धारणा की फाँक से उत्पन्न सीमाओं के बावजूद कबीर और ऐसे अन्य साधकों द्वारा अर्जित अन्तर्दृष्टि अत्यन्त महत्त्वपूर्ण है कि 'असल में स्त्री और पुरुष अलग-अलग तरह से प्रेम करते हैं।' एक 'तरह' में प्रेम एडवेंचर है तो दूसरी में समूचा जीवन। इस अन्तर्दृष्टि के साथ यह सम्भव ही कहाँ रह जाता है कि अपनी भक्ति के लिए भक्त स्त्रीत्व के अलावा और कोई रूपक चुने? स्त्रीरूप-धारण ही वह माध्यम है जो सामाजिक मर्यादा को चुनौती देता है। साथ ही 'प्रिय' के प्रति आकर्षण 'स्त्री बन चुके' भक्त को एक ओर बड़भागी होने का अहसास देता है, दूसरी ओर यह अधिकार कि वह 'राम' को भी प्रेम करना सिखा सके।

यह अन्तर्दृष्टि न किसी कालखंड तक सीमित है, न किसी देशखंड तक। जिस तरह 'समकक्षों का प्रेम सार्वजनीन भावना' है, उसी तरह मानव मात्र के भविष्य की स्त्रीत्व-निर्भरता का बोध भी। पिछले अध्याय में पढ़े, मिलान कुंदेरा के शब्दों को दोहराने में हर्ज़ नहीं; "यदि हम दुनिया को बचाना चाहते हैं तो हमें स्त्रीत्व अपनाना होगा। स्त्री की अगुआई स्वीकारनी होगी। शाश्वत स्त्रीत्व को अपने आप में व्यापने देना होगा।"

'विचार का अनंत' की आलोचना करते हुए श्री राजेन्द्र कुमार ने ठीक लिखा था, "मिलान कुंदेरा की 'शाश्वत स्त्रीत्व' की अवधारणा कबीर के काव्यों में रूपक बनकर ही व्यापती है, वस्तुगत बनकर नहीं।"[13]

लेकिन रूपक के चुनाव का काव्य की वस्तु से, कवि के मानस से क्या सम्बन्ध है—सवाल यह है। 'शाश्वत स्त्रीत्व की अवधारणा' यदि रूपक की बजाय काव्य-वस्तु बनकर कबीर की कविता मात्र में व्यापती तो वे साधना के बाहर भी, स्वयं को और समाज को स्त्री की निगाह से भी देख पाते। ऐसा नहीं है—यही तो उनकी संवेदना की फाँक है; उनकी प्रेम-धारणा की सीमा है। इसके बावजूद उनकी कविता में स्त्रीत्व का रूपक बनकर व्यापना भी प्रेम-धारणा की सम्भावनाओं का संकेत तो करता ही है।

सवाल यह है कि कबीर के सन्दर्भ में, और हमारे अपने सन्दर्भ में प्रेम की सम्भावनाओं का विस्तार ज़रूरी है या नहीं? सामाजिक सत्ता-विमर्श के साथ 'प्रेमी के विमर्श' का जो रिश्ता बनता है, उसकी पड़ताल ज़रूरी है या नहीं? प्रेम की राजनीति की सम्भावनाएँ टटोलना ज़रूरी है या नहीं?

5

सन् 2002 में जो नरसंहार गुजरात में हुआ, वह अपनी भयानकता में तो अभूतपूर्व था ही, ऐसी हिंसा को प्राप्त सामाजिक स्वीकृति के लिहाज़ से भी अभूतपूर्व था। इस नरसंहार पर तरह-तरह की टिप्पणियाँ हुईं, लेकिन हिंसा और घृणा को सामाजिक चित्त में स्थापित करनेवाली राजनीति की गतिकी (डायनामिक्स) के सन्दर्भ के दूरगामी महत्त्व के सवाल दो-एक टिप्पणियों में ही उठाए गए। इस लिहाज़ से प्रसिद्ध मानवाधिकार कार्यकर्त्ता के. बालगोपाल की टिप्पणी बहुत महत्त्वपूर्ण थी।

बालगोपाल की वेदना गुजरात के सन्दर्भ से शुरू होकर वामपंथी और अन्य परिवर्तनकामी बौद्धिकों की बुनियादी असफलता तक जाती है। उनकी बेचैनी यह है कि सन्दर्भ–हिन्दुत्ववादी राजनीति का हो या नात्शी राजनीति का, नफ़रत की राजनीति के बरक्स 'प्रेम की राजनीति' की सम्भावनाएँ टटोलने में वामपंथी सोच की दिलचस्पी क्यों नहीं रही :

> क्या प्रेम सिखाना भी इतना ही आसान हो सकता है?...
>
> ऐसे सवालों से 'रैडिकल' रुझान के लोगों को डर लगता है। ऐसे सवाल हमारे यूटोपियन सपनों के लिए घातक जो हो सकते हैं। लेकिन उन सपनों को जरा यथार्थ की ज़मीन पर भी लाना चाहिए। यदि घृणा की रचना करना इतना आसान है और प्रेम इतना दुस्साध्य और हमें केवल अटपटी-सी सहिष्णुता का ही सहारा है तो कहाँ तक पहुँच सकते हैं हमारे यूटोपियन सपने? सवाल बेशक बहुत बड़ा है, इतना बड़ा कि नात्शीवाद के जो पोथे-पोथे भर वामपंथी विश्लेषण यूरोप में हुए हैं–उन्होंने कभी इस सवाल का ईमानदारी से सामना नहीं किया। इस सवाल से आमना-सामना करने में सबसे दूर तक गए एरिक फ्रॉम, लेकिन आख़िर वे भी पीछे हट गए।[14]

घृणा की रचना इतनी आसान और 'प्रेम' इतना दुःसाध्य कि–

कबीर यहु घर प्रेम का खाला का घर नांहि
सीस उतारै भुइं धरै, सो पैठे घर मांहिं।
कबीर प्रेम न खेतौं नीपजै, प्रेम न हाटि बिकाइ।
राजा परजा जिस रुचै, सिर दे सो ले जाइ।

(ग्रन्थावली, सूरातन कौ अंग, साखी 19 व 21, पृ. 116)

जिस प्रेम के वामपंथी-विमर्श का अभाव बालगोपाल को इतनी शिद्दत से साल रहा है; उसकी 'दुस्साध्यता' का कबीर के प्रेम की दुस्साध्यता से कोई सम्बन्ध है या नहीं? जो संवेग सत्रह-अठारह साल की लड़की को फाँसी चढ़ जाने या ज़िन्दा जल जाने की दीवानगी दे देता है; किसी भी साधारण मनुष्य में प्रेम की साखी भरने का–शहादत का–ऐसा असाधारण ज़ज़्बा पैदा करता है; क्या उसका कोई सामाजिक अर्थ नहीं? क्या परिवर्तनकामी संवेदना के लिए उसकी कोई प्रासंगिकता नहीं? घृणा भी अन्ततः एक व्यक्तिगत भावना ही है; जिसे एक सामाजिक शक्ति का रूप देने का

प्रयत्न प्रगतिशील राजनीति भी करती है, प्रतिक्रियावादी राजनीति भी। प्रतिक्रियावादी राजनीति कामभावना और प्रेमानुभूति को स्त्रीविरोधी सामाजिक संस्कार और दमनपरक संरचनाओं में बदलने का भी काम करती है। ऐसी स्थिति में, परिवर्तनकामी वैचारिकी और राजनीति का कामभावना और प्रेमानुभूति के प्रति क्या रवैया होना चाहिए?

कबीर के सन्दर्भ में यह सवाल और भी महत्त्वपूर्ण हो जाता है। उनकी संवेदना के एक पक्ष–समाजभावना–को, उनकी सामाजिक आलोचना को, तरह-तरह की वैचारिकियाँ अपने-अपने प्रोजेक्ट्स में खींचने की कोशिश करती रही हैं। जितनी शिद्दत से यह कोशिश होती रही है, उतनी ही शिद्दत से कबीर की कामभावना और रामभावना को हाशिए पर पहुँचाने की कोशिश भी होती रही है। बात केवल कबीर तक सीमित नहीं; बालगोपाल ठीक नोट करते हैं; समस्या कामभावना की जटिलता और 'प्रेम की दुस्साध्यता' की है। घृणा के संवेग को सामाजिक शक्ति में बदलने के लिए परिवर्तनकामी वैचारिकियाँ जितनी उत्सुक और सक्रिय रही हैं, उतनी ही वे उदासीन रही हैं प्रेम के संवेग का वैकल्पिक विमर्श गढ़ने के प्रति। केवल उदासीन ही नहीं; ऐसा विमर्श गढ़ने की कोशिशों के प्रति शक से भरपूर, बल्कि आक्रामक!

प्रसंगवश, इस आक्रामकता का प्रसाद मुझे निजी रूप से प्राप्त हुआ है। 'संस्कृति : वर्चस्व और प्रतिरोध' (1995) में संकलित लेख 'सूद्र-पसु-नारी' में मैंने लिखा था :

> परिवर्तनकामी राजनीति और संस्कृति अत्याचार के विरुद्ध घृणा से अपना रिश्ता बेधड़क जोड़ती है। क्या ऐसा ही बेधड़क रिश्ता मर्यादा को चुनौती देने वाले प्रेम से भी नहीं जोड़ा जा सकता? क्या स्त्री-पुरुष के नैसर्गिक प्रेम, लोक-चित्त में संचित उसकी स्मृतियों और उसकी सर्जनात्मक अभिव्यक्तियों को नई मर्यादा की रचना का प्रस्थान-बिन्दु नहीं बनाया जा सकता? क्या सचमुच परिवर्तन सिर्फ़ वर्तमान का निषेध है? यदि नहीं, तो क्या वैकल्पिक व्यवस्था सिर्फ़ आज के शोषित और शोषक की भूमिकाओं की परस्पर अदला-बदली पर टिकी रह सकती है? क्या प्रेम सिर्फ़ दो व्यक्तियों का परस्पर संवेग मात्र है? क्या सचमुच स्त्री-पुरुष के प्रेम को सामाजिक परिवर्तन से जुड़े चिन्ताजगत में निश्चित जगह हासिल नहीं होनी चाहिए।[15]

यह बात उस पुस्तक में तरह-तरह से, बार-बार कही गई थी। पुस्तक के लोकार्पण समारोह में प्रगतिशील आलोचकों को जो असुविधा उपर्युक्त आग्रह से हुई, वह मेरे लिए शिक्षाप्रद भी थी, चिन्ताप्रद भी। बारंबार बताया गया सामाजिक शक्ति के रूप में घृणा का महत्त्व; उतनी ही बार जताया गया प्रेम की संभावनाओं पर सन्देह। 'स्त्री पुरुष के प्रेम को सामाजिक परिवर्तन से जुड़े चिन्ताजगत में निश्चित जगह' देने के निवेदन की जमकर खिल्ली उड़ाई गई। यह सब देख-सुनकर मन में कौंधा एक सवाल–जो आज चौदह साल बीत जाने पर भी मौजूद है : घृणा से इतना प्रेम क्यों? प्रेम से इतनी घृणा, इतनी विरक्ति क्यों?

यह सिर्फ़ उस गोष्ठी के वक्ताओं तक सीमित समस्या नहीं थी। अभाव भी प्रेमानुभूति की स्वीकृति का नहीं है, अभाव है प्रेम के विमर्श का। हिचक स्त्री-पुरुष के प्रेम का महत्त्व स्वीकारने में नहीं, हिचक है उस प्रेम को 'सामाजिक परिवर्तन से जुड़े चिन्ता-जगत में निश्चित जगह' देने में। सन्देह व्यक्तिगत संवेग के रूप में प्रेम की महत्ता पर नहीं, सन्देह है उस संवेग पर आधारित राजनीति–प्रेम की राजनीति–की सम्भावनाओं पर।

विडम्बना यह है कि परिवर्तनकामी वैचारिकी के अधिकांश में नैसर्गिक कामभावना की प्रचलित सामाजिक निर्मिति को एकमात्र निर्मिति तथा प्रेमानुभूति के पारम्परिक, वर्चस्वशील विमर्श को ही 'नैसर्गिक' (!) विमर्श मान लिया गया। यही कारण है कि या तो प्रेम की महिमा के नाम पर घोर मर्यादावाद का महिमामंडन किया जाता है या फिर प्रेम के सवाल को व्यक्तिबद्ध, अमूर्त और 'दुस्साध्य' मानकर छोड़ दिया जाता है। या अधिक से अधिक प्रेम के सामन्ती या बुर्जुआ रूपों की आलोचना कर ली जाती है। इन रूपों में निहित विमर्श के विकल्प का सवाल आम तौर से इतना महत्त्वपूर्ण नहीं माना जाता कि उस पर अभी और यहाँ ध्यान दिया जाए। इस सवाल पर ध्यान दे देना, 'हमारे यूटोपियन सपनों के लिए घातक' जो हो सकता है। 'रैडिकल रुझान के इस डर' का क्या उस हालत की रचना में कोई योगदान नहीं, जिसका बयान रोलाँ बार्थ निम्नलिखित शब्दों में करते हैं और क्या यह हालत समूची मानवीय स्थिति के गहनतम संकट की व्यंजना नहीं करती–

> प्रेमी का विमर्श आज आत्यन्तिक अकेलेपन का विमर्श है। यह विमर्श बोला तो जाता है हजारों वक्ताओं द्वारा (कौन जाने?) लेकिन इसे चाहता कोई नहीं। आसपास की भाषाओं ने इस विमर्श का पूर्ण परित्याग कर दिया है। यह पात्र बन गया है उपेक्षा, उपहास और तिरस्कार का। काट दिया गया है इसे प्राधिकार (अथॉरिटी) से, अधिकार के हर मेकेनिज्म (विज्ञान, तकनीकी और कला) से।[16]

इस कथन में व्यंजित संकट के बोध को, उसकी वेदना को महसूस करके ही स्त्रीवादी चिन्तकों द्वारा की गई प्रेम-समीक्षा का ऐतिहासिक और वैचारिक महत्त्व समझ आता है और साथ ही गांधी जी तथा मार्टिन लूथर किंग जैसे लोगों की 'राजनीति' का निहितार्थ भी।

जो संकट प्रेमी के विमर्श के आत्यन्तिक अकेलेपन में व्यंजित हो रहा है वह व्यक्तिसत्ता और समाज-व्यवस्था दोनों का गहनतम संकट है; वह इक्कीसवीं सदी की सबसे बड़ी चुनौती है। किसी एक समाज की चुनौती नहीं, मानव-सभ्यता मात्र की चुनौती। 'हमारे यूटोपियन सपनों' का भविष्य इस बात पर निर्भर है कि हम विमर्श और व्यवहार दोनों के धरातल पर 'प्रेम की दुस्साध्यता' से कैसा मुखामुखम करते हैं। सामाजिक परिवर्तन की चिन्ता में प्रेम को कैसी जगह देते हैं–और प्रेम की वैकल्पिक धारणाओं की सम्भावनाओं को किस हद तक वास्तविकताओं में बदल पाते हैं।

कामभावना और आदिम प्रेम संवेग पर आधारित प्रेमानुभूति को परिवर्तनपरक सामाजिक शक्ति में रूपान्तरित करने की वैचारिक चुनौती का सामना किस हद तक कर पाते हैं।

प्रेम का कोई 'वास्तविक' पात्र, कोई 'लौकिक' प्रिय न भी हो तो कविता करता और कविता से गुजरता मनुष्य प्रेम के संवेग को महसूस करने और जीने के लिए 'अलौकिक' प्रिय की रचना कर लेता है। प्रेम-संवेग की अदम्यता और अपरिहार्यता 'प्रिय' के लौकिक-अलौकिक; वास्तविक-अवास्तविक के भेद को व्यर्थ कर देती है। 'साधनात्मक' कहिए या 'भावनात्मक'—रहस्यवाद का रहस्य यही है कि वहाँ 'प्रिय' के व्यक्तित्व की लौकिकता-अलौकिकता का पचड़ा पीछे छूट जाता है। रह जाता है केवल प्रेम का अदम्य आवेग—कामना की प्रचंड ऊर्जा।

कबीर की विशेषता यही है कि प्रेम के अदम्य आवेग को वे समाज-संलग्न, संज्ञानात्मक प्रेमधारणा का रूप देते हैं। केवल निहितार्थ की दृष्टि से ही नहीं, कवि की अपनी आत्मचेतना में भी कबीर की प्रेमधारणा समाज से उदासीन 'कायासाधना' की ओर नहीं, प्रदत्त मर्यादाओं, जन्मगत अस्मितावाद के पूर्वग्रहों से ज़िरह की ओर जाती है। उनका कवि-व्यक्तित्व आत्मस्थ और लोकस्थ एक साथ है—क्योंकि उनकी संवेदना कामभावना-रामभावना-समाजभावना की निरन्तरता की संवेदना है। यह निरंतरता ही वह आकाश है, जिसके मध्य कबीर अनल पक्षी की तरह विचरण करते हैं। प्रदत्त सुरक्षा और निश्चिन्तता का अपना 'नीड़' स्वयं अपने गीतों की लपट से जलाते हुए किसी ठौर-विश्वास के आसरे की परवाह किए बिना कबीर उस निरन्तरता के आकाश के 'मध्य' घर करते हैं :

कबीर अनल अकासा घर किया, मधि निरन्तर बास।
बसुधा ब्यौम बिगता रहै बिन ठाहर बिसवास॥

(ग्रन्थावली, मधि कौ अंग, 3, पृ. 91)

रोलाँ बार्थ का जो कथन हमने ऊपर पढ़ा, उसी को आगे बढ़ाते हुए वे कहते हैं :

> जब किसी विमर्श को हर तरह की सामूहिकता से निष्कासित कर 'अवास्तविक' के लोक में पहुँचा दिया जाए तो वह क्या करे? कोई चारा नहीं, सिवा इसके कि वह स्वयं को दृढ़तापूर्वक रेखांकित करने की जगह बनाए। भले ही कितनी भी छोटी क्यों न हो वह जगह...।[17]

कबीर का महत्त्व इसी बात में है कि वे ''अवास्तविक'' के लोक में पहुँचा दिए गए 'प्रेम को' वास्तविक 'जगत' की पड़ताल का प्रतिमान बनाते हैं। और, इतनी छोटी भी नहीं वह जगह, बशर्ते उस जगह के विस्तार को अपनी संवेदना में धारण करने की कुछ कोशिश हम भी करें। स्वयं कबीर से बहस करते हुए।

प्रेम के प्रतिमान पर समाजसत्ता को परखना और साधनात्मक स्त्रीत्व को अपनाना कबीर के बाद निर्गुण भक्ति-संवेदना का स्वभाव बन जाता है। दादू से लेकर पलटू तक। लेकिन साधनात्मक स्त्रीत्व को सामाजिक स्त्री-विमर्श में बदलने का ज़रूरी काम नहीं हो पाता। संवेदना में फाँक बनी रहती है—फलस्वरूप सामाजिक आलोचना का अधूरापन भी बना रहता है। जातिगत ऊँच-नीच की आलोचना होती है। लेकिन जेंडरपरक ऊँच-नीच की समीक्षा नहीं हो पाती—दादू से लेकर पलटू तक के 'साधनात्मक स्त्रीत्व' के बावजूद। प्रेम के क्षणों में स्त्री के कर्ताभाव को स्वीकारने वाले; बल्कि वैसे कर्ताभाव को अपनाने के लिए स्वयं स्त्रीरूप धारने वाले कवि और संत सामाजिक सन्दर्भ में स्त्री के कर्ताभाव का रेखांकन नहीं कर पाते। भक्ति के सन्दर्भ में स्वयं को राम की नारी के रूप में सिरजने वाले सामाजिक अनुभव के धरातल पर 'कत विधि सिरजी नारी जग माँही' के सवाल में व्यंजित वेदना को आत्मसात नहीं कर पाते।

यह उनकी प्रेमधारणा की सबसे दुःखद सीमा है। नारी निन्दा के प्रत्यक्ष उपदेशों के साथ मिलकर यह सीमा कुछ लोगों को अवसर देती है कि वे अपनी स्त्री-विरोधी कुंठाओं और घृणाधारित फैंटेसियों के पक्ष में कबीर तथा अन्य संतों को इस्तेमाल कर सकें। कह सकें कि संत यदि नारी-निन्दा करते हैं, तो अपराध नारी का ही है—वही संतों को अपनी सराहना करने ही नहीं देती! सराहना में बाधक हैं—नारी के 'दोष'! उसका सौन्दर्य, उसकी काम्यता और कामभावना। 'प्रिय' को रिझाने की उसकी इच्छा। लेकिन इन्हीं 'दोषों' को कबीर स्वयं अपनी कविता के प्रेमक्षणों में अपनाते हैं!

कबीर की प्रेमधारणा और उनके स्त्रीत्व को, उसकी सम्भावनाओं और समस्याओं दोनों के साथ समझना ज़रूरी है। इस बात को याद रखना ज़रूरी है कि नस्ल या रक्त की शुद्धता में विश्वास रखने वाले सामाजिक अस्मितावाद का हर संस्करण औरत को मर्द के काबू में रखने की फैंटेसी पालता है। ऐसा अस्मितावाद सामाजिक अन्याय के विरुद्ध संघर्ष को व्यवस्थागत परिवर्तन की बजाय 'ग़लत' नस्ल या रक्त के लोगों के विरुद्ध हिंसक घृणा के आख्यान में भी बदलता है।

कबीर की प्रेमधारणा में उस संज्ञान की सम्भावना मौजूद है जिसके आधार पर सामाजिक परिवर्तन की शक्ति के रूप में प्रेम की वैचारिकी विकसित की जा सकती है। स्त्रीरूप धारण करने की उनकी विवशता, उनका 'साधनात्मक स्त्रीत्व' स्वयं ही उनकी संस्कारगत नारी निन्दा के सामने सवाल बनकर खड़ा हो जाता है। ज़रूरत इस सवाल को और मुखर, और सघन करने की है।

ज़रूरत 'साधनात्मक स्त्रीत्व' को सामाजिक स्त्री-विमर्श तक ले जाने की है। जो काम कबीर का समय नहीं कर सका; ज़रूरी नहीं कि हमारा समय न कर सके।

'शाश्वत स्त्रीत्व' को स्वयं में व्यापने देने का काम पुरुष को ही करना है और यह भी तभी सम्भव है जबकि पुरुष 'शाश्वत' के साथ-साथ कालबद्ध स्त्रीत्व के प्रति भी संवेदनशील और उससे संवाद करने को उत्सुक हो; साधनात्मक स्त्रीत्व के विमर्श और व्यवहार को सामाजिक स्त्रीत्व के विमर्श और व्यवहार के साथ जोड़ने को उत्सुक हो।

यह मूलभूत नैतिक प्रतिमान है। कबीर के समय के पुरुष के आचरण का भी, हमारे समय और किसी भी समय के पुरुष के आचरण का भी।

सन्दर्भ

1. माताप्रसाद गुप्त, *कबीर ग्रन्थावली,* सहित्य भवन, इलाहाबाद, 1985 (भूमिका) पृ. 50
2. स्त्री के रूप में परमात्मा की कल्पना अरब और ईरान के सूफियों की विख्यात साधनायुक्ति है। इस युक्ति में निहित दार्शनिक अन्तर्दृष्टि को हेनरी कोरबाँ इन शब्दों में रखते हैं : "रहस्यवादी साधक परमात्मा का श्रेष्ठतम दर्शन स्त्री रूप में पाता है, क्योंकि परमात्मा के उत्कृष्टतम रूप दैवीय सर्जनात्मकता को वह सर्जनात्मक स्त्रीत्व की छवि में प्राप्त करता है।...हमारे इस्लामी रहस्यवादियों की आध्यात्मिकता गहरे रूप में उन्हें इस बोध तक ले जाती है कि करुणामय परमात्मा के रहस्य को, प्राणियों को मोक्ष देनेवाले उसके सर्जनात्मक कर्म को समझने के लिए अनिवार्य है–शाश्वत स्त्रीत्व को परमात्मा की छवि के रूप में देखना।" *(क्रिएटिव इमेजिनेशन इन दि सूफ़ीज्म ऑफ इब्न अरबी)* हेनरी कोरबाँ; (फ्रेंच से अंग्रेज़ी अनुवाद राल्फ मैनहाइम), राउटलेज एंड कीगन पॉल, लन्दन, 1969, पृ. 159
3. कबीर नारी कुंड नरक का, बिरला थंमै बाग।
कोई साधु जन ऊबरै, जब जग मूवा लाग॥
(ग्रन्थावली, कांमी नर कौ अंग, साखी 15, पृ. 68)
4. कबीर नारी नसावै तीन सुख, जा नर पासैं होइ।
भगति मुकति निज ज्ञान मैं, पैसि सके न कोइ।
(वही, साखी 10, पृ. 67)
5. देखें, 'सूरातन कौ अंग', साखी 34-35 और 36, पृ. 119, श्री श्यामसुन्दर दास द्वारा सम्पादित ग्रन्थावली में सं. 1881 वि. की 'ख' प्रति के आधार पर निम्नलिखित साखी दी गई है :
ढोल दमामा बाजिया, सबद सुणइ सब कोई।
जे सल देखि सती भजे, तौ दुहु कुल हाँसी होई॥
(कबीर ग्रन्थावली, नागरी प्रचारिणी सभा, वाराणसी, सं. 2055 वि., पृ. 55),
यह साखी एकनिष्ठता का रूपक रचनेवाली कल्पना का चिन्ताजनक रूप प्रस्तुत करती है। सती की जा रही स्त्री के मन में चिता को देख कर उपजने वाले आतंक से सहानुभूति और उस स्त्री की नियति के प्रति करुणा के स्थान पर कवि को चिन्ता यह है कि दोनों कुलों की हँसी न हो!

6. *संस्कृति के सर्जनात्मक 'स्व' का अभिज्ञान*, 'आलोचना' (अक्टूबर-दिसम्बर, 2000), नई दिल्ली, सं. नामवर सिंह, पृ. 160
7. ऐन मेरी शिमेल, *मिस्टिकल डायमेंसंस ऑफ़ इस्लाम*, यूनिवर्सिटी ऑफ़ नॉर्थ कैरोलाइना प्रेस, 1975, पृ. 434
8. 'सूफियों की विरह रूढ़ि से प्रेरित' निर्गुणपंथी संतों के 'साधनात्मक' रहस्यवाद के प्रति आचार्य शुक्ल की विरक्ति सब जानते ही हैं। उसी विरक्ति के साथ, आ. विश्वनाथ प्रसाद मिश्र लोकगीतों में व्यक्त विरह भावना से निर्गुणपंथी संतों के विरह का फ़र्क इस तरह बताते हैं; ''लोकगीतों में भी विरह अपने सहज रूप में अभिव्यक्त हुआ है, पर सूफियों तथा निर्गुनियों में विरह साधनात्मक होकर अलौकिक हो गया है। 'अलौकिक' इस अर्थ में कि इसका सम्बन्ध अलोकसामान्य तत्त्व से है और साथ ही उसकी अभिव्यक्ति भी अत्युक्त है, जो स्वयं अलोकसामान्य है।' *हिन्दी साहित्य का अतीत*, प्रथम भाग, वाणी प्रकाशन, नई दिल्ली, 1994, पृ. 131
9. *दि कलेक्टेड एसेज़ ऑफ़ ए.के. रामानुजन*, सं. विनय धारवाड़कर, ओयूपी, नई दिल्ली, 1999, पृ. 291
10. देवीशंकर अवस्थी, *भक्ति का सन्दर्भ*, वाणी प्रकाशन, नई दिल्ली, 1997, पृ. 84
11. ए.के. रामानुजन, पूर्वोद्धृत, पृ. 291
12. *विद्रोही स्त्री* ('दि फीमेल यूनक'), अनु. मधु बी. जोशी, राजकमल प्रकाशन, नई दिल्ली, 2001, पृ. 131
13. राजेन्द्र कुमार, पूर्वोद्धृत, पृ. 160
14. के. बालगोपाल, *रिफ्लेक्शंस ऑन 'गुजरात प्रदेश' ऑफ़ हिन्दू राष्ट्र*, इकोनॉमिक एंड पॉलिटिकल वीकली, 1 जून, 2002, सं. कृष्णा राज, बम्बई, पृ. 2117। स्पष्टतया बालगोपाल के ध्यान में एरिक फ्रॉम की प्रसिद्ध पुस्तकें, 'एस्केप फ्रॉम फ्रीडम', 'दि सेन सोसाइटी' और सर्वाधिक महत्त्वपूर्ण, 'दि आर्ट ऑफ़ लविंग' हैं।
15. पुरुषोत्तम अग्रवाल, *संस्कृति : वर्चस्व और प्रतिरोध*, राधाकृष्ण प्रकाशन, नई दिल्ली, 2008 (द्वितीय संस्करण), पृ. 74
16. रोलाँ बार्थ, *ए लवर्स डिस्कोर्स : फ्रैग्मेंट्स*, पेंग्विन बुक्स, लंदन, 1990, पृ. 1
17. रोलाँ बार्थ, पूर्वोद्धृत, पृ. 1

अध्याय : दस

'मुख कस्तूरी महमही' : कबीर की कविताई

1. 'सब्दहि देत लखाए' : कविता का ढंग।
2. 'कहै कबीर, सुनो भई साधो' : कविता की आवाज।
3. 'या पद को बूझै, ताको तीनों त्रिभुवन सूझैं' : उलटबाँसी का अर्थ।
4. 'अनल अकासा घर किया' : कविता का घर।
5. 'हम तुझ रहे निदान' : मृत्यु के सामने कविता

1. *'सब्दहि देत लखाए' : कविता का ढंग*

कबीर को कवि मानने में आलोचकों के संकोच और स्वयं कवि की हिचक की चर्चा हमने पहले ही अध्याय में की थी। उसके बाद, पूरी पुस्तक, खासकर पिछले दो अध्याय पढ़ते समय, आप स्वयं इस संकोच और हिचक के अटपटेपन पर चकित होते रहे होंगे, ऐसी उम्मीद है। उम्मीद यह भी है कि आप सहमत होंगे कि कोई कवि है या नहीं, यह तय करने के लिए विश्वास स्वयं रचना पर ही करना चाहिए, रचनाकार की घोषणाओं पर नहीं।

कबीर पूरब के निवासी थे, लेकिन उनकी रचनाओं को लिपिबद्ध किया पछाँह के लोगों ने, वह भी मौखिक स्रोतों के आधार पर। 'बीजक' बहुत बाद में संकलित हुआ, इसलिए उसमें भी कबीर की भाषा अपने ठेठ रूप में नहीं मिलती। इस अर्थ में यह मानना सही है कि कबीर की अपनी भाषा तक पहुँचना आज के अध्येता के लिए असम्भव है। लेकिन, भाषा न सही, कबीर की काव्य-भाषा जरूर थोड़े बदले हुए रूप में सुलभ है। बोली भले ही बनारसी के साथ राजस्थानी, पंजाबी, छत्तीसगढ़ी और मालवी प्रभावों को भी लिये हो, लेकिन कबीर का मुहावरा, उनके द्वारा प्रयुक्त काव्य-विधियाँ पछाँह की आदिग्रन्थ-ग्रन्थावली परम्परा में भी सुरक्षित हैं, और पूरब की बीजक परम्परा में भी। इसलिए, ऐन कबीर के समय की कोई पांडुलिपि उपलब्ध न होने को कविता पर बात करने के मार्ग में ऐसी बड़ी भारी बाधा मानने

की कोई जरूरत है नहीं। 'सात समन्द की मसि करौं' की चर्चा करते हुए हम देख चुके हैं कि लिखित को ही प्रामाणिक मानने से अधिक सार्थक है, भक्ति के लोकवृत्त में मान्य प्रामाणिकता-प्रतिमानों पर ध्यान देना।

आरम्भ इस जिज्ञासा से करें कि भक्ति के लोकवृत्त में कबीर की इतनी व्यापक मान्यता का कारण क्या रहा होगा? यह कौन कह सकता है कि 'घट-साधना' में पीपा या दादू कबीर से कुछ घट कर थे। कैसे कहें कि इन साधकों की आध्यात्मिक उपलब्धियाँ कबीर से कम थीं या ज्यादा थीं? इन लोगों के अपने समकालीन भी कैसे कह सकते होंगे कि कौन कितना 'पहुँचा हुआ' साधक या फकीर है। लेकिन भक्ति के लोकवृत्त में कबीर के प्रति स्तुति भाव तो इतना सर्व-व्यापी है ही, सो क्यों?

कारण है कबीर का कवित्व। हालाँकि उस लोकवृत्त में ही नहीं, व्यापक समाज में भी कबीर कवि नहीं, संत ही कहलाते थे। कारण था, कवि शब्द का उस समय प्रचलित पारिभाषिक अर्थ। कवि माने काव्यशास्त्रीय मान्यताओं और परम्पराओं पर खरी उतरती शब्द-साधना करनेवाला व्यक्ति। रस-छन्द-अलंकार को सजग रूप से साधने वाला रचनाकार। तुलसीदास जब कहते हैं–'कवित विवेक एक नहीं मोरे', तब वे यह नहीं कह रहे कि उन्हें रस-छन्द-अलंकार की जानकारी नहीं है; वे यह कह रहे हैं कि उन्हें इन चीजों को सायास, सजग रूप से साधने की परवाह नहीं है; सहज, स्वाभाविक रूप से सधते चले जाएँ तो चले जाएँ। काव्य-रसिकों की शाबाशी पाने के इरादे से कविता न तुलसीदास कर रहे थे, न कबीरदास। यह बात ध्यान में रखते हुए पढ़ें कबीर के बारे में आचार्य हजारीप्रसाद द्विवेदी का प्रसिद्ध कथन :

> रूप के द्वारा अरूप की व्यंजना, कथन के जरिए अकथ्य का ध्वनन काव्य-शक्ति का चरम निदर्शन नहीं तो क्या है? फिर भी वह ध्वनित वस्तु ही प्रधान है, ध्वनित करने की शैली और सामग्री नहीं। इस प्रकार काव्यत्व उनके पदों में फोकट का माल है–बाईप्रोडक्ट है, वह कोलतार और सीरे की भाँति और चीजों को बनाते-बनाते अपने आप बन गया है।[1]

कविता में 'ध्वनित वस्तु' और 'शैली और सामग्री' के बीच, प्रधानता की होड़ होती है। ठीक यही स्थिति कबीर की रचना में है। असल में, 'ध्वनित वस्तु' की ओर ध्यान जाता ही है 'ध्वनित करने की शैली और सामग्री' के कारण। कबीर की आत्मछवि कवि की नहीं है, लेकिन काव्यत्व उनके पदों में फोकट का माल नहीं, उनकी भाषा का स्वभाव है। वह 'अपने आप बन गया है', क्योंकि कबीर जो कुछ देखते-दिखाते हैं, बुनियादी तौर से कवि की आँख से देखते-दिखाते हैं, जो कुछ सुनाते हैं, कवि की बोली में सुनाते हैं। इसीलिए ऐसी स्थिति बनती है कि रचनाकार भक्त है, लेकिन उसकी रचना कविता है। रचनाकार भक्ति का रस चाहता है, कवि के रूप

में स्वीकृति नहीं, लेकिन उसकी रचना को पढ़ने के लिए आपका स्वयं भगत होना या नाथपंथी साधना का जानकार होना कतई जरूरी नहीं, जबकि कविता के प्रति संवेदनशील होना अनिवार्य है।

अपने आपको कवि तो भक्तों, संतों में कोई नहीं मानता। जायसी जरूर कहते हैं–'मुहम्मद कवि प्रेम का, न तन रकत न मासु। जिइ देखा तिइ हँसा, सुना तो आए आँसु'। लेकिन हम तो जायसी को ही नहीं तुलसीदास को भी कवि के रूप में ही देखते हैं, भले ही वे स्वयं अपने आपको केवल भक्त के रूप में ही देखें। वजह यह कि हम जानते हैं कि तुलसीदास की रचना में 'ध्वनित वस्तु' ही नहीं, 'शैली और सामग्री' भी ध्यान देने योग्य है। सीधा-सा सवाल यह है कि कबीर की काव्य-शैली और सामग्री ध्यान देने योग्य है या नहीं? यदि नहीं तो आचार्य शुक्ल की-सी साफगोई से कहना चाहिए, 'कबीर की कविता उपदेश देती है, भावोन्मेष नहीं करती'। 'शैली और सामग्री' पर नहीं, 'ध्वनित वस्तु' पर ही ध्यान देने की सिफारिश, यदि सही है तो तुलसीदास के प्रसंग में भी सही है। तुलसी के कवित्व पर सहज रूप से, और कबीर के कवित्व पर इस कृपापूर्ण लहजे में विचार करने की क्या जरूरत है?

आरम्भिक आधुनिककालीन भक्ति के लोकवृत्त में, उस समय प्रचलित पारिभाषिक अर्थ में कवि शब्द का प्रयोग न तो तुलसीदास के लिए, न कबीर के लिए बहुत आग्रहपूर्वक किया जाता था। लेकिन वह लोकवृत्त ऐसा भी नहीं करता था कि तुलसी को तो सहज रूप से कवि माने और कबीर को कृपापूर्वक–जैसा कि औपनिवेशिक आधुनिकता के बाद प्रचलित हुए साहित्य-बोध में हुआ है। सो, सवाल यह बनता है कि सहज पर बल देनेवाले शब्द-साधकों में से कबीर ही सबसे बड़े साधक हैं–यह मान्यता सूचित क्या करती है।

यह मान्यता घोषणा करती है कि कबीर की कविता कोरा उपदेश नहीं, जबर्दस्त भावोन्मेष करती है। भावोन्मेष जीवन की आलोचना का भी, जीवन के पार की कल्पना का भी। भावोन्मेष प्रेम के अत्यन्त निजी क्षणों की अनुभूतियों और स्मृतियों का। उल्लास, कामना, अधिकार, आशंका, ईर्ष्या, मादकता, वेदना, मान, मनुहार, खीझ, विश्वास-अविश्वास...सभी का। अलग-अलग कौंध का भी, और इन सबसे बननेवाले कोलाज का भी। प्रेमानुभव का कौन-सा पहलू है, जिसका स्वर कबीर की कविता में नहीं गूँजता। फिर, भावोन्मेष सामने मौजूद जिन्दगी के परे भी झाँकने की हिम्मत का। मौत की आँखों में आँखें डालकर बात करने के साहस का। उन्मेष जीवन के बहुरंगी उत्सव का, और उसके अन्त का। देह के होने के रोमांचक मादक अहसास का, और उसकी अनिवार्य नश्वरता का। उन्मेष जमकर बोलने के उत्साह का, और अन्ततः मौन की ओर जानेवाली विवशता का। पाखंड को पांडित्य के दुर्ग से बाहर खींच लाने की ताकत का, अन्याय को हरि-इच्छा बतानेवाली सोच से जिरह करनेवाली प्रखरता का।

कविता की धारणा निस्सन्देह बदलती रहती है। लेकिन बदलाव में निरन्तरता पूरी तरह गायब भी नहीं हो जाती। भाषिक सर्जनात्मकता और प्रश्नाकुलता की बुनियादी निरन्तरता को धारण करने वाली सर्जनात्मक चेतना हर ऐतिहासिक मोड़ पर अपने लिए उपयुक्त भाषा की तलाश करती है। आरंभिक आधुनिक काल की भारतीय सर्जनात्मकता ने आत्माभिव्यक्ति की भाषा भक्ति में पाई। यह आत्माभिव्यक्ति उस समय रूढ़ हो चुकी कविता-धारणा से असंतुष्ट थी। 'कवि' शब्द का जो अर्थ सर्वमान्य था, वह कबीर और उनके जैसे अन्यों को कवि कहलाने में बाधक था। लेकिन कबीर की शब्द-साधना केवल घट-भीतर के सबद-अनहद की ही नहीं, जिसे लोग सब समझते हैं, उस शब्द की, भाषा की भी साधना है, इस बात को भक्ति का लोकवृत्त समझता और सराहता था। कबीर भाषा का सर्जनात्मक प्रयोग किस तन्मयता से करते हैं, कैसी रूपासक्ति के साथ करते हैं, यह कबीर के प्रशंसक देख सकते थे। उस मजबूरी का मर्म समझ सकते थे, जो निर्गुण के साधक को विवश करती है—अपने साध्य को गुण देने के लिए, निराकार को बालम के आकार में रचने के लिए। कबीर की बानी में रचे-बसे यथार्थ-बोध और सामाजिक आलोचना के साथ ही, प्रेम और मृत्यु जैसे बुनियादी और शाश्वत प्रश्नों पर कबीर की बानी की मार्मिकता और प्रत्यक्षता, उनका विडंबना-बोध और विट—इन सब को भक्ति के लोकवृत्त में संवाद कर रहे लोग अपने ढंग और मुहावरे में समझते थे। इसीलिए कबीर को शब्दसाधकों के बीच शिखर की तरह, माला के मनकों में मेरु की तरह सराहते थे।

कबीर से दादू भी सीखते हैं, पीपा भी, और लोग भी। घट-साधना में क्या सीखते हैं, यह तो उस साधना के जानकार ही जानें, लेकिन घट-साधना को आतम-साधन-सार कहने की विधि में जो कबीर से पाते हैं, और जो खुद कमाते हैं, वह तो दादू और पीपा की बानी में सुना ही जा सकता है। कबीर की आवाज आप सुन चुके हैं—''बाल्हा, आव हमारे गेह रे''। दादू कहते हैं—''निस दिन देखौं बाट तुम्हारी कब मेरे घर आवे''। कबीर अपनी और दुनिया की समझ के फर्क को समझ के फेर की विडंबना कहते हैं—''राम राइ भई विकल मति मोरी, कै यह दुनी दीवानी तेरी''। दादू सीधे तौर पर कहते हैं—''आतम राम न जाना दादू जगत दीवाना''। कबीर यह 'निवेदन' भी करते हैं कि भई मैं तो बिगड़ गया, तुम मत बिगड़ जाना—''कबीर बिगरया राम दुहाई। तुम जिनि बिगरौ मेरे भाई''।

सीधे तौर पर बयान देने और विडंबना के जरिए बाँकी बात कहने के अन्तर को ही दादू, पीपा और भक्ति के लोकवृत्त की अन्य आवाजें कबीर को केन्द्रीय स्थिति देकर रेखांकित करती हैं।

कविता की अनिवार्य पहचान न छन्द है, और न रस अलंकार की सजग योजना। आलोचक बेशक स्वतन्त्र है किसी कविता को अपने प्रतिमानों पर पढ़ने और जाँचने के लिए। यह सचमुच रोचक होगा कि इक्कीसवीं सदी की कविता में

अलंकार-योजना खोजी जाए, लेकिन जो इस योजना के अन्तर्गत कविता नहीं रचते, उन्हें कवि मानने से ही इनकार कर देना ज्यादती है। इसी तरह आलोचक निर्धारित कर सकता है कि कौन सी कविता क्रांति या राष्ट्रनिर्माण के काम की है, कौन-सी नहीं है; लेकिन जो रचनाएँ ऐसे नेक इरादों से न की गई हों, वे कविता हैं ही नहीं, ऐसा नहीं कहा जा सकता।

कविता की प्राथमिक पहचान है–भाषा की सर्जनात्मकता। रोजमर्रा के शब्दों से लेकर दार्शनिक विमर्श तक के शब्दों का ऐसा प्रयोग कि उस प्रयोग से कुछ अनपेक्षित सा हो उठे। जो शब्द अर्थ खो चले हैं, उनका पुनः अनुसंधान। जिन शब्दों का अर्थ पारिभाषिकता तक सीमित कर दिया गया है, उनकी बहुलार्थकता की पुनःस्थापना। मानवीय वेदना, बिगूचन, प्रश्नाकुलता, रूपासक्ति, सामाजिक संवेदनशीलता और अस्तित्वगत बेचैनी के निजी अनुभवों को ऐसे मुहावरे और ऐसी कहन में ढालना कि देशकाल की सीमाएँ लाँघकर वह बेचैनी, वह दर्द और वह आनन्द हर उस मन में गूँज उठे, जो सुनने को तैयार हो। कबीर यह सब करते हैं, शब्दों के जरिए। वे घट-साधक, 'मिस्टिक' होने के पहले, स्वभाव से ही शब्द-साधक–कवि–हैं।

'हद बेहद दोऊ तजे' अध्याय में हमने देखा है कि कबीर किसी एक धर्म की नहीं, संगठित धर्म की धारणा मात्र की समीक्षा करते हुए धर्मेतर अध्यात्म की खोज करते हैं। उनकी सामाजिक आलोचना जन्म लेती है, वर्णाश्रमवादी, जन्मगत ऊँच-नीच के विरुद्ध भावभगति पर आधारित भागीदारी के आग्रह से। ऐसा आग्रह करके कबीर की 'नारदी भक्ति' देशज आधुनिकता में मानवाधिकार का विमर्श सम्भव करती है, यह हम 'भगति नारदी मगन सरीरा' अध्याय में देख चुके हैं। कविता की चर्चा के प्रसंग में खास ध्यान देने की बात यह है कि कबीर की कविता प्रेम की केवल मधुर पुकार भर नहीं है। वह श्रोता को कंधों से पकड़कर झिंझोड़ भी देती है। कबीर का व्यंग्य नेमी-धर्मी पंडितों, शरीयत के पाबन्द मौलानाओं, और करामातें दिखाने वाले जोगियों, पीरों पर ही नहीं है, वह आप पर भी व्यंग्य है, और अपने आप पर भी। कबीर का प्रेम चूँकि खरा है, इसलिए आपको हमेशा प्यारे-प्यारे वातावरण में ही नहीं रखता। जरूरत पड़ने पर झकझोर कर आपको अपने खुद के पाखंड और गुमान की हकीकत भी दिखा देता है। वे तो स्वयं अपने मन को भी चेतावनी दिए रहते हैं कि सहज के, अपने विवेक-विचार के रास्ते चलता रहे, नहीं चलेगा तो कोड़े पड़ेंगे, प्रेम के कोड़े :

अपनै विचारि असवारि कीजै।
सहज के पाइड़ै पाँव जब दीजै॥
दे मुहरा लगाम पहिराऊँ। सिकली जीन गगन दौराऊँ।
चलि बैकुंठ तोहि लै तारूँ। थकहि तो प्रेम ताजनैं मारूँ॥

(गौड़ी 35, ग्रन्थावली, माताप्रसाद गुप्त, पृ. 160)

कबीर के निशाने पर केवल खामख़ाह में वेद-कतेब पढ़ने वाले ही नहीं, वे भी हैं जो "साखी सबदी गाते भूले, आतमखबरि नहीं जाना" :

संतो देखत जग बौराना।
सांच कहौं तो मारन धावे। झूठे जग पतियाना॥
नेमी देखा, धरमी देखा। प्रात करै असनाना॥
आतम मारि पखानहि पूजै। उनमें कछु नहिं ज्ञाना॥
बहुतक देखा पीर औलिया। पढ़ै किताब कुराना॥
कै मुरीद तदबीर बतावै। उनमें उहै जो ज्ञाना॥
आसन मारि डिंभ धरि बैठै। मन में बहुत गुमाना॥
पीतर पाथर पूजन लागै। तीरथ गर्व भुलाना॥
टोपी पहिरै माला पहिरे। छाप तिलक अनुमाना॥
साखी सबदी गावत भूले। आतमखबरि नहीं जाना॥
हिन्दू कहै मोहि राम प्यारा। तुर्क कहै रहिमाना॥
आपस में दोऊ लरि मूये। मर्म न काहू जाना॥
घर-घर मंतर देत फिरत हैं। महिमा के अभिमाना॥
गुरु के सहित शिष्य सब बूड़े। अन्त काल पछिताना॥
कहैं कबीर सुनो हो भई संतों। ई सब भरम भुलाना॥
केतिक कहौं कहा नहिं मानै। सहजै सहज समाना॥

(सबद 4, बीजक, पृ. 111-2)

एक ही साथ अनेकों बाह्याचारों की खबर लेता यह पद पढ़ना कितना रोचक और मनोरंजक है न हमारे लिए। सचमुच, ये सब नेमी-धरमी, सुबह-सुबह नहाने वाले, ये किताब-कुरान पढ़ने वाले लोग कितने अविवेकी और असहिष्णु होते हैं न। सच कहने वाले को मारने दौड़ते हैं, हिन्दू-मुसलमानों को आपस में लड़ाते रहते हैं। कितने गए-गुजरे लोग हैं, कबीर के समय में तो और भी गए-गुजरे रहे होंगे, तब तक भारतीय समाज एनलाइटेंड जो नहीं हुआ था।

और हम?

कबीर की कविता की सबसे बड़ी ताकत, उसकी कालजयिता यही है कि वह आपको सम्बोधित ही नहीं करती, आपको विषय भी बनाती है। शर्त यही है कि आत्मतुष्टता की बजाय थोड़े आत्मबोध के साथ पढ़ी जाए। वैसे तो कबीर भी झिंझोड़ ही रहे हैं–'आतमखबरि नहीं जाना'। अपने आत्म को, विवेक को मार कर पूजा केवल पत्थरों की नहीं, और प्रकार की वैचारिक, संवेदनात्मक जड़ताओं की भी की जाती है। कबीर की आलोचना के निशाने पर वे सभी हैं, जो आत्म-विवेक को तिलांजलि देकर जड़ता की, अपने वक्त के फैशनों की शरण में छुप जाना चाहते हैं। कबीर की बेचैन कविता "अपने जैसे" लोगों को भी कोई कंसेशन देने वाली नहीं।

कबीर की आवाज को 'आत्म' द्वारा 'अन्य' की आलोचना तक सीमित करने की बजाय, अपने आप पर भी निगाह डालते हुए सुना जाए, उनकी बेचैन आत्मा के सुविधाजक टुकड़े करने की बजाय, उसकी समग्रता से संवाद किया जाए तो समझते देर नहीं लगती, कि क्यों कबीर अपने राम की भक्ति की तुलना तलवार की धार पर चलने से करते हैं :

कबीर भगति दुहेली राम की, जैसी खंड की धार।
जे डोलै तो कटि पड़े, नहीं तो उतरै पार।

(सूरातन कौ अंग, 25, ग्रन्थावली, माताप्रसाद गुप्त, पृ. 116)

सामाजिक आलोचना और दार्शनिक विमर्श कविता का रूप तभी लेता है जब अमूर्तन को छोड़ मूर्तिमान रूप धारण करे। निर्गुण का दार्शनिक विमर्श ही करते तो कबीर विचारक और साधक ही रह जाते। बिना रूपासक्ति के कोई कवि नहीं होता, और कबीर कवि हैं, इसीलिए अपने निर्गुण, निराकार राम को अपनी कवि-कल्पना में साकार बालम तो बनाते ही हैं, 'जेती औरति मरदां' इस जग में हैं, उनमें भी राम का रूप निहारते हैं। राम को केवल घटवासी ही नहीं, जगजीवन के रूप में भी देखते हैं। ''निर्गुण'' कबीर की राम-धारणा के कई विशेषणों में से एक है, एकमात्र नहीं। राम के लिए कबीर के पास और विशेषण भी हैं, संज्ञाएँ भी। माधव और गोविंद तो हैं ही, स्वयं रघुनाथ भी। फिर आत्माराम भी हैं, रमैयाराम भी, जगजीवनराम भी। कबीर का निर्गुण मानवीय भाव का निषेध करने वाला अमूर्तन नहीं है, जैसाकि उनके भाँति-भाँति के आलोचकों द्वारा मान लिया गया है। राम की निर्गुणता पर कबीर का बल रामधारणा को केवल अवतारी राम तक सीमित करने से इंकार की सूचना देता है, बस। कबीर की रामधारणा अवकाश देती है, उन्हें भी, और श्रोता/पाठक को भी, कि निर्गुण राम के प्रति 'अविच्छिन्न अनुराग' में अपने सगुण, वास्तविक प्रेमानुभव को भी भरा जा सके।

दुर्भाग्य से यदि ऐसा प्रेमानुभव प्राप्त नहीं हुआ है, तो परमात्मा ने, प्रेम की मजबूरी के साथ ही कृपा करके मनुष्य को कल्पना भी दी है। जीवन में, कोई 'वास्तविक' प्रेमपात्र न भी हो, प्रेमकामना का पात्र रच लेना कल्पना के कारण सम्भव है। लौकिक नहीं तो अलौकिक ही सही। लौकिक प्रेम को अलौकिक का रूप, इश्क मजाजी को इश्क हकीकी का रूप कविता ही देती है। कविता का हो या साधना का, रहस्यवाद का सार यही है–ऐसी जगह की रचना करना जहाँ सामाजिक विधि-निषेध से मुक्त आप रच सकें, प्रिय से संवाद का स्पेस। आप ही खुद की भी बात कहें, और आप ही उसकी भी बात रचें, आप ही प्रेम की भिक्षा माँगें, और आप ही प्रेम का दान करें–''मंगता बनकर माँगन लागा, देने वाला तू का तू...''

प्रेम के बिना इनसान क्या, दुनिया के किसी मजहब का भगवान भी नहीं रह सकता। दूसरे को चाहने की, उससे बतियाने की कामना के ही कारण ब्रह्म को एक

से बहु होने की इच्छा हुई। इसी कारण खुदा ने आदम को रचा अपनी छवि में, और उसे सिज्दा न करने के कारण फरिश्ते इब्लीस पर खफा हुए। इसी प्रेम ने विवश किया कबीर के हरि को कबीर के पीछे-पीछे फिरने के लिए, रसखान के जिस ब्रह्म की स्तुति में ऋषिगण ऋचाएँ कहते हैं, उसे 'अहीर की छोहरियों' की छछिया भर छाछ पर नाचने के लिए। सीधी-सी बात है :

कौन मकसद को इश्क़ बिन पहुँचा।
आरजू इश्क़, मुद्दआ है इश्क़।

कबीर का प्रिय अलौकिक हो सकता है, लेकिन उसके प्रति कबीर के प्रेम की भाषा पूरी तरह लौकिक है। कबीर की प्रेमाभिव्यक्ति पाठक को अलौकिक का नहीं, लोकोत्तर का अहसास कराती है। उनकी कविता में शब्दबद्ध प्रेम में आप अपना प्रेम पढ़ सकते हैं। वह लोकोत्तर अनुभव प्राप्त कर सकते हैं जो अभिनवगुप्त के अनुसार केवल कविता में ही सम्भव है, न योग में, न शास्त्र में। कोई जरूरी नहीं कि आप कबीर की हर बात से सहमत ही हों। कबीर के, या किसी भी कवि के प्रसंग में यह भी महत्त्वपूर्ण नहीं कि उसके लौकिक प्रेमपात्र को खोज निकालने की जासूसी में पाठक सफल हुआ या नहीं। बड़ी बात यह है कि वह कवि के रहस्यवाद में अपने प्रेम की आवाज सुन पाया या नहीं। इसी पैमाने पर पाठक की भी परीक्षा होती है और कवि की भी। फिर, सवाल यह भी है कि रहस्यानुभव जिस ज्ञानमीमांसा में रचा-बचा है, वह जीवन और समाज के रहस्यों के बारे में कोई अन्तर्दृष्टि देती है, या उन्हें और भी बेबूझ बनाती है। कबीर तो अपनी बानी को सुरझावनिहारी कहते ही हैं, पाठक को जाँचना यह है कि सही कह रहे हैं या नहीं।

कबीर की वाणी सुरझावनिहारी है, लेकिन उस अर्थ में नहीं, जिसमें उपदेशक की वाणी होती है। कबीर की कविता परस्पर विरोधी मनोभावों और मनोदशाओं में वैसे ही सहज रूप से आवाजाही करती है, जैसे सुबह से शाम तक आप और हम करते हैं। वे सभी प्रश्नों के उत्तर खोजने के बाद जनता के बीच उनका प्रचार करने नहीं निकले थे। उनकी वाणी में आप धर्मगुरु का नहीं, कवि का ज्ञान सुनते हैं। पैगम्बर का इलहाम नहीं, ऐसे मनुष्य की आवाज सुनते हैं, जो कहीं किसी उपलब्धि पर खुशी के मारे नाच रहा है, कहीं विरह में तड़प रहा है, तो कहीं अन्याय और मूर्खता पर तिलमिला रहा है। कहीं उलटबाँसियाँ कह कर लोगों को छेड़ रहा है, तो कहीं घर का रास्ता बता रहा है। कहीं स्वयं नारी का रूप धारण कर रहा है, तो कहीं नारी मात्र को नर्क का द्वार ठहरा रहा है। कहीं हर बात को अनुभव और विवेक की कसौटी पर परखने की सलाह दे रहा है, तो कहीं गुरु के प्रति पूर्ण समर्पण की।

उपदेशक की मजबूरी होती है कि वह लोगों के सामने सुसंगत—कंसिस्टेंट—रूप में ही आए। अन्तर्विरोध उपदेश को कमजोर करते हैं। कवि की ऐसी मजबूरी नहीं।

अनुभूतियों की विविधता कविता की ताकत का प्रमाण देती है, कमजोरी का नहीं। अपने आपको सेंसर करने के लिए उपदेशक विवश है। कवि की ऐसी कोई विवशता नहीं, उसकी वाणी में परस्पर विरोधी अनुभूतियाँ, उसके केन्द्रीय भाव के स्वरों में बारम्बार सुनी जा सकती हैं। कवि की मजबूरी कुछ है जरूर, लेकिन उपदेशक की मजबूरी से एकदम अलग तरह की। मजबूरी है–रूपासक्ति की। कविता के विषय में भी, और उसकी संरचना में भी, कवि का काम अमूर्तनों से नहीं चल सकता। उसे तो मूर्तिपूजा का विरोध करने तक के लिए बिम्बों की रचना करनी ही पड़ती है। निर्गुण को बालम के, सखा के, पिता के, माँ के गुण देने ही पड़ते हैं।

कबीर की यह 'मजबूरी' कि वे अपने राम को रूप देते हैं, उनकी रूपासक्ति उनके कवित्व की पहली पहचान है। दूसरी यह है कि जिन शब्दों में वे अपने राम को रचते हैं, उनके परम्पराप्राप्त रूप से ही संतुष्ट हो बैठने की बजाय उन शब्दों को भी नये सिरे से रचते हैं। उनके खो चुके अर्थों का सन्धान भी करते हैं, और शाश्वत 'सबद' में ऐन अपने निजी अनुभवों का अर्थ भी भरते हैं। ये अनुभव प्रेम के उल्लास और वेदना के भी हैं, धर्मेतर अध्यात्म की साधना के भी। सामाजिक अन्याय और बेतुकेपन के भी हैं, और जीवन के परे की चिन्ताओं, कल्पनाओं के भी। और इन सारे अनुभवों को समेटने की हौंस का, न समेट पाने की बेचैनी का, अकथ कहानी को न कह पाने के दर्द का आरम्भ होता है–शब्द-साधना से। प्रेम और मृत्यु जीवन के प्राथमिक सत्य हैं; कबीर कविता के जरिए इन सत्यों के विविध पहलुओं से स्वयं भी संवाद करते हैं, आपको भी संवाद का न्यौता देते हैं।

कहा गया है कि कबीर जीवन की स्वाभाविक अनुभूतियों की नहीं, रहस्यपूर्ण घट-साधना की बातें करते हैं, इसलिए प्रखर प्रतिभा के बावजूद उन्हें ठीक-ठीक अर्थ में कवि नहीं माना जा सकता। सामाजिक अन्याय से विचलित होना क्या अस्वाभाविक अनुभूति है? उस अन्याय को जायज ठहराने वाली ज्ञानमीमांसा से जिरह करना क्या अस्वाभाविक बात है? प्रेम में रोना-हँसना-गाना क्या अस्वाभाविक काम है? जीवन और मृत्यु के परे क्या है–यह पूछना क्या सचमुच मनुष्य के लिए अस्वाभाविक जिज्ञासा है?

कबीर की रचना से गुजरते हुए, उपर्युक्त प्रश्न आप यदि पूछते चलें तो पाएँगे कि जिस कवि को स्वाभाविक मानवीय अनुभूतियों की उपेक्षा करनेवाला कहा जा रहा है, वह आपकी अपनी अनुभूतियों को कविता का विषय बना रहा है, बिलकुल वही सवाल पूछ रहा है, जो उठते तो आपके मन में भी हैं, लेकिन आप संकोच के कारण, साथियों और हितचिन्तकों द्वारा गलत समझे जाने के भय के कारण पूछ नहीं पाते। बिलकुल वैसी ही कल्पनाएँ कर रहा है, जैसी आती तो आपके मन में भी हैं, लेकिन आप उन पर सेंसरशिप लागू कर देते हैं। यह सब आप देखेंगे और

बरबस कह उठेंगे—कौन है यह व्यक्ति जो दिखता तो ऐन मेरे जैसा है, लेकिन जिसे मैं पहचान नहीं पाता/पाती।

कबीर बेशक कहते हैं—'तुम जिन जानौ यह गीत है, यह तो निज ब्रह्म-विचार रे', लेकिन कहते गीत में ही हैं। उनका ब्रह्मविचार हो या मृत्यु से साक्षात्कार हम तक उपदेश की तरह नहीं कविता के रूप में ही आता है। उपदेशक भाषा का 'उपयोग' करता है, अपना 'सन्देश' देने के लिए। कवि भाषा में ही अपना सत्य अर्जित करता है। आत्मसंघर्ष उपदेशकों के भी होते हैं, लेकिन उनका अता-पता पाने के लिए उपदेशों की विरचना या पुनर्रचना करनी पड़ती है। कवि की तो रचना ही उसके आत्मसंघर्ष का साक्ष्य देती है, जैसा कि हम कबीर की नारी विषयक संवेदना की चर्चा में देख चुके हैं। उपदेशक या धर्मगुरु का प्रवचन अभेद्य दुर्ग है, तो कवि की भाषा बेहद का मैदान। उस मैदान में महकती कस्तूरी आपको चुनौती देती है कि कस्तूरी-गन्ध के पीछे-पीछे आप जहाँ तक आ सकें, आएँ। लेकिन हाँ, बाअदब ही आएँ क्योंकि आखिरकार, 'ये मंजिले-जानाँ है, गुजरगाह नहीं है'।

कबीर के कवित्व को लेकर उलझन का कारण बताया जाता है—उनकी रचना में पारिभाषिक शब्दों की भरमार। पारिभाषिक शब्दों का इतना अधिक प्रयोग करनेवाले व्यक्ति को भला कैसे कवि कहा जा सकता है?

इस प्रसंग में ध्यान देने की बातें दो हैं। एक तो हम कर चुके हैं, 'हद बेहद दोऊ तजे' अध्याय में। हमने देखा था कि शब्द चाहे नाथपंथ से लें, चाहे इस्लाम से, उन शब्दों से जो वाक्य रचते हैं, वह कबीर का अपना है। दूसरी, और कवित्व के प्रसंग में बेहद अहम बात यह है कि कबीर पारिभाषिक शब्दावली को फिर से संवेदनात्मक बनाते हैं। तकनीकी एकदेशीयता से शब्दों को मुक्त कर, उन्हें फिर से सर्जनात्मक अनेकार्थकता के खुले आकाश में ले आते हैं। एक पद पढ़ें :

अब हम सकल कुसल करि मांनां।
स्वांति भई तब गोव्यंद जांना॥
तन में होती कोटि उपाधि। उलट भई सुख सहज समाधि॥
जम थैं उलटि भया है राम। दुख बिसरया सुख कीया विश्राम॥
वैरी उलटि भये हैं मीता। साखत उलटि सजन भये चीता॥
आपा जांनि उलटि ले आप। तो नहीं ब्यापै तीन्यूं ताप॥
अब मन उलटि सनातन हूवा। तब हम जाना जीवत मूवा॥
कहै कबीर सुख सहजि समाऊँ। आप न डरौं न और डराऊँ॥

(गौड़ी, 15 ग्रन्थावली, माताप्रसाद गुप्त, पृ. 153)

कबीर के समय में, 'सहज' विशिष्ट प्रकार की सहजयानी साधना का तकनीकी शब्द बन चुका था। एक इसी पद में नहीं, अनेक स्थानों पर कबीर अपनी साधना को 'सहज' बताते हैं। सहज रूप से ही सहज के तकनीकी अर्थ की जगह उसके सहज

अर्थ को रखते हुए मन जब सहजयानियों की सहजता को छोड़ संवेदना की सहजता की ओर जाता है, प्रेम और विवेक सरीखी सहज मानवीय अनुभूतियों को साधता है, तब चीजें उलट-पुलट-सी हो जाती हैं। तरह-तरह की 'उपाधियाँ' मनुष्य के संस्कार का हिस्सा बना दी गई हैं–'तन में होती कोटि उपाधि'। पद की, सत्ता की, धन की, माया की–न जाने कितनी तरह की हैं ये उपाधियाँ। चुनौती इनसे बाहर निकल, मनुष्यत्व की सनातनता को फिर से पाने की है। 'सनातन' सहजात मनुष्यता जो न जाने कितनी उपाधियों के आवरणों में छुप गई है, वापस मिल जाए तो कितना कुछ अनपेक्षित घटने लगता है। यमराज राम जैसे हो जाते हैं। यहाँ तक कि शाक्त भी अपने से लगने लगते हैं, भलेमानस लगने लगते हैं। सहज की इससे बड़ी महिमा कबीर और क्या बखान सकते थे! ऐसे सहज के स्पर्श के बाद जीते जी मरना और मर कर भी जीना सहज ही समझ आने लगता है। ऐसा स्पर्श पा चुका मनुष्य सचमुच किससे डरेगा, और किसे डराएगा।

राग गौड़ी का ही चौथा पद योगियों की तकनीकी शब्दावली में रचा गया है, लेकिन कह यह रहा है कि जो कुछ तुम अपनी तरह-तरह की साधना के जरिए पाते हो, वह मुझे सहज ही प्राप्त है। पद में शब्दावली घट-साधना की है, लेकिन महिमा है प्रेम की। पद शुरू में ही कह देता है :

मन के मोहन मीठुला, यहु मन लागौ तोहि रे।
चरन-कँवल मन मानियाँ, और न भावे मोहि रे।

और अनेक कमलों, चक्रों के उल्लेखों से गुजरता हुआ, सनकादिक ऋषियों का उल्लेख करता हुआ समाप्त इस प्रकार होता है :

गुर गमे ते पाइए, झँखि मरै जिनि कोइ।
तहाँ कबीर रमि रह्या, सहज समाधि सोइ रे॥

(गौड़ी, 4 ग्रन्थावली, पृ. 142)

गरज यह कि जिसे लोग न जाने कैसी-कैसी शब्दावली में छुपाते रहते हैं, वह बात सारी किसी 'मीठुला' के प्रेम में डूब जाने की है। यह असली बात बताने वाला–गुरु–मिलने की देर है, उसके बाद तो समाधि बस सहज की है–मनुष्य के सनातन सहजात भाव–प्रेम–की है।

स्वभाव से कवि, कबीर जानते थे कि 'शब्दों ने अपने अर्थ खो दिए हैं'–"सहज सहज सब कोई कहै, सहज न चीन्हैं कोई"। सहज को, शब्दों के अर्थों को संवेदना और बोध में वापस लाना कितना कठिन है, यह भी पहचानते थे। अपनी भक्ति को, अपने ढंग की सहजता को दुहेली–दुष्कर–उन्होंने यों ही नहीं कहा है। सहज की साधना के पहले सिर काट कर भूमि पर रखने की शर्त यों ही नहीं लगाई है।

मजे की बात यह है कि कवि कबीर तो पारिभाषिक शब्दों को सहज बना रहे थे, उनके व्याख्याकार सहज रूप से लोकप्रचलित शब्दों को पारिभाषिक बनाने का

प्रयत्न करते हैं। और भी मजे की बात यह कि जहाँ कविता का समर्थन ऐसे प्रयत्न को न मिले, वहाँ कह देते हैं कि ये 'पद कबीर के नाम पर बाद में चल पड़े होंगे'। इस बारे में आप 'सात समन्द की मसि करौं' में पढ़ ही चुके हैं। योगियों की गगनोपम अवस्था के वाचक के रूप में नहीं, निकृष्ट पति के अर्थ में भी नहीं, सीधे-सीधे, सामान्य पति या स्वामी के अर्थ में 'खसम' शब्द का प्रयोग केवल कबीर ही नहीं, दादू भी करते हैं, अन्य निर्गुणपंथी कवि भी। देखें :

हम गोरू तुम गुआर गोसाँई जनम जनम रखवारे।
कबहूं पार उतारि चराइहु कैसे खसम हमारे॥

(रागु आसा, पद 26, 'संत कबीर')

हम तो तुम्हारी गाय हैं, तुम हमारे ग्वाले-स्वामी–खसम।
खसमु पछानि तरस करि जीअ मति मारी मारि मणी करि फीकी।

(वही, पद 17)

काजी को समझा रहे हैं कि अपने खसम–स्वामी–अल्लाह को पहचाने, उसके नाम पर रहम करे, जीवों को न मारे।

घर के खसम बधिक वै राजा। परजा क्या धौ करै बिचारा।

(पद 32, बीजक, पृ. 123)

घर के खसम–स्वामी राजा जब वधिकों जैसा व्यवहार करने लगें, तो प्रजा क्या करे।

बस, एक उदाहरण दादू से, देने को दर्जनों दिए जा सकते हैं :

दीदार दरूनें दीजिए सुनि खसम हमारे।

(राग माली गौड़ा)

खुद कबीर की कविता में कम से कम एक उदाहरण तो द्विवेदीजी को भी ऐसा मिला, "जिसका बहुत खींच-तान कर भी 'खसमावस्था' अर्थ नहीं निकाला जा सकता–'माई मैं दूनो कुल उजियारी। बारह खसम नेहर खायो, सोरह खायो ससुरारी' इत्यादि"।[2]

कबीर की कविता को धर्मोपदेश की तरह पढ़ने की यह स्वाभाविक परिणति है कि पारिभाषिक शब्दों तक को संवेदनात्मक बनानेवाले कवि द्वारा प्रयुक्त लोक-प्रचलित शब्दों पर भी पारिभाषिकता जबरन थोप दी जाए। बेशक हर पाठक को छूट है कविता में अपना अनुभव, अपनी आकांक्षाएँ पढ़ने की, लेकिन अन्धाधुन्ध नहीं। आप अपना अर्थ कवि की शब्दयोजना में ही भरते हैं। वही मर्यादा है। सारे अनोखेपन के साथ कोई व्याख्या वहीं तक प्रामाणिक कही जा सकती है, जहाँ तक उसमें पाठ और पाठक का संवेगात्मक तनाव बना रहे। इसके आगे जाने के इच्छुक लोगों को, किसी कवि पर मनमाने अर्थ आरोपित करने की बजाय अपनी खुद की रचना करनी चाहिए।

कबीर को खसम का पारिभाषिक अर्थ में प्रयोग करना होता तो कर ही सकते थे। और एक यही शब्द क्यों, पूरी कविता को पारिभाषिक शब्दावली से भरी ज्ञानमाला बना सकते थे। कबीर के समय में गद्य भी लिखा जाता था, और पद्यबद्ध विमर्श, ज्ञान-विज्ञान भी। लेकिन कबीर की भक्ति और साधना का उनकी कविता के साथ सम्बन्ध मेन प्रोडक्ट और बाई-प्रोडक्ट का सा नहीं, जल और बूँद का सा है। 'गिरा अरथ जल बीचि सम' के इस सम्बन्ध के कारण कबीर के गीत छन्दोबद्ध ज्ञानमाला नहीं रचते, वे सर्जनात्मक शब्दों के जरिए पाठक/श्रोता की भागीदारी का आकाश सम्भव करते हैं। बेशक कुछ अलग ढंग से। कोशिश उस अलगपन को सराहने की होनी चाहिए। यह कोशिश हो तभी सकती है जबकि हम शब्द-साधक की साधना के स्वभाव को उसके शब्दों के जरिए पहचानें। कौन-सी शब्दयोजना कविता है, कौन सी नहीं, यह शब्द को सुनकर ही जाना सकता है। वैसे ही जैसे कि सिंह है या सिंह की खाल में मेंढ़ा, यह शब्द पर ध्यान देने से ही मालूम पड़ता है :

सिंहों केरी खोलरी मेंढ़ा पैठा जाए।
बानी से पहचानिए, सब्दहि देत लखाए॥

(बीजक साखी, 281, पृ. 170)

2. *'कहै कबीर, सुनो भई साधो' : कविता की आवाज*

कवि शब्द से ही नहीं, आवाज से भी पहचाना जाता है। क्यों बार-बार कहते हैं, कबीर "सुनो भाई साधो"। किससे कहते हैं? क्या सुनाना चाहते हैं और कैसे?

कबीर सुनने और सुनाने के कवि हैं। लगभग पचास फीसदी पदों में आता है-- "कहै कबीर"। जो पांडे और मौलाना, राजा और सामन्त समझते रहे हैं कि उनका काम है, कहना और बाकी सबका सुनना और मानना, उन्हें चुनौती देती कासी के जुलाहे की, दस्तकार की आवाज कदम-कदम पर सीना ठोंक कर कहती है—कहै कबीर...। दो साधारण शब्द असाधारण चुनौती देते हैं सत्तातन्त्र को, ज्ञान पर एकाधिकार के दावों को। जिन्हें सम्बोधित करते हैं उनमें से कुछ को तो कबीर चुनौती या तिरस्कार के लहजे में ही सम्बोधित करते हैं—"पांडे कौन कुमति तोहि लागी" या "जौरे खुदाइ तुरक मोहि करता, आपै किन कट जाई"। जिस श्रोता को वे अपनेपन के साथ, लगाव के साथ सम्बोधित करते हैं, जिसे सुनाना चाहते हैं, वह 'साधु' है, कबीर का 'भाई' है, जातभाई नहीं—'सुनो भई साधो...'।

स्वयं को कासी का जुलाहा भी कहते हैं, और कम से कम एक जगह 'कबीरा कोरी' भी; लेकिन एक जगह भी नहीं कहते कि सुनो भाई जुलाहों, या सुनो भई कोरी। कबीर अपनी बानी के जरिए, "अपने लोगों" के लिए नया धर्म चलाने, चेले

मूँड़ने नहीं निकले थे। उनकी खोज संवादधर्मी मनुष्यों की थी, जिनसे वे कुछ कह सकें, कुछ सुन सकें। उनके श्रोता समुदाय में शामिल होने की शर्त यह नहीं थी कि आपने जन्म सही खानदान या जाति में लिया हो, बल्कि यह थी कि आपका दिलो-दिमाग दुरुस्त हो। यह नहीं थी कि आप कबीर को धर्मगुरु मानकर उनकी ही मूर्ति की पूजा करने लगें बल्कि यह थी कि आप भी खोज में शामिल होने को, उसके जोखिम उठाने को, कबीर की लुकाठी से अपना "घर" जलवाने को तैयार हों।

विचार और संवेदना दोनों में कबीर सामाजिक अन्याय का दो-टूक प्रतिरोध करते हैं, कवि-सुलभ इस बोध के साथ कि कविता अन्ततः परकाया-प्रवेश की साधना है। कबीर का दुख केवल जुलाहे का दुख नहीं, किसी भी संवेदनशील मनुष्य का दुख है–"कबीर कहता जात हौं, सुणता है सब कोई"। सब कोई से छीन, किसी एक सामाजिक समूह तक सीमित कर देना उस दुख का भी अपमान है, और उससे उत्पन्न सामाजिक आलोचना का भी। ऐसे अपमानजनक ढंग से अपनी बानी "सुनने" वालों को ध्यान में रख कर ही कहा होगा कबीर ने–"ऐसा कोई न मिले जासे कहूँ निसंक"।

कबीर कहते हैं "सुनो", क्योंकि शब्द सुना ही पहले जाता है, पढ़ना बाद की बात है। पढ़ना-लिखना सीखने के बहुत पहले, जन्म लेते ही हम "सुनना" शुरू कर देते हैं। सुनना हमें राम ने ही दिया है, पढ़ना हम अर्जित करते हैं। "सुनो" कहते कबीर हमारे उसी मूलभूत, प्राथमिक आत्म को सम्बोधित कर रहे हैं, जो हमारा सहज आत्म है, जन्म से ही हमारे साथ है, और वह केवल मेरा व्यक्तिबद्ध आत्म नहीं, उसके परे जाने वाला मानवीय आत्म भी है। लौकिक भी है और लोकोत्तर भी। कबीर न्यौता देते हैं 'आत्म-सत्ता' के धरातल पर भी, और 'अध्यात्म सत्ता' के धरातल पर भी, "सुनो भई साधु"। शब्द चाहे लौकिक प्रेम को अलौकिक भाव में बदलने वाला हो, चाहे समाज के बेतुकेपन को समझाने वाला और चाहे भीतर-बाहर की निरंतरता के रहस्य में डुबोने वाला, "पढ़ा" तभी जा सकता है, जब हम पहले उसे अपनी मूलभूत आत्मसत्ता में सुन सकें। इस तरह से सुनने से वंचित होने के कारण ही पांडे, मौलाना, अवधूत आदि कबीर के व्यंग्यों के पात्र बनते हैं। इन लोगों के शास्त्रों के विस्तृत विमर्श में, पांडित्यपूर्ण बहस में कबीर नहीं उलझते, इसका कारण यह नहीं कि जानकारी नहीं थी, बल्कि यह कि दिलचस्पी नहीं थी। सच्चे पांडित्य का सम्बन्ध केवल कबीर की बात सुनने से ही नहीं, 'पीव' की, प्रेम की आवाज सुनने, पढ़ने से था, और है :

पोथी पढ़ि पढ़ि जग मुआ, पंडित भया न कोय।
एकै आखर पीव का, पढ़ै सु पंडित होय।

(कथणीं बिन करणीं कौ अंग, 4, ग्रन्थावली, पृ. 65)

क्या होता है शब्द को, स्वर को सुनने से, कैसे सुना जाता है निःशब्द को, शब्देतर को, यह जानना हो तो संगीत की ही शरण में जाना पड़ेगा। 'उड़ जाएगा हंस अकेला, जग दरसन का मेला' का जो "अर्थ" कुमार गंधर्व सम्भव करते हैं, उसे सिर्फ सुना जा सकता है। सिर्फ दो ही शब्द–"अल्लाह हू" समूचे परिवेश में कैसी तड़प पैदा करते हैं, यह मुख्तियार अली को सुनकर ही मालूम पड़ता है। 'सरवर तटि' रहते हुए भी जो हंसिनी 'तिसानी' (प्यासी) है, उसकी विडंबना बखानते शब्द पढ़ तो आप ग्रन्थावली में भी सकते हैं, लेकिन उनका अर्थ मधुप मुद्गल के स्वर ही कह पाते हैं। 'गुरु हमारा गगन में, चेला है चित माँही' को जो अर्थ फरीद अयाज की आवाज देती है, या 'सकल हंस में राम विराजे' को प्रह्लाद सिंह टिपानिया की, उसे सिर्फ सुना ही जा सकता है। 'या घट भीतर के बाग बगीचे' विद्या राव के स्वरों में सचमुच उजियारे हो उठते हैं।

विद्वान बताते हैं कि कबीर निरक्षर थे, ठीक ही बताते होंगे। यह भी शायद कभी विद्वान लोग बता पाएँ कि कबीर ने संगीत की बाकायदा साक्षरता हासिल की थी, या नहीं, लेकिन यह सही है कि पंद्रहवीं सदी से लेकर आज तक वे गायकों के सर्वाधिक प्रिय कवियों में से एक हैं। कारण यही कि कबीर पढ़ने से बहुत पहले, सुनने और सुनाने के कवि हैं।

कबीर उपदेशक की तरह नहीं सुनाते। जो उन्होंने स्वयं सुना है, जिसने उनके मन को छुआ है, उसकी यादें भी सुनाते हैं। 'मुंडियों' के चक्कर में बेटे के पड़ जाने से दुखी, घुट-घुट कर रोती माँ का दुख हम बेटे की वाणी में ही सुन पाए हैं : "मुसि मुसि रोवै कबीर की माई। ए लरिका क्यूँ जीवैं खुदाइ"। और परेशान माँ को बेटे का आश्वासन भी : "कहै कबीर सुनहु री माई। पूरनहारा त्रिभुवन राई"। कबीर के वैष्णव बन जाने से उत्पन्न माँ-बेटे का यह सतत तनाव सीधी बातचीत के रूप में ही नहीं, मार्मिक, नाटकीय बिंब के रूप में भी कबीर की कविता में आता है; बेटा नदी में बह गया है, किनारे खड़ी माँ पुकार रही है, अरे कोई बचाओ, मेरे बेटे को, लेकिन कबीर स्वयं बचना चाहें तब तो! वे तो स्वयं राम-घन के जल से उफन रही, स्वयं-प्रकाशित विवेक की अमृत-धारा में आनन्द से बहे चले जा रहे हैं :

कबीरा संत नदी गयौ बहि रे।
ठाढ़ी माइ कराडैं टेरे है, कोई ल्यावै गहि रे॥
बादल बांनी राम घंन उनयां, बरिषै अमृत धारा।
सखी नीर गंग भरि आई, पीवै प्रान हमारा।
जहाँ बहि लागे सनक-सनन्दन, रुद्र ध्यान धरि बैठे।
सुयं प्रकाश आनन्द बमेक में, घन कबीर ह्वै पैठे।

(गौड़ी, 149, ग्रन्थावली, माताप्रसाद गुप्त, पृ. 230)

हम कबीर को प्रतिपक्ष के साथ भी संवाद की रचना करते, उसके तर्कों की कल्पना कर उनका उत्तर देते भी सुनते हैं। राग गौड़ी के पद 39 और 40 में लगता है कि पांडेजी कह रहे हैं कि भई मैं तो वेद-पुराण पढ़ता हूँ, अपने हिसाब से नैतिक जीवन जीता हूँ। सारे जगत में ब्रह्म की व्याप्ति देखता हूँ। कबीर उन्हीं के तर्क से सवाल उठा देते हैं–फिर जन्म से ऊँच-नीच कैसे मान पाते हो, सभी घटों में राम तुम्हें क्यों नहीं दिखता। जीव-हत्या करते हो, फिर भी धर्मपालन का वहम पाले बैठे हो, और जो बेचारे आजीविका के लिए वध करने पर विवश हैं, उन्हें कसाई कहते हो। पांडेजी कहते हैं, मैं तो नामजप भी करता हूँ, कबीर कहते हैं, कोरे जप से होता हो, तो खांड का नाम लेने भर से मुँह मिठास से न भर जाए। कबीर का बल रहनि पर है, जो कहा जाए, उसे जीने पर है, व्यर्थ के वाद-विवाद करने वाले तो–बाद बदैं ते झूठा :

बेद पढ्याँ का यहु फल पांडे, सब घटि देखै रामा।
जनम भरन थैं तो तूँ छूटै, सुफल हूँहि सब कामा॥
जीव बधत अरु धरम कहत हौ, अधरम कहाँ है भाई।
आपन तो मुनिजन ह्वै बैठे का सनि कहौ कसाई॥

× × ×

पंडित बाद बदैं ते झूठा।
राम कह्या दुनियाँ गति पावै, खांड कह्याँ मुख मीठा॥

(गौड़ी, 39, 40 ग्रन्थावली, पृ. 169-70)

कबीर चूँकि बहुत बातें करते हैं, बार-बार कहते हैं, सुनो, सुनो, कहै कबीर; ऐन इसीलिए कबीर यह भी अच्छी तरह जानते हैं कि असली बात तो अकथ ही है, प्रेम की कहानी अन्ततः अकथ ही है। यह अकथ कहानी गूँगे का सपना है, किसी तरह कह भी दें तो इसकी महिमा पर पतियाने वाले नहीं मिलते। अकथपन प्रेमानुभव का है। अलौकिकता भी उसी की है। प्रेमकहानी का अकथपन 'अलौकिक' प्रेम बखानते कबीर की कविता में 'लौकिक' प्रेम-काव्य 'ढोला मारू रा दूहा' से जस का तस चला आया है :

अकथ कहाणी प्रेम की, किणसूँ कही न जाइ।
गूँगा का सपना भया, सुमर सुमर पिछताइ॥[3]

कहे बिना रहा भी नहीं जाता, लेकिन कहा भी नहीं जाता। कहें भी कैसे, बोलना तो जीभ से ही है, लेकिन जिस शब्द से कहा जा सकता है, वह 'जिभ्या पर आवै नहीं', वह तो देह के परे है, विदेह है : "सब्द सब्द सब कोइ कहै, ओतो सब्द विदेह"। ऐसे विदेह शब्द की चोट जिसे लगी हो, उसे भी लगभग विदेह ही हो जाना पड़ेगा। बहुत कुछ कहने के बाजवूद, उसे तो जैसे ठौर ही रह जाना पड़ेगा :

सारा बहुत पुकारिया, पीड़ पुकारै और।
लागी चोट सबद की, रह्या कबीरा ठौर॥

(सब्द कौ अंग, 8 ग्रन्थावली, पृ. 107)

कवि होने का सबसे बड़ा प्रमाण, या कहें कवि की मजबूरी तो यही है कि शब्देतर की महिमा भी अन्ततः शब्द में ही बखानने की कोशिश जारी है। मौन को भी कह सकनेवाले शब्दों की खोज कोई कवि भला कैसे छोड़ दे। स्वयंवर के समय सीता की मनोदशा की बात करते हुए तुलसीदास ने जो कहा है, किसी भी सार्थक कवि की असली चुनौती वही है : ''उर अनुभवति कह न सकि सोई। कवन विधि कहै कवि कोई''। सीता स्वयं न कह सकें, न कह सकने की स्थिति को ही स्वीकार कर लें, कवि को तो 'कहना' ही होगा, न कह पाने को भी कहना होगा। 'जो सत्य है वह कहा नहीं जा सकता, जो कहा जा सकता है, वह सत्य कैसे हो सकता है' लाओ त्जे की तरह यह जानते हुए भी कहना होगा। जिन्होंने गाया नहीं, उनसे तो 'वह' दूर है ही, कबीर जानते हैं कि गाने वालों को भी नहीं मिल पाता, लेकिन शब्द में विश्वास तो फिर भी बनाए ही रखना होगा :

कबीर गाया तिनि पाया नहीं, अणगायाँ थैं दूरि।
जिनि गाया बिसवास सूँ, तिन रांम रह्या भरपूरि॥

(बेसास कौ अंग, 21, ग्रन्थावली, पृ. 100)

3. *'या पद को बूझै, ताको तीनों त्रिभुवन सूझैं' : उलटबाँसी का अर्थ*

कबीर की आवाज का अत्यन्त रोचक और विचारोत्तेजक स्वर सुनाई पड़ता है, उलटबाँसियों में। इन कविताओं से जाहिर होता है कि कबीर जागने-रोने के कवि तो हैं ही (दुखिया दास कबीर है, जागे और रोवे), देखने और हँसने के कवि भी हैं। यहाँ चीजें उलट-पुलट जाती हैं। गधे चोलना पहन कर नाचते हैं। मछलियाँ पेड़ों पर चढ़ जाती हैं। सिंह कहीं चूहों के ब्याह में पान लगाते हैं, तो कहीं गायों की रखवाली का दम भरते हैं। इस काव्यरूप को कबीर ने तान्त्रिक परम्परा से पाया था। उस परम्परा में 'सन्धाभाषा' एक कोड—समयसंकेत—थी। पी.सी. बागची ने सातवीं से ग्यारहवीं सदी के बीच कभी रचित 'हेवज्रतंत्र' से सन्धाभाषा की परिभाषा उद्धृत की है : ''सन्धाभाषं महाभाषं समयसंकेतविस्तरम्''।[4] इस तन्त्र के तेरहवें अध्याय में सन्धाभाषा के समयसंकेतों—कोड्स—की पूरी सूची दी गई है। ऐसी सूचियों का अनुसरण करते हुए ही कबीर की उलटबाँसियों को पढ़ने के प्रयत्न किए गए हैं। इस बात पर ध्यान नहीं दिया गया है कि कबीर पारिभाषिक को संवेदनात्मक बनाते हैं, किसी सूची का अनुगमन कर, तकनीकी कोड में तकनीकी बातें करने की बजाय, उस कोड को कविता के कोड में बदल देते हैं। गायों की रखवाली करते सिंहों को ही नहीं, चोलना

पहन कर नाचते गधों को भी दिखाते हैं। 'हेवज्रतंत्र' की समयसंकेत-सूची में सिंह तो होंगे ही, गधे शायद न हों।

उलटबाँसियों की 'रहस्यपरक' व्याख्याएँ करने का मोह छोड़, सहजयान, तन्त्र की समयसंकेत सूचियों, डिक्शनरियों की सहायता से इनका अर्थ बूझने की बजाय, यदि इन्हें सहज रूप से, कविता की तरह पढ़ें, तो निश्चय ही आपकी पहली प्रतिक्रिया बेतुकेपन पर हँसने की होगी। यह बेतुकापन कबीर के अपने निजी अनुभव से जुड़ा हुआ तो है ही, क्या वह आपका अपना निजी अनुभव नहीं है? क्या आप अपने आस-पास सिंहों को गायों की रखवाली का दावा करते नहीं देख रहे? उलटबाँसी कविताओं को सर्जनात्मक शब्द की तरह पढ़नेवाले पाठक को इस जगत के बेतुकेपन की सचाई तो निश्चय ही सूझने लगेगी, हो सकता है कि त्रिभुवन की तुक (या बेतुक) भी वह बूझ ही ले।

एक-एक शब्द को किसी गूढ़ साधना के प्रतीक की तरह पढ़ने के संस्कार से मुक्त होकर इन कविताओं को पढ़ेंगे तो आपकी भी पहली प्रतिक्रिया वैसी ही होगी, जैसी लिंडा हैस्स को उलटबाँसी समझा रहे दादा सीताराम की हुई थी–'मजा आ गया', और आप भी शायद बच्चों की तरह हँस पड़ेंगे, जैसे 'स्कॉलरली डिस्कसन' की तलाश में पहुँची लिंडा हँस पड़ी थीं, आपको भी शायद याद आएगा कि 'सोचने की बनी-बनाई आदतें तोड़ने की एक विधि बाल-सुलभ मनोदशा में पहुँचना भी है'।[5]

ऐसी मनोदशा में पहुँच कर आप हँस तो सकेंगे ही, बहुत कुछ ऐसा देख भी सकेंगे, जो 'गम्भीरता' और पांडित्य के कारण कई बार आँखों से ओझल हो जाता है। बाघ और बकरी के ब्याह का वर्णन आपको हँसाता तो है ही, कुछ देखने का अवसर भी देता है। बकरी को जीवात्मा और बाघ को परमात्मा मानने का व्यायाम एक ही दो पंक्तियों के बाद हाँफने लगेगा, बेहतर है कि बाघ और बकरी के ब्याह की तैयारियाँ बस यों ही देखी जाएँ। देखें कैसे काग कपड़े धो रहे है, बगुले ब्रश कर रहे हैं, मक्खियाँ हेयरकट ले रही हैं, बारात की तैयारियों का आलम है :

छेरी बाघहि ब्याह होत है, मंगल गावै गाई।
बन के रोझ धरि दाइज दीन्हों, गो लोकन्दे जाई॥
कागा कापड़ धोवन लागे, बकुला किरपे दाँता।
माखी मूड़ मुड़ावन लागी, हमहूँ जाव बराता॥

उलटबाँसियों के प्रसंग में लोग पारिभाषिक शब्दावली की शरण में शायद इसलिए जाते हैं कि ऐसा हर पद अर्थ को बूझने की चुनौती के साथ समाप्त होता है :

कहै कबीर सुनौ हो संतो, जो यह पद अर्थावै।
सोई पंडित सोई ज्ञाता, सोई भक्त कहावै॥

(पद 55 'बीजक', पृ. 129)

चूँकि औपनिवेशिक आधुनिकता में रचे-बसे पंडितजन कबीर को भी, उनके श्रोता-समाज को भी निरक्षर, भोले-भाले लोग मानते हैं, सो यह भूल जाते हैं कि भक्ति के लोकवृत्त में विचरण करनेवालों के लिए संधा भाषा वैसी 'एग्जॉटिक' वस्तु नहीं थी, जैसी इन पंडितों के लिए। ऐसी स्थिति में, कबीर अपने पाठकों को संधा भाषा की समय-संकेत सूची याद करने का सुझाव दें–यह गैरजरूरी ही था। बाघ को परमात्मा और बकरी को आत्मा बताने वाला कबीर से पंडित, ज्ञाता या भक्त होने का प्रमाणपत्र निश्चय ही नहीं पाता। यह अर्थ कबीर के लोकवृत्त में सभी बूझते थे। चुनौती जीवन के बेतुकेपन को, साथ ही 'नर को ढाढस' देनेवाली 'अकथ कथा' को देखने की है। किताबी ज्ञान के तौर पर जानने की नहीं, ऐन्द्रिक अनुभव के तौर पर 'देखने' की। तभी बेतुकेपन को न केवल झेला-समझा जा सकता है, बल्कि उसके साथ कुछ मस्ती भी की जा सकती है, इसी आश्वासन के साथ आरम्भ होता है, कबीर कृत बाघ-बकरी परिणय वर्णन : ''नर को ढाढस देखहु आई, कछु अकथ कथा है भाई''।

ढाँढस दोनों स्तरों पर जरूरी है। मूलभूत, शाश्वत जिज्ञासा के स्तर पर भी, जहाँ जेन कोआन भी हमें बताते हैं, और नासदीय सूक्त के ऋषि भी कि अनन्त अस्तित्व का रहस्य इसका 'अध्यक्ष' भी जानता है कि नहीं, कह नहीं सकते–''यो अस्याध्यक्षः परमे व्योमन्तो अंग वेद यदि वा न वेद''। इसके बावजूद मनुष्य अपने स्वभाव से विवश है, जानने की कोशिश करने के लिए, जैसा, जितना कहा जा सके, कहने के लिए। सो, सबसे बड़ी उलटबाँसी तो मनुष्य का स्वभाव ही है। जानता है कि नहीं जाना जा सकता, फिर भी जिद है कि जानना है, चीजों के करीब से करीब जाना है।

फिर कबीर की अपनी, और उनके मेरे-आपके जैसे श्रोताओं/पाठकों की विशिष्ट ऐतिहासिक स्थिति से उत्पन्न होनेवाली उलटबाँसियाँ। 'पकड़ि बिलाई मुरगै खाई'–मुर्गा बिल्ली को खा गया, यह तो 'उलटबाँसी' है, और, 'पूजिअ बिप्र सील गुन हीना। सूद्र न गुन गन ज्ञान प्रवीना'–इसे क्या कहेंगे? यह दस्तकारों, व्यापारियों की उन्नति से चिढ़े चित्त से जन्मी उलटबाँसी है। कबीर की उलटबाँसी में दिखती उलट-पुलट, सामाजिक व्यवहार की ऐसी उलटबाँसियों पर, आँखों के सामने सर के बल खड़ी सचाई पर हँसने की विधि है। भाषा का व्यवहार तो सभी प्रसंगों में होना ही है, इसलिए भाषा के तर्क को उलट देना और फिर चुनौती देना कि 'इस पद का अर्थ बूझो'–पंडितों को याद दिलाना है कि वे अपने पांडित्य के बेतुकेपन पर भी ध्यान दें।

उलटबाँसी कविता हमें याद दिलाती है कि कविता का अर्थ समग्रता में ही होता है। एक एक शब्द के कोशगत, पारम्परिक, प्रतीकात्मक अर्थ को जान लेने भर से कविता का अर्थ नहीं बूझा जा सकता। कई बार कवि मस्ती के मूड में ही

विसंगतियों का उपहास करना चाहता है। उसके हर पल पर 'गम्भीरता' लादने वाले न केवल कवि को उसकी मस्ती से वंचित करते है, स्वयं भी ऐब्सर्ड के उस अहसास से हाथ धो बैठते हैं, जो उलटबाँसी को उलटबाँसी बनाता है। उलटबाँसी की सार्थकता किसी रहस्य-साधना की कोडेड निर्देशावली होने में नहीं, उसकी तार्किक विसंगति में ही है। कवितापन उसकी 'निरर्थकता' में ही है।

उलटबाँसी कबीर के हाथों, अर्थ-व्यर्थ के सतत संवाद का खुला आकाश रचने वाली लाजवाब काव्य-प्रविधि में बदल जाती है। इस खुलेपन में कवि तो अपने समय के बेतुकेपन पर हँसता/रोता ही है, श्रोता/पाठक भी सोच सकता है कि बेतुकापन कबीर के समय तक ही सीमित था, या मेरे समय में भी है। चाहे तो उस बेतुकेपन में अपने खुद के योगदान को भी पढ़ सकता है।

पढ़ें और सोचें कि क्या ऐन हमारे आसपास सिंह गायों की रखवाली के दावे नहीं कर रहे? कौवे ताल नहीं दे रहे? भैंसे नृत्य नहीं कर रहे? गधे चोलना पहने नाच नहीं रहे? और, ऐसी स्थिति में भी चुहिया बेचारी ('उदरी बपुरी') क्या मंगलगीत गाने को विवश नहीं है? क्या स्वयं को शेर-बबर समझने वाले लोग चूहों के लिए खुशी-खुशी पान लगाते नजर नहीं आते? सबसे बड़ी बात यह कि हम यह सब सिर्फ देख ही रहे हैं, या खुद भी इस 'आनन्द' में कहीं शामिल हैं :

धौल मंदलिया बैल रबाबी, कऊवा ताल बजावै।
पहरि चोलना गादह नाचै, भैंसा निरति करावै॥
स्यंघ बैठा पान कतरै, घूंस गिलौरा लावै।
उदरी बपुरी मंगल गावै, कछू एक आनन्द गावै॥

(राग गौड़ी, 12, ग्रन्थावली, माताप्रसाद गुप्त, पृ. 150)

4. *'अनल अकासा घर किया' : कविता का घर*

कबीर एक घर जलाते हैं :

हम घर जाल्या आपना लीया मुराड़ा हाथि।
अब घर जालौं तासु का, जो चले हमारे साथि॥

(गुर सिष हेरा कौं अंग, 13, ग्रन्थावली, पृ. 112)

तो एक घर बनाते भी हैं, ऐसे शिखर पर, जिसकी राह पर चींटी तक के पाँव फिसलते हैं :

जन कबीर का सिखरि घर, बाट सलैली गैल।
पांव न टिकै पिपीलिका, लोगन लादे बैल॥

(सूषिम मारग कौ अंग, 7, ग्रन्थावली, पृ. 54)

कबीर की कविता में बारंबार, घर ही आता है, मकान नहीं। अपने होने की ऊष्मा से ही मनुष्य मकान को घर का रूप देता है, कबीर यह जानते हैं इसीलिए लगातार खोज करते हैं घर की और जानते हैं कि बहुत दूर है घर, और बहुत मुश्किल है घर का रास्ता :

कबीर निज घर प्रेम का मारग अगाध।
सीस उतारै पगतल धरै, तब निकट प्रेम का स्वाद।

(सूरातन कौ अंग, ग्रन्थावली, पृ. 116)

मुश्किल है, लेकिन संवेदना और चेतना के रास्ते का कोई विकल्प भी नहीं। शब्द के साधक को चलना तो इसी पर है, अपने विवेक और विचार के साथ चलना है, वर्ना तो ऊजड़ों में ही भटकना बाकी रह जाता है :

राह बिचारी क्या करै, पंथि न चलै विचार।
अपना मारग छोड़ कै फिरै उजार उजार।

(साखी 191 बीजक, पृ. 163)

घर का रूपक, कबीर को सचमुच बहुत प्रिय है, लेकिन कबीर जिस घर की तलाश में हैं, वह ऐसा घर नहीं है, जहाँ आप रिटायरमेंट के बाद चैन से, बाकी बचा जीवन बिता सकें। वह तो बेहद का मैदान है, वहाँ पहुँच कर विश्राम करने का मतलब सुरक्षित होना नहीं, सार्थक होना है :

हद छाड़ि बेहद गया, किया सुन्न असनान।
मुनि जन महल न पावई तहाँ किया विश्राम॥

(परचा कौ अंग, 11, ग्रन्थावली, पृ. 25)

वह जीवन और जीवन के बाद से सतत संवाद और संघर्ष का घर है। ऐसे प्रेम का घर है जिसमें डूबने वालों को न जाने क्या-क्या झेलना पड़ सकता है।

कबीर और दूसरे निर्गुण कवि घर को व्यक्तिगत खोज के साथ, समूची सांस्कृतिक परंपरा में व्याप्त खोज का भी रूपक बना देते हैं। उनका प्रेम और घर अलौकिक इस अर्थ में है कि वह सारी मानवता और इन संतों की अपनी सामाजिक स्मृति में विन्यस्त खोज को धारण करता है। राम से उनके नितांत निजी रिश्ते की फैंटेसी को भी धारण करता है, और अमरपुर के यूटोपिया को भी। 'प्रिय' को रिझा कर आँख की पुतली में मूँद लेने की निजी फेंटेसी के साथ, संत कवि एक कल्पना-लोक भी रचता है, वैयक्तिक और सामाजिक यथार्थ के समानांतर एक यूटोपिया।

कबीर की बानी में यह सपना आने वाले वक्त की कल्पना से कहीं अधिक, पीछे छूट गए घर की स्मृति का रूप लेकर आता है। वह यूटोपिया कम, नॉस्टेल्जिया ज़्यादा है। नारी रूप में पीहर याद करते कबीर की कविता, यूटोपिया को नॉस्टेल्जिया बनाती कबीर की कविता जो पीछे छूट गया, उसकी दर्द भरी यादों को तो स्वर देती ही है, उसे फिर से पा लेने के आत्मविश्वास को भी रेखांकित करती है। वर्तमान में नजर

भले न आए; वह स्मृति और कल्पना में मौजूद है। आने वाले कल की कल्पना में बीत चुके कल की वेदना भी है। स्मृति और कल्पना के इस अनपेक्षित सम्बन्ध से कबीर की कविता को अद्‌भुत मार्मिकता मिलती है। उनकी कविता में बारंबार आने वाले घर और पीहर कल्पना और स्मृति के इस सम्बन्ध के रूपक हैं। कविता में नारी रूप धारते कबीर को सताने वाली पीहर की याद यूटोपिया और नॉस्टेल्जिया के वेदनापूर्ण संयोग को हमारे सामने मूर्त कर देती है। स्वाभाविक है कि नारी-निंदा के लिए विख्यात कवि की सबसे मार्मिक कविताएँ उसके नारी रूप में ही सम्भव हुई हैं।

होना तो नहीं चाहिए था, लेकिन कवि को धर्मगुरु मानकर पढ़ने के सर्वव्यापी संस्कार के कारण यह भी स्वाभाविक हो गया है कि हिन्दी के आदिकवि कबीर द्वारा रचित, अपने घर-नगर के नॉस्टेल्जिया की, हिन्दी में आदि-कविता 'तजीले बनारस मति भई थोरी' की याद कवियों-आलोचकों को हिन्दी कविता में घर की जबर्दस्त वापसी के दिनों में भी नहीं आई। क्यों आती भला, इसे तो कबीर के प्रशंसक याद करते हैं, तो संकोच के साथ ही। उन्हें यह पाखंड-विरोधी क्रांतिकारी के कमजोर क्षणों की, विचारधारात्मक विचलन की सूचना देने वाली बात ही लगती रही है, जीवन के अंतिम छोर पर अपने नगर की याद में तड़पते, कासी के जुलाहे कवि का दर्द, नॉस्टेल्जिया भला इसमें क्यों पढ़ा जाए! धर्मगुरु या क्रांतिगुरु बना दिए गए कवि–कबीर–की बानी को ही प्राथमिक रूप से कवि-वाणी की तरह क्यों पढ़ा जाए!

बहरहाल, हमें तो कबीर की कविता अवसर देती है कि हम मानव-प्रजाति मात्र की स्मृति से जुड़ सकें। उस सुरति–स्मृति और कामना–का कुछ परिचय पा सकें, जिसमें तल्लीन मनुष्य के लिए संवेदना के सिंहद्वार खुल जाते हैं :

सुरति समानी निरति में, निरति रही निरधार।
सुरति निरति परचा भया, तब खुले स्यंभ द्वार॥

(परचा कौ अंग, 22, ग्रन्थावली, पृ. 27)

कबीर के "घर" में निश्‍चिंतता, एक बार खोज पूरी कर लेने के बाद, सारी जिंदगी आराम की गुंजाइश नहीं है। अपनी बेलाग स्पष्टता में कबीर की कविता थर्रा देने वाली भयानक खबर की कविता है। खबर यह कि आलोचना अन्य की नहीं, अपनी भी करनी है। खबर यह कि दुनिया जहान के मनचीते बखान पाकर बाकी जिंदगी के लिए निश्‍चिंत बैठ सकना कोरी मृगतृष्णा है। जिन विश्वासों को मैं सहेजना चाहता हूँ, वे भी प्रश्नविद्ध किए जाने चाहिएँ। वे भी बार-बार विनष्ट होने के लिए नियतिबद्ध हैं। अपने हर विश्वास को सतत रूप से परखते रहने का कोई विकल्प नहीं। स्वयं को बारंबार कसौटी पर कसते रहने का कोई विकल्प नहीं। एकबारगी सारे किस्से खत्म कर, सारे सवाल हल कर चैन से इतिहास के अन्त का आनन्द ले सके, यह मनुष्य का भाग्य नहीं। उसे तो सतत जिज्ञासा और परख के व्योम में स्वयं को जलाते ही रहना पड़ेगा।

हमने ऊपर कवि की मजबूरी की बात की है। कवि की सबसे बड़ी मजबूरी का सबसे मार्मिक रूपक अनल पक्षी है। कबीर अपनी वाणी को अनल पक्षी की वाणी सी मानते हैं, जिसके गाने से आग उपजती है। इस आग में, सबसे पहले स्वयं अनल का घर जल जाता है, फिर भी वह गाता है, और गाने का मोल चुकाता है—वसुधा और व्योम के मध्य, जीवन और अस्तित्व के बीच 'बिन ठाहर' की सतत गतिशीलता में 'निवास' करके। 'बिन ठाहर' कबीर का ही प्रयोग है, अद्वितीय प्रयोग है। ठहरने की जगह नहीं, ऐसी जगह निवास। अपनी वाणी में विश्वास की जिद के सहारे :

अनल अकासा घर किया, मधि निरंतर वास।
वसुधा व्योम बिगता रहै, बिन ठाहर विश्वास॥

(मधि कौ अंग, 3, ग्रन्थावली, पृ. 91)

5. *'हम तुझ रहे निदान' : मृत्यु के सामने कविता*

बिना रूपासक्ति के कोई कवि नहीं होता, और बिना मृत्यु की आँखों में आँखें डाले कोई बड़ा कवि नहीं होता। कबीर जिस तरह प्रेम और विरह में डूबते हैं वैसे ही मृत्यु में भी। देह की नश्वरता की भी बात करते हैं, और देह में सभी तीर्थों का निवास भी देखते हैं। जानते हैं कि प्रेम के रोमांच में, विरह की वेदना में देह बजती है रबाब की तरह। अनहद का नाद गूँजता है तो देह में ही गूँजता है। देह के एकमेक हुए बिना नेह अधूरा ही है। राम से मिलन की सार्थकता तन-मन के एक होने में ही है—"तन रति करि मन रति करिहौं"।

नश्वरता के बखान के लिए हो, या 'आतम साधन' के माध्यम के रूप में, देह कबीर की कविता में बहुत सघन रूप से उपस्थित है। देह उपस्थित है तो मृत्यु को तो होना ही है। देह की गहरी अनुभूति मृत्यु का भय भी उत्पन्न करती है, उस पर विचार का अवसर भी। देह और काल की सतत उपस्थिति के बिना कबीर की कविता की कल्पना नहीं की जा सकती। सभी कवियों का हो न हो, मृत्यु सभी उपदेशकों का प्रिय विषय अवश्य है, शायद इसीलिए मृत्यु की बात बार-बार करते कबीर लोगों को उपदेशक से लगते हैं। लेकिन फर्क "शैली और सामग्री" का है। कबीर की कविता में मृत्यु केवल अन्त नहीं आरम्भ भी है, केवल भय नहीं, आनन्द भी है। चेतावनी तो वह है ही, लेकिन, कुछ अलग ढंग से।

कई कवियों ने 'नख-शिख' वर्णन किया है। कविता के एक ढंग में तो वह स्थापित काव्य-रूढ़ि बल्कि कवित्व की पहचान ही है। कबीर की कविता में 'नख-शिख' एकदम अनपेक्षित रूप में, निर्मम आत्म-साक्षात्कार के क्षण में प्रकट होता है। उस क्षण, कबीर एक दृश्य देख रहे हैं, साथ ही आपको भी दिखा रहे हैं :

देखहु यह तन जरता है।
घड़ी पहर बिलम्बौ रे भाई जरता है।
काहैं कूँ एता कीया पसारा। यहु तन जरि बरि ह्वै ह्वै छारा॥
नव तन द्वादस लागी। मुगध न चैते नख सिख जागी॥
काम क्रोध घट भरै बिकारा। आपहि आप जरै संसारा॥
कहै कबीर हम मृतक समाना। राम नाम छूटै अभिमाना॥

(गौड़ी, 19, ग्रन्थावली, पृ. 201)

इस तन को जलना तो है ही। मरघट में भी, उसके पहले भी। 'घड़ी पहर' मरघट के बाहर के समय की भी, सारे जीवन की भी व्यंजना करते हैं। अन्यत्र 'हम न मरिहैं मरै संसारा' कहने वाले कबीर यहाँ 'हम मृतक समाना' कह रहे हैं। दोनों ही बातें 'सत्य' हैं, कविता का सत्य। कबीर जैसे लोग–जो इन दोनों सत्यों के भोक्ता भी हैं, दृष्टा भी–उस हँसी को सुने बिना नहीं रह सकते, जो सारे अस्तित्व में गूँजती है–काल की हँसी। कच्ची काया, अस्थिर चित्त लिये हम स्थिरता का प्रयत्न करते हैं, निधड़क हो जाना चाहते हैं, और काल हँसता है :

कबीर काची काया मन अथिर, थिर थिर काम करन्त।
ज्यूँ ज्यूँ नर निधड़क फिरै, त्यूँ त्यूँ काल हसंत॥

(काल कौ अंग, 30, ग्रन्थावली, पृ.)

मनुष्य का जीवन उसे एक समय देता है, लेकिन इस समय में जो अन्तर्निहित परवशता और अनिश्चितता है, सिर्फ और सिर्फ मौत की निश्चितता है, उसी के बोध का परिणाम है–भारतीय भाषाओं में मृत्यु और समय दोनों का वाचक शब्द–काल। काल मृत्यु के नामों में से एक नहीं, सर्वाधिक व्यंजक नाम है। समय में होना, जीवन में होना ही काल में, मृत्यु में होना भी है। जीवन का आरंभ ही समय का–काल का आरंभ भी है। कालचक्र से गुजरना काल की ओर बढ़ना है।

इस विचित्र दशा से मुक्ति भी दे तो शायद काल ही दे, जीवन में तो मुक्ति असम्भव ही है :

क़ैदे हयात औ' बंदे ग़म अस्ल में दोनों एक हैं
मौत से पहले आदमी ग़म से नजात पाए क्यों?

कौन जाने मौत भी नजात देती है या नहीं। देती ही हो तो भी मनुष्य को नजात जीवन में ही चाहिए। साधना की सफलता कहिए या प्रेम की परिणति–कबीर उसे राम का दर्शन कहते हैं, और वह उन्हें इस जीवन में ही चाहिए–''मूंवा पीछै देहुगे, सो दरसन किहि काम''।

दर्शन की यह चाह मृत्यु को कबीर के लिए डर की बजाय आनन्द में भी बदलती है:

कबीर जिस मरने थै, जग डरै, सो मेरे आनन्द।
कब मरिहूँ, कब देखिहूँ पूरन परमानन्द॥

(सूरातन कौ अंग, 13)

डर हो या आनन्द, अपरिहार्य तो मृत्यु है ही, इस सत्य से मुँह चुराना व्यर्थ है; और सिलसिले टूटते रहते हैं, मौत का सिलसिला अमर है :

कबीर रोवणहारे भी मूये, मूये चलावनहार।
हा हा करते ते मूये, कासनि करौं पुकार॥
कबीर जिनि हम जाए, ते मूये हम भी चालणहार।
जे हमकौं आगे मिलैं, तिन भी बंध्या भार॥

(काल कौ अंग, 31-32)

गरज कि,

कमर बाँधे याँ चलने को सब यार बैठे हैं।
बहुत आगे गए, बाकी जो हैं तैयार बैठे हैं।

मृत्यु की अपरिहार्यता कबीर की, या किसी की भी 'मौलिक सूझ' नहीं है। यहाँ जो कविता उत्पन्न हो रही है, वह 'ध्वनित वस्तु' के कारण नहीं, ध्वनन की 'शैली और सामग्री' के कारण ही हो रही है। 'यह जग आन्धरा जैसी अंधी गाई। बछा था सो मर गया, ऊभी चाम चटाई' इस कथन में भी 'ध्वनित वस्तु' तो जीवन की क्षणभंगुरता ही है, लेकिन दिल हिला देने वाला 'भावोन्मेष' कर रहा है, मरे बछड़े को चाटती अन्धी गाय का बिम्ब।

इस बिम्ब की रचना में संलग्नता भी है, और निर्वैयक्तिक तटस्थता भी। इन परस्पर विरोधी मनोदशाओं को एक ही साथ साधने में अक्षम चित्त मृत्यु पर या तो रो सकता है, या उसकी अपरिहार्यता पर उपदेश दे सकता है। उसे कविता में नहीं ला सकता। मृत्यु की अपरिहार्यता के बारे में उपदेश या सांत्वना देने के लिए जो शब्द बरते जाते हैं, वे किसी अपने की मृत्यु के प्रसंग में खोखले हो जाते हैं। नितान्त निजी अनुभव हमें इस लायक छोड़ता नहीं कि हम उसे अन्यों के अनुभवों के परिप्रेक्ष्य में रख सकें। या तो निर्वैयक्तिक तटस्थता निभती है, या फिर निजी चोट की वेदना। कवि और उपदेशक का फर्क इसी से मालूम पड़ता है कि मृत्यु के बारे में संलग्नता और तटस्थता का संतुलन कितनी खूबी से निभाया गया। यह संतुलन साधते हुए कोई बड़ा कवि जब मृत्यु को विषय बनाता है तो 'निराला' की 'सरोज-स्मृति' सी कविता सम्भव होती है।

कबीर ने निराला की तरह किसी प्रियजन की मृत्यु पर कविता नहीं रची, लेकिन उनकी कविता में मृत्यु इतनी बार है, इतने रूपों में है...साधना का रूपक, नश्वरता का बयान होने से कहीं आगे, वह जीवन का प्रथम और अंतिम सत्य है; अवसन्न कर देने वाला, लेकिन अपरिहार्य सत्य। इससे मुँह चुराना सामान्य जीवन-विधि हो सकती है, लेकिन कवि-संवेदना उससे कब तक मुँह चुराए, और क्यों चुराए? यक्ष के प्रश्नों के उत्तर देते हुए युधिष्ठिर ने सबसे बड़ा आश्चर्य इसी को बताया था कि रोज दूसरों को मरते देख भी हम ऐसे जीते हैं जैसे अमर हों। यह परम आश्चर्य पलायन की सूचना देता है, या जिजीविषा की?

असली यक्ष-प्रश्न यही है, और इसका कोई एक सही उत्तर हो नहीं सकता।

मृत्यु हमारे अनुभूत जीवन का अन्त है, शायद नहीं भी है। लेकिन कविता के जीवन का तो वह निश्चय ही अन्त नहीं है। कबीर की कविता मृत्यु से कतराने की बजाय उससे जुड़ी अनेक भावदशाओं को शब्दबद्ध करती है। कबीर की रूपासक्ति, प्रेमासक्ति और जीवनासक्ति ही उन्हें मृत्यु के साथ संवाद का साहस देती है। उसके पार की कल्पना का साहस, अमर-देश की खोज की प्रेरणा देती है। 'सजीवनि कौ अंग' की पहली ही साखी है :

जहाँ जुहा मरन व्यापै नहीं, मूवा न सुणियै कोई।
चलि कबीर तिहि देसड़ैं, जहाँ बैद विधाता होई॥

(ग्रन्थावली, पृ. 125)

कितना बड़ा आश्वासन है; ऐसे देश का होना, भले ही केवल कल्पना में जहाँ किसी के मरने की बात तक सुनने में नहीं आती। इस आश्वासन और मृत्यु की अटलता के बीच ही फैला है वह बेहद का मैदान जिसका नाम जीवन है। अमरता की चाह और मरने की सच्चाई के बीच की रस्साकशी से ही सार्थक जीवन की तलाश का, 'हमहुँ सुमिरे दुई बोल' की कामना का जन्म होता है। जीवन की सार्थकता जो पा लेते हैं, वे सचमुच बार-बार नहीं मरते, बार-बार नहीं जन्मते। लेकिन तभी जब मरने का कारण ज्ञात हो, अवसर ज्ञात हो, विधि ज्ञात हो। कितनी सहज और सरल शर्त है! इस शर्त को जो समझ गया, वही है जीवन्मृतक, राम-कसौटी पर खरा। उसे राम की भी परवाह करने की जरूरत नहीं रह जाती। राम स्वयं उसके पीछे-पीछे लगा फिरता है :

मरता मरता जग मुवा, औसर मुवा न कोई।
कबीर ऐसैं मरि मुवा, ज्यूँ बहुरि न मरनाँ होई॥
कबीर जीवन थै मरिबो भलौ, जौ मरि जाने कोइ।
मरनैं पहले जे को मरे, तो कलि अंजरावर होइ॥
कबीर खरी कसौटी राम की, खोटा टिकै न कोइ।
राम कसौटी सो टिकै, जो जीवत ही मृतक होइ॥
कबीर मन मृतक भया दुरबल भया सरीर।
तब पाछै लगा हरि फिरै कहत कबीर कबीर॥

(जीवत मृतक कौ अंग, 5,8,9,2, ग्रन्थावली, पृ. 107-109)

कबीर जानते हैं–'साधो ई मुरदन का गांव'। राजा-प्रजा, पीर-फकीर, वैद्य-रोगी, जोगी-साधक सब-के-सब मुर्दे हैं। अट्ठासी हजार मुनि हों, या तैंतीस करोड़ देवता–काल की फाँसी सबके गले में लगी हुई है। बहुत पहले, ठीक यही बात कही थी–महाभारत युद्ध के विजेता युधिष्ठिर ने–'हस्तिनापुर मुर्दों का गाँव बन चुका है। न हम जीते हैं, न धर्म जीता है, जीता है केवल काल'।

मृत्यु का जवाब है कविता। भक्ति अर्थात् भागीदारी–'हम न मरिहै, मरै यह संसारा। हमको मिला जियावनहारा'। मृत्यु का अनुभव भोग कर याद करना असम्भव

है, उसकी केवल कल्पना ही की जा सकती है, याने मृत्यु ठेठ कविता है। वह सेल्फ के बाहर है, इसलिए सदा ही रहस्य है, उसकी सैद्धांतिकी सम्भव है, खबर नहीं। कौन जाने क्या हो रहा है वहाँ, कौन जाने क्या होगा जीवन के पार। हाँ, मनुष्य का जीवन जैसा है, उसका चुनाव हमने किया है, विष के इस वन का चुनाव हमने ही किया है...जहाँ से कोई निकास नहीं, बस डर है :

कबीर विषय के वन में घर किया श्रप रहे लपिटाई
ताथैं जियरै डर गह्या जागत रैनि बिहाई।

(काल कौ अंग, 28, ग्रन्थावली, पृ. 124)

इस आत्महन्ता चुनाव से बाहर निकलने का चुनाव भी किया जा सकता है, किसी मुख को अपना राम और खुद को उसका कबीर बना कर, जगजीवन में पुष्पगंध की तरह व्याप्त राम के 'जेति औरति मरदां कहिए' रूपों के साथ सम्बन्ध बना कर। कबीर ही नहीं, और कवि भी जानते हैं–'अच्छर तो दो ही हैं इश्क के, लेकिन है विस्तार बहुत'।

कबीर की कविता से संवाद का एक दौर पूरा हुआ, इस किताब के साथ, और इस पल में बस मैं हूँ और वह है–कबीर की कविता :

सती पुकारे सलि चढ़ि, सुन रे मीत मसान।
लोग बटाऊ चलि गए, हम तुझ रहे निदान॥

श्मशान मुर्दों का गन्तव्य भी है, और अल्पजीवी वैराग्य का रूपक भी। इस वैराग्य-रूपक में गूँजती है कविता के जीवन-राग की, आश्वासन की, संशयहीन आत्मविश्वास की आवाज; जलती चिताओं की गन्ध के बीच हवा को साँस लेने लायक बनाती हुई, व्यापती है कबीर-वाणी की कस्तूरी-गन्ध :

पिंजरि प्रेम प्रकास्या, जाग्या जोग अनन्त।
संसा छूटा सुख भया, मिल्या प्यारा कन्त॥
पिंजरि प्रेम प्रकास्या, अन्तरि भया उजास।
मुख कस्तूरी महमही, वाणी फूटी बास॥

(परचा कौ अंग, 13, 14)

सन्दर्भ

1. हज़ारीप्रसाद द्विवेदी, *'कबीर'*, पृ. 225
2. वही, पृ. 71
3. 'ढोला मारू रा दूहा' सं. नरोत्तमदास स्वामी, सूर्यकरण पारीक, रामसिंह, राजस्थानी ग्रन्थागार, जोधपुर, 2005, पृ. 109।
4. पी.सी. बागची, *'स्टडीज इन तंत्राज'*, (खंड एक), यूनिवर्सिटी ऑफ कैलकटा, 1939, पृ. 27
5. लिंडा हैस्स, *'दि बीजक ऑफ कबीर'*, मोतीलाल बनारसीदास, दिल्ली, 1986, पृ. 143

परिशिष्ट

कबीर चयन

अकथ कहानी प्रेम की

अकथ कहाणी प्रेम की, कछू कही न जाई।
गूँगे केरी सरकरा, बैठा ही मुसकाई॥

बिरहा बुरहा जिनि कहौ, बिरहा है सुलितान।
जिस घटि बिरह न संचरै, सो घट सदा मसाण॥

कबीर सुंदरि यूँ कहै, सुणि हो कंत सुजाण।
बेगि मिलौ तुम आइ करि, नही तर तजौं पराण॥

रात्यूं रूनीं बिरहनी, ज्यूं वच्यां कौं कुँज।
कबीर अंतर प्रजल्या, प्रगट्यो बिरहा पुँज॥

चकवी बिछुटी रैणि की, आई मिली परभाति।
जे जन बिछुटे राम सूं, ते दिन मिले न राति॥

बिरह भुवंगम तनि बसै, मंत्र न लागै कोइ।
राम बियोगी ना जिवै, जिवै तो बौरा होइ॥

जे रोऊँ तौ बल घटै, हसौं तौ राम रिसाइ।
मन ही माहि बिसूरणा, ज्यूं घुण काठहि खाइ॥

कबीर सीप समंद की, रटै पियास पियास।
समदहि तिणका बरि गिणै, स्वांति बूँद की आस॥

मेरी अँखियाँ जान सुजान भईं।
देवर भरम सुसर संग तजि करि, हरि पीव तहाँ गईं॥ टेक॥
बालपनै के क्रम हमारे, काटे जानि दई।
बांह पकरि करि कृपा कीन्हीं, आप समीप लई॥
पानीं की बूँद थैं जिनि प्यंड साज्या, ता संगि अधिक रई।
दास कबीर पल प्रेम न घटई, दिन दिन प्रीति नई॥

परोसनि माँगै कंत हमारा।
पीव क्यूँ बौरी मिलहिं उधारा॥ टेक॥
मासा माँगै रती न देऊँ। घटे मेरा प्रेम तौ कासनि लेऊँ॥
राखि परोसनि लरिका मोर। जे कछु पाऊँ सु आधा तोर॥
बन बन ढूँढौ नैन भरि जोऊँ। पीव न मिलै तो बिलखि करि रोऊँ॥
कहै कबीर यहु सहज हमारा। बिरली सुहागिन कंत पियारा॥

मन मेरो रहटा रसन पुवरिया।
हरि कौ नाउँ लै लै काति बहुरिया॥ टेक॥
चारि खूँटी दोइ चमरख लाई। सजि रहटवा दीयौ चलाई॥
सासू कहै काति बहू ऐसै। बिन कातै निसतारिबौ कैसैं॥
कहै कबीर सूत भल काता। रहटां नहीं परम पद दाता॥

निज ब्रह्म विचार

कबीर मानसरोवर सुभर, जल हंसा केलि कराहिं।
मुकताहल मुक्ता चुगै, इब उड़ि अनत न जाहिं॥

लांबा मारग दूरि घर, विकट पंथ बहु मार।
कहौ संतौ क्यूं पाइये दुरलभ हरि दीदार॥

कबीर झल उठी झोली जली खपरा फूटिम फूटि।
जोगी था सो रमि गया, आसणि रहि विभूति॥

कबीर तेज अनंत का, मानौं ऊगी सूरिज सेणि।
पति संगि जागी सुंदरी, कौतिक दीठा तेणि॥

धरती गगन पवन नहीं होता, नहीं तोया नहीं तारा।
तब हरि हरि के जन होते, कहै कबीर बिचारा॥

राम रसाइन प्रेम रस, पीवत अधिक रसाल।
कबीर पीवण दुर्लभ है, माँगै सीस कलाल॥

हेरत हेरत हे सखी, रह्या कबीर हिराइ।
बूँद समाणी समंद में, सो कत हेर्‌या जाइ॥

माया मुई न मन मुवा, मरि मरि गया सरीर।
आसा त्रिश्ना ना मुई, यूँ कह गया कबीर॥

सहज सहज सब को कहै, सहज न चीन्हैं कोइ।
जिन्ह सहजै बिषिया तजी, सहज कहीजै सोइ॥

चंदन की कुटकी भली, न बंबूर की अबरांउं।
बैस्नौ की छपरी भली, ना साखत का बड़ गांउं॥

हम न मरै मरिहै संसारा।
हम कू मिल्या जिवानहारा॥ टेक॥
अब न मरूं करनै मन माना। तेई मूये जिनि राम न जाना॥
साकत मरै संत जन जीवै। भरि भरि राम रसाइन पीवैं॥
हरि मरिहै तौ हमहू मरिहैं। हरि न मरै हम काहे कू मरिहैं॥
कहै कबीर मन मनहि मिलावा। अमर भये सुख सागर पावा॥

काहै री नलनी तू कुमिलानी।
तेरे ही नालि सरोवर पानी॥ टेक॥
जल मै उतपति जल मै बास। जल मै नलनी तोर निवास।
ना तलि तपति न ऊपरी आगि। तोर हेतु कहु कासनि लागि।
कहै कबीर जे उदिक समान। ते नहीं मुए हमारे जान।

अंतर गति अनि अनि बाणी।
गगन गुपत मधुकर मधु पीवत, सुगति सेस सिव जाणी॥ टेक॥
त्रिगुण त्रिबिधि तलपत तिमरातन, तंती तंत मिलाणी।
भागे भरम भोइन भये भारी, बिधि बिरंचि सुखि जाणी॥
बरन पवन अबरन बिधि पावक, अनल अमर मरैं पाणी।
रबि ससि सुभग रहे भरि सब घटि, सबद सुन्य थित्य मानी।
संकट सकति सकल सुख खोये, उदित मथित सब हारे।
कहै कबीर अगम पुर पटण, प्रगटि पुरातन जारे॥

भूलि मालिनी हे, गोब्यंद जागतौ जगदेव।
तू करै किसकी सेब ॥ टेक ॥

भूलि मालणि पाती तोड़ै, पाती पाती जीव।
जा मूरति कौ पाती तोड़ै, सो मूरति नरजीव।
टांचणहारै टांचिया दै छाती ऊपरि पाव।
जे तू मूरति सकल है, तौ धड़णहारे खाव।
लाडू लावण लापसी पूजा चढ़ै अपार।
पूजि पुजारा ले गया, दे मूरति कै मुहि छार ॥
पाती ब्रह्मा पुहपे बिश्न फूल फल महादेव।
तीनि देवी एक मूरति, करै किसकी सेव ॥
एक न भूला दोइ न भूला, भूला सब संसार।
एक न भूला दास कबीरा, जाकै राम अधार ॥

है कोई राम नाम बतावै।
बसत अगोचर मोहि लखावै ॥ टेक ॥
राम नाम सब कोई बखानैं। राम नाम का मरम न जानैं ॥
ऊपर की मोहि बात न भावै। देखै गावै तौ सुख पावै ॥
कहे कबीर कछू कहत न आवै। परचै बिना मरम को पावै ॥

चोखो बनज ब्यौपार करीजै।
आई नैं दिसावरि रे राम जपि लाहौ लीजै रे ॥ टेक ॥
जब लग देखौं हाट पसारा।
उठि उठि बाणिया रे करि लै बणिज सबारा रे।
बेगे हो तुम्ह लाद लदाना।
औघट घाट रे चलना दूरि पयाना रे।
खरा न खोटा ना परिखाना।
लाहै कारनि रे सब मूल हिराना रे।
सकल दूनी मैं लोभ पियारा।
मूल ज राखै रे सोई बणिजारा रे।
देस भला परि लोग बिराना।
जन द्वै चारि न रे पूछौ साध सयाना रे।
सायर तीर न वार न पारा।
कहि समझावै रे कबीर बणिजारा रे।

अलह अलख निरंजन देव।
किहि बिधि करौं तुम्हारी सेव ॥ टेक ॥
बिस्न सोई जाकौ बिस्तार। सोई कृस्न जिनि कीया संसार ॥
गोव्यंद ते ब्रह्मंडै गहै। सोई राम जे जुगि जुगि रहै ॥
अलह सोई जिनि उमति उपाई। दस दर खोलै सोई खुदाई ॥
लख चौरासी रब परवैर। सोई करीम जे एती करै ॥
गोरख सोई ग्यान गमि गहै। महादेव सोई मन की लहै ॥
सिध सोई जो साधे इती। नाथ सोई जो त्रिभुवन जती ॥
सिध साधू पैकंबर हूवा। जपै सु एक भेष जूवा ॥
अपरंपार का नाउं अनंत। कहै कबीर सोई भगवंत ॥

नर जाने अमर मेरी काया

मेरा मन सुमिरै राम कू, मेरा मन रामहि आहि।
इब मन रामहि ह्वै रह्या, सीस नवावौ काहि।

पल की सुधि नहीं, करै काल्हि का साज।
काल अच्यंता झड़पसी, ज्यूँ तीतर कौ बाज॥

कबीर निरभै राम जपि, जब लग दीवै बाति।
तेल घट्या बाती बुझी, तब सोवैगा दिन राति॥

का माँगूँ कछू थिर न रहाई।
देखत नैंन चल्या जग जाई॥
इक लख पूत सवा लख नाती। ता रावन घरि दीवा न बाती॥
लंका सा कोट समंद सी खाई। ता रावन की खबरि न पाई॥
आवत संगि न जात संगाती। कहा भयो दरि बाँधे हाथी॥
कहै कबीर अंत की बारी। हाथ झाड़ि जैसे चले जुवारी॥

नर जानै अमर मेरी काया।
घर घरवात दुपहरी छाया॥ टेक॥
मारग छाड़ि कुमारग जोवै। आपण मरै और कू रोवै॥
कछु एक कीया कछू एक करणा। मुगध न चेतै निहचै मरणा॥
ज्यूँ जल बूँद तैसा संसारा। उपजत बिनसत लगै न बारा॥
पंच पंखुरिया एक सरीरा। कृष्ण कँवल दल भवर कबीरा॥

मेरी मेरी करता जनम गयौ।
जनम गयौ परि हरि न कह्यौ ॥ टेक ॥
बारह बरस बालापन खोये, बीस बरस कछू तप न कीयौ।
तीस बरस कै राम न सुमिर्‍यौ, फिरि पछितानौ बिरध भयौ ॥
सूकै सरवर पालि बँधावे, लुणै खेत हठि बाड़ि करै।
आयौ चोर तुरंगम ले गयौ, मोरी राखत मुगध फिरै ॥
सीस चरण कर कंपन लागे, नैन नीर असराल बहै।
जिभ्या बचन सुध नहीं निकसत, तब सुकृत की बात कहै ॥
कहै कबीर सुनहु रे संतौ, धन संख्यो कछु संगि न चल्यौ।

थरहर कँपै बाला जीउ।
ना जानउ किआ करसी पीउ ॥
रैनि गई मत दिनु भी जाइ।
भवर गए बग बैठे आइ ॥
काचै-करवै रहै न पानी।
हंसु चलिआ काया कुमलानी ॥
कुआर कंनिआ जैसे करत सीगारा।
किउ रलीआ मानै-बाझु भतारा ॥
काग उड़ावत भुजा पिरानी।
कहि कबीर इह कथा-सिरानी ॥

बाबा जोगी एक अकेला

हद छाड़ि बेहद गया, कीया सुन्नि स्नान।
मुनि जन महल न पावई, तहाँ किया बिस्राम ॥

मन मधुकर भया, रह्या निरंतर बास।
कँवल जु फूल्या जलहि बिन, को देखै निज दास ॥

गगन दमामा बाजिया, पड़्या निसानै घाव।
खेत बुहार्‌या सूरिवै, मुझ मरणे का चाव ॥

जिस मरनै थै जग डरै, सो मेरे आनंद।
कब मरिहूँ कब देखिहूँ, पूरन परमानंद ॥

जाई पूछौ उस घायलै, दिवस पीड़ निस जाग।
बाहणहारा जाणिहै, कै जाणै जिस लाग ॥

बाबा जोगी एक अकेला।
जाकै तीर्थ ब्रत न मेला ॥ टेक ॥
झोली पत्र बिभूति न बटवा, अनहद बैन बजावै।
माँगि न खाई न भूखा सोवै, घर अंगना फिरि आवै।
पाँच जना की जमाति चलावै, तास गुरु मैं चेला।
कहै कबीर उनि देसि सिधाये, बहुरि न इहि जुगि मेला।

अवधू गगन मंडल घर कीजै।
अमृत झरे सदा सुख उपजै, बंक नालि रस पीजै।
मूल बांधि सर गगन समाना, सुषमन पोतन लागी।
काम क्रोध दोऊ भया पलीता, तहाँ जोगणी जागी।
मनवा जाइ दरीचै बैठा, मगन भया रसि लागा।
कहै कबीर जिय संसा नाही, सबद अनाहद बागा ॥

पहन चोलना गदहा नाचै

समंदरि लागि आगि, नदियां जल कोइला भई।
देखि कबीरा जागि, मछी रूखां चढ़ि गई॥

आकासे मुखि औंधा कूवा, पाताले पनिहारि।
ताका पाणी को हंसा पीवै, बिरला आदि बिचारि॥

एक अचंभा देख्या रे भाई।
ठाढ़ा स्यंघ चरावै गाई॥ टेक॥
पहलै पूत पछैं भई माइ। चेला कै गुर लागै पाइ।
जल को मछली तरवरि ब्याई। पकड़ि बिलाई मुरगै खाई।
बैलहि डारि गूनि घरि आई। कूता कू लै गई बिलाई।
तलि करि साषा ऊपरि करि मूल। बहुत भाँति जड़ लागे फूल।
कहै कबीर या पद को बूझै। ताकू तीन्यू त्रिभुवन सूझै॥

जात न पूछो निरगुनिया

ऊँचे कुल क्या जनमिया, जे करणी ऊँच न होइ।
सोवन कलस सुरे भद्‌या, साधौ नीद्या सोइ॥

बैस्नौ भया तो का भया, बूझ्या नहीं बमेक।
छापा तिलक बनाइ करि, दगध्या लोक अनेक॥

सेख सबूरी बाहिरा, क्या हज काबै जाइ।
जिनकी दिल स्याबति नहीं, तिनकौ कहा खुदाइ॥

काजी कौन कतेब बषानै।
पढ़त पढ़त केते दिन बीते, गति एकै नहीं जाने॥ टेक॥
सकति सनेह पकरि करि सुनति, यहु न बदूं रे भाई।
जौ र षुदाइ तुरक मोहि करता, तौ आपै कटि किन जाई।
हौ तौ तुरक किया करि सुनति, औरत सू का कहिये।
अरध सरीरी नारि न छूटै, आधा हिंदू रहिये।
छाड़ि कतेब राम कहि काजी, खून करत हौ भारी।
पकरी टेक कबीर भगति की, काजी रहे झख मारी॥

साधो देखो जग बौराना

पाहन केरा पूतला, करि पूजै करतार।
इह र भरोसै जे रहे, ते बूड़े काली धार॥

देवल माहैं देहुरी, तिल जेहै बिस्तार।
माहैं पाती मांहि जल, माहैं पूजणहार॥

कबीर पढ़िवा दूरि करि, आथि पढ्या संसार।
पीड़ न उपजी प्रीति सू, तौ क्यों करि करै पुकार॥

कथणी कथी तौ का भया, जे करणी ना ठहराइ।
कालबूत के कोट ज्यूं, देखत ही ढहि जाइ॥

लोका मति के भोरा रे।
जै कासी तन तजै कबीरा, तौ रामहि कहा निहोरा रे॥ टेक॥
तब हम वैसे अब हम ऐसे, इहै जनम का लाहा।
ज्यूं जल मैं जल पैसि न निकसै, यूँ ढुरि मिल्या जुलाहा॥
राम भगति परि जाकौ हित चित, ताकौ अचिरज काहा।
गुर प्रसाद साध की संगति, जग जीते जाइ जुलाहा॥
कहत कबीर सुनहु रे संतौ, भ्रमि परे जिनि कोई।
जस कासी तस मगहर ऊसर, हिरदै राम सति होई॥

वे क्यूँ कासी तजैं मुरारी।
तेरी सेवा चोर भये बनवारी ॥ टेक ॥
जोगी जती पती संन्यासी। मठ देवल बसि परसै कासी।
तीन बार जे नित प्रति न्हावै। काया भीतरि खबरि न पावैं।
देवल देवल फेरी देही। नांव निरंजन कबहुँ न लेही।
चरन बिरद कासी कू न दैहूँ। कहै कबीर भल नरकहि जैहूँ।

यहु ठग ठगत सकल जग डोलै।
गवन करै तब मुखह न बौलौ ॥ टेक ॥
तू मेरो पुरिषा हौ तेरी नारी। तुम्ह चलते पाथर थै भारी।
बालपना के मीत हमारे। छाड़ि कत चले हो निनारे ॥
हम सू प्रीति न करि री बौरी। तुम्ह से केते लाये ढौरी ॥
हम काहु संगि गये न आये। तुम्ह से गढ़ हम बहुत बसाये ॥
माटी की देही पवन सरीरा। ता ठग सू जन डरै कबीरा ॥

जिउ जल छोड़ बाहर भइयो मीना। पूरब जनम हउ तप का हीना ॥
अब कहू राम कवन गति मोरी। तजीले बनारस मति भई थोरी ॥
सगल जनम सिवपुरी गवाइआ। मरती बार मगहर उठि आइआ ॥
बहुतु बरस तप कीआ कासी। मरन भइआ मगहर का बासी ॥
कासी मगहर सम बीचारी। ओछी भगति कैसे उतरसि पारी ॥
कहु गुर गजि सिव सभु को जानै। मुआ कबीर रमत श्रीरामै ॥

ताथै कहिये लोकाचार।
बेद कतेब कथै ब्यौहार ॥ टेक ॥
जारि बारि करि आवै देहा। मूँवा पीछै गीति सनेहा ॥
जीवत पित्रहि मारहि डंगा। मूँवा पित्र ले घालैं गंगा ॥
जीवत पित्र कू अन न ख्वावैं। मूँवा पाछै प्यंड भरावैं ॥
जीवत पित्र कूँ बोलैं अपराध। मूँवा पीछैं देहि सराध ॥
कहि कबीर मोहि अचिरज आवै। कऊवा खाई पित्र क्यूँ पावै ॥

गुरु गोबिंद तो एक है...

गुर गोबिंद तो एक है, दूजा यहु आकार।
आपा मेटि जीवत मरै, तौ पावै करतार॥

संसै खाया सकल जग, संसा किनहू न खध।
जे बेधे गुर अष्षिराँ, तिनि संसा चुणि चुणि खध॥

राम नाम के पटंतरै, देबै कौ कछु नांहि।
क्या ले गुरु संतोषिये, हौंस रही मन मांहि॥

पीछै लागा जाइ था, लोक बेद के साथि।
आगैं थै सतगुर मिल्या, दीपक दीया हाथि॥

दीपक दीया तेल भरि, बाती दई अघट्ट।
पूरा किया बिसाहुणा, बहुरि न आऊँ हट्ट॥

गुर गरवा मिल्या, रलि गया आटै लूण।
जाति पाँति कुल सब मिटै, नाउं धरोगे कौण॥

सरवर तटि हंसिणी तिसाई।
जुगति बिना हरि जल पीया न जाई॥ टेक॥
पीया चाहै तौ लै खग सारी। उड़ि न सकै दोऊ पर भारी॥
कुंभ लीयौ ठाढ़ी पणिहारी। गुन बिन नीर भरै कैसै नारी॥
कहै कबीर गुरि एक बुधि बताई। सहज सुभाई मिले राम राई॥

मौखिक परंपरा के कुछ पद 'शब्दावली' से

संतो सहज समाधि भली है।
गुरु परताप भई जा दिन से, सुरति न अन्त चली है।
जहँ जहँ जावों सोई परिकरमा, जो कछु करौं सो पूजा।
गृह बनखंड एक करि जानों, भाव मिटावो दूजा॥
आँखि न मूँदो कान न रूंधों, काय कष्ट नहीं धारों।
खुले नैन हंसि-हंसि पहिचानों, सुन्दर रूप निहारों॥
शब्द निरन्तर मनुवाँ राते, मलिन वासना त्यागे।
ऊठत बैठत कबहुँ न बिसरे, ऐसी तारी लागे॥
कहहिं कबीर यह उनमुनि रहनी, सो परगट करि गाई।
दुख सुख से एक परे परमपद, सो पद है सुखदाई॥

झीनी झीनी बीनी चदरिया॥
काहे कै ताना काहे कै भरनी कौन तार से बीनी चदरिया।
इंगला पिंगला ताना भरनी सुषमन तार से बीनी चदरिया॥
आठ कंवल दल चरखा डोले, पाँच तत्त गुन तीनी चदरिया।
साईं को सियत मास दस लागे ठोक ठोक के बीनी चदरिया॥
सो चादर सुर नर मुनि ओढ़े, ओढ़ के मैली कीनी चदरिया।
दास कबीर जतन से ओढ़ी ज्यों की त्यों धर दीनी चदरिया॥

रहना नहिं देश बिराना है।
यह संसार कागद की पुड़िया, बुन्द परत घुल जाना है।
यह संसार काँट की बारी, उलझ पुलझ मरि जाना है॥
यह संसार झाड़ और झाखर, आग लगे बरि जाना है।
कहें कबीर सुनो भाई साधो, सद्गुरु नाम ठिकाना है।

मोको कहाँ ढूँढे बन्दे, मैं तो तेरे पास में।
ना तीरथ में ना मूरत में, ना एकान्त निवास में।
ना मंदिर में ना मस्जिद में, ना काबे कैलास में॥
ना मैं जप में ना मैं तप में, ना मैं बरत उपास में।
ना मैं क्रिया कर्म में रहता, नहीं योग संन्यास में॥
नहीं प्राण में नहीं पिंड में, ना ब्रह्माण्ड आकाश में।
ना मैं भृकटी भंवर गुफा में, सब श्वासन की श्वास में॥
खोजी होय तुरत मिलि जाऊँ, एक पल की तलाश में।
कहें कबीर सुनो भाई साधो, मैं तो हूँ विश्वास में।

मन मस्त हुआ फिर क्यों बोलै॥
हीरा पायो गाँठ गठियाओ बार बार वाको क्यों खोलै।
हलकी थी जब चढ़ी तराजू पूरी भई तब क्यों तौलै।
सुरत कलारी भई मतवारी मदवा पी गई बिन तोलै।
हंसा नहाये मानसरोवर ताल तलैया क्यों डोलै॥
तेरा साहब है घट मांही बाहर नैना क्यों खोलै।
कहैं कबीर सुनो भाई साधो साहब मिले तिल ओलै॥

कोई सुनता है गुरु ज्ञानी गगन में आवाज हो रही झीनी।
पहले होता नाद बिन्दु से फेर जमाया पानी।
सब घट पूरन पूर रहा है आदि पुरुष निर्वानी॥
जो तन पाया परा लिखाया तृष्णा नहीं भुलानी।
अमृत रस छोड़ विषय रस चाखा उलटी फांस फसानी॥
ओहं सोहं बाजा बाजे त्रिकुटी सुन्न समानी।
ईंगला पिंगला सुषमन साधो सुन्न ध्वजा फहरानी॥
दीद बन्दीद हम नजरों देखा अजरा अमर निशानी।
कहैं कबीर सुनो भाई साधो यही आदि की बानी॥

शब्दानुक्रमणिका

●●●